GESCHICHTE DES ALTERTUMS

LEOPOLD VON RANKE

GESCHICHTE DES ALTERTUMS

UNGEKÜRZTE TEXTAUSGABE

MAGNUS-VERLAG

© Magnus-Verlag mit Genehmigung der Rechteinhaber
Gestaltung Aab-Graphic-Design, Stuttgart
Bildnachweis SVS Stuttgart,
unter Verwendung eines Fotos von
Peter Aab, Pforzheim
Herstellung SVS Stuttgart
Druck und Bindung Franz Spiegel Buch GmbH

VORREDE

Die Erde war bewohnbar geworden und wurde bewohnt; die Völker waren geschieden und standen in mannigfaltigen Beziehungen untereinander; sie besassen Anfänge der Kultur, lange bevor die Schrift erfunden war; und auf diese allein ist doch die Geschichte angewiesen. Nur das kann sie unternehmen, was sie mit ihren Mitteln zu erreichen vermag. Wie könnte sich der Geschichtschreiber zutrauen, das Geheimnis der Urwelt, also das Verhältnis der Menschen zu Gott und der Natur, zu enthüllen? Man muss diese Probleme der Naturwissenschaft und zugleich der religiösen Auffassung anheimgeben.

An die Urwelt grenzen die Monumente einer noch immer unvordenklichen Zeit, gleichsam die Portale der Geschichte. Sie haben immer das Wunder und Rätsel der lebenden Generationen ausgemacht. In dem letzten Jahrhundert hat man sie besser kennengelernt und ist ihrem Verständnis nähergetreten als jemals früher. In unseren Tagen sind in den Ruinen verschütteter Städte Bauwerke aufgedeckt worden, an deren Wänden die einst mächtigsten Fürsten der Welt ihre Taten haben aufzeichnen lassen. Allenthalben widmet man der Erforschung der Altertümer ein Studium, das durch eine Art von Pietät belebt wird; Kunst und Altertum werden gleichsam identische Begriffe. Man verbindet damit die leider nur sehr fragmentarischen Denkmale der alten Götterdienste, Religionen, Staatsverfassungen, die auf uns gekommen sind. Jeder neue Fund wird als glückliche Entdeckung begrüsst. Um die verschiedenen Mittelpunkte her haben sich Studienkreise gebildet, deren jeder ein eigenes Fach ausmacht und eine besondere, ihm gewidmete Lebenstätigkeit erfordert. Und zugleich ist eine allgemeine Sprachwissenschaft emporgekommen, die, auf ausgebreiteter und eingehender Gelehrsamkeit beruhend, die Völkerverwandtschaften voneinander zu scheiden und einander gegenüber zu bestimmen mit Erfolg unternimmt.

Für den Unterricht der Laien nicht allein, sondern für die Orientierung der Mitarbeitenden selbst wäre nichts erwünschter als eine genetische Durcharbeitung dieser Studienkreise und ihrer gegenseitigen Beziehungen. Eine solche Arbeit würde einer Enzyklopädie des historischen Wissens zur Zierde gereichen, aber in die Weltgeschichte könnte sie keine Aufnahme finden. Diese hat sich nur die evidenten Resultate der Forschung zu eigen zu machen. Die Geschichte beginnt erst, wo die Monumente verständlich werden und glaubwürdige schriftliche Aufzeichnungen vorliegen. Dann aber ist ihr Gebiet ein unermessliches. In der Bedeutung, die wir mit dem Worte verbinden, umfasst Weltgeschichte die Begebenheiten aller Nationen und Zeiten, wohlverstanden jedoch nicht ohne eine nähere Bestimmung, welche ihre wissenschaftliche Behandlung erst möglich macht.

Vor alters hat man sich mit der aus prophetischen Sprüchen überkommenen Vorstellung von den vier Weltmonarchien begnügt. Noch im siebzehnten Jahrhundert herrschte dieselbe vor; im achtzehnten aber wurde sie durch den Fortgang des allgemeinen Lebens zersprengt. Der Begriff der Weltgeschichte wurde durch den Umschwung der Ideen gleichsam säkularisiert. Besonders durch die Publikation einer voluminösen Völkergeschichte unter dem Titel Geschichte der Welt, die in England ans Licht trat und bei den deutschen Gelehrten entgegenkommende Aufnahme fand und einen gleichartigen Fleiss bei ihnen hervorrief, wurde es unmöglich, an der bisherigen Auffassung festzuhalten.

Aber auch bei der Geschichte der verschiedenen Völker konnte man nicht stehen bleiben. Eine Sammlung der Völkergeschichten in engerem oder weiterem Rahmen würde doch keine Weltgeschichte ausmachen: sie würde den Zusammenhang der Dinge aus den Augen verlieren. Eben darin aber besteht die Aufgabe der welthistorischen Wissenschaft, diesen Zusammenhang zu erkennen, den Gang der grossen Begebenheiten, der alle Völker verbindet und beherrscht, nachzuweisen. Dass eine solche Gemeinschaft stattfindet, lehrt der Augenschein.

Die Ursprünge der Kultur gehören einer Epoche an, deren Geheimnis wir nicht zu entziffern vermögen. Aber ihre Entwicklung bildet die durchgreifendste Erscheinung der Zeiten, von denen eine glaubwürdige Ueberlieferung vorhanden ist. Nur unvollkommen wird ihr Wesen durch ein einzelnes Wort ausgedrückt. Es umfasst zugleich das religiöse und das politische Leben, die Grundlagen des Rechts und der menschlichen Gesellschaft.

Zuweilen sind wohl die von uralter Zeit vererbten Zustände eines oder des andern orientalischen Volkes als Grundlage von allem betrachtet worden. Unmöglich aber kann man von den Völkern eines ewigen Stillstandes ausgehen, um die innere Bewegung der Weltgeschichte zu begreifen. Die Nationen können in keinem andern Zusammenhang in Betracht kommen, als inwiefern sie, die eine auf die andere wirkend, nacheinander erscheinen und miteinander eine lebendige Gesamtheit ausmachen.

In dem, was wir Kultur oder Zivilisation nennen, liegt eines der wirksamsten Motive ihrer inneren Entwicklung. Wollte man für diese ein bestimmtes Ziel angeben, so würde man die Zukunft verdunkeln und die schrankenlose Tragweite der welthistorischen Bewegung verkennen. Innerhalb der Grenzen der historischen Forschung treten uns nur die mannigfaltigen Phasen, in denen dies Element zur Erscheinung kommt, vor Augen, und zwar zugleich mit dem Widerstand, den es bei jeder seiner Formen in den eingeborenen Eigentümlichkeiten der verschiedenen Völker und Stämme findet. Auch diese haben ihr ursprüngliches Recht und ein unbezwingliches Innere. Keineswegs allein auf den Kulturbestrebungen aber beruht die geschichtliche Entwicklung. Sie entspringt noch aus

Impulsen von ganz anderer Art, vornehmlich dem Antagonismus der Nationen, die um den Besitz des Bodens und um den Vorrang untereinander kämpfen. In diesem Kampfe, der allezeit auch die Gebiete der Kultur umfasst, bilden sich historische Weltmächte, die unaufhörlich um die Herrschaft miteinander ringen, wobei denn das Besondere von dem Allgemeinen umgestaltet wird, zugleich aber auch sich gegen dasselbe behauptet und reagiert.

Die Weltgeschichte würde in Phantasien und Philosopheme ausarten, wenn sie sich von dem festen Boden der Nationalgeschichten losreissen wollte; aber ebensowenig kann sie an diesem Boden haften bleiben. In den Nationen selbst erscheint die Geschichte der Menschheit. Es gibt ein historisches Leben, das sich fortschreitend von einer Nation zur andern, von einem Völkerkreis zum andern bewegt. Eben in dem Kampf der verschiedenen Völkersysteme ist die allgemeine Geschichte entsprungen, sind die Nationalitäten zum Bewusstsein ihrer selbst gekommen; denn nicht durchaus naturwüchsig sind die Nationen. Nationalitäten von so grosser Macht und so eigentümlichem Gepräge wie die englische, die italienische, sind nicht sowohl Schöpfungen des Landes und der Rasse als der grossen Abwandlungen der Begebenheiten.

Was hat es nun aber auf sich, das allgemeine Leben der Menschheit und das besondere wenigstens der vorwaltenden Nationen zu erforschen und zu verstehen? Man dürfte dabei die Gesetze der historischen Kritik, wie sie bei jeder Untersuchung im einzelnen geboten sind, nicht etwa hintansetzen. Denn nur kritisch erforschte Geschichte kann als Geschichte gelten. Der Blick bleibt immer auf das Allgemeine gerichtet. Aber aus falschen Prämissen würden sich falsche Konklusionen ergeben. Die kritische Forschung auf der einen, das zusammenfassende Verständnis auf der andern Seite können einander nicht anders als unterstützen.

Im Gespräch mit vertrauten Freunden habe ich öfter die Frage erwogen, ob es überhaupt möglich sei, eine Weltgeschichte in diesem Sinne zu verfassen. Der Schluss war: den höchsten Anforderungen zu genügen sei wohl nicht möglich, aber notwendig, es zu versuchen.

Einen solchen Versuch biete ich dem Publikum dar. Mich leitet dabei noch der folgende Gesichtspunkt:

Im Laufe der Jahrhunderte hat das Menschengeschlecht gleichsam einen Besitz erworben, der in dem materiellen und dem gesellschaftlichen Fortschritt, dessen es sich erfreut, besonders aber auch in seiner religiösen Entwicklung besteht. Einen Bestandteil dieses Besitzes, sozusagen das Juwel desselben, bilden die unsterblichen Werke des Genius in Poesie und Literatur, Wissenschaft und Kunst, die, unter lokalen Bedingungen entstanden, doch das allgemein Menschliche repräsentieren. Dem gesellen sich, unzertrennbar von ihnen, die Erinnerungen an die Ereignisse, Gestaltungen und grossen Männer der Vorzeit bei. Eine Generation überliefert sie der andern, und immer von neuem mögen sie aufgefrischt in das allgemeine Gedächtnis zurückgerufen werden, wie ich das zu unternehmen den Mut und das Vertrauen habe.

ERSTES KAPITEL

DAS ALTE AEGYPTEN

Ueber die göttlichen Dinge — Naturverbundenheit der Aegypter —
Die Pyramiden — Die Grabkammern von Beni-Hassan — Die Königin
Makara — Thutmosis III. — Sethos I. — Ramses II. Miamun —
Babylonien — Schöpfungsgeschichte der Genesis — Abraham — Moses —
Gesetzgebung am Sinai

Ich beginne mit den Vorstellungen über die göttlichen
Dinge, die in der ältesten Zeit mit den Antrieben des
Lebens und dem Geiste der Landesverfassung zusammen-
fallen, aber die Summe derselben erkennbarer, begreiflicher ausdrücken, als es durch die Beschreibung der
Zustände und Einrichtungen im einzelnen geschehen
könnte. Das Göttliche ist immer das Ideale, das den Menschen vorleuchtet; dem menschlichen Tun und Lassen
wohnt zwar noch eine ganz andere, auf die Bedingungen
des realen Daseins gerichtet Tendenz inne, aber es strebt
doch unaufhörlich nach dem Göttlichen hin.

In dem alten Aegypten nun begegnen wir drei verschiedenen Formen des menschlichen Bewusstseins von
den göttlichen Dingen. Die erste ist die gleichsam eingeborene, aus der Natur des Landes entsprungene, ihr entsprechende, wie ja die Menschen in allen Zeiten eine
unmittelbare und lokale Einwirkung ihrer Gottheiten vorausgesetzt und annehmen zu dürfen geglaubt haben; ich
bezeichne sie mit dem allgemeinsten Namen der Verehrung der Aegypter. Sie entsprach den Grundlagen des
Lebens und der Bildung der Nation. Aber der Besitz der
Erde ist nun einmal der Kampfpreis, um den die Völker
ringen. Das reiche, sich selbst genügende Aegypten reizte
die Habgier benachbarter Stämme, die andern Göttern
dienten. Unter dem Namen der Hirtenvölker haben
fremde Dynastien und Stämme Aegypten jahrhundertelang
beherrscht. Diese folgten den Fahnen eines andern Gottes,
der aber kein ihnen eigentümlicher war, sondern allen
vorderasiatischen Völkern angehörte, des Gottes Baal, der

in Aegypten unter dem Namen Sutech erscheint und als das böse Prinzip verflucht wird. Zwischen den beiden Diensten brach der Natur der Sache nach ein mörderischer Kampf aus, in dessen Folge der ägyptische sich nicht allein wieder herstellte, sondern den, welchen er ausgestossen, in seiner Heimat aufsuchte und bekämpfte. Aber eben, indem diese beiden Dienste miteinander rangen, entsprang ein dritter, in welchem sich die göttliche Idee über die Natur erhob. Aegypten stiess ihn nicht eigentlich aus; er emanzipierte sich durch seine eigene Kraft. Wie diese Religion, nachdem sie sich einmal selbständig konstituiert hatte, die Oberhand über alle andern Gottesverehrungen erlangt hat und eines der Grundprinzipien sowohl des Islams wie der christlichen Welt wurde, bildet eines der wichtigsten Momente der Universalgeschichte überhaupt; sie hat sich von Anfang an im Gegensatz gegen den alt-ägyptischen Dienst entwickelt.

Was war nun aber der Sinn und der Inhalt der ägyptischen Religion, die aus einer Epoche stammt, welche zu ergründen und aus den entfernten Anfängen des Menschengeschlechts herzuleiten uns die Mittel fehlen? Wenigstens wollen wir nicht in die Arbeit eintreten, mit der die Forschung unserer Tage dieses Dunkel aufzuhellen sich bemüht. Aegypten bildet den Abschluss einer Vorgeschichte des Menschengeschlechts, deren beste Hinterlassenschaft die älteren ägyptischen Denkmäler sind — ein unvordenklicher Zeitraum, in dem denn auch die Religion des Landes entstanden ist, der bei allen ihren Mängeln doch eine universale Bedeutung zukommt.

Die kosmischen Erscheinungen, von denen das Leben auf Erden überhaupt bedingt wird, beherrschen dasselbe doch nirgends so eingreifend wie auf dem dunklen Erdreich, das man Aegypten nannte. Alles beruht darauf, dass der Nil durch seine Ueberflutungen die Uferlande mitten in der Wüste zu einem kulturfähigen Boden machte und durch seine steten Anschwemmungen den Meerbusen, an den es zunächst stiess, nach und nach zu einer der reichsten Ebenen umschuf, welche die Erde kennt. Chemische Analyse hat erwiesen, dass es nirgends einen fruchtbareren Boden gibt, als den vom Nilschlamm gebildeten. Nun sind aber diese Ergiessungen, die das Land nicht allein fruchtbar gemacht, sondern zum Teil selbst geschaffen haben, an bestimmte Zeiten in dem Wechsel des Jahres gebunden. Sie treten, wenngleich nicht immer in gleicher Stärke, aber doch unfehlbar zu den einmal bestimmten Zeiten ein.

Ganz von der Natur umfangen, bildete das ägyptische Volk, in dessen Sprache man Urverwandtschaft mit den semitischen zu entdecken meint, eine ihm doch selbst ausschliessend eigentümliche Religion, die eben in jenen kosmischen Beziehungen wurzelte, und eine entsprechende Staatsverfassung aus. Denn wie das Ereignis der Ueberflutung das gesamte Land beherrschte, überall wirksam, aber doch nur eine war, so bedurfte dasselbe auch einer allgemeinen Macht, um die Gewässer in die Landschaften zu leiten, die sie sonst vielleicht nicht erreicht hätten; die jeden Augenblick zerstörten Grenzen des individuellen Eigentums wieder herzustellen. Denn ein solches gab es; das Volk würde sonst nur zur Sklaverei verdammt gewesen sein. Wo die Verhältnisse des Landanbaues die regelmässig eingewohnten sind und bleiben, kann sich ein Landadel einrichten, der, in Städte zusammentretend, republikanische Formen annimmt. Hier aber, wo der Bestand des Besitzes von Ereignissen, die alle gleichmässig treffen, abhängig wird, ist die Voraussicht einer höchsten Gewalt und deren lebendige Fürsorge notwendig. Die Gottheit, deren ordnende Hand in dem Lauf der Sonne, von welchem alles abhängt, zu erkennen ist, und der König, der die sichernden Anordnungen auf Erden trifft, gehören in der Idee unbedingt zusammen. Auf den Denkmälern sieht man wohl den König die bildlichen Repräsentanten der Bezirke, einen jeden mit Attributen, die sich auf den Landbau beziehen, dem Gott vorstellen. Die Götter treten unter abweichenden Namen auf, eben wie sie in den Hauptstädten und den Landbezirken verehrt werden. Den vornehmsten von ihnen, Ra, Ptah, Amon, werden dieselben Bezeichnungen beigelegt. Sie bilden nur eine einzige Gottheit unter verschiedenen Namen. Einem Heros, der den Gott Amon schauen wollte, wurde dies versagt: denn die Gottheit gebe sich nur in ihren Wirkungen kund unter mancherlei Gestalt. Der Gott ist nicht eigentlich Weltschöpfer. Er hat nicht gesagt: « Es werde Licht » — « und es ward Licht »; er hat die Sonne gerufen, die also schon da war, und ihren Lauf geordnet. Es gibt doch entgegengesetzte Elemente, welche die von der Gottheit eingeführte Weltordnung zu zerstören bemüht sind. Die Gottheit wird mit dem das Leben begründenden Nil wieder identifiziert, sowie mit der Sonne selbst; sie tritt noch unmittelbarer in der animalischen Natur hervor als in dem Menschen.

Der Stier Apis ist das lebendige Abbild des Gottes Osiris, der besonders als der Geber alles Guten gedacht wird.

Der Mensch wird nicht als eine Inkarnation des Gottes betrachtet, obwohl die Sage ihn aus dem Auge desselben, der Sonne, entspringen lässt. Aber er war anfangs selbst ohne die Sprache; diese und alles andere haben ihn die Götter gelehrt. Der religiöse Kultus ist das vornehmste Geschäft des Aegypters; es gibt eigentlich nichts Profanes in diesem Lande; eine zahlreiche Priesterschaft vertritt diesen Kultus an jeder Stelle; aber diese Priesterschaft ist zugleich im Besitz der Kenntnisse und der Erfahrungen, die alles regeln. Und nicht etwa verächtlich darf man von diesen Kenntnissen reden. Die Aegypter haben den Lauf der Sonne, wie er auf Erden erscheint, nach dem das Jahr abgeteilt wurde, hierin wetteifernd mit Babylon, auf eine wissenschaftliche und praktisch anwendbare Weise bestimmt, so dass Julius Cäsar den Kalender von den Aegyptern herübernahm und im Römischen Reich einführte, dem die andern Nationen folgten, worauf er siebzehn Jahrhunderte lang in allgemeinem Gebrauch gewesen ist. Der Kalender möchte als die vornehmste Reliquie der ältesten Zeiten, welche Einfluss in der Welt erlangt hat, gelten können.

Damit hängt nun aber auch die Autorität des Königtums zusammen. Der König ist nicht allein von Gott gesetzt; er ist selbst vom Stamme Gottes; er geht zu demselben zurück, wenn er stirbt. Niemals hat es Herrscher gegeben, die es sich mehr hätten angelegen sein lassen, der Vergänglichkeit der Dinge unvergängliche Denkmale entgegenzusetzen. Wie wird dem Wanderer auf dem Pyramidenfelde zu Giseh so stille zumute im Angesicht der gigantischen Denkmale des höchsten Altertums und inmitten ihres Geheimnisses. Einsam stehen sie da, in der Zeit wie in dem Raume. Was ein grosser Feldherr neuerer Zeit seinen Truppen zurief, vierzig Jahrhunderte sähen auf sie herab, ist vielleicht noch nicht ausreichend. Ungezählte Jahrhunderte sind es, die von den Pyramiden auf die heutigen Geschlechter herabblicken.

Durch alle Forschung sind wir doch, wie einer der namhaftesten Aegyptologen ausdrücklich zugestanden hat, in positiver Kenntnis der alten ägyptischen Geschichte nicht weit über Herodot hinausgekommen. Noch immer erscheint als der Urheber des Reiches, wie damals, Menes, der, von Thinis herabsteigend, Memphis, « die gute Wohnung », gründete. Indem er die Stadt durch einen gewaltigen Damm gegen die Fluten des Nils schützte, gab er zugleich der Herrschaft über das Delta einen sicheren Rückhalt. Einer anderweit aufbehaltenen Sage nach erlag Menes im Kampf mit einem Krokodil, eben in der Bekämpfung der feindlichen Naturgewalten. Von all den Namen, aus denen man drei auf Menes zunächst folgende Dynastien zusammensetzt, findet sich doch nichts Denkwürdiges erwähnt; in der vierten Dynastie erscheinen nun die Erbauer der grossen Pyramiden, der erhabenen Grabdenkmäler aus unvordenklichen Epochen.

Man erkennt noch heute, wie die Felsen so weit abgetragen wurden, um eine Umgangsfläche um das zu errichtende Denkmal herzustellen. Dann wurden die Unterlagen des Baues mit Granit umkleidet. Die regelmässigen Eingänge wurden durch granitene Falltüren verschlossen. Die langen Gänge der Grabkammern bilden ein musterhaftes

Gefüge. Die Grabkammern selbst waren ganz in Felsen gehauen, mit Ausnahme des Daches, das aus mächtigen Kalksteinblöcken formiert wurde. In der Tiefe befindet sich der Sarkophag, in den beiden grössten Pyramiden ohne alle Inschrift. Doch war der Name des Erbauers durch eine Inschrift auf einer äusseren Granitfläche angegeben. Alles verrät ebensoviel Kraftanwendung wie architektonische Einsicht. Es gehört einzig diesem Lande an. Die Sage war nicht einig darüber, ob sie in vollem Einverständnis mit den ägyptischen Göttern oder vielmehr in Opposition gegen diese aufgerichtet worden seien; sie bezeichnet die ersten der Erbauer als übermütige Feinde, den letzten als Freund und Diener der Götter und ihres Volkes.

Aber auch nach ihnen finden wir doch nur Namen verzeichnet, ohne Angaben von Handlungen, die solchen erst Bedeutung geben würden; durch lange Reihen von Namen gelangen wir bis zu der sogenannten sechsten Dynastie, die durch den Namen der Nitokris, welcher als Nitaqrit auch auf den Denkmalen erscheint, Bedeutung erhält. Man kennt die grossartige Sage, die Herodot erfuhr, nach welcher Nitokris durch die Machthaber im Lande, die ihren Gemahl getötet hatten, zur Königin erhoben wurde; sie rächte den Getöteten an ihnen, indem sie den an der Schuld Beteiligten in einem unterirdischen Saal ein Fest gab, aber einen Kanal des Flusses in denselben leitete, so dass sie umkamen. Für sie selbst wurde es dadurch unmöglich, zu leben. Sie warf sich in einen ummauerten, mit glühender Asche erfüllten Raum.

Die Ermordung eines Königs, die Rache durch ein hinterlistiges Weib, der Untergang der Schuldigen durch den Fluss, der Selbstmord der Königin durch glühende Asche unterbricht die erste Reihenfolge der ägyptischen Könige mit einer Sage, die nur im Niltal gedacht werden konnte. Ich wage nicht, eine Zeit zu bestimmen, in welche diese Begebenheiten gesetzt werden könnten. Sie gehören, wenn ich nicht irre, zu den Erinnerungen, die sich aus dem höchsten Altertum zu den späteren Generationen forterbten. Ein halbes Jahrtausend vergeht, über welches die Denkmale so gut wie schweigen. Die Begebenheit, welche die sein wird, die der Sage von Nitokris zugrunde liegt, konnte nicht anders als die mannigfaltigsten Verwirrungen zur Folge haben. Aber die Einheit von Aegypten wurde erhalten, die Dynastie, die in der Reihenfolge als die zwölfte erscheint und die ihren Hauptsitz nicht mehr in Memphis, sondern in Theben hat, hat das Land nach Norden und Süden hin erweitert und mit sicheren Marken umgrenzt und ein Wasserbauwerk hinterlassen, dessen Zweck eben den Zusammenhang des gesamten Nillandes in sich schliesst und ausdrückt. Schon Herodot bewunderte den Möris-See; der Name des Königs Möris, dem er denselben zuschreibt, beruht auf Missverständnis. Aber das Werk ist noch heute mit seinen grossartigen Ruinen vorhanden. Es ist nicht ein natürlicher See, sondern ein gegrabener Wasserbehälter mit mächtigen, ungefähr 50 Fuss breiten Dämmen, der dazu bestimmt war, bei anschwellendem Nil die Gewässer, die etwa im Delta schädlich hätten wirken können, in sich aufzunehmen und sie für Zeiten zu reservieren, in denen die Ueberschwemmung des Landes nicht die für seine Fruchtbarkeit erforderliche Höhe erreichte. Im Wasser sah man den steinernen Koloss, der das Gedächtnis seines Stifters aufbewahrte; es war Amenemhat III. Denn die Ueberschwemmungen zu regeln war eben das Hauptgeschäft eines Herrschers von Aegypten. Es wird damit zusammengehangen haben, wenn es auch nicht das Motiv dazu war, dass dieser Fürst und die Dynastie, der er angehörte, über die alten Grenzen hinausgingen, um von dem Anschwellen des Nils rechtzeitig Kunde zu erhalten und sie nach dem Niederlande zu befördern.

In der Grabkammer eines der Landpfleger dieser Dynastie, Chnumhotep, lernt man ihre Namen kennen. Ueberhaupt sind diese Grabkammern sehr unterrichtend, und wir dürfen wohl, da sie uns die Zustände des Landes in einer bedeutenden Periode in einzelnen Fällen zur Anschauung bringen, einen Augenblick dabei verweilen.

In den Grabkammern von Beni-Hassan erscheint dieser Chnumhotep in der Mitte seiner eigenen Besitzungen, die sich von den Bezirken, deren Obhut ihm vom König im Osten anvertraut ist, bis tief in den Westen erstrecken. Man sieht ihn in grosser Gestalt in der Mitte der Gewässer, Felder, Haine, welche die Inschrift ihm zuschreibt, während seine Leute auf Barken den Nil durchschneiden. In dém Gewässer erblickt man Krokodile, Nilpferde und Fische, an dem Ufer Papyrusstauden, über und in denen man einen Iltis gewahrt, nach dem er den Speer richtet, darüber Wasservögel und einen Baum, auf dessen Zweigen Vögel sitzen. Auf der andern Seite sieht man ihn seine Jagdbeute an Wasservögeln in der Hand halten. Noch bedeutender aber ist er als Landpfleger und Vertreter des Königs. Es ist derselbe, dem benachbarte Stämme in einer vielbesprochenen Darstellung ihre Huldigung darbringen. Dem Landpfleger überreicht ein ägyptischer Schreiber ein Papyrusblatt. Sie sind gekommen, Augenschminke, doch wohl zum Schmucke der Frauen, als Geschenk darzubringen. Ein anderer Aegypter, dem die Sorge für die Ankömmlinge aufgetragen ist, führt sie gleichsam ein. Man erblickt den Häuptling, stattlich gekleidet, mit gesenktem Angesicht, ihm zur Seite einen prächtigen Steinbock, hinter ihm seinen Sohn gleichfalls mit einem jungen Steinbock; hinter ihnen treten einige wohlgekleidete Männer mit Bogen und Speer auf. Sie gehören, wie die Inschrift sagt, dem Stamme der Amu an. Steinböcke, wie sie sie bringen, kommen auf der Sinaihalbinsel noch heute vor. In einer zweiten Abteilung des Zuges stellen sich vornehmlich vier sorgfältig bekleidete, wohlgewachsene Frauen dar, deren reiches, auf den Rücken fallendes Haar vorn auf der Stirn durch ein Band zusammengehalten wird. Zweifelhaft erscheint es, ob sie zur Familie der Ankommenden gehören oder als Geschenk dargebracht werden. Vor und hinter ihnen sieht man waffentragende Lasttiere und einen Lautenschläger, der im Spiel begriffen ist, zuletzt abermals einen stattlichen Kriegsmann, mit Bogen, Köcher und Keule bewaffnet. Sie scheinen Verbündete zu sein, welche dem Statthalter, der hier den König repräsentiert, ihre Huldigung darbringen. Es ist eine Szene aus der Blütezeit der ägyptischen Macht. Dass sie um Aufnahme bitten, ist nicht ersichtlich. Alle Beziehung auf die Kinder Israels wird durch den Anblick ausgeschlossen.

Es erhellt, wie weit die Kunst, das Leben bildlich zu reproduzieren, in Aegypten bereits gediehen war. Die vornehmsten Hervorbringungen bleiben immer die Bauwerke selbst, kolossal und das Auge befriedigend, nicht immer das, was wir klassisch nennen würden, aber immer Beweise von weit vorgeschrittener technischer Kunstfertigkeit. Das Kolossale ist zugleich ein durchaus Gestaltetes, wie jene Memnonsäulen, denen die Sage einen lauten Gruss an die aufgehende Sonne zuschreibt. Es ist die Morgenröte für die Kunstentwicklung des Menschengeschlechtes überhaupt.

In jenen Grabkammern treten überdies die Symbole des Götterdienstes vor Augen, der mit dem Leben in dem Nillande auf das innigste verwachsen, doch zugleich einen religiösen Inhalt hat. Wie prächtig erscheint die Gestalt des Amon, selbst mit seinem Widderkopf wie ein Gott denen gegenüber, die ihm ihre Geschenke, die Krüge in der Hand, darbringen. Sehr auffallend ist es, dass die verschiedenen Gottheiten, die neben ihm genannt werden, doch immer dieselben Prädikate haben, nach denen sie ihre Existenz nur sich selbst verdanken und die Welt beherrschen. Die Gottheit, die, wie berührt, sich nicht in ihrer eigentlichen Gestalt zeigen wollte, tritt auch mit dem Kopf eines Sperbers, selbst in der Gestalt eines Käfers und in tausend andern Gestaltungen auf. Der Tierdienst der Aegypter beruht auf einer Voraussetzung des Göttlichen in einigen Tiergestalten. Das artete nun in einen groben Götzendienst aus, aber man vergass doch nie, dass alles symbolisch war; der Dienst galt allezeit dem in der Erscheinung verborgenen Gott. Die ägyptischen Auffassungen können trotz ihrer Abarten noch immer als Religion bezeichnet werden; sie bilden einen Pantheismus, der die ganze erscheinende Welt umfasst und selbst in den Menschen wiederkehrt. Mit dem Tod war das Leben nicht abgeschlossen; man setzte voraus, dass es zu dem Göttlichen zurückkehre und imaginierte sich ein neues Nilland jenseits des Grabes: denn von den lokalen Anschauungen konnte und wollte man sich nicht losreissen. Die Seele des Reinen wird mit der Gottheit vereinigt, doch scheint sie ihre Individualität behalten zu haben; sie wird von den Nachkommen angebetet. Daher rührt die unvergleichliche Sorgfalt, die auf die Gräber verwandt wird; in den Sarkophag werden Schriften gelegt, die die Würdigkeit zu dem Eintritt in eine andere Welt beweisen sollen.

In den Grabkammern lernen wir auch einige Momente der Landesverfassung kennen. Der erwähnte Landpfleger rühmt von dem König Amenemhat II.: er habe nach Niederwerfung eines Aufruhrs, « indem er von einer Stadt nach der andern Besitz ergriffen, sich unterrichten lassen von einer Stadt und ihren Grenzen bis zur nächsten Stadt, ihre Grenzsäulen aufgestellt und ihren Ertrag abgeschätzt ». In derselben Inschrift wird nichts so sehr betont als die Erblichkeit der Landpfleger und der Gaufürsten. « Meine Mutter », so sagt Chnumhotep, « trat ein in die Würde der Erbherrin und als Tochter eines Fürsten des Gaues von Memphis. Es führte mich ein König Amenemhat II. als Herrenkind in das Erbe des Fürstentums des Vaters meiner Mutter, gemäss der Grösse seiner Gerechtigkeitsliebe. »

Chnumhotep rühmt sich besonders der Art und Weise seiner Tätigkeit in bezug auf die Verehrung der Toten. « Ich tat Gutes für die Wohnungen der Verehrung (d. h. der Toten) und ihre Häuser und liess herbeiziehen meine Bilder zur heiligen Wohnung und spendete ihnen ihre Opfer an reinen Gaben und setzte ein den dienenden Priester und tat ihm wohl durch Geschenk an Feld und an Bauern. » Eine andere Angelegenheit, die ihn beschäftigte, war die Anordnung der Feste, in denen sich die Verbindung der himmlischen und irdischen Erscheinungen kalendarisch abspiegelt. Er führt Jahresfeste an: Fest des Neujahrs, Fest des kleinen Jahres, Fest des grossen Jahres, Fest des Jahresschlusses; dann Monatsfeste: Fest des grossen Brandes, Fest des kleinen Brandes, Fest der fünf Schalttage des Jahres, sowie eine ganze Reihe anderer Festlichkeiten, die gleichsam ägyptische Fasti, wie die römischen, darstellen. Der Priester, der sie verabsäumt, soll ein Nichts werden, sein Sohn soll nicht auf seinem Stuhle sitzen.

Aegypten bestand in seiner alle Teile des Landes umfassenden Einheit. Es war reich und blühend, die Kornkammer für alle benachbarten Stämme, die das Land damals umschwärmten, wie eigentlich noch heute. Aber die Angriffe wurden allmählich stärker als die Verteidigung. Die Fremden nahmen das Delta ein und drangen selbst noch weiter vor. Es waren arabische Beduinenstämme; in den Grabkammern finden sich auch phönizische Namen. Eine alte Behauptung ist, dass kanaanitische Stämme, namentlich Philister, an der Eroberung teilhatten; sie werden von den Späteren Hyksos genannt, unter welchem Namen man arabische Führer angedeutet zu sehen meint. Es sind die Hirtenkönige, welche die Sage mehrere Jahrhunderte hindurch über das niedere Aegypten herrschen lässt: denn auf zweifelhafte Berichte sind wir auch hier angewiesen. Auf den Denkmalen hat man noch nicht einmal den Namen Hyksos gefunden. Unleugbar ist, dass durch den Götterdienst, den sie mitbrachten, der ägyptische verdrängt wurde; der Name des Gottes Sutech, den sie vor allem verehrten, bezeichnet keinen andern als Baal, den die Kanaaniter anbeteten. Es war ebenso ein religiöser Gegensatz wie ein politischer. Aus einem fragmentarischen Papyrus entnimmt man, dass eine Botschaft von dem Häuptling der Hirten an den Fürsten des Mittags gerichtet wurde, wahrscheinlich doch den Pharao der Thebais; dass dieser aussprach, er könne nicht zugeben, dass in dem Lande ein anderer Gott verehrt werde als Amon-Ra. Aus diesem doppelten Gegensatz entsprang dann ein Krieg, durch den Aegypten sich nach

und nach der schwereren Fremdherrschaft entledigt hat.
Darin würde nun an sich keine Begebenheit von universaler Wichtigkeit liegen; Aegypten stellte sich eben nur
so her, wie es früher gewesen war. Aber der grosse Erfolg
hatte das Selbstbewusstsein der Aegypter erweckt. Es gab
jetzt nur einen König, der den Titel des oberen und des
unteren Landes führte. Man hatte die Feinde allenthalben
ausgestossen; man trat mit den Arabern in kommerzielle
Verbindung; man fühlte sich mächtig in den Waffen und
reich versehen mit allem, was man zum Kriege brauchte.
Da geschah es, dass Thutmosis I. den Entschluss fasste,
die in den letzten Epochen erlittene Unbill an den Feinden
des Landes zu rächen, wie es eine Inschrift ausdrückt,
« sein Herz zu waschen ». Aehnliches ist wohl alle Zeiten
und allerorten geschehen; hier aber hatte der Versuch
der Rache einen Erfolg, der über die bisherigen territorialen Verhältnisse hinausführte und immer fortwirkend
die grössten Weltveränderungen veranlasst hat. Thutmosis I. gehört der glänzenden Reihe von Pharaonen an,
die als die achtzehnte Dynastie bezeichnet werden. Seine
Züge gingen besonders gegen Ruten, unter welchem
Namen man Palästina und Syrien versteht.

Nicht an dessen älteren Sohn Thutmosis II., wohl aber
an seine Tochter Haschop knüpft sich der Fortgang dieser
über das dunkle Land hinausreichenden Bewegung. Sie,
die sich selbst in Besitz der beiden Kronen setzte,
erscheint als König oder Landesherr unter dem Namen
Makara. Unter ihre Verwaltung fällt die erste Seefahrt,
deren die Weltgeschichte urkundlich gedenkt, nach dem
Balsamlande Punt, demselben, aus dem die Aegypter ihre
Abkunft herleiteten und das sich jetzt der Doppelkrone
unterwarf; die Schiffe kehrten, mit reichen und wunder-
vollen Landesprodukten beladen, zurück. Man entnimmt
die Nachricht aus einer plastischen Darstellung, die mit
Beischriften versehen ist. Was der Stein erzählt, nimmt
sich beinahe märchenhaft aus, aber die Tatsache einer
engen Verbindung Aegyptens mit Arabien tritt daraus
unumstösslich hervor. Der Königsfrau Makara gebührt

hiernach der erste Platz in den Annalen der Marine. Ihr
Unternehmen ist lange Jahrhunderte der Fahrt Salomos
und der Phönizier nach Ophir vorausgegangen. Gesichert
im Süden, der das Gold lieferte, und gestärkt durch den
reichen Ertrag der Handelsverbindungen konnte nun
Thutmosis III., der jüngere Bruder der Makara, den man
in die erste Hälfte des sechzehnten Jahrhunderts vor unserer Aera setzt, den grossen Kampf aufnehmen, der für
Aegypten der vornehmste von allen war, gegen die semitischen Völker im Osten und Norden von Aegypten, die
Retennu. Es wird erlaubt sein, die Nachrichten, die sich
in den Inschriften finden, ihrer einseitigen Färbung zum
Trotz zu wiederholen. Dem ersten maritimen Zuge tritt
nun auch der erste in dem Dunkel des Altertums unter-
scheidbare systematische Landkrieg zur Seite. Denn durch
Seefahrten und Kriege zwischen den Nachbarn zur Entwicklung zu reifen war nun einmal die Bestimmung des
Menschengeschlechts. Was wir erfahren, eröffnet uns
zugleich den Einblick in Länder eigentümlicher Organisation, von der keine andere Kunde vorhanden ist, und
auf eine sehr eigentümlich geartete Kriegführung ältester
Zeit.

Jene Völker waren bereits einmal unterworfen worden,
hatten sich aber wieder losgerissen; besonders die benachbarten Stämme von Ruten und die Phönizier, mit
Ausnahme jedoch von Gaza, hatten sich feindselig aufgestellt. In den Inschriften am Amontempel zu Theben wird
nun der erste und vornehmste Feldzug Thutmosis III.
geschildert. Dem heranziehenden König gegenüber haben
sich die Stämme, die bis zum Lande Naharain (Mesopotamien) hin ihre Sitze haben, die Chalu (Phönizier), die Kidu
(Kittim), zu grossem Heereszug vereinigt und Mageddo
genommen. Gegen den Rat seiner Feldhauptleute wählt
Thutmosis III. die gefährlichste Strasse, um weiter vorzudringen, im Vertrauen auf seinen Gott. Diese fügen sich
ihm, weil der Diener seinem Herrn Folge zu leisten schuldig ist; sie wenden nun ihren ganzen Eifer darauf, ihrem
König zu folgen und ihn zugleich zu schützen; es gelingt

ihnen, in der Schlacht den Platz zu behaupten und selbst das Zelt des feindlichen Königs zu erobern.

Die Aegypter stossen ein Freudengeschrei aus und geben Ehre dem Amon, dem Herrn von Theben, der seinem Sohne den Sieg gegeben hatte. Alle benachbarten Fürsten kamen samt ihren Kindern, « um anzubeten vor dem König und um zu erflehen Odem für ihre Nase », d. h. das Leben, das durch den empörerischen Widerstand gleichsam verwirkt worden war. Die Denkmäler enthalten ein Verzeichnis der Länder, die, wie es heisst, früher unbetreten waren und aus welchen jetzt Gefangene weggeführt werden. Erkennbar erscheinen Megiddo, Damaskus, Berytus, Taanach, Joppe, Mamre. Die Art und Weise des Krieges lernt man aus der Inschrift eines Feldhauptmanns kennen, der von sich sagt: « Damals, als Seine Heiligkeit bis zum Lande Naharin gekommen war, führte ich daraus drei erwachsene Leute weg im Faustkampf. Ich führte sie Seiner Heiligkeit vor als lebende Gefangene. »

In dem nubischen Tempel von Amada, den Thutmosis III. zum Gedächtnis aller Vorfahren und Götter aufgeführt hatte, rühmt er seine Siege und die Hinrichtung seiner Gegner. Er hatte sieben Fürsten mit seiner Schlachtkeule eigenhändig niedergeschlagen, die sich auf dem Gebiete des Landes Thachis befanden. Geknebelt lagen sie da auf dem Vorderteil des Königsschiffes, dessen Namen Schiff des Amenemhotep II. (Thutmosis' Sohn), des Erhalters des Landes, lautet. Aufgehängt wurden sechs dieser Feinde vorn an der Mauer von Theben.

Ueberall in den Denkmalen erscheint der von dem König an seine Kriegsleute reichlich gespendete Lohn.

Das so gegründete Uebergewicht Aegyptens über seine Nachbarn hat sich nun lange Jahre erhalten. Unter einem der folgenden Könige, Tut-anch-Amon, sieht man auf der einen Seite eine Negerkönigin mit reichen Gaben des Landes, auf der andern die rötlichen Fürsten des Landes Ruten. « Bewillige uns », sagen diese, « die Freiheit aus deiner Hand. Unbeschreiblich sind deine Siege, und keinen Feind gibt es in deiner Zeit. Alle Länder ruhen im Frieden.»

Das Königshaus setzte sich abermals nicht eben regelmässig fort. König Sethos I. aus der 19. Dynastie hatte die schwersten Kämpfe zu bestehen. Als seine vornehmsten Gegner erscheinen die Cheta, um die sich eine Völkervereinigung gebildet hatte, die einen grossen Teil von Vorderasien umfasste. Ihr Fürst sass zu Kadesch und hatte bereits Verträge mit den Aegyptern, die er gebrochen zu haben beschuldigt wird, geschlossen. Kanaan, dessen Name in den dem Sethos gewidmeten Inschriften vorkommt, erscheint hier in einem charakteristischen Schwanken zwischen Autonomie und Abhängigkeit — einzelne Städte und ihre Könige, Verehrer und Anbeter des Baal in seinen verschiedenen Formen und der Astarte, in Krieg und Frieden an die Aegypter geknüpft, aber doch unabhängig. Sethos wird durch die Verfolgung der Beduinen-Araber Schasu, die in Aegypten eingedrungen waren, in das kanaanitische Gebiet geführt. Einige Lokalitäten werden erwähnt, die wir in den israelitischen Ueberlieferungen wiederfinden. Die Schasu und die mit ihnen verbündeten, aber untereinander uneinigen phönizischen Völkerschaften werden besiegt; dann wendet sich Sethos gegen Kadesch. Die Inschriften schildern ihn nicht allein als sehr kampflustig und tapfer, sondern auch blutgierig. «Seine Freude ist es, den Kampf aufzunehmen, und seine Wonne, sich in denselben zu stürzen. Sein Herz wird nur befriedigt beim Anblick der Blutströme, wenn er den Feinden die Köpfe herunterschlägt. Sein Zweigespann hiess Siegesgross.» So richtete er seinen Zug gegen Kadesch, wo er die Rinderherden vor den Toren weidend findet; die Stadt vermag dem unerwarteten Angriff des Sethos nicht zu widerstehen. Dann erst kommt es zur Feldschlacht. Obwohl die bartlosen, hellroten Chetas mit ihren Streitwagen einen guten Widerstand leisten, so werden sie dennoch besiegt. Hierauf unterwerfen sich die Fürsten und Aeltesten der benachbarten Landschaft, die die göttliche Mission des Sethos gleichsam anerkennen:

« Du erscheinst », sagen sie, « wie dein Vater, der Sonnengott, man lebt bei deinem Anblick. »

In der bildlichen Darstellung sieht man die Einwohner die hohen Zedern des Libanons fällen « zum Bau eines grossen Schiffes auf dem Strome zu Theben und in gleicher Weise für des Königs Seti hohe Mastbäume am Amonstempel von Theben ».

Die Inschriften rühmen, dass er seine Grenze am Anfange der Welt und an den äussersten Grenzen des Stromlandes Naharain, welches das grosse Meer umkreist, gesetzt habe.

Bei der Rückkehr mit einer Beute, wie man sie noch nie gemacht hatte, wird Seti feierlich empfangen; man ruft ihm zu: « Deine Lebensdauer möge sein wie die der Sonne am Himmel. Der Sonnengott selber hat deine Grenzen festgestellt. » Dann werden die besiegten Länder verzeichnet: Cheta, Naharain, Ober-Ruten (Kanaan), Unter-Ruten (Nord-Syrien), Singar (Sinear der Heiligen Schrift), ferner auch Kadesch, Megiddo und die Schasu-Araber. Die Beute wird dem Gotte Amon dargebracht. Die Gefangenen der Länder, die Aegypten nicht kannten, erscheinen als Knechte und Mägde des Gottes Amon.

Sowie aber Seti gestorben, oder, wie die Aegypter sagen, sich mit der Sonne wieder vereinigt hat, finden wir die Besiegten in voller Empörung. Ramses II. Miamun, der Sohn des Sethos, war doch genötigt, gleich in seinem ersten Feldzug die Waffen Aegyptens gegen Kanaan und gegen eben die Cheta zu richten, um die sich alle übrigen Völker aufs neue scharten. Er lieferte ihnen eine Schlacht, die durch historische Inschriften sowohl wie durch ein Heldengedicht, das auf den Mauern eingegraben wurde, unsterblich geworden oder vielmehr für spätere Entzifferungen aufbehalten worden ist. Die mehr geschichtliche Inschrift auf den Tempelwänden erzählt, dass der König durch die Fehler seiner Beamten in grosse Gefahr geraten sei; er habe nicht genugsame Kunde über seine Feinde erhalten, so dass er sich unerwartet diesen gegenüberbefunden habe. Die Feinde hatten einen Graben über-

schritten im Süden von Kadesch. Sie umzingelten den
Pharao mit seiner Begleitung. In dieser Gefahr legt der
König seine Rüstung an. Er war ganz allein. Er stürzte
sich mitten in die feindlichen Scharen von Cheta. « Ich
hieb sie nieder », sagt der König, « und stürzte sie in das
Wasser des Arantha (Orontes); ich dämpfte alles Volk
und war doch allein; denn es hatten mich im Stich gelassen meine Krieger und meine Wagenkämpfer. Da wandte
der König von Cheta seine Hände, um anzubeten vor
mir. »

Nach der bildlichen Darstellung in den Tempeln waren
die Scharen der Kriegsvölker nach den Göttern benannt.
Pharaos Zelt befindet sich in der Mitte des Lagers, daneben das wandernde Heiligtum der grossen Götter Aegyptens.

Schon die Beischrift zu der bildlichen Darstellung
findet kaum Worte, um die Tapferkeit des Königs zu
schildern. Noch umständlicher ist das Heldengedicht, das
wir nicht übergehen dürfen, da es auf die Zustände und
Vorstellungen jener Zeit ein neues Licht wirft. Danach
hatte der König von Cheta kein Volk auf seinem Wege
gelassen, ohne es mit sich fortzuziehen. Er hatte all ihr
Hab und Gut genommen, um es den Völkern zu geben,
die ihn in den Krieg begleiteten. Seine Reisigen und Zwei-
gespanne waren zahlreich wie der Sand. Je drei Mann
standen auf einem Wagen, die besten Helden waren vereinigt an einer Stelle. Ein Teil der ägyptischen Truppen
ist schon geschlagen. Der König, der sich dann an einer
andern Seite in den Kampf wirft, sieht sich umzingelt
von 2500 Paaren von Rossen. « Wo bist du », ruft er in
dieser Not aus, « mein Vater Amon? » Er erinnert den
Gott an alle die Bauten und Dienste, die zu seinen Ehren
ausgeführt worden; nach dem Ausspruch seines Mundes
sei er gegangen und gestanden.

Sein Gebet findet Erhörung. Der König vernimmt die
Worte des Gottes. « Ich bin herbeigeeilt zu dir, Ramses
Miamun. Ich bin es, dein Vater, der Sonnengott Ra. Ja,
ich bin mehr wert als Hunderttausende, vereinigt an einer

Stelle. Ich bin der Herr der Siege, der Freund der Tapferkeit. »

Es ist mythologisch bemerkenswert, dass der König unter dem Beistand des ägyptischen Gottes gleich wird den Göttern seiner Gegner; er ist wie ein Baal hinter ihnen her. Die Feinde rufen aus: « Kein Mensch ist der! Wehe! Der, welcher in unserer Mitte, ist Sutech. Der ruhmreiche Baal ist in allen seinen Gliedern. » Der König aber schilt die Feigheit seines Kriegsheeres. « Ich erhebe euch zu Fürsten Tag für Tag, ich setze den Sohn ein in das Erbe seines Vaters und halte allen Schaden vom Aegyptenland fern, und ihr verlasst mich? Solche Diener sind nichtig. Ich war allein so kämpfend und habe Millionen von Fremden widerstanden, ich ganz allein. »

Am nächsten Tage erneuert sich das Gefecht; die ägyptischen Krieger stürzen sich hinein, « gleich wie losstösst der Sperber auf die Ziegen ». Da lässt der König von Cheta den Pharao um Frieden bitten. « Du bist », so redet er ihn an, « Ra Hormachu, du bist Sutech, der ruhmreiche, der Sohn der Nut, Baal zu seiner Zeit. » « Weil du der Sohn Amons bist, aus dessen Leib du entsprossen, so hat er dir die Völker allzumal übergeben. Es sollen das Volk von Aegypten und das Volk von Cheta verbrüdert sein, beide deine Diener. »

Auf den Rat der Führer seines Kriegsvolkes, der Wagenkämpfer und Leibwächter geht der König auf diese Bitte ein.

Bei seiner Rückkehr wird er von dem Gott Amon selbst mit einem feurigen Glückwunsche empfangen: « Mögen dir die Götter unendlich viele dreissigjährige Jubelfeste gewähren in Ewigkeit auf dem Stuhle deines Vaters Tum und alle Länder unter deinen Füssen sein. »

In dem Vertrag, der dann geschlossen wird, erscheint der König von Cheta nicht mehr, wie in den Kriegsberichten, als « der elende », sondern als « der grosse König ». Nicht allein zwischen den Königen selbst wird Freundschaft geschlossen, sondern es heisst: « Die Söhne der Söhne des grossen Königs von Cheta werden zusammen-

halten und befreundet sein mit den Söhnen der Söhne
von Ramessu-Miamum, des grossen Fürsten von Aegypten.» Der Vertrag ist zugleich ein Bund zwischen den
Göttern beider Länder. Die von Cheta werden nach den
einzelnen Städten alle genannt; Astarte ist darunter. Die
Menschen verpflichten sich gleichsam für ihre Götter.
«Demjenigen, der diese Gebote, welche die silberne Tafel
(des Bundes) enthält, beobachten wird, sei er vom Volke
der Cheta, sei er vom Volke der Aegypter, darum weil er
sie nicht vernachlässigt hat — dem soll die Götterschar
des Landes Cheta und die Götterschar des Landes Aegypten den Lohn gewähren und das Leben erhalten; ihm und
seinen Dienern und denen, welche mit ihm sind und seinen
Dienern. »

Wenn die Denkmale bisher nur Namenreihen ohne
rechte Bedeutung darboten, so stellen sie hier — es
scheint unleugbar — wirklich ein Stück altägyptisch-
kanaanitischer Geschichte vor Augen. Die Erzählung
überwuchert in Lobsprüchen und religiös-poetischen Ver-
knüpfungen; aber sie enthält Tatsachen. Man erkennt den
vordringenden Geist der ägyptischen Macht; aber zugleich
die entgegengesetzte Bewegung der kanaanitischen
Stämme; Kadesch spielt eine bedeutende Rolle.

Von all lem, was die Steine erzählen, besass man bisher keine Kunde; dagegen aus dem Altertum die Erzählung von einem grossen Eroberer, des Namens Sesostris,
der die ägyptischen Waffen weit und breit in der Welt
furchtbar gemacht habe. Aber man wird doch den Inschriften den Vorzug vor der Sage geben müssen. Wahrscheinlich knüpft diese an die Taten an, welche die ägyptischen Könige, die Thutmosen und Sethosen, wirklich
vollzogen haben; aber sie ist erst in späteren Zeiten, und
zwar nicht ohne bewussten Gegensatz gegen andere Weltmächte, erfunden worden. Wie sie bei Herodot vorkommt,
ist sie dazu bestimmt, den Persern einen ägyptischen
König entgegenzusetzen, der die ihren übertroffen habe.
Sesostris soll die Skythen überwunden haben, was diesen
misslungen war. Wie später Diodor, der selbst in Aegypten

war, sie vernahm, war sie dahin erweitert, dass auch der Ruhm Alexanders des Grossen vor dem Ruhm eines Sesostris erbleichen musste; diesem wurde eine Eroberung der Gangesländer zugeschrieben. Die alten Denkmale sind weit davon entfernt, einen solchen Gesichtskreis zu eröffnen. Auch sie sind ruhmredig, und man könnte wohl zweifeln, ob die Taten der ägyptischen Könige wirklich grosse Erfolge gehabt haben, da sie zuletzt doch nur eben zu einem friedlichen Vertrage mit den Landesfeinden führten. Aber das kann man nicht in Abrede stellen, dass auch Aegypten eine Epoche glücklicher Feldzüge und einflussreicher kriegerischer Aktionen gehabt hat. Die grossartig entworfenen und mit Genius ausgeführten Bauten von Luxor bezeugen die Macht Aegyptens in dieser Epoche.

Vollkommen überwunden waren jedoch Baal und das Völkersystem, das ihn anbetete, keineswegs. Die Baalreligion, die sich von den Euphratländern über einen grossen Teil von Vorderasien ausgebreitet hatte, war ebenso mit Kulturelementen durchdrungen wie die ägyptische. Der Hauptunterschied möchte darin liegen, dass die ägyptische, indem sie von dem Anbau des Niltales abhing, einen lokalen Charakter trug, während die babylonische von universaler Natur war und einen Glauben handeltreibender Nationen bildete. Aber die astronomischen Studien und Wahrnehmungen waren ein Gemeingut; die Chaldäer, deren Ruhm in der ersten Begründung der Astronomie liegt, gaben sich selbst für eine Kolonie der Aegypter aus. Man hat bemerkt, dass die reine Luft, deren man sich in Babylon wie in Aegypten erfreut, die Beobachtung des Himmels und der Gestirne erleichtert, unter anderem schon dadurch, dass sie die Schwierigkeit hebt, die anderwärts aus der Wirkung des Luftdruckes auf das Wasser, dessen Ablaufen in einem gewissen Masse die Zeit bestimmt, entstehen würde. Damit hängt die Uebereinstimmung beider Völker in vielen Dingen, die das tägliche Leben und seinen Verkehr regeln, zusammen, namentlich in Mass und Gewicht. Auch das Duodezimalsystem des Wassermasses, das wir anderwärts finden, scheint sich von den Babyloniern herzuschreiben. Die Einteilung von Tag und Nacht in zwölf Stunden stammt allem Anschein nach von den Babyloniern her. Die Baal-Religion hatte zwei Mittelpunkte, den einen in Tyrus, den andern in Babylon. Baal ist die Sonne, Astarte der Mond, die Planeten vereinen sich mit denselben zu einem einzigen System. Dass dies alles mit der Beobachtung der Gestirne überhaupt zusammenhängt und, wenn nicht ein theogonisches, doch ein kosmogonisches Prinzip in sich enthält, ist unbestreitbar.

Die Naturkräfte werden zugleich als siderisch und tellurisch betrachtet; neben Sonne, Mond, dem Heere der Gestirne erscheint die Erde als Mutter von allem. In den Naturkräften aber unterschied man die schaffenden und die vernichtenden und in unaufhörlicher Wechselwirkung das männliche und weibliche Prinzip, aus denen alles hergeleitet wird. Diese Anschauung dürfte als die älteste gelten, der sich aber sogleich eine zweite Stufe hinzugesellt, die Lokalisierung dieser Götter in den verschiedenen Landschaften. Dass die babylonische Mythologie vielfach an die oberasiatische und auch die indische anlautet, erklärt sich aus den geographischen Verhältnissen. So vermischte sich der phönizische Aberglaube mit den Kulten von Afrika und Europa, welche die Schiffahrten berührten. In der ganzen Anschauung liegt etwas vom Standpunkt der Natur aus Grossartiges und selbst Tiefsinniges; doch lässt es sich schwer ergreifen. Aus den verschiedenen Mythologien hat Kaiser Julian in einer Zeit des entscheidenden Antagonismus zwischen monotheistischen und polytheistischen Doktrinen ein Gewebe zusammengesetzt, das etwas Sinnreiches und Bedeutungsvolles hat. Darauf aber kommt es bei den populären Auffassungen doch wenig an. Diese Religionen waren zugleich Götzendienst, und als solcher erschienen sie in der Welt. Es mag wohl sein, dass Baal nicht ohne Beziehung auf ein höchstes Wesen, das über allem schwebt, gedacht war, und möglich ist, dass der Kreis der Gestirne zugleich den Umschwung derselben, also eine aktive göttliche Kraft, andeutet. So mögen die Priester die Sache gefasst haben. In dem Dienst des Volkes aber treten andere Momente hervor. Baal ist zugleich der Gott des Feuers und insofern furchtbar und verderblich; um dieser Gewalt nicht zu erliegen, bringt man ihr Opfer dar. Welche aber sind das? Moloch, der auch unter dem Namen Baal erscheint, fordert das eben in der ersten Entwicklung Begriffene, Geschöpfe, die noch an der Mutter saugen, eingeschlossen die Erstgeburt der Menschen. Die Kinder müssen ihm dargebracht werden. Unstreitig lag in dem Ausdrucke « hindurchgehen durch das Feuer zu Moloch » eine religiöse Beziehung, nämlich die der Vereinigung des Geschaffenen mit dem Gott, und wir wollen nicht ableugnen, dass das mit der kosmischen Vorstellung von dem endlichen Weltbrande, der alles auflösen wird, zusammenhängt. Bei alledem ist es doch nicht anders, als dass der Dienst des Molochs in einen greuelvollen Götzendienst ausartete, der die Völker darniederhielt und die Idee von menschlicher Freiheit und Selbstbestimmung nicht aufkommen liess. Die gelehrten Untersuchungen machen es zweifelhaft, ob Astarte, die mit ihrem Stern erscheint und den Speer in der Hand hat, zugleich durch die Namen von Gottheiten bezeichnet wird, die durch geschlechtliche Ausschweifungen gefeiert wurden; ob die mit diesem Dienst zusammenhängende Venus Urania wirklich eine unsinnliche oder aber im höchsten Grade sinnliche sei, wofür fast die meisten Zeugnisse sprechen. Mit dem Götterdienst schon in Babylon, noch mehr mit dem in Askalon waren Gebräuche verbunden, die jedes sittliche Gefühl empören und die Natur des Weibes tief herabwürdigten. Die wilden, alle Sinne betäubenden Festlichkeiten, die sich an diese Vorstellung knüpften, nahmen von den beiden genannten Mittelpunkten her die Welt in Besitz. Das vornehmste Verdienst der Naturwissenschaft ist es, nach und nach jenes Dunkel zerstreut zu haben, welches diese Naturkulte über die Welt ausbreiteten; allein aber wäre sie dazu nimmermehr fähig gewesen. Wie irrig ist es doch, Naturwissenschaft und Religion im Gegensatz gegeneinander zu denken! Ohne eine reine, dem Geist des Menschen entsprechende Religion, die man wirklich annahm und glaubte, wäre die Wissenschaft der Natur und des Menschen überhaupt nicht möglich geworden. Den geistigen Gegensatz gegen Amon-Ra und Baal, zugleich gegen Apis und Moloch, bilden die Idee und das Wort Jehova, wie sie Mose verkündigte.

Die Schöpfungsgeschichte der Genesis ist nicht sowohl eine ursprüngliche, kosmogonische Erinnerung, sondern vor allem der positive Gegensatz gegen die ägyptischen und babylonischen Vorstellungen. Diese haben sich in fruchtbaren oder durch einen frühen Weltverkehr belebten Regionen gebildet. Die mosaische Idee tritt auf den einsamen Höhen des Sinai hervor, die von allen tellurischen Abwandlungen frei geblieben sind, wo nichts ist zwischen Gott und der Welt.

Wenn nun bei den Aegyptern und bei den Babyloniern alles Entwicklung der eingeborenen Kräfte der Sonne, der Gestirne und der Erde selbst ist, so erscheint hingegen Jehova als der Schöpfer des Himmels und der Erde, als der Urheber zugleich und der Ordner der Welt. Alles erreicht dann seinen Mittelpunkt in der Schöpfung des Menschen. Wenn bei den Aegyptern der Mensch gleichsam ununterscheidbar aus der Sonne hervorgeht, nicht als Geschöpf, sondern als Produkt, so ist das auch in der babylonischen Kosmogonie der Fall, wo das göttliche Element im Menschen nur durch das zufällig herabströmende Blut eines Gottes auf die Erde zum Vorschein kommt. Alle Geschöpfe sind dem Menschen gleichartig. In der mosaischen Kosmogonie dagegen werden die Elemente, Pflanzen und Tiere durch einen höchsten intelligenten Willen hervorgebracht, der dann auch den Menschen schafft als sein Ebenbild. Die Abweichung ist unermesslich; der ausserweltliche Gott tritt hervor, er erscheint dem Propheten in dem Feuer, ist aber nicht das Feuer; er ist in dem Worte, das aus dem Feuer gehört wird. Dem Menschen ist die Sprache verliehen, er gibt allen Kreaturen ihren Namen. Darin liegt der Vorzug des Menschen, dem, wie schon Locke bemerkt hat, durch angeborene Abstraktion der Gattungsbegriff eigen ist, während andere Geschöpfe das einzelne nur als solches fassen. Die Abkunft von der Sonne oder den Sternen begründet einen Unterschied unter den Menschen, die Schöpfung durch den Hauch Gottes macht sie alle gleich. Unter dem ausserweltlichen Gott erscheint die den Menschen eingepflanzte Würde als ein Prinzip, wir möchten fast sagen, der Gleichheit.

In einem Spruch, den die Kritik für die älteste Fassung der Urkunde vindiziert, wird dem Menschen die Herrschaft über die Fische im Meer, das Gevögel des Himmels und alle Tiere, die sich regen auf der Erde, erteilt, was einen Unterschied vom Aegyptenland konstituiert, wo der Stier als der Ausdruck der schaffenden Naturkraft göttlich verehrt wird. Die Idee von Jehova ist nicht etwa aus dem Naturdienst entsprungen, sie ist ihm entgegengesetzt. Die mosaische Schöpfungsgeschichte ist ein Manifest gegen die Abgötterei, welche die Welt beherrschte. Dieser Gegensatz ist es, welcher der nationalen Tradition der Hebräer, ohne Zweifel einer unschätzbaren Reliquie aus den Zeiten des hohen Altertums, ihren vornehmsten Wert verleiht.

Die Erinnerung der Hebräer haftet an dem Stammvater, der aus dem nördlichen Mesopotamien mit seinen Herden in Kanaan einwandert und mit den Hetitern, die als die vornehmsten der Einwohner Kanaans erscheinen, Freundschaft schliesst, so dass ihm eine Landstrecke zu dem Grabmal käuflich überlassen wurde. Abraham geniesst als der Stammvater grosser Völkerkomplexe eine weitverbreitete Verehrung, welche die langen Jahrhunderte ausgedauert hat. Er ist nicht selbst ein Gott, wie die ägyptischen Könige, aber er ist ein Freund Gottes. In dieser Freundschaft gründet er sein Volk. Die Ueberlieferung hat einige Züge von ihm aufbewahrt, in denen die Ideen der ältesten, noch nicht nationalen Religion in Kanaan erkennbar hervortreten.

Ein ähnlicher Hirtenfürst und Stammeshäuptling wie er selbst, sein Brudersohn Lot, Stammvater von Moab und

Ammon, ist in die Kriege der kleinen Fürsten, in deren Gebiet er wohnt, verwickelt und von dem Sieger gefangen abgeführt worden. Es ist ein Vorbild der späteren Unabhängigkeit Israels, wenn nun Abraham, der unter einem andern Fürsten wohnt, sich mit seinen Hausgeborenen erhebt, die Sieger niederwirft, den Brudersohn befreit und wiederherstellt. Ich wage nicht, das alles für geschichtlich zu erklären, da dadurch zu viel des Wunderbaren und Unglaublichen bestätigt sein würde. Das Wesentliche der Sage ist die grossartige Stellung des Erzvaters inmitten der eingeborenen und eingewanderten Kanaaniter. Daran aber knüpft sich ein anderer Zug, der eine Auffassung ausspricht, die über das Nationale hinausreicht. Es gibt noch ein anderes Oberhaupt, dessen Ansehen sich über alle diese Stämme und Stammesfürsten erstreckt. Melchisedek segnet Abraham und bringt ihm Brot und Wein. Er ist ein Priester des El Eljon, des höchsten Gottes, der Himmel und Erde besitzt. Es ist dieselbe Religion, welche die Israeliten immer bewahrt haben. Unter Abraham erscheint sie als die allgemein anerkannte höhere Religion. Dieser gibt dem Priesterkönig selbst den Zehnten, der Priesterkönig preist den Gott, der Abraham den Sieg verliehen hat. Von allen Seiten aber ist man von Anbetern des Baal umgeben; und auch an Abraham trat die Versuchung heran, sich diesem System anzuschliessen und, wie es dies mit sich brachte, seinen Sohn zu opfern. Schon schickte er sich an, diesen Gebrauch zu vollziehen, aber Gott der Höchste setzt sich durch ein Wunder der Vollziehung des Opfers entgegen. Die Erzählung von jenem Sieg und Segen, sowie von diesem vereitelten Opfer sind die prächtigsten Episoden der fünf Bücher Moses und gehören zu dem Schönsten, was je geschrieben worden.

Das Wesentliche ihres Inhalts ist, dass sich inmitten der kanaanitischen Bevölkerung ein mächtiger Stamm bildete, der an der Idee des höchsten Gottes festhielt und jede Zumutung, Baal-Moloch zu verehren, von sich wies. Der Stamm, der mit Jakob, Isaaks Sohn, dem Enkel Abrahams, zum grossen Volke erwuchs, musste bald erfahren, dass seines Bleibens in Kanaan nicht sei; er wandte sich nach dem reichen Aegyptenlande, mit dem schon Abraham in Verbindung gestanden und wo jetzt — so meldet die Sage — einer seiner Söhne, Joseph, von den Brüdern dahin verkauft, zu einer hohen Stellung emporgestiegen war, einer Stellung, von der wir auch sonst in den ägyptischen Inschriften Beispiele finden. Der ganze Stamm fand Aufnahme in dem Lande Gosen, wo er unter dem Pharao Frieden genoss und seine Herden weiden konnte. Nach einem langen Aufenthalt aber, dessen Zeit wir nicht zu bestimmen vermögen, wurden die Nachkommen Israels und seiner Söhne inne, dass sie auch hier nicht verweilen könnten, ohne ihr eigenes Selbst vollkommen einzubüssen. Der Stamm wurde zu einer Dienstbarkeit genötigt, wie sie der Religion und der Verfassung des Nillandes entsprach, aber für jeden, der sich ihr nicht anschloss, erdrückend wurde.

Da trat Moses unter dem Volke Israel auf, ein Mann, von dem die einstimmige Tradition ist, dass er in ägyptischer Zucht und Sitte, in dem Hause eines Pharao erzogen, die Gewaltsamkeiten, denen sein Volk unterlag, nicht länger mit ansehen konnte, darüber mit den Eingeborenen in Streit geriet, einen derselben erschlug und alsdann flüchtete.

Von den stammverwandten benachbarten Hirtenkönigen aufgenommen, weidete auch er seine Herde am Sinai. Eusebius sagt, er habe in der Wüste philosophiert, und manchem wird die wunderbare Regung bekannt sein, die der Mensch in einer einsamen und wilden Gegend mit sich selbst allein Gott gegenüber empfindet; den höchsten Schwung erreichte sie in dem um seines Volkes willen verbannten Moses.

Da erscheint ihm der Gott seiner Väter; er schaut ihn nicht — denn davor weicht er zurück — er hört ihn; er vernimmt seinen Namen unter dem erhabenen Wort: « Ich bin, der Ich bin ». Das ewig Seiende setzt sich dem Phantom, dem die Welt anhängt, entgegen. Mit Freuden vernimmt das Volk von dieser Erscheinung. Wie dort in

Kanaan der Baalsdienst zurückgewiesen war, um dem höchsten Gotte zu dienen, so erhebt sich in Aegypten der Wunsch, von dem drückenden Joch der ägyptischen Götterdienste und des Königtums von Theben, in welchem sich eben Amon-Ra repräsentiert, bei dem höchsten Gott Befreiung zu suchen. Sie fordern von dem Pharao eine kurze Frist, um diesem Gott an der geweihten Stätte zu dienen. Da die Erlaubnis versagt wird, so wandern sie aus.

Der Lobgesang, durch welchen das Wunder des Auszugs verherrlicht wird, drückt sich über denselben sehr einfach aus. « Die Wagen Pharaos und seine Macht warf Jehova ins Meer, und die auserlesensten Wagenkämpfer versanken im Schilfmeer. »

So gelangten sie an jene urweltlichen Höhen, in welchen Moses mit dem Gott ihrer Väter zuerst geredet hatte. Sein Sinn war, das Volk dahin zu führen, wo er über den Gesichtskreis des ägyptischen Götterdienstes erhoben worden war.

Hier nun, als sich das Volk dem Berge gegenüber gelagert hat, dahergetragen, wie die Stimme Gottes sagt, von ihm selbst auf Adlersfittichen, vollendet sich das Ereignis. Der Gott, der von sich selbst sagt: « Die ganze Erde ist mein », will doch dies Volk als sein besonderes Eigentum ansehen und es zu einem Priesterkönigreich gestalten. Festlich geschmückt und vorbereitet tritt das Volk herzu.

Am Fusse des Sinai, wenn man eine Zeitlang bergan gegangen, breitet sich die Ebene er-Râhah aus, durch rauhe Berge von dunklem Granit eingeschlossen, wilde, gezackte, einander überragende Felsenspitzen, einsam, stolz und erhaben; sie wird durch die senkrechte, dunkle, majestätische Wand des Horeb, die sich 1200—1500 Fuss hoch erhebt, begrenzt. In dem Tale sammelte sich das Volk; es ist ein geheimnisvoll heiliger Ort, von der Welt durch Gebirge abgeschlossen. Hier nun wird der Wille Gottes dem Volke offenbart.

Gott spricht: « Ich bin Jehova, dein Gott, der ich dich ausgeführt aus dem Lande Aegypten, aus dem Hause der Knechtschaft. Du sollst keine andern Götter haben vor meinem Angesicht. Du sollst dir kein Bild machen, noch irgendein Gleichnis weder des, was im Himmel oben und was auf der Erde unten und was im Wasser unter der Erde ist. Du sollst sie nicht anbeten, noch dich dazu bringen lassen, ihnen zu dienen.» Man könnte den Gegensatz gegen Aegypten, in dem der Dienst mannigfaltiger Gottheiten, die doch alle das Abbild der göttlichen Kraft selbst sein sollten, nicht schärfer ausdrücken. Dem Polytheismus entschwand in seiner Vielgestaltigkeit die Idee selbst, aus der er hervorgegangen; er verwandelte sich in Götzendienst. Demgegenüber trat hier die absolute Idee der reinen Gottheit auf, frei von jeder Zufälligkeit der Anschauung.

Diesem Sinne ist der Dekalog entsprungen. Man hat es tadeln wollen, dass das sittliche Gesetz in demselben als das Gebot des Gesetzgebers betrachtet werde. Darin aber liegt eben das Wesen der Sache: denn zwischen Religion, Sittengesetz und bürgerlicher Ordnung konnte kein Unterschied gemacht werden. Der Sabbath, der an die Stelle der unzähligen Naturfeste der Aegypter trat, wird an die Schöpfung, wie sie in der mosaischen Kosmogonie erscheint, angeknüpft. Und da der Ruhetag auch den Sklaven gilt, so liegt darin eine Umfassung aller Menschen in dem Gottesstaat, wie er nun gedacht wird, eine Art von Emanzipation von dem persönlichen Dienst. Dann folgen die einfachsten bürgerlichen Gesetze. An die Beobachtung des Gebotes, die Eltern zu verehren, worauf das Familienleben beruht, wird die Verheissung eines Segens geknüpft. Die Ehe wird noch besonders geheiligt; ebenso dringend wie das Leben, das Eigentum.

Unter den unmittelbaren Schutz Gottes tritt dergestalt das individuelle Leben mit den Anrechten, auf denen alle bürgerliche Verfassung beruht. Hat sich nicht aus dem Begriff und Bedürfnis der Sicherheit des Lebens und des Eigentums alles das entwickelt, was die modernen Staaten ihre Verfassung nennen? Der mosaische Staat enthält eine Opposition gegen das Königtum, das eine Emanation der Gottheit sein will — eben im vollsten und stärksten Ge-

gensatz gegen Aegyptenland. Eine erhabenere Inauguration des sittlichen Lebens in der menschlichen Gesellschaft
könnte nicht gedacht werden. Aegypten ist auch dadurch
bedeutend, dass es das Gegenteil seiner Art und Sitte in
den Auswanderern hervorrief. In dem einfachen Fortgang
eines nationalen Naturdienstes hätte es keine Geschichte
des Menschengeschlechtes gegeben. Diese gewinnt erst
in dem Monotheismus, der sich von dem Naturdienst los-
reisst, Grund und Boden. Er gründet eine bürgerliche
Gesellschaft, die sich von aller Vergewaltigung fernhält.

ZWEITES KAPITEL

DAS ISRAELITISCHE ZWÖLFSTÄMMEREICH

Einnahme von Kanaan — Josua — Die zwölf Stämme in Kanaan —
Debora — Gideon — Simson — Samuel — Saul — David — Absalom —
Salomo — Der Tempelbau — Spaltung des Reiches

So traten drei grosse Formen des religiösen Dienstes
nebeneinander auf: die lokale Religion der Aegypter, der
universale Naturkult des Baal und die intellektuelle Gottheit Jehovas. Auch der Dienst Jehovas bedurfte einer
nationalen Grundlage, oder vielmehr, er hatte eine solche
gewonnen, aber in einer der Knechtschaft der Aegypter
kaum entronnenen und von den andern zurückgewiesenen,
bisher nicht anerkannten Nation. Moses hatte fortwährend
mit der Widerwilligkeit der Menge, die doch Aegypten,
nachdem sie es verlassen hatte, wieder vermisste, zu
kämpfen. Sein Werk ist es, wenn das aus Aegypten ge-
flohene, ohnmächtige Volk nach einer für den Erfolg doch
nicht allzulangen Reihe von Jahren zu einer wahrhaften,
waffengeübten Kriegsmacht sich entwickelte. Aber die
erste Generation musste erst abgestorben sein, ehe die
Israeliten daran denken konnten, sich ein eigenes Gebiet
zu erwerben. Den Anlass dazu gab jener Aufenthalt der
Erzväter in dem Lande der Kanaaniten, wo sie ein besonderes Eigentum erworben hatten. Moses selbst führte sie
noch dazu heran. Darin liegt nun keineswegs eine Feindseligkeit gegen Aegypten. Die Direktion, welche man einschlug, war eigentlich die nämliche, welche die Pharaonen
innegehalten hatten, ohne jedoch zum Ziel zu gelangen.
Will man aber daran gehen, sich diesen Kampf zu vergegenwärtigen, so wird man durch die religiöse Färbung
der Erzählungen eher gehindert als gefördert. Gott der
Höchste, der Schöpfer der Welt, ward nun als der Natio-
nalgott der Hebräer betrachtet, und nicht mit Unrecht:
denn ohne diese würde die Anbetung Jehovas keinen

Platz gehabt haben in der Welt. Der Krieg der Israeliten erscheint als der Krieg Jehovas. Die Ueberlieferung ist mit Wundern durchwoben. Der alte Wahrsager der Feinde muss wider seinen Willen Israel segnen, statt ihm zu fluchen; der Jordan wird trockenen Fusses überschritten, ein Engel Jehovas erscheint dem Heerführer gleichsam als fortwährend unsichtbarer Bundesgenosse; die Mauern von Jericho fallen bei dem Schalle der Posaunen. Wenn bald darauf ein Nachteil erlitten wird, so wird dieser daher geleitet, weil ein Teil der für Jehova bestimmten Beute an Gold, Silber, Kupfer und Eisen von einem Wortbrüchigen zurückbehalten und vergraben worden ist. Nachdem aber das Vergehen an dem, der es begangen hat, und seinem ganzen Hause grässlich gerächt worden ist, folgt ein Sieg auf den andern. In der entscheidenden Schlacht gegen die Amoriten verlängert Jehova den Tag auf Bitten des Heerführers. Die Eroberung wird als ein Sieg Jehovas selbst, dessen Name sonst wieder vertilgt worden wäre, betrachtet. Neben dem Religiösen hat aber das Ereignis auch eine andere, menschlich begreifliche Seite, welche dem Geschichtsforscher, dem es obliegt, die Ereignisse aus menschlichen Motiven zu erklären, hervorzukehren zukommt. Vor allem bemerkt man, dass der Zustand des kanaanäischen Landes, den das Buch Josua schildert, im allgemeinen dem entspricht, den wir aus den ägyptischen Inskriptionen kennenlernen.

Das Land ist von einer grossen Anzahl unabhängiger Stämme, an deren Spitze Fürsten stehen, die sich Könige nennen, eingenommen. Die Notwendigkeit der Verteidigung gegen die vordringenden Aegypter hat sie vereinigt; nachdem die Gefahr vorüber ist, treten sie wieder in ihre alte Unabhängigkeit zurück. Die gemeinschaftliche Richtung aber geht notwendig gegen Israel, das sich einst in ihrer Mitte nicht hat behaupten können und nun in einer späteren Generation zurückkommt, um seinen Sitz einzunehmen — ähnlich wie später die Herakliden im Peloponnes, aber doch, wie wir sehen werden, mit wesentlicher Verschiedenheit. Die israelitischen Stämme sind zu einer zahlreichen und tapferen Kriegsgenossenschaft erwachsen, die durch die Idee ihres Gottes, den sie einst in Kanaan verehrt haben und der sie aus Aegypten ausgeführt hat, zusammengehalten und angefeuert werden. Noch unter Moses werden sie stark genug, um einen der mächtigsten Stämme, dessen auch im Kampfe gegen Aegypten Erwähnung geschah, den der Amoriten, in seinen Sitzen aufzusuchen. Was ihnen hiezu eine unmittelbare Gelegenheit gibt, ist die Entzweiung zwischen Amoriten und Moabitern, welch letztere zu der näheren Stammverwandtschaft der Hebräer gehören. Die Amoriten bilden zwei kleine Königreiche, Hesbon und Basan. Von Hesbon war, wie ein altes Lied meldet, Feuer ausgegangen und hatte Moab verzehrt, d. h. doch: Moab war in einen Krieg mit den Amoriten verwickelt, in dem es unterlag. In diesen Streit nun mischt sich Moses. Der König von Hesbon, der ihm mit seinem ganzen Volke entgegenzieht, erleidet eine Niederlage. Zu spät erhebt sich der König Og von Basan; auch er wird besiegt. Eine Tradition bei Josephus berichtet, dass die aus der Wüste anrückende Kriegsmannschaft besonders durch den Gebrauch der Schleudern ihren Feinden überlegen war. Dem Siege folgt Beraubung der Städte, Besetzung des Landes. Mit besonderer Schonungslosigkeit werden die Stämme behandelt, die eine alte Verbindung mit Israel hatten, wie die Midianiten. Moab selbst graut bereits vor Israel. So unterwarf sich Moses das transjordanische Land und machte einen Entwurf, wie das Gebiet, das er für die Stämme in Anspruch nahm, unter diese ausgeteilt werden sollte.

Die Idee, durch welche er sie von Aegypten ausgeführt hatte, sollte auch fortan ihren geistigen und politischen Mittelpunkt bilden. Moses ist die erhabenste Persönlichkeit der ältesten Geschichte. Der Gedanke des ausserweltlichen und intellektuellen Gottes ist von ihm gefasst und in dem Volke, das er führte, gleichsam verkörpert worden. Niemand wird annehmen, dass das nun ganz identisch wäre. Der höchste Gott, wie er sich am Horeb offenbart, ist eine Idee für alle Zeiten, alle Völker; die

Verkörperung kann nicht in der unendlichen Reinheit der Idee geschehen; aber sie schwebt über allem, was der Gesetzgeber anordnet und der Heerführer unternimmt; man möchte sagen: er ist der Pädagog seines Volkes, der es aus der Sklaverei befreit, organisiert zu Frieden und zu Krieg und es dann auch in Kanaan einführt, unter dem Antrieb der Verheissung, die ihm geworden ist, zu seinem alten Erbe zu gelangen. So stellt ihn die Ueberlieferung dar. Aber ihm selbst war es nicht beschieden, die Eroberung des Landes, die er beabsichtigte und begann, auch zu vollenden. Er legte seine Hand auf Josua, den Sohn des Nun, der es ausführen sollte und es ausgeführt hat. Amon-Ra war von dem Kampfe gegen Baal abgestanden; denn wie hätte eine landschaftlich fixierte Religion die Welt bezwingen sollen. Etwas durchaus anderes war es nun, wenn ein neugebildetes Heer, das die Stiftshütte, gleichsam das Dokument seines Bundes mit Jehova, bei sich führte, den Kampf unternahm. Das hinderte aber nicht, dass erst noch alles durch die Gewalt des Schwertes in der Weise der Epoche, nicht viel anders, als es unter den Aegyptern geschehen wäre, vielleicht selbst noch gewaltsamer und schonungsloser, vollzogen wurde. Wir begleiten die Hauptmomente dieses Ereignisses. Josua überschreitet, ohne Widerstand zu finden, den Jordan und stellt sich bei Gilgal auf, wo er im Lager die Beschneidung nach dem Vorbilde Abrahams erneuert. Die Sitte war eine solche, durch welche man sich von den Kanaaniten unterschied; sie war recht eigentlich ägyptisch, wie denn von den Aegyptern alles herübergenommen ward, was mit dem Begriff einer von allem Naturdienst losgelösten Gottesverehrung vereinbar war. Das Heer hat Ueberlegenheit der Zahl, der Kriegsübung und des idealen Impulses für sich. Die grosse Stadt, auf welche Moses seine Augen gerichtet hatte, als er starb, Jericho, fällt in die Hand Josuas; die andere, Ali, wird durch einen Hinterhalt besiegt; indem die Einwohner mit dem Hauptheer streiten und es verfolgen, wird ihre Stadt von einer andern Schar in ihrem Rücken genommen. Sie sehen sie plötzlich hinter sich in Feuer aufgehen. In diesem Schrecken werden sie besiegt und niedergemacht.

Diese Erfolge haben nun eine zwiefache Wirkung. Die einen, erschreckt durch die Vertilgung, welche die Sieger verhängen, bitten um Gnade und Bund, der ihnen auch gewährt wird, da sie Jehova anerkennen; es sind die Gibeoniten. Hierüber aber entbrennt der Hass der übrigen gegen die Abtrünnigen. Von diesen zu Hilfe gerufen, zieht Josua zur Nachtzeit heran und bezwingt durch einen plötzlichen und unerwarteten Anfall die Hauptmacht seiner Gegner. Die Fürsten, die ihre Stämme herangeführt haben, verbergen sich nach der Niederlage, die sie erleiden, in einer Höhle. Hier aber werden sie entdeckt. Die Kriegsführer setzen ihre Füsse recht eigentlich, wörtlich verstanden, auf die Hälse der Könige; die fünf Könige werden dann an fünf Bäumen aufgeknüpft. « Und so schlug », sagt die Urkunde, « Josua das ganze Land, das Gebirge und den Süden und die Niederung und die Abhänge und alle ihre Könige, er liess keinen Entronnenen übrig; und alles, was Odem hatte, verbannte er, so wie Jehova, der Gott Israels, geboten. » Das Heer der Eroberer nahm dann wieder Stellung bei Gilgal, bis sich eine Anzahl anderer Fürsten und Städte gegen sie rüsten und sich an dem Landsee Merom, durch welchen der obere Jordan fliesst, aufstellen. Ungesäumt zieht Josua gegen sie heran. Es gelingt ihm, sie zu überraschen, in die Flucht zu jagen und auf der Flucht zu vertilgen, so dass keiner von allen entrinnt. Ihre Kriegswagen werden verbrannt, ihre Rosse werden gelähmt. Die Macht der Israeliten liegt in dem Fussvolk und seinen Waffen, dem Speer und der Schleuder. Alle Städte, die sich gegen sie erhoben, werden eingenommen, die vornehmste von denselben, Hazor, wird « mit Feuer verbrannt »; die übrigen lässt man auf ihren Hügeln bestehen, aber auch in denen wird alles vertilgt, was Odem hat. Ueber der Erzählung schwebt ein herber Geist der Uebermacht und Gewaltsamkeit. Alles muss sterben, um Israel Raum zu machen.

Es sind demnach zwei Ueberfälle gewesen, welche die
Sache entschieden: der eine bei Gibeon gegen die fünf
Könige, die sich aufgemacht hatten, die Gibeoniten zu
züchtigen, und der andere, der Ueberfall der bei dem
See Merom zur Wiedervertreibung Israels vereinigten
Eingeborenen. Militärische Handlungen, wie der Uebergang über den Fluss, den niemand zu hindern wagte, die
Aufstellung eines Kriegslagers, durch welches das Land
nach allen Seiten bedroht wird, und das rasche Vorrücken Josuas gegen Gibeon auf der einen und später
auch gegen Merom auf der andern Seite, beide Ueberfälle
unvorbereiteter Feinde konstituieren eine Reihe von mili-
tärisch-strategischen Aktionen, deren Erfolg die Eroberung des Landes war. Alles war Okkupation und mit
wenigen Ausnahmen Vertilgung. Den religiösen Geist, der
die Menschen erfüllte, bezeichnen die Wunder der Ueberlieferung. Wenn man die ägyptischen Inschriften unter
Ramses-Miamun und die Völkerverhältnisse, die man hier-
aus kennenlernt, kombiniert, so haben die Israeliten eine
Handlung vollzogen, an der Ramses scheiterte. Die Kon-
föderation der kanaanitischen, doch ohne Zweifel amori-
tischen Stämme, vor welcher der Aegypter zurückgewichen war, wurde von Josua zersprengt und eigentlich vernichtet. Dem historischen Josua kommt eine grössere
Bedeutung zu als dem fabelhaften Sesostris. Als bewusste
Verbündete der Aegypter lassen sich die Israeliten jedoch
nicht auffassen; denn zwischen den Aegyptern und den
Kanaanitern war indes Freundschaft geschlossen worden,
Moses hatte sich von den Aegyptern losgerissen. Politisch
ist gerade das seine Handlung, dass er in Kanaan eindringt
und eine Stellung gewinnt, von der aus die Landschaft
überzogen werden kann, was den Inhalt jenes tiefen und
dunklen Spruches, der ihm, ehe er stirbt, in den Mund
gelegt wird, ausmacht. Die Verteilung des Landes unter
die Israeliten wird nach den Siegen Josuas ins Werk
gesetzt. Sie wird vor der Bundeslade in Silo, also gleichsam durch ein Orakel, wenn auch durch das Los entschieden. Als eine vollständige Besitznahme darf sie nicht

betrachtet werden. Die Stellungen, welche die einzelnen Stämme einnehmen, sind sozusagen militärische Positionen. Die Absicht dabei ist: die Eroberung, die eben erst begonnen wurde, dem aufgestellten Entwurfe nach auszuführen und zu vollenden.

Der Zug der Stämme war zugleich militärisch angeordnet. Der Stamm Levi war bei dem Lagerzelt, in der Mitte. Die andern standen nach den verschiedenen Weltgegenden: Juda gegen Morgen, Ruben gegen Mittag, Ephraim gegen Abend, Dan gegen Mitternacht. Beim Zuge waren die beiden ersten dem Zelte voran, die andern folgten ihm; alle waren unter ihren Panieren mit den Zeichen ihres Stammeshauses. Es war ein wanderndes Geschlechterheer, eine einzige Kaste, alle Kriegsleute; der zum Dienste des Heiligtums abgesonderte Stamm hatte keinen Vorrang.

Bei der Besitznahme bleibt nun das Heiligtum in Silo, dessen Lage man noch heute in Ruinen seiner Bauwerke erkennt.

Die Stiftshütte war zunächst unter der Obhut des Stammes Ephraim, der sich hier im Norden über das Gebirge, das seinen Namen führt, ausgebreitet hat, ohne doch vollkommen Meister des ihm zugeteilten Gebietes zu werden, wie denn Geser, das wir später als kleines, wohlverwaltetes Königreich finden, kanaanäisch blieb. Josua war aus dem Stamm Ephraim. Sichem scheint der Hauptsitz der weltlichen Macht geworden zu sein. Es war die von Jakob erkaufte Stätte, wo die Penaten Labans begraben worden waren und wohin man die Gebeine Josephs brachte. Später war es der Mittelpunkt des nördlichen Reiches. Nördlich von ihm sass halb Manasse, vermischt jedoch mit Ephraimiten; doch lagen in seiner Mitte noch fünf kanaanäische Städte; südlich lehnte sich Benjamin an. Josephus erklärt die Kleinheit des Gebietes des letzteren aus der Vortrefflichkeit seines Bodens. In diesem Gebiete liegt Jebus, das spätere Jerusalem, das die Benjaminiten vergeblich zu erobern versuchten. Der zweitmächtigste Stamm ist Juda. Er erhielt seinen Anteil auf dem südlichen Gebirge, wo die streitbarsten feindlichen

Völker sassen und der Kampf noch weiter fortging. Juda hatte nur das Gebirge inne, nicht die Ebenen, deren Bewohner sich eiserner Wagen bedienten. Unter seinem Schirme waren Simeon und Dan. Der letztere Stamm wird als besonders kühn und unternehmend geschildert. Wie Juda, so hatte auch Dan nur das Gebirge inne und durfte sich eine Zeitlang aus demselben nicht hervorwagen.

Im Norden von Ephraim liessen sich die Stämme Isaschar, Napthali, lang hingestreckt am Jordan Zebulon und Ascher nieder. Aber von Napthali heisst es: er wohnte unter den Kanaanitern. Zebulon hatte zwei kanaanäische Städte in seiner Mitte. Aschers Gebiet lag an dem schmalen Saume des phönizischen Meeres. Es hätte Sidon erobern sollen, aber daran konnte es niemals denken; sechs Städte blieben in seinem Gebiete unerobert. Ruben, Gad und die Hälfte von Manasse wohnten in den wald- und wiesenreichen Gegenden östlich des Jordans.

Man hat das Auftreten der Israeliten mit dem der Araber unter Mohammed verglichen, und die Identität des religiösen und volkstümlichen Impulses bietet allerdings eine gewisse Analogie dar. Aber der Unterschied ist, dass die Araber in Kontakt mit grossen Reichen und bei weitem mächtiger an sich an eine Welteroberung denken konnten. Die Israeliten suchten nur erst eine Wohnstätte im Kampfe mit kleinen Königreichen, die eine sehr zähe Lebenskraft bewährten. Eher könnte man ihre Aufstellung mit den Conquistas der Spanier auf der pyrenäischen Halbinsel vergleichen, abgegrenzten Gebieten zu einer künftigen Eroberung.

Die Israeliten nahmen die gebirgigen Landschaften ein, wie einst die Amoriten; doch fanden sie auch eben wie diese lebhaften und energischen Widerstand. Zunächst regten sich jene stammverwandten Völkerschaften, Ammoniter und Moabiter, die durch die Israeliten verkürzt zu sein glaubten, wider sie; dann dringen die Midianiter, Wüstenbewohner, wie die Israeliten selbst schon einmal besiegt, in die von diesen eingenommenen Landschaften ein. Von Mesopotamien her erscheint ein mächtiger

Fürst, der eine Zeitlang einen grossen Teil dieser Gebiete und Völkerschaften beherrscht. An den Küsten haben sich die Philister angesiedelt in fünf Städten, deren jede unter einem König steht, die aber alle ein Gemeinwesen von eigentümlich religiösem Charakter bilden. Unter diesen Feindseligkeiten, die doch eigentlich Rückwirkungen der früheren Züge sind, haben sich nun die Israeliten zu behaupten. Der Baaldienst, mit dem schon die Aegypter gerungen, erhielt sich den Israeliten gegenüber gerade durch den Kampf in unverwüstlicher Kraft und wurde oft, wie das Buch der Richter klagt, sehr gefährlich für den Gott, dessen Namen Israel vor sich hertrug. Dagegen sahen die streitbaren Stämme ihre beste Waffe eben darin, dass sie an dem nationalen Gott festhielten. Die Führer, unter deren Leitung das geschah, erscheinen unter dem Namen Schophtim, solche, wie man es erklärt hat, die dem Volke sein Recht verschafften. In dem Buche, das ihnen gewidmet ist, dem Buch der Richter, werden einige der vornehmsten unter ihnen geschildert, keineswegs ohne Einmischung der Sage — denn wie könnte das sein? — aber doch deutlich erkennbar.

Man geniesst Jahrzehnte hindurch den Frieden, dann erheben sich fremde Gewalten, die denselben stören, zuweilen fremde Fürsten von ausgebreiteter Macht, die eine drückende Dienstbarkeit auflegen, zuweilen benachbarte Stämme alter Verwandtschaft, die tief in das Innere eindringen und die Stadt der Palmen, d. h. das alte Jericho, wieder besetzen, zuweilen aber auch die früher besiegten Eingeborenen in erneuertem Bündnisse. Dann treten Männer oder auch Frauen auf, welche dem auf die eine oder andere Weise ein Ende machen. Die Ueberlieferung, die immer sehr ehrlich ist, scheut nicht davor zurück, Handlungen, welche sonst Abscheu erwecken würden, mit Dankbarkeit als rettende zu preisen; zuweilen sind es Männer, die Taten vollführen, wie sie lange Jahrhunderte hernach ein Clément an Heinrich III. verübte, oder auch Frauen, die sich der Ermüdung eines feindlichen Heerführers bedienen, um seine Schläfe grausam zu durch-

bohren. Man erkennt eine gefährdete Nationalität, die
ihr Dasein und ihre Religion durch jedes Mittel zu retten
sucht, wie es auch beschaffen sei.

Dem äusseren geht ein innerer Kampf zur Seite, der
in derselben gewaltsamen Weise sich vollzieht. Eine
greuelvolle Missetat, die in dem Stamme Benjamin begangen worden, wird mit dem Ruin des Stammes gezüchtigt. Das ganze Volk erhebt sich. In diesem Ringen religiöser und nationaler Ideen und Kräfte treten einige
besonders grossartige Gestalten hervor; vor allem Debora,
die unter der Deborapalme im Gebirge Ephraim das Volk
richtete, als in jenem Hazor, das schon Josua am See
Merom überwunden, ein neuer König auftrat, dem Jehova
sein Volk zur Züchtigung überliess. « Es fehlten Fürsten
in Israel: sie fehlten, bis ich, Debora, auftrat, bis ich
auftrat als Mutter für Israel. » Auf ihren Ruf sammelte
sich ein Heer aller nördlichen Stämme auf dem Berge
Tabor; sie selbst war dabei und hat den Sieg, den die
Israeliten über die Schwerbewaffneten des Feindes samt
ihren Streitwagen davontrugen, in einem herrlichen Liede
gefeiert. Es beginnt mit den Worten: « Dass Führer
führten in Israel, dass willig das Volk war, preiset
Jehova! » Der Gesang, dunkel und gross, ist eine historische Reliquie ersten Ranges.

Nicht geringer ist Gideon aus dem Stamme Manasse.
Die Midianiter und andere Söhne des Ostens haben das
Land überflutet und den Anbau verdorben. Israel muss
in die Schluchten des Gebirges und nun auch seinerseits
hinter Mauern und Wälle flüchten. Unter der Terebinthe
seines Vaters eben beschäftigt, seinen Weizen in der
Kelterkufe auszuklopfen, wird Gideon erweckt. Er zerstört den Altar Baals, vor welchem die Umwohner bereits
anbeten, um dagegen für Jehova ein Brandopfer anzu-
zünden. Auf den Schall seiner Posaunen sammelt sich
dann Manasse um ihn. Von allen aber behielt er nur dreihundert um sich, die durch eine gewisse Enthaltung ausgezeichnet sind. Ihr Anlauf unter Posaunenschall und
Fackelschein bringt den Feind in Verwirrung und bewirkt

seine Flucht. Hierauf sammelt sich das Volk der nördlichen Stämme, hauptsächlich auch die Ephraimiten, missvergnügt darüber, dass sie nicht früher gerufen waren;
sie nehmen alle Furten der Flüsse ein; noch einmal
schlagen sie die Midianiten am Felsen Oreb und töten ihre
Anführer Oreb und Seeb. Gideon, der über den Jordan
geht, den letzten midianitischen Fürsten gefangennimmt,
überall den Baalsdienst verfolgt, erwirbt sich den Namen
Jerub-Baal; nachdem er vor dem verderblichsten Feinde
gerettet hat, trägt man ihm an, erblich über Israel zu
herrschen. Gideon spricht: « Ich will nicht herrschen über
euch, meine Kinder sollen nicht herrschen über euch,
Jehova soll herrschen über euch. »

Das sind die beiden grössten Gestalten. Sie gehören
den Stämmen an, die auf Joseph und dessen ägyptische
Gemahlin zurückgeführt werden.

Eine sehr eigentümliche Erscheinung ist Simson, der
dem kleinen streitfertigen Stamme Dan angehört; er war
dem Dienste Jehovas durch himmlische Zeichen schon vor
seiner Geburt geweiht; seine Stärke wird unwiderstehlich,
sobald der Geist Gottes über ihn kommt. Er kämpft gegen
die Philister, die bereits die Oberhand und selbst die
Herrschaft erlangt haben. Er unterliegt aber ihrer Hinterlist; der Name des Weibes, das ihn fesselt, Delila, bedeutet
Verräterin.

Seine Tatkraft und Gesinnung drängt sich in seinem
Ende zusammen. « Meine Seele sterbe mit diesen Philistern », ruft er, von ihnen seines Augenlichtes beraubt,
aus und stürzt die Säulen ein, die das Haus tragen, in dem
sie versammelt sind; er begräbt sich selbst unter den
Ruinen. Die Handlung ist, wie manche andere, die hier
vorkommt, grandios und bizarr. Die Summe von allem ist
die Selbstaufopferung einer gottgeweihten Kraft.

Wie hatte sich aber die Situation so durchaus verändert? Die Eroberer waren zur Verteidigung genötigt;
die Philister, die besonders dadurch stark wurden, dass
die verjagten Ureinwohner sich auf sie zurückgezogen
hatten, erfochten nochmals einen Sieg, in welchem sogar

die Bundeslade in ihre Hand fiel. Bei dieser Nachricht
stürzte der achtundneunzigjährige Hohepriester Eli von
seinem Stuhl und starb. Silo selbst scheint verwüstet
worden zu sein. Wenn die Philister die Bundeslade, die
keinem, der sie gewaltsam antastete, Segen brachte, den
Israeliten wieder zurückschickten, die sie auf der Höhe
bei Gibeon aufstellten, so behaupteten sie doch die
eroberten Landesteile. Die Götter der Philister, Baal und
Astarte, die sie mit ins Feld führten, schienen den Sieg
über Jehova errungen zu haben. Die Lade ist einmal in
dem Tempel des Fischgottes Dagon gleichsam gefangen-
gehalten gewesen, ehe sie zurückgegeben wurde. Wenn
jemals, so musste sich nun der nationale und religiöse
Geist in Israel wieder regen. Ein Richter aber, der zugleich
das Land und das Volk mit den Waffen verteidigt hätte,
trat nicht wieder hervor. Es war ein Levit, ein schon vor
seiner Geburt Gott geweihter Prophet, Samuel, der die
religiösen Gefühle in das Bewusstsein zurückrief, so dass
es ihm wirklich gelang, die Baalim und Astarten von den
Höhen zu entfernen und dem Vertrauen auf Jehova abermals Bahn zu machen. Dem Kampfe, der nun beginnt,
gehen Fasten und gottesdienstliche Gebräuche voraus.
Man kann zu Mizpa ein Siegeszeichen setzen; von da
begibt sich der Prophet nach Gilgal, dem alten Mittelpunkt
der Eroberungszüge. Aber das Volk war damit noch nicht
befriedigt; noch war ein grosser Teil des Gebietes in den
Händen der Feinde, den man unter der Führung des Propheten wieder zu erobern nicht hoffen konnte. Das Volk
meinte den Krieg nicht anders als in der Form führen
zu können, welche bei allen seinen Nachbarn üblich war;
es forderte einen König — ein Verlangen, das unter den
obwaltenden Umständen sehr verständlich ist, das aber
doch eine Abweichung durchgreifender Bedeutung von
den bisherigen Impulsen und Gestaltungen des israelitischen Gemeinwesens enthielt. Denn so war am Horeb
verkündigt worden, dass Jehova sich an Israel sein Eigentum vorbehalte; so hatte noch der letzte der siegreichen
Heroen das ihm angebotene Königtum ausgeschlagen, weil

Jehova König sein solle über sein Volk. Die benachbarten Könige waren in der Regel Stammesfürsten, die sich des göttlichen Ursprungs rühmten: eine Idee, die hier nicht stattfinden konnte. Wie sollte sich besonders der Prophet, in welchem der göttliche Wille sich eigentlich kundgab, zu einem König verhalten, dem doch eine unabhängige und allumfassende Macht zugestanden werden musste. Die Frage hat für alle Gestaltungen der monarchischen Gewalt der späteren Zeit eine hohe Wichtigkeit. Der an sich freien Gemeinde und dem durch den Propheten verkündeten Willen Gottes sollte hier ein drittes, unabhängiges Moment, eine königliche Gewalt, zu der kein Geburtsrecht vorlag, hinzugefügt werden. Die Israeliten forderten einen König, der vor ihnen herziehen und « ihre Streite streiten », überdies aber über sie richten sollte. Von den Zufälligkeiten des Prophetentums und der momentanen Existenz heroischer Anführer erwarteten sie ihr Heil nicht mehr. Welche Rechte aber sollen dagegen dem König zustehen? Was Samuel der Erzählung nach in Erinnerung bringt, um das Volk abzuschrecken, läuft darauf hinaus, dass der König in das bisher freie Privatleben eingreifen, die Söhne und die Töchter zu seinen Diensten in seinem Palast oder im Kriege gebrauchen, den Zehnten einfordern, die besten Teile des Landes für sich nehmen und alle als Knechte betrachten würde. In dieser Freiheit des Stammes- und Familienlebens beruhte das Wesen der mosaischen Verfassung. Aber die Gefahr, dass alles zugrunde gehe, ist so dringend, dass das Volk im Widerstreit mit dem Propheten darauf besteht. Ohne den Propheten konnte jedoch nichts geschehen, und er selbst ersieht sich aus der Jugend des Landes den Mann, den er für die in Israel neue Würde bestimmt. Als er sich eines Tages ganz allein mit ihm sieht — denn den übrigen hatte er geboten, sich zu entfernen, um ihn das Wort Gottes hören zu lassen — giesst er die Oelflasche über ihn aus mit den Worten: « Siehe, dich salbt Jehova über sein Eigentum zum Fürsten ». Die Worte sind insofern zu beachten, als das Eigentum Jehovas an dem Volke vorbehalten wird.

Es war doch nicht ganz der Begriff der benachbarten kanaanitischen Stämme, der hier zum Ausdruck kam; denn das Wesen der alten Verfassung Israels wurde zugleich vorbehalten. Die Salbung ist wohl von Aegypten herübergenommen worden. Auf den ägyptischen Denkmälern wenigstens erscheinen Götter, die den König salben. Das Königtum entspringt nicht allein aus den realen Verhältnissen, die das Volk vor Augen hat, sondern es ist zugleich ein göttliches Geschenk. Zunächst hatte der Vorgang nur eine zweifelhafte Wirkung; viele verachteten den jungen Mann aus dem kleinsten Geschlecht des kleinsten Stammes, der ihnen nichts helfen könne.

Um den Gedanken des Königtums, das ihm erteilt worden war, zu verwirklichen, muss er sich erst persönliches Ansehen verschaffen. Ein König der stammverwandten Ammoniter dringt gegen Jabes in Gilead vor; selbst die Ueberlieferung des Ortes will er nur unter der Bedingung annehmen, dass er den Einwohnern das rechte Auge aussteche. Sie sind dahin gebracht, sich auch dieser grässlichen Bedingung, die zugleich ein Schimpf für Israel sein würde, zu unterwerfen, wenn niemand sie rettet. Der von dem Propheten als König bezeichnete, aber noch nicht anerkannte Sohn Kis' aus Benjamin, Saul, lag, wie einst Gideon, seinen ländlichen Beschäftigungen ob, als er durch das Geschrei des Volkes die Nachricht davon empfing.

Alles hat eine grosse innere Wahrheit, alles ist zugleich symbolisch. Von der Idee seines Berufes ergriffen, zerstückt er ein Joch Ochsen und lässt die Stücke nach den zwölf Stämmen tragen mit der Drohung: so solle es den Rindern eines jeden geschehen, der nicht hinter Saul und Samuel hinziehe. Die imminente Gefahr wirkt demnach nicht allein; die Drohung der Strafe des neuen Herrschers für die Säumigen musste hinzugefügt werden. Aber nun vereinigt sich Israel wie ein Mann, Jabes wird gerettet und Saul als König anerkannt. Es geschieht in dem alten Lager von Gilgal vor Jehova. Hier wird dann bald ein Sieg über die Philister erfochten. Ihr Lager zu Michmas an dem

Ausgang eines nach Gilgal in das Jordantal herabführenden Felsenpasses wird von dem Sohne Sauls erobert, indem die Stammesgenossen, die sich in demselben befinden, zu ihm übergehen. Mit der Anerkennung des Königs und dem Fortgang seines Glücks tritt nun aber ein neues Moment hervor: der Streit zwischen diesem und dem Propheten, in dem man nicht sowohl den Gegensatz als die Eifersucht der beiden Gewalten erkennt.

Die früheren Richter waren zugleich Propheten gewesen und hatten selbst die Opfer dargebracht. Jetzt aber sollten ein Prophet und ein Kriegsführer, nunmehr König, miteinander gehen. Bei einer neuen Gefahr, in welcher das Opfer dem Streite vorangehen muss, vermisst sich nun der König — denn der Prophet zögert — das Opfer selbst zu verrichten. Der Prophet erklärt dies für ein grosses Vergehen. Bei diesem Anlass verkündigt er bereits, dass ein anderer gefunden sei, der an Sauls Stelle treten solle. Aber noch eines Ereignisses bedarf es, um den Streit zu seinem vollen Ausbruch zu bringen. Saul hat Moab, Ammon, Edom und die Philister besiegt; die Plünderungen hören auf; er besitzt das Herz des Volkes; mit dem Propheten aber kann er sich nicht verständigen. Bei dem Kriege gegen Amalek hat der Prophet in dem alten, schroffen und gegen die Nachbarn durch und durch feindseligen Geiste alles verflucht, Mann und Weib, bis auf die Kinder und Säuglinge, Ochsen und Schafe, Kamele und Esel. Der Krieg gegen Amalek wird noch in Erinnerung an den Widerstand geführt, den dieses von Esau stammende Volk, also stammverwandt so gut wie Ammon, dem aus Aegypten von Jehova herangeführten Israel entgegengesetzt hatte. Dafür soll es nun durch vollkommene Vernichtung gezüchtigt werden. Saul erficht den Sieg und folgt nun wohl dem grausamen Gebote des Propheten, jedoch nicht ohne Ausnahme. Er schont des feindlichen Königs, und von der gemachten Beute sträubt er sich doch, das Gute und Brauchbare zu vertilgen. Er führt es bei der Rückkehr mit sich heran. «Was ist das», sagt Samuel, «für ein Blöken der Schafe in meinen Ohren und ein Brüllen der Rinder, das ich höre? Weil du des Herrn Wort verworfen hast, hat er dich wieder verworfen.» Er selbst haut vor dem Heiligtum in Gilgal den gefangenen König in Stücke. Von dem Tage an sieht er Saul nicht mehr.

Wollte man sich die Motive des Streites präzis vergegenwärtigen, so würde man diese in dem eigensten Beruf des Königs und Heerführers, zur rechten Zeit zu schlagen und die Beute nicht zu vernichten, sondern zu verwenden, finden müssen, dem sich der Prophet, festhaltend an dem gewohnten Ritus, mit der Grausamkeit der alten Zeiten widersetzt. Es ist die auf die Forderung des Moments angewiesene Autonomie des Königtums und das Festhalten des Propheten an dem Herkömmlichen ohne alle Rücksicht. Ein anderer Grund zum Streite liegt in dem natürlichen Wunsch des Königs, den Thron an seine Nachkommen zu vererben, und dem Anspruch des Propheten, über die Thronfolge nach seinem Sinne zu entscheiden. Auch das Verhältnis der Stämme kommt hierbei in Betracht.

Bisher hat Ephraim den Vorkampf gehabt und eifersüchtig darüber gehalten. Saul war aus dem nahe verwandten Benjamin. Seine Stammesgenossen hatte er zu Obersten gemacht und ihnen Weinberge gegeben. Dagegen erwählt der Prophet den Nachfolger aus dem Stamme Juda; es ist David, der Sohn Isais. Ueber dessen Haupt schwebt bereits der Ruhm, den er sich durch seinen Zweikampf mit dem wohlausgerüsteten Riesen, den kein anderer zu bestehen wagte, er aber mit der Schleuder erlegte, verschafft hatte. Er hatte Zutritt zu dem Hause des Königs gefunden, dessen Trübsinn er durch sein Harfenspiel zerstreute, und gewann die Freundschaft seines Sohnes, die Liebe seiner Tochter. Eine eigentümliche Verwicklung liegt nun darin, dass der Sohn Sauls, Jonathan, an den die Krone nach dem natürlichen Lauf der Dinge gelangen würde, seinen Freund David vor den Gewaltsamkeiten beschützt, die der Vater, der denselben nicht länger um sich dulden mag, eben zugunsten seines

Sohnes gegen ihn ausübt. In dem jetzt beginnenden Gegensatz stehen auf der einen Seite der Prophet und sein Gesalbter, welche die religiöse Autorität nach allen Seiten hin behaupten wollen; auf der andern der Vorkämpfer und Retter der Nation, der, von den Gläubigen verlassen, sich den dunklen Gewalten zuwendet und seine Zuflucht zu einer Weissagung durch Totenbeschwörung nimmt. Saul ist die erste tragische Gestalt in der Welthistorie.

David war zu den Philistern geflohen. Hier, wo er als Kriegsführer auf eigene Hand lebte, schlossen sich ihm die Gegner des Königs an; aber noch andere, welche die freie Waffenübung liebten, wie es in der Urkunde heisst, « Bogenschützen, mit der Rechten und Linken Steine werfend und Pfeile schiessend vom Bogen ». Die Philister waren überhaupt besser bewaffnet als die Israeliten; diese mussten das Schwert erst gebrauchen lernen; die freibeuterische Kriegsschar war die Schule der Helden Davids. In der schwierigen Lage, die daraus erwuchs, dass die Philister ihn schützten und sein König gegen ihn war, legte David ebensowohl Klugheit und Umsicht wie unternehmende Tapferkeit an den Tag. Bei einem ernstlichen Kriege gegen die Israeliten, wie ein solcher eben ausbrach, würden ihn die Sarim der Philister nicht unter sich geduldet haben. David zog es vor, sich abermals gegen die Amalekiter zu wenden, die zugleich Feinde der Philister und Juden waren. Da geschieht nun, dass Israel von den Philistern geschlagen wird; die Söhne des Königs kommen um; in der Gefahr, den Feinden in die Hände zu fallen, tötet Saul sich selbst. Indes hat David mit seinen Freibeutern die Amalekiter geschlagen und ihnen die zusammengebrachte Beute entrissen, die nun in Juda verteilt wird. Da nun hört man von dem Tode Sauls. Doch hat David keinen Augenblick vergessen, dass Saul durch die prophetische Salbung eine unantastbare Würde erlangt hatte, auf die er den höchsten Wert legt. Den Amalekiter, der ihm von dem Tode Sauls Nachricht gibt, lässt er töten, weil er seine Hand an den Gesalbten Jehovas gelegt habe; denn er hatte behauptet, dem gefallenen König auf dessen Bitten den letzten Todesstoss versetzt zu haben. Auch in dem Klagegesang Davids wird Wehe über Jehova gerufen, weil dort dem König Saul Schimpf widerfahren sei, gleich als sei er nicht gesalbt mit Oel.

Denn nur die Nachfolge des Sohnes hatte ihm der Prophet versagt; die höchste Würde, die er besass, war unangetastet geblieben.

Der Gesang Davids ist unvergleichlich; er enthält nur Lob und Anerkennung des Feindes, und nochmals erscheint darin die Freundschaft mit Jonathan.

In dem Gefühl, der berechtigte Nachfolger Sauls zu sein — denn auch ihm war die Salbung vorlängst zuteil geworden — begibt sich David nach Hebron, dem alten kanaanitischen Königssitz, der seitdem den Priestern überlassen und zu einer Freistadt erklärt worden war, im Gebiet von Juda, und wurde daselbst unter Teilnahme des Stammes Juda nochmals gesalbt. Jedoch nur für Juda selbst; denn die übrigen Stämme, vor allem Ephraim und Benjamin, hängen dem noch am Leben gebliebenen Sohne Sauls, Isboseth, an. Darin lag die wesentliche Frage. Saul war nicht allein durch die Salbung, sondern infolge einer Rettung des Landes, die ihm gelang, als König anerkannt worden. Nochmals erneuerte sich der Streit, der in der Idee des Königtums lag. Die meisten Stämme hielten an dem dynastischen Rechte auch nach dem Tode Sauls fest; der erste Waffengang, zu dem es zwischen den beiden Heeren kam, wurde von zwölf vom Stamme Benjamins gegen zwölf aus der Mannschaft Davids ausgefochten, führte aber zu keinem Ergebnis: denn sie töteten einander gegenseitig, so dass keiner übrigblieb.

Aber in dem ernstlichen Kampfe erfochten die Scharen Davids, ausgebildet wie sie waren in verwegenen und mannigfaltigen Kriegsunternehmungen, den Sieg über Isboseth, und da sich der nichtgesalbte König doch auch nicht der vollen Unterwürfigkeit seines Feldhauptmanns, der ebensoviel zu bedeuten meinte wie dieser selbst, erfreute, so errang David Schritt für Schritt die Oberhand; er hatte die Grossmut, sich über den Untergang seiner

Feinde nicht zu freuen, obwohl er ihm den Weg zum Throne bahnte. Die Aeltesten der Stämme kamen nach Hebron. Infolge der alten prophetischen Weisung, die sie jetzt anerkannten, geschah die Salbung Davids zum König über ganz Israel. Er hatte die Stämme nicht bezwungen, noch ihr Land erobert; freiwillig kamen sie. Unbedingt aber war die Herrschaft des Königs darum nicht. Es heisst: die Aeltesten schlossen einen Bund mit ihm. Ihr vornehmstes Motiv lag darin, dass David auch unter dem vorigen König das Beste für Israel getan hatte, Gott hat ihn zum Heerführer über Israel erklärt.

Hatte nun aber der Kern des Widerstandes, den David fand, in den Benjaminiten gelegen, so gereichte die erste Handlung, die er als allgemein anerkannter König unternahm, zum Vorteil derselben, der jedoch zugleich das wichtigste Anliegen des israelitischen Gemeinwesens bildete. Noch erhielt sich eine von den Burgen der Amoriten, die Josua besiegt hatte, unüberwunden, Jebus, gegen die Benjamin seine Kräfte vergebens angestrengt hatte. Dahin nun richtete David zunächst seine siegreichen Waffen und eroberte den Platz. Er zögerte nicht, seinen Königssitz dahin zu verlegen, es ist Jerusalem; das Wort Zion hat dieselbe Bedeutung wie das Wort Jebus. Man kann das wohl als eine seiner bedeutendsten Handlungen betrachten. Er wurde dadurch zugleich zum Meister über Benjamin, was für ihn wichtiger war als der Besitz des judäischen Hebron allein. Zugleich aber sollte die von seinen Waffen eingenommene Burg der Mittelpunkt für das gesamte Volk werden.

Und wenn nun erzählt wird, dass gleichsam der Armzaum der Hauptstadt noch in den Händen der Philister gewesen sei, so sieht man wohl, wie mächtig diese in der Nähe noch waren; als König von Juda war David mit ihnen noch verbündet gewesen, als König von Israel wurde er ihr Feind. Sie selber ziehen gegen ihn heran und lagern sich in der hochgelegenen Ebene Rephaim gegenüber von Morijah. David greift sie zweimal mutig an. Das Rauschen in den Wipfeln der Balsamstauden ist ihm ein Zeichen der

persönlichen Nähe Jehovas. Er schlägt dann den mächtigen Feind, vertreibt ihn in seinen Grenzen zu Gezer, ihre
Götzenbilder fallen in seine Hand. Es waren die in seinen
früheren Kämpfen und Zügen ausgebildeten Kriegsleute,
die ihm den Sieg verschafften. Diese erhielten sein Königtum, und er konnte nun in Zion, wie es heisst, der Stadt
Davids, sich ein prächtiges Haus aus den Zedern des
Libanon errichten lassen. Dahin führte er auch das Heiligtum der Gesetze, die Bundeslade. Eine Priesterschaft,
welche die Uebersiedelung des Heiligtums geleitet hätte,
kennt die älteste Erzählung hiebei nicht. David selbst
vollzieht die Opfer, kein Samuel tut ihm Eintrag. Er hat
den unermesslichen Vorzug vor Saul, dass er selbst König
und Prophet ist.

Diese Stellung spiegelt sich in den Psalmen, die man
mit einer gewissen Wahrscheinlichkeit auf ihn zurückführt.
Man lernt in ihnen zugleich die Seele eines im Kampfe
begriffenen Fürsten kennen, der jeden Augenblick seinen
Untergang befürchtet. « Vor mir stehen alle seine Rechte,
sein Gebot entfernte ich nicht von mir. Durch dich zertrümmerte ich Scharen. Wer ist Gott ausser Jehova, der
meine Hände zum Kriege gegürtet? » Herr und Meister
in dem israelitischen Gebiete geworden, richtete David
nun seine Waffen gegen die noch immer feindseligen Nachbarn. Wie oft hat er sich noch mit den Philistern geschlagen, die sich darüber nicht gerade beklagen konnten: denn
als sie ihn schützten, wussten sie wohl, dass er zugleich
der vorbestimmte Nachfolger desjenigen war, den sie
bekämpften. Die Philister waren bisher den Israeliten
durch ihre bessere Bewaffnung überlegen gewesen; an
den Helden Davids wird nichts mehr gerühmt, als die
Fertigkeit und der Erfolg, mit dem sie sich ihrer Waffen
bedienten. Wir wiederholen selbst die Uebertreibung,
soweit sie bezeichnend ist. Einer der Helden Davids wird
gerühmt, weil er seinen Speer über achthundert erschla-
gene Feinde schwang; ein anderer, weil er das Schwert
solange führte, ohne zu ermüden, dass seine Hand unwill-
kürlich krampfhaft daran festhielt; der dritte wegen der

Tapferkeit, mit der er standhielt, als die Israeliten schon
flohen, bis auch er Hunderte der Feinde mit dem Speere
erlegt hatte. Auch gegen die Aegypter hat man noch zu
streiten, besiegt sie aber auf die alte Weise, gleichsam in
einem Faustkampf, wie die ägyptischen Inschriften einen
solchen zuweilen erwähnen. Einem gewaltigen Aegypter,
der mit dem Speer in der Hand auf ihn zukommt, stürmt
sein israelitischer Gegner mit seinem Stabe in der Hand
entgegen, entreisst ihm seinen Spiess und tötet ihn damit.
Diese Menschen hatten auch zugleich mit den Tieren der
Wildnis zu kämpfen; wie David selbst, so erprobten auch
seine Helden ihre Kraft im Kampf mit Löwen. So erwuchs
ein mutiges und kriegsgeübtes Geschlecht.

Dieses Geschlecht warf sich nun, sobald es von den
Philistern nichts mehr zu fürchten hatte, in den Kampf
mit den andern feindseligen Nachbarn, dabei immer in
der Ueberzeugung, dass es den Krieg Jehovas führe.

Die Gesinnung Davids erkennt man, wenn man liest,
dass er an einem Trunk Wasser, den ihm seine Tapfern
mit grosser persönlicher Gefahr aus einem Brunnen geholt
hatten, sich zu laben ablehnt und ihn für Jehova ausgiesst:
denn er wolle nicht, dass die Tapferen für ihn ihr Blut
vergiessen; aber ebensowohl dann, wenn er, nachdem er
Moab und Ammon besiegt hat, die beide dem Feuerdienst
anhingen, keine Spur von Erbarmen gegen sie zeigt. Zwei
Drittel der Moabiter werden getötet, die besiegten Streiter
von Ammon werden wie das Getreide auf der Tenne
niedergeworfen, umgebracht und dann ihre Reste verbrannt. Indes setzt sich David die goldene, mit Edelsteinen
geschmückte Krone von Ammon triumphierend auf das
Haupt. Er wollte die Schuld des Erbarmens nicht auf sich
laden, durch welche Saul, dem Propheten ungehorsam,
zugrundegegangen war. Darin möchte der vornehmste
Unterschied zwischen Saul und David liegen, dass jener
sich von den strengen Regeln des israelitischen Dienstes
loszureissen suchte, David aber an den Gewaltsamkeiten,
welche die erste Eroberung bezeichnet hatten, unverbrüchlich festhielt. So liess er auch in Edom alles ver-

nichten, was von männlichem Geschlechte lebte; nur ein Sprosse der Könige vom Stamme Esaus flüchtete nach Aegypten.

Vor Augen liegt, welch durchgreifende Veränderung aller Verhältnisse hiemit eingetreten war: an Stelle jener Stammesverfassung, die ihr Heiligtum nicht mehr hatte verteidigen können und auf allen Seiten von entgegengesetzten Elementen durchbrochen wurde, hatte sich ein waffengewaltiges Königtum erhoben, das alles Fremdartige ausstiess, der Jehova-Religion mit einem Mal wieder eine kraftvolle Stellung verlieh und zunächst die stammesverwandten Völker niederwarf. Aber diese hatten Verbindung mit andern Nachbarn, die ihren Untergang nicht ruhig mitansehen konnten, so dass der einmal entbrannte Krieg sich noch in andere Regionen fortwälzte.

Eine hochbedeutende Stellung nahm seit den ältesten Zeiten Damaskus ein, eine Oase, welche die Geschicklichkeit der Einwohner zu einer Art von Paradies umgeschaffen hatte, ein Mittelpunkt für den Karawanenhandel Vorderasiens, wo die grosse Handelsstrasse, die von Babylonien her dahin führte, sich in zwei Arme spaltete, von denen der eine nach Aegypten, der andere nach Phönizien ging. Phönizien stand um diese Zeit in der vollsten Handelsblüte, es erreichte den entlegensten Westen, sowie es durch die Karawanen von Babylon in Beziehung mit dem fernsten Osten gesetzt wurde. Man kann sagen, dass dort in Damaskus Osten und Westen sich begegneten; es war eine der reichsten Verkehrsstätten der alten Welt. Damals stand es unter einem syrisch-aramäischen Fürsten, mit welchem David in Streit geriet. Nicht so sehr das religiöse, wie ein militärisch-kommerzielles Interesse war es, das ihn dahin zog. Wenn das Zwölfstämmereich und sein König in den Besitz von Damaskus gelangten, so wurde ihnen eine dominierende Stellung in Vorderasien zuteil. Eine ganz andere Welt, die sich ihnen eröffnete, als die kanaanitische. Es lässt sich als die entscheidende Unternehmung für die Macht Israels ansehen, dass David Damaskus angriff. Dem König gelang das zunächst vollkommen. Er eroberte Damaskus; das Kupfer, das aus Zypern, das Gold, das aus Indien gekommen sein mag, wurden die Beute des Siegers; er bestimmte es zur Pracht des Jehova-Dienstes, den er nun nahe seiner Burg eingerichtet hat. Allenthalben legte David Besatzungen in die Städte, er war Meister von Palästina, so von Syrien und überaus furchtbar. Bei einer Musterung aller Stämme von Dan bis Beerseba fand man, dass sich die Zahl der kriegstüchtigen und waffenfähigen Mannschaft auf 1 300 000 belief; und man ermisst, welch eine ansehnliche Kriegsmacht David jederzeit ins Feld führen konnte. Die Phönizier, in deren Händen der Handel war, suchten seine Freundschaft. Aber von andern Nachbarn, wie hätte es anders sein können, erfuhr er mannigfache Feindseligkeit. Der eigentliche Widerstreit gegen ihn entsprang aber zunächst in dem Innern des Zwölfstämmereiches selber.

Wenn irgendein Volk nicht geeignet war, eine erobernde Macht zu bilden, so waren es die Juden. Das Stammesgefühl war der Kern ihres Staates. Im Namen Jehovas, der keine andern Götter neben sich duldete, liessen sich Völker, die solche anbeteten, nicht wohl beherrschen; und ein starkes Königtum lief den Gewohnheiten der Stämme überhaupt entgegen. Gewöhnt an ein friedliches Regiment, wie denn die Herrschaft der Richter immer sogleich nach erfochtenem Siege zurückgetreten war, empfanden sie die Staatsveränderung, die in der permanenten Autorität eines Königs lag, als eine überaus drückende. Nicht dazu hatten sie sich einen König erbeten, um fremde Völker zu überwältigen, sondern nur um sich zu verteidigen und dann einen gerechten Richter in ihren eigenen Streithändeln über sich zu haben. Jetzt aber war eine Art von militärischer Regierung entstanden. Die Gibborim bildeten eine Klasse streitbarer und mächtiger Grossen, und zwar in einer bestimmten Organisation, als Oberste und Hauptleute über Zwanzig oder Zweihundert unter einem allgewaltigen Feldhauptmann; dann eine Leibwache: Scharfrichter, wie es heisst, und Läufer; denn auch die Exekution der königlichen Befehle war ihnen übertragen. Die Entscheidungen des Königs erweckten mancherlei Beschwerden, was man seiner Umgebung Schuld gab. Es würde zu erklären sein, wenn nun die Stämme, die erst später nach dem Tode Sauls ihm beigetreten waren, ohne Saul jemals zu vergessen, darüber in eine Bewegung der Unzufriedenheit geraten wären; aber auch Juda, auf das sich die Macht Davids gründete, war missvergnügt, so dass der angesehenste unter den Söhnen des Königs, Absalom, daran denken konnte, sich noch bei dessen Lebzeiten zur königlichen Macht zu erheben. Er säumte nicht, den Unzufriedenen bessere Tage zu versprechen, wenn er selbst zur Herrschaft gelange, und sammelte sie endlich in Hebron um sich her, einverstanden mit einem der angesehensten Ratgeber seines Vaters. Plötzlich wurde David inne, dass alles Volk ihn verlasse und der Ruin seiner Hauptstadt und seines gesamten Hauses zu erwarten sei. Er fasste den Entschluss, mit seinen Kriegsgewaltigen aus der Hauptstadt zu weichen. Absalom nahm dieselbe ein und liess sich verleiten, selbst den Harem seines Vaters anzutasten, worin er ein Ergreifen der königlichen Würde sah; dagegen versäumte er, mit der überlegenen Kriegsmacht, die um ihn war, dem flüchtigen Vater nachzueilen, so dass dieser, nachdem er den Jordan überschritten hatte, Zeit fand, sich zur Wehr zu setzen, nicht ohne die Unterstützung aus den von ihm überwältigten benachbarten Landschaften; der Kriegsherr also, der Eroberer, geriet in Gegensatz mit seinen landgesessenen Untertanen, an deren Spitze sich sein eigener Sohn stellte. Wir berühren dies Ereignis hauptsächlich deshalb, weil es umfassende Wirkungen für die Folgezeit gehabt hat.

Sowie nun die weniger kriegsfertigen Scharen im Feld erschienen, wurden sie, obwohl an Zahl bei weitem überlegen, von den krieggeübten Mannen des Königs, an deren Spitze sein Feldhauptmann Joab stand — sie sollen etwa 4000 Mann betragen haben — auseinandergeworfen und vollkommen besiegt. David war nicht in der Schlacht

erschienen; sein Kriegsvolk selbst hatte es nicht ge-
wünscht, weil ein Unfall des Königs sie insgesamt zugrunde richten würde. Sie hielten ihn hoch und wollten
ihn schonen, aber sein Sohn fand bei ihnen keine Gnade.
Zu tiefem Herzeleid des Vaters ward Absalom von Joab
umgebracht. Aber aus dem Ereignis selbst entsprangen
nun neue Verlegenheiten. Durch den Sieg wurde David
wieder König des gesamten Reiches. Sein eigener Wunsch
war, sich hauptsächlich an Juda anzuschliessen, dessen
Aelteste, nunmehr gewonnen, ihm entgegenkamen und ihn
nach Jerusalem zurückführten. Auch auf Benjamin konnte
er zählen. Darüber aber murrten die übrigen zehn
Stämme; denn auch ihnen gebühre ein Teil an dem Königs-
tum. Joab überwältigte auch diese Bewegung; der vornehmste der Empörer wurde in der Stadt, in die er sich
geflüchtet, die aber nicht seinetwegen sich der Zerstörung preisgeben wollte, ermordet und sein Kopf über die
Zinnen der Mauern zu Joabs Füssen hinausgeworfen.

Auch der alte Hader mit dem Hause des Vorgängers
wurde durch eine Verbindung von Gewalt und Wohlwollen
beseitigt. Alle die, welche den Bruch der alten Verträge
der Gibeoniten verschuldet hatten, wurden diesen ausgeliefert; die unmittelbare Nachkommenschaft Jonathans
aber blieb in Gnaden; die sterblichen Ueberreste von Saul
und Jonathan wurden in das Erbbegräbnis ihrer Familie
im Stamme Benjamin gebracht.

Genug, diese Gewalt, die dem Reiche einen Mittelpunkt gegeben, die stammverwandten Völker niedergeworfen, gegen die Landesfeinde eine grosse Stellung eingenommen und endlich ein reiches Gebiet jenseits aller
dieser Verwicklungen unterworfen hatte, in der sich die
Idee von Jehova und Königtum vereinigte, behielt auch
den widerstrebenden inneren Bewegungen gegenüber den
Platz.

Aber kaum war es soweit, so trat die Frage über die
Nachfolge im Hause Isai von neuem hervor. Der älteste
und äusserlich begabteste der Söhne Davids, Adonija,
noch in Hebron geboren, traf Anstalt, bereits bei Leb-

zeiten seines Vaters sich der königlichen Gewalt zu versichern. Der König hatte ihm nachgesehen, dass er dazu allerlei vorbereitende Schritte tat; endlich lud Adonija seine Freunde zu einem Gastmahl, das zugleich zur Inauguration der Thronfolge dienen sollte. Er hatte die Grosswürdenträger des Reiches, den Feldhauptmann Joab und von den beiden Hohenpriestern den, der der zweiten aaronischen Linie Ithamar angehörte, durch welche die erste verdrängt worden war, Abjathar, für sich und die übrigen Söhne des Königs, mit Ausnahme des jüngsten, Salomo. Aber an eben diesen und die Mutter desselben, Bathseba, knüpfte sich eine andere Kombination. Zwar Joab, aber nicht das bewaffnete Gefolge des Königs, stimmte mit Adonija überein. Das Buch der Könige sagt, die Helden des Königs, d. h. doch wohl jene jüdischen Prätorianer, die die Ausübung der Gewalt in den Händen hatten, waren von Adonija nicht eingeladen. Der Führer derselben, Benaja, und der zweite Hohepriester, der der älteren Linie der Aaroniten angehörte, waren gegen Adonija und für Salomo. Und was der andern Partei fehlte, das hatte diese — die Unterstützung eines Propheten. König David war früher gleichsam selbst der Prophet gewesen; jetzt aber trat ihm Nathan zur Seite, und durch dessen Veranstaltung gelang es, den König für die Sukzession seines jüngsten Sohnes zu gewinnen. Der wirksamste Moment hierbei ist, dass die prophetische Idee, durch deren Vereinigung mit dem Sohn Isais dieser zu einem so hohen Grade von Macht gelangt war, vor Adonija, der das Thronfolgerrecht des Aeltesten in Anspruch nahm, in den Hintergrund gedrängt worden wäre, dagegen bei der Erhebung Salomos zu vollem und vorwaltendem Einfluss gelangte. Das war nun auch die Gesinnung der Leibwache des Königs, die sich jetzt unter dem ergebensten Führer Benaja dem Propheten anschloss; denn der Feldhauptmann war doch immer sehr eigenmächtig gewesen und hatte manche Blutschuld auf sich geladen, mit der man die neue Regierung nicht belasten wollte. So geschah es, dass der König, der immer zwischen verschiedenen Einwirkungen

schwankte, sich für den jüngsten seiner Söhne erklärte,
und dieser von dem zweiten Hohenpriester, Zadok, unter
dem Schutz Benajas gesalbt wurde. Die Leibwache scharte
sich um das Maultier des Königs, auf dem Salomo nach
der Stiftshütte hinabritt. Der alte heroische, zugleich gewaltsame und grossmütige, idealistisch gehobene und
praktisch geschulte David verschwindet hierauf; er stirbt
bald darnach.

Salomo kam eben in dem Kampfe der beiden Parteien
empor. Adonija wurde anfangs geschont, aber als er eine
Verbindung suchte, die ihn doch wieder als den Nachfolger des Königs vor dem Volke hätte erscheinen lassen,
wurde er getötet. Joab fiel durch Benaja, obwohl er die
Hörner des Altars umfasst hatte. Der Hohepriester Abjathar wurde aus der Stadt verwiesen; die oberste Würde
kehrte an die Linie zurück, die sie anfangs besessen und
bis in späte Zeiten vererbt hat. Der auf diese nicht eben
regelmässige Weise in Besitz gelangte König Salomo
konnte doch aber die Stellung seines Vaters nicht in
ihrem ganzen Umfange behaupten. Wahrscheinlich gleich
im Anfang seiner Regierung verlor er Damaskus, ein Verlust, der für das innere Land von Israel nicht eben nach-
teilig sein mochte, allein nach und nach sehr empfindlich
werden sollte. Damals fiel Damaskus in die Hände eines
aramäischen Häuptlings, der fortan ein Gegner Salomos
war. Aber Salomo trug Sorge, dass die grossen Handelsstrassen, inwiefern sie durch sein Gebiet führten, indem
er sie durch Befestigungen schützte, in seiner Gewalt
blieben. Ob er Tadmor in der syrischen Wüste begründet
hat, darf man bezweifeln, nicht aber, dass er den kommerziellen Verhältnissen möglichste Aufmerksamkeit widmete.
Es ist für Salomo bezeichnend, dass er sich weniger durch
Krieg als durch freundschaftliche Verhältnisse mit seinen
Nachbarn zu sichern suchte. Er vermählte sich mit der
Tochter eines Pharao (doch wohl des letzten aus der
21. Dynastie), der ihm sogar einige wichtige Plätze abtrat,
so dass er der feindseligen Einwirkungen Aegyptens los
und ledig wurde, und trat in den engsten Bund mit dem

König von Tyrus, eine Alliance, durch die er in den Stand
kam, von Idumäa aus, mit den Phöniziern vereinigt, an
dem allgemeinen Weltverkehr teilzunehmen. In diesem
Besitz einer friedlichen und gesicherten Herrschaft legte
er Hand an das Werk, das seinen Namen auf alle Zeit
unsterblich gemacht hat, an den Tempelbau zu Jerusalem.
Die Vorbereitungen, die er dazu traf, erinnern an die
Fronden, die einst den Untertanen der Pharaonen auferlegt worden waren, um die Pyramiden und die Tempel
von Theben aufzurichten. Eben darin lag der Unterschied
der Zeiten, dass die Israeliten nun selbst ein grosses
Heiligtum dem Gott erbauten, der sie von dem Dienste
der ägyptischen Götter erlöst hatte. Sie waren ein mächtiges, selbständiges Volk geworden. Als den Urheber der
Idee muss man wohl den Propheten Nathan ansehen, der
die Skrupel beseitigte, die aus der bisherigen Verfassung
und namentlich der Wanderung der Stiftshütte von einem
Stamm zum andern hätten hergenommen werden können.
Auch das scheint seine Idee gewesen zu sein, dass nicht
König David selbst, der durch Krieg und Blut zur Gewalt
gekommen war, den Tempel bauen solle, sondern dessen
Sohn. Nachdem die Siege errungen waren, zu denen das
Prophetentum so bedeutend mitgewirkt hatte, vereinigte
sich dies mit dem Reiche des Friedens, das Salomo aufrichtete. Der Tempel ist ein Monument des in Juda zur
Erscheinung gekommenen erblichen Königtums in der
engsten Verbindung mit der religiösen Idee. Noch glaubt
man die grossen Quadern zu unterscheiden, die Salomo
zur festen Grundlegung herbeiführen liess. Das Holz lieferten ihm die Zedernwaldungen unter Vermittlung der
kunstfertigen Meister von Tyrus. In dem Tempelgebäude
waren die Hauptbestandteile der Stiftshütte, das Heilige,
die Cella, und das Allerheiligste, das Sanktuarium, wiederholt, jedoch in verdoppeltem Maßstabe von Höhe, Länge
und Tiefe. Das Allerheiligste war, wie das auch bei den
ägyptischen Tempeln vorkommt, niedriger als die Cella.
Hier fand die Bundeslade mit den beiden Gesetzestafeln
vom Sinai ihren Platz. An dem Getäfel der Wände er-

schienen die Cherubim mit ausgebreiteten Flügeln. Sie sind das Symbol der Macht Jehovas und seiner Nähe. Neu hinzugefügt war die Vorhalle, so dass das ganze Gebäude aus der Vorhalle, dem Heiligen und dem Allerheiligsten bestand, dem Verhältnis entsprechend, das auch bei andern Tempeln alter Zeit stattfand. Zwei prächtige Säulen prangten vor dem Eingang, wie die Obelisken vor den ägyptischen Tempeln.

Zur Translation der Lade in das neue Heiligtum berief der König die Aeltesten der Stämme und die Oberhäupter der vornehmsten Häuser in denselben; Priester und Leviten vollzogen die Ueberführung. Es ist etwas Pharaonisches in dem König Salomo. Zur Dienstbarkeit bei seinen Bauten waren besonders die Reste der alten kanaanitischen Bevölkerung verpflichtet. Von den Israeliten nahmen viele an der Herrschaft teil; die übrigen genossen friedliche Tage, ein jeder bei seinem Weinstock und seinem Feigenbaum. In dem Gericht vereinigte sich Einsicht und Autorität. Salomo ist das Ideal für grosse orientalische Herrscher aller Zeiten.

Der Tempelbau, der Besitz eines blühenden Reiches, der Ruf gedankenvoller Weisheit verschafften ihm schon in seiner Zeit Beweise der Verehrung von nah und fern. Es klingt beinahe wie ein späteres orientalisches Märchen, wenn man liest, die Königin einer durch seltene Produkte und reichen Handelsverkehr ausgezeichneten Landschaft des glücklichen Arabiens, Scheba, habe sich aufgemacht, um den König Salomo, von dem sie durch den allgemeinen Ruf vernommen hatte, persönlich aufzusuchen; aber es ist wohl historisch bezeugt. Sie legte ihm Fragen vor, die sie ungelöst in ihrem Geiste trug. Salomo wusste sie alle zu beantworten. Dann sah sie seinen wohlgeordneten, prächtigen Hofhalt und das Brandopfer, das er seinem Gott darbrachte. Sie rief aus, soviel sie auch von Salomo gehört, so sei das doch nur die Hälfte dessen, was sie jetzt mit Augen sehe. Sie pries das Volk glücklich, das einen solchen König besitze, und lobte Jehova, dass er einen solchen Mann zum König über Israel ausersehen habe.

So erzählt das ernste und glaubwürdige Buch der Könige. Salomo brachte ein allgemein Menschliches zur Erscheinung. Aber dem nationalen Begriff entsprach seine Regierung schon nicht mehr. Ganz und gar auf dem Wege der bisherigen strengen Entwicklung der Jehovareligion wäre ein Salomo nicht möglich gewesen. Mit einer solchen hätte sich die enge Verbindung mit den benachbarten Herrschern, die Vermählung mit einer Tochter des Pharao nicht vertragen. Der Harem, den Salomo sich zugleich einrichtete, zog aus den Nachbarvölkern auch fremde Götterdienste herbei, die geduldet werden mussten. Von ägyptischen Diensten verlautet nichts; aber die Astarten von Sidon fanden Platz auf den Höhen von Jerusalem, Moloch selbst und der Feuergott Kamosch lebten wieder auf. Mochte darin vielleicht die Bedingung einer ruhigen Herrschaft liegen, so konnten doch die Prophetenschulen, die einst Samuel zur Behauptung des strengen Jehovadienstes gegründet hatte, nicht zufrieden sein. Die Erblichkeit des Thrones hatte noch keineswegs in den Ueberzeugungen feste Wurzel geschlagen. Noch bei Lebzeiten Salomos hat ein Prophet den Mann aus anderem Hause und Stamm bezeichnet, der auf Salomo folgen sollte, wie denn auch diesem die Fortsetzung des Reiches aus seinem Geschlechte nur mit der Bedingung, keinen andern Göttern nachzuwandeln, die er nicht erfüllte, zugestanden war.

Noch immer war jene Bewegung, die einst bei den entscheidenden Siegen Davids sich geregt hatte, nicht erstickt. Bei dem Tode des weisen und reichen Königs brach sie unerwartet hervor.

Die zehn Stämme waren eines Königtums müde, an dessen Autorität ihnen kein Anteil zufiel und von dem sie nur eben beherrscht wurden. Der Glanz, der den Thron umgab, blendete sie nicht. Ueberdies aber: mit dem Tode Salomos löste sich das politische Verhältnis auf, das ihm vor allem andern förderlich geworden war; die Pharaonen sonderten sich von seinem Hause ab. Und schon hatte sich auch unter den Israeliten ein Gegner der Dynastie erhoben, ein Ephraimit, Jerobeam, der dem König Salomo bei Erhebung der Frondienste und den Bauten zur Seite gestanden, dabei aber, einer alten, unverwerflichen Ueberlieferung zufolge, Begierde nach der Herrschaft verraten hatte und deshalb, von Salomo verfolgt und bedroht, nach Aegypten geflohen war; von dem Propheten war er bereits zum künftigen König designiert. In Aegypten vermählte er sich nun mit der Schwägerin des neuen Pharao, die in dem Frauengemach eine grosse Rolle spielte, des Namens Ano, und trat mit demselben in die engste Verbindung. Der Thronfolger Salomos, Rehabeam, war der Sohn einer ammonitischen Gemahlin Salomos, nicht der ägyptischen. Vielleicht nicht mit der Unterstützung, aber mit der Einwilligung des Pharao begab sich nun Jerobeam, nachdem Salomo gestorben, in das Gebirge Ephraim zurück. In dem aber versammelten sich die Stämme, die nur durch die Kriegsgewalt Joabs sich dem König David zu unterwerfen gezwungen worden waren, in der Stätte, die das Andenken Jakobs und Josephs besonders lebendig erhielt, Sichem, um den Sohn Salomos als König entweder anzuerkennen, wenn er ein leichteres Regiment verheisse, oder auch nicht, wenn dies nicht geschehe. Rehabeam war persönlich nach Sichem gekommen, wo ihm die Forderung, das Joch seines Vaters zu erleichtern, in jener Form, die zugleich eine Drohung enthielt, vorgelegt wurde. Er rief die Aeltesten des Volkes zusammen, um über die Antwort, die er hier geben solle, zu beraten, die Aeltesten gewiss der Stämme, die sich ihm opponierten, wahrscheinlich aber auch der um Jerusalem vereinigten. Und diese nun rieten ihm sämtlich, den Forderungen des Volkes gerecht zu werden. Aber weder Rehabeam selbst, noch die jugendlichen Altersgenossen, die um ihn waren, wollten sich zu der mindesten Nachgiebigkeit verstehen. Sie liessen nicht etwa eine Erleichterung, sondern eine Erschwerung der bestehenden Lasten erwarten. Werde sich das Volk widersetzen, so werde es nicht mit Geisseln gezüchtigt werden, sondern mit Skorpionen, d. h. knotigen, mit Widerhaken versehenen Stäben, welche eine Wunde hervorbrachten wie der Biss des Skorpions.

Wie die Stämme, die sich einst David zugesellten, ein Bundesverhältnis mit diesem eingegangen waren, so wollten sie auch jetzt die härtere Regierungsweise, die sich seitdem eingeführt hatte, nicht ruhig sich fortsetzen lassen. Sie wiederholten, was sie schon früher gesagt hatten: zwischen ihnen und dem Hause Isai im Stamme Juda bestehe keine Gemeinschaft. Sie fühlten sich eben nicht durchaus als Untertanen. Entrüstet über die ihnen erteilte Antwort erhoben sie sich, der glaubwürdigsten Nachricht zufolge, wie ein Mann. Das Geschrei des Aufruhrs erscholl: « Zu deinen Gezelten, Israel! », ein Ruf, der in grossen Momenten der späteren Zeit wiederhallen sollte.

Unter diesem Ruf ist die Erhebung der Engländer gegen Karl I. erfolgt, eine Erhebung, aus der sich die konstitutionellen Verfassungen der letzten Jahrhunderte herschreiben. In jener alten Zeit ist er für die Geschicke Israels entscheidend geworden.

Rehabeam, der unter demselben seinen Wagen bestieg, um sich nach Jerusalem zu begeben, wo er die Anerkennung fand, die David und Salomo genossen hatten, traf Anstalt, die abgefallenen Stämme durch einen grossen Kriegszug zu überwältigen. Dem setzte sich doch wieder ein Prophet entgegen, Semaja, der den König und sein Volk davor warnte, ihre Brüder mit Krieg zu überziehen. Dann aber blieb es bei der Spaltung, die in Sichem zutage getreten war. Der Führer des Widerstandes, Jerobeam, trat als König der zehn Stämme auf. Wenn die Israeliten insgesamt vereinigt blieben und die Stellung, die ihnen zuteil geworden, ausbildeten, so würden sie in den vorderasiatischen Regionen eine dominierende Macht behauptet haben. Wahrscheinlich, dass dies nur unter einer strengen, rücksichtslosen Autorität möglich gewesen wäre; aber eine solche wollte Israel nicht mehr erdulden. Es besteht immer ein Gegensatz zwischen der politischen Macht eines Fürsten und der für dieselbe unentbehrlichen Teilnahme der Bevölkerung: denn die anwachsende Macht kann dem Volke leicht unerträglich werden. Indem die zehn Stämme dem Königtum, das erst vor kurzem gegründet worden, den Gehorsam aufkündigten, schädigten sie seine Stellung und ihre eigene Sicherheit fremden Nationen gegenüber.

Den Büchern Samuel und der Könige wird man in bezug auf die Darstellung der weltlichen und, wenn wir dies Wort gebrauchen dürfen, für politische Geschichte ein hohes Verdienst zuzuerkennen haben. Wie ein Volk, das, von allen Seiten angegriffen, seine Verfassung ändert, der Republik entsagt und sich der einheitlichen Gewalt des Königtums unterwirft, ist niemals besser geschildert worden. Der natürliche Widerstreit zwischen den geistlichen Antrieben und den der weltlichen Macht inhärierenden Tendenzen einer vollen Unabhängigkeit ist, wie er hier hervortritt, symbolisch für alle Zeiten. König Saul ist eine grosse, unnahbare, in ihrer Art einzige, aber historisch doch sehr verständliche Gestalt. In seinem Kampfe mit Samuel könnte man bereits den deutschen Kaiser im Gegensatz gegen das Papsttum erkennen. So sind die beiden Könige, der kriegerische, schwungvolle David, der friedliche, weise Salomo, Vorbild für alle Jahrhunderte. In Rehabeam und Jerobeam erscheint dann der Zwiespalt zwischen zentraler Macht und provinzieller Unabhängigkeit, wie er sich unzähligemal wiederholt hat. Sie sind jedoch nicht als Vorbilder gedacht, sie haben die Realität historischer Erscheinungen. Man wird befriedigt und belehrt, wenn man sie studiert.

DRITTES KAPITEL

TYRUS UND ASSUR

*Phönizien — Sisak — Ahab — Isebel — Elias — Elisa — Jehu — Athalja —
Joas — Assur — Assur-nasir-habal — Salmanassar — Sargon —
Sanherib — Hiskia — Assurbanipal — Untergang von Ninive — Nebukadnezar —
Nacho — Belagerung von Jerusalem — Einnahme von Jerusalem*

Indem wir in der Ueberlieferung des Buches der
Bücher über Israel wirkliche Geschichte erkennen, ver-
missen wir um so mehr ähnliche Berichte über die benachbarten Nationen. Eine ethnographische Urkunde liegt vor,
die sogenannte Völkertafel, die nicht in die ältesten Zeiten,
in die sie gesetzt wird, gehören mag, aber doch einen
Begriff davon gibt, wie sich Israel, wahrscheinlich in der
Zeit der Richter oder Samuels, das Menschengeschlecht
und die Völkerwelt dachte.

Mit der religiösen Idee hängt es doch wohl zusammen,
dass hier nichts von einer Verachtung des Fremdländi-
schen, von einer Scheidung in Stammesverwandte und
Barbaren zu finden ist. Alle Völker erscheinen darin als
gleiche, freie, durch den gemeinschaftlichen Stammvater,
der nicht Adam, sondern Noah ist, untereinander selbst
verwandt. Diesen Sinn hat die genealogische Herleitung
der Völker von den drei Söhnen Noahs.

Wir begnügen uns, den Umfang des Gesichtskreises
überhaupt wahrzunehmen.

Auf der einen Seite war den Israeliten das südliche
Arabien bekannt, wahrscheinlich doch durch die Seefahrten der Aegypter, die auf den Denkmalen verzeichnet
sind, während ihnen auf der andern durch die Seefahrten
der Phönizier die kaukasischen Länder und Küsten des
Mittelmeeres wenigstens durch Hörensagen bekanntgeworden waren. In der Völkertafel findet sich eine Idee
von den kaukasischen Völkern, einigen handeltreibenden
Völkerstämmen am Schwarzen Meer, den Inseln des Mittelmeeres, wohl auch schon von Gallien und Spanien,

worauf Rodanim und Thartschisch hindeuten; allein dass
sie nun auch die innerhalb dieser äussersten Marken begriffenen Landschaften und ihre Bewohner wirklich gekannt hätten, dürfte man nicht annehmen.

Sehr gut kannten sie Aegypten, Libyen, Aethiopien
und die Euphratländer, Elam, Sinear, wahrscheinlich auch
Assyrien. Mit den Hebräern im engsten Verhältnis der
Nationalität, des Wohnplatzes und des Verkehrs standen
die Phönizier. Ursprünglich waren die Absichten der
Hebräer auf die Besitznahme des gesamten Landes, auch
seiner Küstenstrecken, gerichtet gewesen. Hier aber hatte
sich eine Macht von anderem Charakter, als er den kanaanitischen Königreichen eigen war, gebildet, die sie nicht
zu überwältigen vermochten wie die der Philister. Die
Küstenstrecke bietet bedeutende Krümmungen dar, in
welchen sich eine gewerbsfleissige, kunstfertige und see-
fahrende Nation entwickelt hatte. Die Promontorien sind
so geartet, dass sie in frühen Zeiten sichere Hafenplätze
darboten, an denen sich maritime Ansiedelungen festsetzten. Die älteste von allen ist Sidon, von dem ursprünglich die ganze Nation ihren Namen führte. Tyrus ist erst
die zweite. Doch ergibt sich nicht, dass es eben eine
Kolonie von Sidon gewesen sei, wie man freilich im Altertum annahm. Denn Kolonialverbindungen, welche die
Religion heiligte, würden noch andere Denkmale hinterlassen haben, als wir finden. Die ganze Küste ist mehr
wie irgendeine andere in der Welt zu weiten Seefahrten
geeignet. Die Windströmungen führen wie von selbst nach
Zypern und Rhodus, von wo eine leichte Kommunikation
nach Aegypten reicht. Hier aber kommt dann eine See-
strömung längs den Küsten der Schiffahrt zustatten und
bringt auf das rascheste nach Phönizien zurück. Infolge
dieser Naturverhältnisse wurde das östliche Becken des
Mittelmeeres früh von phönizischen Kauffahrern belebt.
Dann drang Tyrus in das westliche vor, erreichte Gades
und gründete Karthago. Allmählich wurde die phönizische
Küste die Metropole für den Handel zwischen Orient und
Okzident. Der Handelsverkehr gab ihr zugleich eine hohe

politische Bedeutung. Wir berührten schon, wie in Damaskus der phönizisch-orientalische und der babylonisch-orientalische Verkehr sich die Hand reichten. Phönizisch und punisch ist identisch, namentlich für den Okzident. Im Orient bedienten die Phönizier sich der mannigfaltigsten Handelsstrassen, für die ihnen auch die Verbindung mit Judäa von grösstem Werte war. Die Stämme, die am weitesten gegen Phönizien vorgedrungen waren, gerieten sogar in dessen Abhängigkeit. Der Tempel Salomos selbst ist nur mit Beihilfe der Phönizier erbaut worden. Aber dabei blieben doch die beiden Nationalitäten, wiewohl demselben Sprachstamm angehörig, immer in einer durchgreifenden Differenz. Israel war binnenländisch, Phönizien hatte den allgemeinen Weltverkehr zu Lande und zur See in seinen Händen.

In derselben Zeit nun, in der das israelitische Königtum sich mächtig erhob, war in Tyrus eine monarchische Verfassung eingeführt worden. König Hiram war der Freund Davids und Salomos. Als nun aber nach dem Tode Salomos das Zwölfstämmereich sich spaltete, gewannen die nächsten Nachbarn, Aegypten und Phönizien, ein Uebergewicht, das sie früher nicht besessen hatten. Der Pharao Sisak, der als Stifter der zweiundzwanzigsten Dynastie betrachtet wird, derselbe, der mit Jerobeam in Verbindung trat, ward hierdurch veranlasst, Juda mit Krieg zu überziehen.

Die grossen Reichtümer, die unter Salomo im Tempel aufgehäuft worden waren, werden einen besonderen Reiz auf ihn ausgeübt haben; sie fielen in seine Hände, besonders all die goldenen Schilde, mit denen der König an den hohen Festtagen zu erscheinen liebte. Man hat an der Aussenwand eines thebanischen Tempels eine Inschrift gefunden, in welcher die Juden als mit der Siegeskeule des Pharao betroffen bezeichnet werden. Damit hörte dann die politische Macht von Juda überhaupt auf. Noch bei weitem tiefer aber, nicht durch Waffen und Eroberung, sondern durch Sitte und Religion, wirkte Phönizien auf Israel ein.

Einer der mächtigsten Könige des Zehnstämmereiches, der achte in deren Reihe, Ahab (um das Jahr 900 v. Chr.), war mit Isebel, der Tochter des tyrischen Königs Ethbaal (Ithobaal), der früher Priester der Astarte gewesen war, verheiratet. Es waren die Zeiten, in welchen sich die tyrischen Götterdienste durch die Handelskolonien in aller Welt ausbreiteten und festsetzten. Die Tochter des Königs, der ein Priester gewesen war, brachte mehr als achthundert Theophoreten, d. h. Priester und Diener ihrer Götter, mit, denen nun der Jehovakult weichen zu müssen schien.

Ahab baute in Samarien einen Tempel des Baal, der von vierhundert Priestern bedient wurde, und errichtete einen Orakelhain der Astarte bei Jisreel, in einer fruchtbaren, durch Gartenanlage in Weise der Phönizier geschmückten Landschaft, wo Isebel Wohnung nahm. Hier aber entbrennt ein heftiger Kampf zwischen den beiden Religionen. Der Königin und den Baalim gegenüber tritt der Prophet Elias auf, der von keiner Rücksicht wusste und in dem Gefühl der Unabhängigkeit der Religion lebte, das ja niemals stärker ist, als wenn sie bedroht wird und in den Fall kommt, Widerstand zu leisten.

Die Königin verfolgte die Jehovapropheten, die sich in den Höhlen des Landes verbargen, wo ihnen Brot und Wasser, eine Gabe der gläubigen Jehovaverehrer, das Leben fristeten. Einer von den flüchtigen Propheten war Elias, aus den Beisassen von Gilead entsprungen; die Sage lässt ihn durch Raben mit Brot und Fleisch nähren an dem Bache Kischon, der die Ebene durchläuft. Unaufhörlich flüchtig erscheint er immer wieder zum Schrecken Ahabs, den er, man möchte sagen, wie ein böses Gewissen, belästigt. « Bist du es », sagt Ahab, als er sich ihm wieder darstellt, « Verderbenbringer Israels? » « Verderber Israels », antwortet Elias, « bist du selbst, da du Jehova verlassen hast und dem Baal dienst. » Einst kam es auf dem Berge Karmel zu einer Art von Wettstreit zwischen den beiden Religionen. Elias, der einen zerstörten Jehovaaltar zu einem Opfer herrichtet, zwischen zwölf Steinen, welche die Stämme bedeuten, und dann den Gott Abrahams, Isaaks und Jakobs anruft, behält den Sieg. Das anfangs schweigsame und unentschiedene Volk tritt auf seine Seite. Jehova, der das Opfer entzündet und nach langer Dürre Regen gibt, wird von dem Volke als der wahre Gott anerkannt. An jenen Theophoreten Baals wird dann eine schreckliche Rache vollzogen; sie werden, so lautet der Text wörtlich, am Bache Kischon geschlachtet. Aber auf Isebel hat das Ereignis vielmehr eine entgegengesetzte Wirkung; sie bedroht den Propheten unverzüglich mit demselben Schicksal, das ihre Priester erfahren haben; diesem bleibt nichts übrig als eine neue Flucht in die Wüste. Wir finden ihn an dem Berge Horeb, an der Stelle des Ursprungs der Jehovareligion. Von dort kehrt er in der Ueberzeugung zurück, dass der Jehovadienst nur durch Wiederherstellung einer gläubigen Regierung zu retten sei. Noch eine geraume Zeit hindurch stehen nun Isebel und Elias einander gegenüber.

Der Prophet zieht in seinem härenen Gewand, mit ledernem Gürtel gegürtet, durch das Land, oder er sitzt auf einer Anhöhe, unantastbar auch in seiner Einsamkeit für die königlichen Scharen, bis diese ihn selbst und dadurch Jehova verehren.

Mitten in diesen Kämpfen verschwindet er selbst. Die Ueberlieferung lässt ihn in einem feurigen Wagen mit feurigen Rossen — denn alles ist ein Bild des Krieges — den Augen entrücken. Doch hinterlässt er einen Schüler, Elisa, der sein Vorhaben ausführt.

Noch herrschte Isebel wie über Ahab, so nach dessen Tode über seine Söhne. Sie ist die erste den finstern Mächten verbündete Frauengestalt der Weltgeschichte; in ihr stellen sich die Einwirkungen der Religion des Baal und der Astarte leibhaftig dar. Auch über Juda hatte Isebel durch die Vermählung ihrer Tochter mit dem Königssohne beherrschenden Einfluss genommen. Genug, es stand etwas auf dem Spiele in diesen Tagen, das Bestehen oder der Untergang der Jehovareligion in den beiden Reichen. Elisa schritt dazu, den Sinn seines Meisters ins Werk zu setzen. Auf sein Wort wurde der Oberste des israelitischen Heeres, Jehu, mit dem magischen Oel zum König gesalbt. Durch den nun starben die beiden Könige von Israel und von Juda; dann begab er sich nach jenem der Astarte geheiligten Platz, wo Isebel lebte; sie sah ihn kommen; es gab eine ägyptische Schminke, welche die Augen grösser erscheinen machte; auf diese Weise, in geisterhaftem und götzendienerischem Schmuck, trat Isebel an das Fenster, als Jehu heranfuhr. Auf seinen Zuruf ward sie von den Hämlingen, die sie umgaben, aus dem Fenster gestürzt; ihr Blut bespritzte die Mauern. Jehu fuhr mit seinem Wagen über ihre Leiche. Noch einmal siegte das Prophetentum Jehovas. Elias triumphierte nach seinem Tode. Durch diese Thronumwälzung wurde nun das Jehovatum gerettet; noch fünfundvierzig Jahre lang stand Elisa dem Hause Jehu zur Seite.

Noch aber herrschte eine Tochter Isebels des Namens Athalja in Jerusalem. Sie hatte dem Tempel Jehovas zur Seite einen Tempel Baals eingerichtet; ihr Sinn schien zu sein, das ganze Haus David zu vernichten; denn diese Frauen teilten den Blutdurst des Baal-Moloch. Nur ein Sprössling des Stammes Isai war gerettet worden, des Namens Joas, und zwar durch eine Schwester des Königs Ahasja, die mit dem Hohenpriester Jojada verheiratet war. Diese liess den Knaben insgeheim bis zum siebenten Jahre erziehen; dann schritt er dazu, in seinem Namen die verbrecherische Mutter zu stürzen. Der Hohepriester war der Nachkomme jenes Zadok, durch den Salomo auf den Thron gesetzt worden war, und auch ihm gesellten sich die Führer der Leibwache zu. Der junge Joas stand bereits an der Stätte der Verehrung, die dem König im Tempel gebührte. Das Volk rief ihn zum König aus. Durch den Lärm aufgeschreckt, eilt Athalja nach dem Tempel. Mit dem Worte: Aufruhr, Aufruhr, flieht sie nach dem Königshause zurück. Da an der Türe wird sie ermordet; denn in dem Tempel hatte man nicht Hand an sie legen wollen, weil sie doch eine Tochter von Königen sei. Spätere haben erzählt, sie habe den Knaben umbringen lassen wollen; und ohne Zweifel würde das die Folge gewesen sein, wäre

sie Meisterin geblieben. Nun aber ward der Knabe Joas
König an ihrer Statt. Wie in Israel der Prophet, so
herrschte in Juda nun der Hohepriester. Der Tempel Baals
wird zerstört, die Priester des Götzen getötet, alles kehrt
zu den Gebräuchen der davidischen und salomonischen
Zeiten zurück. Auf dieser gewaltsamen Reaktion der
Jehovareligion gegen den eingedrungenen Dienst des Baals
beruht das fernere Bestehen der alten Religion.

Wollte man nun aber bei dieser Wendung der Dinge
fragen, wie sie vor sich gehen konnte, ohne dass die
Königin und ihr Geschlecht von Tyrus unterstützt wurde
und ihr die innere Macht der phönizischen Dienste zustatten kam, so fürchte ich, nicht zu irren, wenn ich das
Unerwartete ausspreche, dass das Emporkommen des
assyrischen Reiches und sein Vordringen bis an die Küsten
des Mittelmeeres den grössten Anteil daran hatte.

Im Altertum hat man viel von einer assyrischen Gross-
macht zu erzählen gewusst, die von Ninus und Semiramis
aufgerichtet worden und mit Sardanapal zu Ende gegangen
sei. Aber Semiramis und Sardanapal sind mythologische
Gestalten. Der Name Ninus ist eine Personifikation von
Ninive, welches Wort « Ansiedelung » bedeutet. Von diesen Erzählungen muss die allgemeine Geschichte absehen.
Ihr stellen sich überhaupt anfangs nicht grosse Monarchien dar, sondern kleine Stammesbezirke oder staaten-
ähnliche Genossenschaften, die eigenartig und unabhängig
nebeneinander bestehen. Die altassyrischen Denkmale,
die in unseren Tagen aufgefunden und dem Verständnis
angenähert worden sind, enthüllen uns vor allem die Tatsache, dass im 10. und 9. Jahrhundert vor unserer Aera,
in welche die Macht von Tyrus und das äthiopische Pha-
raonentum in Aegypten, zugleich aber die Spaltung des
Reiches Israel in zwei Stammesgruppen fällt, noch eine
grosse Anzahl unabhängiger kleiner Reiche diesseits und
jenseits des Euphrats und des Tigris', sowie in dem Quel-
lenlande der beiden Ströme bestanden, alle blühend, reich
und wohlbegründet. Ueberall finden wir Fürsten und einigermassen befestigte Städte, volkstümliche Streitkräfte

und angesammelte Schätze. Die meisten sind semitischen Ursprungs. Wenn Babel eine grosse religiöse Metropole bildete, so waren doch überall lokale Verehrungen im Schwange, die das besondere Bestehen gleichsam heiligten.

Eine entschiedene Uebermacht bildete sich in keinem derselben aus. Sie waren alle in gegenseitigen Feindseligkeiten und kleinen Kriegen beschäftigt. Da trat nun Assur auf. Die ältesten Traditionen leiten es von Babylon ab. Allgemeine Bedeutung bekam es dadurch, dass ihm Ninive zufiel, eine grosse Handelskapitale zwischen dem östlichen und dem westlichen Asien, an einer Stelle, die auch später zu demselben Zwecke vorzüglich geeignet befunden worden ist. Früher waren Assur und Chalach, deren Ruinen noch übrig sind, die Hauptstädte der Könige gewesen. Allmählich wurde es Ninive. Was wir nun aus den neu entdeckten Denkmalen entnehmen, füllt eine Lücke in der Weltgeschichte aus, die immer sehr empfindlich war; nicht als ob wir darin eine zuverlässige und haltbare Auskunft über das höhere Altertum erhielten; alles bleibt fragmentarisch und ungewiss; aber über die Zeit von der Spaltung des jüdischen Reiches bis zur Erhebung der Perser erhalten wir sehr willkommene geschichtliche Belehrung.

Niemals hat es Fürsten gegeben, die eifersüchtiger gewesen wären, in der Nachwelt fortzuleben, als diese assyrischen. Die Mauern ihrer Paläste wurden mit einer Erzählung ihrer Handlungen beschrieben und über alle, die diese Andenken verletzen würden, eine Art von Verfluchung ausgesprochen; dennoch sind sie zwei Jahrtausende vollkommen vergessen geblieben, bis sie von der europäischen Wissenschaft wieder aufgefunden worden sind. Mit reger Wissbegier unternimmt man eine Rekapitulation des Inhalts dieser Inschriften, soweit sie bekanntgeworden sind, immer mit dem Vorbehalt, dass fernere Studien denselben bestätigen und ergänzen werden.

Vor allem stösst man auf eine stete Verbindung, aber auch einen steten Gegensatz mit Babylon. Ein König wird

genannt, der zwei Söhne hinterlässt, von denen der eine
Assur, der andere Babel beherrscht. In Babel erscheint
der Kampf dieser Macht mit den Ureinwohnern, Akkad
und Sumir, von denen angenommen wird, dass sie dem
turanischen Stamme angehörten. Der König Hammurabi
rühmt sich, dass Bin und Bel, die Götter seiner eigenen
Stammesgenossenschaft, diese Völkerschaften in seine
Hand gegeben; dass er dann das Land durch umfassende
Wasserbauten erst bewohnbar gemacht habe. Aber die
Hilfe von Assur gehörte immer dazu, um die Unterwürfigkeit der Einwohner und den erbberechtigten König in
seinem Besitz zu erhalten. Zuweilen treten auch Könige
von Babylon auf, die in Assur vordringen, dann aber
wieder geschlagen werden, so dass Assur immer im Besitz
der Ueberlegenheit bleibt. Es folgen Verträge, Verschwä-
gerungen und nach einiger Zeit abermalige Zwistigkeiten
und Heereszüge.

Unter den assyrischen Königen tritt nun in der ersten
Hälfte des neunten Jahrhunderts der Mann auf, der als
der eigentliche Begründer der Grösse Assyriens bezeichnet werden kann. Er war nicht ohne Vorgänger in seinen
Unternehmungen; einen seiner Vorfahren rühmt er als
einen Mann ohnegleichen unter den Königen der vier
Weltgegenden, allein dieser wird durch ihn selbst ver-
dunkelt. Es ist Assur-nasir-habal, der Fürst, aus dessen
Palast die meisten Reliquien von Assyrien, die nach den
europäischen Museen gebracht worden sind, herrühren.
Wir dürfen an der Inskription, in der er diese Taten verzeichnet, nicht vorübergehen, ohne ihren Inhalt, soweit
er verständlich ist, anzugeben. Vor allem gedenkt Assur-
nasir-habal der Befestigung seiner Macht und seines Ansehens in den babylonischen Gebieten, namentlich dem
Lande der Chaldäer Kardunias, die er dem Schrecken
seines Namens zuschreibt. Dann folgt ein sehr gefährlicher
Feldzug gegen Nairi, eine Landschaft, die in dem Hochlande, wo der Tigris entspringt, gesucht wird; die Bewohner hatten ihre besonderen Fürsten. Der König von Assyrien legt ihnen einen Tribut auf, der in Silber und Gold,

Wagen und Pferden und allerlei Lieferungen besteht, und setzt einen Statthalter daselbst ein. Aber ein Aufruhr bricht aus, der den König veranlasst, diese Landschaft nochmals mit Krieg zu überziehen; er nimmt die Städte, sucht die Flüchtigen in den Gebirgen auf und tötet viele ihrer Leute. Bei ihm erscheint die Gewaltsamkeit des Eroberers, der den Aufruhr aufs härteste zu bestrafen sich berechtigt glaubt. Auch benachbarte Völkerschaften erwähnt er, über die er sich ergossen habe, « wie der Gott der Ueberschwemmung ». Er errichtet Pyramiden von den Köpfen der Erschlagenen, wie später die Mongolen-Khane. Er lässt die Bezwungenen aufpfählen oder ans Kreuz schlagen.

Ein folgender Feldzug führt ihn gegen die Sukhi, die am Euphrat wohnen und, durch die Hilfe ihrer Nachbarn, der Chatti, ermutigt, gegen ihn angehen. Man hat hier die ganze Kriegführung vor Augen. Die Feinde sind gut gerüstet, sie haben mutige Anführer. Eine erste Feldschlacht bleibt unentschieden. Aber dem König von Assur gelingt es, die Hauptstadt einzunehmen, wo auch viele Leute der Verbündeten in seine Hand fallen. Unter der Beute, die er macht, werden Kriegswagen, Kleidungen der Männer, überdies Gold und Silber in Fülle gefunden. Es verbreitet sich der Schrecken seiner Waffen, alles unterwirft sich. Bald aber wird der König durch einen neuen Aufruhr in das Land zurückgerufen. Er besiegt abermals die Feinde und ihre Verbündeten, verhängt zugleich Zerstörung und Verbrennung der Städte und führt einen Teil der Eingeborenen nach Assyrien mit sich fort. Dann gründet er selbst einige feste Plätze.

Die Namen, die in den Inschriften erscheinen, gehören einer beinahe unbekannten Welt an, die erst in späteren Zeiten in den Kreis der Geschichte gezogen werden sollte; von dem grössten Belang aber ist es, dass die assyrischen Eroberungen unverzüglich die Schauplätze der bisherigen universal-historischen Völkerbewegungen erreichen.

Assur-nasir-habal zieht nochmals aus, dringt an den Orontes vor und bezwingt die festen Plätze, die ihm

Widerstand leisten; den mächtigsten Häuptling unterwirft
er selbst seinem Joche, in den vornehmsten Plätzen siedelt
er seine Assyrer an. Dann übersteigt er den Libanon und
gelangt an das grosse Meer. Hier nötigt er Tyrus, Sidon
und andere Städte, ihm Tribut zu zahlen. Er bringt dort
seinen Göttern Opfer dar und lässt in Amanus Zedern
fällen, die zu seinen Tempelbauten nach Ninive geschafft
werden, wo die Göttin Astarte ihre Heiligtümer hat. So
bildete sich zwischen den Kapitalen am Tigris und dem
Mittelmeer durch die Gebiete unterworfener Bevölkerungen eine dauernde Verbindung des Schwertes und der
Eroberung. Ich denke nun, dass der Rückgang des Baaldienstes von Tyrus in Israel und Juda [1]) mit diesem Vorrücken der Assyrer, von denen die phönizischen Städte
erreicht wurden, zusammenhängt. Denn wie hätten die
Gottheiten von Tyrus Israel unterwerfen sollen, da sie
eben in ihrer Heimat den grössten Abbruch erfuhren. Als
ein Weltereignis von unermesslicher Tragweite muss
es betrachtet werden, dass sich aus dem inneren Asien
her in der ersten Hälfte des neunten Jahrhunderts eine
Macht erhob, die ihre Waffen nach dem Westen richtete
und alles, was ihr entgegentrat, unterwarf. Phönizien, am
Saume der Gebirge emporgekommen, konnte nicht bestehen, wenn eine überlegene Macht des Gebirges sich
bemeisterte. Es büsste damit die Grundbedingung seiner
Unabhängigkeit ein. Noch einmal erinnert man sich hierbei
des Königs David. Wenn es den Israeliten gelungen wäre,
Damaskus zu behaupten und mit den Seestädten eine enge
Allianz zu schliessen, so würde es möglich gewesen sein,
die Assyrer in ihre Grenzen zurückzudrängen. Seitdem
aber das Zwölfstämmereich sich in zwei Bestandteile aufgelöst hatte, von denen der eine den ägyptischen Waffen,
der andere dem phönizischen Götzendienste unterlag,
wurde dies unmöglich. Damaskus, das sich von Salomo
losriss, war seitdem zu einer selbständigen Macht gelangt,
die eben auch die Israeliten bekämpfte. Während man
aber hier in blutigen Kriegen auszumachen suchte, ob
Jehova ein blosser Berggott sei, wie die Syrer sagten, oder

ob er auch in einer Schlacht auf dem Blachfeld Macht habe, kam das grosse Reich im Osten empor, dem dann nur noch ein partieller und unfruchtbarer Widerstand geleistet werden konnte.

Auf Assur-nasir-habal, dessen Tod in das Jahr 857 gesetzt wird, folgt Salmanassar, den man als den dritten König dieses Namens bezeichnet, der nun weiter nach Syrien vordrang. Im Jahre 851 ist er, wie eine seiner Inschriften erzählt, auf Flössen über den Euphrat gegangen und hat Ben-hadad (Ben-hidri) von Damaskus, der mit Hamath und andern Nachbarn verbündet war, aus dem Felde geschlagen. Fünf Jahre später kommt es zu einem neuen Feldzuge, in welchem Ben-hadad, der mit zwölf andern Königen verbunden ist, abermals geschlagen und zur Flucht genötigt wird. Aber Syrien ist damit noch nicht besiegt. An Ben-hadads Stelle erscheint Hazaël (Khaza-ilu), derselbe, von dem in der hebräischen Tradition gemeldet wird, er sei vorlängst von Elias zum König von Syrien bestimmt worden, wie Jehu von Elisa zum König von Israel. In den assyrischen Inskriptionen wird berichtet, dass Hazaël dem König von Assyrien entgegenging, um sich mit ihm zu schlagen. Er ist mit Pferden und Streitwagen aufs vortrefflichste gerüstet; aber Salmanassar besiegt ihn und erobert sein Lager. Man könnte dies als die entscheidende Schlacht ansehen, in deren Folge Salmanassar drei Jahre später auch die festen Plätze eingenommen und dem Lande einen Tribut auferlegt hat. Unter den Tributpflichtigen wird auch der König von Israel erwähnt. Auf einem Obelisken Salmanassars zu Chalach sieht man die Juden Tribut darbringend. Salmanassar sagt: Goldbarren, Silberbarren, goldene Schalen empfing ich. Die Inschriften des Obelisken werden durch Inschriften auf zwei geflügelten Stieren ergänzt.

Wie nach Westen, so richtet Salmanassar auch nach Osten seine siegreichen Waffen.

Unter den dargebrachten Tributen vom Lande Kirzan sieht man Kamele, ein Rhinozeros, ein Flusspferd und Affen, woraus der Schluss gezogen werden kann, dass

Salmanassar auch auf dem Hochlande von Iran weit vorgedrungen sei. Als das grosse Ereignis des neunten Jahrhunderts kann
man es hienach betrachten, dass die Kriegsmacht von
Assur, in ihrem eigenen Gebiete Meister geworden, nach
Westen vordrang und auf der einen Seite das Gebirge,
das Phönizien beherrscht, und dadurch dieses selbst unterwarf, auf der andern die Kriegsmacht von Damaskus
brach und in Syrien zu dominieren anfing. Die notwendige
Folge davon war, dass es einen gewissen Einfluss auf die
beiden israelitischen Reiche gewann, der unverzüglich
weiterführen sollte.

Die historische Tatsache besteht darin, dass das Zehn-
stämmereich nach dem Ausgang der Dynastie Jehu in
einen Zustand innerer Verwirrung geriet. Drei Fürsten
nebeneinander stritten um den Thron; Menahem, der denselben behauptete, übte doch die grössten Gewaltsamkeiten aus. Man vernimmt, dass auch diejenigen ermordet wurden, die nach den gesetzlichen Asylen flüchteten.
Der Moment ist insofern sehr wichtig, als Hosea, den ich,
wenn nicht für den ersten aller Propheten, doch für den
dem ersten am nächsten stehenden erklären möchte,
nichts mehr ausrichten konnte und Israel sich selbst überliess. Da kamen nun die Assyrier über das Land. Menahem, den sie in der Behauptung seiner Macht unterstützten, wurde doch zur Zahlung eines Tributs genötigt, den
er von den angesehensten unter seinen Untertanen erst
eintreiben musste, ehe er ihn zahlen konnte. Israel ward
dadurch faktisch eigentlich unterworfen. In den Inschriften, in denen Tiglat-Pilesar die tributpflichtigen Fürsten
aufzählt, erscheint Menahem neben den Fürsten von
Comagene, Damaskus, Tyrus, Byblus, Karchemisch. Es
sind kleinasiatische, phönizische und syrische Dynasten,
die Tiglat-Pilesar als seine Vasallen aufführt. Juda, Edom
und die Philister fehlen darunter. Wer ermisst aber die
Gedankenlosigkeiten der kleinen, bloss auf ihren nächsten
Vorteil bedachten Fürsten, durch die es trotz der bedro-
henden Nähe eines übermächtigen Feindes dennoch ge-

schah, dass die in Israel und Damaskus belassenen Gewalthaber vereinigt den König von Juda angriffen, für den es
dann keine andere Rettung gab, als dass er sich an Tiglat-
Pilesar anschloss, worauf er zinspflichtig wurde, so dass er
bald darauf in der Reihe der tributären Fürsten erscheint.

So wurde um die Mitte des achten Jahrhunderts der
Unabhängigkeit beider Teile des alten israelitischen Reiches faktisch ein Ende gemacht, und zwar nicht gerade
durch grosse Anstrengungen, sondern infolge von Uneinig-
keiten, die zwischen den beiden Königreichen und innerhalb derselben ausgebrochen waren. Sobald der in Samaria von Assyrien eingesetzte König Hosea dem König von
Assyrien, Salmanassar, den man als den fünften zählt, den
Tribut zu versagen wagte, wurde er von diesem gefangen.
Salmanassar schickte sich eben an, Samaria zu belagern,
als auch in Phönizien eine Bewegung ausbrach, so dass
Salmanassar genötigt wurde, seine Macht zu teilen. [2])

Was er auszuführen durch einen frühen Tod verhindert
wurde, setzte nun sein Nachfolger Sargon ins Werk, in
den Inschriften Sarkin oder Sarrukin. Er erzählt seine
eigenen Taten: « Mit Hilfe des Gottes Samas, der mir
Sieg über meine Feinde gibt, habe ich eingenommen die
Stadt Samaria. Ich habe 27 280 Einwohner zu Sklaven
gemacht und habe sie in das Land Assur abführen lassen;
die Menschen, die meine Hand bezwungen, habe ich
inmitten meiner Untertanen wohnen lassen. » Man sieht
wohl, dass Sargon als der eigentliche Zerstörer des sama-
ritanischen Reiches zu betrachten ist.

So verfuhr er auch mit den syrischen Landschaften und
mit Damaskus, deren Empörung er niederwarf, so dass es
ihm möglich wurde, Armenier und Assyrier auch auf
diesem Gebiete anzusiedeln.

Das Auffallende ist, dass das alles geschehen konnte
ohne den Widerstand von Aegypten, in dessen alten
Machtbereich der König von Assyrien auf das gewaltsamste eingriff.

Ueber den Zustand Aegyptens in dieser Epoche sind
wir nur dürftig unterrichtet; aber unleugbar ist, dass das

Reich der Ramessiden nach jener Unternehmung Sche-
schonks gegen Juda von den verderblichsten inneren und
äusseren Veränderungen heimgesucht worden war. Wir
erfahren, dass die Herrscher von Aethiopien sich auch
Aegypten unterworfen, das Land aber dann doch aus
Besorgnis vor der Macht der Priester wieder verlassen
haben. Dann brach ein innerer Kampf zwischen den Krie-
gern, die einen grossen Teil des Landes besassen, ohne
es verteidigen zu können, aus, in dem ein Priester gegen
alles alte Herkommen sich selbst zum Pharao erklärte.
Eine neue Landverteilung wurde vorgenommen, aber man
begreift, dass dadurch alles in konvulsivische Zerrüttung
geriet. Wir können Jahr und Tag der verschiedenen Katastrophen nicht angeben; aber eine lange Epoche hindurch
herrschten Zustände, in denen Aegypten den alten syrischen Bundesgenossen keine Hilfe zu leisten vermochte.
Der König von Gaza, gegen den Sargon zunächst anging,
brachte einen der damaligen Machthaber in Aegypten, der
unter dem Titel Siltan (Sultan) erscheint, auf seine Seite.
Sargon erzählt, dass die Heere von Aegypten und Gaza
vereinigt ihm entgegengegangen, von ihm aber mit der
Hilfe Assurs, seines Herrn, aus dem Felde geschlagen
worden seien; der Siltan sei entkommen, Hanno von Gaza
aber in seine Hand gefallen; er verfuhr mit Gaza wie mit
Samaria und Damaskus. Die Städte wurden geplündert
und eingeäschert, ein grosser Teil der Einwohner, mehr
als 9000, nach Assyrien abgeführt. Weniger darauf kam
es ihm an, Aegypten einzunehmen, als auf die Besetzung
von Gaza, durch die seine vorderasiatischen Eroberungen
konsolidiert wurden. Auch die Philister konnten ihm keinen weiteren Widerstand leisten. In einer ihrer vornehmsten fünf Städte, Asdod, lebte ein Fürst, der alle Nachbarn
gegen die Herrschaft der Assyrer aufzuregen beflissen war
und seinen Tribut zu zahlen verweigerte. Sargon erzählt,
er habe die Untertanen desselben von ihm abwendig
gemacht und einen andern an seine Stelle gesetzt; der
aber habe sich nicht behaupten können; von dem Volke
sei ein Dritter namens Jaman aufgestellt worden, der

wieder die Obmacht von Assyrien nicht habe anerkennen wollen. Im Zorn seines Herzens wendete sich Sargon mit seinen Streitwagen und der Reiterei, die ihn begleitete, gegen Asdod und brachte es in seine Hand. Er führte die Götter der Philister mit sich fort, ohne Zweifel auch den Fischgott, in dessen Tempel einst das abgeschlagene Haupt König Sauls niedergelegt worden war. Er setzt einen Statthalter in Asdod ein. Er habe, sagt er, die Einwohner so behandelt wie die Assyrer selbst, so dass sie seinen Verordnungen folgten.

Ein philistäischer Häuptling hatte seine Zuflucht nach Aegypten genommen, allein der Schrecken, den die assyrischen Waffen verbreiteten, war so gross, dass er von den ägyptischen Herrschern ausgeliefert wurde. Auch nach Arabien erstreckte sich Sargons Autorität; die Inschriften gedenken eines Königs von Saba, von welchem Sargon Tribut erhob. Die Inschriften sind ruhmredige Bulletins eines Eroberers; aber unschätzbar sind doch die Notizen, die sie enthalten. Wir lernen daraus, dass den Erfolgen in Westasien unaufhörliche Kämpfe im Osten und Norden des Reiches zur Seite gingen. Dreimal empören sich die Urarti (Armenier) und ihre Nachbarn am Ararat. Sie werden besiegt; aber grässlich, selbst unter Barbaren kaum erhört, ist die Züchtigung, die über sie verhängt wird. Man zieht ihnen die Haut von dem noch lebendigen Leibe. Wahrscheinlich aus Furcht vor einem solchen Schicksal tötet sich Ursa, der Führer dieses Aufstandes, mit eigener Hand. Unaufhörlichen Widerstand leisten die Meder, unter deren Fürsten wir den Namen Dayakku (vermutlich der den Griechen wohlbekannte Dejokes) finden. Sargon verwandelt vier medische Städte in assyrische Festungen; er erwähnt in einer früheren Inschrift achtundzwanzig, in einer späteren fünfundvierzig medische Fürsten, von denen er Tribut empfangen habe. Fast am meisten aber hat er mit dem einst verbrüderten, dann oft bezwungenen, jetzt wieder feindseligen Babylon zu kämpfen.

Ein von Salmanassar eingesetzter König ist von einem einheimischen Häuptling und Gewalthaber, Merodach-Baladan (Marduk-bal-iddin), gestürzt worden. Sargon sieht sich anfangs genötigt, ihn als Herrscher von Süd- und Nord-Chaldäa bestehen zu lassen. In kurzem erneuerte sich der Kampf, zu welchem Merodach-Baladan arabische Wanderstämme herbeigerufen hatte, indem er zugleich sich mit dem König von Elam verband und eine feste Stellung hinter einem aus dem Euphrat abgeleiteten Kanal einnahm. Sargon besiegt ihn aber und zwingt ihn zur Flucht. Dann erscheint er selbst als grosser Monarch in Babel; er empfängt Tribute von einer Insel (Dilmun) im Persischen Golf. In den Ruinen von Citium auf Zypern hat man vor einigen Jahren eine Siegessäule von Granit mit keilförmiger Inschrift gefunden, die zum Gedächtnis Sargons aufgerichtet war. — Er ist überall siegreich, noch mehr jedoch über die Empörungen, die sich erhoben und die er auf das gewaltsamste niederwirft, als durch neue Eroberungen. Sargon nahm, wie man sieht, eine höchst bedeutende Stellung in der damaligen Welt ein, illegitim wie er war, martialisch und schonungslos; er starb im Jahre 705. Die Ueberwältigung Israels, Philistäas, Gazas, eines Teiles von Arabien durch die Assyrer muss als das Ereignis des achten Jahrhunderts angesehen werden. Man darf nicht annehmen, dass die Unterjochung vollständig gewesen sei, was auch deshalb unmöglich war, weil Aegypten noch immer eine Gegenwirkung ausübte. Den Krieg gegen Aegypten haben nun die Sargoniden im Laufe des siebenten Jahrhunderts durchgeführt. Der Sohn Sargons, Sanherib, ging vor allem anderen daran, sich mit den Aegyptern zu messen. Aegypten war es ohne Zweifel müde, einen Tribut an Assyrien abzuführen, und hatte diesmal die Unterstützung von Aethiopien.

In einer Inschrift Sanheribs wird erzählt, wie unzählbare Scharen mit Kriegswagen, Reiterei und Bogenschützen herangezogen und mit den Aegyptern vereinigt gegen die Assyrer vorgerückt seien. Bei Altaku hielten sie eine grosse Heerschau. « Unterwürfig dem Gotte Assur,

meinem Herrn», sagt Sanherib, «habe ich mit ihnen ge-
kämpft und sie in die Flucht geschlagen.» Die Söhne des
Königs von Aegypten und die Anführer des Königs von
Aegypten und Meroë wurden im Handgemenge gefangen.
Man darf dies als die Schlacht ansehen, durch welche das
Uebergewicht der Assyrer in Vorderasien entschieden
worden ist. So wurden alle die Unabhängigkeiten unter-
worfen, die den Vordergrund der Historie einnehmen.

Assur hatte keine breite nationale Grundlage; es hatte
weder eine landschaftliche Religion wie Aegypten, noch
eine auf die Beobachtung des Himmels und der Gestirne
gegründete wie Babylon; es ist eine in dem Kampfe mit
den Eingeborenen erstarkte Kriegsgenossenschaft eines
semitischen Stammes, die nach und nach alles überwältigt,
was sie mit den Waffen erreichen kann. Seine Götter sind
Kriegsgottheiten, die in der Macht der Oberhäupter zur
Erscheinung kommen. Die andern Stämme und Städte
müssen ihm Tribut zahlen, oder sie werden einer grässlichen Züchtigung preisgegeben.

In dem allgemeinen Ruin hielt sich allein Jerusalem
aufrecht. Hier hatte Hiskia allen religiösen Abweichungen
seiner Vorgänger abgesagt, den Götzendiensten ein Ende
gemacht und den Jehovakult in seiner Reinheit wieder
hergestellt. Man muss sich die Verhältnisse der Zeit vergegenwärtigen, um eine Erscheinung wie den Propheten
Jesaias, den gedankenvollsten und geistig mächtigsten
von allen Propheten, zu begreifen und zu würdigen. Er
vereinigt das Volk mit dem König, so dass Jerusalem als
ein Bollwerk gegen die Assyrer angesehen werden konnte,
wohin die Nachbarn, die sich vor ihnen zu retten suchten,
ihre Zuflucht nahmen. Jedermann kennt aus den Büchern
der Könige die Belagerung, mit der Sanherib Jerusalem
heimsuchte; nur vergeblich bemühte er sich, das Volk
von seinem König zu trennen. Eins der vornehmsten
Motive, welche die Assyrer für eine Unterwerfung geltend
machen, liegt darin, dass alle andern Länder und Städte
samt ihren Göttern den Waffen Assurs unterlegen seien;
wo sei ein Gott, der sein Volk gegen diese habe schützen

können? Die Israeliten und ihr Prophet erklärten: Jehova sei der Gott, der dies Werk vollbringen werde; der habe Himmel und Erde gemacht und sei allein wahrhaft Gott. Auch Jehova ward als nationaler Gott gedacht und verehrt. Er erschien in dem Kampfe der Landschaften, die mit ihren Göttern identifiziert werden, gleichsam auch als einer derselben. Aber in Israel hatte man doch dabei nie die Eigenschaften aus den Augen verloren, die ihm von Moses zugeschrieben werden; indem die Nation als sein besonderes Eigentum betrachtet wurde, erschien er doch in seiner Wesenheit als Herr über alle Kreatur auf Erden und als der allgemeine Gott. Eben in den obschwebenden Bedrängnissen erhob sich diese Idee zu voller Kraft und Klarheit. Jesaias hat damals den in eminentem Sinne prophetischen Spruch geschrieben, in dem er verkündigt, dass dereinst alle Welt bei den heiligen Stätten von Jerusalem ihr Heil suchen werde. Man vertraute noch auf den nationalen Gott; aber in dem Augenblick, wo man mit dem Untergang bedroht war, tauchte dunkel und tief die Idee empor, dass der monotheistische Grundgedanke der Religion ein unvergänglicher sei, dem die Welt angehöre.

Noch einmal behauptete sich Jerusalem. Sanherib musste seine Belagerung aufgeben, hauptsächlich, wie es scheint, durch Bewegungen veranlasst, die in Babylon ausgebrochen waren. Assarhaddon, Sanheribs Nachfolger, bewegt sich in denselben Bahnen wie dieser. [3]) In seinen Inschriften wird berichtet, dass er Babylon seinen Gesetzen unterworfen und medische Stämme nach Assyrien verpflanzt habe. Vornehmlich aber war sein Augenmerk gegen Vorderasien gerichtet. Er erzählt, dass er den König von Sidon verjagt, daselbst die Grossen getötet, die Häuser zerstört, die Mauern in das Meer geworfen habe. Er erwähnt zwölf Könige der Meeresküste und die Könige der Insel Zypern, die ihm untertänig gewesen seien. Auch der König von Juda hatte sich dieser Notwendigkeit unterworfen. Aus den entferntesten Landen, soviel wir sehen Arabiens, das er weit und breit beherrscht und wo er sogar eine Königin einsetzt, führt er einen Teil der Einwohner nach Assyrien. Die Karawanenzüge werden, wie schon Jesaias klagt, durch sein Schwert gefährdet und gestört.

Alles aber tritt davor zurück, dass er die älteste und stärkste Feindseligkeit, die sich seiner Macht bisher entgegengesetzt hatte, überwältigte. Der Sieg seines Vaters hatte ihm dazu den Weg gebahnt. In der allgemeinen Unordnung, die dann eintrat, führte Assarhaddon eine glückliche Invasion in dem Nillande aus. Die Inschriften versichern, er habe ganz Aegypten durchzogen; er nennt sich König von Musur (d. i. Aegypten), vom Lande Miluhhi (Meroë) und vom Lande Kusch. Man wird an den alten Gegensatz zwischen Aegypten und Cheta erinnert, den die Ramessiden nicht auszufechten vermochten. Die Assyrer können nach langem Intervall gleichsam als Fortsetzer jenes Reiches betrachtet werden, dessen Bestandteile ihnen untertänig waren. Ihnen gelang es nun, Aegypten selbst zu unterwerfen. Was Sanherib begonnen, Assarhaddon schon grossenteils ins Werk gesetzt hatte, führte Assurbanipal vollends durch. Eine glücklicherweise erhaltene und in mehreren Uebersetzungen vorliegende Inskription lässt erkennen, unter welchen Wechselfällen der Absichten und der Ereignisse das geschah. Wir erfahren daraus, dass Assarhaddon die Regierung des Landes einer Anzahl von Unterkönigen anvertraut hatte, die ihm Tribut zu zahlen verpflichtet waren. Aber noch lebte Taraco, König von Kusch, der von Assarhaddon aus Aegypten verjagt worden war. Bei dem Tode seines Besiegers regte er sich aufs neue. Es wird als eine Verschuldung betrachtet, dass er die Kriegsgötter der Assyrer missachtet und sich auf seine eigenen Kräfte verlassen habe. Die von Assarhaddon eingesetzten Befehlshaber wichen vor Taraco und flohen nach der Wüste. Er nahm Memphis wieder in Besitz, das Assarhaddon ausdrücklich mit dem assyrischen Reiche vereinigt hatte. Dagegen nun erhebt sich Assurbanipal auf Befehl eben dieser Götter mit all der Macht, die sie in seine Hand gelegt haben. Auf dem Wege bringen ihm zweiundzwanzig Könige der unterworfenen westasiatischen Landschaften und der Inseln des Mittelländischen Meeres ihre Huldigungen dar. So gelangt er ohne Schwierigkeit nach Aegypten. Taraco sendet ihm eine ansehnliche Streitmacht entgegen, Assurbanipal schlägt sie mit Hilfe der Götter, seiner Herren, aus dem Felde. Furcht vor diesen Göttern ergreift nun Taraco selbst; er entschliesst sich, zurückzuweichen. Die Bilder seiner Götter werden dann in das Feldlager Assurbanipals gebracht. Ein Gesichtspunkt, der in der Inskription des Königs besonders stark hervortritt: der Kampf zwischen den Fürsten ist zugleich ein Kampf ihrer Götter. Assurbanipal rückt den Geschlagenen nach Theben nach. Er legt Wert darauf, dass sein Volk in Theben Wohnung genommen habe. Es war, wie wir wissen, die vornehmste Stätte des Ruhmes der Ramessiden und der ägyptischen Religion. Damit hängt nun aber noch ein anderes Motiv zusammen. Die Unterkönige sind zurückgekommen und werden in ihren alten Bezirken wieder eingesetzt; aber Assurbanipal erschwert die Lasten des Landes, mit deren Erhebung und Auszahlung diese höchsten Beamten beauftragt waren. Daraus erwachsen dann die unangenehmsten Folgen. Die Unterkönige vergessen ihre Verpflichtungen, obgleich sie diese, wie die Worte lauten, zugleich gegen die Götter von Assur übernommen hatten. Sie wenden sich an Taraco, den König der Aethiopen, um, von diesem unterstützt, mit gegenseitiger Hilfeleistung sich den Assyrern entgegenzusetzen. In der Inskription wird nun erzählt, die Befehlshaber der assyrischen Truppen seien diesem Vorhaben auf die Spur gekommen; sie bemächtigen sich der vornehmsten Unterkönige, deren Seelen von der Last des gebrochenen Eides gedrückt werden, und verwüsten ihre Städte, die sie jetzt erst erobern. Sie kennen keine Schonung, das Land erfüllt sich mit den Leichen der Erschlagenen. Einige von den Unterkönigen aber werden nach Ninive gebracht. Assurbanipal hält es doch nicht für ratsam, sie in der Weise seiner Vorfahren zu bestrafen. Denn wie hätte Aegypten unmittelbar durch die Assyrer regiert werden können? Er trifft eine Abkunft mit Necho, dem angesehensten von allen; er beschenkt ihn mit einem Schwert von Stahl in goldener Scheide und erweist ihm fast königliche Ehren. Zugleich aber legt er ihm noch schwerere Bedingungen auf, als die früheren gewesen waren. So schickt er ihn in seine Bezirke, Memphis und Sais, zurück. Um die Unterwürfigkeit von Aegypten vollständig herzustellen, begibt sich dann der König selbst in das Land. Taraco ist indes gestorben; seine Seele, sagt die Inschrift, floh in das Dunkel; aber seinem Nachfolger gelang es, Theben wieder in Besitz zu nehmen. Dem König Assurbanipal kann derselbe jedoch keinen Widerstand leisten. Dieser rühmt sich, nicht allein unschätzbare Reichtümer aus Theben davongeführt, sondern auch die Stadt dem Kultus der assyrischen Gottheiten Assur und Istar unterworfen zu haben. Es ist zugleich ein Sieg der assyrischen Religion und der assyrischen Verwaltung über Aegyptenland und seine Götter, was die Inschrift feiert. Wenn der König weiter erzählt, er sei auch gegen Kusch vorgedrungen und habe daselbst grossen Ruhm erworben, so wird man, ohne dies in Zweifel zu ziehen, doch auch nicht annehmen dürfen, dass er das Land unterworfen habe, da er es nicht ausdrücklich sagt. Das hochwichtige Ergebnis seiner Inschrift ist, dass Aegypten wiederholt und vollkommen unterworfen, von den assyrischen Waffen und der Religion der assyrischen Kriegsgötter abhängig geworden ist.

Der mächtige Assurbanipal wusste die Untertanen von Assyrien allerwärts im Zaume zu halten. Er rühmt sich, dass er den König von Tyrus gezwungen habe, Meerwasser zu trinken, um seinen Durst zu löschen. Den grössten Widerstand fand er in Elam, aber er bezwang ihn.

Die Göttin erscheint ihm im Traume, umgeben von Strahlen, und verspricht ihm den Sieg, der ihm zuteil wird. Der feindliche König wird getötet, das Volk unterwirft sich. Auch hier aber ging es ungefähr wie in Aegypten, und zwar aus demselben Grunde. Assurbanipal sagt, er habe die Abgaben erhöht; dem aber habe sich sein eigener

Bruder, den er einst in Babylon mit den Waffen behauptet hatte, entgegengesetzt und eine grosse Anzahl anderer Völker mit ihren Fürsten auf seine Seite gebracht. Die assyrische Herrschaft war ihnen neu und wurde immer schwerer. Die Völkerschaften waren zur Anerkennung von Assur gebracht, aber ohne doch ihre Rechte aufzugeben. Der König von Babylon stellte sich gleichsam an ihre Spitze, um sie gegen seinen Bruder zu verteidigen. Er wird eines religiösen Vergehens beschuldigt; er habe sich von Bel, der vornehmsten Gottheit, und den assyrischen Kriegsgottheiten abgewendet, was sich wohl darauf bezieht, dass er die Schätze des Beltempels zur Durchführung seines Vorhabens aufwandte. Von grösster Bedeutung war, dass auch der von Assurbanipal eingesetzte König von Elam sich der Bewegung anschloss. Dieser Erhebung musste ein Ende gemacht werden, was diesmal ohne grosse Mühe geschah. Der Fürst von Elam wurde von einem Empörer des Namens Tammaritu mit einem Teil seiner Familie umgebracht. Assurbanipal rückt, indem er seine Götter anruft, gegen ihn vor. In diesem Augenblick wird der Empörer von einer andern Empörung getroffen und erleidet eine vollkommene Niederlage. Tammaritu warf sich, den Kopf mit Staub bedeckt, vor den Fussschemel Assurbanipals nieder, zum Ruhme der assyrischen Götter. Er erhält Verzeihung und wird wieder eingesetzt. Hierauf kann sich auch der rebellische Bruder in Babylon nicht behaupten. Die Götter, die vor Assurbanipal hergehen, haben, wie dieser sagt, den König von Babylon in ein verzehrendes Feuer gestossen und seinem Leben ein Ende gemacht. Ueber die Anhänger desselben, die in die Hände des Siegers fallen, wird eine entsetzliche Strafe verhängt. Die Institutionen, gegen die sie sich empört hatten, werden hergestellt, die Provinzen, die sich ihnen angeschlossen, den Gesetzen der assyrischen Götter unterworfen. Auch die Araber, die es mit den Rebellen gehalten, beugen sich vor dem König; von seiner Macht in Aegypten heisst es, sie habe bis an die Quellen des Nils gereicht.

Und auch nach Kleinasien hin dehnte Assurbanipal seine Macht aus. Er bezeichnet Lydien als entferntes Land auf der andern Seite des Meeres, von welchem seine Vorfahren nie reden gehört hätten. Gugu, König der Luddi, d. h. Gyges von Lydien, schickte Gesandte und bat um die Protektion von Assyrien.

Die ungeheure Ausdehnung dieser Macht erscheint dann in der Nachricht, dass ein König vom Ararat Geschenke, die als eine Huldigung betrachtet wurden, nach Ninive geschickt, dass Empörungen medischer und sakischer Häuptlinge unterdrückt wurden; fünfundsiebzig Städte wurden daselbst eingenommen. Das assyrische Reich vereinigte die semitischen Stämme zum ersten- und wohl zum letztenmal untereinander zu einer Herrschaft, die sich weit über ihre Grenzen erstreckte und ihnen gewiss den ersten Rang unter den damaligen Mächten der Welt gab. Dabei darf man nicht vergessen, dass auch die phönizischen Kolonien, Karthago und das ferne Tartessus, obwohl sie sich frei hielten, doch ein stammverwandtschaftliches Interesse in dem Westen von Europa geltend machten, während von Medien aus der asiatische Osten eröffnet wurde. Arabien erfuhr die Einwirkungen Assyriens, ohne gänzlich zu unterliegen.

Assyrien ist die erste erobernde Macht, der wir in der Weltgeschichte begegnen. Das wirksamste Mittel, das es in Anwendung brachte, um die Unterwürfigkeiten zu befestigen, bestand in der Wegführung der vornehmsten Einwohner aus den bezwungenen Landschaften nach Assyrien und der Ansiedelung von Assyrern in den neu erworbenen Gebieten. Es sollte doch scheinen, als ob dieses gewaltsame Regiment einen entsprechenden Erfolg hätte haben müssen. In Ninive besass das assyrische Reich eine Kapitale, in welcher alle Elemente des damaligen Völkerlebens sich begegneten und notwendig einen gegenseitigen Einfluss ausübten.

Die wichtigste Einwirkung Assyriens auf die Welt möchte darin zu suchen sein, dass es die lokalen Selbständigkeiten und die lokalen Dienste in Vorderasien einengte und brach. Es hatte einen Sinn, dass die Völker verpflanzt wurden; in ihrer Heimat waren sie immer in Versuchung, den lokalen Diensten wieder zu verfallen; mit dem Grund und Boden sollten sie auch ihre Götter wechseln.

Ein welterschütterndes Ereignis war es nun, dass diese Macht, die noch im lebendigsten Fortgange begriffen war, plötzlich aufhörte zu existieren. Seit dem zehnten Jahrhundert waren alle bedeutenden Ereignisse von ihr ausgegangen; in der Mitte des siebenten brach sie plötzlich zusammen. Die Einwirkungen der Macht der Assyrer haben jedoch keineswegs wieder vertilgt werden können; sie haben vielmehr die folgenden Zeiten beherrscht. Vorderasien hat allezeit einen der wichtigsten Schauplätze der welthistorischen Entwicklung gebildet; Perser, Griechen, Römer, Araber, Mongolen, Türken haben, freilich in verschiedenen Richtungen, die einen der Kultur zugewandt, die andern sie vernichtend, an das angeknüpft, was die Assyrer angebahnt hatten.

Wie nun aber der Ruin von Ninive herbeigeführt worden ist, wird nirgends authentisch überliefert.

Xenophon hörte später im Lande, die Stadt hätte sich verteidigen können, aber sie sei durch himmlische Zeichen, Blitze des höchsten Gottes, davon abgeschreckt worden. Eine spätere Erzählung ist: Bei dem Uebergewicht, das den feindselig gegen Ninive heranziehenden Babyloniern und Medern zuteil geworden, habe sich der damalige Herrscher, Sarakos, in seiner Burg verbrannt, was dann zu einer neuen Ausschmückung der alten Sage von Sardanapal geführt hat. Abgesehen von dem Wunderbaren ist das Konstante in den Erzählungen, dass Assyrien durch die Verbindung der Meder und Babylonier zugrundegerichtet worden sei. Alles Weitere, was darüber gesagt wird, streift an das Märchenhafte; und die Allianz selbst wird zweifelhaft, da Herodot, der der Zeit noch am nächsten stand, davon nichts weiss; er schreibt die Eroberung einfach den Medern zu. Wir werden auf die Verhältnisse,

die den Sturz des assyrischen Reiches und das Emporkommen des medischen verursachten, zurückkommen;
Ereignisse, auf denen der Fortgang der allgemeinen Geschichte beruht. Hier bleiben wir noch bei den Babyloniern stehen, die, durch den Fall von Ninive von der
Herrschaft der Assyrer befreit, in Vorderasien die Rolle
Assurs ihrerseits fortsetzten. Sie wurden hier Herr und
Meister. Nebukadnezar trat auf — der vornehmste Begründer des chaldäisch-babylonischen Reiches, der sich
auf die Erbfolge und die Beistimmung der Priesterschaft
stützte. Er fand aber dabei Widerstand von Aegypten
her. Aus der Mitte jener Unterkönige, welche die Assyrer
in Aegypten eingesetzt hatten, erhoben sich unabhängige
Oberhäupter, die nach dem Falle von Ninive als selbständige Könige erschienen, Nachkommen des ersten Necho.

Schon bei Lebzeiten Assurbanipals hatte der Sohn
Nechos, Psammetich, namentlich durch seine Verbindung
mit Lydien, diese Richtung eingeschlagen. Auf das entschiedenste aber kam sie in dem Sohne Psammetichs, dem
zweiten Necho, zutage, einem Fürsten, der überhaupt für
die spätere Geschichte Aegyptens eine neue Bahn eröffnete. Seine Bestrebungen gewannen durch die Verbindung
mit Phöniziern und Griechen eine universale Tendenz für
Handel und Kultur. Zugleich mit der Statthalterschaft über
Philistäa betraut, wendete er seine ganze Macht gegen
Syrien. Da nun stiessen Babylonien und Aegypten, in kräftigem Emporkommen begriffen, gegeneinander.

Die kleineren Königreiche, die sich wieder regten,
gerieten in die unglückliche Notwendigkeit, sich entweder
an die eine oder die andere anschliessen, zwischen ihnen
wählen zu müssen. Verhängnisvoll wurde die Situation
für das Reich Juda. Man begreift es, wenn in dem Buche
der Könige das Ereignis, an welches sich nur schmerzliche
Erinnerungen knüpften, nicht mit der Ausführlichkeit
behandelt ist, aus welcher man Einsicht in die Motive und
Wechselfälle der Ereignisse gewinnen könnte. Nur so viel
sieht man, dass Juda unter dem König Josia sich dem
Vordringen des ägyptischen Pharao, der den Durchzug

durch das Gebiet von Judäa verlangte, widersetzt hatte; aber bei dem ersten Zusammentreffen bei Megiddo unterlag er und verlor das Leben. Hierauf wurde Necho Meister von Jerusalem. Er setzte einen König ein, der, wie einst der samaritanische König Menahem den Assyrern, so jetzt den Aegyptern dazu dienen musste, Geld von seinem Volke aufzubringen, um sie in ihren Unternehmungen zu unterstützen. Diese misslangen aber. Bei Karchemisch wurde Necho von dem jungen Nebukadnezar besiegt, so dass das Uebergewicht der Macht von den Aegyptern auf die Babylonier überging; Nebukadnezar wurde der mächtigste Fürst in Vorderasien. Er wird von dem Propheten mit einem Löwen verglichen, der aus seinem Dickicht hervorbricht und das Land zur Wüste macht, oder auch mit einem Adler, der seine Flügel über Moab breitet, d. h. unwiderstehlich zu Schutz und Trutz. Noch einmal vereinigen sich die Fürsten von Sidon und Tyrus untereinander und mit dem König von Juda, um dem Babylonier zu widerstehen. Nachdem Nebukadnezar seine Götter befragt, wohin er seine Waffen zunächst wenden soll, belagert er deren Weisung gemäss Jerusalem. Josephus meldet, Necho habe einen Versuch gemacht, Jerusalem zu entsetzen, und unbezweifelt ist es, dass die Grossen und das Volk wie der König selbst mehr ägyptisch gesinnt waren, während der Prophet Jeremias in der Uebermacht Babyloniens eine Schickung Gottes sah. Jerusalem wird eingenommen, der König wird gefangen und fortgeführt, mit ihm eine grosse Anzahl angesehener Juden, namentlich die Kriegsleute mit den für den Krieg brauchbarsten Handwerkern, mehrere Tausend an Zahl. Vor allem wollte Nebukadnezar Juda, das sich ihm widerspenstig erwies, und dessen Hauptstadt entwaffnen. Nebukadnezar setzte dann einen neuen König, Zedekia, auf den Thron; nur musste sich dieser verpflichten, das ganze Gebiet für ihn, den König von Babel, zu bewahren, keiner Hinneigung zu Aegypten Raum zu geben. Aber Zedekia gerät unter den Einfluss der Volksmenge; er wird von den Propheten Ezechiel und Jeremias gewarnt. Da aber die Weissagungen derselben doch nicht ganz zusammenstimmen, so verwirft er beide und tritt mit den Aegyptern in Verbindung, in der Hoffnung, mit denselben Babylon zu stürzen. Hierauf rückt Nebukadnezar in Judäa ein, erobert die Kastelle und belagert Jerusalem. Der König von Aegypten zieht zum Entsatz heran; der babylonische geht auf ihn los und schlägt ihn. Die Entfernung des babylonischen Königs mit seinem Heere gibt zu der Meinung Anlass, er werde gegen Jerusalem nichts weiter unternehmen, sondern sogar die aus dem Tempel genommenen kostbaren Geräte zurück- geben. Jeremias warnt vor diesen Einbildungen. Und in kurzem kehrt Nebukadnezar zur Belagerung Jerusalems zurück. Nach der von den Assyrern eingeführten Methode schliesst er es mit einer Circumvallation ein und legt end- lich eine Bresche in die Mauer. Zugleich wird die Stadt von Hunger und Pestilenz heimgesucht. Unter diesen Umständen flieht der König. Bei Jericho aber wird er eingeholt; man setzt ein Gericht über ihn ein, nach dessen Spruch seine Kinder vor seinen Augen geschlachtet wer- den. Das war das letzte, was ihm vergönnt war, zu sehen; er wird dann geblendet und in Ketten nach Babel geführt. Einen Monat darauf wurden der Tempel und der könig- liche Palast von den Chaldäern verbrannt. Was David und Salomo geschaffen, schien auf immer vertilgt zu sein. Hierauf erfolgten neue Exilierungen. Ob wirklich eine Deportation des Volkes stattgefunden hat, ist doch nicht so gewiss, wie man annimmt. Wir erfahren nur, dass nie- mand zurückgelassen wurde, ausser dem, der zum Anbau des Landes oder der Weinberge unentbehrlich gewesen wäre.

Eigentlich religiöse Motive waren es nicht, die zu dieser Katastrophe führten. Die Einwirkungen der beiden benachbarten Mächte waren so stark, dass sie in Jerusa- lem selbst eine Spaltung herbeiführten. Die Könige hielten sich immer aufs neue an Aegypten, die Propheten waren für Babylon. In diesem Zwiespalt, der selbst eine Wirkung der allgemeinen Angelegenheiten war, ist das Reich Juda vernichtet worden. Es war doch zuletzt der Gegensatz zwischen Baal und Jehova, der den Untergang des jüdischen Reiches entschied. Baal beherrschte Vorderasien, Nebukadnezar, der ihn jetzt vertrat, war vortrefflich gerüstet. In Jerusalem dagegen war alles entzweit. Selbst die Propheten, die an Jehova festhielten, rieten doch, weil sie sich über die Ueberlegenheit von Babylon keine Illusionen machten, zu einem friedlichen Verhalten. Eine Beobachtung der von Nebukadnezar auferlegten Bedingungen wäre ihnen nicht zuwider gewesen. Aber die Könige und mit ihnen der grösste Teil des Volkes neigte sich zu Aegypten, das doch zu schwach war, um sie zu retten.

Wenn nicht alles täuscht, waren es nur die vornehmeren Klassen, die in die Gefangenschaft, das babylonische Exil, abgeführt wurden. Darin aber erkennen wir auch wieder die Grundlage einer Gegenwirkung. Denn diese Klassen waren am lebendigsten von den altisraelitischen Ideen durchdrungen, die sich in den letzten Zeiten besonders durch König Josia im Kampf mit den eindringenden Götterverehrungen konsolidiert hatten. Diese konnten es vielleicht noch ertragen, wenn sie jetzt von Jerusalem, das doch aller politischen Macht beraubt war, nach andern Gebieten des Siegers weggeführt wurden. Gerade im Unglück bewährte sich die unverwüstliche Kraft des Glaubens. Sie feierten die grossen Unglückstage als Busstage. Ihre Erinnerung wandte sich auf Abraham zurück, der unter allen ihren Führern allein gegen seinen Gott nicht gefehlt hatte. Sie bildeten die Summe ihrer Glaubenssätze tiefer und reiner aus als bisher, eine Befreiung erwartend, die ihnen auch bald zuteil ward.

Nach der Einnahme Jerusalems [4]) wendet Nebukadnezar seine Waffen gegen Phönizien; nur Tyrus leistet ihm Widerstand; deutlich sieht man nicht, ob er es wirklich unterworfen hat. Man erzählt, die Belagerung habe 13 Jahre gedauert. Nebukadnezar griff nun auch Amon und Moab an und unterwarf sie. Nach einer sehr bestimmt auftretenden Nachricht wäre er selbst in Aegypten eingedrungen und hätte die dahin geflüchteten Israeliten als Gefangene nach Babylon geführt. Alle diese Handlungen sind doch nur eine einzige, nämlich die Vernichtung der ägyptischen Einflüsse in Vorderasien.

Die Keilinschriften aus dieser Zeit sind nicht historischen Inhalts, wie die assyrischen; sie beziehen sich nur auf die Bauten des Königs. « Den Tempel des Fundaments der Erde, den Turm von Babylon, errichtete ich und vollendete ich, und aus Ziegeln und bedeckendem Kupfer setzte ich seine Spitze darauf.» Den Tempel der sieben Leuchten der Erde, der verfallen war, wiederherzustellen, fühlt er sich durch den Gott selbst angetrieben. «An einem günstigen Tage besserte ich die Backsteine seines Gebäudes und die Ziegel seiner Bedachung zu fest verbundenem Mauerwerke aus.» Bisher war der Tempel immer ohne Spitze gewesen; Nebukadnezar richtete sie auf.

Seine Geschichte verfiel der Sage. Die jüdische Ueberlieferung bei Daniel sagt, er sei von den Menschen verstossen worden und habe Gras gegessen. Ganz anders die griechische Tradition. Sie erzählt, er sei grösser gewesen als Herkules; er sei bis Lybien, bis an die Säulen des Herkules und bis nach Iberien vorgedrungen; er habe die Iberer an die Küste des Schwarzen Meeres versetzt. Dann sei er, von einem Gott ergriffen, einst auf die Zinne seines Hauses gestiegen und habe den Babyloniern ihren Untergang geweissagt. Darauf sei er verschwunden.

VIERTES KAPITEL

DAS MEDO-PERSISCHE REICH

Das assyrische Reich — Skythen, Kimmerier — Die Meder — Kyaxares —
Kambyses — Gaumata — Darius Hystaspis — Zend-Avesta —
Das persische Reich — Denkmale und Inschriften von Persepolis

Ich komme nochmals auf den Untergang des assyrischen, die Gründung des medo-persischen Reiches zurück,
ein in sich zusammenhängendes Ereignis, das nur sehr
unvollkommen bekannt, vielleicht durch eine allgemeine
Ansicht erläutert werden kann.

Es könnte als ein Missbrauch des Wortes erscheinen,
wenn man ein durch die mannigfaltigsten Gewaltsamkeiten
zusammengebrachtes Reich wie das assyrische als ein
wesentliches Moment in der Kultur des Menschengeschlechtes betrachtet. Aber so verhält es sich doch. Durch
die vorangegangenen Ereignisse und Verwicklungen war
bereits eine Kulturwelt begründet: sesshafte Völker in
begrenzten Gebieten, die sich in stetem Kampfe untereinander doch behaupteten; gesetzliche Ordnungen, ohne
welche kein Gemeinwesen bestehen kann; Gottesverehrungen, in deren Mitte die Idee des Monotheismus zwar
noch in lokalen Formen, aber doch mit allumfassender
Intention festgehalten wurde; ein Schriftwesen, durch das
die Grundlagen aller Ueberlieferung in einem unüber-
trefflichen Werk zusammengestellt, zugleich aber auch die
Ereignisse der Zeit, wiewohl nur in einseitigen Aufzeichnungen, der Nachwelt aufbehalten worden sind; eine
Kunstübung, die, sich an die Religion anschliessend, Denkmale von einer Grösse und innerer Bedeutung schuf,
welche den Späteren immer zur Bewunderung gedient und
ihre Nachahmung erweckt haben. Diese Welt, die das
Fundament aller menschlichen Gesittung in sich enthielt,
war nun durch den natürlichen Fortgang der Begebenheiten unter die assyrische Monarchie geraten, die auch

ihrerseits an derselben teilnahm. In den Ruinen von Ninive hat man Arbeiten von hoher technischer Ausbildung gefunden, wie denn die Religion nur eben eine besondere Abart des Baaldienstes war, dessen Metropole die assyrischen Könige zu besitzen, als ein besonderes Nebenreich zu regieren sich zur grössten Ehre rechneten. Indem sie nach allen Seiten hin die Gewalt an sich brachten, schützten sie zugleich die gebildete Welt vor dem Eindringen fremder Elemente. Wenn man einen allgemeinen, in der Sache liegenden Grund für das Aufhören der assyrischen Macht aufsuchen will, so würde ein solcher darin liegen, dass ihr das zuletzt nicht mehr gelang. Die Selbständigkeiten der einzelnen Völker und Stämme waren bezwungen, aber nicht unterdrückt; nach jedem Thronwechsel brachen sie hervor. Wie liess sich überhaupt denken, dass eine nur durch ein überlegenes Kriegswesen emporgekommene Potenz die Nationen, die sie beherrschte, befriedigt hätte? Oder will man glauben, dass die Hauptstadt der Religion von Aegypten sich ernstlich der Verehrung Assurs unterworfen habe? Sollten Fürsten wie Gyges, dem die kleinasiatischen Griechen gehorchten, ihre eigene Unabhängigkeit vollständig aufgeben? Wie vollends dann, wenn das assyrische Reich sie gegen andere Barbaren nicht mehr zu schützen vermochte? In dieser Epoche drangen kimmerische und skythische Stämme, jene in dem vorderen, diese in dem oberen Asien verwüstend ein. Deren Ursprung, ihr Verhältnis zu den Nachbarn, den Gang und die Wirkung ihrer Züge zu erforschen, ist noch immer eine, so viel ich sehe, ungelöste Aufgabe. Aber aus der ältesten Erzählung erkennt man doch den Charakter der Bewegung; sie entsprang aus den feindseligen Berührungen der barbarischen, noch auf Wanderungen begriffenen Stämme, von denen die einen die andern aus ihrem Besitz ausstiessen. Die Skythen, von den Massageten gedrängt, rückten ihrerseits gegen die Kimmerier vor. Die Könige der Kimmerier und deren unmittelbare Anhänger forderten die Verteidigung des Landes. Aber das lag nun einmal nicht in der Gewohnheit dieser Völker.

Das Volk der Kimmerier neigte sich zur Fortsetzung seines bisherigen Wanderlebens und setzte in einem Kriege diese Absicht durch, der, wie man sieht, zugleich mit der Auflösung der bisherigen Verfassung verbunden war. Die Fürsten wurden getötet, und um so ungebundener drangen dann die Kimmerier von den Küsten des Pontus her in Asien ein. Aber die Skythen waren mit dem dergestalt ihnen überlassenen Gebiet nicht zufrieden. Der einmal gegebene Anstoss riss sie fort; sie drangen siegreich im oberen Asien vor, wo sie eine Zeitlang die Herrschaft ausübten. Man erkennt den Gegensatz: nomadische Völker vollführen einen Einbruch in Regionen, die bereits das sind, was wir Kulturwelt nennen können, d. h. in Landschaften fester Ansiedelung, wo ein Anfang der Gesittung und ein auf Gesetze begründetes, ruhiges Dasein angebahnt war. Wenn nun die Assyrer in diesen Regionen die oberste Gewalt ausübten, so hatten sie auch die Pflicht, diese Angriffe abzuwehren, wie denn auch Gyges von Lydien eben bei Assyrien Schutz suchte und sich deshalb zu einer Art von Unterwürfigkeit verpflichtet hat. Aber Assurbanipal war viel zu sehr mit dem Niederschlagen der unaufhörlich aufwogenden Empörungen beschäftigt, als dass er die Grenzen von Lydien hätte sichern können; die Kimmerier und die Skythen durchzogen Lydien. Wir finden sie in Kleinasien; der Göttin von Ephesus wird es zugeschrieben, wenn ihnen hier Einhalt geschah. Und immer weiter drangen sie vor, bis nach Philistäa, wo einer jener ägyptischen Machthaber, die als Unterkönige der Assyrer emporgekommen, der Sohn des ersten Necho Psammetich, durch eine Art von Brandschatzung, die er ihnen zahlte, das Delta vor einer verwüstenden Invasion zu sichern wusste. Die Verteidigung wurde also von den untergeordneten Gewalten vollzogen, die Lydier erwarben sich dabei Ruhm und Ansehen. Ausser Psammetich finden wir auch den Fürsten von Zilizien als den Verbündeten der Lydier erwähnt. Die Skythen ihrerseits stiessen auf den Widerstand des eben in seiner Bildung fortschreitenden und im Krieg mit Assyrien begriffenen Mediens.

Der medische König Kyaxares (Uvakshatara) wurde von ihnen über den Haufen geworfen, doch sammelte er nach und nach im stillen seine Kräfte, so dass es ihm gelang, nachdem er unter dem Schein der Freundschaft die Fürsten der Skythen vernichtet hatte, auch des Volkes selbst Meister zu werden. Assyrien war bereits nicht imstande oder versäumte es doch, entscheidend einzugreifen. Lydien und Medien, die bei der Abwehr der Barbaren das meiste geleistet, gerieten, weil die Lydier den Einbruch der Skythen den Medern selbst zuschrieben, miteinander in Krieg; die beiderseitigen Heere trafen am Halys zusammen. Aber die Schlacht wurde abgebrochen, weil ein Naturereignis eintrat, das die beiden Teile als Mahnungen der Götter zum Frieden betrachteten; es ist die Sonnenfinsternis, welche am 30. September 610 vor unserer Aera stattgefunden hat. Und lag es nicht ohnehin den beiden Königen nahe, sich nicht untereinander zu zerfleischen, sondern stark genug zu bleiben, um dem gemeinschaftlichen Feind Widerstand entgegenzusetzen? Die beiden Fürsten, Alyattes und Kyaxares, schlossen eine enge Familienverbindung. Ihre Freundschaft war eine Vorbedingung der ferneren Abwehr der Barbaren. Einige Jahre darauf haben diese wirklich Asien verlassen müssen. Dann aber konnte Ninive den durch die glückliche Abwehr der Skythen verstärkten empörten Medern keinen weiteren Widerstand leisten.

Es war um das Jahr 606, dass es in die Hände der Meder fiel. Ob dabei die Babylonier mitgewirkt haben, ist, wie angedeutet, sehr zweifelhaft. Verbündete des Kyaxares aber waren sie ohne Zweifel. Die Unternehmungen in Vorderasien, deren wir gedachten, beruhen darauf. In dem oberen Asien wurden dagegen die Meder Herr und Meister; sie erscheinen nach dem kurzen Intervall des skythischen Einfalls als das weltbeherrschende Volk.

Einbrüche dieser Art, die die mühsam errungene Kultur mit Verderben bedrohen, sind von Zeit zu Zeit immer wieder vorgekommen. Einen der spätesten bildeten die Einfälle der Magyaren in das karolingische Reich im zehnten Jahrhundert unserer Aera. Kyaxares kann als das unbewusste Vorbild unseres Heinrich I. betrachtet werden, der dadurch, dass er den Magyaren Einhalt tat, die höchste Gewalt über die Deutschen zunächst an die Sachsen gebracht hat.

Bleiben wir aber bei den Weltverhältnissen des siebenten und achten Jahrhunderts vor unserer Aera stehen, so bietet sich dabei, wenn wir nicht irren, eine allgemeine Kombination der verschiedenen Stämme des Menschengeschlechtes dar.

Wenn Assyrien seinem Wesen und seinen vornehmsten Bestandteilen nach dem semitischen Stamme angehörte, so war es doch so gross, dass es allenthalben über die Grenzen der semitischen Nationalitäten hinausreichte. Das geschah schon, indem es Aegypten unterwarf. Aethiopen und Libyer, die Griechen in Zypern und auf dem Mittelmeer überhaupt, sowie die medo-persischen Stämme von anderer Nationalität und Religion, wurden von Assyrien berührt und zum Teil unterworfen. Die Meder und Perser gehörten einer östlichen Völkergruppe an, die Griechen den Stämmen, die das Abendland erfüllten. Gehen wir auf die vorgeschichtlichen Zeiten zurück, die wir aus dem Verhältnis der Sprachen entnehmen, so würden die einen und die andern den indogermanischen Völkern beigezählt werden müssen, von denen die semitische Welt sehr verschieden war, die eben einen Versuch machte, jene Zweige der indogermanischen Völkerfamilie zu überwältigen. Ob nun eine Ausgleichung der lebendigen Elemente in der semitischen Welt mit den ihr zunächst gesessenen, dem griechischen sowohl wie dem medisch-persischen, stattfinden würde, war eine Frage der Weltgeschichte. Mit beiden aber traten Nationen in Konflikt, die der dritten Klasse der urweltlichen Stämme angehören. Der Einbruch der Skythen, die mongolischen Stammes sind, bedrohte die semitische Welt, wie sie damals unter dem Szepter der assyrischen Könige vereinigt war, mit Verderben. Wer war es nun, der sie zurückwies? Nicht die Assyrer, sondern die Meder, die darüber auch mit den benachbarten Nationen, wie den Lydern, in denen ebenfalls semitische Elemente sich erkennen lassen, in Konflikt gerieten, und endlich die Welt, die wir bereits als Kulturwelt bezeichnen können, gegen jenen Einbruch sichern.

Wenn in den Inschriften der Könige von Assyrien nicht selten auch deren Unternehmungen gegen Medien, das den Königen unaufhörlich widerstrebt, und gegen die Parsua, die den Gott Assur nicht kennen, gedacht wird, wobei die Assyrer immer siegreich erscheinen, so lässt sich daraus wenigstens so viel mit Sicherheit entnehmen, dass sich hier bis in das letzte Viertel des siebenten Jahrhunderts hin keine selbständige Macht gebildet hatte.

Wie es nun aber zu der Bildung einer solchen zuerst bei den Medern gekommen, und wie dann eine Vereinigung derselben mit den Persern bewerkstelligt worden ist, darüber haben wir abermals nichts als Sagen, die durch die Griechen aufbehalten, doch wieder ein ganz anderes Gepräge tragen, als die orientalischen Aufzeichnungen. Die Erzählung Herodots über den Ursprung des medischen Königtums durch Dejokes ist eben eine sinnvolle und wohlgedachte Sage. Ihre Eigentümlichkeit liegt besonders darin, dass sie das Königtum nicht von den Waffen, die sonst allenthalben vorwalteten, sondern von der andern Aufgabe der höchsten Gewalt, Gerechtigkeit zu handhaben, herleitete. Der Gerechteste wird durch freie Wahl zum Oberhaupt erkoren, und um ihm ein höheres Ansehen als seinen Stammesgenossen zu verschaffen, wird ihm eine Burg gebaut, in der er dann seinen Sitz hat. Wenn einst das Volk Israel einen König forderte, nicht allein um ihm in Schlachten voranzugehen, sondern auch, um Recht und Gericht auszuüben, so war in Medien das letzte nach jener Sage die Hauptsache; die Burg wird sogar gebaut, um nicht von Fremden behelligt zu werden. Niemand wird an die wörtliche Richtigkeit dieser Erzählung glauben. Sie beweist nur eben, dass die Tradition in Medien noch andere Motive voraussetzte als die gewöhnlichen. Sehr möglich, dass die Namen Dejokes, Astyages mehr Appellativa sind als Personennamen. Dagegen ist Kyaxares, dem die Abwehr der Skythen und die Eroberung von Ninive gelang, eine unzweifelhaft historische Person. Wie nun aber die Herrschaft, die er erwarb, an die Perser übergegangen und auch in Vorderasien ausgebreitet worden ist, bildet wieder den Gegenstand sagenhafter Erzählungen, die man unmöglich so, wie sie lauten, annehmen kann.

Als der Vollbringer dieser Handlung erscheint die grosse, mit fabelhaften Zügen verhüllte, später unter die Götter erhobene, aber doch historisch erkennbare Gestalt des Cyrus (Curu, Cores). Von seiner Jugendgeschichte, die ihn in ein nahes Verhältnis zum medischen König Astyages setzt, wodurch er gleich bei seiner Geburt in Lebensgefahr gerät, lässt sich wohl nur als die ursprünglich persische Dichtung erkennen, dass eine Hündin den Stifter des persischen Reiches gesäugt hat, wie eine Wölfin den ersten Begründer des römischen Reiches. Ein nationales Gepräge trägt auch die Erzählung, dass er die Perser, aus deren vornehmstem Stamme, den Pasargaden, und wieder dem vornehmsten Geschlecht unter diesen, den Achämeniden, Cyrus entsprungen war, um sich versammelt und ihnen durch Zwangsarbeit untergeordneter Art die Dienstbarkeit, in der sie sich befanden, hernach aber durch ein glänzendes Gastmahl den Genuss der Herrschaft, zu dem sie späterhin gelangen könnten, zum Bewusstsein gebracht habe, so dass sie von dem Verdruss über die erste zu dem freudigen Erwerben der zweiten angefeuert worden seien. Dagegen darf man es wohl für eine ursprünglich medische Tradition halten, dass es die Verbindung medischer Könige mit dem eine erbliche Berechtigung in Anspruch nehmenden jungen Perser war, wodurch der König von Medien besiegt wurde und seine Macht auf Cyrus überging. So wird es veranlasst, dass Cyrus in engster Verbindung mit den Medern, aber doch von anderer Nationalität und Religion, an der Stelle der assyrischen eine medisch-persische Monarchie gründet. Der reiche Blätterschmuck der Sage umgibt seinen Kampf mit den Lydiern, in welchem er

Kyaxares fortsetzte, den König von Lydien, Krösus, überwand und Sardes zum Sitz einer persischen Satrapie
machte. Dann schreitet er zur Eroberung von Babylon fort.
Die Sage verknüpft das eigentlich Mythische (die Auflösung eines Stromes z. B. in 360 Bäche) mit einer an das
Unglaubliche streifenden Ueberwältigung der an die Be-
wässerung durch den Euphrat anknüpfenden Vorkehrungen der Babylonier für ihre Hauptstadt. Kluge Führung
und wunderbarer Erfolg vereinigen sich in der Persönlichkeit des Cyrus; sie sind das Wesentliche der Sage. Cyrus
wurde Meister des gesamten von Nebukadnezar in Unterwerfung gehaltenen Gebietes, aber er teilte die Verehrung
der Götter nicht, welche Syrien und Babylon der Jehovareligion entgegengesetzt hatten.

Wenn der Perser, der dem Monotheismus huldigt, dem
Exil der Juden, die an Jehova glauben, ein Ende macht
und sie nach Jerusalem zurückziehen lässt, so hat das
ausser der religiösen auch noch eine politische Beziehung;
den in Kanaan angesiedelten Assyrern wird dadurch ein
Gegengewicht gegeben in einer unmittelbar von dem
König eingerichteten und ihm unbedingt ergebenen Volksgemeinde, die den Besitz von Vorderasien sichert. Dann
wendet sich Cyrus gegen die Feinde, die einst durch ihr
gewaltsames Vordringen den Bestand des assyrischen
Reiches erschüttert hatten, vornehmlich gegen die Massageten, die zu dem erwähnten Zuge der Skythen, zu deren
Stämmen sie selbst gehörten, den Anstoss gegeben hatten,
jenseits des Jaxartes. Wer wollte die bewunderungswür-
dige Erzählung Herodots zu wiederholen wagen? Auch
andere Traditionen finden sich noch, die, im einzelnen
abweichend, doch darin übereinstimmen, dass der grosse
Eroberer von diesem Zuge nicht zurückkehrte. [5]) Die Sage
erfindet keine Tatsachen, sie zeichnet auch keine Charaktere; sie ergreift nur die grossen Unternehmungen und
begleitet ihren Erfolg oder auch ihr Misslingen mit Aus-
schmückungen, die demselben entsprechen. Die Skythen
blieben unbezwungen, aber auch von weiteren Einbrüchen
in das persische Reich standen sie ab. Wir brauchen nur

bei den grossen Tatsachen stehen zu bleiben, die unleugbar historisch sind. Die Summe von allem ist, dass Cyrus das assyrische Reich durch die medo-persische Kraft wieder verjüngte und so in gewissem Sinne wieder herstellte, indem er jedoch die religiöse Gewaltsamkeit, die die Assyrer und Babylonier ausgeübt hatten, abstreifte. Er brachte in die Monarchie einen Zug, der sie von der Zwingherrschaft unterscheidet. Aber noch war nicht das ganze Weltreich, wie es die Assarhaddon und Assurbanipal besessen hatten, vereinigt. Der Sohn des Cyrus, Kambyses, hat sich wohl sagen lassen, er sei grösser als sein Vater, weil er auch Aegypten erworben und die Herrschaft zur See erlangt habe. Aegypten eroberte er mit Hilfe der Araber, also durch die Wüste heranziehend, wie ein assyrischer und vielleicht auch ein babylonischer König, im Gegensatz mit den Griechen, auf welche die damaligen Pharaonen sich mehr verliessen, als auf die Kraft ihres Reiches. Man darf kaum wiederholen, was die griechische Sage, die Herodot mitteilt, von ihm meldet; denn während ihn diese als einen Verächter der ägyptischen Religion darstellt und dem wieder erschienenen Apis am Schenkel eine Wunde beibringen lässt, an welcher das Tier verendet, finden wir ein ägyptisches Denkmal, auf dem er den Apis anbetend dargestellt wird, und die Inschrift eines höheren Beamten, der sein Zeitgenosse war, bezeugt umständlich, dass der König die ägyptischen Dienste geschont und selbst gefördert habe. Er würde hienach als ein Gegner der von den assyrischen Königen in Aegypten vorgenommenen Neuerungen betrachtet werden müssen, wie sein Vater in Judäa.

Einen besseren historischen Grund hat die Erzählung von den Unternehmungen gegen die langlebenden Aethiopen und die Ammonier. Die Denkmäler zeigen, dass die Perser nach beiden Seiten hin vorgedrungen sind. Meroë selbst wurde von Kambyses bezwungen und vielleicht wiederhergestellt und erneuert. Auch auf dem Wege gegen das Ammonium finden wir Spuren der persischen Herrschaft. Die Erzählung gibt nur im allgemeinen die Grenzen

der Expeditionen an. Die weiteren Ziele sind, wenn sie angestrebt wurden, doch nicht erreicht worden. Und die Herrschaft auf dem Mittelmeere hatte auch ihre Grenze gefunden. Wir hören, dass die Phöniker es ablehnten, mit
ihrer Seemacht einen Angriff auf Karthago zu unterstützen. Dort also erhielt sich ein Mittelpunkt der semitischen Seeherrschaft in voller Unabhängigkeit. Genug,
dem persischen Reiche waren wie nach dem Norden, so
auch nach dem Westen hin Grenzen gezogen. Mit einem
Schlage finden wir das assyrische Reich vernichtet, nach
kurzem Intervall das persische emporgekommen. Die Begebenheiten sind dunkel und in allen Einzelheiten sagen-
haft überliefert.

Die Tatsache ist, dass in der zweiten Hälfte des sechsten Jahrhunderts, nachdem das assyrische Reich plötzlich
verschwunden war, auf den Ruinen desselben ein medo-
persisches Reich sich erhob, durch dessen Umfang das
erstere weit übertroffen wurde. Für die universale Verbindung der Völker war es von wesentlicher Bedeutung,
dass der Mittelpunkt des Weltreiches nach Osten hin vorgerückt wurde; von ihren vornehmsten Sitzen in Iran
erreichte die persische Monarchie Indien. Von einer Welteroberung durch die Perser kann man, wenn man die
Worte streng nimmt, nicht reden. Durch die Einnahme
einer einzigen Stadt war die Macht in die Hände der
Medo-Perser gefallen. Waren doch auch die Lyder schon
in Abhängigkeit von Assyrien gewesen; wenn Babylon
wieder unterworfen wurde, so war doch dessen Unabhängigkeit von neuem Datum; auch in Aegypten wurde nur
die erst vor kurzem verlorengegangene Herrschaft der
Assyrer wieder erneuert. Ueber die alten Grenzen hinaus
sind die Perser nur insofern hinausgekommen, als ihr
eigenes Vaterland dem Reiche nicht allein beigesellt
wurde, sondern ihm auch indische Landschaften hinzu-
fügte und überhaupt den Osten eröffnete. Wenn man aber
in Betracht zieht, wie auch unter den Assyrern die lokalen
und territorialen Unabhängigkeiten sich unaufhörlich regten und nur durch das Uebergewicht der Waffen nieder-

gehalten wurden, und dann die natürlichen Schwierigkeiten erwägt, die sich der Behauptung einer höchsten
Gewalt über alle diese verschiedenen Gebiete in den Weg
stellten, so springt in die Augen, was es auf sich hatte,
wenn das herrschende Geschlecht, das soeben erst emporgekommen war, plötzlich wieder zu Ende ging. Dies war
ein Zweig, doch wohl der ältere, der Achämeniden. Das
Ereignis, das die grosse Frage, die sich daran knüpfte, zur
Evidenz brachte, war die Untat des Kambyses, der seinen
Bruder, von seiten seines Vaters wie seiner Mutter, aus
dynastischer Eifersucht beseitigte. Wie man sich das alles
in Aegypten zurechtgelegt hat, zeigt die Erzählung Herodots, der nichts anderes als das wiederholen konnte, was
ihm berichtet wurde: aus Neid über die Körperstärke
seines Bruders habe Kambyses diesen aus Aegypten
zurückgesandt und hierauf, durch einen Traum gewarnt,
den Befehl gegeben, ihn zu töten; aber statt der Nachricht
von dem Tode des Bruders sei vielmehr die entgegengesetzte eingetroffen, dass alles Volk sich ihm anschliesse;
vergewissert, dass der Mord wirklich vollzogen worden
sei, habe sich Kambyses zur Unterdrückung des Aufruhrs,
der unter dem Vorwand, der Bruder lebe noch, ausgebrochen war, mit seinem ägyptischen Heer in Bewegung gesetzt, jedoch beim Anfang des Feldzuges sich durch Zufall
eine gleiche Wunde beigebracht wie die, durch die er
einst den Apis getötet hatte, und sei daran gestorben. Wie
soll das aber wahr sein, wenn er den Apis nicht umgebracht, sondern vielmehr verehrt hat? Alles beruht auf
fabelhaftem Hörensagen. Der Name Kambyses ist gleichsam symbolisch für alle Abscheulichkeiten einer gehässigen Tyrannei. Das wird er auch immer bleiben. Aber
der Zusammenhang, in dem seine Geschichte den Griechen
und von diesen der Welt überliefert wurde, lässt sich
nicht behaupten. Glücklicherweise haben wir eine persische Inschrift, die die assyrischen, deren Form sie sonst
wiederholt, durch eingehende Ausführlichkeit ihres Inhalts
bei weitem übertrifft, aus der wir den Verlauf der Begebenheit besser kennenlernen; sie ist das erste Dokument,

das in der persischen Geschichte einen festen Anhalt
gewährt. Wie die assyrischen Inskriptionen, so ist auch
die persische im Namen des Königs abgefasst. Daraus nun
erfahren wir, dass Kambyses seinen Bruder noch vor
seinem Unternehmen gegen Aegypten umgebracht hatte;
doch war es verborgen geblieben. So wie man es inne
wurde, geriet alles in Bewegung, vornehmlich das Kriegsheer. Das Wort, welches « das Heer » bedeutet, kann zugleich den Staat bezeichnen. Das eine zugleich und der
andere gerieten in Gefahr, wenn es nur einen einzigen
Sprossen des Geschlechts gab, dem sie anhingen. Man hat
gezweifelt, ob « das Heer » die Abteilung bedeute, die mit
nach Aegypten gegangen, oder die andere, die zurückge-
blieben war. Kein Grund liegt vor, weshalb es nicht beide
gewesen sein könnten. In diesem Konflikt hat Kambyses
sich selbst getötet.

Hiedurch aber trat die Frage der Erbfolge, die die
Truppen zur Bewegung veranlasst hatte, in ein Stadium,
das sie zu voller Bedeutung brachte; denn die Macht der
Achämeniden beruhte auf der verwandtschaftlichen Verbindung der persischen Herrscherfamilie mit der medischen, was man doch nicht gering anschlagen darf. Wenngleich nicht selten Völker, die besiegt waren, darin gleichsam einen Trost gesucht haben, dass sie den neuen Fürsten genealogisch an die alte Dynastie anknüpften, so ist
es doch noch häufiger vorgekommen, dass verwandtschaftliche Verbindungen dieser Art wirklich zu dem Zweck
geschlossen wurden, um den Uebergang von einer Dynastie zur andern minder empfindlich zu machen. Die mächtige Nation der Meder würde sich den Persern ohne eine
solche Verbindung schwerlich jemals unterworfen haben.
Mit Kambyses aber brach die Linie ab, die ein genealo-
gisches Recht auf den medischen Thron in Anspruch nehmen konnte. Die Achämeniden, die noch in einer andern
Linie fortlebten, hatten doch keinen Anteil an dieser Verwandtschaft und waren dadurch von einem dynastischen
Anspruch ausgeschlossen. Anderseits aber hatten auch
die Meder kein Recht, die Herrschaft über die Perser in

Anspruch zu nehmen. Wenn sie dies dennoch taten, so geschah es doch nur versteckterweise durch einen Mager (die Mager aber sind einer von den Stämmen der Meder), der sich für den Bruder des Kambyses ausgab, so dass er zugleich auf den Gehorsam der Perser zählen zu dürfen meinte. Es ist der durch die griechische Tradition allgemein bekanntgewordene Pseudosmerdis; er erscheint bei den Persern unter dem Namen Gaumata. Es ist ganz wahr, dass er sich in strenger Zurückgezogenheit hielt, um von niemandem gesehen zu werden, der den jüngeren Sohn des Cyrus gekannt hätte, wie sich denn in den griechischen Erzählungen überhaupt manches findet, was an die Wahrheit anlautet. Nur die Vorfälle des Harems, das wiehernde Pferd und was sie sonst Angenehmes zu hören und zu lesen darbieten, wird man aus denselben zu wiederholen Anstand nehmen müssen, ebenso wie die Erörterungen über die beste Staatsform, die der Thronbesteigung des neuen Königs vorangegangen sein sollen. Dieser selbst nämlich berichtet nur, dass die Perser von der Ermordung des jüngeren Sohnes des Cyrus überzeugt und nicht gesonnen gewesen seien, die Usurpation des Magers zu dulden.

Unter den Achämeniden gab es einen jungen Mann, der entschlossen war, sein Recht zu behaupten; einverstanden mit den Oberhäuptern der sechs anderen persischen Stämme drang er in den Palast des Gaumata und brachte ihn um. Es war gleichsam eine gemeinschaftliche Handlung aller Perser, deren Stammeshäupter sich hiezu vereinigten, die von keinem Meder regiert sein wollten, namentlich nicht von einem solchen, der ihre alten Satzungen und Gebräuche, auch die religiösen, zu verletzen kein Bedenken trug. Darius sagt in der Inschrift: « Ich nahm ihm das Reich und stellte es so wieder her, wie es vor ihm bestanden; ich war König. » Durch diese gewaltsame Besitzergreifung kam aber die andere Seite der Frage zum Vorschein. Sollten die Meder einem persischen Manne gehorchen? Sollten die andern Nationen die Herrschaft eines Usurpators anerkennen?

Vor allen andern regten sich die Babylonier, die unmittelbar vor Cyrus ihre volle Selbständigkeit besessen
hatten. Beinahe der erste Akt der neuen Regierung war,
dass Darius einen Feldzug gegen die Babylonier unternahm. Es wurde ihm nicht leicht, sie zu überwältigen. Sie
leisteten ihm bei seinem Uebergang über den Tigris Widerstand und noch einmal in einer offenen Schlacht. Die Sage
ist, dass er dann zu einer langen Belagerung habe schreiten müssen, die durch eine ins Unglaubliche fallende
Ueberlistung gelungen sei. Er selbst spricht nur von seinen
Siegen, in deren Folgen er die Stadt eingenommen und
sich seines vornehmsten Gegners, der sich fälschlich König
nannte, entledigt habe. Darius legt Wert darauf, dass
Auramazda, sein Gott, sich für ihn erklärt habe. Wir lassen
diese religiös-dynastische Idee auf sich beruhen. Aber
auch aus andern Umständen muss man schliessen, dass
die Eroberung von Babylon die Grundlage der neuen
Herrschaft wurde; denn dadurch wurde ein Heer gebildet,
und zwar ein solches, das zugleich aus Medern und Persern bestand und sich nun unüberwindlich in der Mitte
der allerorten auftauchenden Empörungen aufstellt. Die
bedeutendste von allen war ohne Zweifel die von Medien,
wo Phraortes als Nachkomme des Kyaxares, des eigentlichen Gründers der medischen Monarchie, als König auftritt, wodurch dann die vornehmste von allen Fragen über
das Verhältnis der vorwaltenden medischen und persischen Familien in Evidenz trat. Welcher von beiden sollten Krone und Heerführung verbleiben? Das entscheidende Ereignis war nun, wie in der Inschrift bemerkt wird,
dass das aus Persern und Medern zusammengesetzte
Kriegsheer hiedurch nicht irre noch wankend gemacht
wurde, sondern in Treue gegen König Darius verharrte.
Darius konnte es wagen, einem seiner Feldobersten die
Kriegführung in Medien anzuvertrauen. Hier war doch
Phraortes, der sich nur in einem Teile des Landes der
Anerkennung erfreute, den krieggeübten Truppen des
Darius zu widerstehen nicht imstande. Er wurde mit leich-

ter Mühe geschlagen. Die Sieger konnten mit Ruhe die Ankunft ihres Königs in Medien erwarten.

Nachdem diese erfolgt war, stellte sich Phraortes selbst dem Darius entgegen. Er wurde überwunden und zog sich dann mit seinen getreuesten Leuten nach Raga zurück, wo er den Truppen des Darius in die Hände fiel und vor ihn geführt wurde. Er litt dann die grässliche Strafe der Verräter; Zunge, Ohren und Nase wurden ihm abgeschnitten; so sah ihn alles Volk; und dann wurde er in Ekbatana ans Kreuz geschlagen. Die namhaftesten seiner Anhänger blieben dort in der Festung gefangen.

Ich denke: man muss in diesem Ereignis die definitive Erwerbung der Krone sehen. Was der Mager versucht hatte, war doch in sich selbst unhaltbar, durch einen durchsichtigen Betrug verschleiert. Viel mehr hatte es zu bedeuten, wenn ein Führer sich erhob, der seine Herkunft von Kyaxares herleitete; dieser stellte das den Persern entgegengesetzte medische Interesse in Wahrheit dar. Dass er unterlag, war das Werk eines Kriegsheeres, an dessen Spitze der König stand und das aus Medern und Persern zusammengesetzt war. Die Eroberungen des Cyrus und Kambyses waren doch nur vorläufige gewesen; jetzt erst unter Darius vollzog sich die feste Begründung des Reiches.

Unmittelbar an die Ereignisse in Medien schliesst sich eine Erhebung in Sagartien, das zu Medien gerechnet wird, an, wo sich ebenfalls ein vermeintlicher Nachkomme des Kyaxares erhob, der aber dasselbe Schicksal hatte wie Phraortes; er wurde besiegt, gefangen, verstümmelt und gekreuzigt. Auch in Parthien und Hyrkanien hatte Phraortes zahlreiche Anhänger. Vistaçpa, der Vater des Darius, zog gegen sie aus und schlug sie. Darius hielt es dennoch für nötig, so wie er des Phraortes Meister geworden war, von Raga aus seinem Vater persische Hilfsvölker zu senden. Diese lieferten den Widersachern eine siegreiche Schlacht. « Dann », sagt Darius, « war die Provinz mein ».

Ein Aufstand in Margiana wurde von dem Satrapen in Baktrien gedämpft. Aber auch des Volkes von Persien war Darius nicht vollkommen sicher, da er ja nicht zu der Linie der Achämeniden gehörte, die bisher regiert hatte. In Persien erhob sich ein Machthaber, der sich für den Sohn des Cyrus, Bardija, ausgab und der wirklich Anhang fand. Der König schickte ein medo-persisches Heer gegen ihn. Die Meder mussten ihm jetzt helfen, die Perser zu überwinden. Ueber beide erhob sich das neue Königtum. Aber der falsche Bardija war so mächtig gewesen, dass er ein Heer nach Arachosien gegen die Truppen des Darius hatte senden können, gegen das Heer, « das sich das des Königs Darius nennt ». Nachdem er nun in Persis geschlagen und vernichtet worden, konnte sich sein Heer in Arachosien nicht behaupten. Arachosien wurde von dem Feldherrn des Darius, Vivana, unterworfen. Dieser grossen Aktion, die ein Jahr erfüllt zu haben scheint, ging ein hartnäckiger Aufstand in Armenien zur Seite. Dessen Bekämpfung wurde von dem König zuerst einem Armenier anvertraut, der sich in seinem Dienste bewährt hatte; und diesem gelang es, die Aufständischen in drei verschiedenen Schlachten niederzuwerfen. Aber der Aufstand erhob sich immer aufs neue; er scheint sogar gefährlicher geworden zu sein, da wir das armenische Heer gleich darauf in Assyrien finden. Darius schickte den Aufständischen nun einen Perser entgegen, der ihnen am 15. Dezember 520 eine Niederlage beibrachte. Ein zweites Treffen folgte in Armenien selbst, in dem die Perser die Oberhand behielten.

Man bemerkt hier den Unterschied zwischen den assyrischen Keilschriften und den persischen. Jene widmen den Gegnern eine grössere Aufmerksamkeit und geben mehr von ihren Rüstungen und Hilfsmitteln an; die Inschrift des Darius begnügt sich mit der Aufzählung der letzten Ereignisse. Eine andere Unterscheidung liegt darin, dass Darius mehr durch seine Feldherren agiert, während die assyrischen Könige fast ausschliesslich selbst an der Spitze stehen.

Auf diese Weise wurden die Provinzen, die den Kern des persischen Reiches bilden, unter langen, blutigen Kriegen, in denen die Gegner vernichtet wurden, zur Unterwerfung gebracht. Der Achämenide behauptete den Platz und den Thron. Das vornehmste Werkzeug zur Erreichung dieses Zieles war die medisch-persische Armee, die, soviel man sieht, gleich nach dem Tode des Magers gebildet, Babylon unterworfen hatte und alsdann beim Ausbruch der inneren Zerwürfnisse getreu an Darius festhielt. Es sind immer zweierlei Heere, die miteinander kämpfen; das eine, das den König Darius anerkennt und deshalb eben zuweilen angegriffen wird; und ein anderes, von dem der König sagt: es wolle nicht sein Heer sein, das feindlichen Heerführern folgt. Wenn Darius nun bei der Erzählung seiner Siege jedesmal versichert, diese seien ihm zuteil geworden durch die Gnade Auramazdas, so scheint das ungefähr dasselbe zu bedeuten, was wir bei Assarhaddon und Assurbanipal lasen: dass alle ihre Siege dem Gotte Assur zuzuschreiben wären; doch ist auch hier eine bedeutsame Abweichung nicht zu verkennen. Denn Assur und die Göttin, die meistens mit ihm genannt wird, sind Kriegsgötter; Auramazda ist ein Gott der Gerechtigkeit und Wahrheit. Untertänigkeit bedeutet bei den Assyrern Unterwerfung durch die Gewalt, bei den Persern Erfüllung eines höchsten Willens. Was Darius am meisten hervorhebt ist, dass seine Gegner, weil ihr Vorgeben auf Lüge gegründet war, untergehen mussten. Den Schutz, den ihm Auramazda verleiht, leitet er daher, dass er der wahre König ist, vor dem die Könige der Lüge untergehen müssen. Die Voraussetzung ist dabei, dass den Achämeniden die Herrschaft mit Recht zugefallen und durch den Abgang der einen Linie auf die andere, die sich in Darius Hystaspis repräsentierte, gelangt sei. Insofern ist er der wahre König, als der er von Auramazda anerkannt wird. In diesem Sinne richtet Darius an seinen Nachfolger auf dem Throne die Ermahnung, alle Lüge zu vermeiden, keinen Lügner, keinen Verräter jemals zu begünstigen, denn dies würde der Idee des wahren Königtums zuwiderlaufen. Die Autorität bekommt dadurch einen moralischen Inhalt, dem das ganze Gefüge des Reiches und des Staates entsprechen soll.

Damit hängt aber die religiöse Weltansicht auf das innigste zusammen. Im Zend-Avesta, das als die Haupt-urkunde der persischen Religion betrachtet werden muss, findet sich vieles, was an die Mythologie und Gebräuche des alten Indiens anlautet. Identisch aber sind diese Auf-fassungen doch keineswegs. Man hat bemerkt, dass der höchste Gott der Perser, Ahura, bei den Indern als Asura zu einem bösen Geiste geworden ist, wogegen dann wieder die Devas der Inder bei den Persern als Dävas zu bösen Geistern und Gehilfen des Angro-mainyus geworden sind. Wir wagen nicht, die Annahme einer Identität beider Systeme in der Urzeit abzuleugnen, ebensowenig sie gera-dehin vorauszusetzen. In der Epoche, wo die Religionen historisch nebeneinander erscheinen, sind sie einander doch auch wieder entgegengesetzt. Der Glaube der Inder und der Glaube der Perser mögen Brüder sein; gewiss aber sind sie feindliche Brüder. Der Charakter der per-sischen Religion liegt in ihem Dualismus.

Wenn man die Gegensätze der Länder und der Völker-schaften innerhalb Persiens und seiner Provinzen ins Auge fasst, den unaufhörlichen Kampf der angesiedelten Bevöl-kerungen und der Bewohner der Steppe, des angebauten Landes selbst und der zurückgeworfenen, aber immer wieder vordringenden Wildnis der Wüste, so erscheinen die Ideen des Zend-Avesta gleichsam wie autochthonisch und naturgemäss. Auramazda ist der Gott der Landbauer. In dem Gespräch, mit dem der Vendidad beginnt, zwischen dem doch auch zur Mythe gewordenen heiligen Stifter der Religion, Zarathustra, und dem Gotte des Guten, der hier in der Form Ahura-mazda erscheint — eine dritte Form ist Ormuzd — spricht dieser aus, er habe, als noch nir-gends eine Möglichkeit war zu wohnen, einen Ort der Anmut geschaffen: «Eine Schöpfung der Anmut als die erste habe ich geschaffen, die zweite — ein Gegenteil derselben — eine menschenverderbende, hat Angro-mainyus geschaffen.» «Den ersten und besten der Orte und Plätze habe ich geschaffen, ich, der ich Ahura-mazda bin.» Es ist gleichsam eine sukzessive Schöpfung der iranischen Länder, die sich Ahura-mazda nun zuschreibt. In den Namen erscheinen ziemlich erkenntlich Sogdiana, Merw, Baktrien, Arachosien, Ragha in Medien, wahrscheinlich auch Taberistan, Indien. All dem setzt nun Ahriman, der voll Todes ist, Schöpfungen des Verderbens entgegen, grosse Schlangen, langdauernden Winter, tödliche Wespen, merkwürdigerweise aber auch eine intellektuelle und moralische Opposition, grosse Zweifel, Trägheit, woraus Armut folgt, unaussühnbare Handlungen, Knabenliebe, Mord.

Der vornehmste Gott, Ormuzd, erscheint allerdings als Weltschöpfer und Geber alles Guten; aber nirgends war der Begriff des Bösen so stark, wie in der Religion des Zend. Im Anfang, heisst es im Zend-Avesta, gab es Zwillinge, die Geister des Guten und des Bösen. Der Weltschöpfer ist der Geist des Guten, dem die verderbende Macht des bösen Geistes, Ahriman, beinahe ebenbürtig gegenübersteht. Wohl finden sich Andeutungen, als habe man, hiemit nicht zufrieden, ein uranfängliches, über beiden Prinzipien stehendes Wesen angenommen. Nach einer Stelle des Bundehesch ist es die Zeit, in der sich alles entwickelte, wie denn zum Kampf zwischen Ahriman und Ormuzd bestimmte Perioden festgesetzt werden; allein das beweist doch, dass eine höchste Intelligenz, von der alles abhing und die das Böse nur zulässt, von den Persern nicht angenommen wurde. Alles, was geschaffen ist, wird als zum Kampfe gegen das Böse bestimmt betrachtet. Was sonst als heilbringende Naturkraft hervortritt, wird hier als die dem Ahura-mazda gegen das Böse dienende Kriegsgenossenschaft angesehen. Alles ist der Kampf zwischen Licht und Finsternis, der sich in dem Weltall und auf Erden vollzieht. Den Griechen fiel es auf, dass die Gottheit ohne Bild noch Altäre verehrt wurde, dass das Opfer nichts als ein Darbringen war. Aus Xenophons Cyropädie sieht man, dass sie auch den moralischen Impuls wahrnahmen, der die persische Religion beseelte. Darin dürfte man wohl den unterscheidenden Charakter des persischen Dualismus zu erkennen haben. Der Mensch ist der Verbündete Ahura-mazdas, oder soll es doch sein. Alle Tugenden aber werden ihm dadurch zur Pflicht.

Das dem Gott auf Erden Wohlgefälligste ist ein weiser Mann, der seine Opfer bringt, das zweite ein heiliger und wohlgeordneter Haushalt mit allem, was dazu gehört, das dritte die Stelle, « wo am meisten durch Anbau erzeugt wird an Getreide, Futter und früchtetragenden Bäumen, wo man trockenes Land bewässert oder allzu feuchtem Lande das Wasser entzieht ».

Die ägyptische Religion ist auf die Natur des Nillandes gegründet, die persische auf den Anbau von Iran. In den Satzungen der heiligen Bücher, die in eine spätere Epoche fallen, ist von dem Königtum wenig die Rede. Aber von selbst leuchtet ein, welch eine hohe Stellung ihm nun in den alten Zeiten zukam, denen Darius angehörte. Der König, der von dem höchsten Gott zwar nicht gesetzt, aber als der berechtigte anerkannt wird, ist zugleich der Verfechter alles Guten, das sich dem Bösen entgegensetzt; er vollzieht den Willen des Auramazda; das ganze Reich ist in diesem Sinne organisiert, der König, als der Ausdruck des göttlichen Willens, hat gleichsam ein Recht, die Welt zu beherrschen. Daran wäre aber nicht zu denken, wenn die dualistische Religion bereits in ein System gefasst gewesen wäre und mit Gewalt den unterworfenen Nationen hätte aufgedrungen werden sollen. Man bemerkt vielmehr, dass sie schon in den westlichen Regionen von Iran fremden Einflüssen zugänglich gewesen ist, die aus Mesopotamien stammen. In Armenien herrschte der Dienst der Anahit, urverwandt den Diensten der Astarte. Wenn, wie Herodot berichtet, die Perser von allen Nationen fremde Gebräuche am leichtesten bei sich aufnahmen, so konnten sie solche unmöglich aus religiösem Eifer verfolgen. Die persische Religion, die dem König den höchsten Anspruch vindizierte, duldete doch in den Provinzen die einheimischen Kulte. Aber das gehörte dazu, um die uni-

versale Stellung, die das persische Königtum einnahm, zu
behaupten; darin besteht der Charakter des Reiches, das
nun eben unter Darius in eine haltbare Ordnung und Verfassung gebracht wurde. Die Festigkeit der persischen
Macht beruhte darauf, dass sie im Osten nichts zu fürchten hatte; sie beherrschte selbst einen Teil von Indien,
wiewohl sie den Indus nicht überschritten hat.

Die Befestigungen am Jaxartes wehrten das Eindringen
der Massageten und anderer Nomadenstämme ab. So bildete auch der Kaukasus eine Grenze, die man nicht überschritt; zum erstenmal ist das durch Dschingis-Chan geschehen, was dann einen Kampf zwischen Orient und
Okzident veranlasst hat, der noch heute fortdauert. Die
Perser hatten auch von dieser Seite nichts zu fürchten.
Dann folgten die grossen Wasserbecken, das Schwarze
und das Aegäische Meer, dessen Küsten sie einnahmen,
ohne die See selbst zu beherrschen. Die weiteren Gestade
des Mittelländischen Meeres standen zu den Persern in
einem ähnlichen Verhältnis wie zu den Assyrern; in
Aegypten drangen die Perser über die Grenzen des alten
Pharaonenreiches nicht hinaus; aber auch von den Feindseligkeiten der Aethiopen hören wir nichts mehr. Die
Grenzen blieben dieselben bis in die römischen Zeiten.
Am meisten hätten sie von Arabien her zu besorgen
gehabt, allein diese Stämme hatten noch nicht den aggres-
siven Antrieb, der ihnen später aus der Religion gekommen ist; sie waren nicht zuverlässig, aber auch nicht feindselig. In den von diesen Marken eingeschlossenen Landschaften finden sich überall Satrapien, in die Darius das
persische Reich teilte und die er grossenteils Persern aus
dem königlichen Hause oder auch aus andern besonders
hervorragenden Geschlechtern zur Verwaltung anvertraute. Den Satrapen standen unmittelbar vom König
abhängige Beamte zur Seite, die deren Machtbefugnisse
beschränkten und sie dem höchsten Willen unterworfen
hielten. Alles beruht darauf, dass die Autorität des Königs,
die dem Streit der Nationalitäten, in den er eingriff, ein
Ende gemacht hat, anerkannt und gehandhabt wurde. Es

versteht sich ja wohl, dass dabei die eigentümliche Entwicklung der Nationen nicht fortschreiten konnte. Das Regiment des Königs erschien überall als eine Fremdherrschaft. Die Perser begnügten sich nicht mit einem zweifelhaften Tribut wie die Assyrer; die Abhängigkeit wurde durch eine bestimmte Schatzung ausgesprochen. Aber die alten nationalen Selbständigkeiten wurden doch auch nicht gerade unterdrückt. Noch gab es Völkerschaften, die ihre angestammten Oberhäupter behielten oder überhaupt zu keinem Gehorsam zu bringen waren; man lag mit ihnen häufig in Fehde, duldete aber gern oder ungern ihre Existenz. Die kriegsberühmten Karer leisteten unter ihren alten Oberhäuptern die Heeresfolge. Sardes, wo jetzt eine persische Besatzung die Burg innehatte, war nicht viel weniger eine Kapitale als ehemals unter eigenen Königen; und die engere Verbindung, in die es mit dem Osten trat, verschaffte seinem Handel und seiner Industrie einen neuen Aufschwung. In Kappadokien, dessen Satrapen von achämenidischer Herkunft sich später in den Königen von Pontus fortgepflanzt haben, stossen wir auf beinahe unabhängige Priesterstaaten und Völkerstämme mit höchst beschränkten Königen. In Paphlagonien findet man Häuptlinge, die imstande waren, 120 000 Mann ins Feld zu führen. Auch die östlichen Bithynier standen unter ihren eigenen Fürsten, ebenso die Zilizier, deren Oberhäupter oft im Kriege mit den Satrapen lagen. Tarsus kam durch den grossen Verkehr zwischen den nördlichen und südlichen Provinzen des Reiches empor. Auch unter der persischen Herrschaft behaupteten Damaskus und Palmyra ihren alten Glanz und Ruf.

Wie von jeher, so lebten die Armenier auch jetzt in ihrer patriarchalen Sitte fort; ihre tägliche Beschäftigung war die Viehzucht. Der Satrap musste in einem offenen Ort wohnen. Aus Xenophons Anabasis sieht man, welchen hohen Grad von Unabhängigkeit die Völkerschaften zwischen Mesopotamien und dem Schwarzen Meer besassen. Babylon blieb die Hauptstätte des Gottesdienstes und des Handels, die es von jeher gewesen war. Das alte Elam war gleichsam der Mittelpunkt des Reiches geworden. Hier, in der Stadt der Lilien, Schûschan (Susa), war die vornehmste Residenz der Könige, wovon die dortigen Trümmer zeugen, ähnlich denen von Babylon und Ninive. Die Städte waren eben alle Backsteinbauten. In den Gebirgen erhielten sich unabhängige Völkerschaften, wie die Kuschäer und Uxier, denen die Könige reiche Geldgeschenke gewähren mussten, damit sie unbelästigt nach Persepolis ziehen konnten. Zu der Satrapie Medien gehörte eine Anzahl widerstrebender Bergvölker, wie denn der Gegensatz zwischen Unterworfenen und Widerstrebenden dem agrarischen zwischen Ackerland und Wüste beinahe entspricht. Vollkommen frei waren die Marder, die man nicht einmal anzugreifen wagte. Baktrien wetteiferte mit Medien an Anbau und Dichtigkeit der Bevölkerung, doch bot es dieselben Gegensätze dar, Steppen und überaus fruchtbare Landschaften. Hier hatte die Religion des Zoroaster ihre vornehmste Wurzel. Später ist es ein besonderer Mittelpunkt griechisch-asiatischer Kultur geworden. Parthien und Hyrkanien waren zu einer Satrapie vereinigt: die Parther arm, die Hyrkaner in besseren Gegenden, aber in ihren Waldungen frei. Sie scheinen, wie man aus dem Namen ihrer Hauptstadt schliesst, ihre alten Oberhäupter behalten zu haben. Ihr Gebiet hat in alter und neuer Zeit als die Heimat vortrefflicher Kriegsleute gegolten. Jenseits des Oxus Sogdiana, die wichtigste Grenzprovinz, die den Einfall der nördlichen Nomadenvölker unaufhörlich abzuwehren hatte; zu diesem Zweck war sie mit einer Reihe von Festungen versehen, von denen eine den Namen des Cyrus trug, die äusserste von denen, die an den Namen des Stifters erinnerten. In der Mitte von Iran, in Persien, der Heimat des Stammes und Volkes, hat sich Darius eine prächtige Königsburg gegründet, deren Ruinen durch ihr Quadergefüge und die benachbarten Königsgräber an die ägyptischen Bauwerke erinnern. Wie bei diesen, nahm man den Marmor aus den nahen Gebirgen, wodurch man sich über die assyrischen und babylonischen Vorbilder erhob. Persepolis scheint gleichsam aus dem Gebirge hervorgewachsen zu sein. Auf breiten Stufen, die aus ungeheuren Marmorblöcken auf das sorgfältigste gearbeitet sind, ersteigt man die erste Terrasse, deren Eingang mit den wunderbaren Tiergestalten der iranischen Mythologie verziert ist, dem Einhorn, dem Symbol der Stärke, dem geflügelten Löwen, der, mit dem Diadem geziert, die unwiderstehliche Kraft des Königtums versinnbildet. Bei dem Aufgang zur zweiten Terrasse sind auf der einen Seite die Meder und Perser, denen die Herrschaft gehörte, in ihren besonderen Trachten abgebildet, auf der andern die Deputationen der unterworfenen Völker, die ihre Geschenke darbringen. An den Bekleidungen erkennt man die Regionen, aus denen sie kommen; die einen sind in Pelzwerk gehüllt, die andern nur mit einem Schurzfell um die Hüfte gegürtet.

Ein Abbild des Königs wird von drei Reihen männlicher Figuren getragen, die mit aufgehobenen Armen, gleich Karyatiden, übereinanderstehen. Die erste Reihe hat völlig medisch-persische Kleidung. In der untersten meint man Tracht und Haar der Neger zu unterscheiden.

Auf der zweiten Terrasse ist der König abgebildet, wie er einem Gesandten Audienz erteilt. Hinter ihm steht ein Verschnittener mit verhülltem Munde und mit dem Fliegenwedel. Der Gesandte erscheint in ehrerbietiger Stellung, auch mit der Hand vor dem Mund, damit sein Odem den König nicht berühre. Ein prächtiges Monument des alten Völkerkönigtums, voll von Würde, phantastisch und gross. Was ihm aber noch höheren Wert gibt als die Säulen und Reliefs, das sind die Inschriften, die an dem Bauwerk selbst und an den Grabmalen in den verschiedenen Sprachen des Reiches das Selbstgefühl und die Herrlichkeit des Herrschers ausdrücken.

An mehreren Stellen des Baues liest man die Inschrift: «Darius, der grosse König, der König der Könige, der König der Länder, der Sohn des Vistaçpa, der Achämenide, hat dieses Haus errichtet.» Es sind vor allem die Herkunft und die ausgedehnte Macht des Königs über andere Könige und Völker, was dem Urheber des Baues zugeschrieben wird und seinen Ruhm begründet.

An den Wänden der zweiten Terrasse finden sich noch zwei Inschriften, in denen zugleich die Hilfe des Gottes Auramazda, der der grösste der Götter ist und die Länder beherrsche, gepriesen und angerufen wird. In der ersten tritt das persische Königtum selbst in den Vordergrund; es heisst: « Dieses Land Persien, das mir Auramazda verlieh, das schön und wohlbevölkert ist, fürchtet durch den Schutz Auramazdas und den meinen, des Königs Darius, keinen Feind. » « Kein Feind möge in dieses Gebiet kommen, kein Heereszug, nicht Misswachs, nicht Lüge. Um diese Gunst bitte ich Auramazda und die Götter des Landes. » Bemerkenswert ist, dass neben Auramazda die Götter des Landes überhaupt angerufen werden. Man könnte daraus schliessen, dass die Religion des Ormuzd erst eine später eingeführte gewesen sei. Mit Bestimmtheit aber ergibt sich, dass Ormuzd andere Götter neben sich duldete; aber er war der vornehmste von allen. Von ihm stammt die Herrschaft, die zugleich Herrschaft des Gesetzes und der allgemeinen Ordnung war.

In der zweiten Inschrift wird nun auf die unterworfenen Länder und Völker besonders Bezug genommen. Der König bezeichnet sich als « grosser König, der König der Könige, König der zahlreichen Länder », die er nun, an Zahl vierundzwanzig, nacheinander aufführt. Ausdrücklich sagt er, er regiere sie mit dem persischen Heer; damit er vor keinem Feinde zu zittern brauche, möge Auramazda das persische Heer schützen. « Wenn das persische Heer geschützt ist, so wird das persische Glück ununterbrochen bis in die fernste Zeit währen.» Es sind nicht Phrasen und Uebertreibungen wie auf den ägyptischen und assyrischen Inschriften, die gleichwohl zum Muster gedient haben mögen, was wir hier lesen: dies ist der Ausdruck der realen Verhältnisse des Reiches. Man erkennt darin eine Stufenfolge der Bedingungen der Herrschaft. Zuerst erscheint der geborene König, der aber nicht mit der Gottheit identifiziert wird; er unterscheidet den Schutz des

Gottes und seinen eigenen, durch die das Land Persien
vor jedem Feinde gesichert sei. Mit dem volkreichen Persien beherrscht er dann die übrige Welt. Auf dem Heere
beruhen die Wohlfahrt und das Gedeihen des Reiches, das
jedoch nicht eigentlich als ein Ganzes gedacht wird, sondern als eine Vereinigung verschiedener unterworfener
Stämme. Wie es dazu gekommen und was die Grundlage
der Herrschaft sei, erläutert dann eine vierte Inschrift, mit
der das Grabmal des Darius versehen ist. Der König selbst
ist auf der Aussenseite dargestellt mit einem vor ihm
lodernden Feuer, die rechte Hand zum Gebet erhoben,
über diesem eine geflügelte Gestalt, die unser Herder für
den Ferver des Königs hielt. In dem Ferver liegt vielleicht
die tiefste moralische Idee des Zend-Avesta. Er ist das
von Ormuzd gebildete reine Wesen des geistigen Ge-
schöpfes, von demselben unzertrennbar und doch wieder
von ihm geschieden, geschaffen eben zum Kampfe gegen
Ahriman und deshalb streitbar. Der König hat den Bogen
in der linken Hand, wie bei den Assyrern der Gott, der
die Schlacht entscheidet, mit gespanntem Bogen auftritt.
Der starke Bogen, den man zu spannen versteht, ist das
Symbol der Kraft. — Was die Aelteren für den Ferver
hielten, erklären die Neueren für das Bild des Gottes
selbst.

In der über dieser Abbildung angebrachten Inschrift
heisst der König nicht allein der grosse, sondern der
König der Länder aller Zungen, der König dieser grossen
und weiten Erde.

Nochmals werden die Länder aufgezählt, welche der
König ausser Persien regiert. Das Verzeichnis ist vollstän-
diger als das frühere, so dass man es auch wohl in ein
späteres Jahr setzen darf; in demselben erscheinen vor
allem die Meder und ferner die « flechtentragenden »
Jonier. « Ich beherrsche sie », sagt der König, « sie bringen
mir Tribut; was ich ihnen befehle, das tun sie; mein Gesetz
wird gehalten. » « Auramazda übergab mir diese Länder,
als er sie im Aufruhr sah, und verlieh mir über sie die
Herrschaft; durch die Gnade Auramazdas habe ich sie

wiederum geordnet.» Abermals betont er dann die Tapferkeit der Perser, durch die es so weit gekommen sei.
«Wenn du fragst, wie viele waren der Länder, die König
Darius regierte, so sieh das Bild derer an, die meinen
Thron tragen, auf dass du sie kennst. Alsdann wirst du
wissen, dass die Lanze des persischen Mannes weit vorgedrungen ist, dass der persische Mann Schlachten geschlagen hat fern von Persien.»

Wenn der Grund der Aufrichtung der Herrschaft darin
gesetzt wird, dass alle Länder in Aufruhr gewesen seien,
ein Zustand, dem der höchste Gott habe ein Ende machen
wollen, was dann durch die Tapferkeit der Perser geschehen sei, so liegt darin nicht geradezu eine Ueberhebung;
denn soweit die geschichtlichen Nachrichten überhaupt
reichen, war es, namentlich in den westlichen Regionen,
immer ein innerer Gegensatz, in den die Perser mit ihrer
Uebermacht entscheidend eingriffen, wodurch das ganze
Gebäude der Macht zustande kam. Die Idee der Ordnung,
des Guten und der Wahrheit waltet über allem.

Wir können hier innehalten. Denn nur darauf kam es
an, die inneren Konflikte der ältesten Welt so weit in
Erinnerung zu bringen, bis ein ruhiger und haltbarer
Zustand aus ihnen hervorging. Einen solchen drücken die
erwähnten Denkmale und Inschriften aus. Darius selbst
ist, wenn wir so sagen dürfen, eine monumentale Gestalt
in der Historie. So haben ihn die Perser der späteren Zeit
angesehen; er ist das Urbild des Dschemschid, des vornehmsten Königs der Sage, dem alle friedlichen Einrichtungen zugeschrieben werden. Bei Aeschylus, der diesen
Zeiten nahestand und sein Feind war, erscheint Darius in
Grossheit, Güte und Glück als eine Art von Vorbild.

Das Heldenbuch von Iran, das Gedicht Firdusis, das
alle Anschauungen des Orients lange Jahrhunderte hindurch beherrscht hat, ist eine Art von Weltgeschichte, die
sich an die Stellung der Achämeniden und des grossen
Königs der Meder, Perser und Baktrier, der drei Stämme,
aus denen das alte Iran besteht, anknüpft. Wenn dies
Königtum von den Söhnen Feriduns demjenigen zufällt,

der der mildeste und verständigste ist, so wird damit die Idee der Kultur angedeutet, die das alte persische Königtum in der Tat belebte. So hat es schon, näher jener Epoche, Xenophon aufgefasst, der den Orient selbst gesehen hatte. In seinem Cyrus stellt er das Ideal eines Monarchen auf, der jede Art von Kultur mit der Macht verbindet. Nicht ganz dieser Ansicht war Aristoteles; er meinte, die Macht würde noch bei weitem besser entwickelt werden können, wenn die Völker frei wären wie die Griechen.

FÜNFTES KAPITEL

DAS ÄLTERE HELLAS

Die Heroen — Homerische Zustände — Einwanderung der Dorier in den Peloponnes — Phidon von Argos — Griechische Kolonien — Verfassung von Sparta — Tyrannis in Griechenland — Attika — Drakon, Kylon — Solon — Pisistratus — Die Pisistratiden — Klisthenes

In dem Vordergrund der Weltgeschichte stellen sich, wie oben angedeutet, nicht sowohl grosse Reiche dar, als vielmehr Volksgenossenschaften in beschränkten Gebieten, die umfassenderen Stammesverbindungen angehören, aber doch für sich selbst besondere Gemeinwesen von eigentümlicher Energie und Lebenskraft bilden. Durch die Religionen sind sie verbunden, aber zugleich lokal voneinander gesondert, ungefähr wie die kanaanitischen Stämme vor den Angriffen der Aegypter und dem Eindringen der Israeliten. Die bedeutendste Erscheinung aus diesem Kreise sind die Phönizier in ihren getrennten und doch zusammengehörigen Städten und Gebieten mit ihrer die Welt umspannenden merkantilen und industriellen Tätigkeit. Unabhängige Gemeinwesen behaupteten sich über ganz Syrien hin, in Mesopotamien, an den Quellen des Euphrats, selbst jenseits des Tigris' im eigentlichen Iran; sie waren in vollem Bestehen, als das assyrische Reich sich erhob, das sie infolge ihrer Entzweiung untereinander unterwarf, aber nicht geradezu unterdrückte.

Zu den Völkerschaften dieser Art gehören nun die alten Hellenen.

Man hat bemerkt, dass das Griechische von allen indogermanischen Idiomen, von denen es einen Zweig ausmacht, das grammatisch ausgebildetste, der inneren Logik des menschlichen Geistes angemessenste ist. Die ursprüngliche Begabung mag durch die Naturbeschaffenheit des Landes, das sie bewohnten, gefördert worden sein.

Dass Griechenland ein kontinentales Land ist, verschwindet gleichsam bei der eigentümlichen Gestaltung des Bodens, der allenthalben von Golfen und Buchten durchsetzt und doch wieder, in sich selbst konzentriert, beinahe einen insularen Charakter annimmt. Die Gebirge im Norden schieden es von dem benachbarten Kontinent ab, nicht viel anders als die Alpen lange Zeit Italien vor den nordischen Nationen gesichert haben. Griechenland ist verhältnismässig noch reicher an einer mannigfaltigen und in allen Richtungen hin ausgedehnten Küstenentwicklung als das Apenninland. Die Halbinsel des Peloponnes bietet neben dem Grundstock ihrer Gebirge wieder eine Anzahl von Halbinseln dar. Das mittlere Hellas läuft nach Akarnanien und nach Attika hin in ausgedehnte Vorgebirge aus. Das gesamte Gebiet aber war dann wieder auf beiden Seiten von Inseln umgeben, die, obwohl meistenteils von mässigem Umfang, doch wieder jede ein Ganzes für sich bildete. Hier beruhte das Leben auf einer freien Bewegung von Völkerschaften, die sich vor allem in ihrer Besonderheit gefielen; das Meer, unfruchtbar, wie die Griechen es nannten, bildete doch für sie das eigentliche Lebenselement; es bedingte alle Verhältnisse.

Die Mannigfaltigkeit der besonderen Gestaltungen von Land und Volk, von denen eine jede ihre eigenen Erinnerungen bewahrte, macht es erklärlich, dass die älteste griechische Geschichte, die erst in späten Zeiten zusammengestellt wurde, eine Verwirrung darbietet, die man wohl als chaotisch bezeichnet hat. Hier war kein Boden für Königsreihen wie in Aegypten. Es fehlte an einem gemeinschaftlichen, zugleich zusammenhaltenden und ausschliessenden Heiligtum, wie der Tempel in Jerusalem war; das delphische Orakel hat damit doch nur eine entfernte Aehnlichkeit. Für grosse, weltbeherrschende Städte wie Babylon oder Ninive war hier kein Raum. Alles ist ein eigentümlich geartetes, überall scharf markiertes, mit Bewegung und Geist durchdrungenes Leben.

Man könnte einwenden, dass die Urbevölkerung von den ausgebildeteren fremden Nationen, die über die See kamen, Einwirkungen erfahren hat; aber diese wurden dann doch durch das eigentümlich griechische Wesen umgestaltet und nationalisiert. Die Sage von Herakles, dem grössten ihrer Heroen, hat unleugbar Verwandtschaft mit indischen, babylonischen, phönizischen Mythen, aber zugleich ist sie durch und durch griechisch. Selbst einem Herodot gegenüber wollten sich die Argiver und Böotier ihren einheimischen Herakles nicht entreissen lassen. Herakles erscheint als Bändiger der Ungetüme, die das Land unsicher und unbewohnbar machen, des unverwundbaren Löwen in der Gebirgsschlucht, der neunköpfigen Hydra in dem Sumpfgelände; er ist bei den Griechen das Symbol der von göttlichem Ursprung stammenden, aber zur Dienstbarkeit verdammten, im Vollbringen des Notwendigen unter Mühe und Arbeit emporstrebenden Menschenkraft. Herakles wendet seine unwiderstehliche Stärke auch gegen die Ungeheuer in menschlicher Gestalt; er ist, wie ein Alter sagt, der gerechteste aller Mörder; er brach die Bahn für ein gesetzliches Leben. Der mächtigen Göttin, die ihn mit ihrem Hass verfolgt, zum Trotz erringt er sich doch einen Platz im Olymp, wo er die ewige Jugend in die Arme schliesst.

Darüber ist an sich kein Zweifel, dass fremde Götterdienste auch in Hellas eindrangen; sie sind wohl dann und wann in aller ihrer Grässlichkeit zur Vollziehung gekommen. Auch auf griechischem Boden sind Menschen den Göttern geopfert worden nach der Weise der Phönizier; auch die Griechen haben dadurch die Macht verderblicher Gottheiten zu versöhnen gemeint. Allein schon in früher Zeit fand bei ihnen, wie bei den Hebräern, eine rationelle Abweichung von diesen blutigen Diensten statt. Die Sage von Iphigenia in Aulis lässt sich mit der Erzählung von der Opferung Isaaks vergleichen. Da man aber in Griechenland nicht den ganzen Kult verliess, wie in Palästina, so entschloss man sich zu einer Milderung desselben. Man tötete nicht mehr die Menschen, sondern begnügte sich, ihr Blut zu vergiessen, ohne sie zu töten. Die Götter selbst wurden milder gedacht. Es wird erzählt, Dionysos, der anfangs einen Knaben zum Opfer forderte — es war in Delphi — habe dann denselben mit einem

Widder vertauscht. Das Wesentlichste der Sage von Theseus ist doch gewiss, dass er jenem Ungeheuer von
menschlicher Gestalt mit dem Stierkopf, dem man Ver-
brecher und Gefangene und auch den Tribut an Kindern,
den die Athener liefern mussten, zum Frasse vorwarf,
ein Ende machte. Sie enthält ein Moment, durch das sich
Griechenland von dem Orient losriss. Irre ich nicht, so
liegt das auch der Sage von Pelops zugrunde; er ist der
entsetzlichen Tötung, die der Vater selbst vollbracht hat,
um ihn den Göttern zu einem scheusslichen Mahle vor-
zusetzen, durch deren Gunst und Voraussicht entgangen;
dann langt er mit den geflügelten Rossen, die ihm Poseidon geschenkt, in Hellas an, wo er ein Herrschergeschlecht
gründet, das als das vornehmste von allen betrachtet
werden kann. Man darf vielleicht selbst die Befreiung der
Thebaner von dem Ungetüm, das eine ägyptische Farbe
trägt, der Sphinx, die zugleich grausam und sinnreich ist,
aus dem Gegensatz gegen die fremden Dienste herleiten;
denn weniger darauf kommt es an, was aus der Fremde
eingedrungen ist, als darauf, wie sich die Eingeborenen
der Herrschaft desselben erwehrt haben. Von diesen Beziehungen auf die Bewohnbarkeit des Landes und seine
Unabhängigkeit von den den Menschen zum Opfertier
herabwürdigenden fremden Diensten geht dann die Sage
auf eine spontane Bewegung nach aussen über. Jason, in
dem die maritime Tätigkeit der Minyer versinnbildet ist,
durchbricht mit seinem Fahrzeug, in dem sich die namhaftesten Helden aus allen Landschaften versammelt
haben, den Zauber, der den Griechen bisher den Eingang
in das Schwarze Meer verwehrt hat, mit Keckheit, um
das goldene Vliess aus Aia oder, wie die Späteren sagten,
Kolchis zurückzubringen. Dann folgt der trojanische Krieg.
   Die Sage knüpft an den Gegensatz zwischen Asien
und Europa an, der, ohne eigentlich geographische Bedeutung, doch ein sehr reelles Gewicht in historischer
Hinsicht hat. Denn auf der einen Seite wurden die asiatischen Küsten in die allgemeinen Völkerverhältnisse, aus
denen dann die Errichtung der grossen Reiche hervor-

gegangen ist, verwickelt; auf der andern hatten die insularen und peninsularen Griechen einen ihnen gleichsam eingeborenen Trieb, in Kleinasien festen Fuss zu fassen; es war die Grundlage ihres nationalen und selbst landschaftlichen Daseins.

Aus diesen Gegensätzen entspringt nun der trojanische Krieg. Teukrer und Dardaner sind identisch mit den Troern, sie gehören den nördlichen Völkern von Kleinasien an, sie bilden Teile des thrazischen Völkerstammes, der sich, unbestimmt, welches sein erster Wohnsitz war, auf beiden Seiten der Propontis ausbreitete, und standen mit den Phrygiern, Karern und all den kleinasiatischen Stämmen, in deren Gebiet die Griechen eindrangen, in Verbindung. Aus den lokalen Erinnerungen, von denen wir in einem Fragment des Mimnermus unverkennbare Spuren finden, übereinstimmend mit einigen herodoteischen Aufzeichnungen, ergibt sich mit aller Bestimmtheit, die man erwarten kann, dass die Kolonisationen der Griechen nicht ohne Gewaltsamkeit vor sich gegangen sind und heftigen Widerstand fanden. Ein uraltes, vorhistorisches Ilion hat es, wie die Ausgrabungen zeigen, ohne allen Zweifel gegeben; an diesen Namen knüpfen nun die homerischen Gesänge an. Aber der Kampf ist kein vereinzelter; um Ilion scharen sich die asiatischen Völkerstämme; ebenso aber ist es eine Vereinigung aller Griechen, unter denen noch der achäische Stamm der vorwaltende war, die den Kampf gegen Ilion gemeinschaftlich unternimmt. Dieses Weltverhältnis gibt den homerischen Gesängen ihren Hintergrund und Charakter, doch ist dabei darin von den eigentlich nationalen Gegensätzen nicht die Rede. Solche wären unbrauchbar für die poetische Auffassung gewesen, die eines andern Interesses bedarf, um fortzuleben. Die beiden Parteien, die einander bekämpfen, müssen gleichartiger Natur sein. Auch das Interesse der Eroberung muss zurücktreten, nur ein menschlich allgemeines darf vorwalten. Die Troer müssen sein wie die Griechen; sie müssen dieselben Götter verehren und in ähnlichen Formen des Lebens sich bewegen. Von diesen

Formen aber dürfen wir in bezug auf die Griechen wohl sagen, dass sie nicht erdichtet sind, sondern dass sie den Zeiten entsprachen, in denen das Gedicht entstanden ist, lange nachdem die Ereignisse, die den Anstoss gaben, vorübergegangen und bereits verschollen waren.

Die deutsche Nation hat den Vorzug, dass ein Moment ihrer ältesten Vergangenheit durch einen gleichzeitigen Historiker ersten Ranges geschildert worden ist; unvergleichlich grösser ist der Vorzug der Griechen, aus uralter Zeit ein einheimisches Gedicht zu besitzen, das ihre früheren Zustände mit unverkennbarer Wahrhaftigkeit und in vollendeter Form vergegenwärtigt.

Ob Agamemnon und Priamus, Achilles und Hektor, Menelaos und Paris historisch sind, oder in welcher Beziehung diese Namen zu den Begebenheiten stehen, lassen wir hier unerörtert. Wir verzichten darauf, die Zeiten zu bestimmen, in denen ein troischer Krieg, wenn es einen solchen jemals gab, wirklich stattgefunden hat. Aber die Zustände, wie sie sich in den homerischen Gedichten darstellen, können nicht erdichtet sein. Von den Griechen sind sie immer als vollkommen wahr betrachtet worden, gleichsam als Urkunden, aus denen sehr bestimmte Ansprüche und Rechte hergeleitet wurden. Obgleich diese Urkunde ein Gedicht ist, so halte ich es doch, indem ich von den Griechen zu sprechen beginne, für erlaubt und angemessen, die Zustände, die sie schildert und auf denen alles Spätere beruht, in ihren Grundzügen in Erinnerung zu bringen.

An der Spitze steht überall ein König, nicht identifiziert mit den Göttern wie bei den Aegyptern, kein Gewalthaber, über unterworfene Gebiete herrschend, wie bei den Assyrern, eher mit den Häuptlingen zu vergleichen, die in den kanaanitischen Städten walteten, aber doch durch und durch eigentümlich, Oberhaupt einer gegliederten Gesamtheit. Dass die königliche Gewalt eine unbedingt erbliche sei, lässt sich nicht behaupten; denn sonst würde z. B. Telemach wie als Sohn so als Nachfolger des Odysseus in Ithaka anerkannt worden sein, was doch nicht der Fall ist. Der Stuhl seines Vaters bleibt leer in den Versammlungen, obwohl man ihm sagt, sein Stamm sei königlicher als die andern, worin zwar kein Recht läge, aber doch ein Anspruch an die Erbfolge. Der König wird nicht ohne göttliche Autorität gedacht. Von Zeus kommt das Szepter, der Gott verleiht Ruhm und Glanz. Die Ehre des Königs ist von Zeus. Es ist eine Autorität, welche hohe persönliche Vorrechte gewährt, aber keine unbeschränkte Macht.

Im Frieden geniesst er die Einkünfte des Temenos, d. h. der für ihn abgesonderten Landbezirke; von ihm hängt Rat und Tat ab; er sammelt vom Volk Geschenke, etwa für Fremde; man muss seinen Befehlen nachkommen und ihm Gaben darbringen, womit man ihn verehrt wie einen Gott, was ihm dann Reichtum verschafft.

Im Kriege finden wir ihn Opfer vollziehen. Er beruft den Rat und entlässt ihn; er redet im Volke; ihm wird die Beute gebracht, und er verteilt sie; er empfängt das grösste Geschenk. Bei ihm schmausen die Alten. Das Volk gehorcht ihm, wo er einen Weg zu gehen oder tapfer zu streiten gebietet. «Ein zeusernährter König hat grosse Gedanken.»

Im Frieden ist der König von einem Rate, den die Aeltesten bilden, umgeben. Es sind die Greise, die nicht mehr in den Krieg gehen, aber der Rede pflegen; sie geben den Rat; sie sitzen bei dem König zu Haus, wie die Zwölf beim Alkinoos, und schmausen bei ihm und spenden den Göttern und hören die Sänger. Der König der Phäaken erscheint an der Spitze der zwölf Volkshäupter als dreizehnter. Sie haben in der Versammlung einen besonderen Sitz. An dem Blutgericht haben sie den grössten Anteil.

So ist es nun auch im Krieg. Hier sind es die Ausgezeichnetsten der Achäer, die zugleich als die «Alten» erscheinen. Auch sie sind szepterhaltende Könige; sie ordnen das Volk zur Schlacht, das Volk bricht sein Geschrei ab und hört auf sie; sie halten sich dem König, dem die oberste Führung gebührt, dennoch für gleich, wie

Achill; sie sind bei dem Gastmahl des Königs, und immer steht ihr Becher voll; nach dem Sieg über Hektor wird Aias besonders mit dem Rücken des geopferten Stiers geehrt. Dem König stehen sie mit Rat bei; er tut nichts ohne diesen.

Im Frieden ist es mehr das Alter, im Kriege ist es mehr die Tapferkeit, die in den Rat des Königs bringt.

Wenn eine Sache vor allem Volk beraten wird, hat auch dies eine Stimme. Indem von Agamemnon die Rückgabe der Briseis verlangt wird, rufen ihm alle zu, er möge sie geben. Bei Agamemnons Schiff haben sie ihre Versammlung. Sie werden mit dem König angeredet. Sie sind die Freunde, Herren, Danaer, Diener des Ares. In der Regel werden sie still durch die Herolde zur Versammlung beschieden. Es kommt aber auch vor, dass Achill sie mit lauter Stimme zusammenruft. Hier reden dann auch die Greise; und Nestor unterscheidet, wenn er sagt: wir waren nie verschiedener Meinung, weder im Rat noch in der Versammlung. Sie antworten durch Zuruf, jauchzendes Geschrei und andere Kundgebungen. Wie im griechischen Lager, so geht es auch in Troja her; bei dem Turme des Priamus versammeln sie sich, Alte und Junge, nicht ohne Lärm. In der Odyssee finden wir zuweilen eine Art von Abstimmung, wo die Mehrheit sich ausspricht; in der Ilias wird ein Rechtsstreit vor versammeltem Volke geführt.

Ebenso ist es in Ithaka. Telemach lässt die Achäer durch die Herolde berufen; dann setzt er sich auf den Sitz seines Vaters, die andern, die « Alten », um ihn herum. So ist der Markt der Phäaken voller Sitze.

Auf diese Weise ist ihre öffentliche Verfassung beschaffen. Jugend und Alter machen den Unterschied zwischen ihnen. Die Abstammung bleibt keineswegs unberücksichtigt, aber ein ausgebildeter Adel findet sich nicht.

Das Gedicht gewährt einem jeden seine Ehre; es bezeichnet, welches der beste Mann nach dem Achill, wer das beste Pferd reitet nach dem seinen; wer der schönste, der hässlichste ist, wer der trefflichste in seinem Gewerbe

und in seiner Kunst. Die Milden, Gütigen bekommen ihr
Lob. Für die Familienverhältnisse haben sich herkömmliche Bezeichnungen gebildet; « mildgebig » von der Mutter, « ehrwürdig » von den Eltern überhaupt, « lieb, traut »
von dem älteren Bruder; die heranwachsenden jungen
Menschen heissen « die Verschämten ». Das Einzelleben
kommt zur Anschauung; der einsame Mann, der fern von
den Nachbarn auf der äussersten Landspitze den Brand
in die schwarze Asche steckt; der Jäger, der den weiss-
zahnigen Hund auf den Eber hetzt, andere, die in der
Tiefe des Gebirges bäumeschlagend Getöse verursachen;
die Schnitter, die sich auf dem Gut des glücklichen Mannes von verschiedenen Seiten her entgegenarbeiten; der
Herbsttag, wenn Zeus regnet und alle Flüsse voll sind.
Das ganze Leben mit allem seinem Wert, mit allen seinen
Schwächen ist vor die Augen gestellt. Das ist es, was das
Gedicht vor allen andern auszeichnet und daran fesselt.
Die Farbe der Erdichtung verschwindet vor der Gegen-
ständlichkeit der Darstellung selbst.

Diese Menschenwelt aber ist von einer analogen Götterwelt umgeben. Der Kampf der Urkräfte, der den Kosmo-
gonien, wie sie bei Hesiod erscheinen, zugrunde lag, tritt
in den homerischen Gedichten zurück. Die olympischen
Götter bilden das einzige System einer Religion, die von
dem letzten Grunde der Dinge absieht und nur die vor
den Augen liegenden allgemeinen Triebe symbolisiert. Es
ist eine Religion der Küsten und Inseln des Meeres und
der durch den Menschenverkehr geschaffenen Verhältnisse, unter der Obhut eines obersten Gottes, dessen
Namen die Bezeichnung wiederholt, welche auch andere
Völker dem göttlichen Wesen geben, das aber doch
wieder in dem Kreise, in dem es erscheint, eine Stellung
einnimmt wie sonst nirgends. Gewiss hängen auch die
andern Gottheiten der Griechen mit den Vorstellungen
von Licht und Finsternis, den elementaren Begriffen überhaupt und den Ueberlieferungen anderer Nationen, die
diese Küsten berührt haben, zusammen. Aber in ihrer
weiter ausgebildeten Erscheinung treten diese Bezie-

hungen doch nicht hervor. Die Götter bilden eine grosse herrschende Familie mit einem Oberhaupt, das zuletzt Gehorsam findet, jedoch mit verschiedenartigen Charakteren und auseinandergehenden eingeborenen Bestrebungen, durch welche die Menschen in jedem Augenblick berührt werden. Es ist nicht ein Glaube von allgemeiner idealer Konzeption; die wirksamen Momente der Religion sind gleichsam von autochthonem, an Grund und Boden festhaltendem Ursprung; sie fliessen mit den Menschenwesen in ein einziges Ganzes zusammen. Die Wohnsitze der Götter sind in unmittelbarer Nähe. Eine Gestalt für sich bildet der Gott des Meeres, dessen Ungunst jeden Augenblick alles zerstören kann. Andere greifen in die Beschäftigungen des Lebens ein, der Gott des Krieges und der Gott der Künste, der unaufhörlich beschäftigte Gott des täglichen Verkehrs und die Göttin der sinnlichen Liebe. Aber aus dem Haupte des höchsten Gottes entspringt die Göttin der Gedanken. Neben den übrigen erscheint der Gott der Weissagung und des Gesanges, der aber auch der in die Ferne treffenden Waffe vorsteht.

Bei der Ausbildung dieser Vorstellungen sind nun nicht Priestertum und Politik, sondern ist die gestaltende, schaffende Phantasie eines dichterischen Zeitalters massgebend gewesen. Einzelne Götter gehören einzelnen Landschaften an; der Götterkreis ist die Nationalität; wenigstens hatte diese keine andere Repräsentation.

Aber verweilen wir nicht länger in dieser poetischen Vorhalle; wenden wir unsern Blick zur eigentlichen Geschichte. Da kommen wir denn auf ein Ereignis, das den alten Zustand des achäischen Zeitalters, wie Homer ihn schildert, mit einem Schlage vernichtet hat.

Die Dorier, deren bei Homer kaum Erwähnung geschieht, erscheinen, ganz im Gegensatz mit den im Gedicht festgehaltenen Anschauungen, als Herren und Meister im Peloponnes und als der vorwaltende Stamm in Griechenland. Wie sie es aber geworden sind, ist doch niemals glaubwürdig und einleuchtend dargestellt worden. Wenn Herodot die Dorier und Herakliden bei dem Unternehmen

gegen den Peloponnes gleichsam als Verbündete darstellt,
so stimmt die Sage im allgemeinen damit überein, indem
sie das Recht, mit welchem die Dorier ihre Eroberungen
begründeten, von Herakles herleitet, der nicht zu ihnen
gehörte, aber aus dessen Stamm ihre Könige waren. An
und für sich wäre es nichts Unerhörtes, wenn eine ver-
jagte Dynastie sich mit einem Kriegsvolk verbündet, um
ihr wahres oder vermeintes Recht durchzusetzen, was
dann auch diesem zugute kommt, indem es die Eroberung
vollbringt. In der Geschichte der Israeliten haben wir ein
Beispiel der Eroberung eines Landes auf Grund alter
Rechte, die die Vorfahren erworben hatten; doch würden
die Israeliten dabei nicht in dem Verhältnis der Dorier,
sondern in dem der Herakliden erscheinen; sie stammen
eben alle von den Erzvätern ab, die die Rechte begründet
haben. In Griechenland liegt dagegen das Hauptmoment
darin, dass sich ein Volksstamm mit dem berechtigten
Herrschergeschlecht zu dem Unternehmen vereinigt. In
den alten Erzählungen hierüber tritt die Schwierigkeit
ein, dass die Herakliden selbst als Achäer betrachtet
werden; es gibt Könige von Sparta, die sich selbst so
bezeichnet haben; ich weiss nicht, ob man das unberücksichtigt lassen darf; es beruht eben darauf, dass die Dorier
eine Sache führten, die ursprünglich nicht die ihre war.

Auch auf den politischen Charakter des Ereignisses
wirft die Vergleichung mit den Israeliten ein gewisses
Licht. Diese vertilgten in den Landschaften, in denen sie
Meister wurden, die Eingeborenen geradezu, so dass ihre
alte Stammesverfassung ihren volkstümlichen Charakter
behielt und sich weiter entwickeln konnte. Von den
Doriern dagegen wurde die alte Bevölkerung nicht vertilgt, sondern unterworfen, was dann einen steten Gegensatz zwischen dem einen und dem andern Element innerhalb derselben Grenzen hervorrief. Der Staat, den die
Dorier gründeten, wurde ein zwiespältiger, der Sieger und
der Besiegten; die Dorier konservierten ihre alte Stammesverfassung; allein die Unterworfenen setzten sich
ihnen überall entgegen und hatten Verbündete in der Nähe

und in der Ferne, ein Verhältnis, das in Wirkung und Gegenwirkung die ganze spätere griechische Geschichte beherrscht hat.

Aber bleiben wir bei den Anfängen stehen. Wenn man den Ursachen der Erfolge der Dorier nachforscht, so dürfte die vornehmste in ihrer Kriegsweise, namentlich ihrem enggeschlossenen Vorrücken mit eingelegter Lanze, zu erblicken sein; diesem Anfall einer überlegenen Kriegsübung erlag die alte Kampfesweise der Achäer, die Homer schildert. Im Peloponnes bildeten sich drei Königreiche nebeneinander. Zwischen den drei Brüdern, den Nachkommen des Herakles, die die Eroberung vollbringen, hat das Los entschieden. Dem ältesten, Temenos, fällt Argos anheim; es wird mit Mühe von der See her eingenommen. Von da aus wird Sikyon von einem Sohne des Temenos, Phalces, erobert, von wo die Herrschaft sich bis nach Phlius ausbreitet; ein Schwiegersohn des Temenos besetzt Epidaurus, mit welchem Aegina ebenfalls durch Eroberung zu einem einzigen Gemeinwesen verbunden wurde. Auch Korinth, das Ephyra der äolischen Sisyphiden, wurde durch einen selbständig herumziehenden Dorier, der anfangs nur aus Hohn eine Erdscholle empfängt, eingenommen, nicht von Argos her wie das nahe Sikyon.

Lakonika war Eurysthenes und Prokles, den Söhnen des zweiten Bruders, zugefallen: unbestimmt, ob es erst nach oder schon vor dem Tode des Vaters erobert wurde. Sie schlugen ihren Hauptsitz in Sparta auf, in der Nähe des alten Sitzes der Pelopiden. Aber es dauerte lange, ehe sie das Bergland des Taygetus den Achäern entrissen; diese behaupteten sich im Besitze von Amyclä. Kresphontes, dem Messenien zufiel und der seinen Sitz zu Stenyklarus nahm, richtete kleinere Herrschaften der Eingeborenen ein, wo die Untertanen den herrschenden Geschlechtern gleich sein sollten: sie hingen wohl nur von dem König ab. Seine Nachfolger schlossen sich den Eingeborenen noch enger an. Hierüber gerieten sie in einen Krieg mit den Lakedämoniern, dessen Heftigkeit dadurch bezeichnet wird, dass diese sich mit einem Eidschwur verpflichteten, das Schwert nicht niederzulegen, bevor sie Messenien erobert hätten.

An das Ereignis hat sich eine in mannigfaltigen Farben spielende Sage geknüpft. Man darf nicht vergessen, dass der Widerstand der Messenier gleich von vornherein durch ein nicht zu voller Ausführung gekommenes Menschenopfer, das also hier noch einmal erscheint und doch nicht erscheint, für hoffnungslos erklärt wird. Aristodemos, der König, tötet sich selbst. Dann wird die Hauptfeste des Landes, Ithome, von den Lakedämoniern erobert und das Land in der Weise von Lakonika zugunsten der Sieger verteilt. Noch einmal erhebt sich Messenien zur Empörung, und zwar unter der Führung eines Nachkommen des Kresphontes, aber die Enkel führen den Krieg, den die Grossväter begonnen, standhaft zum Ziel. Auswanderungen in grosser Zahl bestätigen die Untertänigkeit des Landes unter Lakedämon.

In diesen Kämpfen ist es gewesen, dass Sparta, dem es bestimmt war, oftmals einen entscheidenden Anteil an den allgemeinen Angelegenheiten zu nehmen, die Form seiner Verfassung entwickelte. Von vornherein war sie noch mehr das Werk des in sprödester Strenge durchgeführten aristokratischen Gemeinwesens als des Königtums selbst. Auch dieses aber schloss sich mit unbedingter Hingebung an. Wie es dahin gekommen sei, ist in der beinahe mythischen Sage von Lykurg ausgesprochen. Es gab Streitigkeiten unter den herrschenden Geschlechtern miteinander und dem Königtum, denen der durch göttliche Autorität bevorrechtete Mann, der dem Königsgeschlecht angehörte, durch Gesetze ein Ende machte. Lykurg liess sich die Aufrechterhaltung der von ihm begründeten Ordnung versprechen; dann zog er sich nach Delphi zurück, wo er, nachdem er die göttliche Sanktion seines Werkes erhalten, sich durch Hunger getötet haben soll. Die Sage symbolisiert die Unerschütterlichkeit der Verfassung, auf der die Grösse von Sparta beruht.

Eine ganz andere Politik als die lakedämonische befolgte Argos. Die grösste Gestalt, wenigstens in Beziehung auf die politische Haltung und Absicht, ist Phidon von Argos. In den Besitz der Häfen von Argolis gelangt, nahm er den lebendigsten Anteil an der kommerziellen Bewegung der Epoche, die nun im Verkehr mit dem Orient dahin gelangt war, dass sie eines sicheren Maßstabes des Wertes der Dinge nicht mehr entbehren konnte. Phidon nahm Masse und Gewichte, wie sie nach babylonischem Vorgang die Phönizier in den Handel eingeführt hatten, herüber; dem geprägten Geld, das von Lydien kam, setzte er eine eigene griechische Prägung entgegen, die für den Verkehr mit Vorderasien bestimmt war. Man glaubt sein Gepräge unter den ältesten Münzen von Griechenland unterscheiden zu können; der Stempel derselben entspricht dem phönizischen Aphroditekultus. Der kommerziell geschulte, mächtig übergreifende Heraklide von Argos ist, soviel ich weiss, die erste chronologisch einigermassen bestimmbare Persönlichkeit in der griechischen Geschichte. Er fällt in die Zeit der assyrischen Weltherrschaft, die Zypern und Aegypten umfasste und Phönizien beherrschte. Man setzt seinen Tod in das Jahr 660 vor unserer Aera, in welcher Zeit Assurbanipal die ägyptische Empörung zu Boden geschlagen haben wird. Phidon beherrschte Epidaurus und das seegewaltige, waffenfertige Aegina, wo er seine Münzen schlagen liess. Dass die Lakedämonier in dem messenischen Krieg beschäftigt waren, trug dazu bei, ihm die Uebermacht in dem übrigen Peloponnes zu verschaffen. In die olympischen Spiele, in deren Stiftung sich ein Austrag zwischen den unbezwungenen Eingeborenen und den Eingewanderten ausspricht, griff er eigenmächtig ein. Herodot bezeichnet sein Verhalten als einen Schimpf, den er allen Hellenen angetan habe. Aber schon in seiner Zeit wurde in den Spielen die gewohnte Ordnung wiederhergestellt; in einem Kampf mit Korinth ist Phidon, wie man sagt, im Handgemenge umgekommen. Obgleich geborener Heraklide, erscheint er doch in der Geschichte als Tyrann, was mit Wahrscheinlichkeit daher abgeleitet wird, dass er die gewohnten inneren Stammesverhältnisse durchbrochen habe.

Eine Gestalt wie Phidon führt den Gedanken von selbst in einen weiteren Gesichtskreis von universaler Bedeutung: die maritime Entwicklung der Griechen. Sie hängt insofern mit der Einnahme des Peloponnes zusammen, als die dreigeteilten Dorier, wie sie die Odyssee nennt, auch in Kreta eine bedeutende Macht erworben und es grossenteils dorisiert hatten. Das Uebergewicht zur See, das mit dem Worte Thalassokratie bezeichnet wird, war ohne Zweifel hauptsächlich in dorischen Händen. Allein auch die andern Stämme der Griechen, die von dem Ruin des Peloponnes nicht betroffen worden waren und sich in ursprünglicher Freiheit bewegten, nahmen daran den tätigsten Anteil.

Die Gründung der Kolonien kann man als die erste Handlung des griechischen Volkes nach aussen überhaupt betrachten. Es ist die merkwürdigste Eroberung, die je gemacht worden ist. Die phönizischen Kolonien hatten mehr ein merkantiles und religiöses Interesse, das sich nur in Karthago zu einem politischen erweiterte. Aber die Besitznahme aller benachbarten Küsten durch Kolonien, die das eigentümliche griechische Leben nach allen Seiten ausbreiteten, hatte eine politische und nationale Bedeutung.

Die Kolonien liebten es, ihren Ursprung auf Apollo und das delphische Orakel zurückzuführen; in der Tat aber haben innere Katastrophen und Streitigkeiten den vornehmsten Anlass zur Ausführung gegeben. Einen eigenen uralten Mittelpunkt hatten die östlichen Kolonien in Delos, wo schon in den ältesten Zeiten Zusammenkünfte der benachbarten Inseln stattgefunden haben; man wallfahrtete dahin mit Weib und Kind; es wurden Kampfspiele und Wettspiele in den Künsten der Musen angestellt.

Ein homerischer Hymnus rühmt, weder Alter noch Tod scheine Macht zu haben über die Ionier. Das Fest wurde nicht bloss von den zwölf ionischen Städten Kleinasiens, sondern auch von Chalkis und Athen besucht.

Diese zwölf Städte, deren Gründung auf die Bedrängnisse zurückgeführt wird, die die Einwanderung der Dorier in dem inneren Griechenland verursacht habe, waren nicht durchaus ionisch, aber das ionische Element war doch das überwiegende. Man kann es mit dem Raube der Sabinerinnen vergleichen, wie die Einwanderer sich Frauen verschafften, doch geschah es noch viel gewaltsamer; nicht allein die Männer, wie es in einer ersten Stelle bei Herodot heisst, sondern auch die Väter und Kinder der Frauen wurden umgebracht. Nach Herodot wären die Nachwirkungen hievon immer bemerkbar geblieben. Auch die äolischen Pflanzungen, meistenteils auf einem schmalen Landstrich um den elaitischen Meerbusen her gegründet, die von argivischen Anführern hergeleitet werden, waren ursprünglich zwölf. Aber zwischen den griechischen Kolonisten wurde so wenig Friede gehalten wie zwischen den Stämmen im Mutterland. Smyrna wurde von den Ioniern eingenommen und behauptet. In sich selbst jedoch waren die Stämme zu einer gewissen Einheit verbunden. In der Mitte zwischen Ephesus und Milet, bei dem Vorgebirge Mykale, war das Panionion, bei welchem die Priester das Opfer darbrachten. Die mächtigsten und regsamsten Städte blieben aber allezeit Milet und Ephesus; das letzte mehr auf Landbesitz bedacht, Milet dagegen eine der grössten kolonisierenden Pflanzstädte, die es jemals gegeben hat — fünfundsiebzig verschiedene Kolonien werden ihm zugeschrieben, grossenteils am Schwarzen Meer, dessen Küsten dadurch in den Kreis des griechischen Lebens gezogen wurden. Die Phönizier wichen hier überall zurück oder gräzisierten sich, wie denn der grosse Milesier Thales von altphönizischer Herkunft war.

Für die Aeolier wurde nach und nach Lesbos eine Art von Metropole; Mytilene ist einer der vornehmsten Sitze der älteren griechischen Kultur. Gerade in diesen Regionen blieb das homerische Zeitalter in der lebendigsten Erinnerung; das ionische Chios ist der Sitz der Homeriden, welche die Ueberlieferung festhielten.

So wichtig und bedeutend für die Welt das nun aber auch alles ist, so hält es doch keinen Vergleich mit den dorischen Ansiedlungen aus. Die südwestliche Küste von Kleinasien war von dorischen Ansiedlungen umsäumt. Halikarnass, « die Burg des Meeres », bildete mit Knidos, Kos und Rhodos eine besondere dorische Amphiktyonie. Eine Reihe von Inseln im südlichen Teil des Aegäischen Meeres beschrieb gleichsam eine Linie dorischer Pflanzungen, darunter Thera; auch die kretensischen Kolonien an den Küsten Lykiens dürfen als dorisch betrachtet werden. Die Sage vergisst nicht, der Vermittlung von Kreta zu gedenken, wenn eine dorische Gründung an der libyschen Küste, Kyrene, die von Thera ausgegangen sein soll, zu motivieren ist. Nach einer andern Seite hin griff Megara ein. Dieser Stadt wird die Ehre zuerkannt, Chalzedon gegründet, die weltbeherrschende Stellung von Byzanz zuerst erkannt zu haben. Es könnte Bewunderung für den dorischen Namen einflössen, wenn man die Kolonisation an der Propontis, in dem südwestlichen Kleinasien und in Libyen als im Zusammenhang gedacht betrachten dürfte; es ist gleichsam eine Besitznahme der wichtigsten maritimen Positionen in dem östlichen Mittelmeer. Das ist aber noch nicht genug; man muss damit die Pflanzungen verbinden, die den griechischen Namen zugleich über Sizilien und das südliche Italien ausbreiteten.

Die grosse Metropole für die westlichen Gründungen war Korinth. Von hier aus sind Korkyra und die gegenüberliegende illyrische Küste kolonisiert worden; Epidamnus (Dyrrhachium) ist eine korinthische, Tarent eine spartanische Anlage. Der Tradition nach war es ein Zufall, durch welchen die Chalzidier nach der sizilianischen Küste getrieben wurden; diese Ueberlieferungen haben beinahe den Reiz von Entdeckungsreisen. Die Hauptsache aber war die Niederlassung auf Sizilien. Von Ortygia aus, das sich zu Sizilien ähnlich verhält wie Mytilene zu Lesbos, wurde Syrakus gegründet. Rhodos hat keine Gründungen im Osten, wohl aber die wichtigsten im Westen vollbracht. Von Rhodos stammen Gela und Agrigent. Der Grund davon ist ohne Zweifel, dass es im Orient benachbarte, mächtige Reiche gab, die jeden weiteren

Fortschritt hemmten, im Westen dagegen die Phönizier, d. h. die Karthager, mit den ihnen am bequemsten gelegenen Küsten fürs erste zufrieden waren und die andern Teile der Insel den Griechen überliessen, die dann die Eingeborenen leicht überwältigten, wie das auch in Libyen geschah. Syrakus und Agrigent kamen bald empor, sowie Kyrene.

So breiteten sich die Hellenen nach beiden Seiten ihres Mutterlandes, das selbst eine Art von Littorale ist, nach Osten und nach Westen hin aus. Was man eine Macht nennt, zu bilden, davon waren sie weit entfernt; es lag sogar nicht in ihrer Natur, aber sie bildeten ein Element, dem die grösste Einwirkung auf die Welt bevorstand und das sogleich nach allen Seiten sich Geltung verschaffte. Wohl das meiste hiezu hat die Kriegsübung zu Lande und zur See beigetragen, in welcher die Dorier zu einer ausserordentlichen Vollendung reiften. Ueberhaupt erscheinen die Griechen als vortreffliche Kriegsleute. Sie waren schon durch ihre Bewaffnung den Nachbarn überlegen. Die Erzarbeiten in Chalkis galten für die besten der Welt, und obgleich sie ihre Waffen als Ware betrachteten und in die Fremde verbreiteten, so war doch die Ausrüstung der Hopliten eigentümlich hellenisch. Einen ähnlichen Aufschwung nahm nun aber auch das maritime Kriegswesen. Die Triremen sind in Korinth erfunden worden und haben dann gedient, Samos zu einer Seemacht zu erheben.

Ein lebensvolles, wiewohl in tausend Besonderheiten gespaltenes Volkstum, das sich an jeder Stelle nach einem eigenen Antrieb bewegte. Diesen Mannigfaltigkeiten in jeder Beziehung nachgehen zu wollen, würde zu weit in die Erörterung lokaler Zustände führen. Aber das griechische Gemeinwesen bietet noch eine für alle Zeit bedeutende Eigentümlichkeit dar. Eine allgemeine Politik hatten die Hellenen nicht. Mit den grossen Potenzen, deren wir gedacht haben, lassen sie sich nicht vergleichen; ihre Landschaften und Städte waren doch nur von geringem Umfang. Aber wie diese Menschen, die von niemand Antrieb und Muster nahmen, untereinander lebten und ihre öffentlichen Angelegenheiten ordneten, verdient die aufmerksamste Betrachtung. In ihrer Unabhängigkeit und Beschränktheit haben sie, in stetem Kampfe in sich selbst und untereinander, die Grundlagen der Staatsformen hervorgebracht, die sich überhaupt in der Welt gebildet haben. Wir sehen Monarchie, Aristokratie, Demokratie neben- und nacheinander entstehen nach Massgabe der Vergangenheit jedes Gemeinwesens und dem besonderen Interesse desselben für seine jedesmalige Gegenwart. Nicht einfach und einem bestimmten Begriffe gemäss traten diese Formen hervor, vielmehr modifiziert und erst durch diese Modifikation lebensfähig. Ein Beispiel davon ist Lakedämon. Wenn von den heraklidischen Geschlechtern das eine nach der Tyrannis strebte, das andere mit den unterworfenen Eingeborenen in ein Verhältnis trat, durch welches das Recht der Eroberer vernichtet wurde, so ist es verständlich, dass in dem dritten, dem spartanischen Gemeinwesen, das aristokratische Prinzip um so strenger festgehalten wurde. Schon an und für sich war dadurch, dass das Königtum in Lakedämon ein zwischen zwei Linien, von denen keine den Vorzug haben sollte, geteiltes war, dafür gesorgt, dass etwas Aehnliches wie in Argos hier nicht leicht vorkommen konnte. Die beiden Könige waren vor allem eben nur gleichberechtigte Mitglieder der Gerusia, die eine Stellung gewann, wie sie jenen Alten des homerischen Zeitalters unerreichbar gewesen wäre.

Aber auch die Gerusia hatte eine Gemeindeversammlung neben sich, die sehr aristokratisch in bezug auf die Eingeborenen und Unterworfenen, doch dem König und den Alten gegenüber wiederum demokratisch war. Das innere Leben der spartanischen Verfassung beruhte nun auf dem Verhältnis der Gerusia und des aristokratischen Demos. Von Anfang an, laut einer uralten Rhetra, stand den Königen und der Gerusia die Initiative in der Versammlung zu. Sie hatten die Vorschläge zu machen, aber zu entscheiden hatte doch lediglich die aristokratische Gemeinde. Von seiten der Könige wurde der Versuch

gemacht, dieses Recht, wenn es unzweckmässig ausgeübt
würde, zu beschränken; allein dagegen erhob sich aus
dem aristokratischen Demos die Macht der Ephoren,
denen die Befugnis zustand, die Versammlung zu berufen
und die Könige selbst anzuklagen. Dagegen gewährleisten
sie den Königen im Namen des Demos den Besitz ihrer
Macht, inwiefern sie sich den Gesetzen unterwerfen. Zwei
von ihnen begleiteten den König auf seinen Kriegszügen.
Friedensschlüsse abzuschliessen war das Vorrecht der
Ephoren. In ihnen ruhte der Nerv der höchsten Gewalt.
Die spartiatische Aristokratie beherrschte den Peloponnes. Allein die Verfassung hatte zugleich durch die Ephoren ein demokratisches Element in sich, durch welches
die Leitung der Angelegenheiten in allezeit kräftigen
Händen vereinigt werden sollte.

Daneben konnten die rein aristokratischen Verfassungen, denen es an einem solchen Zentrum fehlte, sich
nirgends recht behaupten. Die Bacchiaden in Korinth,
zweihundert an Zahl, an deren Spitze ein Prytane stand,
fast die Vornehmsten unter allen, die sich nur untereinander verheirateten, wurden durch Kypselos, den Sohn
eines Vaters von niedrigem Stande, aber von der Mutter
her ihnen verwandt, ihrer exklusiven Herrschaft beraubt.
Die Rede ist berühmt, in der die Korinther sich einst über
die Gewaltsamkeiten dieses Regimentes bei den Lakedämoniern beschwert haben. Aber ganz recht hatten sie
wohl nicht, wenn sie sich hiebei auf die Verfassung von
Sparta selbst bezogen. Denn die Bacchiaden waren mehr
der Gerusia zu vergleichen, die doch in Sparta den Ephoren gegenüber keine wesentliche Autorität behauptete.
Ein zusammenfassendes Element, wie es in Sparta die
Oberhand behielt, fehlte in andern Städten. Nur in Theben
gelang es einem ausgewanderten Bacchiaden, Philolaus,
durch eine strenge Gesetzgebung, die hauptsächlich eine
zu grosse Verteilung des den Geschlechtern zugehörigen
Grundbesitzes verhüten sollte, die aristokratische Herrschaft zu befestigen. Er führte eine Isonomie in der Oligarchie ein, in deren Folge sich diese behauptete.

Anderwärts wirkten die Gegensätze der elementaren Bestandteile der Städte und Landbezirke auf eine Weise ein, die man in Sparta unmöglich billigen konnte. Die Tyrannis stützte sich auf das achäische Volk, das sich der exklusiven Herrschaft der dorischen Geschlechter widersetzte. Kypselos und sein Nachfolger Periander umgaben sich mit Leibwachen, mit deren Hilfe sie die Reihen ihrer Feinde aus den Geschlechtern durch Exil oder Hinrichtungen lichteten, aber das Volk, das sie zu beschäftigen Sorge trugen, im Zaum hielten. Am meisten ausgesprochen war dieser Gegensatz in Sikyon, wo die aus dem Volk hervorgegangenen Orthagoriden das Stammesverhältnis geradezu veränderten und die dorischen Phylen mit Schmach überhäuften, fortdauernd im Widerstreit gegen Argos, dem sie einst unterworfen gewesen waren. In Megara schwang sich Theagenes, der zu den vornehmsten Geschlechtern gehörte, mit Hilfe der Achäer, die die Herrschaft der Geschlechter nicht dulden wollten, zur Tyrannis empor. In den ionischen Städten, wo die Geschlechter eine so feste Position wie in den dorischen bei weitem nicht hatten, namentlich auf den Inseln und in den Kolonien, bildete sich die Tyrannis selbständig aus. Man bedurfte einer Macht, um die Kräfte der Gesamtheit nach bestimmten Zielen zu leiten. Es gab Interessen, nicht allein der Unterworfenen gegen die eingewanderten Herrscher, sondern der Populationen überhaupt. Aehnlich wie die Kypseliden in Korinth, der westlichen Kolonialmetropole, so erhob sich in der östlichen, in Milet, Thrasybul von der Prytanenwürde aus zum Tyrannen, in Ephesos Pythagoras, der die Basiliden stürzte, in Samos Polykrates, der auch die Zykladen beherrschte; von ihm wird erzählt, dass er das Eigentum der Bürger eingezogen und es ihnen dann wieder geschenkt habe. Durch die vereinigten Kräfte der Gemeinden erlangten die Tyrannen die Mittel, sich mit einem gewissen Glanze zu umgeben und vor allem Poesie und Kunst freigebig zu fördern. Polykrates eröffnete ihnen seine Burg, in der wir Anakreon und Ibykus finden; Kypselos hat dem Zeus ein berühmtes Standbild in Olympia gewidmet. Die Kunstschule von Sikyon war unübertrefflich; bei Periander sammelten sich die sieben Weisen, Männer, in denen sich eine ausgezeichnete politische Stellung mit sinnvoller Lebensweisheit verband. Zu dieser Zeitgenossenschaft gehörte nun auch der Gesetzgeber von Athen, Solon, der vor allen andern die Aufmerksamkeit der Nachwelt auf sich gezogen hat. Er ist der Begründer der Demokratie von Athen.

Die Ueberlieferung über Solon hat manche fabelhafte Züge, z. B. sein Erscheinen auf dem Markte in der Fassung eines Mannes, der nicht ganz bei sich ist, was an die Sage von Brutus erinnert. Auf sehr charakteristische Weise trifft die Erzählung, dass Lykurg bei seiner Abreise die Lakedämonier zur Beobachtung seiner Gesetze auf immer verpflichtet habe, mit der Ueberlieferung zusammen, dass Solon eine ähnliche Verpflichtung den Athenern, jedoch nur auf zehn Jahre, auferlegt habe. Sehr gerechtfertigt sind die Zweifel, die man gegen die Erzählung über die Zusammenkunft Solons mit dem letzten König von Lydien erhoben hat. Aber in der Hauptsache haben doch die Nachrichten von Solon einen bei weitem festeren Grund und Boden als die über Lykurg. Die Gesetzgebung, die man ihm zuschreibt, rührt in der Tat von ihm her. Sie trifft auf der einen Seite mit den allgemeinen Gegensätzen zusammen, die in den griechischen Städten vorwalteten, und trägt auf der andern das Gepräge eines der Welt kundigen, vielerfahrenen Mannes; ihre vornehmste Grundlage hat sie in den Zuständen von Attika selbst.

Die überwiegende Meinung des Altertums ging dahin, dass Attika zu den ionischen Landschaften zu rechnen sei. Die attischen Stämme, die sich in der Hauptstadt vereinigt hatten, werden ebenso unterschieden wie die ionischen und tragen dieselben Benennungen. Wenn nun hierin die Unvermischtheit der attischen Bevölkerung angedeutet ist, so entspricht es dem, dass die älteste Tradition bis auf die Gefahr einer Einwanderung zurückgeht, die in dem Vordringen der Herakliden und Dorier lag und die Rettung des Landes von der Selbstaufopferung des letzten Königs herleitet, dem dann kein anderer nachzufolgen würdig gewesen sei. Es ist einer allgemeinen historischen Wahrnehmung gemäss, dass die Autonomie der eingeborenen Bevölkerungen, die durch die Herakliden in weitem Umfange unterdrückt wurde, dagegen an einer andern Stelle sich um so kräftiger erhob. Auf die Verfassung hatte dies keine unmittelbare Rückwirkung. Auch in Athen traten grosse Geschlechter auf, die die Herrschaft in der einen oder andern Form ausübten und das Recht verwalteten. Die uralte Gerichtsstätte, wo das in primitiven Formen geschah, der Areopag, der durch mythische Erinnerungen geheiligt war, verschaffte ihnen eine bevorzugte, mit der Religion verbundene Autorität; dabei bestanden doch dem Herkommen gemäss Geschlechter und Phratrien fort. Die Phratrien sind heilig gehaltene Genossenschaften, in denen ein Geschlecht gleichsam das Bestehen des andern gewährleistet; die vier Stämme werden unmittelbar an die Götter angeknüpft, worin eben der Anspruch auf ihre Gleichberechtigung liegt.

Nun aber erfolgte auch in Athen eine Entzweiung der mächtigen Geschlechter wie in den meisten andern Städten. Von welcher Heftigkeit sie war, kann man aus dem drakonischen Gesetz entnehmen, das für alle Verbrechen nur die eine Strafe, die des Todes, kennt; denn in der allgemeinen Parteiung war das kleinste so gefährlich wie das grösste. Auch in Attika erhoben sich Oberhäupter, die nach der Alleinherrschaft trachteten. Einer der vornehmsten Eupatriden, Kylon, nahm einst die Akropolis in Besitz. Ihm setzte sich das Geschlecht der Alkmäoniden entgegen, aber indem es die Gehilfen Kylons, die sich nach einem heilig geachteten Asyl geflüchtet hatten, von demselben weglocken und dann hinrichten liess, verletzte es die Religion des Landes, d. h. doch, menschlich ausgedrückt, das höhere Gesetz, das allem zugrunde lag und die Einwohner untereinander zusammenhielt. Dass der Grund und Boden, auf dem man steht, durch gewisse Handlungen entweiht werde, war eine herrschende Vorstellung der Völker des Altertums. Das Geschlecht der

Alkmäoniden, das sich einer solchen Handlung schuldig gemacht hatte, ward von dem allgemeinen Abscheu betroffen und verbannt, aber das Land selbst musste mit den Göttern wieder versöhnt werden. Es ist noch eine Rücksicht auf Kreta, von wo das delphische Orakel abgeleitet wurde, wenn ein kretensischer Kurete, berühmt als Vertrauter der Götter, nach Attika eingeladen wurde, um die heiligen Gebräuche einer Lustration zu vollziehen und das Land der Gnade der Götter wieder zu versichern.

Durch Ereignisse dieser Art konnte das Ansehen der vornehmen Geschlechter nicht anders als von Grund aus erschüttert werden. Das eine hatte die allgemeine Freiheit vernichten wollen, das andere die Götter beleidigt. Noch behaupteten sich jedoch, nachdem die Alkmäoniden verbannt waren, die übrigen Eupatriden in vollem Ansehen. Man könnte sie nicht mit der lakedämonischen Aristokratie vergleichen, da diese die Einwohner des Landes als ihre Untertanen betrachtete. Die Einwohner von Attika waren einander gleich in angestammten Rechten, aber eine ähnliche Abhängigkeit wie dort schien sich doch auch hier bilden zu können. Es war eigentlich ein privatrechtliches Verhältnis, was den Anlass dazu gab; denn nach den bestehenden Gewohnheiten und Gesetzen führte die Schuldhaft, wenn es nicht möglich war, sie durch Zahlung zu heben, unmittelbar zur Knechtschaft und Sklaverei. Der anwachsende allgemeine Verkehr brachte es mit sich, dass Menschen, die atheniensische Bürger waren, in die Sklaverei verkauft werden konnten. Wenn das einen Fortgang hatte, so würde die Untertänigkeit der niederen Klassen unter die höheren zur Regel geworden und das Land seiner besten Kräfte beraubt worden sein. Schon war das Gemeinwesen so tief herabgekommen, dass es sich Salamis, das die Häfen von Athen beherrscht, hatte entreissen lassen.

In diesem Gewirr religiöser und rechtlicher Missverhältnisse, politischer Schwäche und Unfähigkeit nach allen Seiten ist nun Solon aufgetreten. Er gehörte den Eupatriden an; sein Geschlecht ward auf Kodrus selbst zurückgeführt. Aber die Wohlfahrt seines Vaterlandes ging ihm über die Ansprüche seines Standes. Wenn man es wagen dürfte, in dem hohen Altertum von Motiven zu reden, die jedermann verständlich sind, so würde man die Gesetzgebung Solons von dem Gefühl herleiten, das jeden Patrioten ergreift, der sein Vaterland in einer verderblichen Lage sieht, aus der ein Ausweg gefunden werden muss, wenn nicht alles verloren gehen soll. Ihm schreibt man jene Entsühnung des Landes zu, die gleichsam einen Friedensschluss mit den Göttern in sich enthält, überdies aber die Wiedereroberung von Salamis, durch die der Piräus erst wirklich brauchbar wurde. Solon selbst war in Handelsgeschäften tätig; schon bei dieser Beschäftigung musste er innewerden, wie unendlich wichtig die freie Verfügung über Küsten und Häfen für Attika sei und wozu es durch Benutzung seiner natürlichen Lage sich erheben könne. Dafür aber war vor allem eine die Freiheit der Bevölkerung sichernde Einrichtung nötig. Im Altertum verschwinden alle andern Unterscheidungen gegen die eine zwischen Freigeborenen und Sklaven, und kein anderes Verhältnis hat zu bürgerlichen Unruhen mehr Anlass gegeben als der Versuch der Begüterten, durch das gesetzliche Recht der Schuldhaft die ärmeren Mitglieder des Gemeinwesens in die Klasse der Unfreien herabzudrücken: denn für die Zahlung der Schuld bürgte auch der Mensch; jeder musste persönlich und mit seiner Familie für die Einlösung der Schulden dienstbar werden. Das juridische Recht wurde hiedurch zum grössten politischen Unrecht. Die Zahlungsunfähigen wurden selbst in die Sklaverei verkauft. Noch war bisher der Betrieb des Sklavenhandels, der in Tyrus seinen Mittelpunkt hatte, niemals so schwunghaft gewesen wie in dieser Epoche. Die Handelsleute folgten den Heerscharen ins Feld, die Kriegsgefangenen wurden sofort als Sklaven verkauft; und zu denen wurden auch die um bürgerlicher Ursachen willen der Freiheit Beraubten geschlagen. Was musste ein angesehener Mann von Athen empfinden, wenn unter den Sklaven, die verkauft wurden, auch die eigenen Landsleute waren, die sich vor kurzem noch der Freiheit erfreut hatten! Dies war der erste Uebelstand, den Solon, als ihm durch allgemeine Uebereinstimmung Autorität zuteil wurde, zu heben unternahm. Er sicherte seine Landsleute davor, fortan nicht mehr als Sache behandelt zu werden. Kein eingeborener Athener sollte fortan wegen seiner Schulden zur Knechtschaft verdammt oder gar in die Fremde verkauft werden dürfen. Die, welche diesem Lose verfallen waren, kamen wieder nach Attika zurück. Manche waren so lange in der Fremde herumgeworfen worden, dass sie den heimischen Dialekt verlernt hatten. Ich weiss nicht, ob man darin nicht einen der ersten Schritte der Anerkennung der Menschenwürde sehen kann, wiewohl er nur auf das eigene Land beschränkt blieb.

Noch in andern Beziehungen hatten die Geldverhältnisse zerrüttend in Attika gewirkt. Auch die drückenden Belastungen der liegenden Gründe waren nimmermehr zu beseitigen, wenn alte Privatverträge wörtlich ausgeführt werden sollten. Wir fürchten nicht zu irren, wenn wir es dem persönlichen Anteil, den Solon an dem Weltverkehr nahm, zuschreiben, dass er den Geldwert nicht mit der absoluten Strenge der Landeseingesessenen festhielt. Von ihm rührt es her, wenn bei den Prägungen, durch die der orientalischen Goldwährung eine okzidentalische, eine griechische Silberwährung entsprechen sollte, der Gehalt der Silbermine herabgesetzt und dem alten Realwert ein Nominalwert substituiert wurde, was dadurch erleichtert worden sein wird, dass der Zufluss des Goldes eben stärker wurde, wie man ja weiss, dass demgemäss der Wert des Goldes im Verhältnis zum Silber auch während des Altertums stieg und fiel. Die neue Silbermine wurde der alten gleichgestellt, und die Darlehen, die auf dem alten Fuss geschehen waren, konnten im neuen zurückgezahlt werden. Die politische Notwendigkeit gelangte zum Uebergewicht über die privatrechtlichen Bestimmungen. Aber der in dem Handelsverkehr wohlbewanderte Gesetzgeber hielt darüber, dass Darlehen auf Zinsen in Attika gang und gäbe blieben, während man anderwärts viel gegen diese

einzuwenden hatte. Wir befinden uns hier immer auf einem
nicht hinreichend durch zuverlässige Ueberlieferung gesicherten Gebiet. Aber das leuchtet doch ein, dass durch
Solons Vorkehrungen die sozialen Verhältnisse in bezug
auf Religion, Menschenfreiheit, inneren Verkehr umgestaltet wurden. Dem schloss sich nun die politische
Umwandlung an, durch welche Solon ein grosses Gemeinwesen begründet hat.

Eine Neuerung von weitgreifender Bedeutung ist die
sogenannte Timokratie, nach der ein bestimmtes Vermögen zur Beteiligung an den Staatsämtern nötig war. Die
Timokratie durchbrach die bisherigen aristokratischen
Institutionen insofern, als sie die Rechte der Geburt durch
Forderung eines Zensus beschränkte. Dieser wurde nach
altherkömmlicher Sitte nach dem Mass des Ertrages, den
der Grundbesitz abwarf, fixiert. Drei Klassen wurden eingerichtet mit bestimmten Vorrechten und Pflichten. Auch
die dritte wurde jedoch auf eine Weise festgesetzt, dass
es noch viele Eupatriden geben musste, die sie nicht
erreichten und dadurch von den wichtigsten Staatsämtern
ausgeschlossen wurden. Von einer Vernichtung des Vor-
rechtes, das sich von jeher an den Besitz knüpfte, war
nicht die Rede, sondern nur von einer Fixierung desselben,
die zugleich eine Bestätigung enthielt. Wie hätte sich auch
denken lassen, dass der vorwaltende, noch immer sehr
mächtige Adel die pekuniären Neuerungen, die Solon einführte, angenommen hätte, wenn er nicht auf eine andere
Weise gleichsam entschädigt worden wäre? Nur die drei
höheren Klassen zahlten direkte Steuern und konnten zu
den Aemtern gewählt werden. Auf den ersten Blick liegt
nun darin ein Widerspruch gegen die anderwärts allenthalben obwaltenden Tendenzen.

Die Gesamtbewegung der griechischen Staaten und
Städte ging dahin, die Oligarchien zu beschränken oder
vielmehr ihnen die entscheidende Gewalt in den allgemeinen Angelegenheiten zu entreissen. Diese Tendenz
war es, auf der die Tyrannis beruhte. Sie begründete ihre
Macht auf die Erhebung der unteren Schichten der Bevöl-

kerung; aber die Repräsentation, die sie ihnen gab, war
gewaltsam und vorübergehend. Das wesentliche Moment,
das der Tyrannis zugrunde lag, suchte nun Solon dadurch
zu erreichen, dass er den von der eigenen Amtsführung
ausgeschlossenen Klassen, die doch nur deshalb ausgeschlossen waren, weil ihr Vermögen für die gute Verwaltung der Aemter nicht die genügende Bürgschaft gab, ein
zwiefaches Recht von hoher Bedeutung zuerkannte: das
Recht der Wahl zu den Aemtern und der Prüfung der
jedesmaligen Verwaltung, nachdem sie beendigt war. Die
Wahl war keineswegs eine allgemeine; sie musste allezeit
nach den gesetzlichen Bestimmungen geschehen, und da
für die höchsten Aemter, auf die es besonders ankam,
die Zahl der Berechtigten und Befähigten nur eine geringe
sein konnte, so wird das Wahlrecht vornehmlich in einer
Zurückweisung der minder Beliebten und Ehrenwerten
bestanden haben. Durch die Prüfung wurden die höchsten
Magistrate der Volksversammlung verantwortlich; die
Archonten selbst konnten von der Ehre, im Areopag zu
sitzen, ausgeschlossen werden. Die Vornehmen behielten
Rang und Anspruch; aber sie hingen doch in dem, wohin
ihr Ehrgeiz hauptsächlich ging, in der Ausübung der höchsten Gewalt, von dem Dafürhalten der Volksgemeinde ab.
Darin liegt nun die grosse Handlung Solons: die Volksklassen, deren Mitglieder einzeln genommen von der Verwaltung des Staates ausgeschlossen waren, erhielten in
ihrer Gesamtheit eine Befugnis, in der doch wieder die
höchste Gewalt lag, wie sie anderwärts nur die Tyrannis
ausüben konnte; die solonische Verfassung hat den Charakter der Versöhnung. Aristoteles, dem wir die Kenntnis
jener beiden Zugeständnisse verdanken, erklärt sie für
notwendig und unentbehrlich; denn ohne dieselben würde
der Demos in eine feindliche Stellung gedrängt worden
sein. Für den Demos trug Solon auch dadurch Sorge, dass
er den Demoten eine eigene Gerichtsbarkeit verlieh, um
ungerechte Eingriffe in ihre Verhältnisse abzuwehren.
Der Zusammensetzung des Gemeinwesens aus zwei verschiedenen Elementen entspricht es nun, wenn Solon zwei

verschiedene Senate einrichtete, den einen aus den gewesenen Archonten, mit der Bestimmung, die Gesetze aufrechtzuerhalten, von mehr aristokratischer Natur; es war der Areopag. Der andere, probuleutische Senat, ist der Rat der Vierhundert, der die Befugnis hatte, der Volksversammlung die Gegenstände ihrer Deliberation zu bestimmen und die Ausführung ihrer Beschlüsse zu überwachen. Die vierhundert Mitglieder waren zu gleichem Verhältnis aus den vier Stämmen genommen. Solon soll gesagt haben, dass durch diese beiden Räte die Sicherheit der Republik bewirkt werde, wie die eines Schiffes inmitten der Meeresbewegung durch zwei starke Anker.

In den poetischen Reliquien, die das Altertum unter dem Namen Solons kannte, zeigt sich nicht gerade Tiefsinn und Grösse, aber Kenntnis des Guten und Wünschenswerten in den menschlichen Verhältnissen, nicht ohne eine wahrhafte Sympathie für die göttlichen Dinge. Sein Wahlspruch « Nichts zu viel » bezeichnet sein Wesen. Er war ein Mann, der da wusste, was die Zeit zu fordern das Recht hat, und die obschwebenden Verwirrungen benutzte, um es durchzuführen. Unaussprechlich ist es, was er dem Volk von Athen gewesen ist und für es geleistet hat. Jene Hebung der pekuniären Lasten, Seisachtheia, machte das Leben erst erträglich für die niederen Klassen. Indem er dann den Anteil der Vornehmen an der Regierung von der Billigung des Gemeinwesens abhängig machte, hat er die Demokratie zwar keineswegs eingeführt, aber begründet. Das Volk wurde von ihm mit Attributen bekleidet, die es in der Folgezeit weiter zu entwickeln getrachtet hat. Ursprünglich erscheint das demokratische Element als unentbehrlich für das innere Staatsleben; es war dazu bestimmt, ein Gegengewicht gegen die Macht der Oligarchie zu bilden. Wenn der aristokratischen Versammlung in Sparta, wie gezeigt, die Vollgewalt angehörte, so ist es bemerkenswert, dass Solon in einem seiner berühmtesten Verse erklärt, er habe dem Volke nur eben so viel Gewalt zugesprochen als notwendig sei. Sollte nun aber der athenische Demos sich mit dieser beschränkten Gewalt begnügen? Die ganze spätere Zeit zeigt das Streben, sie zu erweitern und zur obersten Autorität auszubilden.

In inneren Zerwürfnissen stellt sich dem gesetzgebenden Geiste immer als das erste Bedürfnis dar, das gestörte Gleichgewicht zwischen den verschiedenen Gewalten und Ständen wiederherzustellen. Das ist es, was Solon für Athen beabsichtigte und grossenteils ins Werk setzte. Darin besteht sein vornehmstes Verdienst. Doch ist seine Staatsveränderung nicht gleichsam durch natürliche Entwicklung aus heimatlichem Boden hervorgegangen; es war zugleich eine Rückwirkung des allgemeinen Zustandes der Welt, durch die eine solche ausführbar und heilsam wurde. Wenn wir nicht irren, so hat zum erstenmal die Macht des Geldes in das Innere eines bedeutenden Gemeinwesens eingegriffen. Der allgemeine Verkehr bot Solon die Mittel zu seinen vornehmsten Anordnungen dar.

Ein anderes Moment liegt in der Unterscheidung des Menschen von der Sache und von dem Gelde. Das Geld wird, was es sein soll, ein Mittel der politischen Ausgleichung. Es war nicht allein ein Vorteil für die ärmeren Klassen, dass sie von der Gefahr befreit wurden, von Haus und Hof vertrieben oder als Sklaven verkauft zu werden; durch die solonischen Gesetze wurden sie zugleich an das Gemeinwesen geknüpft, das sie von nun an als untrennbare Glieder umfasste.

Ewig denkwürdig ist es, dass dies durch einen Gesetzgeber geschah, in dem sich allgemeine Anschauungen und patriotische Gesinnung durchdrangen. Man dürfte Solon nicht mit Moses vergleichen, der ein Volk aus eingelebten Vorstellungen herausriss und in der Idee einer allgemeinen Religion organisierte, zugleich Heerführer, Prophet und Gesetzgeber, von einer unnachsichtigen Strenge, die die Nation umschuf und eine grosse Eroberung vorbereitete. Solon nahm keine göttliche Mission in Anspruch; noch weniger dachte er daran, eine grosse Eroberung auszuführen; sein Ehrgeiz beschränkte sich darauf, ein nahes Eiland, das von alters her dem Lande zugehört hatte, wiederzugewinnen und dann die verschiedenen Stände der Landeseingeborenen durch Vermittlung ihrer Streitigkeiten zu einem unabhängigen und starken Gemeinwesen zu vereinigen. Moses konnte nur symbolisch dargestellt werden; Solon erscheint in einer Büste des Altertums als ein wohlhäbiger, umsichtiger, kräftiger Mann; er war eine populäre Natur, gewandt und geschickt, voll von klugen Gedanken. Darin berühren sich die beiden Gesetzgebungen, dass sie der Idee der Sklaverei abhold sind; sonst sind sie von Grund aus verschieden.

Dass die Schöpfung des Solon haltbar sein würde, zeigte sich vom ersten Augenblick an zweifelhaft. Das Gleichgewicht, auf das seine Verfassung berechnet war, liess sich doch im Kampfe der miteinander ringenden Elemente nicht behaupten. Tyrannis und Oligarchie hatten ihren Schwerpunkt in sich selbst. Ein solcher fehlte aber der Verfassung des Solon. Solon selbst hat noch erleben müssen, dass die von ihm eingerichtete Ordnung der Dinge doch der Tyrannis, die er vermeiden wollte, zur Grundlage diente: die Vierhundert waren es, die selbst dazu die Hand boten. Der innere Grund lag darin, dass das demokratische Element zu schwach konstituiert war, um die Gewaltsamkeiten der Geschlechter zu beherrschen oder niederzuhalten. Um die Demokratie zu einer wirklichen Staatsgewalt zu erheben, waren noch andere Ereignisse erforderlich, die die weitere Entwicklung derselben möglich gemacht und hervorgerufen haben.

Einen Augenblick beschwichtigt, erhoben sich die Konflikte der vornehmen Geschlechter noch unter den Augen Solons mit verdoppelter Heftigkeit. Die Alkmäoniden waren zurückgeführt und hatten besonders die Bewohner der Küste, die, bei dem Handel beteiligt, das Geld in den Händen hatten, um sich vereinigt; die echten Aristokraten, als die Bewohner der Ebene bezeichnet, die das fruchtbare Land besassen, standen mit den Alkmäoniden in fortwährendem Gegensatz; indem beide miteinander in Hader gerieten, bildete sich eine dritte Partei aus den Bewohnern der Gebirgsgegenden, die den beiden andern an

Reichtum nachstand, aber in den populären Versammlungen jeder der beiden andern überlegen war. An deren Spitze trat Pisistratus, ein durch Kriegstaten ausgezeichneter Mann, früher ein Freund Solons. Eben dadurch, dass sich seine Anhänger noch nicht stark genug fühlten, ihr Oberhaupt zu beschützen, wurden sie veranlasst, ihm eine Leibwache aus ihrer Mitte zu bewilligen. Der Rat der Vierhundert selbst war es, der diesen Beschluss fasste; die Volksversammlung hat ihn bestätigt, ohne Zweifel, weil die Sicherheit der Aermeren ein mächtiges Oberhaupt erforderte. Sobald nun aber die beiden ersten Parteien sich vereinigten, war die dritte im Nachteil, so dass nach einiger Zeit über Pisistratus die Verbannung verhängt werden konnte. Er kehrte erst wieder zurück, als er sich zu einer Familienverbindung mit den Alkmäoniden anheischig gemacht hatte. Er war schon ein Mann in Jahren und hatte Kinder; sein Ernst war es nicht, durch Verbindung mit dem schuldbefleckten Hause der Alkmäoniden eine neue Familie zu gründen, wiewohl eine solche ihn vielleicht in den Stand gesetzt hätte, die Alleinherrschaft zu erlangen; er wurde aufs neue verwiesen. Aber in seinem Exil bereitete er dann alles vor, um wieder zurückzukehren.

Eines der wichtigsten Momente der Zeitgeschichte ist das Entstehen von Mietsvölkern. Pisistratus, der mit den Gewalthabern der benachbarten Inseln, besonders mit Lygdamus von Naxos, genaues Verständnis pflog, fand die Mittel, eine gemietete Schar tapferer Kriegsleute um sich zu sammeln, mit denen er dann, unterstützt von seinen alten Anhängern, in Attika eindrang. Die Gegner leisteten ihm keinen nachhaltigen Widerstand; ohne viel Mühe wurde er Meister in der Stadt und auf dem Lande. Er kam also, zwar unter Zustimmung des Volkes, aber doch durch die Waffen zur Gewalt. Dem Volke wurden die Waffen versagt; es blieb auf anderweitige Beschäftigungen des Friedens angewiesen. Ohne Beschäftigung wollte Pisistratus es so wenig dulden wie mit den Waffen in der Hand. Besonders waren es thrazische Mietsvölker, auf

die er seine Gewaltherrschaft stützte. Die von Solon gegründete Verfassung gedachte er nicht zu zerstören, aber
sie war eine solche, bei der es einer überlegenen Persönlichkeit möglich blieb, die Regierung in die Hand zu nehmen und nach Gutdünken zu führen, In dieser Stellung
hat nun Pisistratus für die Macht von Athen eine Reihe
von Jahren hindurch auf das erspriesslichste gewirkt, [6])
und zwar in einem auf die allgemeine Lage der Hellenen
begründeten Sinn und Geist.

Die Perser waren im Besitz der Herrschaft von Kleinasien und Meister der an jenen Küsten angesiedelten
ionischen Kolonien; sie streckten ihre Hände nach den
Inseln aus. Es geschah im Gegensatz zu dem neuen Weltreich, dass Pisistratus die Insel Delos, deren Beziehungen
zu Kleinasien jetzt durch die Perser vernichtet wurden,
auf das engste an Athen knüpfte. Im Bereich der Kolonien fasste er selbst Fuss, indem er Sigeum auf einer
Landspitze am Hellespont an sich brachte. Von hoher
Bedeutung ist seine Ansicht, dass das von den Griechen
eingenommene Land nicht allein dem Stamme gehöre, der
es gerade innehabe; denn aus Homer sehe man, dass die
ursprüngliche Besitznahme ein Werk aller Hellenen sei.
Unsterbliche Verdienste hat sich Pisistratus um die Sammlung der homerischen Gedichte erworben; man möchte
sagen, dass sie für ihn auch einen politischen Grund hatte.
Denn darin lag doch eine Opposition gegen das Vordringen
des orientalischen Geistes, der gegen Griechenland heran-
flutete. Die Art und Weise, durch die sich Pisistratus der
Herrschaft von Athen bemächtigt hat, könnte niemand
gutheissen; es geschah infolge innerer Parteiungen und
durch offene Gewalt von aussen her. Aber nachdem er
in den Besitz der Gewalt gekommen war, hat er sie zum
Heile Athens verwaltet. Zuerst unter ihm erscheint Athen
als eine Seemacht. Die Eroberung der Küstenlande von
Thrazien mit ihren Reichtümern, die für die Geschichte
von Athen eine grosse Bedeutung hat, vollzog sich unter
seiner Verwaltung.

Athen erwarb einen gewissen Rang unter den Mächten, von denen es umgeben war. Man sträubt sich fast, Pisistratus einen Tyrannen zu nennen, da sich mit diesem Worte ein gehässiger Begriff von eigensinniger Gewaltherrschaft verbindet. Seine Autorität war vollkommen an ihrer Stelle; sie hatte zugleich eine atheniensische und eine panhellenische Ader. Ohne ihn würde Athen nicht geworden sein, was es später der Welt geworden ist. Wie so ganz unrecht tut man dem ältesten exakten Historiker Thukydides, wenn man die gute Meinung, die er über Pisistratus ausspricht, von persönlichen Beziehungen herleitet, die einem Historiker, wenn er seines Amtes wirklich wartet, aus den Augen verschwinden. Aber bei alledem ist es doch wahr, dass Pisistratus Athen mit absolutem Gebot regierte und den Anlauf nahm, die Tyrannis auf alle Zeiten daselbst zu begründen, wie es ihm dann wirklich gelang, die Gewalt, die er besass, seinen Söhnen Hippias und Hipparch zu hinterlassen. Auch die Zeit dieser seiner Nachfolger wird in einem platonischen Dialog als eine goldene geschildert; so vollkommen war die Blüte Athens in jenen Zeiten der Ruhe. Aber niemals kann doch die öffentliche Wohlfahrt den Mangel an Berechtigung vergessen lassen. Und wie hätte man es nicht empfinden sollen, was darin lag, dass eine starke Grundsteuer dazu diente, die Gewalthaber mächtig zu machen, während das Volk unbewaffnet blieb. Die Volksgemeinde, die sich an das Haus des Pisistratus angeschlossen hatte, trennte sich allmählich von ihm. Gerade der von den beiden Brüdern, der das meiste Verdienst um die Kultur hatte, Hipparch, wurde beim Fest der Panathenäen ermordet. Es war ein Akt der Rache für eine persönliche Beleidigung. Aber kein Zweifel ist, dass republikanische Gefühle den Mordstahl schärften; die Mörder wurden als Männer gefeiert, die zur Wiederherstellung der Freiheit das eigene Leben aufgeopfert hatten. In der Besorgnis, von einem ähnlichen Schicksal heimgesucht zu werden, wurde nun Hippias wirklich ein odioser Tyrann und erweckte allgemeines Missvergnügen.

Zugleich aber wurde durch die Erschütterung des Ansehens der herrschenden Familie bewirkt, dass die grossen Verbannten, die Pisistratus ausgestossen hatte, sich zu dem Unternehmen, ohne das ihre Rückkehr unmöglich war, dem Sturze des Hippias, vereinigten. Es waren vor allem die Alkmäoniden, die, von Pisistratus verbannt, ihren Sitz in Phokis aufgeschlagen, aber sich eine Stellung verschafft hatten, durch die sie selbst im Exil furchtbar wurden. Besonders waren sie mit dem delphischen Orakel verbunden, dem sie einen prächtigen Tempel erbauten; und die Spartaner waren allezeit geneigt, eine aufkommende Tyrannis zu bekämpfen und oligarchische Regierungen wie die ihre an deren Stelle zu setzen. Die Alkmäoniden und ihre Bundesgenossen nahmen eine starke Position in Attika nahe der Grenze ein. Hippias seinerseits gewann den Beistand thessalischer Reiter; aber diese wollten zuletzt ihr Blut für eine ihnen fremde Sache nicht vergiessen und zogen sich zurück. Hippias hatte das Unglück, dass seine Kinder, die durch die Flucht gerettet werden sollten, in die Hände der vereinigten Gegner fielen. Um sie zu befreien, musste er sich entschliessen, die Burg zu räumen. [7]) Die Staatsveränderung, die hiedurch eintrat, schien nun nicht anders als zu einem oligarchischen Regiment führen zu können. Denn auch andere vornehme Geschlechter hatten sich den Alkmäoniden angeschlossen, und man kann nicht zweifeln, dass der Sinn der Spartaner dahin ging. Der Erfolg aber war ein durchaus anderer. Die Oligarchie hätte nur dadurch zustande kommen können, dass die Alkmäoniden und die übrigen Geschlechter sich vollkommen verständigt und vereinigt hätten. Zwischen denen aber bestand ein uralter, immer durch neue Zerwürfnisse geschürter Hader und Hass. Und noch ein anderes Moment aus früheren Zeiten wirkte hierauf ein. Man konnte in Lakedämon niemals vergessen, dass die Alkmäoniden ausgewanderte Messenier waren, die in Athen eine Zuflucht gesucht und gefunden hatten. Es zeigte sich bald, dass zwischen den Alkmäoniden und den Spartanern zwar ein vorüber-

gehendes, aber doch kein dauerndes Einvernehmen begründet werden konnte. In diesem Widerstreit einerseits
mit den eupatridischen Geschlechtern, anderseits mit den
Spartanern hat nun der Alkmäonide Klisthenes den Gedanken gefasst, den durch Solon geschaffenen demokratischen Einrichtungen vermittelst einer durchgreifenden
Umbildung des Demos eine von dem Dafürhalten seiner
Standesgenossen unabhängige Autorität zu verschaffen.
Das vornehmste Mittel hiezu bildete für ihn die Auflösung
der alten Stämme, deren gentilizische Verbände die alt-
herkömmliche Einwirkung der Eupatriden unterstützten.
Er hatte dafür ein Vorbild an seinem Grossvater Klisthenes
in Sikyon, der, um diese Stadt sich vollkommen zu unterwerfen, die alten dorischen Stammgenossenschaften auf-
löste und ihre Namen abschaffte. So verfuhr nun Klisthenes
mit den ionischen in Athen, wohlverstanden jedoch zu
einem ganz andern Zwecke. Der Grossvater hatte die
Tyrannis für sich selbst angestrebt; der Enkel setzte sich
zugleich der Tyrannis und der Autorität der Eupatriden
entgegen; er gründete eine neue Einteilung des Volkes in
zehn Stämme, bei der das demokratische Prinzip die Oberhand erhielt. Wohl rief das nun unverweilt eine oligarchische Reaktion hervor, welche abermals die Spartaner
auf ihrer Seite hatte, die, mit den peloponnesischen Verbündeten vereinigt, unter ihrem König Kleomenes heran-
zogen, um der begonnenen Neugestaltung Einhalt zu gebieten. Sie machten dem Klisthenes die alte alkmäoni-
dische Verschuldung nochmals zum Verbrechen, so dass
dieser für den Augenblick zurücktrat. Der atheniensischen
Demokratie, die nun auch ohne ihn ihre neuerworbenen
Rechte mit allen ihren Kräften verteidigen musste, kam
dabei nichts mehr zustatten, als dass die übrigen Peloponnesier schon damals nicht gewillt waren, die Spartaner zu
Herren von Attika werden zu lassen. Statt ernstlich zu
dem Kriege zu schreiten, gingen sie auseinander; es
geschah auf der Ebene von Eleusis. Eines freien Athens
bedurften die Peloponnesier selbst schon deshalb, um
nicht in volle Abhängigkeit von Sparta zu geraten. Noch

waren Böotier und Chalkidier im Felde, um die Sache der Oligarchie zu führen. Die Athener, an deren Spitze jetzt Klisthenes wieder erschien, verfochten ihre Sache mit einem Mut, den sie bisher noch nie gezeigt hatten, und mit dem besten Erfolge. Denn eine treffliche Waffe, sagt Herodot, ist die Isegorie; ein jeder weiss, dass er für sich selber streitet.

So ist die Demokratie von Athen ins Leben getreten. Ihre Erhebung entsprang nicht etwa unmittelbar aus der Idee von allgemeinen, unverjährbaren Gerechtsamen; so ist sie weder von Solon noch von Klisthenes betrachtet worden; für diese war sie ein Moment von politischer Notwendigkeit. Aber einmal begründet, gewann sie eine unüberwindliche Kraft, die das wirksamste Element in der folgenden griechischen Geschichte bildet.

SECHSTES KAPITEL

DIE KRIEGE ZWISCHEN GRIECHEN UND PERSERN

Verluste der Griechen — Unternehmen gegen Naxos — Aristagoras von Milet —
Schlacht bei Lade — Einnahme von Milet — Mardonius — Die Perser auf Delos —
Schlacht bei Marathon — Xerxes — Thermopilä — Artemisium — Schlacht bei
Salamis — Schlacht bei Platää — Schlacht bei Mykale — Ausgang des Pausa-
nias — Letzte Schicksale des Themistokles — Hegemonie von Athen — Schlacht
am Eurymedon — Artaxerxes — Kämpfe der Athener in Aegypten —
Kimonischer Frieden

Gegen die Mitte des sechsten Jahrhunderts vor unserer
Aera schien die Zukunft der Welt den Griechen anzuge-
hören. Wir kennen die Ausdehnung ihrer Kolonien über
alle Küsten und Buchten des Mittelländischen und des
Schwarzen Meeres. Von welcher Bedeutung konnte es
für sie werden, wenn ihr Verbündeter, der Pharao Necho
von Aegypten, seinen Plan ausführte, das Rote Meer
durch einen Kanal mit dem Mittelländischen in Verbindung zu setzen. Sie würden in unmittelbaren Verkehr mit
Arabien und Indien getreten sein. Necho war ein Fürst
auf der Höhe seiner Zeit, der aber nicht zu seinem Ziele
gelangte; die Griechen konnten dienen, Aegypten zu verteidigen, jedoch nicht, es zu einer weltbeherrschenden
Macht zu erheben.

Ueberhaupt aber breitete sich über das östliche Becken
des Mittelmeeres eine Atmosphäre aus, die eine Verschmelzung der orientalischen Potenzen mit den griechischen Aspirationen und Fertigkeiten in Aussicht stellte.
Es waren die Zeiten zwischen der Zerstörung des assyrischen und dem Emporkommen des persischen Reiches.
Die Staaten und Reiche, die sich alsdann erhoben und in
mannigfache Zerwürfnisse miteinander gerieten, suchten
und fanden bei den Griechen, die die besten Waffen besassen und die meiste Kriegsübung hatten, wetteifernde
Unterstützung. Wir treffen griechische Hilfsvölker nicht
allein bei Necho, sondern auch im entgegengesetzten
babylonischen Lager an. Mittelgrosse Reiche, die fremder
Hilfe bedurften und mit Mitteln, sie zu besolden, hinrei-

chend versehen waren, häufig untereinander entzweit und von mächtigeren geängstigt, waren eben erwünschte Nachbarn für die Griechen. Die Mermnaden, die Lydien beherrschten, gerieten oft mit den an den kleinasiatischen Küsten angesiedelten Hellenen in Streit; sie nötigten sie zur Anerkennung ihrer Landeshoheit; aber dabei nahmen sich die inneren Kräfte der ionischen und äolischen Städte täglich mehr auf.

Die Könige von Lydien, in denen das orientalische Element nicht eben sehr stark war, schlossen sich dem griechischen auf das lebendigste an. Wie viel griechische Heiligtümer haben dem König Krösus neuen Schmuck verdankt! Delphi erhielt die prächtigsten Weihgeschenke, die ihm zukamen, eben von Krösus. Die Pharaonen der saitischen Dynastie umgaben sich mit einer ionischen Leibwache. Sie hielten griechische Heerhaufen in ihren Standlagern an den Ausflüssen des Nils. Der Verkehr, wenigstens der Küste, war in griechischen Händen, und als sich hier wieder eine national-ägyptische Reaktion erhob, durch die diese Dynastie gestürzt wurde, so machte das doch keinen wesentlichen Unterschied. Auch Amasis, durch den es geschah, hatte eine griechische Leibwache. Er vertraute Memphis den Griechen an und stiftete ihnen jene Niederlassung zu Naukratis, die sich aus den benachbarten Inseln und Küstenstädten der Dorier, Ionier und Aeoler zusammensetzte. Sie hatten ein gemeinschaftliches Heiligtum, das man Hellenion nannte, wie denn gerade in der Fremde die Nationen ihrer Zusammengehörigkeit eingedenk zu werden pflegen. Auch Halikarnass, die Vaterstadt Herodots, hatte Anteil an diesen Einrichtungen. Der König gestattete den Griechen, die Götter nach ihrer Weise zu verehren, nicht nach der ägyptischen.

Und nicht viel weniger Verehrung als Krösus bewies Amasis den Gottheiten der Griechen. Wenn dann dieser König Zypern unterwarf, so war das nicht gerade ein Verlust für Griechenland; die Insel wurde dadurch dem phönizischen und orientalischen Einfluss entrissen, dem sie schon seit Jahrhunderten unterlegen war. Man darf wohl hier ein zwiefaches Interesse unterscheiden, das unmittelbar politische und das nationale, die nicht immer Hand in Hand gehen. Das letztere fand Unterstützung und Förderung in Lydien sowie in Aegypten, nicht immer das erstere.

Dem allem aber wurde nun durch die Erhebung des persischen Reiches ein Ende gemacht. Ein gar nicht zu ermessender Verlust für die Griechen lag in der Vernichtung des Königreichs Lydien. An die Stelle der gastlichen Königsburg trat nun die Residenz eines persischen Satrapen, der wieder einen bestimmten Tribut, wie von dem Lande, so auch von den griechischen Städten eintrieb. Aus diesen Verhältnissen entsprang dort der erste Versuch einer Rebellion durch einen Eingeborenen, der mit der Eintreibung der Gefälle betraut war. Aber sobald die persische Macht sich regte, brach dieser Versuch in sich selbst zusammen und hatte keine andere Folge, als dass die neue Herrschaft sich um so fester begründete. Von den Städten, die sich an dem Aufruhr beteiligt hatten, wurden einige zerstört, andere durch die Ueberlegenheit der orientalischen Belagerungsmaschinen zugrunde gerichtet. Die Flüchtlinge suchten die Hilfe ihrer Stammesgenossen nach. Das griechische Element, das bisher nach Osten vorgedrungen, wurde auf das Mutterland nach Westen hin zurückgeworfen.

Noch wichtiger war die Unterjochung Aegyptens durch Kambyses. Das vornehmste vorbereitende Moment für dieses Ereignis lag darin, dass durch die Verbindung der Phönizier mit Persien die Insel Zypern der Herrschaft von Aegypten entzogen wurde. Aegypten lehnte sich auf die griechische Seemacht, die jetzt die Thalassokratie wieder verlor, die sie bisher behauptet hatte. Bei der Unterwerfung von Aegypten selbst haben die Griechen dem Amasis eher geschadet als genützt. Aber sein Untergang war doch auch für sie selbst ein grosser Nachteil. In Aegypten gelangte eine Macht in Besitz der höchsten Gewalt, die den griechischen Einfluss unmöglich dulden konnte; nur mit den Machthabern, die sich den Persern widersetzten,

haben die Griechen Gemeinschaft gepflogen. Unleugbar
ist, dass die Ausbreitung der persischen Herrschaft über
Kleinasien, Syrien, Aegypten dem Vordringen des griechischen Wesens gewaltig Einhalt tat. Dagegen schien das
grosse Unternehmen des Darius Hystaspis gegen die
Skythen die Griechen und Perser miteinander vereinigen
zu sollen. Es lag im Zusammenhang der allgemeinen Politik des Darius, dass er, nachdem er so viele andere
Gegner niedergeworfen, auch einer Wiederkehr jener Anfälle, mit denen die Skythen einige Jahrzehnte vorher
Asien und die Kulturwelt heimgesucht hatten, auf alle
Zeit vorzubeugen unternahm. Er besass Ansehen genug,
um die verschiedenen Nationen, die seinem Szepter gehorchten, zu einem grossen Kriegszuge gegen die Skythen
zu vereinigen. Die Unterwerfung, zu der die Griechen an
den Küsten von Kleinasien gebracht waren, so dass sie
selbst auf den persischen Denkmalen als integrierende
Teile des grossen Ganzen erscheinen, legte ihm den
Gedanken nahe, sich derselben zu bedienen, um an der
Donau eine feste Stellung zu gewinnen und von da aus
in die skythischen Steppen vorzurücken. Wahrscheinlich
hat er wirklich die Absicht gehegt, bis zu den Pässen im
Kaukasus vorzugehen, durch welche die Skythen einst in
Lydien und Medien eingebrochen waren. Denn wie hätte
es ihm sonst beikommen können, den Ioniern, die ihm eine
Schiffbrücke an der Donau bauten, eine bestimmte Zeit
zu setzen, nach deren Verlauf, wenn er nicht wieder
zurückkehre, auch sie sich nach Hause begeben könnten.
Die Griechen haben ihn bei seinem Zuge aufs beste unterstützt; sie haben ihm die Brücke gebaut, über die er den
Bosporus passierte, und ebenso jene Schiffbrücke an der
Donau, über die er dann in die feindlichen Landschaften
eindrang. Der Erfolg war nicht eigentlich unglücklich zu
nennen; aber er blieb doch überaus zweifelhaft; die
Skythen vermieden es, dem übermächtigen König in einer
offenen Schlacht zu begegnen. Und darin hat die Barbarei
vor der Kultur immer den Vorzug, dass sie bei weitem
schwieriger angegriffen und um so leichter verteidigt wer-

den kann. Es gab hier keine Grenzen, wie dort am Jaxartes, die durch angelegte Bollwerke befestigt werden konnten. Darius hat etwas Aehnliches an der Wolga versucht, aber die Kastelle, die er errichtete, sogleich selbst wieder aufgegeben. Er entschloss sich, an die Brücke zurückzukehren, die indes doch wirklich für ihn gehütet worden war, und die thrazischen Völkerschaften, insofern er sie nicht bereits bei seinem ersten Durchzug bezwungen hatte, vollkommen zu unterwerfen. Das war nun doch wieder ein namhafter Erfolg, der zum Nachteil der Griechen ausschlug. Den Griechen wurde ein grosses Gebiet, auf das sie bereits eine mächtige Einwirkung erworben hatten, wieder verschlossen. Das persische Heer brachte die vielgeteilten und in sich schwachen Bevölkerungen am Strymon unter die Botmässigkeit von Persien; selbst der König Mazedoniens, aus einem Herrschergeschlecht griechischen Ursprungs, Amyntas, wurde genötigt, dem grossen König zu huldigen. So setzte sich die Bewegung, durch welche die Griechen aus Aegypten und Kleinasien zurückgedrängt worden waren, auch in den europäischen Regionen, die Hellas im Norden umgrenzten, fort. Eine beinahe unvermeidliche Folge war es dann, dass die Griechen selbst in ihrer Heimat bedroht und bedrängt wurden.

Gegen die griechischen Inseln anzugehen bot den Persern jener Gegensatz zwischen den städtischen Bevölkerungen und der Tyrannis, der die Einwohner in sich selbst mit ewigem Hader beschäftigte, Anlass und Gelegenheit. Man kennt das Argument, durch welches nach dem Uebergang des Darius über die Donau der Anschlag, die Brücke zu zerstören, was die Heimkehr des Königs verhindert und den unterworfenen Nationen ihre Freiheit zurückgegeben haben würde, rückgängig gemacht wurde. Es waren eben die Tyrannen, die dort mit ihren Leuten die Brücke bewahrten. Sie zogen in Betracht, dass, wenn dies geschehe, die Völker und Städte sich empören und so alle der Herrschaft, deren sie sich erfreuten, verlustig gehen würden. Von Milet her, wo diese Gesinnung am stärksten vertreten war, wurde unter der Führung des Tyrannen

Aristagoras Hand daran gelegt, die mächtigste der noch
freien Zykladen, Naxos, zu unterwerfen, worauf man dann
auch einen Versuch auf Euböa zu machen gedachte. Die
Erscheinung der grossen, immer fortschreitenden Welt-
macht beherrschte den allgemeinen Gesichtskreis. Die
Bürger von Athen selbst haben, von Lakedämoniern und
Böotiern bedrängt, daran gedacht, den Satrapen von
Sardes um Hilfe zu bitten. Wie viel näher aber lag das
den Pisistratiden, die nach Sigeum geflüchtet waren und
in verwandtschaftlicher Beziehung zu dem Tyrannen von
Lampsakos standen. Hippias brachte denselben Satrapen
von Sardes, an den sich die Athener gewandt hatten,
Artaphernes, einen Bruder des Königs, auf seine Seite.
Wenn wir bemerkten, dass Pisistratus hellenische, den
Orientalen entgegengesetzte Gesinnungen hegte, so liegt
am Tage, dass ganz im Widerspruch damit die Zurückführung seines Sohnes die Unterwerfung Athens unter die
Perser bedeutet haben würde. Alles greift ineinander. Die
Griechen haben ihr Uebergewicht an den Küsten des
östlichen Mittelmeeres verloren; sie waren in ihren Kolonien in Kleinasien überwältigt, aus ihrem Machtgebiet in
Thrazien zurückgeworfen. Dieser Uebermacht setzte sich
dann eine Einwirkung auf den Inseln, die eben auch das
Mutterland zu erreichen drohte, zur Seite. Es ist nicht
abzuleugnen, die lebensvolle, eben in kräftiger Entfaltung
begriffene Griechenwelt war in Gefahr, erdrückt zu werden. Man könnte sagen, eine solche Unterdrückung des
kräftig emporkommenden griechischen Geistes sei doch an
sich unmöglich gewesen. Gewiss, wenn es eine Idee gibt,
die in den Ereignissen waltet, so konnte die Tendenz der
Weltbildung nicht dahingehen, die Griechen den Persern
zu unterwerfen; auf diesen Höhen aber bewegt sich die
Menschengeschichte nicht allein. Die historische Frage
ist, wodurch denn ein solches Ereignis verhindert worden
ist. Ein Moment liegt wohl darin, dass es bei den Griechen
keine Zentralgewalt gab, die einen Pakt hätte eingehen
können. Alles bewegte sich in freien Unabhängigkeiten,
von denen die einen sich vielleicht anschliessen konnten,

die andern aber alsdann um so gewisser sich widersetzen mussten. Die den Griechen innewohnende Spontaneität stand mit den Attributen, die die höchste Gewalt in Persien besass, in unvereinbarem Gegensatz. Zunächst bei denen kam das zur Erscheinung, die den Persern bereits unterworfen waren; sie konnten die Herrschaft derselben auf die Länge nicht ertragen.

Vergegenwärtigen wir uns, wo und wie dieser Gegensatz zuerst hervortrat, obgleich es nicht eben eine bedeutende Persönlichkeit ist, durch die es geschah. Denn nicht immer sind es grosse und selbstbewusste, starke Naturen, die einen solchen Konflikt herbeiführen; zuweilen sind es Menschen von Flexibilität, die da, wo die Gegensätze einander berühren, von der einen Seite auf die andere übergehen. Eine solche Natur war Aristagoras von Milet. Eben bei jenem Unternehmen auf Naxos, das er den Persern an die Hand gegeben, kam es dahin, dass er sich von ihnen trennte. Die Ursache lag darin, dass eine von dem persischen Führer verhängte barbarische Strafe, die einen der Gastfreunde des Aristagoras betraf, diesem selbst unerträglich vorkam, zumal da ihm ja eigentlich die Unternehmung aufgetragen sei und dem persischen Anführer nur die zweite Rolle neben ihm zukomme. Die Perser forderten Unterordnung und strenge Zucht; die Griechen verlangten Bevorzugung im Dienst und nationale Rücksicht. Es war schon von Bedeutung, dass die Unternehmmung auf Naxos misslang, denn dadurch wurden Euböa und die Küste des kontinentalen Hellas gesichert. Noch höher aber ist es anzuschlagen, dass damit ein Zwiespalt zwischen den Persern und den ionischen Griechen eintrat. Aus dem Gewölbe, das sich eben aufgebaut hatte, wurde dadurch der Schlußstein hinweggenommen, in dem sich alle Gefahr zusammenfasste.

Moralisch ohne alle Haltung, aber intellektuell von einem unbegrenzten Ideenkreise, hat dieser Aristagoras sich dadurch ein unvergängliches Andenken gestiftet, dass er zuerst den Gedanken des Widerstandes aller Hellenen gegen die Perser gehabt und sogar die Möglichkeit, einen

grossen und glücklichen Angriffskrieg gegen sie zu führen,
ins Auge gefasst hat. Aristagoras begann sein Unternehmen auf der Flotte selbst, die von Naxos zurückgekommen
war. Es gelang ihm, die Tyrannen, die mit ihren Schiffen
an dem Angriff auf Naxos teilgenommen, listigerweise in
seine Hände zu bekommen, und er lieferte sie den Städten
aus, die nur widerwillig ihre Herrschaft ertragen hatten.
Er brachte damit das grösste Interesse, das es unter den
Griechen gab, in eine Bewegung von weitester Aussicht.
Er selbst erklärte in Milet, dass er seine Gewalt nieder-
lege und dem Volke seine alten Gesetze zurückgebe. Auch
die übrigen Städte führten eine demokratische Verfassung
ein; man darf wohl voraussetzen, dass dabei das Beispiel
von Athen, wo Klisthenes vor kurzem seine Staatsein-
richtungen durchgeführt hatte, auf die Ionier zurückge-
wirkt hat. Es erfolgte ein allgemeiner Umsturz der Tyrannis, der zugleich einen Abfall von Persien in sich schloss;
überall wurden Strategen ernannt. Die höchste Gewalt in
den Städten begründete sich auf das Einverständnis der
Inhaber derselben mit Persien; dass nun einer von ihnen
die Autorität der Perser unerträglich fand, gab den Anlass
zu allem. Er selbst leistete freiwillig auf die Tyrannis Verzicht; die übrigen wurden dazu gezwungen, worauf die
Städte, zugleich demokratisch organisiert, in offene Feindschaft mit Persien gerieten. Der geschichtskundige Milesier
Hekatäus hatte seine Landsleute auf die Schwierigkeit,
sich von Persien loszureissen, was er bei der Macht des
Königs für eine Unmöglichkeit erklärte, aufmerksam gemacht; den so oft bezwungenen Städten und Inseln liess
sich nicht zutrauen, dass sie den Persern mit eigener Kraft
würden widerstehen können. Auch Aristagoras kann das
nicht erwartet haben.

Bei ihm selbst mag der Gedanke des Widerstandes
daher entsprungen sein, dass er die Ueberlegenheit der
hellenischen Kriegsrüstung über die persische kannte. Er
meinte, die Orientalen mit ihrer Tiara auf dem Kopf, in
ihren langen Beinkleidern und mit ihrem kurzen Schwert,
würden dem Zögling der nackten Palästra, dem griechi-

schen Hopliten mit seinem langen Schild und gewaltigen
Speer, in seiner ehernen Rüstung, unterliegen müssen.
Er begab sich selbst nach Lakedämon, das die stärkste
Macht der Hellenen bildete, um es dazu mit sich fortzu-
reissen. Dem spartanischen König Kleomenes, der an sich
zu weitausstehenden Unternehmungen geneigt war, legte
er die erste auf Erz gezeichnete Landkarte, deren mit
Bestimmtheit gedacht wird, vor, auf der die verschiedenen
Provinzen des persischen Reiches abgegrenzt waren, so
dass es nicht mehr wie ein allgemeines ungeheures, sondern in seinen Teilen vor Augen trat, um ihm die Möglichkeit begreiflich zu machen, mitten durch diese Provinzen
nach der Hauptstadt Susa vorzudringen und durch einen
kühnen Handstreich das ganze Reich auseinanderzuwerfen.
Der spartanische König soll von seiner eigenen Tochter,
noch einem Kind, die seinem Gespräch mit Aristagoras
beiwohnte, erinnert worden sein, sich durch die Anerbietungen, die der Fremde ihm machte, nicht bestechen zu
lassen. Aber ohnehin waren die Anträge des Aristagoras
kaum annehmbar. Der vornehmste Grund, den er anführte,
war, dass Lakedämon seine Kräfte in einem unnützen und
blutigen Kampfe gegen die Nachbarn vergeude, während
das Unternehmen, das er vorschlage, den grössten Erfolg
und die reichste Beute verspreche. Aber gerade die Ent-
legenheit des Zieles schreckte die Spartiaten ab, den Vorschlag ernstlich zu erwägen. Ihre ganze Tatkraft war eben
damals auf die Kämpfe mit ihren Nachbarn, in denen sie
noch begriffen waren, gerichtet. Es freute sie, dass sie
Hippias verjagt hatten, und die Schmach, in dem letzten
Kriegszug von den Athenern zurückgewiesen worden zu
sein, regte ihren Ehrgeiz auf. Indem sie Hippias zurückzuführen dachten, waren sie, ohne es eigentlich zu wissen,
Verbündete der Perser. Aber wie in dem letzten Kriege,
so sonderten sich auch jetzt ihre Bundesgenossen von
ihnen ab. Sie wollten nicht helfen, die Tyrannis herzustellen, deren Druck sie selbst auf das herbste empfunden
hatten. Die spartiatische Politik ergriff weder das grosse

Ziel, noch konnte sie die nächsten allgemeinen Absichten durchsetzen.

Von Sparta zurückgewiesen, begab sich Aristagoras nach Athen. Die Beweggründe, die an dem König von Sparta abgeglitten waren, brachten auf das Volk von Athen eben die Wirkung hervor, die Aristagoras beabsichtigte. Man darf annehmen, dass die grosse nationale Idee den Athenern einleuchtete; aber überdies, die Sache, die Aristagoras verfocht, war zugleich ihre eigene. Die Zurückführung des Hippias im persischen Interesse hätte ihnen doppelte Knechtschaft unter Hippias und die Perser auferlegt, aber sie hatten nun die Unabhängigkeit gekostet und genossen in vollen Zügen die ersten Vorteile, die sie im Besitz derselben über ihre Nachbarn erfochten. Man ist versucht, ihre Unternehmung gegen Lemnos und Imbros, welche Inseln sie nicht allein gräzisierten, sondern gleichsam zu einem Teil ihrer Republik machten, eben in diese Epoche zu setzen; sie hatten den Mut, sie den Persern vorwegzunehmen.

Das Entscheidende bleibt immer, dass die Athener dem Aristagoras zwanzig Schiffe bewilligten, denen die Eretrier aus Freundschaft für Milet noch fünf hinzufügten; denn dadurch wurde der Mut der Ionier belebt und ein Einfall ins persische Gebiet ins Werk gesetzt, der sich freilich nicht gegen Susa richtete, aber gegen die nächstgelegene Hauptstadt der Satrapie, die ihnen am beschwerlichsten fiel, gegen Sardes. Wäre Lydien ihnen beigetreten, so würde alles eine andere Wendung haben nehmen können. Aber die Lydier waren entwaffnet und entfernt von aller Sympathie für die Ionier. Sardes mit seinen Tempeln ging in dem Tumult in Flammen auf; die Burg wagten die Griechen nicht einmal anzugreifen; vor den Streitkräften der Perser, die sich zusammenzogen, wichen sie zurück. Auf dem Rückzug wurden sie eingeholt und vollkommen geschlagen. Aber damit war nun die grosse Frage aufgestellt. Durch den Brand von Sardes, bei dem ein Heiligtum der Kybele zugrunde gegangen, waren die syrischen Nationen in ihren Göttern beleidigt. Wir wissen, dass es persisches System war, die Götter des Landes in Schutz zu nehmen.

Wie aber hätte der Grosskönig, der zum Herrn der Welt bestimmt zu sein glaubte, einen Einfall in sein Gebiet nicht als eine Beleidigung, die Rache fordere, empfinden sollen? Die Feindseligkeiten der Ionier machten ihm keinen grossen Eindruck; aber er fragte, wer denn die Athener seien, deren Teilnahme an dem Zuge man ihm berichtete. Es waren Fremde, von deren Macht der König kaum gehört hatte. Man sagt, Darius habe den Bogen gespannt, dessen Stärke das Symbol der Macht war, und einen Pfeil in die Wolken geschossen, indem er seinen Gott — den die Griechen Zeus nennen, der aber ohne Zweifel als derselbe gedacht war, dessen er auf seinen Monumenten erwähnt: Ahura-mazda — anrief, ihm Rache an den Athenern, eigentlich deren Züchtigung, zu gewähren. Das Unternehmen des Aristagoras hatte indes eine allgemeine Bewegung veranlasst; er hatte Zypern bei weitem zum grössten Teil und die Karer für sich. Alles Land an der Propontis und am Hellespont war in Aufruhr. Notwendig mussten die Perser zuerst darauf bedacht sein, diese Empörung zu überwältigen, was doch, wenn es zur See versucht wurde, nicht so ganz leicht war.

In dem ersten Zusammentreffen mit den Phöniziern behielten die Ionier die Oberhand. Als aber die Kräfte des grossen Reiches sich vereinigten, unterlag der Aufstand allenthalben. In Zypern geschah es hauptsächlich infolge der Uneinigkeit der Griechen untereinander, in Karien durch die kriegsmännische Ueberlegenheit der Perser. [8]) Einst hatten die Aegypter ihre Streitkräfte mit den griechischen gegen die Perser zu vereinigen getrachtet; jetzt vereinigten sich die ägyptischen Kriegsfahrzeuge mit den phönizischen. Mit einer ungeheuren Uebermacht erschien die persisch-phönizische Flotte in See. Doch war hiedurch die Sache noch nicht entschieden. Vielleicht hätten die Ionier, die sich bei Lade, das damals noch eine Insel war, versammelten, einen Erfolg davongetragen, wenn sie auf die phönizische Flotte losgegangen wären, wozu sie der tapferste unter ihren Führern, Dionysius von Phokäa, der aber nur drei Triremen herbeigeführt hatte, zu überreden suchte. Aber die Ionier waren nicht geneigt, sich den beschwerlichen Vorübungen zu unterwerfen, die er anordnete. Ueberdies sagte man ihnen, wenn es ja gelinge, diese Flotte zu zerstreuen, so werde der König noch eine fünfmal grössere Macht aufbringen. Und indessen hatte sich die Ueberlegenheit der persischen Landmacht entwickelt; unter den Ioniern verbreitete sich die trostlose Meinung, alle ihre Anstrengungen würden vergeblich sein. Unter diesem Eindruck standen die Anmahnungen der von ihnen verjagten Tyrannen, anfangs zurückgewiesen, endlich doch Gehör. Selbst die Samier hielten für besser, ihre Heiligtümer und ihr Eigentum durch Unterwerfung zu retten, als sie durch Widerstand zu verwirken. Als nun die Phönizier zum Angriff auf die Flotte heransegelten, fanden sie nur teilweisen Widerstand, wie denn besonders die Landsleute des Homer, die Chier, auf das tapferste fochten, aber ohne allen Erfolg: die Ionier erlitten eine vollständige Niederlage. Hierauf konnte Milet nicht behauptet werden, eine Stadt nach der andern, eine Insel nach der andern fiel in die Hände der Perser. Landschaften zu verwüsten und Städte zu zerstören lag nicht in dem Sinne derselben; sie benutzten ihren Sieg dazu, um eine regelmässige Verwaltung einzuführen, die eine Unterwerfung auf immer bewirken sollte. Sie sorgten dafür, dass die Ionier den Landfrieden nicht untereinander brechen durften. Nach einiger Zeit haben sie sogar die Tyrannis abgeschafft, deren Existenz den regelmässigen Gehorsam nur noch störte. Athen hatte an dem Seekrieg nicht teilgenommen, doch empfand es das Unglück der Ionier als sein eigenes. Der Dichter, der es auf die Bühne brachte, wurde in Strafe genommen; die Athener fühlten, dass sie durch den Fortgang der Dinge selbst betroffen werden würden; sie mussten sich zur Verteidigung rüsten; sie allein gegen die ungeheure Uebermacht des Königs der Könige.

Es gehört zu den Folgen der Schlacht von Lade, durch welche die dem Reiche der Perser entgegenstehende Kombination vernichtet worden war, dass König Darius, nicht zufrieden damit, seine Herrschaft in Ionien befestigt zu haben, den Plan, den er schon bei dem Unternehmen gegen die Skythen gehegt hatte, in Europa vorzudringen, wieder aufnahm. Mit der Ausführung der Absicht beauftragte er einen der vornehmsten Männer des Reiches und Hofes, den Sohn eines jener sieben Perser, der an der Erhebung der Achämeniden so grossen Anteil gehabt hatte, namens Mardonius, den er durch Vermählung mit seiner Tochter der eigenen Familie verband. Von Mardonius schreiben sich die in Ionien getroffenen Einrichtungen her. Dann setzte er sein stattliches Heer über den Hellespont; allenthalben begleitete ihn die Flotte an den Küsten, während er in dem inneren Lande vordrang. Er unterwarf nochmals Mazedonien, wahrscheinlich die Landschaften, die in das untergeordnete Verhältnis der dortigen Könige noch nicht eingetreten waren; er erklärte, sein Absehen gehe gegen die Feinde des Königs, Eretria und Athen. Zur Ausführung dieses Vorhabens schien es unerlässlich, das gesamte Festland zu unterwerfen, gleichviel ob es barbarisch oder griechisch war. Damit aber konnte er doch nicht zustande kommen. In den stürmischen Gewässern bei dem Berge Athos, welche die Schifffahrt auf dem Aegäischen Meere immer schwierig gemacht haben, erlitt seine Flotte einen Schiffbruch. Wie hätte er aber ohne maritimen Rückhalt einer Insel und einer Seestadt an einem Vorgebirge beizukommen hoffen dürfen? Auch zu Lande erfuhr er Widerstand, so dass er es für ratsam hielt, den Fortgang seiner Unternehmungen auf andere Zeit zu verschieben. Dabei aber blieb es doch, dass die persische Macht als ein Ganzes sich immer weiter ausbreitete und das griechische Leben mit dem Untergang bedrohte.

Der grösste Teil der Städte und Ortschaften, die man dazu aufgefordert hatte, gaben dem König Erde und Wasser. Um die Widerstrebenden zu unterwerfen, vor-

nehmlich Eretria und Athen, wurde unverweilt ein anderer
Versuch ins Werk gesetzt. Unter zwei Führern, von denen
der eine, Datis, ein Meder war, der andere, Artaphernes,
der Sohn des gleichnamigen Satrapen von Sardes, Bruder
des Darius, der sich mit Hippias verbündete, wurde eine
maritime Expedition zu unmittelbarer Unterwerfung der
Inseln und der Küstenlande unternommen. Ihre Absicht
war nicht auf offenbare Feindseligkeit gegen die Griechen
gerichtet. « Was flieht ihr, heilige Männer », sagten sie
zu denen von Delos. Datis verbrannte dreihundert Pfund
Weihrauch an dem Orte, der als die Geburtsstätte der
beiden Gottheiten verehrt wurde. Die Religion des Ahura-
mazda verbot ihnen nicht, fremde Kulte in ihren Schutz
zu nehmen; sie wünschten, die griechischen Götter nicht
gegen sich zu haben. Ihr Sinn war, zugleich mit Hilfe der
inneren griechischen Streitigkeiten die vornehmsten
Feinde, denen der grosse König Rache geschworen, zu
bezwingen und als Gefangene zu seinen Füssen darzustellen. Auch gelang ihnen ihr Vorhaben bei Eretria. Trotz
tapferer Gegenwehr fiel es durch Verrat in ihre Hände,
und sie konnten den in Sardes begangenen Frevel durch
Plünderung und Verwüstung griechischer Heiligtümer
rächen. Mit leichter Mühe glaubten sie nun auch Athen
überwältigen zu können, dessen Feinde, wie die Aegineten, ebenfalls deshalb dem König die Zeichen der Unterwerfung nicht versagt hatten, um sich seines Beistandes
gegen Athen zu versichern. Und noch hatten in der Stadt
und den Landschaften die Pisitratiden eine Partei, die
Hippias, der die Perser heranführte, in Bewegung zu setzen
hoffte. Auf dem geraden Weg von der der Insel Euböa, die
nun unterworfen war, gegenüberliegenden Küste glaubte
er, die ihm wohlbekannte Strasse daher nach Athen vordringen zu können. Noch hatte niemand vor dem Schrek-
ken der persischen Kriegsmacht standzuhalten vermocht.
Sollten die Athener sich zu einem Kampfe entschliessen,
der nach den bisherigen Erfahrungen keine Aussicht darbot? Der Augenblick war einer der grössten in ihrer
Geschichte. Hätten die Perser Athen erobert, so war es

um die Demokratie wahrscheinlich auf immer geschehen; die Herrschaft der Pisistratiden wäre wiederhergestellt worden; sie wäre aber nicht mehr die alte gewesen, sondern eine bei weitem gewaltsamere und auf die persische Bundesgenossenschaft gestützte geworden. Athen wäre allem Anschein nach in ein Verhältnis geraten, wie einst die ionischen Städte unter den Tyrannen. Nach und nach hätte der persische Geist alles bemeistert.

Für die Athener war es von grossem Wert, dass ein Mann unter ihnen war, der das persische Heerwesen kannte: Miltiades, Sohn Kimons. Das alte, vornehme Geschlecht, dem er entstammte, hatte sich besonders bei der Kolonisation des thrazischen Chersonnes hervorgetan; und schon zwanzig Jahre vor dieser Zeit war Miltiades in diese Stellung eingetreten; er besass dort eine Art von Fürstentum und vermählte sich mit einer thrazischen Fürstentochter. Bereits damals geriet er in Kontakt mit den Persern. An ihm lag es nicht, wenn jene Donaubrücke, über die König Darius gegen die Skythen vorgedrungen war, unversehrt blieb. Und als hierauf infolge des misslungenen Versuchs auf Sardes jene Reaktion eintrat, durch welche die Perser auf den Inseln des Aegäischen Meeres Meister zu werden den Anlauf nahmen, fand er es, zumal da er auch von andern Feinden bedrängt wurde, unmöglich, sich wieder auf dem Chersonnes zu behaupten. Er war vor der phönizischen Flotte gewichen und mit vier Dreiruderern — der fünfte fiel in ihre Hände — nach Athen gelangt. Obgleich thrazischer Fürst, war er doch immer Bürger von Athen geblieben. Hier ist er wegen seiner Tyrannis angeklagt, aber freigesprochen und zum Strategen erwählt worden: denn die Demokratie konnte einen Mann nicht von sich stossen, der sich am meisten eignete, ihr in den wechselnden Zerwürfnissen mit Persien voranzugehen. Miltiades führte seine eigene persönliche Sache, indem er die Verteidigung von Attika unternahm.

Wohl war nun die Macht der Perser unendlich überlegen, aber die Felder von Marathon, wo sie sich aufstellten, hinderten doch eine eigentlich strategische Entwicklung derselben; mit Erstaunen sahen sie von den athenischen Hopliten eine Front gebildet, die der ihren gleichkam. Und diese Truppen stürzten nun in heftigem und immer heftiger werdendem Anlauf gegen sie heran. Es gelang den Persern leicht, die Mitte des athenischen Heeres zu durchbrechen, aber darauf kam es hier nicht an: denn die Macht des Anlaufes lag in den beiden Flügeln, wo jetzt Mann und Mann aneinander gerieten. Das allenthalben gefürchtete persische Schwert war doch nicht geeignet, gegen die eherne Rüstung der Hellenen und den Speer derselben etwas auszurichten. Auf beiden Flanken behielten die Athener die Oberhand und griffen nun das persische Mitteltreffen an, das den kräftigen Söhnen hellenischer Gymnastik nicht zu widerstehen vermochte. Die Perser hatten zu ihrem Unglück auf Abfall in den Reihen der Gegner gerechnet; da das Gegenteil eintrat, wichen sie nach der Küste und ihren Schiffen zurück. [9])

Nach einer Andeutung Herodots hätten die Perser ein Verständnis in Athen gehabt und ihren Lauf um das Vorgebirge Sunion nach der Stadt genommen, in der Hoffnung, diese zu überraschen; aber als sie anlegten, waren auch die Athener angekommen, und die Sieger von Marathon erschienen ihnen gegenüber.

Was einst Aristagoras von dem Unterschied der Griechen und der Orientalen vorgetragen, hatte sich jetzt bewährt; zwar nicht in einem Angriff, wie er, der Zukunft in weite Fernen vorausgreifend, angeraten hatte, aber im Widerstand. Eine Eroberung hatte man nicht gemacht, aber Athen war gerettet worden. Ich möchte nicht den Glanz dieser Handlung durch Berechnung von Wahrscheinlichkeiten verkümmern; die vorliegenden Traditionen sind lange nicht hinreichend, um solche zu begründen. Es ist ein Handstreich, den die Perser mit überlegenen Kräften zu Land und zur See versuchten, den aber die Athener mit gelenker Tapferkeit und unter glücklicher Führung zurückwiesen, ein Ereignis von nicht grosser militärischer Dimension, aber voll von Zukunft, gleichsam ein ernstes Wort des Schicksals.

Noch lebte damals König Darius, in dem sich die Idee der persischen Macht recht eigentlich darstellte. Ihm gelang es noch, dem grössten Mangel, der der orientalischen Monarchie anhaftet, der Unsicherheit der Thronfolge, zuvorzukommen. Unter den Söhnen, die ihm von verschiedenen Gemahlinnen geboren wurden, bestimmte er den, der auch durch seine Mutter ein Achämenide war, Xerxes (Khshayârshâ), zu seinem Nachfolger, so dass ein Thronstreit, wie ein solcher später so oft ausgebrochen ist, vermieden wurde. Das Reich war in seiner vollen Macht und Blüte. Dem Unfall, der bei dem Angriff auf Attika erlitten wurde, trat eine Bewegung in Aegypten zur Seite. Darius dämpfte sie; man konnte nichts anderes erwarten, als dass er nun auch die Unternehmung gegen Griechenland wieder aufnehmen würde, als er im Jahre 485 starb.

Mit Vergnügen liest man bei Herodot die Beratungen, die der junge Xerxes, ein erster Porphyrogenitus, nach dem Tode seines Vaters über die Erneuerung eines Zuges gegen die Griechen gepflogen haben soll. Man vernimmt dabei alles, was sich dafür und was sich dagegen sagen liess. Dafür war, dass man noch die stolze Ueberzeugung hegte, die Perser seien die ersten aller Menschen, denen die Herrschaft über die Welt gebühre, wobei ihnen nichts im Wege stehe als der Widerstand der Griechen; wären diese überwältigt, so würden die Lüfte des Himmels die Grenze des Reiches bilden. Dagegen waren die schlechten Erfahrungen der letzten Eroberungszüge des Cyrus, des Kambyses, des Darius selbst, wobei dann die Idee der griechischen Religion hervorgehoben wird, dass die Götter das allzu Hohe und Grosse nicht begünstigen. Dennoch wird der Entschluss gefasst auf Grund drohender, sich immer wiederholender Traumgesichte. Dass das nun alles so vorgekommen sei, wird niemand behaupten wollen; es bildet den Anfang des historischen Epos, das Herodot in bewundernswürdiger Ausführung, aber nicht ohne den Tatsachen ein sagenhaftes Element zuzugesellen, der Nachwelt hinterlassen hat. Dem spät nachlebenden Historiker könnte es scheinen, als ob die Unternehmung nicht sehr hätte in Frage gestellt werden können. Jene Expedition des Datis und Artaphernes war nur ein Versuch gewesen, die Sache mit einem Schlag zu Ende zu bringen. Nachdem dieser gescheitert war, trat man wieder in die Unternehmung ein, die einst von Mardonius bei dem Zuge über die Donau ins Auge gefasst und in grossem Umfang ins Werk gesetzt ward, aber infolge unvorhergesehener Unfälle abgebrochen worden war. Es ist sehr verständlich, dass ein junger, eben zum Throne gelangter Fürst sie in die Hand nahm. Er tat das mit Anstrengung aller Kräfte, in dem vollen Bewusstsein der universalen Bedeutung der Sache. Es wäre unnütz, die Einzelheiten zu wiederholen, die Herodot, persische und griechische Sage ineinander verwebend, erzählt hat. Doch kommt dabei auch einiges historisch Bedeutende vor. Bei der Ueberbrückung des Hellespont lernt man den Unterschied zwischen den Zeiten des Darius und Xerxes kennen. Unter Darius waren die Ionier die Werkmeister der Brücke gewesen; unter Xerxes hatten die Phönizier und Aegypter den grössten Anteil daran. Die Taue der ersten waren von Flachs, die der andern aus der Byblosstaude hergestellt. Alles war die Arbeit der kunstfertigsten unter den Orientalen. Deren Werk war dann auch die Durchstechung des Isthmus, der den Berg Athos mit dem Festland verbindet, so dass die Schiffe die Gefahren der Umschiffung, mit denen Mardonius zu kämpfen hatte, vermeiden konnten. Nicht allein für den Kriegszug, in dem man begriffen war, sondern für die Herrschaft auf dem Aegäischen Meere überhaupt war das Unternehmen von der grössten Wichtigkeit; es scheint unzweifelhaft, dass es der maritimen Technik der orientalischen Völker gelang.

An dem thermäischen Meerbusen vereinigte Xerxes Landmacht und Seemacht. Eine und die andere erschien in kolossalen Dimensionen; die Landmacht wird auf mehr als eine Million Streiter angegeben, wobei 80 000 Mann zu Pferde, die Zahl der Schiffe auf mehr als 1200. Beim Landheer hatten die Perser, wie es scheint, die ausschliessliche Führung; zur See war das phönizische Ge-

schwader das ansehnlichste; der Idee, dem Reiche der
Perser die Weltherrschaft zu vindizieren, entsprach diese
Entfaltung der Macht. Demgegenüber waren die Griechen
entzweit und sorglos. Nicht allein die Aleuaden in Thessalien, die sich die Herrschaft zu sichern gedachten, sondern
auch mächtige Städte und Gemeinwesen, die so am besten
für ihre Sicherheit zu sorgen meinten, wie Argos und
Theben, traten auf die Seite des Königs. Der panhellenische Gedanke war wenig entwickelt und fern davon, die
entzweiten Städte und Landschaften zu vereinigen. Von
dem Tyrannen Gelon in Syrakus will man wissen, er habe
nur die Entscheidung abgewartet, um sich selbst den Persern zu unterwerfen, wenn, wie zu vermuten, diesen der
Sieg verblieb; er hätte dann hoffen dürfen, bei dem
grossen König Beistand gegen die Karthager zu finden,
von denen er eben lebhaft bedrängt wurde. Eigentlich
erscheinen nur Sparta und Athen als entschlossene Feinde
der Perser. Sie hatten die Herolde des vorigen Königs,
welche die Zeichen der Unterwerfung forderten, in Ab-
gründe oder in Brunnen gestürzt; da möchten sie sich Erde
und Wasser nehmen; sie hatten jetzt die Rache des Königs
zu besorgen und hielten zueinander, ohne jedoch in sich
selbst wahrhaft vereinigt zu sein. Die grösste Gefahr für
die Griechen lag in der Verbindung der persischen Landmacht und Seemacht. Der erste Versuch eines Widerstandes, zu dem sich eine für einen Gebirgskampf nicht
unbedeutende Zahl von Mannschaften in dem Tal Tempe
vereinigte, musste erfolglos bleiben, da die persische Seemacht jeden Augenblick Truppen landen konnte, die den
Verteidigern in den Rücken gekommen wären. Bei einer
zweiten Position, die man zu halten gedachte, wirkten die
maritimen Streitkräfte der Griechen bei weitem besser
mit ihrer Landmacht zusammen. Indem die Spartaner
unter ihrem König Leonidas den Engpass von Thermopylä
behaupteten, verteidigten die Athener mit keckem Mut
die Meerenge zwischen dem Festlande und dem Vorgebirge Artemisium auf Euböa. Bei Thermopylä bewiesen die
Spartaner eine innerhalb der Schranken der Gesetze

beharrende Tapferkeit, die das Muster für alle folgenden, Jahrhunderte geworden ist, aber der Menge der Feinde und dem Verrat, der auch an dieser Stelle nicht fehlte, fielen sie zum Opfer. So musste dann auch die Flotte der Athener aus den euböischen Gewässern weichen, und der grosse Strom der persischen Welteroberer wälzte sich nun unaufhaltsam daher. Auch die meisten griechischen Völkerschaften, Böotien, Phokis, Doris, schlossen sich dem grossen König an. Seltsam ist es, dass Ansprüche mythologischen Ursprungs, die sich besonders auf Perseus und den Phryger Pelops gründeten, den Menschen ins Gedächtnis kamen. Sparta trug nur Sorge, den Landweg nach dem Peloponnes zu versperren; ungehindert konnten die Perser in die Grenzen von Attika eindringen.

Man muss sich dieser Gesamtlage erinnern, wenn man den Beschluss, den die Athener fassten, würdigen will. Die bewaffnete Macht, die von Artemisium zurückkam, liess bei ihrer Landung das Gebot ergehen, dass jedermann mit dem, was ihm gehöre, das Land verlassen und alles, was die Waffen tragen könne, sich zum Dienst in der Flotte anschicken solle. Mit Bestimmtheit findet es sich nicht, wenigstens nicht bei dem ältesten Autor, dass dies auf den Beschluss der demokratischen Volksversammlung geschehen sei.

Aber es lag in der Notwendigkeit der Dinge, welche die Beschlüsse der Menschen mit unwiderstehlicher Macht durchdringt; einen andern Ausweg gab es nicht. Das Orakel von Delphi hatte in düstern Worten angekündigt, dass alles verloren sei, auf eine verzweifelte letzte Anfrage jedoch mit der Weisung geantwortet, dass sich Athen hinter hölzernen Mauern schützen solle. Den Athenern kam es diesmal zustatten, dass ein geborener Seemann von weltumfassenden Gedanken unter ihnen war, Themistokles. Er hatte schon bisher alle Kräfte der Republik, selbst mit Hintansetzung der Vorteile jedes einzelnen, auf die Verstärkung der Seemacht gewendet; nie hatte eine Stadt eine solche oder eine ähnliche besessen, und aus den Verlusten von Artemisium war sie dennoch mit see-

männischer Ehre hervorgegangen. Mochten andere das
Orakel antiquarisch deuten wollen, so behielt doch die
Auslegung des Themistokles, dass die Schiffe die hölzernen Mauern seien, die Oberhand. Die Athener folgten der
Aufforderung zwar ohne Widerstreben, doch begreif-
licherweise nicht ohne Schmerz. Sie verliessen das Land,
das voll von Heiligtümern war, deren Schutz sie gleichsam
den Göttern anheimstellten. Nichts verhinderte jedoch die
Perser, von demselben Besitz zu nehmen; die hohe Akropolis, der Tempel der Aglauros mit dem ewigen Oelbaum
wurden verbrannt. Die Pisistratiden, die dem Heere auch
diesmal folgten, fanden nur wenige Ueberbleibsel der Einwohner bei den Priestern, die die Tempel hüteten; alle
andern hatten das Land geräumt und waren auf die Schiffe
gegangen. Man darf diesen Entschluss wohl den grössten
beizählen, die die Weltgeschichte kennt; er erinnert an
jene Geusen, die sich mit all ihrem Besitz auf die Schiffe
begaben, auf denen sie ihre Freiheit zu retten gedachten.
Aber die Selbstaufopferung der Athener ist noch viel
grösser. Man könnte versucht sein, die Räumung von
Attika dem Brande von Moskau gleichzustellen. Wozu
jedoch vergleichen? Die Handlung hat wieder ihr eigentümliches, lokales Gepräge, worin ihr Wesen und ihr
Ruhm bestehen. Hier aber war nun die Frage, inwiefern
diese Art von Auswanderung zum Ziele führen könne.
Themistokles musste sich in dem Rate der Verbündeten
als ein Heimatloser betrachtet sehen. Er erhob sich dagegen mit stolzem Selbstgefühl; denn innerhalb der hölzer-
nen Mauern war jetzt die attische Heimat: sollte man die
Athener hier verlassen, so würden sie sich ein neues
Vaterland in Italien suchen. Seine Absicht aber und der
Sinn des Volkes auf den Schiffen ging dahin, dort in der
Nähe die Entscheidung durch eine Seeschlacht zu suchen.
Den Gegnern, unter denen viele es vorgezogen hätten,
nach dem Isthmus zurückzugehen, stellte Themistokles
vor, dass mit der Entfernung der Flotte auch das persische
Heer weiter vorrücken und den Peloponnes in ernstliche
Gefahr bringen werde; ohne die Hilfe der Athener würden

aber die übrigen Verbündeten gewiss verloren sein; und in der offenen See am Isthmus würde man sich schlechter schlagen als in dem engen Golf von Salamis. Alles beweist, dass die Griechen dort zu schlagen in der unbedingten Notwendigkeit waren; die Athener, weil sie sich von dem Anblick ihres von den Feinden eingenommenen Vaterlandes gleichwohl anders nicht trennen wollten als auf immer, und die übrigen, weil sie die Abfahrt der Athener nicht zugeben konnten, ohne ihr eigenes Dasein aufs Spiel zu setzen. Xerxes zweifelte nicht, dass er die einen und die andern überwältigen werde; in seiner Siegeszuversicht liess er sich an dem Felsen des Ufers einen Sitz errichten, um die Grosstaten seiner Seeleute selbst zu beobachten; er glaubte, den letzten Schlag zu führen, durch welchen Hellas in seine Hand fallen müsse. Aber in diesem Augenblick war er schon nicht mehr Meister der Situation; er liess sich von den verschlagenen Athenern verleiten, die grosse Entscheidung in den Gewässern eines Golfes herbeiführen zu wollen, in denen er seine Uebermacht nicht entwickeln konnte. Die in der Erwartung, die Griechen in der Flucht zu finden, heransegelnden persischen Fahrzeuge wurden von dem mutigen Kriegsgesang der Griechen empfangen, der — so lautet die Erzählung — an den Gestaden der Insel und des festen Landes widerhallte. Der umsichtige Themistokles hielt den Anlauf der griechischen Fahrzeuge einen Augenblick zurück; er erwartete die Stunde, in welcher eine stärkere Luftströmung dort die Meereswogen aufzuregen pflegt, ein Umstand, der den Griechen zum Vorteil gereichte, während die schwerbeweglichen phönizischen Fahrzeuge auf einen Kampf in den engen Gewässern nicht eingerichtet waren. Dann erst liess Themistokles den ernstlichen Angriff beginnen. Eine Ueberflügelung brauchte er nicht zu fürchten. Es kam nur darauf an, den heransegelnden Feind durch einen starken und geschickten Stoss in Unordnung zu bringen und zurückzudrängen. Die Entscheidung lag vor allem darin, dass der persische König dem Wetteifer der unter ihm vereinigten seefahrenden Nationen gleichsam

wie einem Schauspiel zusah, während der geistvolle und
geschickte Führer der Griechen alle Kräfte anspannte und
jeden Vorteil benutzte, an der Spitze einer Bevölkerung,
deren ganze Zukunft von dem Sieg in diesem Augenblick
abhing. Die verschiedenen Geschwader der persischen
Flotte verstanden sich nicht untereinander. Bei den ersten
unerwarteten Erfolgen der Griechen gerieten sie in Unordnung und Verwirrung. Die Königin von Halikarnass,
Artemisia, die unter den Persern diente, hat, um sich zu
retten, ein zu ihnen gehöriges Schiff in den Grund gebohrt.
Indem aber die persischen Schiffe aus dem Kampfe mit den
Athenern zurückwichen, wurden sie von den Fahrzeugen
der Aegineten, die jetzt in der allgemeinen Gefahr den
Athenern beigetreten waren und ihre alte Eifersucht in
ruhmvollen Wetteifer verwandelten, empfangen und gerieten zum Teil in ihre Hände. Für das Epos des Herodot
ist es nun ein integrierender Moment, wie Xerxes auf
seinem Sitz erstaunt, sich entsetzt, beinahe verzweifelt;
denn in der Tat, auf ein glückliches Seegefecht war seine
ganze Aufstellung berechnet. Jetzt wurde er inne, dass
er unterlegen war; wenn aber seine Flotte die Seeherrschaft verlor, so wurde selbst seine Heimkehr zweifelhaft,
auf die es doch für sein gesamtes Reich ankam.

Wie sehr man für die Heimkehr des Königs besorgt
war, davon zeugt die Sage, er habe auf dem überfüllten
Schiff, das ihn über die nördlichen Buchten des Aegäischen Meeres nach Asien führte, in persönlicher Gefahr
zu sein geglaubt, aber sein Wort, er werde nun sehen, wer
ihn liebe, eine Anzahl von Personen vermocht, sich selbst
in die See zu stürzen, um ihren König zu retten.

So die Perser, deren innere Verfassung und äussere
Macht an das Leben des Königs geknüpft war, ohne den
sie sich selbst nicht denken konnten. Die Griechen taten
ihrerseits nichts gegen die Rettung und die Heimkehr des
Königs. Aber unverbrüchlich an ihren Göttern festhaltend,
zweifelten sie nicht, dass diese, in ihren Tempeln und
Diensten von den Persern beleidigt, Rache an ihnen nehmen würden. Zu Angriffsplänen wie diejenigen, von denen

einst Aristagoras geträumt hatte, wurden sie jedoch hiedurch nicht fortgerissen; aber sie meinten zu erkennen, der Wille der Götter sei es nicht, Asien und Europa unter einem Herrscher vereinigt zu sehen, das heisst nun doch: durch die Götter sei Hellas nicht bestimmt, einen Teil des grossen persischen Reiches auszumachen. Das unmittelbar Vorliegende war dann, die Landmacht der Perser, die noch auf griechischem Boden lagerte, zum Abzug zu nötigen. Im folgenden Sommer sehen wir die beiden Flotten einander gegenüberliegen, die persische bei Samos, die griechische bei Delos, ohne dass sie sich miteinander geschlagen hätten. Alles kam auf die Entscheidung zu Lande an. Mardonius, der die erste Expedition geführt, die zweite eingeleitet hatte, dachte keineswegs, zurückzuweichen; er hatte noch immer die Zuversicht, eine Entscheidung zugunsten der Perser herbeizuführen; er meinte, selbst die Athener durch Zurückgabe ihres Landes und Anerkennung ihrer Freiheit zu sich herüberzuziehen. Allein wie so ganz misskannte er dabei die durch seine Angriffe aufgeregte Stimmung des attischen Volkes. Nur einer des Namens Lykidas fand sich in Salamis, der die Vorschläge vor das Volk zu bringen anriet. Aber schon der blosse Gedanke daran erweckte den populären Ingrimm. Lykidas wurde von dem Volk gesteinigt; und wie bei jener Steinigung von Jericho, das ganze Haus des Verräters musste büssen: die athenischen Frauen steinigten Frau und Kinder des Schuldigen. Denn wer nur immer an der Verschuldung gegen die Götter des Landes teilnahm, sollte von dem Erdboden vertilgt werden. Wir wissen, nicht alle Hellenen teilten die Impulse der Athener. Noch stand eine Anzahl griechischer Bevölkerungen auf seiten der Medo-Perser. Aber Lakedämon erhob sich jetzt, um Athen zu unterstützen. Die von Grund aus entgegengesetzten Republiken, der Demos der Spartiaten und der Demos von Athen machten gemeinschaftliche Sache. Noch war die Gefahr sehr dringend. Mardonius hatte Attika verlassen, weil es für seine Reiterei keinen geeigneten Boden darbot. Und schon waren die Athener in grosser

Zahl zurückgekommen. Sie stellten sich — 8000 Schwer-
bewaffnete — bei Eleusis auf. Gegen einen erneuerten
Einfall hätten sie sich kaum verteidigen können; wahrscheinlich würden sie verloren gewesen sein, wären ihnen
nicht die Spartaner mit der Macht des Peloponnes zu
Hilfe gekommen. Einst, als es die Spartaner auf die Eroberung von Athen absahen, hatten sich eben bei Eleusis die
Peloponnesier von ihnen getrennt; jetzt, als es die allgemeine Freiheit galt, schlossen sie sich ihnen an: so weit
wenigstens war der panhellenische Gedanke durchgedrun-
gen. Korinth stellte 5000, Sikyon und Megara je 3000 ins
Feld, kleine Scharen erschienen von Aegina, den arka-
dischen Städten, den benachbarten Küstenlanden und
Ebenen. Die 5000 Spartiaten, die von ihrem König Pausanias, dem Vertreter des von Leonidas hinterlassenen
jungen Sohnes, angeführt wurden, hatten ein jeder sieben
Heloten bei sich. Ihnen schlossen sich ebensoviel schwer-
bewaffnete Periöken an. Alle Schichten der Bevölkerung,
die Herrschenden, die Beherrschten, die Freien, waren
zusammen. Das Kriegsheer wird auf mehr als 100 000
Mann angegeben; es war ohne alle Reiterei, während die
Stärke der Perser gerade in der Reiterei bestand. Es ist
ein eigentümliches Schauspiel, den mannigfaltig gearteten
Griechen, in denen eben die verschiedenen Landesarten
zur Erscheinung kamen, gegenüber einen Blick auf die
asiatischen Scharen zu werfen.

Mardonius hatte ausser den Persern auch Meder, die
vornehmsten Vertreter des alten Iran, Baktrier, nicht ohne
stammverwandte Indier, endlich auch einige skythische
Scharen, die Saken. Diese stellte er den Lakedämoniern
und ihren dorischen Bundesgenossen gegenüber, den Athenern und ihren Stammverwandten dagegen die zu ihm
übergegangenen Griechen: Böotier, Lokrer, Phokier und
Thessaler. Die beiden Heere stiessen in den Grenzgebieten
von Plataä aufeinander. [10]) Man hätte nun einen Völker-
kampf im grossen Stile erwarten sollen. Zu einem solchen
ist es jedoch in der Tat nicht gekommen. An sich war
Mardonius ohne Zweifel überlegen. Seine Reiterei, die

durch einige kleine Verluste nicht wesentlich geschwächt
worden war, hinderte die Zufuhr von Lebensmitteln über
den Kithäron; sie verwehrte selbst den Griechen den Gebrauch des Asopos; eine Quelle, die ihnen Wasser lieferte,
wurde verstopft; sie sahen sich gezwungen, eine andere
Stellung zu suchen. Eben bei dieser gefährlichen Schwenkung wurden sie von den Persern angegriffen. Wer hätte
nicht glauben sollen, dass sie besiegt werden würden,
zumal da sie auch jetzt sich unbotmässig genug verhielten
und jede Schar nur ihrem eigenen Gutdünken folgte. Mardonius hatte früher einmal den Lakedämoniern vorgeschlagen, den grossen Streit zwischen Barbaren und Hellenen durch eine Art von Zweikampf auserlesener Spartiaten und Perser, die auf beiden Seiten die besten Kriegsleute seien, zur Entscheidung zu bringen. Man hatte darauf
nicht geantwortet, aber der Gang der Dinge brachte es
zu etwas Aehnlichem. Als die Reiterei von ihrer Verfolgung abliess, rückten die waffengeübtesten Perser heran,
um ihre Sache mit den Besten der Griechen, den Spartiaten, auszufechten. Da aber zeigte sich der grosse Unterschied zwischen Barbaren und Hellenen. Auch die ersten
wussten ihre Angriffswaffe wohl zu führen, allein sie
hatten keine Schutzwaffen. Indem sie sich in kleinen
Scharen, etwa von zehn Mann, den Spartiaten entgegen-
warfen, erlagen sie ohne Ausnahme, so dass sie den weiteren Kampf aufgaben. Und da nun zugleich Mardonius
auf dem weissen Ross, das ihn kenntlich machte, tödlich
getroffen wurde und erlag, so riss unter den Persern eine
allgemeine Entmutigung ein, und sie eilten zu ihrem Lager
zurück, das nicht schlecht befestigt war. Sonderbar doch,
dass es nur kleine Ereignisse waren, die in diesen Schlachten entschieden — bei Marathon der rasche Anlauf der
Athener, bei Plataä der entschlossene Widerstand der
Spartiaten, die von ihrem Platz nicht wichen. Den Griechen, unter denen jetzt die Athener durch ihre Geschicklichkeit wieder den Preis davontrugen, konnte das Lager
der Perser nicht widerstehen. Ein grässliches Blutbad
vernichtete das Heer, das zur Eroberung von Griechen-

land bestimmt gewesen war. Eine Schar desselben, von einem Perser geführt, hatte an der Schlacht keinen Teil genommen. Eilends zog sie sich zurück, nur deshalb ungestört, weil man von der Niederlage noch nichts erfahren hatte, nach Thrazien, von da nach Byzanz, von wo sie zu Schiff nach Asien überging.

Das Unternehmen war ein Gedanke des Mardonius gewesen, der dabei selbst umgekommen war. Ein zur See und zu Land zweimaliges kurzes Zusammentreffen reichte hin, den Versuch der Perser, in Europa Fuss zu fassen und Hellas zu überwältigen, rückgängig zu machen.

Um den Gegensatz zu kennzeichnen, mag man wohl des Vorschlags gedenken, der dem spartanischen König Pausanias gemacht wurde, Leonidas dadurch zu rächen, dass er die Leiche des Mardonius ans Kreuz schlagen lasse, wie das auch dem Körper des Leonidas widerfahren sei. Pausanias wies den Vorschlag als einen Schimpf zurück und verbot, ihn jemals wieder vorzubringen; denn dies Verfahren sei eines Barbaren würdig, aber nicht eines Griechen. Eine Welt von Gedanken knüpft sich an diese Weigerung. Der Gegensatz zwischen Orient und Okzident spricht sich darin auf eine Weise aus, wie er fortan geltend bleiben sollte.

In demselben Augenblick, wo die persische Macht in Hellas zugrunde ging, wurde nun auch die Seeherrschaft der Hellenen in dem Aegäischen Meer eine Tatsache. Wir können das Zusammentreffen der Tage und die wundergleiche Verbreitung der Nachricht von dem Sieg bei Platää nach der ionischen Küste dahingestellt sein lassen. Augenscheinlich aber ist es, dass die beiden Ereignisse in bezug auf die Impulse, aus denen sie hervorgingen, und die Erfolge, zu denen sie führten, gleichartig waren. Die persische Flotte verliess ihre Station bei Samos, wahrscheinlich doch, weil sich zeigte, dass auf die Ionier, in deren Fahrzeugen ihre maritime Stärke bestand, nicht würde gezählt werden können. Die Phönizier gaben den Kampf, insofern er der ihre war, vollständig auf und segelten nach Hause. Um die übrigen Schiffe zu retten, wusste man kein anderes Mittel, als sie an das Land zu ziehen und durch einen Wehrdamm gegen die feindlichen Anfälle in Verteidigungszustand zu setzen. Dadurch geschah, dass die Bemannungen der Schiffe miteinander zu Lande kämpften; es war am Vorgebirge Mykale. Die Geschicklichkeit der Hellenen behielt auch hier die Oberhand über die Tapferkeit der Perser. Man soll in Beratung gezogen haben, ob man nicht die hellenisch gesinnten Ionier wieder nach dem Mutterlande verpflanzen und ihnen die Landschaften der medisch gesinnten Stämme überlassen solle; ein solcher Wechsel war jedoch zu weit aussehend, um versucht zu werden. Zuletzt kam man nur dahin, die wichtigsten Inseln, Lesbos, Chios und Samos, in die kriegerische Bundesgenossenschaft der Hellenen, die Symmachie, aufzunehmen. Die Insulaner gelobten wirklich, von ihr nicht abzufallen. Auch schon hierin lag ein grosser Erfolg, noch mehr für die Zukunft als für die Gegenwart. Aber das persische Reich blieb in seiner Integrität.

Der Einfall der Perser in Griechenland muss mit jenen Unternehmungen gegen die Massageten, die Aethiopen, die Wanderskythen zusammengestellt werden, alles Versuche, das Reich über seine natürlichen Grenzen hinaus zu erweitern. In den übrigen Grenzlanden blieb es bei dem passiven Widerstand; in Griechenland entwickelte sich ein höchst aktiver, der die Folgezeit beherrschte.

Im damaligen Augenblick wurde derselbe durch innere Entzweiungen gehindert oder vielmehr durchbrochen.

Nach grossen Kriegsereignissen folgen, auch in den siegreich gebliebenen Staaten, in der Regel innere Bewegungen. So geschah es nach dem persischen Kriege selbst in dem durch strenge Gesetze wohlbefestigten Sparta; denn ein Widerspruch lag doch darin, den Königen die Heerführung anzuvertrauen, damals noch ohne aristokratischen Beirat, und wenn sie, hier an den Gehorsam aller andern gewöhnt, durch grosse Taten berühmt zurückkamen, sie dann der strengen Beaufsichtigung der Ephoren unterwerfen zu wollen. Man begreift es leicht, dass die beiden spartanischen Könige, von denen der eine, Pausanias, zu Land, der andere Leotychides, an der Spitze der Seemacht, der allgemeinen Sache die grössten Dienste geleistet hatten, sich nach ihrer Zurückkunft den Gesetzen, durch die sie gefesselt waren, zu fügen Anstand nahmen. Sie mussten einer nach dem andern die Flucht ergreifen, Leotychides zu den selbständigsten Bundesgenossen, den Arkadiern, Pausanias nach Byzanz, wo ihm die Nähe des persischen Gebietes eine gewisse Selbständigkeit verlieh, so dass er sogar in Verdacht geriet, sich mit dem König von Persien verbünden zu wollen. Die Spartiaten forderten Pausanias auf, zurückzukommen; wo nicht, so werde man ihn mit Krieg überziehen.

Mit der Widersetzlichkeit der Könige gegen die Aristokratie war auch eine Bewegung unter den Untertanen verbunden; denn auch diese hatten ja an dem Kriege teilgenommen; es scheint, als sei es der Sinn der Könige gewesen, sich an deren Spitze von den Fesseln der Aristokratie freizumachen. Allein diese war bereits zu stark geworden und behauptete den Platz. Der Sieger von Platää, der der Weisung zurückzukommen gefolgt war, endigte unglückselig. Man wollte ihn in dem Heiligtum, in dem er ein Asyl suchte, nicht töten, noch auch mit Gewalt daraus wegführen; denn das eine oder das andere wäre der Religion entgegengelaufen. Das Heiligtum wurde abgedeckt, die Tür verschlossen. Man hielt den König so lange eingeschlossen, bis er vor Hunger verkam. Erst als er dem Verscheiden nahe war, führte man den Hinsterbenden heraus. Leotychides hütete sich wohl, zurückzukehren; er ist in Tegea gestorben. Allein wie mit dem Tode des Pausanias ein Aufruhr der Heloten und eine Empörung der Messenier zusammenhing, so knüpft sich an die Flucht des Leotychides nach Tegea ein arkadisch-argivischer Krieg, der nur durch ein paar grosse Schlachten beendigt werden konnte, sowie man gegen die Heloten bei Sparta schlagen musste. Wir blicken hier in eine Welt von Gärung, in der das nach Selbständigkeit strebende Königtum mit den unbotmässigen Bundesgenossen und den empörten Untertanen eine und dieselbe Sache verteidigt.

Nur unter den schwersten Kämpfen behielt die Aristokratie den Sieg; sie war genötigt, zur Niederwerfung der
Messenier selbst die Athener zu Hilfe zu rufen, wiewohl
diese die Messenier als Stammesgenossen betrachteten.

In dem Gemeinwesen der Athener waren aber noch
stärkere Gärungen ausgebrochen.

Oberhäupter kann die demokratische Republik noch
weniger entbehren als die oligarchische, aber ebensowenig
ertragen. Die Athener waren in den Zeiten der Gefahr der
Führung des Themistokles zuweilen selbst blindlings gefolgt. In Themistokles bewunderte Thukydides den eingeborenen Scharfsinn, durch den es ihm möglich geworden
sei, in den obwaltenden Schwierigkeiten das Beste zu
treffen, selbst die Zukunft zu durchschauen. Er schreibt
demselben, wenn wir ihn recht verstehen, die höchste
Ausbildung des gesunden Menschenverstandes zu, der in
jedem Moment zur Stelle ist, ohne Vorbereitung noch
Schule. Sein unermessliches Verdienst um Griechenland
und die Welt liegt darin, dass er die ganze Macht von
Athen auf das Seewesen warf und sie durch Energie und
List zum Ziele führte. Nicht allein gegen die Medo-Perser
war aber hiebei sein Vorhaben gerichtet, sondern auch
gegen die vornehmsten Bundesgenossen, die Lakedämonier. Ihm war es zu verdanken, dass die Mauern von
Athen wieder aufgebaut wurden, gegen den Wunsch der
Spartaner. Themistokles verhinderte die Unterhandlungen,
die absichtlich in die Länge gezogen wurden, bis alles zu
weit gediehen war, um wieder rückgängig gemacht zu
werden. Ueberhaupt ist er ein Vorbild für die atheniensischen Staatsmänner der späteren Zeit: Indem er die
Invasion der Medo-Perser abwehrt, vergisst er doch nie,
sich dem Uebergewicht von Sparta entgegenzusetzen. Die
Ausschliessung der Städte, die medische Gesinnung an
den Tag gelegt hatten, von der Amphiktyonie verhinderte
er, weil dies den Spartanern das Uebergewicht zu Lande
verschafft hätte.

Auch die Befestigung des Piräus ist ihm zu danken.
Dieser Hafen ist immer der schönste in Griechenland, zwei

Meilen im Umkreis, bis zwanzig Faden tief, durchaus eben, hat Schutz gegen die Winde und guten Ankergrund. Vielleicht stammen die starken Grundmauern, die man noch vor dem Vorgebirge, das den Eingang bildet, in die Scheren des Hafens laufen sieht, aus dieser Zeit von ihm her.

Indem er das durchführte, nährte er in sich ein lebendiges Gefühl von seiner persönlichen Würde. Die Ueberlieferung schreibt ihm das Wort zu: eine Zither verstehe er nicht zu stimmen, aber ein unbedeutendes Staatswesen zu einem grossen zu machen, das verstehe er. Um die in der Seeschlacht Gefallenen schwammen goldene Ketten und Schmucksachen. « Hebe dies auf », sagte er zu seinem Begleiter, « denn du bist nicht Themistokles. »

In republikanischem Sinne persönlich zurückzutreten lag nicht in ihm. Er trug gern die Kosten für tragische Wettkämpfe, aber auch die Aufschrift wollte er sich zueignen. Er war prächtig, verwegen, selbst grausam; er liebte den Glanz noch mehr als die Herrschaft. Themistokles gehört zu den Politikern, die sich durch vorgängige Verpflichtungen nicht eben jederzeit gebunden erachten, sondern alles für erlaubt halten, was zum Ziele führt. Eine solche Natur, in der der Zug der emporstrebenden Gedanken alles Tun und Lassen bestimmte, konnte in der demokratischen Republik nur solange eine Stelle haben, als die grossen Angelegenheiten sie unentbehrlich machten.

Das wohlerdachte Mittel der Republik der Athener, mächtige und der Gleichheit des Gemeinwesens gefährlich werdende Männer durch Ostrazismus zu verbannen, wurde auch gegen ihn angewendet. Aber nicht allein Athen, sondern auch Sparta fand ihn unerträglich. Bei dem Verfahren gegen Pausanias wurden Umstände bekannt, er habe um die Anschläge des spartanischen Königs gewusst, sie aber verheimlicht. Sparta und Athen trafen gemeinschaftlich Anstalten, den Sieger von Salamis, weil er mit den Feinden, die er damals abgewehrt, jetzt einverstanden sei, gefänglich einzuziehen. Themistokles wich von Argos, wo er sich eben aufhielt, nach Korkyra und dann zu dem Molosserkönig Admet, den er für seinen Feind halten musste, weil er einst einem Begehren desselben in Athen widersprochen hatte. Die Aufnahme wurde dem Schutzsuchenden nicht versagt, aber seines Bleibens war nicht daselbst. Er hatte hundert Talente bei sich, zweihundert hatte der Grosskönig auf seinen Kopf gesetzt; das wäre für einen Seeräuber ein guter Fang gewesen. Themistokles kam doch hindurch bis Ephesus, von wo er sich im Geleite eines Persers in das Innere des Reiches und zuletzt an das persische Hoflager begab, um bei dem Feinde, den er aus Griechenland verjagt, seine Rettung zu suchen. Er wurde nicht als Feind, sondern als Freund aufgenommen. Drei namhafte Städte wurden ihm überliefert, um zu seinem Lebensunterhalt zu dienen; in der vornehmsten, Magnesia, wurde später sein Grab gezeigt.

Ungern nimmt man von den Erzählungen späterer Schriftsteller Abstand, nach denen Themistokles noch zu Xerxes gelangt wäre, der nun den Mann, durch den er besiegt worden, gegen die Griechen ins Feld zu schicken gedacht hätte; Themistokles aber habe sich unfähig gefühlt, einem solchen Ansinnen zu entsprechen; bei einem Gelage mit seinen Freunden habe er den Göttern geopfert und dann sich selbst getötet. Man sieht daraus, in welchem Lichte Themistokles von dem nachfolgenden Geschlechte betrachtet wurde.

Das Wesentliche der Erzählung von den Schicksalen des Pausanias und des Themistokles, auch ohne die fabelhaften Züge, die die Sage hinzugefügt hat, liegt darin, dass die beiden Führer, denen die Erfolge des Krieges gegen die Perser hauptsächlich zu danken waren, nach der Hand mit den Gemeinwesen zerfielen, denen sie angehörten. Pausanias wurde durch die Gerusia umgebracht. Themistokles nahm seine Zuflucht zu den Persern, in deren Schutz er aufgenommen wird, aber dann verschwindet. Pausanias wird der Nachwelt nicht recht lebendig; das dürfte man aber von Themistokles nicht sagen; er ist vielleicht einer der ersten Menschen von Fleisch und Blut, die in der

Universalgeschichte hervortreten — keineswegs immer rühmenswert, aber immer gross. In den Konflikten der Weltkräfte wollte er herrschen, niemals beherrscht werden; aber sie waren zu stark; er ging in ihnen unter, er selbst persönlich, aber sein Werk überdauerte die Jahrhunderte; er ist der Begründer der historischen Grösse von Athen.

Kommen wir auf den Krieg zwischen Hellenen und Persern zurück, so erhellt schon aus diesem Vorgang, dass der Grosskönig von seinen Feinden im Westen für sich selbst nur wenig zu besorgen hatte. Es liess sich nicht erwarten, dass aus der aristokratischen oder demokratischen Republik oder den griechischen Gemeinwesen überhaupt sich eine Macht oder eine Persönlichkeit, die ihm selbst hätte gefährlich werden können, erheben würde. Auch ist es ein Irrtum, wenn man den Griechen Absichten dieser Art zuschreibt. An den Sturz des persischen Königtums, das auf ganz andern Grundlagen beruhte, konnten sie überhaupt nicht denken; was aber in ihren Gesichtskreis fiel, was sie sehr ernstlich beabsichtigten, das war die Wiederherstellung des früheren, den persischen Einfällen vorangegangenen Zustandes. Unaufhörlich waren sie beschäftigt, die Perser aus Thrazien zu vertreiben, die Städte an den asiatischen Küsten frei zu machen, die Seeherrschaft im östlichen Mittelmeer wiederzugewinnen, Zypern und vielleicht selbst Aegypten von der grossen Monarchie wieder loszureissen. Auch dazu aber liess sich eine Verbindung aller Hellenen aus freiem Antrieb nimmermehr erwarten, nicht einmal eine Verbindung zwischen Sparta und Athen; denn, wie gesagt, in Sparta fürchtete man den überwiegenden Einfluss, den ein siegreicher Heerführer auf den inneren Bestand ihrer Republik ausüben könnte. Die Spartaner hatten eigentlich nichts dagegen, wenn Athen in den Konflikten mit Persien die Führung übernahm, wie es auch der maritimen Entwicklung von Athen entsprach. Mit Konnivenz von Sparta wurde jener Seebund gegründet, in dem die von den Persern bedrohten Eilande und Gestade sich an Athen anschlossen, das sich dagegen mit mässigen Beiträgen begnügte, ohne die innere Autonomie der Verbündeten zu beschränken. Es ist der delische Bund, von dessen Fortgang wir sogleich weiter reden werden. Die beiden grossen Männer, Aristides, abwechselnd der Freund und der Gegner des Themistokles, und Kimon, der Sohn des Siegers von Marathon, wirkten hiebei zusammen, der erste durch Unterhandlung, der zweite durch entschlossene und glückliche Unternehmungen. Zuerst wandte sich Kimon nach dem Norden, wo er zugleich das eigentümliche Interesse seiner Familie, dessen wir gedachten, wahrzunehmen hatte. Am Strymon suchte er die Perser auf, durch die einst die Athener von dort verdrängt worden waren; mit Hilfe der umwohnenden Völkerschaften wurde er ihrer Meister; der persische Führer verbrannte sich mit seinen Schätzen, wie Sardanapal. Auch den Chersones nahm Kimon im Kampfe mit den Persern und ihren Verbündeten, den Thraziern, in Besitz. Die eroberten Landstriche wurden unter athenische Ansiedler ausgeteilt. Wenn er dann die griechischen Städte an den asiatischen Küsten zur Wiedererwerbung der Freiheit aufrief, so konnte das keinen besonderen Erfolg haben, solange die persisch-phönizische Seemacht im östlichen Mittelmeer das Uebergewicht besass. Gegen diese also richteten sich die Hauptanstrengungen Athens und seiner Verbündeten. Kimon unternahm an der Spitze eines Geschwaders von zweihundert Segeln einen Seezug, der darauf berechnet war, die griechischen Städte an der kleinasiatischen Südküste bei ihrer Emanzipation zu unterstützen und die noch vorhandenen persischen Besatzungen zu vertreiben. Das gelang ihm nun auch in den Bezirken von Karien durch Ueberredung und Gewalt; aber weiter wollten ihn die Perser nicht fortschreiten lassen; sie setzten sich ihm mit der gewohnten zwiefachen Ausrüstung zu Lande und zur See entgegen. Kimon ging zuerst auf die Flotte los, wobei sich die Ueberlegenheit der Griechen über die Phönizier aufs neue bewährte. Hundert Fahrzeuge fielen mit ihrer Bemannung in die Hände der Griechen, noch viele andere

aber, die von den Mannschaften verlassen worden waren.
Und deren nun bediente sich Kimon, wenn wir der gang
und gäbe gewordenen Erzählung Glauben schenken, zu
einem der glücklichsten Strategeme. Es heisst, er habe die
leeren Fahrzeuge nun seinerseits bemannt, aber seine
Leute in persische Kleider gesteckt, deren man viele vor-
fand; so habe er bei Nacht das persische Lager am Eurymedon, wo man in den Heransegelnden Freunde erwartete, überrascht, sofort angegriffen und in der allgemeinen
Verwirrung überwältigt. Kimon, besonnen mitten im Siege,
trug Sorge, dass seine Griechen sich nicht beutegierig
zerstreuten und rief sie durch ein verabredetes Feuer-
zeichen, dem sie dann auch gehorchten, zusammen. Hierauf errichteten sie ein Siegesdenkmal. Auf diese Weise
wurde ein Doppelsieg zu Lande und zur See an einem
Tage errungen.

War aber auf diese Weise die Uebermacht der Griechen im maritimen Kampfe entschieden, so eröffnete sich
ihnen gleich darauf die Aussicht, dasselbe in dem Lande
geltend zu machen, das von jeher den Gegenstand ihrer
Einwirkungen gebildet hatte, in Aegypten.

Xerxes, dem es noch beschieden war, die Niederlage
am Eurymedon zu erleben, wurde im Jahre darauf ermordet. Es war ein Ereignis, wie es in den despotischen
Regierungen in alten und neuen Zeiten, in der Epoche des
Kaisertums selbst bei den Römern sich öfter wiederholt
hat; er erlag einer Konspiration derselben Männer, auf
die er am meisten vertraute, des Befehlshabers der Leibwache Artaban und des Oberkammerherrn, der den Palast
beherrschte. Die Verschwörung hatte noch einen weiteren
Plan. In Xerxes vereinigten sich die beiden Linien der
Achämeniden. Die Absicht der Mörder ging dahin, der
Herrschaft dieses Geschlechtes überhaupt ein Ende zu
machen. Wenn wir nicht irren, so hing dieses Vorhaben
mit den Unglücksfällen zusammen, zu welchen die Politik
des Darius und Xerxes geführt hatte. Das herrschende
Geschlecht hatte sein Ansehen verloren und sollte gestürzt werden. Artaban selbst wollte den Thron besteigen.

So weit kam es aber doch nicht. Schon war der ältere
Sohn des Xerxes wie dieser selbst umgebracht worden;
aber um so tapferer setzte sich der zweite Sohn, Artaxerxes, zur Wehr. Die Ueberlieferung ist, er habe im
persönlichen Kampfe mit Artaban Leben und Thron
behauptet. Bei aller Verschiedenheit der Erzählungen und
Meinungen, die sich hierüber finden, können wir doch
festhalten, dass der zweite Sohn des Xerxes, Artaxerxes,
den die Griechen wegen seines körperlichen Missverhält-
nisses durch den Beinamen Makrocheir (Langhand) von
andern Königen dieses Namens unterscheiden, die Herrschaft der Achämeniden auf mehr als hundert Jahre
gesichert hat.

Nicht auf Erweiterung des Reiches wie seinem Vater,
der die Weltherrschaft im Sinne hatte, konnte es ihm
ankommen, sondern nur auf Behauptung und Verteidigung
der noch überaus umfassenden Macht, die er ererbte. Die
vornehmste Frage war dann, inwiefern Artaxerxes von
den unterworfenen Populationen, die ihre alte Selbständigkeit noch keineswegs vergessen hatten, anerkannt werden
würde. Gewiss wirkte der Rückgang der Seemacht durch
die Schlacht am Eurymedon auch darauf zurück, dass der
Gehorsam namentlich in der Landschaft, welche die meiste
Selbständigkeit besass, in Aegypten, zweifelhaft wurde.
Der Fürst einer annektierten, aber keineswegs zu vollem
Gehorsam gebrachten libyschen Landschaft des Namens
Inarus brachte ohne viel Mühe die Aegypter zum Abfall
von Persien und rief dann die Athener herbei, deren Flotte
sich in Zypern befand, aber ihren Lauf unverzüglich nach
Aegypten richtete, wo dann Griechen, Libyer und die
abgefallenen Aegypter vereinigt Memphis bis auf die
Burg, die weisse Mauer genannt, in Besitz nahmen. Inarus
benutzte den Getreidereichtum Aegyptens, um sein Bündnis mit Athen um so fester zu begründen; er schickte
ansehnliche Vorräte hinüber. Wahrscheinlich gehörte dieser Verkehr zu den Motiven, die den Bau der langen
Mauern, durch welche Burg und Stadt Athen mit der
Hafenstadt verbunden wurden, veranlasst haben. Man

bedurfte ihrer noch aus einem andern Grunde. Die Missverständnisse waren inzwischen zwischen Sparta und Athen auf eine Höhe gestiegen, die einen Einfall der Spartaner in das Gebiet von Attika befürchten liess. Dabei tritt uns eine Verwicklung der allgemeinen Angelegenheiten vor Augen. Artaxerxes soll den Versuch gemacht haben, die Spartaner zu einem Einfall in Attika zu vermögen, wodurch er der Feindseligkeiten, die er von Athen erfuhr, allerdings mit einem Schlage ledig geworden wäre. Eine solche Allianz war aber späteren Zeiten vorbehalten; damals wäre sie noch als eine Verräterei erschienen; die Spartaner lehnten die persischen Anträge ab. Welch eine Stellung hätte sich Athen nun verschafft, wenn sich Inarus wirklich auf dem ägyptischen Throne behauptet hätte? Aber Athen war nicht imstande, alle seine Macht für Inarus rechtzeitig einzusetzen. Wir finden eine Inschrift, in welcher die Mitglieder einer der zehn attischen Phylen, die in einem und demselben Jahre in Zypern, Aegypten, Phönizien, Aegina, Halieis und Megara erschlagen worden seien, genannt werden. Eine Zerstreuung der streitfähigen Mannschaften, welche die Schuld daran trug, dass für den vornehmsten Kriegsschauplatz, der ohne Zweifel Aegypten war, nicht die erforderlichen Anstrengungen gemacht wurden. Man darf jedoch den ägyptischen Krieg in der Geschichte von Athen nicht ganz vergessen. Artaxerxes wandte alle seine Streitkräfte, und zwar nicht ohne vorangegangene Kriegsübung, nach Aegypten. Auch hatte er den entsprechenden Erfolg. Als eine persisch-phönizische Macht an den Mündungen des Nils erschien, ohne dass die athenische Flotte zur Stelle gewesen wäre, konnte die Belagerung der Feste von Memphis, in der das griechisch-libysche Heer des Inarus begriffen war, nicht fortgesetzt werden. Die Athener meinten, sich auf einer Nilinsel behaupten zu können; aber die Perser wussten den Arm des Flusses, der sie schützen sollte, wahrscheinlich unter Begünstigung der Jahreszeit, trockenzulegen; die Griechen wehrten sich auf das tapferste; sie verbrannten ihre Schiffe, um sie den Feinden nicht in die Hände fallen zu lassen, und verpflichteten sich untereinander zu dem äussersten Widerstand. Sie sind fast sämtlich hiebei zugrunde gegangen; nur eine geringe Anzahl gelangte nach Kyrene. Als eine athenische Flotte von fünfzig Schiffen an der Küste erschien, war bereits alles entschieden. Aegypten kehrte wieder unter die Herrschaft der Perser zurück.

Eben in Aegypten waren einst Griechen und Perser aufeinandergestossen. Die Siege des Kambyses wurden durch Artaxerxes wieder erneuert. Aber man begreift, dass der Ehrgeiz und die Tatkraft der Griechen es dabei nicht bewenden liessen; unmöglich konnte Athen ruhig zusehen, dass die phönizische Seemacht wieder zu der alten Bedeutung emporwuchs. Einige Jahre später, nachdem es zu einem vorläufigen Abkommen zwischen Athen und Sparta gekommen war, unternahm Kimon eine neue Expedition, hauptsächlich gegen Zypern, bei der aber sein Augenmerk auf Aegypten gerichtet und sogar ein Umsturz des persischen Reiches in Aussicht genommen war. Der Gedanke wird durch den eben vorangegangenen Versuch, die herrschende Dynastie durch eine andere zu ersetzen, verständlich. Inarus war gefangen und gekreuzigt worden, allein im Delta erhielt sich noch ein eigentlich ägyptischer Prätendent, Amyrtäus; und da zwischen den Satrapen und dem Hofe des Grosskönigs, wie so häufig, Irrungen hervortraten, so würde ein glückliches Ereignis allerdings noch einen Umschlag haben herbeiführen können. Kimon hat das Orakel des Jupiter Ammon, bei dem doch Sympathien für Aegypten vorauszusetzen waren, befragen lassen; ehe er aber eine Antwort bekam, war er schon, wahrscheinlich an den Folgen einer vor Citium auf Zypern erhaltenen Wunde, verstorben. Leider sind wir über diese Ereignisse nur sehr unvollkommen unterrichtet. In einer Zeit, in der Herodot und Thukydides lebten, ist man über die wichtigsten gleichzeitigen Angelegenheiten auf Hörensagen, die spätere Autoren niederschrieben, angewiesen. Nur soviel erfährt man aus Thukydides, dass nach Kimons

Tod bei dem kyprischen Salamis nochmals eine Doppelschlacht zu Lande und zur See gegen die Phönizier mit
vollkommen gutem Erfolge geliefert worden ist. Aegypten
also wurde verloren, die Thalassokratie aber behauptet.

Nun aber erhebt sich an dieser Stelle eine historisch-
kritische Schwierigkeit, die wir nicht unerörtert lassen
dürfen. Die Aufmerksamkeit muss sogleich darauf gerichtet werden. Dem Kimon selbst wird noch der Abschluss
eines Friedens mit Persien zugeschrieben, über welchen
anderweit ein absolutes Schweigen herrscht. Man behauptet, dass ein förmlicher Vertrag zwischen der Republik Athen und dem Grosskönig geschlossen worden sei,
in dem der letztere die ionischen Städte zu unterwerfen
ausdrücklich aufgegeben und überdies versprochen habe,
seine Flotte nicht über gewisse, genauer bezeichnete
Marken hinaus in See zu schicken. Ihrerseits hätten die
Athener sich verpflichtet, das Gebiet des Königs Artaxerxes nicht anzugreifen. Diese Erzählung ist der Gegenstand mannigfaltiger gelehrter Kontroverse geworden.
Man hat den Frieden meistenteils in Abrede gestellt, weil
er bei den namhaftesten gleichzeitigen Autoren nicht
erwähnt wird. Aber wir berührten soeben, wie mangelhaft
unsere Nachrichten über diese Periode sind. Und Herodot
gedenkt doch einer Gesandtschaft des Atheners Kallias
an den persischen Hof, deren Zweck wohl kein anderer
sein konnte als die Herstellung des Friedens; die Sendung
selbst war eine friedliche Annäherung. Denn noch währte
der Kriegszustand und hatte zu Ereignissen geführt, durch
welche die Zugehörigkeit Aegyptens und Zyperns zum
persischen Reiche zweifelhaft geworden war. Der Grosskönig musste trachten, diesen ein Ende zu machen. Was
konnte er aber den Athenern dagegen bieten? Für Athen
war nichts wichtiger, als Meister der See zu bleiben und
zugleich keinen Angriff der Perser auf die griechisch-
asiatischen Städte befürchten zu müssen. Das erste zu
erreichen war die vornehmste Absicht der Seezüge
Kimons; das zweite war unendlich wichtig für die Kon-

solidation der athenischen Herrschaft im Archipelagus. Wenn man also festgesetzt hat, dass kein persisches Kriegsschiff über die Linie Phaselis und die Kyaneen hinausfahren und zugleich das Landheer der Satrapen sich drei Tagereisen weit von der Küste fernhalten sollte, so waren das eben die vornehmsten Bedingungen, die die Athener wünschen mussten. Nur wenn sie erfüllt wurden, konnten sie versprechen, das Gebiet des Königs nicht anzugreifen. Ein Frieden in aller Form ward nicht geschlossen, wohl ein Verständnis, das die allgemeine Ruhe gewährleistete.

Wahrscheinlich ist, dass der Zustand, der faktisch eintrat, als die Bedingung eines förmlichen Vertrages betrachtet wurde. Jene Doppelschlacht bei dem kyprischen Salamis kann als der letzte Akt des Krieges zwischen den Hellenen und Persern in diesem Stadium der Geschichte betrachtet werden. Die Hellenen hatten ihre Selbständigkeit behauptet und die Herrschaft zur See erobert, das persische Gesamtreich aber bestand in seiner Integrität und grossen Weltstellung. Wollte man sich erkühnen, den Gang der Weltgeschicke nach ihren inneren Momenten zu ermessen und abzuwägen, so dürfte man wohl sagen, die Zeit für die griechische Weltherrschaft war noch nicht gekommen. Die Griechen waren infolge des medo-persischen Krieges und ihrer Siege in einer inneren Bewegung begriffen, in der sich der Kern ihres geistigen Daseins manifestierte. Ihre volle Ausbildung wurde durch die inneren Kämpfe, die immer fortdauerten, ohne zu grossen Entscheidungen zu führen, nicht unterbrochen. Diese dienten vielmehr dazu, den Ehrgeiz zu erwecken, den literarische und künstlerische Produktionen nicht wohl entbehren können. Ein Kampf mit Persien aber wäre dafür verderblich geworden, selbst dann, wenn die Griechen gesiegt hätten; das Glück der Waffen und der Reiz der Eroberung würde alle ihre Kräfte beschäftigt und nach andern Zielen hin gerichtet haben. Eine Epoche des Gleichgewichts zwischen der persischen Monarchie und den griechischen Republiken, wie sie nach der Schlacht bei Mykale bestand und durch die Schlacht am Eurymedon noch entschiedener zutage trat, gehörte dazu, um den Griechen Zeit zu ihrer inneren Entwicklung zu lassen. Dabei aber kam ihnen nichts so sehr zustatten als die volle Unabhängigkeit von Athen, wo sich jene Verfassung ausbildete, die gerade durch die Verschiedenheit der Elemente, die sie konstituierten, der inneren Bewegung des Geistes Bahn machte und Raum verschaffte.

SIEBENTES KAPITEL

DIE DEMOKRATIE VON ATHEN UND IHRE FÜHRER

Die Machtverhältnisse, die wir betrachtet haben,
beherrschten die Welt; aber sie waren nicht das einzige,
was die Aufmerksamkeit beschäftigte, nach den grossen
Entscheidungen bei Platää und Mykale nicht einmal mehr
das wichtigste; eben in und mit denselben haben sich die
Differenzen der griechischen Städte und Staaten untereinander entwickelt; hauptsächlich aber eine der grössten
Erscheinungen, die die Universalgeschichte kennt, ist
dabei hervorgetreten: die Demokratie in Athen. Die inneren Bewegungen und die äusseren Gegensätze greifen
ineinander. Absichtlich haben wir die letzten bis auf einen
Punkt begleitet, in dem ein Zustand des Gleichgewichts
eintrat, ohne der inneren zu gedenken. Auf diese können
wir nun um so weniger gestört unsere Blicke wenden.

1. Aristides und Perikles Kimon gegenüber.

Man denkt sich wohl die Verfassungsformen als voneinander in der Idee des Staates vollkommen verschieden;
historisch aber sind sie das nicht.

Die Demokratie von Athen, wie sie wirklichen Bestand
gewann, ist aus dem Kampfe zwischen der monarchischen
Form der Tyrannis und der oligarchischen Gewalt der
vornehmsten Geschlechter hervorgegangen. In der Epoche
allgemeiner Verwirrung hatte Solon ein System des

Gleichgewichts zwischen der Aristokratie und dem Volke zu Athen, dem er einige auf das Allgemeine bezügliche Rechte vorbehielt, zu begründen gesucht. Aber er hatte damit nicht verhindern können, dass sich nicht gleich darauf eine Tyrannis erhoben hätte, die das Volk beherrschte und die Oligarchie niederhielt. Im Gegensatz gegen die Tyrannis nicht allein, sondern auch gegen die Oligarchie, die alsdann wieder emporkam, hatte der Alkmäonide Klisthenes die solonische Verfassung von Grund aus reformiert, die Bürgerschaft umgestaltet und vor allen Dingen ihr die Waffen in die Hand gegeben. Das Volk von Athen, das nun erst gleichsam selbstbewusst wurde, ergriff sie mit Freuden. Es wehrte jeden Versuch, den die Lakedämonier in Verbindung mit einer Faktion der Eupatriden machten, ihm die erlangten Zugeständnisse wieder zu entreissen, tapfer und glücklich ab und wurde fähig, die erste Invasion der Perser, die darauf zielte, die Tyrannis in Athen wiederherzustellen, zurückzuweisen und die zweite, bei der es auf eine Unterwerfung aller Griechen abgesehen war, mit einer Hingebung und Opferwilligkeit zu bestehen, von der noch kein Beispiel vorgekommen war.

Die Führer, unter denen Athen die Siege erfocht, erlangten dadurch keineswegs eine sichere Stellung in ihrer Stadt. Der aristokratische Miltiades wurde zu einer Geldbusse verdammt, die er nicht erlegen konnte, und ist, wie es scheint, im Gefängnis gestorben. Themistokles, der nach einer exzeptionellen Stellung strebte, wurde verbannt.

Neben diesen heroischen Gestalten erscheint dann Aristides, der zu den tätigsten Anhängern und Gehilfen des Klisthenes gehört hatte, und der Sohn des Miltiades, Kimon: treffliche Männer, die dann auch ihrerseits den veränderten Umständen gemäss eine hohe Stellung in der Stadt behaupteten und eine grosse Wirkung ausübten. Noch in einem andern Sinne als in dem oben berührten kamen die Nachwirkungen der Kriege zur Erscheinung.

An diesen selbst hatten die alten Geschlechter lebendig Anteil genommen, einverstanden mit der emporkommenden Demokratie; der Sieg, den sie erfochten, war ein gemeinschaftlicher. Allein die Folgen des Kampfes kamen doch hauptsächlich dem Volke zugute. Das Uebergewicht, zu dem das populäre Element gelangte, ist hauptsächlich aus dem persischen Kriege entsprungen, und zwar auf eine doppelte Weise. Die Verwüstung, die die Perser über das Land verhingen, betraf die Besitztümer der Aristokratie am empfindlichsten; nach dem Kriege waren sie tief herabgekommen. Die Siege dagegen hatten das Leben der untergeordneten Klassen gefördert und ihre Habe vermehrt. Dies Missverhältnis trat dann auch inmitten des Kampfes hervor. Vor der Schlacht bei Platää, in dieser Stadt selbst, kam man einer Art von Konspiration der angesehenen Geschlechter auf die Spur. Ihre Absicht soll gewesen sein, die Demokratie aufzulösen oder, wenn das misslinge, zu den Persern überzugehen. Das Vorhaben wurde entdeckt, die beiden Schuldigsten retteten sich durch die Flucht; andere glaubten, unentdeckt zu bleiben und scheinen über ihr Vorhaben Reue gefühlt zu haben. Aristides wäre bei seinem Ansehen vielleicht imstande gewesen, die alte Gerechtsame wiederherzustellen, allein er selbst hielt es nicht für tunlich; und zwar nicht allein deswegen, weil die Vermögensverhältnisse sich überhaupt verändert hatten, sondern vor allem deshalb, weil das Volk, nachdem es die Waffen geführt, nicht wieder in die frühere Unterordnung zurückgebracht werden konnte. Durch die Waffen und die Siege waren Berühmtheiten gebildet worden, die einen natürlichen Anspruch auf Teilnahme an den höchsten Aemtern in sich schlossen. Und überdies, das Volk gab die Meinung kund, dass es sich die alten Beschränkungen nicht länger werde gefallen lassen. Am Tage liegt, dass hiedurch jenes Gleichgewicht zwischen den alten Geschlechtern und dem Demos, das die Grundlage der solonischen Verfassung bildete, vollends aufgehoben wurde; es war die natürliche Folge der Jahre des Krieges und des Sieges. Das Volk hatte die Freiheit gekostet und für sie geblutet; ohne Gewaltsamkeit und Gefahr hätten sich die alten Zustände nicht aufrechterhalten lassen. Die Abschaffung der Vorrechte der vornehmen und reichen Geschlechter gehörte dazu, um die Demokratie zu voller Erscheinung zu bringen. Aristides ist nicht durch seine Liebe zur Gerechtigkeit, die seinen Ruhm ausmacht, davon abgehalten worden, dies Vorhaben zu begünstigen. Wie es in einer Stelle des Aeschylus heisst, die mit Recht auf ihn bezogen wird, er wollte nicht allein gerecht erscheinen, sondern es sein. Als ein Moment für dieses grosse Wort darf man es wohl ansehen, dass er die im Kampfe erworbenen Rechte des Volkes — denn aus den Waffen entspringe die Freiheit — anzuerkennen kein Bedenken trug. Durch den Fortgang des Handels, des Seewesens und der damit verbundenen Herrschaft bekam die Demokratie, die jedoch auch jetzt noch nicht völlig ausgebildet war, das Uebergewicht.

Damit trat nun aber die andere Frage ein, inwiefern sie zu der allgemeinen Wohlfahrt geleitet werden könne. Dazu war Aristides gerade der geeignete Mann. Wenn Themistokles sein persönliches Selbst auch in der Demokratie nicht verleugnen wollte, so war es das Verdienst des Aristides, dass er sein Selbst hintansetzte. Er hat einen Vorschlag zurückgenommen, als dieser schon durchging, weil die vorangegangenen Reden und Gegenreden ihn überzeugt hatten, dass sein Antrag nicht vollkommen zweckmässig sei. Unzweifelhaft nützliche Vorschläge hat er durch andere machen lassen, weil sie sonst infolge des Neides, den sein Name zu erwecken anfing, zurückgewiesen worden wären. Aristides wurde für arm gehalten und legte Wert darauf, dass er das sei; aber er hatte doch zu der ersten Klasse der Pentakosiomedimnen gehört und war, auf deren altes Vorrecht gestützt, Archon geworden. Eben dieses Vorrecht aber schaffte er ab.

Alle Beschränkungen, die die grösste Anzahl der Bürger von der Teilnahme an den höheren Aemtern ausschlossen, wurden unter seiner Führung aufgehoben. Die Wähler wurden sämtlich ebenfalls wählbar, wodurch sich denn eine ganz andere Verwaltung bildete als die bisherigen — eine Veränderung, die dem Prinzip der Verfassung doch nicht gerade zuwiderlief, da auch in dieser der

Besitz eines jeden das bestimmende Moment war, dieser
Besitz sich aber im Laufe der letzten Jahre wesentlich
verändert hatte. Darin liegt die vornehmste Handlung des
Aristides für das innere politische Leben der Stadt.

Nicht geringeren Einfluss aber hatte er auf die äussere
Stellung der Stadt. Schon Themistokles hatte den Inseln
die Hoheit von Athen aufzudringen gemeint; was ihm zu
seiner Zeit unmöglich wurde, das führte Aristides durch.
Den Anlass gab die den grössten Anstoss erregende Hand-
lungsweise des spartanischen Königs Pausanias; der Hoch-
mut, mit dem er verfuhr, verletzte die Anführer der
Marine der Inseln, die von ihm misshandelt zu werden
behaupteten. Da sie dem ionischen Stamme angehörten,
war es ihnen besonders empfindlich, dass sie einem dorischen Oberbefehlshaber gehorchen sollten. Bei weitem
näher standen ihnen die Athener, ihre Stammverwandten,
die im Seekriege das beste geleistet hatten und besonders
berechtigt erschienen, die Führung bei der Fortsetzung
desselben in die Hand zu nehmen. Und da nun Pausanias
eben durch die Bedeutung, die er an der Spitze der griechischen Gesamtmacht gewann, zu einem Verhalten veranlasst worden war, das die lakedämonische Oligarchie
nicht ertragen konnte, so hatte auch diese kein Interesse
an der Behauptung des Oberbefehls über die Flotte. Es
ist zwar erinnert worden, die Herrschaft der Lakedämonier werde dann eine hinkende sein, einem Orakelspruch
zufolge, wenn sie nicht Land und See zugleich umfasse;
und so glaubten die Athener, deshalb einen Krieg erwarten zu müssen; aber ein Mitglied der Gerusia wusste die
übrigen zu überzeugen, dass die Herrschaft zur See für
Sparta nicht angemessen sei. Man liess von allen Gegen-
wirkungen ab, worin denn eine Verzichtleistung auf die
Hegemonie überhaupt gesehen worden ist. Genug! Athen
trat nun an die Spitze der griechischen Seemacht, wozu
ihm die bescheidene, ruhige, Zutrauen erweckende Persönlichkeit des Aristides, der jetzt in diesen Angelegenheiten die grösste Autorität besass, besonders förderlich
wurde. Wenn das oligarchische Sparta von der Seeherr-

schaft abstand, so gehörte es zum Wesen der athenischen Demokratie, dass sie dieselbe ergriff. Man hat es dem Aristides zugeschrieben, dass er die Athener auf die Vorteile aufmerksam gemacht habe, die ihnen eine solche Stellung gewähren würde. Er trug dann das meiste dazu bei, dass es geschah. Nur auf bestimmte Beiträge konnte das neue Verhältnis gegründet werden. Aristides wurde beauftragt, die neuen Bundesgenossen zu schätzen. Die Beiträge wurden auf eine erträgliche Norm fixiert, 460 Talente, was später, als sie um das dreifache gestiegen waren, als eine goldene, wie man sagt saturnische Zeit gepriesen worden ist. In einer Zusammenkunft der Bundesmitglieder im Tempel des Apollo und der Artemis wurden dann die näheren Bestimmungen verabredet. Die Bundesmitglieder erschienen als gleichberechtigt, wodurch aber doch nicht verhindert wurde, dass sie nicht, da die Athener die Schatzmeister von Griechenland, d. h. des Bundes, einsetzten, unter die Abhängigkeit von ihnen geraten wären. Die Bundesgenossen lieferten selbst ihre Beiträge ein, die im Anfang im Tempel von Delos verwahrt wurden. Auch hiebei kam der Begriff der aristideischen Gerechtigkeit ins Gedränge; die Alten haben diese Gerechtigkeit nicht auf die öffentlichen Angelegenheiten bezogen; in denen sei Aristides dem Begriff und der Bedingung des Vaterlandes gefolgt.

Aristides hat auf der einen Seite die demokratische Verfassung entwickelt und auf der andern Seite den Grund zu einer besonderen Seeherrschaft von Athen gelegt. Beides gehört genau zusammen. In letzterer Beziehung gesellte sich ihm Kimon bei, der aber, wie wir oben ausführten, zugleich den Krieg gegen die Perser in grossem Umfang fortsetzte. Eben zu diesen Zwecken wurden alle Kräfte des Seebundes angestrengt. Aber mit den Siegen selbst, die Kimon erfocht, entsprangen Verwirrungen und Unruhen in dem Seebunde. Von den Mitgliedern hatten doch die meisten ihr besonderes Interesse. Die Aufnahme der Bundesgenossen, die durch die Siege selbst herbeigeführt wurde, schloss eine Veränderung in sich, die nicht

jedermann genehm sein konnte; da die Abführung der
ausgeschriebenen Beiträge, wenn sie in Frage gestellt
wurde, zugleich die Entfremdung eines Teiles der Flotte
herbeiführen musste, so lag darin eine Gefahr für den
gesamten Bund überhaupt. Athen entschloss sich, die
zentrifugalen Bewegungen mit seiner ganzen Macht niederzuhalten. Zuerst erfuhr das Naxos noch vor, dann nach
der Schlacht am Eurymedon Thasos. Der besondere Vorteil dieser Insel stiess mit dem athenischen insofern
zusammen, als sie Ansprüche auf die benachbarten Gold-
bergwerke hatte, die jetzt in die Hände der Athener
geraten waren. Ein förmlicher Abfall erfolgte, der einige
Jahre hindurch die Streitkräfte von Athen beschäftigte,
bis die Einwohner endlich genötigt waren, den Besitz einer
eigenen Seemacht aufzugeben und die auferlegten Beiträge zu zahlen. Zu deren Entrichtung wurden nun zugleich allgemein bindende Massregeln ergriffen. Man
schrieb es wohl der Humanität Kimons zu, wenn er nach-
gab, dass die kleineren Gemeinwesen, denen es unbequem
war, ihre gewohnte Landarbeit mit dem Dienst auf den
Schiffen zu vereinigen, die Erlaubnis erhielten, ihre Beiträge überhaupt nur in Geld zu leisten; aber augenscheinlich ist es doch, dass die Macht des Vororts hiedurch um
so mehr anwuchs, da die Festsetzung und Eintreibung der
Beiträge in seine Hand gerieten.

Allmählich verwandelte sich der Delische Bund in eine
Herrschaft von Athen, die nicht ohne Gewaltsamkeit war,
was dann nicht verfehlen konnte, die Antipathien besonders von Sparta zu erwecken.

Sparta befand sich damals in den schwersten Verlegenheiten. In dem zum drittenmal erneuerten messenischen
Kriege verzweifelte es, die Hauptfeste Ithome, in der sich
die Nachkommen der ursprünglichen Bevölkerung hielten,
durch seine eigenen Streitkräfte zu bewältigen und rief
kraft seines alten Bündnisses Athen zu Hilfe. Noch bestand dieses Bündnis, aber schon regten sich auch im
Laufe der letzten Jahre mancherlei Missverständnisse. In
Athen behauptete man, zu wissen, dass die Insel Thasos in

ihren Bedrängnissen sich an Sparta gewendet und von diesem die geheime Zusage einer Hilfeleistung erlangt habe. Als von dem Ansuchen Spartas, gegen Ithome unterstützt zu werden, in der Volksversammlung zu Athen die Rede war, erinnerte Ephialtes, damals einer der populärsten Redner und Volksführer: da dies Gemeinwesen in einem natürlichen Widerstreit mit Athen begriffen sei, so habe man keine Ursache, es aus seinen Verlegenheiten zu retten. Kimon bestand darauf, dass das geschehen müsse; er hat gesagt, man dürfe Hellas nicht lahmlegen und Athen selbst des mit ihm zusammengespannten Gefährten nicht berauben. Er behielt die Oberhand und wurde selbst beauftragt, ein stattliches kleines Heer gegen Ithome zu führen. Aber eben hiebei brach der Hader nun dennoch aus. Denn dasselbe Gefühl einer Grundverschiedenheit der beiderseitigen Interessen, das sich in Athen regte, kam nun auch bei den Spartiaten zutage. Sie fürchteten fast, Athen werde mit ihren Untertanen, die ihm stammverwandt seien, gemeinschaftliche Sache machen. Sie entliessen die Athener unter dem Vorwand, ihrer nicht mehr zu bedürfen. Wie hätte man aber das nicht auf der andern Seite als eine Beleidigung betrachten sollen; der Widerstreit zwischen Athen und Sparta trat in voller Evidenz hervor; er hatte das Eigentümliche, dass er in Athen als ein innerer erschien; denn dahin brachte es das Emporkommen der Demokratie, dass die aristokratische Gesinnung einen Rückhalt an Sparta suchte und fand.

Ein Bruch mit Sparta war ein Nachteil für die Aristokraten in Athen, ein Vorteil für die Demokratie. Vor allem aber hatte das Kimon zu empfinden. Kimon war durch und durch Aristokrat. Er war ein hochgewachsener Mann mit reichem krausem Haupthaar, kein Redner wie die andern Athener, ohne die Verfeinerung des sozialen Lebens, aber einfach, wahrheitsliebend, wohlmeinend, eine durch und durch aristokratische Natur; und zwar eine solche, wie sie dem Volk imponiert, ohne es zum Hass zu reizen. Seine maritimen Siege, die Autorität, die er im Seebund ausübte, verschafften ihm ein hohes Ansehen.

Er selbst war der reichste Mann in Attika. Durch die Freigebigkeit, mit der er seine Reichtümer brauchte, die baulichen und künstlerischen Arbeiten, zu denen er sie verwendete, erlangte er eine Art von Patronat in der Stadt. Er öffnete seine Gärten allem Volk; den Bedürftigen griff er durch Speisungen unter die Arme, was denn zur Folge hatte, dass der Einfluss der niederen Volksklassen ihm selbst zustatten kam. Wenn man von ihm sagt, er habe von den Künsten nichts verstanden, so ist doch dagegen der Einfluss, den er auf Kunst und Kunstwerke in der Epoche ausübte, überaus fördernd und stark gewesen. Von Thasos führte er den Polygnot nach Athen, der dann in den Hallen, die er ausschmückte, die Grosstat des Miltiades verherrlichte. Man sah dort, wie er in der Schlacht bei Marathon die Streiter zum Angriff anfeuerte. Unter den dreizehn Bronzefiguren, die die Athener dem delphischen Orakel als Weihgeschenk darbrachten, erschien neben den Göttern der Stämme und des Landes die Gestalt des Miltiades. Wie dort Polygnot, so widmete sich ihm hier die Meisterhand des Phidias. Kimon lebte in der Verbindung der Erinnerung an seinen Vater und an die grossen gegen die Perser erfochtenen Siege. Darauf beruht auch seine Politik; denn wie die Siege über die Perser durch den Bund von Lakedämon und Athen errungen worden, so setzte auch er auf der einen Seite mit aller Macht den Kampf gegen die Perser fort; auf der andern suchte er ein gutes Verhältnis mit Lakedämon aufrechtzuhalten. Er hatte dabei alle die, denen noch die Ueberreste der aristokratischen Berechtigungen zum Vorteil gereichten, auf seiner Seite, während sich im Widerspruch gegen ihn die demokratische Bewegung vollzog. Zwei Parteien bildeten sich von entgegengesetzten Gedankenkreisen; die eine betrachtete den Kampf gegen die Medo-Perser als die vornehmste Aufgabe, wobei dann die alten Standesverhältnisse und die Verbindung mit Lakedämon aufrechterhalten wurden; die andere stellte den Gegensatz gegen Lakedämon in den Vordergrund, ihr Streben war, die erste Macht in Griechenland zu werden; in diesem Sinne entwickelte sie die demokratischen Institutionen in vollstem Umfang. An die Spitze der letzteren trat nun Perikles. Auch er entstammte einem der vornehmsten Geschlechter; er war der Sohn des Siegers von Mykale, Xanthippus, desselben Mannes, durch den einst die Anklage gegen Miltiades eingebracht wurde, der dieser erlag. Die Söhne des Siegers von Marathon und von Mykale bekämpften einander wie diese selbst. Die Erfolge Kimons konnten nicht anders als Perikles beunruhigen. Die Eifersucht um den Besitz der höchsten Gewalt hat bedeutende Männer in jedem Staat miteinander entzweit. Wie oft ist es dann geschehen, dass ein Mann, der den vornehmsten Geschlechtern angehörte, um einen andern Aristokraten zu bekämpfen, die populäre Sache ergriffen und den Tendenzen der Demokratie freie Bahn gemacht hat. Zur Seite des Perikles stand Ephialtes, derselbe, der den Zug gegen Ithome widerraten hatte; das Misslingen desselben und die Aufregung, die es in Athen hervorrief, kamen ihm und Perikles mächtig zustatten. Sie konnten zu Gesetzesvorschlägen schreiten, die das gegenseitige Verhältnis der Parteien von Grund aus verändern mussten. Wenn schon die meisten Institute, auf denen das Ansehen der vornehmen Geschlechter beruhte, aufgelöst worden waren, so geschah dies nun auch dem Areopag, dessen gerichtliche Befugnisse, die noch eine obrigkeitliche Autorität repräsentierten, bis auf eine einzige, sehr exzeptionelle, aufgehoben und der Heliäa übertragen wurden. Dass nun hiebei die Rücksicht auf bessere Gerichtspflege massgebend gewesen sei, wird niemand behaupten. Der Areopag im Besitz unvordenklicher, durch die Religion geheiligter Vorrechte bildete die Körperschaft, in welcher sich die Prärogative der vornehmsten Geschlechter konzentrierte. Die Einrichtung des Aristides, nach der die abgehenden Archonten auch nach dem neuen Wahlsystem in den Areopag traten, hatte doch keine durchgreifende Wirkung auszuüben vermocht. Der vorwaltende Einfluss Kimons sicherte dem Areopag eine fortdauernde, ununterbrochene Autorität. Um dem ein Ende zu machen, gab es nur ein Mittel: der Areopag musste seiner gerichtlichen Befugnisse, die ihm noch immer das Ansehen einer Obrigkeit gaben, entkleidet werden. Die Heliäa, auf die sie bis auf einen geringen Rest übertragen wurden, war das Volk von Athen selbst, in einer dem Bedürfnis des Gerichtes entsprechenden Gestaltung. Sie bestand aus 6000 zu diesem Zwecke erlosten Mitgliedern der Bürgergemeinde, die wieder in zehn verschiedene Dikasterien verteilt waren, von denen jedes 500 Mitglieder zählte, so dass 1000 übrigblieben, die zur Ergänzung bei entstehenden Vakanzen bestimmt waren. Die Klage wurde bei den Archonten angebracht wie bisher; diesen aber blieb jetzt keine andere Befugnis, als sie einem von den Dikasterien der Heliäa vorzulegen, das darüber befand und entschied. Auf diese Weise wurde die gerichtliche Macht mit einem Schlage der Körperschaft, die sie nach altem Herkommen besass, entrissen und in die Hand des Volkes gelegt. War es nun aber, so muss man fragen, bei den täglichen Beschäftigungen eines jeden auch nur möglich, einem solchen Berufe obzuliegen? Perikles und Ephialtes bewirkten, dass den fungierenden Heliasten eine kleine Remuneration bewilligt wurde. Aus den Komikern sieht man, dass dazu in der Regel die älteren Männer, die von den täglichen Geschäften weniger in Beschlag genommen waren, ausgewählt wurden. Da nun aber die Autorität, welche dem Areopag entrissen werden sollte, zugleich eine politische war, so wurde den Heliasten ein Eid abgenommen, durch welchen sie sich vor allen Dingen verpflichteten, weder eine Alleinherrschaft noch eine Oligarchie zu begünstigen, noch irgendwie die Volksherrschaft zu beeinträchtigen. Auch Verpflichtungen, die sich auf die Rechtspflege beziehen, kommen in dem Eide vor; die bedeutendsten sind aber doch die eben berührten Punkte, aus denen man die Identität der politischen und juridischen Gesichtspunkte, die dabei obwalteten, erkennt. Der Areopag sollte eben seines Einflusses überhaupt verlustig gehen und dieser einer demokratischen Versammlung zuteil werden. Man meine aber nicht, dass sie in modernem Sinne demokratisch gewesen sei.

Perikles und Ephialtes führten gesetzliche Bestimmungen durch, nach welchen beinahe ein Dritteil der bisherigen Bürger von dem Bürgerrecht ausgeschlossen wurde. Die Bürgerschaft war anfangs aus mancherlei verschiedenen Elementen zusammengewachsen. Das neue Gesetz verfügte, dass alle und jede von derselben ausgeschlossen sein sollten, die nicht durch Abkunft, wenigstens in den zwei nächst vorangegangenen Generationen, ihr angehörten. Man hat angenommen, das Gesetz sei absichtlich so gefasst worden, dass es auf die Familie Kimons eine unangenehme Rückwirkung ausüben konnte. Aber zugleich bildete es doch eine der grössten politischen Massregeln, die damals ergriffen worden sind. Indem die Bürgerschaft Rechte erlangte, die sie bisher noch niemals besessen hatte, wurde zugleich ihre Anzahl wesentlich beschränkt. Erst von dieser Zeit an kann der athenische Demos als eine Genossenschaft betrachtet werden, die sich durch sich selbst, ohne fremde Elemente, fortsetzte und in der Welt zur Geltung gelangte. Die Bürgerschaft hatte bereits einen Genuss vom Staate. Die einen erfreuten sich der Remuneration, die den Heliasten gewährt wurde. Andere wurden durch die Zahlung des Eintrittsgeldes in das Theater, die das Gemeinwesen ihnen zuteil werden liess, befriedigt. Von grösserer Bedeutung war, dass für einen länger dauernden Dienst auf der Flotte ein bestimmter Sold gezahlt wurde. Die Verteilung eroberter Landstriche nach bestimmten Losen kam besonders den athenischen Bürgern zugute. Ein Zuwachs ihrer Autorität war es, dass die Kasse des Seebundes von Delos nach Athen herübergeführt wurde und auch deren Verwendung in ihre Hände kam. Wir untersuchen hier nicht, inwiefern diese Einrichtungen der allgemeinen Idee eines Staates entsprechen, ob sie gerade die rechte Ausgleichung der persönlichen Obliegenheiten und der allgemeinen Interessen waren. Wir nehmen nur die Erscheinung einer städtischen Genossenschaft wahr, die zugleich nach aussen hin Macht besass und ausübte und doch dabei die bürgerliche Gleichheit zum Vorteil eines jeden behauptete. Der Demos war eine wahrhafte Macht, die andere beherrschte und immer weiter ausgriff. Wir sahen, die Demokratie war auch in Athen nicht naturwüchsig; sie verdankte ihr Entstehen den Ereignissen der Zeit und der Politik der Führer. Doch ist sie eine Erscheinung von einer intensiven Kraft, einer Stellung in der Welt, die ihr die grösste Bedeutung gab.

Wohin die Direktion der Athener damals ging, nimmt man besonders aus dem Bau der langen Mauern ab, die vor allem den Zweck hatten, Athen mit der Hafenstadt in Verbindung zu setzen, wie vor kurzem auf ihre Veranlassung die Stadt Megara mit ihrem Hafen verbunden worden war. Denn bei den wachsenden maritimen Beziehungen in jener Epoche, wie schon bemerkt, auch mit den einheimischen Herrschern von Aegypten, erschien es wünschenswert, Athen selbst gleichsam zu einer Hafenstadt zu machen. Dabei aber waltete noch eine andere Rücksicht vor. Das Einverständnis zwischen der Demokratie von Athen und der Aristokratie von Sparta, das bisher erhalten war, wurde durch jenes Ereignis von Ithome unterbrochen. Die Ithomäer waren nach dem Abzug der Athener von den Spartanern unterworfen, aber insofern von Athen unterstützt worden, als es ihnen eine Zuflucht in dem lokrischen Naupaktus verschaffte, das mit seinem Hafen für sie selbst eine der wichtigsten Positionen an der westlichen Küste bildete. Das ist nun gleichsam das Verhängnis von Griechenland. Immer von neuem bemerken wir die Nachwirkungen jenes Heraklidenzuges, durch welchen Sparta und seine Aristokratie begründet worden waren. Athen war die vornehmste Stätte, wo sich die nicht unterworfenen Populationen behaupteten. Es sah in den Messeniern seine Stammverwandten und bediente sich jetzt der Ueberreste derselben, um eine Position zu gründen, die für den Peloponnes, namentlich für Korinth, sehr gefährlich war. Es hatte auch Megara von dem peloponnesischen Bunde losgerissen und in den Seebund gezogen. Ueberall machte sich der Gegensatz zwischen der Demokratie, die nun in Athen die Oberhand bekam, und den benachbarten Aristokratien geltend, nirgends mehr als in Böotien, wo die minder mächtigen Städte auf die Seite von Athen traten, Theben dagegen von Sparta in Schutz genommen wurde. In diesem gärungsvollen Zustande geschah es nun, dass die Spartaner, durch einen Streit zwischen Doris und Phokis veranlasst, ein nicht unbedeutendes Heer nach Mittelgriechenland schickten, nachdem sie aber diesen Streit in ihrem Sinne beigelegt hatten, da sie bei ihrer Heimkehr Schwierigkeiten zu finden fürchteten, zunächst in Böotien Stellung nahmen und Attika selbst bedrohten. Vor nicht langer Zeit hatten sie den Antrag der Perser, mit ihnen im Verständnis einen Einfall in Attika zu machen, abgelehnt; was sie damals im Interesse des Königs von Persien nicht tun wollten, dazu trafen sie jetzt in dem eigenen Anstalt. Nicht allein wurden dadurch die Angriffe auf Persien in den erwähnten Verwicklungen gelähmt, sondern die Demokratie von Athen selbst wurde gefährdet. Man glaubte, die Landbesitzer von Attika, die mit der Aufrichtung der Mauern überhaupt unzufrieden waren, seien mit den Lakedämoniern einverstanden, um den Bau rückgängig zu machen und die Demokratie in Athen überhaupt aufzuheben. Noch war der Krieg nicht ausgebrochen, aber jedermann sah ihn kommen. Und der in Athen vorwaltende Mann, dessen ganze Politik hiedurch bedroht wurde, war nicht gesonnen, die Gefahr abzuwarten; er gedachte, ihr durch eine rasche Tat zuvorzukommen. Wie sehr die Athener meinten, damit zugleich eine einheimische Faktion niederzuhalten, beweist ihr Verfahren gegen Kimon, der sich in dem Augenblick, als die Konflikte ernstlicher wurden, einstellte, um an dem Kampfe teilzunehmen, aber auf das Geheiss des Rates der Fünfhundert zurückgewiesen wurde, weil er als Freund der Lakedämonier galt. Und gewiss war er Philolakon, wie man ihn nannte, d. h. er wünschte die Herstellung des alten guten Vernehmens mit Sparta; allein dies bei einer einseitigen Einwirkung auf Attika zu unterstützen, davon war er doch weit entfernt. Indem er zurückbleiben musste, bewog er seine Freunde und Anhänger zu dem Entschlusse, den Lakedämoniern den tapfersten Widerstand entgegenzusetzen. Sie waren dabei, als Perikles mit einem an sich zu der Unternehmung nicht hinlänglich geeigneten Heerhaufen den Peloponnesiern bei Tanagra entgegenging. Auf seiner Seite standen die damaligen Bundesgenossen Athens, Argiver und Thessaler, aber die thessalischen Reiter waren die ersten, die die Schlachtordnung verliessen und zu den Gegnern übergingen. Das atheniensische Heer wurde geschlagen. Den Preis der Tapferkeit errangen die Anhänger des Kimon; sie sind, hundert an Zahl, nebeneinander gefallen. Die Niederlage, die die Athener erlitten, war sehr empfindlich, aber nicht eben entscheidend. Wahrscheinlich auch deshalb, weil die Eintracht von Athen keine Hoffnung zu einer wirksamen Intervention in Attika übrigliess, zogen sich die Lakedämonier, nachdem sie noch einige Streifzüge im Gebiete von Megara ausgeübt hatten, nach dem Peloponnes zurück; sie überliessen die mit ihnen verbündeten Böotier sich selbst. Diese aber wurden bereits zwei Monate nach der ersten Schlacht bei Oenophyta von den Athenern niedergeworfen, so dass Athen seine Macht in Böotien nun erst recht befestigte. Auch die inneren Entzweiungen wurden beseitigt; Kimon, der durch die Haltung seiner Freunde jedes Verdachtes entledigt worden war und nach dem das Volk eine gewisse Sehnsucht zeigte, wurde wieder zurückberufen und gelangte, wenn auch nicht zu seiner alten Autorität, doch zu einem grossen Ansehen. Nochmals warf er sich in jene kriegerischen Unternehmungen im östlichen Mittelmeer, die die Laufbahn seiner letzten Jahre bezeichnen. Es schien sogar, als würde man Lakedämon zu direkter Unterstützung vermögen können. Perikles stimmte hiebei in der vornehmsten Absicht mit Kimon überein. Wir werden von seinem Plan unterrichtet, eine panhellenische Genossenschaft zustande zu bringen, um den Krieg gegen den König von Persien von neuem mit aller Kraft zu unternehmen. Das Motiv

war immer das alte, dass die den griechischen Heiligtümern zugefügten Vergewaltigungen an denen, die sie
verübt hatten, gerächt werden müssten. Delegierte der
verschiedenen Stämme und Städte sollten sich in Athen
vereinigen. Man berichtet, Perikles habe zu diesem Zweck
vier verschiedene Gesandtschaften ausgeschickt; die wichtigste wäre die nach Sparta gewesen; da aber fand er
keinen Eingang. So weit hatten die Spartaner den Besitz
der Hegemonie, dessen sie sich in den früheren Zeiten
erfreut hatten, noch nicht aufgegeben, um dem neben-
buhlerischen Athen die vorörtliche Stellung, die ihm bei
diesem Vorhaben zugefallen wäre, zuzugestehen. Sparta
konnte dem König von Persien seine Hilfe gegen Athen
verweigern, aber mit Athen gegen den König gemeinschaftliche Sache zu machen, dazu vermochte es sich nicht
zu entschliessen. Ohne Sparta konnte der Krieg gegen
Persien nicht mit dem Nachdruck geführt werden, von
dem ein grosser Erfolg, wie ihn Kimon noch immer im
Kopfe trug, hätte erwartet werden können. Alles, was sich
erreichen liess, war ein Stillstand zwischen Athen und
Sparta, wie er im Jahre 450 wirklich zustande kam. Athen
musste die Auskunft ergreifen, weil es ohne diese den
Krieg gegen Persien nicht fortsetzen konnte. Und auch
in Sparta erschienen die Feindseligkeiten nicht unmittelbar dringend, zumal solange Kimon wieder in Athen mächtig und angesehen war. Diese Verhältnisse — Krieg oder
Friede mit Sparta, Fortsetzung oder Wiederaufnahme des
persischen Krieges, Einfluss der beiden Staaten auf das
übrige Griechenland, Anwachsen des delischen Bundes
und dessen Abhängigkeit von Athen, Exil und Rückkehr
Kimons, die damaligen Entwürfe des Perikles und seine
persönlichen Beziehungen zu dem grossen Antagonisten
— hängen untereinander zusammen und bedingen einander. Es ist ein buntfarbiges Gewebe mannigfaltiger und an
jeder Stelle eigenartiger Bestrebungen. Der Waffenstillstand mit Sparta gehörte dazu, um die Kriegszüge Kimons
möglich zu machen. Wie sehr aber musste sich alles verändern, nachdem Kimon darin umgekommen und jener

Friede geschlossen worden war, durch welchen den Unternehmungen der Perser gegen die Griechen und denen der Athener gegen die Perser ein Ende gemacht wurde.

2. *Staatsverwaltung des Perikles*

Im Leben des Perikles trat gleichsam dadurch eine neue Phase ein, dass der grosse Nebenbuhler, mit dem er so oft gekämpft und sich dann auch wieder verbündet hatte, nicht mehr war. Frei von dessen Gegenwirkung und zugleich von den Gefahren eines persischen Krieges konnte er um so mehr daran denken, den Streit mit Sparta durchzufechten. Den Anlass gab diesmal eine Frage, die die gesamte griechische Welt anging.

Wie später bei der grossen hierarchischen Gewalt des Abendlandes, so war auch bei dem delphischen Orakel die völlige Unabhängigkeit des Heiligtums unter seinen Priestern von jeder fremden territorialen Gewalt eine Grundbedingung des religiös-politischen Lebens; denn das Orakel sollte eben ohne Rücksicht auf einen dominierenden Staat ausgesprochen werden, um eine höhere Autorität zu bilden. Aber die Athener meinten, dass die Priesterschaft, der doch immer wieder etwas Menschliches anhaftete, mehr zu der Partei von Sparta hinneige: sie hatten nichts dagegen, dass die Phokier sich der Oberherrschaft über das heilige Land bemächtigten. Eben hierüber aber erwachte die Sympathie der Lakedämonier für das Heiligtum. Sie zogen heran und stellten seine Unabhängigkeit von den Phokiern her. Zugleich versicherten sie sich der Promanteia, das heisst des Rechts der ersten Anfrage beim Orakel, und liessen den darüber gefassten Beschluss in die Stirne des ehernen Wolfes, eines neben dem grossen Altar aufgestellten Weihgeschenkes der Delphier selbst, eingraben. Darin aber sah nun Athen eine Kränkung. Ohne dadurch den noch bestehenden Waffenstillstand brechen zu wollen, rückte doch Perikles nun auch seinerseits gegen Delphi an, stellte die Territorialherrschaft der Phokier wieder her, liess das Recht der ersten Anfrage den Athenern zusprechen und den Beschluss darüber auf die rechte Seite des ehernen Wolfes eingraben.

Es war wie eine Ehrensache zwischen den beiden vorwaltenden Staaten. Der Ehrgeiz von Athen war durch die
neue Inschrift befriedigt, aber die Spartaner nahmen an
dem ganzen Verfahren den grössten Anstoss. Das Einverständnis löste sich auf, das seit einigen Jahren zwischen
ihnen herrschte; ein solches aber gehörte dazu, um die
allgemeine Ruhe zu erhalten. Auf der Stelle brachen die
kaum vertagten alten Irrungen von neuem aus. Zunächst
in Böotien regte sich die von den Athenern zuletzt nieder-
geworfene Partei wieder. Als die Athener unverweilt mit
Gewalt zugunsten ihrer Anhänger einschritten, geschah
ihnen diesmal, dass sie geschlagen wurden. Damit aber
war das Signal zu einer allgemeinen Bewegung gegen die
Macht von Athen gegeben. An der Schlacht hatte die den
Athenern feindselige Partei in Lokris und in Euböa teilgenommen; der erfochtene Sieg verschaffte hier und dort
die Oberhand. Athen konnte die Herstellung der alten
Autonomie in Böotien nicht verhindern, und als sich Perikles nach Euböa wandte, um wenigstens hier die Oberherrschaft zu behaupten, was für die maritime Macht von
der grössten Wichtigkeit war, so erlebte man, dass Megara
auf den Antrieb des stammverwandten Korinth von Athen
abfiel und sich zu der peloponnesischen Bundesgenossenschaft schlug. Eine Krisis trat ein, als ein spartanisches
Heer unter einem der beiden Könige, Pleistoanax, in
Attika eindrang. Perikles erwarb sich das Verdienst, die
Spartaner auf die eine oder andere Weise zu bewegen,
den Rückzug anzutreten. Wohl gelang es den Athenern
darauf, Euböa zu unterwerfen und in ihrem Sinne einzu-
richten. Aber auf dem festen Lande blieben sie doch im
grössten Nachteil. Der peloponnesische Bund hatte sich
neu verstärkt, und die Athener sahen sich genötigt, ihre
Besitzungen im Peloponnes, namentlich Achaja, sowie
Trözene und das für die Kommunikation des Landes wichtige Pagä und selbst Nisäa aufzugeben, ohne Zweifel ein
sehr empfindlicher Verlust für ihre Macht auf dem griechischen Kontinent, der aber durch ein Zugeständnis auf-
gewogen wurde, das noch mehr zu bedeuten hatte: die

Anerkennung des delischen Seebundes. Den in keinem von beiden begriffenen Staaten und Städten wurde freigestellt, sich nach ihrem Belieben dem einen oder dem andern anzuschliessen.

Diese Ereignisse sind Ol. 83, 3 (445) erfolgt: der Abfall von Megara und Euböa, die Invasion der Pleistoanax, die Wiedereroberung von Euböa, der Abschluss des Vertrages, der in Form eines Waffenstillstandes auf dreissig Jahre zustande kam. Man muss diesem Abkommen eine grosse Bedeutung beimessen; denn darin lag eine Anerkennung, welche dem einen und dem anderen Teil genugtat und den grossen beiderseitigen Interessen entsprach. Wenn Athen auf jene Besitzungen Verzicht leistete, so war der Preis dafür, dass die Spartaner die Seemacht von Athen in ihrer Grundlage und ihrem Bestand anerkannten. Man darf vielleicht annehmen, dass das Abkommen zwischen Perikles und Pleistoanax auf der Ueberzeugung der beiden Oberhäupter beruhte, dass eine gründliche Auseinandersetzung des peloponnesischen und des delischen Bundes notwendig sei. Die Spartaner wollten Herren und Meister des einen bleiben und überliessen den andern den Athenern. Von Perikles kann nicht zweifelhaft sein, dass er ein vollkommenes Bewusstsein davon hatte, was er aufgab und was er gewann. Nachdem es ihm gelungen war, Athen nicht allein aus einer grossen Gefahr zu retten, sondern es zugleich in seinen wesentlichsten Interessen zu fördern, bekam er um so unbedingter die öffentlichen Angelegenheiten in seine Hände. An der Spitze eines geistvollen, beweglichen, unternehmenden Demos, der zugleich zu leiten und zu befriedigen war, nimmt er eine grosse, der historischen Betrachtung würdige Stellung ein.

Perikles, der Sohn des Siegers bei Mykale und der Agariste, der Nichte des Klisthenes, der der Demokratie in Athen das Uebergewicht verschafft hatte, gehörte durch seine Geburt beiden Tendenzen an, der äusseren Machtentwicklung und der Durchbildung der Verfassung. An den grossen Perserkriegen hat er nicht persönlich teilgenommen; den Kampf um Sein und Nichtsein hat er nicht mit durchgefochten; er trat erst ein, als die Verhältnisse nach beiden Seiten hin gesichert waren. Für die Stellung, die er als leitendes Oberhaupt des Demos einnahm, war er durch seine Erziehung und Bildung recht eigentlich vorbereitet. Seine erste Bildung — ganz im griechischen Sinne — erhielt er durch einen geübten Lehrer, von dem man aber sagte, sein ganzes Sinnen sei auf die Redekunst gerichtet, nach der Weise der sizilischen Schule, in der man Politik und Rhetorik verband, wie das denn auch in Athen jetzt Sitte wurde. Noch mehr vielleicht hatte es zu bedeuten, dass die Philosophen in Athen Eingang fanden und besonders in dem Hause des Perikles gern gesehen wurden. Der beherrschende Geist in dieser Gesellschaft war Anaxagoras; wir werden seiner noch später gedenken. Wenn wir unter seinen Ansichten diejenige hervorheben sollten, die unmittelbar den grössten Einfluss ausübte, so würde es die Lehre sein, dass die Erscheinungen, die andere in Besorgnis vor der Zukunft erfüllten, als natürliche Ereignisse, derenthalben man nichts zu fürchten habe, aufzufassen seien. Es liegt am Tage, wie sehr ein Mann, der sich den Philosophen anschloss, in seinen Entwürfen, seinem Tun und Lassen über andere emporgehoben werden musste, die noch durch den herkömmlichen, an ungewohnte Phänomene anschliessenden Aberglauben, der als Deisidämonie bezeichnet wird, gefesselt wurden; er konnte allezeit nur die Sache selbst im Auge behalten. Man hat im Altertum oft gesagt, Perikles habe ursprünglich oligarchische Neigungen gehabt; persönlichen Wettstreit habe er vermieden und gestrebt, sich im Kriege hervorzutun; aber gleich im Anfange seiner Teilnahme an den öffentlichen Geschäften, in denen eine ihm entgegengesetzte aristokratische Partei auftrat, sei er zu der Einsicht gelangt, dass er nichts zu bedeuten haben werde, wenn er sich nicht auf das Volk stütze. Wir sahen bereits, wie entschieden er das getan hat; er hat den Bestand des Demos als einer selbständigen Potenz in Verbindung mit Ephialtes eigentlich begründet. Ephialtes war indes ermordet worden, ohne dass man mit Bestimmtheit sagen

könnte, durch wen es geschah; wäre dabei die Absicht
gewesen, die Demokratie zu sprengen, so wäre eher das
Gegenteil erfolgt. Perikles stieg um so höher empor. In
seinem persönlichen Verhalten hatte Kimon mehr eine
Ader von Popularität als Perikles. Dieser wird der Hoffart
bezichtigt; nicht diese Untugend, aber die entsprechende
Eigenschaft einer stolzen Zurückgezogenheit lag in seinem
Charakter. Ohnehin über das Treiben des Tages erhaben,
hielt er für gut, sich den gewöhnlichen Beziehungen des
gesellschaftlichen Lebens zu entfremden. Perikles hatte
keinen anderen Gang als den von seinem Haus nach der
Versammlung, in der er redete. Ruhig schritt er einher;
er soll gebetet haben, dass ihm nie ein unpassendes Wort
entschlüpfen möge. Daraus, dass dies von ihm erzählt
wird, darf man wohl schliessen, dass er es wirklich dahin
brachte. Nie liess er einen Affekt wahrnehmen: Schmä-
hungen selbst reizten ihn nicht auf.

Man muss sich erinnern, was alles auf den Demos von
Athen einwirkte: eine Bühne, dergleichen es nie wieder
in der Welt gegeben hat und eine gleich grossartige pla-
stische Kunst, der Schwung, den die aufstrebende Kultur
überhaupt den Geistern mitteilt. Es gehörte etwas dazu,
eine Versammlung dieser Art zu leiten und selbst zu
beherrschen, wie das Perikles gelang. Wie Thukydides
sagt, er sei nicht der Menge gefolgt, sondern diese ihm; er
schmeichelte ihr nicht; er schlug nicht selten eine der vor-
herrschenden entgegengesetzte Richtung ein; er machte
Mut, wenn man fürchtete, und betonte, wenn das Volk ein
unzuträgliches keckes Selbstgefühl verriet, alle daraus zu
erwartenden Gefahren. Das Volk besass die entscheidende
Macht, aber Perikles wusste die Versammlung auf eine
Weise zu leiten, dass die Macht des Volkes nur die Grundlage seiner eigenen Autorität wurde. Jedermann erkannte,
dass er nichts für sich selber suche; dass es ihm nur um
die Grösse und die Wohlfahrt von Athen zu tun war. Die
Demokratie bekam fast einen monarchischen Charakter;
der erste Bürger regierte die Stadt. Man hat von ihm eine
aus dem Altertum stammende Büste, die von vorn ange-

sehen Würde und Energie, im Profil aber Beweglichkeit und selbst Absichtlichkeit auszudrücken scheint. Indem er den Staat in seinen allgemeinen Geschäften verwaltete, musste er doch alles anwenden, um die Gegner niederzuhalten. Es waren Aristokraten, die sich noch immer an Sparta hielten. Er hat mit ihnen mannigfache Kämpfe bestanden; aber er hatte den Demos auf seiner Seite; es gelang ihm, die Gegner durch Ostrazismus zu beseitigen; im Laufe dieser Streitigkeiten erwarb er eine höchst ausserordentliche Macht. Die Summe der Staatsgewalt vereinigte sich in seiner Hand, denn er führte den Vorsitz über die Strategen, womit auch die Befugnis, für die Ruhe der Stadt zu sorgen, verbunden war. Ihm war die Fürsorge für die öffentlichen Feste und, worauf es am meisten ankam, die Verwaltung des Geldwesens übertragen. Im Besitz dieser Macht, durch welche dem Staate überhaupt seine Richtung gegeben wurde, dachte nun Perikles nicht etwa, die erlittenen Verluste durch direkte Aggression, die doch vergeblich gewesen wäre, wieder herbeizubringen. Sein Vorhaben ging vielmehr dahin, die maritime Autorität Athens, die durch den letzten Waffenstillstand bestätigt worden war, nicht allein zu behaupten, sondern zu einer Macht zu entwickeln, die auf die Peloponnesier keine weitere Rücksicht zu nehmen brauche. Die Insel Samos, die den Ruhm hatte, die erste namhafte hellenische Seemacht ausgebildet zu haben, wollte sich der Führung von Athen, das jetzt den Schatz von Delos nach Athen gezogen hatte und auch auf die inneren Verhältnisse der Bundesgenossen einen empfindlichen Druck ausübte, nicht unterwerfen. Auch in ihre Sonderverhältnisse, zum Beispiel zu Milet, wollte die Insel keinen Eingriff dulden. Es kam so weit, dass die Samier, die noch eine oligarchische Verfassung hatten, mit dem Satrapen in Sardes in Verbindung traten, so dass sie die Hilfeleistung einer phönizischen Flotte erwarten durften. Perikles, der eben Anstalten getroffen hatte, Samos zu belagern, hielt es doch für notwendig, unter allen Umständen die phönizische Einwirkung zu verhindern. Aber während er sich nach

Karien wandte, um den Phöniziern, wenn sie herankämen,
entgegenzutreten, glückte es den Samiern, seine Belage-
rungsanstalten anzugreifen und zu vernichten. Er musste
nach Samos zurückkehren, wo es ihm dann infolge der
herangezogenen Beihilfe von Athen und zum Teil von den
Inseln selbst gelang, die Samier vollkommen zu überwältigen und zur Unterwürfigkeit gegen Athen zu zwingen. [11])
Dadurch wurde das Heransegeln einer phönizischen Flotte
zwecklos; wir hören nichts weiter von ihr. Sehr wahrscheinlich erinnerte man sich in Persien des vor einigen
Jahren geschlossenen Abkommens. Man wollte nicht dem
Prätendenten in Aegypten, der sich noch behauptete, die
Hilfe der griechischen Seemacht verschaffen. Inwiefern
nun der Widerstand von Samos zugleich oligarchischer
Natur war und sich auf einen Eingriff von Persien her zu
stützen suchte, gewann die Demokratie von Athen wieder
eine panhellenische Färbung, die ihr sehr wohl stand.
Durch das Unterliegen von Samos beherrschte Attika um
so entschiedener den Bund.

Perikles hatte jährliche Uebungsfahrten eingerichtet,
allemal von sechzig Schiffen, die acht Monate in See
waren. Eben hiebei empfingen die Bürger, die daran teilnahmen, eine Besoldung. Es fiel dann besonders in die
Augen, dass das Geld der Bundesgenossen dazu dienen
musste, die Flotte von Athen zu erhalten, durch die dieses
den Bund in Zaum hielt. Perikles erachtete die stete
Kriegsbereitschaft der maritimen Streitkräfte für unentbehrlich. Und wenn dann hiebei auf die Werkzeuge der
Belagerung, die schon vorher den Vorzug der athonien-
sischen Kriegführung ausgemacht hatten, neue Sorgfalt
gewendet wurde — Perikles selbst ist wegen der Erfindung
des Widders und der Schildkröte, an der jedoch wohl
Artemon den grössten Anteil hatte, gerühmt worden —,
so musste auch das zur Behauptung der Unterwürfigkeit
der Bundesgenossen beitragen.

Die vornehmste Beschwerde der Bundesgenossen, dass
das zum gemeinschaftlichen Kampf bestimmte Geld, das
sie zusammenbrachten, in Athen nach Belieben verwendet

werde, hatte auch Widerhall in Athen gefunden: denn immer gab es hier eine gewisse Opposition. Perikles antwortete, Athen sei den Bundesgenossen schuldig, sie zu schützen; wenn es diese Pflicht erfülle, stehe es vollkommen in seiner Hand, mit den Beiträgen derselben nach seinem Gefallen zu verfahren. Diese Verfügung über die öffentlichen Gelder unter Teilnahme einer Volksgemeinde, die die übrigen beherrschte, war etwas Neues in der Welt. Wir besitzen noch ein Denkmal dieses Momentes in den Ruinen der Bauwerke des Perikles, die noch heute die allgemeine Bewunderung fesseln. In der perikleischen Zeit scheint die bildende Kunst das Trefflichste geleistet zu haben, was ihr überhaupt gelungen ist. Wer kennt nicht die Schicksale des Parthenon, das Perikles aufrichtete, und an dem sich dann die Wogen der Ereignisse der späteren Jahrhunderte bis in die neueste Zeit gebrochen haben; selbst die Wegführung der noch erhaltenen Reste hängt mit dem Verhältnis des Orients zu dem Okzident zusammen. — Suchen wir nur die historischen Beziehungen, in der sich das Bauwerk in seiner Fülle und Grösse erhob, zu fassen. Die von den Persern zerstörten Heiligtümer der Burg von Athen waren bereits wieder hergestellt. Zur Errichtung eines neuen wählte Perikles einen schon von den Pisistratiden zu einem ähnlichen Zwecke bestimmten Platz, das Hekatompedon, der damals noch leer war. Der Blick reicht von dieser Anhöhe von den marmorreichen Bergen Attikas über die Küsten und das Meer nach Aegina hin. Hier nun wurde ein Heiligtum aufgeführt, das nicht gerade zum Kultus bestimmt war, aber doch zu Festzügen, und überdies einen sehr realen, selbst politischen Zweck hatte. Dieser lag in der Bewahrung des Staatsschatzes, der damals bedeutender war als jemals früher oder später. Er betrug gegen 10 000 Talente, wozu die Bundesgenossen einen ansehnlichen Teil, etwa drei Fünftel, eingeliefert hatten. Diese Geldsumme, gemünzt oder auch nicht, war zu ferneren grossen kriegerischen Unternehmungen bestimmt, wie Perikles selbst einmal ausgesprochen hat; sie bildete den Rückhalt, auf den man sich bei etwa eintretenden Verlegenheiten verlassen konnte. Die Verwaltung des Schatzes war einer. Anzahl athenischer Bürger anvertraut; das Geld selbst wurde aber, wie mehr als eine Inschrift bezeugt, in dem Opisthodomos des Parthenon verwahrt.

In der Cella befanden sich noch andere kostbare Weihgeschenke. An dem Eingang stand das Kolossalbild der Göttin, das die Macht und den Geist von Athen, seine Zuversicht zu sich selbst versinnbildet; es war ein chryselephantines Bildwerk der Athene, wie der olympische Zeus von der Hand des Phidias. Sie trug eine Nike — denn den Siegen verdankte man alles —, die mit Kränzen geschmückt war, auf der einen Hand; auf der andern Seite sah man Speer und Schild und auf ihrer Brust die gorgonische Aegis. Wer sollte es wagen, ihr mit frevelnden Händen zu nahen?

Auch in den grossen Angelegenheiten gibt es etwas Persönliches. Die Verherrlichung der Siege über die Perser diente zugleich zur Verherrlichung des Miltiades und des Kimon. So war auch hier am Schilde der Göttin das Bild des Perikles angebracht. Man dürfte sagen, dass in diesem Monument die ganze Staatsverwaltung des Perikles zur Erscheinung kam: einmal die grosse Weltstellung selbst, die er erworben, dann das maritime Uebergewicht — denn die Bundesgenossen dienten dem mächtigen Vororte; sie hatten selbst über die Verwendung ihrer Gelder nicht mitzureden. Diesen Sinn bekunden auch die übrigen Bauten des Perikles, jenes Theater am Vorgebirge Sunium, für welches die Uebung der Triremen das Schaugebiet bildete, im Angesichte der Zykladen, vor allem die Hafenstadt des Piräus mit geräumigen Plätzen und weiten, in rechtwinkligen Linien aufeinanderstossenden Strassen, mit der Einrichtung der Häfen selbst für die Kriegsmarine und die Handelsmarine, die die Furchtbarkeit und Opulenz des perikleischen Athen in sich schlossen und allen späteren Hafenbauten zum Vorbild gedient haben. In der Akropolis wurden die alten städtischen Heiligtümer durch eine Karyatidenreihe gleichsam abgeschlossen.

Prächtige Säulengänge verbanden die obere Stadt mit
der unteren und schieden sie doch wieder. Es sind die
Propyläen, die bis in die spätesten Zeiten, sobald die
Kunst sich regte, zum Vorbild geworden sind. In der
unteren Stadt errichtete Perikles Uebungsplätze für die
heranwachsende Jugend im alten Lyzeum sowie in den
Gärten der Akademie, die, durch die Gewässer des Ilissus
belebt, wieder ein ländliches Ansehen gewannen. Man
braucht nur die Bezeichnungen zu nennen: Gymnasium,
Lyzeum, Akademie, um inne zu werden, wieviel diese
Institute, die für die körperliche und die geistige Ausbildung zugleich bestimmt waren, der Nachwelt wert gewesen sind. Sie sind gleichsam typisch für die Kultur. Man
mag die Politik des Perikles bewundern oder nicht, aber
durch die geistige Energie, mit der er seine mit treffendem
Sinn entworfenen Schöpfungen ins Leben rief, hat er sich
ein Denkmal für die Menschheit errichtet.

Bei der Ausführung der Bauwerke war Perikles von
einer Anzahl bewährter oder emporkommender Talente
unterstützt, an deren Spitze wir Phidias finden, der eine
gewisse Direktion über die andern führte. Man könnte
mit Grund sagen, Perikles habe mit seinen Bauunter-
nehmungen sozialpolitische Intentionen verbunden: seine
Meinung war, auch der niedrige Bürgerstand, der nicht
gerade an den Seefahrten und den kriegerischen Unternehmungen teilnahm, müsse den Vorteil des Staates geniessen. Er beschäftigte das Handwerk, und zwar dergestalt, dass auch der Handwerkerstand, der von den zunächst Beteiligten herbeigezogen wurde, eine angemessene
Beschäftigung fand. Niemand sollte feiern, niemand saum-
selig sein und jedermann zu leben haben. Die Bauwerke
erhoben sich mit einer Geschwindigkeit, über welche die
Welt erstaunte. [12]) Athen wurde nun eine wirkliche Stadt,
während die andern griechischen Orte Dörfer blieben —
es war die erste Stadt des Okzidents und der Welt.

Die Kunstwerke, die Perikles hervorrief, waren religiöser Natur. Die Göttin, die er dadurch verherrlichte, war
der Gegenstand der allgemeinen Anbetung. Aber wenn,

wie berührt, der mächtige Staatsmann zugleich die Philosophie beschützte, so hatte das bei ihm noch einen besonderen persönlichen Grund. In seiner Stellung war es ihm förderlich, dass er ein Alkmäonide war, denn nichts fesselt die Gemüter mehr als die Verbindung von persönlichem Verdienst, hoher Geburt und populären Bestrebungen. Bei Perikles hatte es aber auch eine Kehrseite. Das Schicksal der Alkmäoniden knüpft sich an ein Vergehen gegen die Götter des Asyls, das sie schwer hatten büssen müssen. Durch jene Entsühnung des Epimenides war das keineswegs in Vergessenheit geraten. Auch gegen Perikles ist es noch einmal in Erinnerung gebracht worden. Die Lakedämonier, die ihren vornehmsten Feind in ihm sahen, forderten einst die Athener auf, den Schuldbefleckten zu entfernen. Wir erfahren jedoch, dass sie damit auf das Volk von Athen wenig Eindruck machten, weil die Anklage eben vom Feinde kam. Aber hatten nicht auch die Lakedämonier fortdauernd Freunde in Athen? Man darf vielleicht annehmen, dass für Perikles in der Verwundbarkeit seiner Stellung von dieser Seite ein Grund lag, weshalb er sich der Philosophen und besonders des Anaxagoras annahm, dessen Lehre ein rationelles Prinzip in sich schloss, das Anklagen dieser Art nicht aufkommen liess.

Auf ein ähnliches Moment führen auch die Vorwürfe zurück, die man gegen seine Freundin Aspasia, die nicht seine Gemahlin werden konnte, weil sie keine Athenerin war, aber als seine Gattin in seinem Hause lebte, erhob. Sie war eine Sophistria, wie man sagte, die nicht in dem gewöhnlichen Gesichtskreis griechischer Frauen, wie sie damals waren, befangen war und ihn nicht allein durch Schönheit, sondern auch durch Geist und Redegabe fesselte. Man beschuldigte sie aber nicht allein der Begünstigung von allerlei häuslichen Unordnungen, sondern auch des Mangels an Ehrfurcht gegen die Götter; sie soll die Frauen ihres Hauses mit den Namen der Musen unterschieden haben. Phidias geriet in den gleichen Verdacht, da er auf dem Schilde der Athene die Figur des Perikles und seine eigene angebracht hatte. Diese Verbindung populärer Alleinherrschaft mit religiös-philosophischen Abweichungen von dem Volksglauben rief eine Reaktion hervor, welche zu Zeiten unbequem wurde.

Und wer wollte überhaupt leugnen, dass untergeordnete persönliche Beweggründe zu Zeiten auch auf die grossen Angelegenheiten eingewirkt haben? Hier aber lagen die Dinge doch ganz anders. Die Politik, welche Athen die letzten Jahre daher befolgt hatte, führte unvermeidlich zu einer Entzweiung mit Sparta. Besonders waren es zwei Differenzen, die hierauf einwirkten.

Perikles und das athenische Volk, der Seefahrt im Osten Meister, hatten doch nie den Westen aus den Augen verloren. Wie nach Sinope am Schwarzen Meere, so führten sie Kolonien ionischen Ursprungs nach Italien aus, wie Thuri; sie haben an der Gründung von Neapel Anteil gehabt. Nun aber besassen im Westen die dorischen Kolonien, namentlich die korinthischen, die Oberhand, denen etwas abzugewinnen unmöglich war, solange sie vereinigt blieben. Sehr willkommen musste daher den Athenern die Zwietracht sein, die zwischen der vornehmsten korinthischen Kolonie Korkyra und der Mutterstadt selbst ausbrach. Es kam zu einem Kriege zwischen ihnen, in welchem die Korkyräer gerade in dem Augenblick, als sie überwältigt zu werden Gefahr liefen, Unterstützung und Rettung bei Athen fanden. An sich war die Eifersucht der Athener nicht so sehr gegen Sparta als gegen Korinth gerichtet. Schon die Schwankungen der Verhältnisse von Megara beruhten darauf, und soeben kam es noch zu einem anderen Widerstreit in der Nähe der thrakischen Besitzungen der Athener. Hier hatten diese Städte zu ihrem Bunde herbeigezogen, welche korinthische Kolonien waren und noch immer mit ihrer Mutterstadt mannigfaltige Beziehungen unterhielten, was besonders bei Potidäa der Fall war. Athen wollte dies nicht dulden, Potidäa aber nach altherkömmlicher Sitte davon nicht ablassen. Es fand dabei Rückhalt an dem König von Mazedonien, der das Anwachsen der athenischen Macht in seiner unmittelbaren Nähe ungern sah. Ein hohes Interesse hatte es für

Athen, die Pflanzungen im Norden und das maritime Uebergewicht, das sich an ihren Besitz knüpfte, einem mächtigen König gegenüber zu behaupten. Schon Kimon war getadelt worden, dass er nicht dem Königtum von Mazedonien, als die Gelegenheit sich darbot, einen Schlag beibrachte, der es hätte vernichten müssen. Wenn man bedenkt, was später aus diesem Verhältnis entsprang, so kann man sich die Augen nicht dagegen verschliessen, dass hier ein grosses Interesse für die Gesamtheit der Hellenen vorlag. Die Macht der Athener im Norden bildete eine gemeinsame Schutzwehr für alle. Aber die Erfordernisse der auswärtigen Politik stehen nicht selten mit den Bedingungen der inneren Ruhe in Widerspruch. In dem Verfahren der Athener, die in die Zwistigkeiten der einen Kolonie mit ihrer Mutterstadt eingriffen und eine andere davon abhielten, an eben dieser Mutterstadt festzuhalten, liegt doch — daran kann kein Zweifel sein — eine Verletzung der grundlegenden Ideen der alten hellenischen Welt, die dazu angetan war, nachhaltige Feindseligkeiten gegen sie zu provozieren. Die Athener konnten das vielleicht nicht vermeiden; ihre Macht im Westen und Norden brachte sie in Konflikt mit Korinth. Wollte Athen seine Macht im Norden verstärken, nach dem Westen hin erweitern, so war ein Kampf mit Korinth unumgänglich. Ein solcher aber musste den alten Gegensatz Athens gegen Sparta zum vollen Ausdruck bringen. An beiden Stellen, in Potidäa und Korkyra, stiess Athen mit dem Element des Dorismus zusammen, das an der Macht von Lakedämonien den vornehmsten Rückhalt hatte. Die Lakedämonier zögerten eine Zeitlang, dann aber stellten sie Forderungen auf, namentlich die einer Autonomie aller hellenischen Städte, denen sich Athen nicht unterwerfen konnte, ohne sein ganzes System aufzugeben. Die Handlung des Perikles ist nun, dass er trotz dieses Widerspruchs den Entschluss fasste, auf seinem Wege weiterzuschreiten. Die Frage war nicht, ob er den Krieg unternehmen solle, sondern ob er ihn vermeiden könne. Perikles wollte die bisherige Politik nicht verlassen, selbst auf die Gefahr hin, dass es darüber zu einem Kampfe mit Sparta komme. In der Rede an das Volk, die man ihm zuschreibt, wird besonders der Vorteil, den die Seemacht in einem offenen Kampfe über die Landmacht habe, hervorgehoben. Denn von dem Gesichtspunkte der Seemacht ging eben alles aus; das demokratische Volk schloss sich dem Gedankengange seines Führers an.

Der Gesichtspunkt von Sparta erhellt aus der Aeusserung eines der Ephoren, dass man die Athener nicht grösser werden lassen, noch die Bundesgenossen aufopfern dürfe.

Man darf hiebei wohl an das letzte Abkommen erinnern, durch welches die athenische Macht auf dem Kontinent zurückgedrängt, auf die See angewiesen worden war. Hier war sie jetzt so stark geworden, dass sie sich eine Unterordnung unter Sparta, wie eine solche darin gelegen hätte, wenn sie vor den Verbündeten desselben im Norden und Westen zurückgewichen wäre, nicht gefallen lassen konnte; der delische Bund griff sozusagen in das Bereich des peloponnesischen ein. Dagegen stellten auch die Spartaner Zumutungen auf, wie die Aufhebung eines gegen den Verkehr der Megarenser in Attika gerichteten Beschlusses, die dem Selbstgefühl eines freien Gemeinwesens entgegenliefen. Und schon machten in unmittelbarer Nähe die in Sparta verbündeten Thebaner einen Versuch, sich des mit Athen verbündeten Platää zu bemeistern, der zu den gewaltsamsten Tätlichkeiten Anlass gab. [13]) So wurde der Krieg unvermeidlich. Die Lakedämonier rückten unter ihrem König Archidamus ins Feld. Einen Abgeordneten derselben, der sich eigentlich vergewissern sollte, ob nicht die Athener, durch die Gewissheit des Krieges geschreckt, zu friedlichen Gesinnungen zu bewegen wären, wiesen diese zurück, ohne ihn auch nur gehört zu haben, denn aus dem Feldlager des Feindes wollten sie keine Vorschläge annehmen. Perikles, von dem dieser Beschluss herrührte, hatte bereits Vorkehrungen getroffen, bei denen er einem Einfall der Feinde ohne Besorgnis entgegensehen zu können meinte. Niemals war die Autorität des leitenden Mannes, der doch nur ein Bürger war wie die übrigen, stärker hervorgetreten. Er wollte die Verteidigung auf die Stadt und wenige feste Plätze beschränken; das offene Land gab er ohne weiteres dem Feinde preis. In der Landschaft war der alte Zustand der Unabhängigkeit der verschiedenen Bewohner, der in einem früheren Jahrhundert durch die Vereinigung in eine Stadt gebrochen worden war, noch nicht vergessen; die Besitzer hatten sich nach der Verwüstung der persischen Kriege wieder eingerichtet und liebten es, auf ihren Landgütern zu verweilen. Durch die Verfügung, die Perikles durchsetzte, dass sie Haus und Hof verlassen und alle nach der Stadt ziehen sollten, wurden sie auf das empfindlichste betroffen; sie fügten sich jedoch. Manche haben sogar das Holzwerk ihrer Häuser abgebrochen und es mit sich hereingeführt; allein für ihre Einrichtungen waren sie auf die freien Plätze, so viele es deren noch gab, angewiesen, oder die Tempel und Kapellen, die man ihnen überliess. Die Unbequemlichkeit vermehrte ihre Verstimmung, die noch wuchs, als die Lakedämonier in Attika einbrachen und die Eingeschlossenen fast vor ihren Augen ihre Güter verheeren sahen, ohne dass ihnen gestattet worden wäre, sich mit den Waffen zu verteidigen. Eben dahin ging die Absicht des Perikles, einen Kampf im offenen Felde zu vermeiden. Nur die festen Plätze und Mauern sollten behauptet, der eigentliche Kampf zur See ausgefochten werden. Es war die Idee, die man dem Themistokles zuschrieb, in ihrer vollsten Ausdehnung, in der sie jedoch wieder unter ganz anderen Umständen ins Leben trat. Denn Themistokles hatte den Nationalfeind bekämpft, der das Land mit ewiger Knechtschaft bedrohte. Die Lakedämonier wollten doch nur das Uebergewicht von Athen verhindern und das Gleichgewicht der Macht erhalten. Die Folge aber war, dass auch jetzt das offene Land weit und breit wüstgelegt wurde. Perikles meinte, die Verwüstungen in Attika mit Verwüstungen in Lakonika zu vergelten, aber die Lakedämonier wussten doch die Ortschaften, auf die es ankam, im rechten Augenblick zu verteidigen. Von grossem Belang waren die Landungen der Athener damals noch eigentlich nicht. Aber eine andere Handlung führten sie aus, die die gewaltsamsten Feindseligkeiten ankündigte. In jenen Irrungen, die durch den Beitritt Megaras zu dem Bunde von Athen veranlasst worden waren, wogegen Korinth, Epidaurus und Aegina einen Bund schlossen, war es den Athenern gelungen, Aegina selbst in ihre Hand zu bringen; die Insel musste ihre Flotte ausliefern und die Oberherrschaft von Athen anerkennen. Die Spartaner hatten dies geschehen lassen, weil sie eben in Frieden mit Athen waren. Sobald nun aber der Krieg ausbrach, so war Aegina, in der Mitte des Machtbereiches beider Staaten gelegen, der natürliche Gegenstand der beiderseitigen Eifersucht. Sparta forderte die Befreiung von Aegina; Athen schrieb die Feindseligkeiten von Sparta eben den Einwirkungen der missvergnügten Aegineten zu und entschloss sich, sobald der Krieg ausbrach, die Insel unfähig zu jedem Widerstand zu machen und sie nicht sowohl zu unterwerfen, was schon geschehen war, sondern sich selbst anzueignen. Es war, als trete der alte Gegensatz zwischen Doriern und Ioniern in unverhüllter Nacktheit hier wieder hervor. Die Aegineten, die dem dorischen Stamme angehörten, wurden mit Weib und Kind aus ihren Besitzungen vertrieben und diese unter athenische Kleruchen, die zu dem ionischen Stamme gerechnet wurden, verteilt. Ein Teil von ihnen fand eine Freistatt in spartanischem Gebiet, wie die Athener einst solche den Messeniern verschafft hatten.

Wie sehr aber musste das Ereignis den alten Hass zwischen Doriern und Ioniern aufregen. Es liess sich nichts als ein erbitterter langer Kampf erwarten. Niemals waren die Athener mächtiger gewesen, aber auch die Lakedämonier waren imstande, ihnen die Waage zu halten. In dieser Lage, welche zwar Gefahren in sich schloss, aber zugleich die grössten Aussichten darbot, sind die Athener von einem Unglück betroffen worden, auf das kein Mensch gefasst sein konnte. Im zweiten Jahre des Krieges brach eine pestartige Seuche aus, gegen die kein wirksames Heilmittel aufzufinden war und die unzählige Opfer forderte. Ganze Häuser sind ausgestorben. Wahrscheinlich wurde die Seuche aus Aethiopien und Aegypten, wo sie zuerst erschienen sein soll, durch den Seeverkehr eingeschleppt; denn zuerst in der Hafenstadt kam sie zum Vorschein. Aber nicht zu bezweifeln ist, dass die Ansammlung der Bevölkerung in der Hauptstadt unter den schon erwähnten, dem physischen Wohlsein verderblichen Umständen zu ihrer Intensivität und Verbreitung viel beigetragen hat. Man hatte einen Orakelspruch, nach welchem ein Fluch auf die Bebauung gewisser von der Mitte der Stadt entfernter Regionen gelegt worden war. Thukydides bemerkt, dass das Unglück wohl nicht aus dem Fluche, sondern aus der Notwendigkeit, diese Regionen zu bebauen, entsprungen sei. Nur in volkreichen Ortschaften ist die Pest damals überhaupt zum Ausbruch gekommen; der Peloponnes, wo alles in alten, gewohnten Zuständen verharrte, blieb von ihr verschont. Eben als die Seuche in Athen ausbrach, war Archidamus mit seinem Heere nochmals in Attika vorgedrungen. Während infolge des hiedurch veranlassten neuen Zuzugs, besonders der niederen Klassen, daselbst die Seuche noch stärker anwuchs, fanden die Spartaner keinen eigentlichen Widerstand, aber der Qualm, der von den Totenverbrennungen in der Stadt emporstieg, erinnerte sie daran, dass sie auch selbst von einer Ansteckung betroffen werden konnten; sie zögerten nicht zurückzugehen. Indessen brach die Krankheit, die mit den Spartanern gleichsam im Bunde war, auch auf der athenischen Flotte aus. Die Flotte hatte abermals Landungen versucht, die ihr besser gelangen als das Jahr zuvor, und Verwüstungen vorgenommen. Fürwahr ein grässlicher Anblick: die beiden Mächte, die vereinigt eine universale Bedeutung in der Welt hätten erlangen können, in diesem wütenden und hoffnungslosen Kampfe einander zerfleischen zu sehen.

Perikles geriet nun auch in Athen in eine immer schwieriger werdende Situation. Infolge der Verwüstung des Landes und der Seuche verlor er die Gunst des Volkes, das jedes Missgeschick den Führern zuzuschreiben pflegt. Kaum aber war er wieder in Besitz seiner Autorität gelangt, als die Nachwehen der Seuche auch ihn ergriffen und hinrafften.

Perikles gehört zu den Volksführern aristokratischer Herkunft, die sich an die Spitze der Demokratie stellten und das eigene Leben derselben erweckten. Weder mit Aristides oder gar mit Solon wird man ihn vergleichen. Er hat nicht die moralische Reinheit der Impulse, die diese leiteten. Er schritt ganz auf den Spuren seines Grossoheims Klisthenes einher. Den Demos, den Klisthenes eigentlich begründet hatte, hat Perikles zum Herrn des Gemeinwesens gemacht und vollkommen konstituiert, so dass eine Wiederbelebung des aristokratischen Prinzips kaum mehr zu erwarten stand. Der Gesichtspunkt, von dem bei ihm alles ausging, war die Entwicklung der Macht von Athen. Das lag schon insofern in der Beförderung der Demokratie, als es überall demokratische Regungen in Griechenland gab, die sich nun an Athen anschlossen. Zugleich aber erhob Perikles die Autorität Athens über den Seebund zu einer Stärke, gegen die kein Widerstand etwas vermochte. Er schloss alle Beziehungen aus, die mit den Persern innerhalb des Bundes angeknüpft werden konnten und schlug den Versuch, den die angesehenste der Inseln machte, eigenmächtig aufzutreten, mit den Waffen nieder. Diese demokratische und maritime Macht bildete das Fundament zu der Grösse der Stadt. In beiderlei Hinsicht stiess Perikles mit Sparta zusammen, mit dem er sich ohnehin in dem alten alkmäonidischen Gegensatz befand. Er wusste wohl, dass er der Macht der Peloponnesier zu Lande nicht gewachsen sei; um derselben aber nicht gleich bei dem ersten Anfall zu unterliegen, griff er zu einer Massregel, die, grossartig in sich selbst, verhängnisvoll für ihn und Athen werden sollte. War es nicht in der Tat möglich, indem er das offene Land den Einfällen der Peloponnesier preisgab, dabei dennoch das Wesen der Macht nicht allein zu behaupten, sondern zu verstärken und auf diese Weise das maritime Uebergewicht unerschütterlich festzusetzen? Auch die Angriffe von der Landseite her hätten, wenn sie keine Wirkung hervorbrachten, nach und nach unterbleiben müssen. Es liegt ein tragisches Geschick darin, dass dies Vorhaben durch das Eingreifen unberechenbarer Naturkräfte, deren wir gedachten, gebrochen wurde. Jene Seuche brach aus, die durch Thukydides' unvergleichliche Schilderung jedermann vor Augen steht. Sie lähmte die Schwingen von Athen auf immer und machte dem Leben des Perikles mitten in seiner Wirksamkeit ein Ende. Wohin Perikles Athen auf seinem Wege geführt haben würde, wer könnte das sagen zu wollen sich vermessen? Mitten in den umfassendsten Unternehmungen war seine Seele immer auf das Ideale und Schöne gerichtet. Die Doppelseitigkeit seiner Natur, indem er durch die Förderung der Kunst die Religion stärkte und durch die Förderung der Philosophie der freien Wissenschaft Raum machte, hat bewirkt, dass eines der grossen Zeitalter der Kultur mit seinem Namen bezeichnet wird. Das ist die Unsterblichkeit auf Erden. In dem Staate aber trat mit seinem Tode eine Veränderung von Grund aus ein.

Männer von hoher Bedeutung können überhaupt nie ersetzt werden, denn die Bedingungen müssten sich wiederholen, aus denen ihre individuelle Stellung erwachsen ist.

Der Tod des grossen Führers, des ersten Bürgers, war dadurch doppelt empfindlich, dass er keinen Nachfolger hatte. In der demokratischen Bewegung hatte Perikles die Einheit, die aus dem leitenden Gedanken entspringt, aufrechterhalten. Nach seinem Tode musste sich alles zersetzen und die Parteiung Platz greifen, die er zu beseitigen gewusst hatte.

3. Kleon und seine Zeit

Unter den Gegnern des Perikles, welche die Gewalt, die er besass, in späteren Jahren bekämpften, war einer der wirksamsten jener Kleon, den der grosse Komiker der Zeit dem Spott und der Verachtung der Nachwelt preisgegeben hat. Kleon war ein Industrieller, der sich durch eine von Sklaven betriebene Gerberei nährte, durch sein Gewerbe den Klassen der Bürgerschaft, die die Mehrheit ausmachten, nahestand, ihre Gefühle teilte und ihre Gesinnungen in durchgreifenden Reden zum Ausdruck brachte, so dass er nach dem Tode des Perikles einen dominierenden Einfluss gewann, ein Mann von niedriger Herkunft, ohne die Erziehung, die damals als ein Erfordernis für Leben und Staat betrachtet wurde. Aber es lag nun einmal im Wesen der Demokratie, dass im Strudel des politischen Antagonismus sich ein Mensch dieser Art geltend machen konnte. Bei Aristophanes erscheint er als der « gottverhasste Gerber », der « lästerliche Schreier », von dessen Wut alle Beratschlagungen und Gerichte voll seien, als « Aufwühler des Unrats ». Er stellt ihn einmal als den Haushofmeister des Demos dar, den er dann wieder beherrscht und dessen andere Sklaven er misshandelt. Es gehört zu den Handlungen, die sich Aristophanes zur Ehre rechnet, dass, da niemand es wagte, zu der an dem Feste der Lenäen beabsichtigten Aufführung des Stückes die Maske Kleons anzufertigen, er selbst die Rolle übernahm, was ihm notwendig den tödlichen Hass des Verspotteten zuzog.

Diese Darstellung ist in späteren Zeiten als geschichtlich betrachtet worden, allein ich möchte nicht wagen, auch nur einzelne Züge aus ihr in die Geschichte aufzunehmen, denn in der Natur der Komödie lag es, ein Zerrbild, das den Stimmungen der Zeit entsprach, auf die Bühne zu bringen. Sie hat Züge der Wahrheit, darauf beruht ihre Wirkung; aber alles wird doch von gehässiger Fiktion getragen. Will man Kleon nicht verteidigen, sondern beurteilen, so darf man nur den Anteil erwägen, den er an der Staatsverwaltung wirklich nahm und in dem er ein gewaltsames, wildes Naturell an den Tag legt. Wir dürfen nicht versäumen, der Konflikte zu gedenken, in denen er hervortrat, weil sie das Verhältnis Athens zu seinem Seebunde, das eines der wichtigsten Momente der Zeit bildet, ins Licht stellen.

Kleon erscheint als ein demokratischer Volksführer, der kein Mittel verschmähte, um die Gunst der Menge zu erwerben und zu fesseln. Von ihm stammte eine Verstärkung des Heliastensoldes, dessen Vermehrung auf das Dreifache beschwerlich für den Staat war, doch zugleich dazu diente, eine Partei in der Volksversammlung zu gründen, über die der Demagog verfügen konnte. Welcher Art dann seine Einwirkung war, zeigt sein Verfahren bei dem Abfall von Lesbos. Dieser Abfall enthielt den Versuch, das ganze System zu brechen, auf dem die Macht von Athen beruhte. Die Lesbier waren die mächtigsten von den Bundesgenossen der Athener und die am wenigsten belästigten, aber, wie in der Rede, die Thukydides ihren Gesandten in den Mund legt, ausgeführt wird, es war nur gegenseitige Furcht, wodurch ein einigermassen erträgliches Verhältnis zwischen Athen und Lesbos aufrechterhalten wurde; den Athenern war die ansehnliche Seemacht der Lesbier verdächtig und widerwärtig; in den Lesbiern erweckte die Ueberlegenheit der Athenienser misstrauische Besorgnis; sie fürchteten, sie würden zuerst dazu gebraucht werden, um andere zu unterwerfen und zuletzt demselben Schicksal verfallen. So lange nun Athen im vollen Besitz seines Uebergewichtes war, verhielten sie sich ruhig. Als aber die Athener durch die mannigfaltigen kostspieligen Unternehmungen, zu denen sie schritten, und besonders durch die Seuche geschwächt waren, und zugleich die Wechselfälle des Krieges die Hoffnung erweckten, Lakedämon, wo eine erste Anfrage abgewiesen worden war, jetzt doch zur Teilnahme herbeizuziehen, wurde der Gedanke, sich den Athenern zu widersetzen, ernstlicher gefasst. Die Athener hörten von den ersten Vorbereitungen und eilten, ihnen zu begegnen. Aber auch die Mitylenäer, die an der Spitze der lesbischen Bewegung standen, erfuhren, was man gegen sie vorhatte, und trafen Sicherheitsanstalten. Als nun die Athener die Forderung an die Mitylenäer richteten, ihre Festungen zu zerstören und ihre Schiffe auszuliefern, beschlossen diese, eine solche Zumutung zurückzuweisen. [14]) Und ohne viel Mühe

gelang es ihnen, die Lakedämonier und den peloponnesischen Bund auf ihre Seite zu ziehen. Der Beweggrund
war, dass dann alle Genossen des delischen Bundes in den
Stand kommen und dazu vermocht werden würden, sich
von Athen loszureissen, was dessen Macht geradezu vernichten würde. Ein bedeutungsvoller Wechsel war es
schon, dass Lesbos den athenischen Bund verliess und zu
dem peloponnesischen übertrat. Allein für Mitylene folgte
daraus das grösste Unglück. Die Peloponnesier schickten
in der Tat eine Flotte in See, die jedoch erst dann im
Aegäischen Meere erschien, als es bereits zu spät war. Die
rasch entschlossenen Athener hatten alle ihre Kräfte
gegen Mitylene gewendet, sie hatten einen Teil der Insulaner auf ihrer Seite; was ihnen aber am meisten zu Hilfe
kam, war eine demokratische Bewegung in der Stadt. Die
Verfassung von Mitylene war oligarchischer Natur und
gab der Stadt auch insofern eine Beziehung zu den Peloponnesiern. Bei der dringenden Gefahr, die durch die
Belagerung der Athener, die dabei kleinere Befestigungen
anlegten, von denen aus sie die Stadt bedrängten, entstand,
entschlossen sich die Mitylenäer, die Stadtgemeinde zu
bewaffnen, und zwar auf den Rat eines herbeigekommenen
lakedämonischen Abgeordneten, selbst mit schweren
Waffen. Aber die Wirkung war der, die man erwartete,
ganz entgegengesetzt. Einmal im Besitz dieser Waffen,
glaubte die Gemeinde von Mitylene den Geschlechtern
den Gehorsam aufkündigen zu können; dadurch, dass sie
drohte, zu den Athenern überzugehen, nötigte sie die
Oberhäupter, einen Frieden mit diesen zu schliessen, dessen Bedingungen jedoch in der Tat eine Ueberlieferung
auf Gnade und Ungnade in sich enthielten. Die Demokratie von Athen war mit den Demokraten von Mitylene
verbündet. Die Volksversammlung von Athen, in der jetzt
Kleon das grosse Wort führte, kam in den Fall, über ihre
Feinde, zugleich politische Feinde und Widersacher ihrer
Macht, zu Gericht zu sitzen. Der erste Beschluss der
Athener entsprach nun der Leidenschaft, in welche sie

durch das Verhalten von Mitylene versetzt worden waren und die der gewaltige Demagoge schürte.

Die vornehmsten Schuldigen, gegen 1000 an Zahl, hatte ihr Heerführer der Flotte nach Tenedos geschickt. Der Beschluss der Versammlung war, sie hinzurichten, nicht allein aber diese, sondern mit ihnen auch alle mannbaren Mitylenäer, die Weiber und Kinder aber zu Sklaven zu machen; es war das furchtbare Kriegsrecht, aus dem, wie angedeutet, die Sklaverei zunächst im Orient hauptsächlich hervorgegangen ist. Kleon drang darauf, weil ja nicht die Führer allein schuldig seien, sondern das gesamte Volk; der Abfall sei ohne allen eigentlichen Grund geschehen; man müsse denselben schonungslos strafen, um dadurch andere abzuschrecken, die etwa geneigt wären, diesem Beispiel zu folgen; sonst würde die Macht von Athen, die aus den Beisteuern der Bundesgenossen erwachse, in Gefahr geraten, zugrunde zu gehen. Die Sache schien so einleuchtend, dass er alle, die einer abweichenden Meinung seien, verdächtigte, den Bestechungen durch die Mitylenäer Raum gegeben zu haben. So war der Sinn des Mannes, mit unbedingter Strenge zugleich Rache auszuüben, die um so mehr wirke, je rascher sie vollzogen werde, und durch die Vollziehung der Strafe den gesamten Bund im Zaume zu halten. Er setzte durch, dass ein Schiff an den Befehlshaber in Lesbos mit der Anweisung abgefertigt wurde, die Strafe unverzüglich zu vollstrecken. Noch einmal aber fand Kleon Widerspruch in Athen; die Sache wurde des nächsten Tages nochmals vor die Volksversammlung gebracht, und ein Antagonist Kleons, Diodotos, erhob sich, um die Gegengründe geltend zu machen. Er wies die Verdächtigungen Kleons mit siegreichem Selbstgefühl zurück. Indem er dessen Grundsatz, dass um jeden Preis die Seemacht mit ihren Hilfsquellen behauptet werden müsse, zu dem seinen machte, führte er aus, dass dies nicht dadurch geschehen könne, wenn man alle Abweichungen mit Tod und Verderben ahnde; denn solche würden doch nicht unterbleiben, und unmöglich könne man sich immer mit Belagerungen und Ueberwältigungen

verdächtiger Bundesgenossen beschäftigen, die durch die
Androhung der äussersten Strafe auch ihrerseits zur Verteidigung bis auf den letzten Blutstropfen veranlasst werden würden, sondern dadurch, dass man Sorge für sie
trage und es vermeide, sie zur Ungebühr zu reizen. Rede
und Gegenrede sind bei dem Geschichtsschreiber der
Epoche in unnachahmlicher Ausführung einander gegen-
übergestellt. Kleon leugnet nicht, dass die Herrschaft
die man ausübe, eine Tyrannis sei; habe man kein Recht
dazu, so müsse man von ihr abstehen und zu Hause ein
ruhiges Leben führen; glaube man aber, zur Herrschaft
berechtigt zu sein, so müsse man sie auch mit äusserster
Gewalt behaupten. Wenn Diodotos dagegen einwendete,
dass darin vielmehr eine Gefährdung der Herrschaft liegen
würde als eine Begründung, so lässt sich doch bezweifeln,
ob er mit diesem Argument, das seiner Natur nach zweifelhaft ist, viel Eindruck gemacht haben würde; er führte
aber auch ein anderes an, das sehr geeignet war, durch-
zuschlagen. In allen bundesverwandten Städten gab es
zwei Parteien, eine aristokratische von einer den Athenern abgewandten Tendenz und eine demokratische, die
ihnen zuneigte; die letzte Entscheidung in Lesbos war
eben dadurch erfolgt, dass die Bürgerschaft, sobald es
möglich wurde, der Aristokratie entgegentrat. Den schon
gefassten Beschluss auszuführen, würde geheissen haben,
die eigenen Verbündeten Athens zu vernichten. Alle
Demokratien unter den Bundesgenossen würden dadurch
mit einem Schlage entfremdet worden sein. Die Entscheidung war bei dem Uebergewicht Kleons auch dann noch
zweifelhaft; als es aber zur Abstimmung kam, erfolgte der
Widerruf des am Tage zuvor erlassenen Beschlusses, und
dem schon mit demselben abgegangenen Schiffe wurde ein
anderes nachgeschickt, bei dem man die Ruderer durch
reichliche Fürsorge in den Stand setzte und willig machte,
einander abzulösen, wodurch dann eine Geschwindigkeit
der Fahrt erreicht wurde, durch welche das zweite Schiff
in dem Augenblick eintraf, als der atheniensische Befehlshaber den ersten Befehl las, der ihm eben zugegangen war

und der nun widerrufen wurde. Der Stadt geschah nun
nichts weiter zuleide, aber jene vornehmsten Schuldigen
auf Tenedos wurden sämtlich hingerichtet, und diese
Grausamkeit war, wie man sieht, noch eine Gnade. Das
grosse Ergebnis war dann doch, dass die Seeherrschaft im
Archipelagus ungeschmälert behauptet wurde. Eine lakedämonische Flotte, die in diesen Gewässern erschien,
kehrte wieder nach Hause zurück, ohne das mindeste ausgerichtet zu haben. Die Feier eines grossen Festes in
Delos diente dazu, der wiederbefestigten Herrschaft
Athens auf den Inseln eine religiöse Weihe zu verleihen.

Auf dem festen Lande dagegen behielten die Peloponnesier die Oberhand. Es war ein empfindlicher Verlust für
Athen, dass Platää nach langem, kräftigem Widerstande
doch in die Hände der Thebaner fiel. Die siegreichen Thebaner überboten noch die Athener durch Grausamkeit.
Sie hatten den abziehenden Besiegten die Sicherheit ihres
Lebens versprochen; als diese herauskamen, wurden sie
sämtlich niedergemacht. Es war ein kecker Gedanke des
athenischen Feldherrn Demosthenes, durch eine Einmischung in die Streitigkeiten zwischen Akarnanien und
Aetolien sich zu Lande einen Weg zu eröffnen, der ihn
nach Böotien führen sollte, um auch hier das Gleichgewicht wiederherzustellen. Aber sein Vorhaben scheiterte
an der unverweilten Erhebung der ätolischen Gaue, die
noch in ihrer alten Einfachheit dahinlebten. Und als das
Kriegsglück doch wieder einmal zugunsten der Athener
umschlug, hielten es die Akarnanen für das beste, den
Streitigkeiten mit ihren Nachbarn durch ein Abkommen
auf hundert Jahre ein Ende zu machen. Diese landschaftlichen Verwicklungen haben später einmal in die grossen
Weltbegebenheiten entscheidend eingegriffen, damals war
es nicht der Fall. Dagegen gelang es den Atheniensern,
im Peloponnes selbst einen Schlag auszuführen, der den
Lakedämoniern höchst empfindlich wurde. Fast zufällig
beim Vorüberfahren nach den westlichen Gewässern setzten sich die Athener unter der Führung eben wieder des
Demosthenes, mit dem die andern Obersten der Flotte

hierüber nicht einmal einstimmig waren, in dem von Sparta vernachlässigten Hafen von Pylos fest. Sie errichteten an den steilen Abhängen der Küste eilig, aber mit glücklicher Hand, eine kleine Feste, die sie besetzten. Die Lakedämonier empfanden es als einen Schimpf, dass der verhasste Feind auf ihrem eigenen Gebiet eine Burgfeste besitzen sollte. Unverzüglich trafen sie Anstalt, ihn daraus zu verjagen; aber die Athener waren kriegsfertig genug, den ersten Landungsversuch, bei dem der tapfere spartanische Führer Brasidas verwundet wurde, zurückzuweisen. Dann drang auch ihre Hauptflotte, von der westlichen Fahrt zurückkehrend, in den Hafen ein und brachte den Lakonen, die ebenfalls mit ihrer Flotte herbeigekommen waren, um ihn zu schützen, Verluste bei, die an eine Niederlage grenzten. Das vornehmste Ereignis war das folgende. Auf die vor dem Hafen liegende Insel Sphakteria hatten die Lakedämonier eine Abteilung von Schwerbewaffneten aus ihrer eigenen Mitte und aus den Scharen ihrer Bundesgenossen geworfen; diese wurden nun durch die Ueberlegenheit der atheniensischen Flotte, die die See beherrschte, abgeschnitten und schienen dem schrecklichen Schicksal, das damals der Sieger über den niedergeworfenen Feind zu verhängen pflegte, nicht entgehen zu können. In Lakedämon erregte aber diese Gefahr die grösste Bewegung, zumal da viele der auf der Insel eingeschlossenen zu den angesehensten Familien des Landes gehörten. Die Spartaner entschlossen sich, in Athen Friedensanträge zu machen, bis zu deren Annahme oder Verwerfung nach einer mit den atheniensischen Strategen getroffenen Verabredung die Feindseligkeiten im Hafen von Pylos und auf der Insel eingestellt werden sollten. Eine lakedämonische Gesandtschaft ging ab, um den Athenern nicht allein Frieden und Freundschaft, sondern Symmachie anzubieten, wenn die auf der Insel befindlichen Mannschaften freigegeben würden. Den Athenern wurde vorgetragen, sie möchten nicht unversöhnliche private Feindseligkeiten den öffentlichen hinzufügen; sie möchten den günstigen Augenblick benutzen, um den beiden Repu-

bliken und den Griechen überhaupt den Frieden zurück-
zugeben. Auch in den Athenern war eine starke Sehnsucht nach dem Frieden erwacht. Aber der leitende
Demagog stellte ihnen vor, dass ein Preis in ihren Händen
sei, der noch viel höher verwertet werden könne; er war
mit der Herstellung des Zustandes vor dem Kriege, der in
den Anerbietungen der Lakedämonier lag, nicht zufrieden.
Er meinte, sie würden dahin zu bringen sein, die Plätze
wieder herauszugeben, die einst Perikles bei Abschluss
des dreissigjährigen Stillstandes ihnen überlassen hatte.
Diese Plätze waren aber entweder in ihrer alten Freiheit
wiederhergestellt oder ihren früheren Besitzern zurückgegeben worden. Alles war durch einen Vertrag geschehen,
der den Atheniensern dagegen grosse Vorteile eingeräumt
hatte. Die lakedämonischen Gesandten, über diese Zumutungen betroffen, trugen auf die Niedersetzung einer Kommission an, um die einzelnen Punkte mit ihr ruhig zu be-
sprechen. Dadurch aber reizten sie erst den heftigsten
Widerspruch Kleons auf, der von keiner Verhandlung
hören wollte, als von einer, die vor allem Volk geführt
werde: denn in einer solchen hing die Entscheidung von
ihm ab. Man mag nun über Kleon übrigens denken wie
man will: eine geschichtliche Figur von Bedeutung ist er
immer; er setzte durch, dass in einem für die Beendigung
des Krieges, der keinen rechten Zweck mehr hatte, überaus günstigen Moment die Friedensunterhandlung abgebrochen wurde. Man könnte zwei Arten von Politikern
unterscheiden: die einen haben nur immer die gegenwär-
tige Lage vor Augen, den unmittelbaren einseitigen
Gewinn, die andern die nach der Hand zu erwartenden
Folgen und den Gegensatz der allgemeinen Kräfte, den
man zu provozieren und zuletzt doch nicht bestehen zu
können Gefahr läuft. Zu den ersten gehörte der hochfahrende, stürmische Demagog von Athen. Ihm lag alles
daran, den momentanen Vorteil einseitig auszubeuten, was
eben das Mittel für ihn war, die Mehrheit der Stimmen an
sich zu fesseln. Die Betrachtung, dass der Krieg, wenn er
wieder anging, einen unglücklichen Ausgang für Athen

haben könne, lag ihm ferne; Rücksicht auf das allgemeine Beste der griechischen Welt war nicht in ihm.

Trotz der mannigfachen Torheiten, die er beging, war ihm das Glück günstig. Er selbst liess sich gern und ungern zum Feldherrn ernennen, um Sphakteria, dessen Bewachung viele Ungelegenheiten verursachte, einzunehmen. Der Zufall, dass die Waldung, womit die Insel bedeckt war und die den Angriff schwierig machte, durch eine Unvorsichtigkeit in Brand geriet und die Anstalten, die Demosthenes hierauf zur Besitznahme der Insel traf, kamen dem neuen Strategen so gut zustatten, dass sich die auf der Insel eingeschlossenen Spartiaten, von einer überlegenen Macht auf das geschickteste angegriffen, zuletzt wirklich gefangen geben mussten; man zählte ihrer ungefähr noch dreihundert; die übrigen waren dem heissen und raschen Angriff erlegen. Kleon führte sie triumphierend nach Athen; die Spartaner erneuerten dann ihre Friedensanträge, die aber wegen der immer steigenden Ansprüche der Athener zu keinem Ziele führten.

Von dem Entschluss des Demos, den Krieg mit der grössten Anstrengung fortzusetzen, zeugt unter anderem die Erhöhung der Steuern, die unter demselben Archontat des Stratokles, in das die Eroberung von Sphakteria fällt, den Bundesgenossen aufgelegt wurde, zuweilen etwas über das Doppelte des bisherigen Beitrages, zuweilen etwas darunter.

Fürs erste bot es den Athenern einen nicht zu unterschätzenden Vorteil dar, dass sie die Gefangenen von Sphakteria in der Hand hatten. Wie sehr sie gesonnen waren, sich dessen bis zum äussersten zu bedienen, sieht man aus dem Beschluss, die Gefangenen umzubringen, sobald die Lakedämonier einen neuen Einfall in Attika ausführen würden. Da ein solcher nun wirklich unterblieb, so warfen sich die Athener, durch die Tribute der Bundesgenossen dazu instandgesetzt, mit wachsendem Eifer in den Krieg, der besonders da zu namhaften Erfolgen führte, wo ihnen die Demokratie gegen eine herrschende Aristokratie zu Hilfe kam. So wurden sie Meister von Korkyra und bemächtigten sich Kytheras; auch an anderen Küstenplätzen trugen sie Vorteile davon. Grosse Unternehmungen aber, wie gegen Korinth und Theben, misslangen ihnen doch auch jetzt. Bei Tanagra brachten ihnen die Böotier eine Niederlage bei. Und endlich erhoben sich auch die Spartaner wieder zu offenen Feindseligkeiten; sie griffen Attika nicht geradezu an, aber für die allgemeine Lage der Dinge war es vielleicht noch wichtiger, dass sie ihre Waffen gegen die nördlichen Besitzungen der Athenienser wendeten. Ihre Absicht hierbei war dieselbe, die schon zu den Ereignissen von Lesbos Anlass gegeben hatte, nämlich den Athenern ihre Bundesgenossen zu entziehen. Was zur See misslungen war, wurde nun zu Lande versucht. Wohl hatte sich Potidäa nach langem Widerstande infolge einer zweijährigen Belagerung den Athenern wieder unterwerfen müssen. Aber jene Regionen waren überhaupt in fortwährender Gärung begriffen. Von einem Teil der Bevölkerung, der bereits zur Empörung geschritten war, waren die Lakedämonier zu Hilfe gerufen worden; ein anderer, der nicht an Empörung dachte, hoffte doch durch Annäherung an Lakedämon eine freiere Stellung zu gewinnen. Und von dem König Perdikkas in Mazedonien, der einst bei seiner Thronbesteigung von den Athenern beleidigt worden, wusste jedermann, dass er diesen grolle. Auch gegen andere Nachbarn wünschte er lakedämonische Unterstützung zu erlangen. Für Lakedämon, das von Pylos und Kythera aus von den Athenern belästigt und wegen der Unzuverlässigkeit der Heloten, die zu diesen neigten, sogar gefährdet wurde, bildete es einen Gegenstand der Fürsorge für sich, den unermüdlich beweglichen Gegnern an einer andern Stelle Feindseligkeiten zu erwecken. So begab sich Brasidas, nicht jedoch ohne bei dem Durchzug in Thessalien viele Schwierigkeiten zu finden, nach jenen Regionen; er dachte, die Bundesgenossen der Athener zu Bundesgenossen von Sparta zu machen. Dabei aber hatte er den Gedanken, in die inneren Zwistigkeiten der Städte nicht einzugreifen, namentlich nicht die Aristokratie gegen die Demokratie zu begünstigen. Die herrschenden Gewalten in Lakedämon hatten ihm auf das feierlichste versichert, dass sie die Freiheit der Gemeinden, die zu ihnen überträten, ungeschmälert lassen würden. So trat Brasidas zuerst in Akanthus mit dem Versprechen auf, den Einwohnern und allen Hellenen Freiheit von dem Joche der Athenienser zu verschaffen; indem er die Götter und Heroen des Landes als Zeugen anrief, drohte er zugleich, jede Weigerung mit Verwüstung des Landes zu rächen. Also Uebertritt auf der einen, gewaltsame Unterwerfung auf der anderen Seite. Die Einwohner waren im allgemeinen nicht geneigt, ihre Zugehörigkeit zu Athen mit der Gefahr von Leib und Leben zu verteidigen. Dort in Akanthus wurde über den Antrag des Brasidas förmlich abgestimmt; die Mehrheit trat ihm bei. Man darf vielleicht annehmen, dass die Verdoppelung der Beiträge, die damals ins Werk gesetzt wurde, dazu mitgewirkt hat. Dadurch erwuchs nun aber den Athenern eine Feindseligkeit von einer grösseren Tragweite, als sie bisher bestanden hatten. Brasidas war eine gesetzte, soldatische Natur, tadellos und heldenmütig; er besass die Gabe, indem er sich mit den Feinden schlug, das Vertrauen der Freunde zu befestigen.

Ein grosses Ereignis war, dass er sich der Kolonie, die die Athener zwischen den beiden Armen des Strymon gegründet hatten, Amphipolis, bemächtigte, unterstützt von den Nachkommen der alten Einwohner in Stadt und Land. Er befolgte dabei immer dasselbe Verfahren; den Gemeinden sagte er nicht allein Sicherheit zu, sondern auch eine eigene unabhängige Regierung. Wer es vorzog, an Athen festzuhalten, den liess er mit seiner Habe abziehen, wie in Amphipolis, so auch in Torone, das er bald darauf einnahm. Die Einwohner der thrakischen Städte traten nach und nach von der beschwerlichen Herrschaft Athens zur Bundesgenossenschaft der Lakonen über. Unter den Eingeborenen in der Chalkidike verteilte Brasidas Waffen und übte sie in seiner Kriegsweise ein. Es kam hinzu, dass Perdikkas in Gemeinschaft mit Brasidas die Illyrier angriff,

wodurch dann das Uebergewicht der Lakedämonier in
diesen Regionen verstärkt werden musste.

Dergestalt sahen sich die Athener in den Landschaften,
auf deren Besitz ihre politische Grösse vornehmlich beruhte, unerwartet beeinträchtigt und gutenteils ihrer
beraubt. Das hatte aber zugleich eine Rückwirkung auf
die Seeherrschaft. Noch einmal griff hierbei das Verhältnis von Lesbos ein. Die in grosser Anzahl geflüchteten
Lesbier, die anderweitige Hilfe zusammengebracht hatten,
setzten sich in Antandros fest, von wo sie nach Mitylene
zurückzukehren die Hoffnung fassten.

Auch auf anderen Inseln liess sich Widerstreben bemerken. Mit der Besorgnis vor einem allgemeinen Abfall
mag es zusammenhängen, dass die Athener die Einwohner
von Delos, denen eine durch die frühere Lustration noch
nicht beseitigte Verunreinigung der Insel schuld gegeben
wurde, mit Weib und Kind von derselben entfernten und
durch attische Bürger ersetzten, so dass sie genötigt wurden, bei den benachbarten persischen Satrapen Aufnahme
zu suchen. Die Athener waren nicht im mindesten geneigt,
dem ungünstigen Geschick, das über sie hereinbrach, zu
weichen, aber sie hielten doch für gut, einen Stillstand auf
ein Jahr einzugehen, wobei ein jeder behalten sollte, was
er besass. Ueber diesen Stillstand brach jedoch sogleich
ein neuer Streit aus. In diesem Augenblick waren die
Skionäer auf der Halbinsel Pallene zu den Lakedämoniern
übergetreten; man wusste nicht recht, ob das vor oder
nach dem Abschluss des Stillstandes vorgefallen war. Die
Athenienser hatten vollkommen Recht, wenn sie behaupteten, es sei zwei Tage nach dem Abschluss geschehen,
und waren nun entschlossen, ihr Recht zu wahren und die
Stadt wieder zu erobern, die jedoch die Lakedämonier der
Rache derselben zu überlassen Bedenken trugen. Das
Jahr hindurch wurde der Stillstand ziemlich gut beobach-
tet. Aber indes veränderte sich die allgemeine Lage auch
dadurch, dass Perdikkas mit Brasidas zerfiel und den
Athenern Bündnis anbot. Hierauf hauptsächlich stützte
sich Kleon, der nun selbst in Erinnerung an seine Erfolge

in Pylos, zum Feldherrn ernannt wurde und mit einer ansehnlichen Flotte nach den thrakischen Küsten abging, zugleich mit einem stattlichen Heer von Landtruppen ausgerüstet. Es gelang ihm, Skione wieder zu erobern, wo er das damalige Recht der Oberherren gegen ihre abgefallenen Untertanen auf das gewaltsamste geltend machte; Weiber und Kinder wurden zu Sklaven gemacht, die wehrhaften Mannschaften als Gefangene nach Athen abgeführt. Und nun segelte er nach dem Strymon, wo er bei Eion, das Thukidides der Geschichtschreiber, damals Führer der Flotte, beim Verlust von Amphipolis hatte in die Hände des Brasidas fallen lassen, Stellung nahm, um die Hilfstruppen des Perdikkas und anderer benachbarter Herrscher zu erwarten und dann den Krieg mit aller Macht zu beginnen. Er hatte aber nicht die Geduld, an dieser Stelle, wo er sich verteidigen konnte, auszuharren, da seine Völker Misstrauen gegen seine Führung hatten und sich mit beissenden Bemerkungen gegen ihn vernehmen liessen. Bei weitem mehr Demagog als Heerführer, vergass er an der Spitze seiner Truppen, was seine militärische Pflicht gewesen wäre. Er verliess seine gute Position, um von der Stimmung im Lande persönlich Kunde zu nehmen. Hierbei aber wurde er von dem kriegsgeübten Brasidas überrascht. Der kecke Demagog erlag dem gewiegten Strategen.

Brasidas, der in die Nähe von Amphipolis gerückt war, traf Anstalt, dass die Athener, die nichts vermuteten, indem er mit einer auserlesenen Schar auf sie losging, auch von der Stadt aus angegriffen wurden. Indem die Athener betroffen eine rückgängige Bewegung machten, wurden sie vollends geschlagen. Kleon selbst wurde getötet. Brasidas war verwundet worden und starb kurz darauf.

In diesem Ausgang lag keine Entscheidung, aber ein grosses Ereignis. Nachdem auf der einen Seite der tapfere Kriegsmann, der so Grosses ausgerichtet, dass er bereits die Eifersucht der lakonischen Aristokratie erweckte, gefallen war, zugleich aber auch auf der anderen der gewaltige Demagog, dessen Stimme vor allen anderen in Athen gehört wurde, so liess sich hoffen, dass ein Abkommen zustande kommen würde; an Frieden zu denken, hatte man auf beiden Seiten guten Grund.

*

Die Lakedämonier konnten nichts mehr wünschen als der steten Invasionen, die von Pylos und Kythera her in ihr Gebiet geschahen und die Ureinwohner des Landes gegen ihre Beherrscher aufregten, sich zu entledigen; ihre ganze Existenz kam in Gefahr, wenn Argos, mit dem sie nur einen Stillstand geschlossen, der in kurzem ablief, die alten Feindseligkeiten erneuerte. Die Athener aber empfanden, dass ihr Bundessystem, die Grundlage ihrer Macht, erschüttert war. Durch einen plötzlichen Ueberfall hatten sie Delion eingenommen, das zur Behauptung ihres Uebergewichtes über Euböa vortrefflich gelegen war; aber sie hatten dann dort unglücklich gefochten; Böotier und Korinther hatten ihnen Delion wieder entrissen, was das Ansehen ihrer Macht schon nicht wenig erschütterte. Noch bei weitem mehr aber musste die Niederlage von Amphipolis, eine der schwersten, die die Athener je erlitten haben, auf den Seebund zurückwirken.

Jetzt hatte Lakedämon einen Preis für die vollkommene Evakuation des Peloponnes zu bieten, nämlich die Rückgabe von Amphipolis. Dadurch wurde zwar die Abhängigkeit der thrakischen Bundesgenossen zu Athen nicht völlig so, wie sie zuletzt gewesen war, wiederhergestellt; nur die alten Schatzungen, die ihnen einst von Aristides aufgelegt waren, sollten fortan statthaben. Man vereinbarte Bedingungen, bei denen die innere Freiheit der Städte trotz ihrer Abhängigkeit von Athen gewahrt blieb. Aber die Feindseligkeit hörte auf, die sich dort am Strymon so rasch und drohend entwickelt hatte. Der Friede, der auf diese Grundbedingungen zustande kam, hatte nun auch die Folge, dass die Gefangenen von Sphakteria, unter denen hundertundzwanzig Spartiaten waren, herausgegeben wurden. An Bedingungen, wie sie einst Kleon dafür gefordert hatte, war nicht zu denken.

Der Friede war ein Abkommen zwischen Lakedämon und Athen. [15]) In Athen wurde er von denen gefordert, die schon immer im Gegensatz gegen Kleon darauf gedrungen hatten, namentlich von Nikias, dem namhaftesten der athenischen Heerführer, dem man aber die Betrachtung zuschreibt, dass er nicht in Gefahr sein wollte, auch einmal einen Nachteil zum Schaden seines Vaterlandes zu erleiden: ein verzeihlicher Egoismus, da er in einem Misstrauen gegen sich selbst wurzelt. In Lakedämon wurde der Friede hauptsächlich von Pleistoanax gefördert, der damit die Bahn innehielt, die er bei seinem Rückzug aus Attika, den man jetzt nicht weiter an ihm ahndete, beschritten hatte. Der Friede kam, wie man bei Aristophanes sieht, einem allgemeinen Bedürfnis und allgemeinen Wunsche entgegen. Dem Charakter der alten Komödie entspricht es, dass Aristophanes dem Stücke, in welchem er den Frieden feiert, eine Ermahnung hinzufügt, ihn durchzuführen. [16]) Darin aber lag nun eben die Schwierigkeit.

4. Alkibiades

Sehr eigentümlich ist das Verhältnis zwischen Sparta und Athen überhaupt: in derselben Nationalität ein Gegensatz der Geschichte und der Verfassung, und doch ein stetes Bedürfnis des Zusammenhaltens, nicht allein ein panhellenisches, wie einst in den Perserkriegen zu gemeinschaftlicher Rettung, sondern auch insofern, als Athen keinen Anfall der Lakedämonier ertragen, aber auch Sparta die Anwesenheit der Athener im Peloponnes nicht aushalten konnte. Jetzt war der Friede zwischen ihnen geschlossen. Die vorwaltenden Staaten waren aber doch nicht die Gesamtheit der Hellenen; man erlebte sogleich, dass die nächstmächtigsten Städte sich gegen ihn erklärten. Theben sollte einen Grenzplatz, um den schon lange gekämpft worden, Panakton; Korinth Anaktorium, eine Kolonie, die es einst in Verbindung mit Korkyra in Akarnanien gegründet hatte, verlieren; sie empfanden das als

ein schweres Unrecht, das ihnen Sparta antue. In der
Agitation, die darüber entstand, tritt die Natur der griechischen Staaten und Städte recht eigentlich zu Tage.

Alle waren selbständig und voll von dem Eifer, sich in
ihrer Besonderheit zu behaupten. Jeder hatte seine innere,
sowie seine äussere Politik mit allem den Griechen eigenen Scharfsinn nach den verschiedenen Seiten hin abge-
wogen. Unaufhörlich gingen ihre Gesandten hin und her,
um das Anliegen eines jeden bei dem anderen aufrechtzuhalten. Es ist nicht wieder vorgekommen, dass eine
Anzahl zwar kleiner, aber in sich höchst ausgebildeter
Gemeinwesen ohne eine höhere, wenigstens aus der Ferne
dominierende Macht ein System gebildet haben, das nur
auf seinen inneren Sympathien und Antipathien beruhte.
In den folgenden Zeiten des Altertums wirkten Mazedonier und Römer auf die Griechen ein, und bei den italienischen Republiken des Mittelalters verlor man doch
nie die Rücksicht auf Papsttum und Kaisertum völlig aus
den Augen. Eben dadurch erwecken diese an sich nicht
bedeutenden Begegnisse den Anteil, den man ihnen noch
heute widmet.

Damals ging alles von den Korinthern aus. Benach-
teiligt durch die Bestimmungen des Friedens, stellten sie
den andern vor, der Sinn von Athen und Sparta gehe nur
dahin, die übrigen gemeinschaftlich zu beherrschen. Sie
wandten sich an Argos, das in den letzten Jahren an
Kräften mächtig angewachsen war; es hatte sich eine
demokratische Verfassung gegeben, so dass die Fortsetzung des Stillstandes mit Sparta auch aus diesem Grunde
nicht zu erwarten war. Kam es dann zur Erneuerung des
alten Kampfes, so hatte Argos in seiner Nähe an Mantinea,
das in dieser Zeit mächtig emporkam, und an den Eleern,
die sich ebenfalls demokratisch konstituiert hatten und
in den nachbarlichen Streitigkeiten, bei denen man doch
nicht sagen kann, auf welcher Seite das Recht war, mit
Sparta zerfallen waren, bereitwillige Verbündete. Dieses
keimende Bündnis hatte vorzüglich die weitere Wirkung,
dass die Thebaner Anstand nahmen, die Grenzfeste

Panakton, befestigt wie sie war, den Athenern auszuliefern. Sie bezogen sich dabei auf ein früher einmal ge-
schlossenes Abkommen, nach welchem Panakton für beide
Teile offenstehen sollte. Und darauf nun sind die Lakedämonier wirklich eingegangen. Aber die Athener waren
darüber erstaunt und entrüstet. Sie hielten es für eine
Täuschung, dass die Grenzfeste ihnen nicht wie sie war
ausgeliefert würde, was ihnen doch im Frieden zugesagt
war. Die Lakedämonier, statt die Böotier zur Auslieferung
der Festung zu zwingen, wie der Frieden verlangte, nahmen vielmehr Partei für diese. So entstand aus der Aktion
der kleineren Staaten, indem sie die volle Ausführung
des Friedens hinderte, ein neues Missverständnis zwischen
den beiden vorwaltenden, die ihn geschlossen hatten.

Noch einmal wurde Nikias an die Spartaner geschickt,
um sie aufzufordern, ihren Bund mit Theben aufzulösen;
aber seine Bemühungen waren vergeblich. Das hatte aber
wieder die Folge, dass die Gegner des Nikias und seiner
Partei Boden im Demos von Athen gewannen; an ihre
Spitze trat dann der junge Alkibiades. Alkibiades stammte
aus einer der vornehmsten Eupatridenfamilien, seine
Mutter war eine Alkmäonide; er war in dem Hause des
Perikles erzogen. Dessen Politik setzte sich in ihm fort,
inwiefern sie auf Ausbildung der Seemacht von Athen
und Ausdehnung seiner Herrschaft ohne Rücksicht auf
Sparta hinzielte. Alkibiades soll es den Spartanern übel-
genommen haben, dass sie bei ihrer Annäherung an Athen
sich der Vermittlung des Nikias bedienten, während er
doch durch alte Gastfreundschaft seiner väterlichen Vorfahren mit Sparta, die er dann selbst erneuert hatte, einen
begründeten Anspruch zu haben meinte, mit der Führung
ihrer Geschäfte betraut zu werden. Und sehr möglich,
dass ein junger Mann, der sich fühlte, stolz auf seine Herkunft und begierig, persönliches Ansehen zu erlangen,
diese Vernachlässigung mit Verdruss empfunden hat.
Ueberhaupt entfremdete sich Athen den Spartanern. Die
oligarchische Regierung von Sparta und die Demokratie
von Athen zu einer gemeinschaftlichen Politik zu verei-

nigen, war ein kaum ausführbares Unternehmen. Allein auch den alten Krieg zu erneuern, konnte man doch nicht gesonnen sein. Auch Alkibiades war es nicht, aber er hielt für gut, der Verbindung Spartas mit Theben, die höchst gefährlich werden konnte, wenn Argos sich ihr anschloss, dadurch entgegenzuwirken, dass er Athen wieder mit Argos in Verbindung brachte.

In dieser Welt von kleinen Staaten findet jede Wirkung ihre Gegenwirkung. Wenn Korinth eine Verbindung mit Argos nachgesucht hatte, um den beiden grösseren Staaten Widerstand zu leisten, so geschah jetzt, dass Athen, im Gegensatz gegen Sparta in einen Bund mit Argos trat, wodurch Korinth auf sein altes Verhältnis zu Sparta zurückgedrängt wurde. Die demokratische Verfassung von Argos war ein Motiv mehr für die Annäherung Athens. Auch in Argos hatte Alkibiades persönliche Freunde; nach kurzer Zeit wurde ein Bündnis zwischen Argos, Mantinea und den Eleern einer-, Athen andererseits geschlossen zu gemeinschaftlicher Verteidigung; der Feind, der die einen angreife, sollte als der Feind aller betrachtet werden.

In welche Spannung schon hierdurch alles geriet, sieht man daraus, dass die Spartaner durch die Eleer, denen Mantinea, Argos und nun auch Athen zur Seite standen, verhindert wurden, an den olympischen Spielen teilzunehmen, die dazu bestimmt waren, den Friedenszustand der übrigens allezeit kriegsbereiten Stämme auszudrücken und festzuhalten. Gegen alles Erwarten verhielten sich die Spartaner hiebei ruhig. Sie regten sich erst, als die Argiver unter dem Einfluss von Alkibiades einen Versuch machten, Epidaurus zu unterwerfen. In der Absicht, die Besorgnisse der Argiver zu heben, schickte man von Athen aus eine Schar von Heloten in das lakedämonische Gebiet, um es zu beunruhigen. Auch jetzt hüteten sich die Spartaner vor aller Feindseligkeit gegen Athen; ihre Absicht ging vor allem dahin, Argos zu überwältigen oder zu gewinnen. Dazu nun zog König Agis ins Feld. Es gelang ihm auch in der Tat durch Beihilfe eines Einverständ-

nisses, das er in Argos unterhielt, einen viermonatigen
Stillstand abzuschliessen, der alle Hoffnung auf einen
Frieden gewährte. Indessen aber traf Alkibiades wieder
in Argos ein. Unter seinem Einfluss wurde der Vertrag
für ungültig erklärt; Argos und seine Bundesgenossen,
nicht ohne die Athener, gingen, wie es in ihrem Bündnis
bestimmt war, auf die Lakedämonier los. Sie nahmen
Orchomenos ein und befreiten die daselbst von den Lakedämoniern dahingebrachten Geiseln der unterworfenen
Städte; dann zogen sie weiter gegen Tegea, das von jeher
der treueste Verbündete der Spartaner gewesen war. In
dieser Gefahr, von einem übermächtigen Feind im Herzen
des Peloponnes bedroht, erhoben sich die Lakedämonier
in alter Energie. Der Zufall wollte, dass sie, hin und her
ziehend, und nicht dazu vorbereitet, mit ihren Feinden,
die eine gute Position genommen hatten, bei Mantinea
zusammenstiessen, aber ihre alte Kriegserfahrung, infolge
der spartanischen Zucht und Sitte niemals erstorben, bewährte sich auf das trefflichste; ihr König Agis wusste den
Tadel, der wegen seines früheren Rückzugs auf ihm
lastete, wieder von sich abzuwälzen. Die Schlacht fiel zum
Vorteil der Lakedämonier aus [17]) und hatte, wenngleich
nicht augenblicklich, doch bald darauf die Folge, dass die
lakonisch gesinnte Partei in Argos wieder emporkam, und
die Argiver samt den Eleern und Mantineern nicht allein
Frieden, sondern eine Bundesgenossenschaft mit den Lakedämoniern schlossen, die vornehmlich dahinzielte, die
Athener auf immer vom Peloponnes auszuschliessen. Eben
darin liefen die Bestrebungen von Athen und Sparta einander am meisten entgegen. Die Lakedämonier wollten keine
Athener im Peloponnes dulden; die Athener aber ihre Verbindungen innerhalb des Landes nicht aufgeben. Nochmals
begab sich jetzt Alkibiades nach Argos; sein agitatorisches
Talent hat sich niemals glänzender bewährt. Er bewirkte
den Sturz der unter dem spartanischen Einfluss eingesetzten Oligarchie; alle die vornehmsten Anhänger dieser
Partei wurden entfernt und unter athenische Obhut gegeben. Die Argiver schlossen sich mit grossem Eifer an

Athen an; auf den Antrieb des Alkibiades legten auch sie nun lange Mauern an, wie kurz vorher schon Paträ, um mit Athen in steter maritimer Verbindung zu bleiben.

Trotz dieses auffallenden Gegensatzes der politischen Haltung ist es doch damals zu keinem offenen Bruch zwischen Sparta und Athen gekommen. Die Lakedämonier liessen es sich selbst gefallen, dass die kleine Insel Melos, eine ihrer Kolonien, von den Atheniensern, zu deren Bunde sie zu treten verweigerte, überwältigt und auf das grausamste gezüchtigt wurde. [18]) Was einst Kleon gegen Mitylene vorgeschlagen, wurde hier schonungslos ins Werk gesetzt; die Männer wurden getötet, Frauen und Kinder in die Sklaverei geführt.

Von Alkibiades erzählt man, dass er zu dem ersten Beschluss das meiste beigetragen und dann doch eine Gefangene, die ihm gefiel, für sich behalten und mit ihr einen Sohn erzeugt habe, den er in seinem Hause aufziehen liess. Die Gesinnung der Zeit war eine solche, dass man ihm das nicht zum Vorwurf machte; im Gegenteil, man lobte es als einen Zug von Menschlichkeit.

Alkibiades erschien jetzt als der vornehmste Mann von Athen, wie einst Kimon, obwohl er der entgegengesetzten Partei angehörte. Es hat etwas Wahres, wenn er bei dem prächtigen Erscheinen seiner Viergespanne in Olympia, die ihm einen ersten, zweiten und dritten Sieg verschafften, versicherte, er habe dabei nur den Glanz seiner Vaterstadt im Auge: denn Hellas werde daraus sehen, dass Athen noch immer kräftige und reiche Bürger habe. Er war freigebig für den öffentlichen Dienst und für das Vergnügen des Volkes. Aber in seiner ganzen Art und Weise lag etwas, was über das republikanische Mass und das bürgerliche Herkommen hinausging. Er hatte etwas von einem Fürsten an sich, aber nur durch die Demokratie selbst und durch Popularität gelangte er zu Einfluss. Seine glanzvolle Erscheinung verblendete, aber sie beleidigte nicht. In seiner Schönheit, seinem Gespräche, den Fehlern selbst, die er durch Verwechslung der Laute beging, lag etwas, was für ihn stimmte. In seiner Jugend hat man ihm gesagt, er könne in den öffentlichen Geschäften Perikles an Autorität übertreffen. Dagegen aber machte ihn Sokrates auf seine Unvollkommenheiten aufmerksam. Alkibiades hat einmal geäussert, wenn er den Perikles höre, so habe er den Eindruck, dieser habe gut gesprochen. « Wenn ich aber », so fuhr er fort, « die Worte dieses Marsyas — so bezeichnete er Sokrates — vernehme, so klopft mir das Herz, ich vergiesse Tränen, und er richtet mich so zu, dass mir zumute wird, als könnte ich in dem Zustande, in dem ich bin, nicht mehr leben. » Die gegenseitige Verbindung älterer und aufwachsender Männer, die in dem griechischen Leben fast den meisten und wohlbegründeten Anstoss gibt, wurde durch ein Verhältnis wie das des Sokrates zu Alkibiades über das Gemeine erhoben und gewann eine pädagogische, man möchte sagen, eine politische und militärische Bedeutung. Nur durch geistige Ueberlegenheit und moralischen Einfluss erwirbt Sokrates die Gegenliebe des Alkibiades, die sich dann vor den Feinden bewährt, indem erst Sokrates bei Potidäa den schon hingesunkenen Alkibiades, ein andermal Alkibiades bei dem Rückzuge von Delion den Sokrates errettet. Das eingeborene Wesen des Alkibiades wurde dadurch in seiner Entwicklung nicht gestört; seine ehrgeizige Prachtliebe, die das Volk bezauberte — es liebte und hasste ihn, sagt Aristophanes, aber es wollte ihn haben —, erweckte die Besorgnisse der ruhigen und besonnenen Männer; sie sahen von ihm nichts als Unheil voraus. « Nur zu », sagte ihm der Menschenfeind Timon, als er ihn einst in vollem Genuss der Popularität erblickte, « du wirst diese alle ins Verderben führen.» Trotz der sokratischen Zucht blieb Alkibiades ungezähmt und unberechenbar. Dass er nun von Anfang an grosse Pläne gehegt, etwa den, sich selbst zum Herrn zu erheben oder gar Italien und Afrika den Athenern zu unterwerfen, darf man ihm so schlechthin nicht nachsagen. Aber sich selbst und seine Vaterstadt gross zu machen, dahin ging sein Sinn. Er lebte immer in den augenblicklichen politischen Verhältnissen, die er zu diesem Zwecke weiter zu entwickeln wusste. Man versteht es, dass er Partei gegen den Frieden des Nikias nahm. Die Unsicherheit der Lage, in die Athen dadurch geriet, dass der Friede nicht vollkommen ausgeführt wurde, bahnte ihm den Weg, um sich selbst an die Spitze des Volkes zu stellen und, obwohl noch jung, die Leitung der Angelegenheiten in seine Hand zu bringen. Die Demokratie bedurfte eines Führers. Alkibiades wurde ein solcher, aber der gefährlichste von allen. Schon hatte er grosse Erfolge aufzuweisen. Ein solcher lag vor allem in der Verbindung mit Argos, das sich, durch ihn gewonnen, den Lakedämoniern im Peloponnes entgegensetzte; es war zugleich eine Allianz der demokratischen Verfassungen, was ihm auch in seiner Eigenschaft als Volksführer verdoppelte Autorität verschaffte. Das Zusammenwirken dieser Tendenzen schloss noch keinen Bruch mit Sparta in sich ein. Denn wie hätte es jemand beikommen können, Sparta demokratisieren zu wollen. Aber der Weg, den man eingeschlagen, führte dahin, den Einfluss Spartas in eine möglichst enge Sphäre einzuschränken und den Athenern freie Hand zu verschaffen.

In diesem Sinne war es nun, dass ein Unternehmen Athens zur Unterwerfung von Sizilien in den Gesichtskreis trat. In sich selbst hat dieses Unternehmen eine universal-historische Seite; es greift in die allgemeinen Verhältnisse ein und die Gedanken, welche diese bedingen. Von jeher hat man bemerkt, dass die griechischen Ansiedlungen in Sizilien und ihr Verhältnis zu den phönizisch-karthagischen mit dem Gegensatz zwischen Orient und Okzident in einem gewissen Zusammenhang standen. Wer kennt nicht die Erzählung, dass dem Siege bei Salamis ein ähnlicher der sizilianischen Griechen über die Karthager bei Himera entsprochen habe. Doch ist das nur eine Sage, die auf der Voraussetzung und dem Gefühl dieses Zusammenhangs beruht. Aehnliche Ereignisse haben jedoch stattgefunden. Den sizilianischen Griechen war eine Zeit zu einer ruhigen Entwicklung vergönnt gewesen; sie wurden fähig, den Karthagern auf der Insel Widerpart zu halten und sie auf ein paar Küstenplätze einzuschränken. Aber davon, dass nun Alkibiades und Athen etwa beabsichtigt hätten, sich an die Spitze der sizilianischen Griechen gegen die Karthager zu setzen, findet sich keine Spur, obwohl er Libyen in seine Berechnungen zog. Die effektiv wirksamen Gedanken galten bloss den inneren Streitigkeiten der Griechen untereinander; es waren eben die dorischen Niederlassungen, die in Sizilien emporkamen, nahe verwandt den Lakedämoniern und mit den ionischen, die den Athenern stammverwandt waren, in fortwährendem Hader begriffen. Diesen letzten zu Hilfe zu kommen, lag sehr auf dem Wege der athenischen Politik.

Schon Perikles hat daran gedacht, und da nun die Leontiner, die zu den Ioniern gehörten, von Syrakus, der vornehmsten der dorischen Kolonien, bedrängt wurden, so waren auch schon einige Jahre früher mancherlei Versuche gemacht worden, ihnen Beistand zu leisten, die aber nur dazu führten, die Macht von Syrakus zu verstärken. Auch Egesta, mit dem benachbarten Selinunt in einen territorialen Zwist verwickelt, wurde von Syrakus, das dem letzteren zu Hilfe kam, gefährdet. Ein Stammesverhältnis war es nicht, was die Athener dazu veranlassen konnte, die Sache von Egesta zu der ihren zu machen; denn Egesta gehörte einer vermeinten troischen Kolonie an und stand mit den Karthagern sogar in gutem Vernehmen. Aber Egesta machte ein anderes Motiv geltend, nämlich die immerfort wachsende Macht von Syrakus, das durch Niederwerfung wie der Leontiner, so der Egestaner vollkommen Herr in Sizilien werden würde, zum Nachteil der Seemacht von Athen und seiner ionischen Stammesverwandten. Man erkennt hier die Natur der Streitigkeiten der Griechen untereinander; sie beruhten auf dem Antagonismus der Stämme, aber eine Folge von so grosser Tragweite hatte dieser Gegensatz noch nicht gehabt, wie sie damals in Aussicht trat.

In Athen waren die Anhänger des Friedens, vornehmlich Nikias, gegen alle Teilnahme für Egesta. Denn wenn die Egestaner vorgestellt hatten, dass Syrakus allemal auf seiten von Sparta sein werde, so schien es doch auch ge-

fährlich, durch einen Angriff auf Syrakus eine offene
Feindschaft mit Sparta hervorzurufen: nach den Erfahrungen der letzten Jahre bot ein Krieg mit Sparta wenig
Aussicht auf Erfolg, schloss aber die grössten Gefahren in
sich ein, zumal da damit alle anderen Gegner erweckt
werden würden. Diesen Betrachtungen aber trat nun, wie
sich nicht anders erwarten liess, Alkibiades entgegen. Was
ihm hiebei zustatten kam, war die von ihm selbst zustan-
degebrachte Allianz mit Argos. Athen stand nicht wie
früher für sich allein da, sondern es hatte Verbindungen,
durch welche die exklusive Macht Spartas im Peloponnes
höchlich beeinträchtigt wurde. Alkibiades machte seinen
ganzen persönlichen, man dürfte sagen zugleich realen
und idealen Einfluss geltend. Die herrliche Rede, die ihm
Thukydides in den Mund legt, wird man wohl nicht als
wörtlich so von Alkibiades gesprochen betrachten dürfen,
aber von grösster Bedeutung für die politischen Anschauungen der Zeit sind die Grundsätze, die darin vorkommen.
Schon bei der Ueberwältigung von Melos, die sonst nicht
zu rechtfertigen war, hatten die Athenienser die Behauptung aufgestellt, dass die geringere Macht sich allezeit
der grösseren fügen müsse; sie hatten gesagt, die Erfahrung zeige, dass das selbst der Wille der Götter sei, auf
die sich Melos vergeblich berufe, d. h. doch: die territoriale
Unabhängigkeit müsse nach dem Laufe der Ereignisse, in
denen die göttliche Einwirkung erscheine, vor der Hoheit
einer wirklichen, die Nachbarn umfassenden Potenz
zurückstehen. Das Gefühl, dass die Ueberlegenheit der
Kraft ein Recht in sich schliesse, wurde nun von Alkibiades weiter dahin ausgedehnt, dass eine in stetem Fortschritt begriffene Macht, wie die athenische, wenn sie zu
Hilfe gerufen werde, nicht ängstlich in Betracht ziehen
dürfe, ob das Recht auf Seite der Hilfesuchenden sei, auch
nicht, ob sie sich von denselben vorkommendenfalls einen
gleichen Beistand versprechen könne, sondern sie könne
nicht anders als die Hilfe leisten. Alles beruhe in Athen
auf der Entwicklung der Seemacht; man könne gar nicht
angeben, wo diese stehen bleiben dürfe, denn die Macht

erwecke eine natürliche Eifersucht; es sei allezeit geboten, einen Angriff nicht zu erwarten, sondern einem solchen zuvorzukommen. Und immer müsse man Partei
nehmen. Der vorwaltende Gedanke ist also die Macht
selbst, die, einmal begründet, immerfort wachsen muss,
weil sie die ihr entgegenstehende Feindseligkeit nicht ermessen kann. Auf diese Weise hat, wie man weiss, Napo-
leon I. seine Kriege gerechtfertigt; er ist dabei erlegen.
Es war der Grundsatz der Römer, die ihn wirklich durchgeführt und ihre Weltherrschaft darauf begründet haben.
Hier in Athen ist er zuerst einem leitenden Staatsmann
zum Bewusstsein gekommen; dahin führte der Gang der
Entwicklung von Athen überhaupt. Die Demokratie hatte
von den Vorrechten der alten Aristokratie des Landes
abstrahieren müssen, um sich zu konstituieren. So war die
partikulare Unabhängigkeit der delischen Bundesgenossen
nach und nach gebrochen worden. Nur an Sparta fanden
die einen und die andern noch einen Rückhalt. Alkibiades
hatte damals vornehmlich im Auge, dass die Herrschaft
über ganz Hellas, auf die Athen ohnehin Anspruch habe,
durch einen Sieg über Syrakus erlangt werden würde; die
von Lakedämon zu erwartende Feindseligkeit, die er voraussetzte, schlug er doch nicht hoch an.

Dass nun diese Ansichten Widerspruch finden mussten,
versteht sich von selbst; es mag sein, dass sie bereits
befolgt worden waren, aber bekannt hatte man sich noch
nicht dazu. Die älteren Männer neigten sich mehr zu
Nikias, aber die jüngeren, tatendurstig, wie sie waren,
stellten sich auf die Seite des Alkibiades. Nur aus beiden
aber, sagte dieser, setze sich der Staat zusammen; dessen
Macht beruhe auf ihrem Zusammenwirken. In den Beratungen behielt er die Oberhand. Die Rüstungen wurden
in grossem Stile vorgenommen. Sehr wohl wusste man,
dass der Feind, auf den man losgehe, zur See geübt und
erfahren sei. Man setzte, um ihn zu überwinden, eine
Flotte von hundert Triremen instand. Alle wetteiferten
miteinander auch in bezug auf die äussere Ausstattung.
Besonders aber bemühten sie sich in den erforderlichen

Uebungen, namentlich auch in Geschwindigkeit des Ru-
derns, einer den andern zu übertreffen. Sechzig waren
eigentliche Kriegsschiffe, vierzig zugleich zum Transport
bestimmt. Von den Bundesgenossen stiessen noch vierund-
dreissig hinzu, so dass die maritime Ueberlegenheit über
die Gegner keinem Zweifel unterliegen konnte. Nicht
allein zur See wollte man bei dieser Unternehmung gerüstet sein, sondern auch darauf Bedacht nehmen, dass man
in Sizilien zu Lande werde kämpfen müssen. Man trug
Sorge, dass die Zahl der Hopliten, die eingeschifft wurden,
über 5000 stieg; 1500 von ihnen waren athenische Bürger,
die sich selbst bewaffneten; 700 solche, deren Bewaffnung
der Staat übernahm, die übrigen Bundesgenossen, unter
denen die von Argos und Mantinea sich besonders hervor-
taten. Sie hofften alle, den bevorstehenden Krieg zu ihrem
Ruhm und zu persönlichem Vorteil durchzuführen. Es
blieb nicht unbeachtet, dass in Sizilien gleich bei der
Landung auch gegen Reiterei zu schlagen sein werde. Man
versäumte nicht, sich mit Bogenschützen und Schleuderern,
namentlich aus Kreta, zu verstärken. Hauptsächlich rech-
nete man darauf, an den Stammverwandten in Sizilien
Beistand zu finden und von den Egestanern mit reichen
Geldmitteln versehen zu werden. Ein Unternehmen, wie
in Griechenland noch kein ähnliches vorgekommen war.
Alle Kräfte des Gemeinwesens und der Verbündeten wurden dazu angestrengt; das athenische Volk, immer zuver-
sichtlich, ehrgeizig und für weite Aussichten zugänglich,
setzte die grössten Hoffnungen darauf. Und wer könnte
behaupten, dass diese in dem Zustand der damaligen Welt
unbegründet gewesen wären, da die Karthager, schon einmal zurückgedrängt, mit andern Unternehmungen beschäftigt waren, unter den Griechen aber nirgends eine auch
nur annähernd gleiche Macht zur See und zu Land aufgestellt werden konnte; die Perser ihrerseits durch den
kimonischen Frieden gefesselt waren. Ausdrücklich lässt
Thukydides den Alkibiades sagen, er habe sein Augenmerk auch auf Italien und Libyen gerichtet, aber immer
in der Absicht, mit der gewonnenen Macht auf den Pelo-

ponnes zu fallen, und zwar verstärkt mit barbarischen, namentlich iberischen Hilfsvölkern, zugleich mit neuen, aus italienischem Material ausgerüsteten Triremen; so habe er gehofft, der hellenischen Gesamtheit Meister zu werden. Die grossartigste Position in der Mitte der einander bestreitenden Weltkräfte wäre damit eingenommen worden.

Von vornherein aber darf man fragen, ob Athen wirklich fähig war, einen Kampf dieser Art nicht allein zu beginnen, sondern auch durchzuführen. In bezug auf die Streitkräfte, die in Aktion treten sollten, dürfte das sich nicht schlechthin in Abrede stellen lassen; allein dabei kommt noch ein anderes Moment in Betracht.

Zu einer Machtentwicklung, die nur auf sich selber beruht und der ganzen Welt entgegentritt, gehört die Einheit der leitenden Gesichtspunkte; etwa ein Fürst, der das, was er denkt, auch ausführt, oder ein Gemeinwesen, in dem eine feste Politik ergriffen und dann behauptet wird. Gleich beim ersten Schritte aber zeigte sich, dass Athen das nicht war. Alkibiades, der das Unternehmen hauptsächlich herbeigeführt hatte, war doch weit davon, eine wirklich beherrschende Stellung einzunehmen oder auch nur der beschränkteren sicher zu sein, die er wirklich innehatte. Indem man sich zur Abfahrt rüstete, brachte ein nächtlicher Unfug, bei dem die vor den Häusern der Bürger stehenden Marmorhermen verunstaltet wurden, eine innere Gärung ohnegleichen hervor. Man sah darin ein Attentat gegen die Religion, gegen die Verfassung. Und da nun Alkibiades, wie Perikles, überhaupt mit dem herrschenden Götterdienst nicht eben einverstanden, sich vielmehr den philosophischen Meinungen zuneigte und wohl gar im Saus und Braus nächtlicher Gelage Gottesdienste nachgeäfft und verspottet hatte, vor denen das Volk eine ehrfurchtsvolle Scheu bewahrte, so wandte sich die öffentliche Stimmung gegen ihn selbst. Es ist gewiss, dass er an jenem Unfug keinen Anteil hatte, aber durch die Anschuldigungen, die bei der Untersuchung über die Sache gegen ihn selbst laut wurden, fühlte er sich doch getroffen und gefährdet. Sein persönliches, dem alten Herkommen und der heimischen Sitte hohnsprechendes Verhalten bewirkte, dass man ihm alles zutraute. Alkibiades hatte ein bestimmtes und sicheres Gefühl davon, dass er nicht in See gehen könne; es wäre denn, dass die Sache gerichtlich entschieden und er selbst freigesprochen sei. Es wäre besser, sagte er, er käme um, als dass er, mit einem Verdacht dieser Art belastet, zu einer so grossen Unternehmung schritte, entscheidend für das allgemeine Wohl. Gewiss war die abergläubische Menge gegen ihn erregt; ebenso unleugbar aber ist es, dass Alkibiades politische Antagonisten die günstige Gelegenheit ergriffen, um sein Ansehen zu erschüttern. Sie mussten sich jedoch bei einigem Nachdenken bescheiden, dass sie augenblicklich am Vorabend einer Unternehmung, auf welche aller Augen gerichtet waren, bei der Anwesenheit so vieler für den Kriegszug eingenommener Bürger unter den Waffen, gegen den Feldherrn, der, obwohl zwei andere, Nikias und Lamachos, ihm beigesellt waren, doch die Hauptsache auszuführen hatte, nichts ausrichten würden. Sie wünschten selbst, dass der Zug nach Sizilien ins Werk gesetzt würde, um dann ungestört zu weiteren Machinationen schreiten zu können. Ohne auf die Sache einzugehen, entschied das Volk durch förmlichen Beschluss, dass die Flotte unverzüglich auslaufen solle. Alkibiades sah sich wenigstens nicht mit einer unmittelbaren Fortsetzung eines gegen ihn laufenden Verfahrens bedroht, aber auch die Gegner gaben nicht auf, ihm mit neuen Anschuldigungen beizukommen, wenn er nicht mehr anwesend sei. Konnte nun wohl unter solchen Umständen ein Unternehmen gelingen, bei dem alles auf dem ungebrochenen Mute des leitenden Feldherrn beruhte?

Noch eine sachliche Frage dürfen wir nicht unerörtert lassen, die nämlich, wohin nun die präzisen Absichten von Athen gerichtet waren: denn bei der allgemeinen, doch nur sehr vagen Idee einer Eroberung von Sizilien kann man nicht wohl stehen geblieben sein. Bei Diodor von Sizilien, der an dieser Stelle einige gute Ergänzungen zu

Thukydides beibringt, findet sich die Nachricht, in einer
Konferenz zwischen den erwählten Feldherren und den
leitenden Männern der Fünfhundert sei der Beschluss
gefasst worden, den Krieg gegen Syrakus und Selinus bis
zur Vernichtung dieser Gemeinwesen durchzuführen —
denn diese waren es, gegen die man von den Egestanern
und Leontinern zu Hilfe gerufen war; man wollte eine
solche in vollster Ausdehnung leisten. Die übrigen sizilischen Republiken dachte man bestehen zu lassen, aber
sie bundespflichtig zu machen. Jenes Verhältnis bundes-
genössischer Unterwürfigkeit, das nach Osten den Persern
gegenüber behauptet worden war, sollte auch auf den
Westen ausgedehnt werden, den Karthagern gegenüber,
worin denn eben eine beherrschende Stellung von Athen
über den grössten Teil des Mittelmeeres und Griechenland
selbst gelegen hätte. Das Volk hat von diesen Absichten
schwerlich viel erfahren; es war nur von der Grösse des
Unternehmens, den Hoffnungen und den Befürchtungen
erfüllt, die sich daran knüpften. Jedermann kennt diese
Stimmungen aus Thukydides. Da liest man auch, dass bei
der Abfahrt die gewohnten Gebete und Libationen nach
dem Ruf der Herolde auf den Schiffen vollzogen wurden.
Diodor fügt hinzu, das Ufer des Hafens sei mit Rauch-
fässern und geweihten Libationsgefässen bedeckt gewesen, auch das Volk habe seine Spenden dargebracht. Nicht
jedoch eben einmütig sei das geschehen, sondern nur von
solchen, denen es um die Verehrung des Göttlichen zu tun
gewesen sei. So ging die Flotte in See unter dem Archontat des Chabrias, nach der Mitte des Sommers. [19]) Bei der
Ankunft der Flotte an den italienischen Küsten, wohin
sie ihren Lauf nahm, brachte man in Erfahrung, dass man
von Egesta keineswegs die Geldhilfe erlangen werde, die
man erwartete, und Nikias schlug vor, nur eben den über-
nommenen Bundespflichten Genüge zu tun, den Egestanern auf die eine oder die andere Weise ihr Recht zu verschaffen, dann aber nach Hause zurückzufahren, um nicht
Dinge zu unternehmen, die das Gemeinwesen in uner-
schwingliche Kosten verwickeln und die grosse Flotte in

Gefahr bringen würden. Damit wäre aber dem ganzen
Vorhaben die Spitze abgebrochen worden; die Meinung
des Alkibiades war, dass man vielmehr festen Fuss auf
der Insel fassen, Verbündete gewinnen und auf dieser
Grundlage die Feindseligkeiten gegen Syrakus beginnen
solle. Diese Ansicht drang durch, und man bemächtigte
sich dem von Athen proklamierten Rechte des Stärkeren
gemäss, nicht ohne Hinterlist, der Stadt Katana, in deren
Hafen die athenische Flotte alsdann Aufnahme fand. Von
den stammverwandten Kolonien trat Naxos auf die Seite
von Athen, und es hätte wohl nur eines glücklichen Er-
folges bedurft, um einen grossen Umschlag in Sizilien her-
vorzubringen. Aber eben in diesem Augenblick, als die
Unternehmung im Sinne des Alkibiades in Gang gesetzt
worden war, erschien in dem Hafen von Katana die sala-
minische Triere, um ihn abzurufen. Die Gegner, die
gleich damals, als Alkibiades den Beschluss der Unternehmung durchsetzte, sich verbunden hatten, ihm bei der
Ausführung entgegenzuwirken und seiner gefährlich werdenden Macht ein Ziel zu setzen, hatten ihre Angriffe
erneuert; ein Sohn des Kimon war es, der die Verspottung
der Göttinnen von Eleusis, Demeter und Persephone zum
Gegenstand einer Anklage machte, und in der Abwesenheit des Alkibiades den Beschluss auswirkte, ihn wegen
Verspottung der eleusinischen Geheimnisse zur Verantwortung zu ziehen. So viel Rücksicht nahm man in Athen
noch auf sein Verhältnis zu den Argivern und Mantineern,
die fortwährend an ihm hingen, dass man ihn nicht sogleich
verhaften liess, sondern ihm eine gewisse Freiheit bei der
Rückfahrt nach Athen gestattete, bei der die italienischen
Küsten berührt wurden. Aber in Thurii verliess Alkibiades mit einigen Mitangeklagten das Schiff, das ihn trug;
es war sein eigenes. Es gelang ihm zu entkommen, denn
er fürchtete, bei seiner Ankunft in Athen zum Tode verurteilt zu werden. Man hat ihn gefragt, ob er kein besseres Vertrauen zu seinem Vaterland habe; er antwortete,
in einer Gefahr von Leib und Leben würde er selbst seiner
Mutter nicht vertrauen, die ja leicht eine schwarze Kugel

mit einer weissen verwechseln könne. Aber ohne Zweifel war sein Entschluss gefasst, mit allen Mitteln, die ihm zu Gebote standen, seiner Vaterstadt zu beweisen, nicht allein dass er noch lebe, sondern auch, dass sie ohne ihn nichts vermöge, und die Gegner, die ihn vom heimischen Boden entfernt hatten, auch aus der Ferne her zu bezwingen. Es war das stolzeste Selbstbewusstsein, das ihn beseelte; er fühlte sich nicht mehr als Bürger des Gemeinwesens, dem er angehörte; er riss sich davon mit Entschiedenheit los, um eine Bahn einzuschlagen, in welcher er nur seinem eigenen Sterne folgte.

Etwas Aehnliches hatte man schon bei Themistokles erlebt. Doch war diesem seine Stellung die Hauptsache, und in dem Augenblicke, als er sein Vaterland bekämpfen sollte, hatte ihn sein Tod, wahrscheinlich durch seinen eigenen Entschluss herbeigeführt, dieser Notwendigkeit überhoben. Dagegen sah es Alkibiades von vornherein auf einen Angriff gegen Athen ab. Er liess vernehmen, nicht die Lakedämonier seien so sehr Feinde von Athen, als die Partei seiner Vaterstadt, die ihn vertrieben habe, ihn, den besten Freund des Volkes. Es wäre ihm sogar zuwider gewesen, wenn Athen die Herrschaft über Griechenland und die gebietende Stellung der Welt, die er ihm hatte verschaffen wollen, ohne ihn erlangt hätte, denn sie würde dann in den Besitz seiner Gegner gelangt sein. Und diese vor allem wollte er niederkämpfen; es schien ihm besser, die Herrschaft über Griechenland an die Spartaner zu bringen, die sie mit Mässigung ausüben würden, als sie der Regierung von Athen, die höchst ungerecht sei, in die Hände fallen zu lassen. Der Gedanke, der bisher Athen auf dem von Themistokles eingeschlagenen Wege unter den Führern verschiedener Parteien belebt und seine Tatkraft bestimmt hatte, die Seemacht nur immer weiter zu entwickeln, so weit wie möglich, wurde von dem Manne, der ihn am lebhaftesten ausgesprochen und verfochten hatte, selbst verlassen.

Der Geschichtschreiber der Epoche hat erfahren, dass Alkibiades, der sich unter sicherem Geleit nach Sparta

verfügte, daselbst zwei Ratschläge gegeben habe, die verderblich wirken mussten: einmal, in dem attischen Gebiete
einen festen Platz zu besetzen, um das Land fortwährend
zu beunruhigen und ihm seine binnenländischen Hilfsquellen zu schmälern, wodurch der Aufbau der langen
Mauern illusorisch wurde, und den andern, den Syrakusanern, wenn nicht eine beträchtliche Hilfe, doch einen
bewährten Führer zu schicken, um ihre Verteidigung zu
leiten. An sich liesse sich wohl annehmen, dass die spartanischen Ephoren, Männer von Verstand und Umsicht,
von selbst auf diese naheliegenden Gedanken gekommen
wären, aber wir folgen der Autorität des gewissenhaften
und wohlunterrichteten Historikers, der darin Inspira-
tionen des Alkibiades sieht, und wer wollte leugnen, dass
dieser dazu beigetragen hat, dass sie ergriffen wurden.
Besonders die Sendung eines kriegskundigen Führers nach
Syrakus war überaus dringend. Denn mit gutem Erfolg
hatte Nikias indessen den Krieg gegen Syrakus eröffnet
und weitergeführt, wiewohl dieses unter Hermokrates
wacker verteidigt wurde; er hatte durch seine Schwerbewaffneten Vorteile auf dem Lande errungen und sich
der Anhöhen bemächtigt, die die Befestigungen von Syrakus beherrschten, während die Flotte alle Kommunikation
der Einwohner mit Griechenland unterbrach. Es tauchten
unruhige Bewegungen in der Stadt auf und, wie es scheint,
würde ein Vergleich sehr möglich gewesen sein, bei welchem Syrakus bestanden hätte, unter Anerkennung der
Oberherrschaft von Athen. Eben dies war die Besorgnis,
die Alkibiades in Sparta anregte; er riet vor allem, jeden
Vergleich zwischen Athen und Syrakus zu verhindern.
Und einem korinthischen Schiff glückte es wirklich, der
Flotte von Athen zum Trotz, die Nachricht nach Syrakus
zu bringen, dass der alte Vorort des dorischen Gemeinwesens, Lakedämon, sie nicht verlasse, sondern ihnen
demnächst einen bewährten Führer zusenden werde. Diese
Nachricht ist es, die den Krieg entschieden hat. Die
Syrakusier fassten wieder Vertrauen zu ihrer Sache, und
nach einiger Zeit erschien der Spartaner Gylippus, um die

Verteidigung in die Hände zu nehmen. Die alte Stammesverwandtschaft und das grosse Interesse wirkten zusammen, um ihm pünktlichen Gehorsam zu verschaffen; die
Verteidigung verwandelte sich bald in einen Angriff auf
die Belagerer, in dem diese Schritt für Schritt in immer
grösseren Nachteil gerieten. Zugleich gelang es einem
korinthischen Geschwader, in den Hafen von Syrakus einzudringen. Wenn die Athener Syrakus nicht allein zu
überwältigen, sondern von da aus auch des Peloponnes
Meister zu werden gedacht hatten, so vereinigten sich nun
die Streitkräfte des Peloponnes zur Verteidigung von
Syrakus. Eine nicht unbedeutende Verstärkung, die aus
Athen herbeikam, vermochte doch nicht, das Uebergеwicht der Athener herzustellen. Sie fassten selbst den
Entschluss, ihr Heil in einer raschen Rückfahrt zu suchen,
so lange dies noch möglich sei. Da ist es nun merkwürdig,
zu erfahren, wodurch sie daran verhindert worden sind.
Es war derselbe Aberglaube, den Perikles und die Philosophen bekämpft hatten, nahe mit dem verwandt, den
Alkibiades mutwillig verspottet haben sollte, so dass er
deshalb abberufen worden war. Wie konnte man auch
auf der einen Seite nur noch das Prinzip der Macht bis
auf das äusserste verfolgen, z. B. in Melos, gleich als gebe
es für die Schwächeren keine schützenden Gottheiten, und
dabei doch an dem alten Götterglauben blindlings festhalten? Als alles zur Abfahrt bereit war, setzte eine eintretende Mondfinsternis die Truppen und ihren Führer
Nikias dergestalt in Schrecken, dass sie die Rückfahrt aufgaben; sie wollten nach der Weisung der Wahrsager erst
dreimal neun Tage abwarten, ehe ein Entschluss gefasst
werden könne. Aber in diesem Verzug lag der Untergang.
Der Hermokopidenprozess hatte ihre Unternehmung eben
in dem Augenblick aufgehalten, als sie unwiderruflich in
Gang gesetzt worden war. Das Eintreten einer Mondfinsternis verhinderte die Rettung der Flotte, als sie noch
hätte bewerkstelligt werden können. Noch waren die
Athener zwar zahlreicher als ihre Feinde in dem Hafen,
allein die Enge der Gewässer raubte ihnen den Vorteil

ihrer in raschen Bewegungen bestehenden Ueberlegenheit im Seekampf. Ihre Gegner hatten Vorrichtungen an den Triremen angebracht, durch die sie im Einzelkampf den athenischen überlegen wurden. Bei dem ersten ernstlichen Zusammentreffen wurde die athenische Flotte, in der die Macht der Republik hauptsächlich bestand, vernichtet. Ein ähnliches Verderben erreichte dann die Landmacht. Die Uebriggebliebenen von denen, die die Welt zu erobern gedacht hatten, wurden zur Arbeit in den Steinbrüchen verurteilt. Die beiden obersten Führer zu Land und zur See brachten die Syrakusaner um.

Wenn nun aber hiedurch das Vorhaben, die Macht von Athen nach Westen auszubreiten, wie es einst Perikles gefasst hatte, vollkommen scheiterte, so bewirkten die Ereignisse, dass diese auch in der anderen Richtung, in der sie durch Miltiades und Kimon befestigt worden war, noch mehr erschüttert wurde. Die ionischen Bundesgenossen erhoben sich jetzt zu dem Versuch, sich des drückenden Joches, das ihnen die Athener aufgelegt hatten, zu entledigen. Hier eben bemerken wir, dass das Ereignis auch auf die allgemeine Lage der Weltverhältnisse einen grossen Einfluss ausübte. In Sizilien bekamen die Karthager, die einen Teil der athenischen Mietsvölker, deren Gedanken nicht über Sold und Waffen hinausgingen, an sich zogen, ein Uebergewicht, das freilich erst nach und nach hervortrat. In Kleinasien erweckte die Bewegung der Bundesgenossen den Ehrgeiz des Satrapen von Sardes, Tissaphernes. Auch dies geschah unter Einwirkung des Alkibiades, der es befürwortete, dass Lakedämon mit den Persern in ein Bündnis trat, das gegen die Seemacht von Athen gerichtet war, die im Aegäischen Meer und an den ionischen Küsten zwar noch bestand, aber doch schon Abbruch litt, wie denn auch das besonnene Chios jetzt von ihnen abfiel. [20]) Um die maritime Autorität der Athener vollends zu brechen, gewährten die Perser den Lakedämoniern Subsidien, so dass diese eine ansehnliche Flotte in See schicken konnten. Das grosse Interesse der Welt nahm eine andere Richtung; der Mit-

telpunkt aller Fragen wurde, ob die Macht von Athen
bestehen solle oder nicht. Alles andere trat dagegen in
den Hintergrund. Man erlebte, dass die Griechen jetzt
selbst dazu beitrugen, abgefallene Häuptlinge dem grossen
König zu unterwerfen und dieser dagegen den gegen
Athen vereinigten Peloponnesiern phönizische Schiffe zu
Hilfe zu schicken versprach. Die bisherigen Verträge mit
den Persern waren nur vorübergehender Natur gewesen;
auch in den Gebieten, die den Persern nominell geblieben
waren, war doch die Macht der Athener stark genug, um
die in ihrem Bunde festgesetzten Tribute einzutreiben.
Vorgänge, in denen das gerade Gegenteil von dem zutage
tritt, was ein Menschenalter früher in dem Abkommen,
das man den kimonischen Frieden nennt, festgesetzt war.
Dieser beruhte auf unbedingter Ausschliessung der Perser
von den griechischen Angelegenheiten zur See sowohl wie
zu Lande, wogegen die Athener sich damals verpflichtet
hatten, das persische Reich unbehelligt zu lassen. Jetzt
aber wurde dieses, und zwar durch den grossen Führer
von Athen und die mit ihm verbundenen Lakedämonier,
jener Verpflichtung überhoben und die Rückkehr der
phönizischen Schiffe in den Archipelagus gutgeheissen. Die
Lakedämonier gaben nach, dass das ganze Gebiet, was des
Königs sei oder doch gewesen sei, in seinem Gehorsam
bleiben oder in denselben zurückkehren solle. Sie liessen
damit in der Tat den Anspruch der Küstenländer, der persischen Herrschaft entledigt zu werden, tatsächlich fallen;
und bei den Inseln, die der Herrschaft der Athener schon
längst müde geworden waren, fanden sie hiebei eine nicht
geringe Unterstützung. Es hat immer Bewunderung erregt,
wie sich die Athener auch unter dieser schwierigen Lage
behaupteten. Sie griffen die tausend Talente an, die in
der Burg für Fälle dieser Art aufgehoben waren. Die Idee
eines Staatsschatzes, die Perikles gefasst hatte, zeigte sich
dabei heilbringend. Auch hatten die Athener noch die
Argiver auf ihrer Seite. Es gelang ihnen nochmals, an der
kleinasiatischen Küste zu landen und das abgefallene
Milet, sowie die Lakedämonier, die der Stadt zu Hilfe

gekommen waren, zu überwinden. Wir bemerken hier überhaupt, dass die Stammesverwandtschaften, die aus ältester Zeit vererbt und in neuerer in Erinnerung gebracht worden waren, dabei keinerlei Beachtung fanden. Den Milesiern traten trotz der ionischen Herkunft derselben die Lakedämonier zur Seite, so wie die Argiver, Dorier, an der Seite der Athener fochten. Von keinem allgemeinen Gefühl zusammengehalten, lösten sich die griechischen Staaten in momentane Allianzen auf. Bei jenem Zusammentreffen behielten die Milesier, also Ionier, gegen die Argiver, also Dorier, den Platz; dagegen erfochten die Athener, alte Ionier, über die mit den Milesiern verbundenen Lakedämonier den Sieg. Und der letzte Vorteil war der entscheidende. Die Athener fassten den Entschluss, Milet zu belagern, durch dessen Eroberung sie wieder Meister der ganzen Küste zu werden hofften. Alkibiades war zugegen; er soll die eben herankommende Flotte der Spartaner, bei der sich jetzt auch sizilische Trieren befanden, einundzwanzig von Syrakus und zwei von Selinus, erinnert haben, dem Falle von Milet nicht ruhig zuzusehen, sondern die athenische Flotte, die bei Milet vor Anker lag, unverzüglich anzugreifen. Die Athener fühlten sich aber nicht stark genug, dieser grossen Kombination zu widerstehen. Es war dieselbe, der sie im Hafen von Syrakus unterlegen waren. Der vornehmste ihrer Feinde in Syrakus, Hermokrates, war bei dieser Flotte, und von den Persern liess sich nichts anderes als ein Anfall von der Landseite her erwarten. Der Stratege der Flotte, Phrynichos, wollte nicht das Schicksal des Nikias und Demosthenes über sich hereinziehen. Er wich noch beizeiten gegen Samos zurück, wodurch denn die Belagerung von Milet aufgehoben wurde. Es war nicht eben ein wirklicher Sieg, aber doch ein entschiedener Vorteil, den die Peloponnesier davontrugen. Der schon begonnene Abfall konnte nun nicht unterdrückt werden. Er breitete sich vielmehr nach dem Süden und nach dem Norden hin aus. Wie Rhodos, so fielen auch Sestos und Abydos ab; Lesbos war sehr geneigt, diesem Beispiel zu folgen; das delische Bündnis, auf dem die Grösse von Athen beruhte, ging stückweise zugrunde. Auch in Euböa regte sich der Aufruhr.

In diesem Wettstreit der Mächte geriet Alkibiades, der ihn veranlasst hatte, in eine eigentümliche Situation, die zu einer allgemeinen Bemerkung Anlass gibt, welche zu äussern gestattet sein möge. Was alle Staaten des Altertums zusammenhielt und in sich selbst belebte, war das Gefühl der bürgerlichen Gemeinschaft, in der die Souveränität lag, von welcher sich niemand trennen durfte, ohne sein Leben zu verwirken. Von diesem Grundgesetz war nun aber Alkibiades abgewichen. Er brachte seine persönliche Stellung seiner Vaterstadt gegenüber eigenmächtig zur Geltung. Der Bürger befolgte eine persönliche Politik, um der Gegner Meister zu werden, die seinesgleichen waren, aber die höchste Gewalt in seiner Vaterstadt im Besitz hatten. Wir werden an einer anderen Stelle sehen, dass dies der Weg war, auf dem die grösste Republik aller Zeiten, die römische, in eine Monarchie verwandelt worden ist. Alkibiades war entfernt davon, einen Gedanken dieser Art fassen zu können; er gebot über keine eigene Macht, wie Cäsar, um sein Ansehen den Feinden gegenüber zu behaupten. Er konnte diesen Zweck nur dadurch erreichen, dass er die mächtigsten Nachbarn seiner Vaterstadt gegen sie in Bewegung brachte. Dabei aber stellte sich heraus, dass diese doch wieder verschiedene Interessen hatten. Ursprünglich mit den Lakedämoniern verbündet, fand es Alkibiades nach der Hand notwendig, sich ihnen entgegenzusetzen. Sein Sinn konnte niemals sein, den Lakedämoniern das unbedingte Uebergewicht zu verschaffen; er würde sich damit nur einen andern Herrn gegeben haben. In seinem eigensten Bestreben, dem Wunsche, in Athen wieder Fuss zu fassen, aber zugleich dessen Autonomie den Lakedämoniern gegenüber zu erhalten, traf er mit Tissaphernes zusammen; ein an sich naheliegender politischer Gedanke wird, wie in anderen Fällen, so auch in diesem von dem Einfluss des Alkibiades hergeleitet. Er machte, so erzählt man, den Satrapen aufmerksam, dass es nicht im Interesse von Persien liege, die Seeherrschaft in die Hände von Sparta geraten zu lassen; das persische Interesse fordere es vielmehr, Athen und Sparta im Gleichgewicht zu halten. Es war der Gedanke, in dem die Rettung von Athen lag. Doch leuchtet ein, dass er nicht ausgeführt werden konnte, wenn die öffentliche Gewalt in Athen nicht selbst damit einverstanden war. Hier aber hatten sich nach dem natürlichen Laufe der Dinge verschiedene Ansichten und entgegengesetzte Parteien gebildet. Um den nicht ganz einfachen Gang der Bewegungen, die in der grossen Angelegenheit entscheidend wurden, zu verstehen, müssen wir nochmals Athen selbst zu unserem Hauptaugenmerk machen.

5. Zustände von Athen in den letzten Jahren des peloponnesischen Krieges und den ersten nach demselben

Zuerst begrüssten die Trierarchen der Flotte von Samos, von der Unmöglichkeit durchdrungen, den Lakedämoniern und den Persern zugleich zu widerstehen, freudig die Aussicht, die ihnen eine Verbindung des Alkibiades mit Tissaphernes im Gegensatz mit den Lakedämoniern eröffnete; sie begünstigten eine Bewegung in der Stadt, die sich der Alleinherrschaft der äussersten Demokratie widersetzte. Ohne Zweifel gingen die inneren Bewegungen des athenischen Gemeinwesens von den äusseren Verwicklungen aus. Die Demokratie, durch die Alkibiades vertrieben worden war, wurde unhaltbar, insofern sie mit all den Anstrengungen, zu denen sie schritt, das Vaterland nicht mehr zu verteidigen vermochte; sie wurde es um so mehr, da Alkibiades zurückberufen werden musste, wenn seine Unterhandlungen mit Tissaphernes die gewünschten Erfolge haben sollten. Alkibiades selbst aber wollte von denen, die ihn verjagt hatten, nicht zurückgeführt werden. Das war eben seine vornehmste Leidenschaft, diese zu stürzen und sich an ihnen zu rächen. Da kam ihm nun zustatten, dass die damalige Demokratie, wie sie war, durch den Heliastensold und das Uebergewicht, das die niederen Klassen erlangt hatten, zu mannigfaltigen gerechten Beschwerden Anlass bot. Unter den Gegnern der Demokratie gab es aber zwei verschiedene Tendenzen. Die Demokratie, wie sie jetzt bestand — darin waren alle einig —, sollte abgeschafft werden. Was hatte das aber in dem durch und durch demokratischen Athen zu bedeuten und was liess sich an ihre Stelle setzen? Es geschah, dass die Oberhäupter der Flotte und die Gegner der Republik in der Stadt ein in der Tat sehr gewaltsames Verfahren gegen die Demokratie einschlugen. Ungefähr wie in den italienischen Republiken im vierzehnten und fünfzehnten Jahrhundert eine Balia mit der Gewalt, die Verfassung zu revidieren, eingesetzt zu werden pflegte, so wurde damals in Athen durch Volksbeschluss eine Kommission zu dem gleichen Behufe ernannt. Einige Männer von der grössten Autorität stellten sich auf die Seite der werdenden Oligarchie. Der bedeutendste von allen ist Antiphon, der Vater der kunstgerechten Beredsamkeit: von ihm scheint alles ausgegangen zu sein. Was er damals vorschlug, oder vielmehr, was in der Kommission durchging, trug den Stempel einer gewaltsamen Reaktion. Fünf Einverstandene sollten sich durch Kooptation auf hundert verstärken, von denen ein jeder wieder drei andere herbeizuziehen ermächtigt war, was dann einen Rat von Vierhundert bildete. Dieser sollte die öffentliche Gewalt fortan ausüben. Wir werden auch hier an die italienischen Parlamente erinnert. Fast in deren Weise wurde dann das Volk auf Kolonos zusammenberufen und genehmigte alles. Hierauf wichen die Fünfhundert, die Demokraten waren, aus dem Versammlungshause des Rates und überliessen den vierhundert Oligarchen den Platz. Die Veränderung war ebenso durchgreifend wie rasch. Wohl wurde eine Volksversammlung von Fünftausend vorbehalten, aber den Vierhundert war es überlassen, diese zu berufen oder auch nicht. Sie regierten nach ihrem Gutdünken. Die wichtigste Entscheidung, die ihnen vorlag, betraf das Verhältnis zu Sparta. Sie waren nicht etwa gewillt, sich den Lakedämoniern zu unterwerfen; ein Zug derselben von

Dekeleia her fand Widerstand an den Mauern von Athen. Aber mit den Lakedämoniern Frieden zu machen und sich ihnen anzuschliessen, waren sie allerdings gesonnen. Wir vernehmen sogar aus dem Munde des Theramenes, der sich dem Antiphon würdig zur Seite stellte, die Behauptung, dass die Staatsveränderung von dem Volke deshalb angenommen worden sei, weil sie den Lakedämoniern Vertrauen zu Athen einflössen würde. Eine Hinneigung zu Lakedämon aber war nun gerade das Gegenteil von dem, was auf der Flotte beabsichtigt worden war; wenn diese Form der Oligarchie bestand, konnte Alkibiades nimmermehr zurückkehren. Die Flotte von Samos, die mit den Lakedämoniern um das maritime Uebergewicht rang, vermochte ihren Ehrgeiz nicht soweit herabzustimmen, um den Frieden bei diesen gleichsam nachzusuchen; sie hielt vielmehr daran fest, dass Tissaphernes durch Alkibiades gewonnen werden müsse. Gegen alles, was Alkibiades früher geplant und getan hat, lassen sich sehr begründete Einwendungen machen. Damals aber, als es darauf ankam, Athen zu retten, war sein Verhalten untadelhaft und nicht ohne Grösse. Er selbst kam nach Samos; eben in einem Augenblick, wo die bewaffnete Macht, empört darüber, was in Athen vorgegangen war, sich anschickte, einen Angriff auf den Piräus zu machen und die Oligarchie sich rüstete, ihn abzuwehren. Alkibiades zeigte sich jetzt über die Parteigesichtspunkte erhaben. Er stellte den Trierarchen vor, wie gefährlich für die gesamte Machtstellung von Athen ihr Vorhaben sein würde: denn sofort würden Ionien und der Hellespont von Athen abfallen: die Lakedämonier würden dort vollkommen Meister werden. Er trug auf Versöhnung der beiden Parteien an, denn er hatte jetzt selbst eine Stelle unter den Strategen eingenommen und also wieder einen gesetzlichen Wirkungskreis; mit den Vierhundert, sagte er, werde er sich nie versöhnen, aber damit zufrieden sein, wenn dem erwähnten, noch nicht ausgeführten Beschlusse gemäss die Fünftausend zu einer wirklichen Autorität erhoben würden. Eine Auskunft, die wohl seiner persönlichen Gesinnung entsprach, denn dadurch wurde zwar die Demokratie wiederhergestellt, aber eine andere als die, durch die er vertrieben worden war. Zu den Fünftausend gehörten nämlich nur solche, die sich selbst bewaffnen konnten. Und dahin führte auch der Gang der Dinge in Athen. Zwischen den Vierhundert brach eine Entzweiung aus, hauptsächlich deshalb, weil die strengen Oligarchen in der Verbindung mit Sparta viel weiter zu gehen gedachten, als die Gemässigten mit dem Wohl von Athen für vereinbar hielten. Noch war alles sehr zweifelhaft, als es bei Euböa zu einer Seeschlacht zwischen Athenern und Lakedämoniern kam, in der die ersteren, denen auch die dortige Einwohnerschaft grollte, geschlagen wurden, so dass die Insel in die Hände von Lakedämon überging, ein Ereignis, das die äussersten Besorgnisse in Athen erweckte. Wer hätte den Lakedämoniern widerstehen wollen, wenn sie sich unverzüglich gegen den Piräus gewandt hätten. Der Geschichtschreiber der Epoche gesteht, dass nur die Langsamkeit der Lakedämonier Athen gerettet habe; die Gefahr aber war eminent, und da nun Heer und Flotte in Samos die einzige Hilfsquelle bildeten, die noch übrig war, so konnte man nicht zögern, den Forderungen derselben zu genügen. So ward denn allen Bedenken ein Ende gemacht: in der Volksversammlung auf der Pnyx wurden die Vorschläge der Flotte angenommen, Alkibiades zurückberufen, der Rat der Vierhundert abgeschafft; dagegen traten jene Fünftausend nunmehr ins Leben; sie wurden als das souveräne Volk von Athen anerkannt.

Thukydides hält diese Staatsveränderung für die wohlerwogenste, die bei seinen Lebzeiten in Athen eingeführt worden sei. Es wird sich bald zeigen, dass damit doch wieder andere Mißstände verknüpft waren, aber zunächst wurde die Idee der Demokratie gerettet, sie erschien in gemässigteren und haltbareren Formen. Dennoch würde nach der Ansicht des Geschichtschreibers alles verloren gewesen sein, wenn die phönizischen Schiffe, gegen einhundertundfünfzig an Zahl, die sich bereits in der Nähe befanden, herbeigekommen wären und den Spartanern Hilfe geleistet hätten. Alkibiades hat sich immer das Verdienst zugeschrieben, dass Tissaphernes durch ihn bewogen worden sei, die Schiffe nach Hause gehen zu lassen. Ich sehe keinen Grund, ihm dieses Verdienst abzustreiten. Die zweifelhafte Politik des Tissaphernes lässt sich nur dadurch erklären, dass er Athen doch nicht wollte zugrunde gehen lassen, eine Absicht, die nur dann erreicht werden konnte, wenn Alkibiades, zu dem er Vertrauen gefasst hatte, sich in Athen befand. Wohl hielt der benachbarte Satrap Pharnabazus von Phrygien an dem zwischen dem König von Persien und den Peloponnesiern geschlossenen Bunde fest und unterstützte diese nach Kräften. Aber da nun die phönizischen Schiffe nicht anlangten und von den Satrapen der angesehenere nicht mehr die Partei der Peloponnesier hielt, so konnten die Athener wieder mit grösserer Zuversicht in See erscheinen. Diese wuchs unendlich, als es ihrer Flotte bei dem ersten Zusammentreffen mit den Lakedämoniern und Syrakusanern bei Kynossema gelang, einen entschiedenen Sieg über diese davonzutragen; [21]) denn dadurch erst schien die im Hafen von Syrakus erlittene Niederlage wettgemacht. Die Athener fassten hierauf wieder Hoffnung auf die Zukunft, worin sie ein neuer grosser Erfolg bestärkte. Bei Kyzikos wurde abermals unter Teilnahme des Alkibiades eine Doppelschlacht geschlagen, in der die Peloponnesier eine schwere Niederlage erlitten und Kyzikos an die Herrschaft von Athen zurückfiel. Die lakedämonischen Heerführer empfanden das aufs tiefste; ihr Bericht begann mit den Worten: « Das gute Glück ist vorüber ». Wie der Abfall des Alkibiades von der Sache seiner Vaterstadt die grössten Verluste für diese herbeigeführt hatte, so trug dann seine Aussöhnung mit Athen vornehmlich dazu bei, dass es nicht völlig überwältigt wurde. Auch die Wiedererwerbung von Byzanz hatte es ihm zu danken.

Wäre es dabei geblieben, hätte er wirklich die Macht von Athen gerettet und inmitten der kämpfenden Weltmächte befestigt, so würde er als Wiederhersteller der

Macht von Athen sich ein unsterbliches Andenken gesichert haben.

Aber nochmals trat ihm eine Differenz in der Politik seiner Verbündeten in den Weg. Alles beruhte doch darauf, dass der Satrap von ihm bewogen wurde, Athen zu schonen und sich von Lakedämon abzuwenden. Allein Tissaphernes war kein unabhängiger Fürst, und der Grosskönig fühlte sich durch den vor kurzem geschlossenen Vertrag an Lakedämon gefesselt. Wenn ein Satrap in der Verwirrung des Momentes sich entschloss, den Athenern die Hand zu bieten, so konnte das in Susa keinen Beifall finden; es war vielmehr dessen persönlicher Entschluss, durch den er mit seinem Hofe zerfiel, so dass er die kaum eingeschlagene Bahn wieder verlassen musste. Alkibiades selbst bekam hierauf eine Veränderung in der Gesinnung des Satrapen zu empfinden. Voll von Selbstgefühl über alles das, was ihm zuletzt gelungen war, begab er sich aufs neue zu Tissaphernes. Man darf wohl nicht anders annehmen, als dass er seinen Bund mit ihm nun erst recht zu befestigen gedachte, aber der Satrap war schon nicht mehr der alte. Alkibiades, nicht mehr so gut wie früher empfangen, sah sich in der Gefahr, festgehalten zu werden, so dass er den Entschluss fasste, so rasch wie möglich davonzugehen. Der Satrap mag den alten Freund nicht mit all dem Eifer verfolgt haben, den man sonst in Fällen dieser Art anwendet, aber eine Fortsetzung ihres früheren Verhältnisses war doch unmöglich. Die Allianz Athens mit dem Satrapen von Sardes hörte auf. An Stelle des Tissaphernes trat in kurzem der jüngere Sohn des Königs, Cyrus, der als Karanos von Vorderasien auftrat — wir werden seiner später noch näher zu gedenken haben —, und der stellte nun die alte Bundesgenossenschaft zwischen Persien und Sparta wieder her. Der aus der Ferne der Jahrhunderte her diese Angelegenheit betrachtende Historiker ist selbst betroffen darüber, in welchem Masse die Entscheidung über die Geschicke von Griechenland, namentlich von Athen und Alkibiades selbst, von diesem Wechsel der persischen Politik abhängig ist. Alkibiades kam nach Athen zurück an dem Feste der Plynterien, an dem die Bildnisse der Schutzgöttin verhängt zu werden pflegten. Man hielt den Tag für unglücklich. Bei den späteren ist seine Rückkunft als ein Triumphzug beschrieben worden; der nächste zeitgenössische Zeuge sagt das jedoch nicht. Demzufolge stieg Alkibiades, nachdem er angelegt hatte, nicht sogleich aus; er wartete, bis seine nächsten Anverwandten im Hafen erschienen waren. Dann zog er, von einer starken Menge begleitet, nach der Stadt. Nicht ganz einmütig aber waren seine Begleiter; viele hielten ihn für den Urheber alles Unglücks, das Athen betroffen habe; die Mehrzahl aber nahm Partei für ihn, denn mit Unrecht sei er einst angeklagt worden; er sei genötigt gewesen, sich mit den Feinden der Stadt zu verbinden, doch unter steter Lebensgefahr. In der Volksversammlung erklärte Alkibiades das Gerücht, als habe er die eleusinischen Geheimnisse verspottet, für falsch. Darauf wurde er zum obersten Anführer mit unbeschränkter Macht erwählt ohne Widerspruch, denn niemand hätte gewagt, durch einen solchen die allgemeine Stimmung der Versammlung gegen sich aufzuregen.

Alkibiades wurde als der Mann betrachtet, der allein fähig sei, die alte Macht von Athen zu erneuern. Er selbst hegte wohl schon damals nicht mehr die volle Zuversicht, dass ihm das gelingen werde, denn er wusste wohl, dass er den Rückhalt der persischen Macht verloren hatte. Um so trüber stimmte ihn der Anblick der von ihrer eigenen Höhe herabgestürzten Vaterstadt, er hatte das bittere Bewusstsein, selbst dazu das meiste beigetragen zu haben; er schalt auf niemand, weder auf das Volk, noch auf seine Feinde; er klagte nur über sein böses Geschick. Eine seiner vornehmsten Sorgen war dann, dass der Festzug nach Eleusis auf der altgewohnten Strasse erneuert würde, unter einem so starken bewaffneten Geleit, dass die nahen Lakedämonier die Prozession nicht zu stören wagten. Alkibiades wollte sich mit dem Lande und mit dessen Göttern versöhnen. Dann ging er mit einer stattlichen Flotte wieder in See. Noch erwartete man von ihm, dass er die

Grösse von Athen wiederherstellen würde. Allein an den indes wiedererstarkten Lakedämoniern fand er unüberwindlichen Widerstand. Es begreift sich, dass, selbst wenn er zur See Vorteile erfocht, besiegte Städte dennoch alle ihre Kräfte zusammennahmen, um sich den Athenern nicht wieder unterwerfen zu müssen. Dann aber begegnete ihm auch an den ionischen Küsten, dass die Flotte einen sehr empfindlichen Nachteil erlitt. Persönlich hatte er keine Schuld dabei; aber es wurde ihm als solche in Athen angerechnet, dass er einen Mann zu seinem Stellvertreter ernannt hatte, der sich unfähig erwies; und die Liebe des Volkes auch in dessen gegenwärtiger Verfassung hat er doch niemals wiedergewonnen. Bei den Mannschaften der Flotte genoss er kein Vertrauen. Man darf sich hierüber nicht eben wundern, denn nur durch grosse Handlungen hätte er seine Wiederaufnahme in Athen rechtfertigen können. Aber eben darin kommt die erwähnte entscheidende Einwirkung Persiens auf diese Angelegenheiten zutage, dass glückliche Erfolge unmöglich wurden, seitdem das persische Geld den Lakedämoniern reichlich zufloss. Alkibiades täuschte sich nicht über die veränderte Lage. Da das Volk von Athen andere Heerführer an seine Stelle setzte, so hätte er nicht wagen können, dahin zurückzukehren. Sein individueller Charakter lag darin, dass er sein jedesmaliges Vorhaben soweit trieb als möglich, und wenn es unausführbar wurde und ihn selbst in Gefahr brachte, den Ausweg ergriff, der sich ihm noch zu seiner Rettung darbot. In der Bedrängnis, in die er jetzt wieder geriet, entschloss er sich kurz und gut, das Heer zu verlassen und sich nach seiner befestigten Burg unfern Paktye im thrakischen Chersonnes zurückzuziehen, um als unabhängiger Dynast zu leben, womit er jedoch noch keineswegs sich von den öffentlichen Dingen völlig lossagte.

Kommen wir nun wieder auf den Krieg, in dem Athen begriffen war.

Das Eigentümliche desselben besteht darin, dass er gegen die verbündete Macht der Perser und Lakedämonier und zugleich die rebellischen Bundesgenossen geführt werden musste; der athenischen Demokratie gebührt die Anerkennung, dass sie sich dem ungünstigen Geschick mit aller ihr eingeborenen Energie entgegensetzte.

Als die Spartaner unter Kallikratidas wieder die Oberhand zur See gewannen, strengten die Athener ihre Kräfte auf das äusserste an; sie füllten binnen dreissig Tagen einhundertundzehn Dreiruderer mit Freien und Sklaven; infolge dieser Anstrengungen gewannen sie bei den Arginusen einen entschiedenen Sieg; die Lakedämonier verloren neunzehn Schiffe und ihre Anführer. Zugleich aber trat in Athen die alte Gewaltsamkeit der inneren Parteiung wieder hervor. Die acht athenischen Strategen waren durch Sturm verhindert worden, die Schiffbrüchigen zu retten und die Gefallenen zu bestatten; das athenische Volk machte ihnen dies zum Verbrechen. Es war immer von einem übertriebenen Gefühl für die religiösen Zeremonien erfüllt. Die Feldherren, die den grossen Sieg erfochten hatten, wurden nicht allein ihrer Aemter enthoben; nur zwei von ihnen, die dieses Volk kennen mochten, retteten sich durch die Flucht, die anderen wurden verurteilt und sämtlich hingerichtet. Männer, wie Sokrates, haben sich dem vergeblich entgegengesetzt. An den religiösen Antipathien war das Schlimmste, dass sich die politischen Parteien derselben zum Kampf gegen ihre Widersacher bedienten, wie das schon in der Anklage des Alkibiades geschehen war. Einer von den Feldherren, Diomedon, starb, indem er das Volk ersuchte, die Gelübde zu lösen, die er und seine Genossen dem Zeus-Erretter, dem Apollo und den heiligen Göttinnen gelobt hatten: denn durch deren Hilfe sei der Sieg erfochten worden. Indem Athen seine besten Männer von sich stiess oder umbrachte, gewann es die spartanische Oligarchie über sich, der geeignetsten Persönlichkeit, die sich finden liess, soviel auch sonst gegen sie gesagt werden konnte, den Oberbefehl zu übertragen; es war Lysander, ein Mann, der der ältesten Nachricht zufolge von Geburt nicht zu den herrschenden Geschlechtern, sondern zu den Motha-

ken gehörte, das heisst solchen, die von freier Herkunft
in den Familien der Spartiaten aufgenommen und mit den
Söhnen aus denselben erzogen und der ganzen lakonischen
Disziplin teilhaftig, zu grossen Stellungen aufzusteigen
fähig wurden. Lysander nahm den ganzen Eifer, den die
spartanische Erziehung hervorrief, sich auszuzeichnen, in
sich auf und hat sich nie von dem Gelde verführen lassen.
Aber er wusste, was mit Geld zu erreichen sei. So tapfer,
wie irgendein anderer, soll er doch gesagt haben: «Wo des
Löwen Haut nicht hinreicht, da müsse man den Fuchspelz
daransetzen». Der Einfachheit und Wahrhaftigkeit des
Kallikratidas setzte er Verschlagenheit und List an die
Seite. — Er sagte, die Lüge sei ihrer Natur nach nicht
schlechter als die Wahrheit, es komme nur auf den Gebrauch an. — Diesem Mann nun übertrugen die Spartaner
den Oberbefehl gegen die Athener. Der Kampf war an
sich ungleich. Wenn die Spartaner besiegt wurden, waren
sie doch nicht verloren. Dagegen hing das Bestehen Athens
völlig an diesen Brettern in der See.

Dennoch nahmen die Athener damals ihre Sache nur
mit grosser Sorglosigkeit wahr. Noch einmal schlug man
sich am Hellespont. Lysander hatte Lampsakos genommen,
die Athener stellten sich ihm gegenüber bei Aegospotamoi
auf. Alkibiades, der sich in der Nähe aufhielt, ritt an die
Athener heran und gab ihnen den Rat, sich näher an
Sestos heranzuziehen, weil sich ihre Schiffe zerstreuten,
um das Nötige von dort zu holen. «Wir sind die Feldherren», antwortete man ihm, «nicht du». Eben aber in
ihrer Unordnung griff sie Lysander, der sie schon öfter
bedroht, aber dadurch nur sicher gemacht hatte, mit vollem Ernste an. Er fand sie ungerüstet. Von allen leistete
ihm eigentlich nur Konon Widerstand. Dreitausend Männer, übrigens tapfere, wurden gefangen. Sie wurden sämt-
liche getötet. Siebzig Schiffe fielen in die Hand Lysanders.

Dies war der Schlag, durch den Athen zugrunde gehen
sollte. Eine andere Flotte gab es nicht, noch ein Heer.
Lysander nahm jetzt alle Inseln in Besitz, er stellte die
Aegineten und Melier her. Er erfreute sich dabei der Ver-

bindung mit dem jüngeren Cyrus, der damals in Kleinasien die oberste Autorität ausübte. Das Uebergewicht Lysanders über die anderen Spartaner und die Besorgnis, die er nach allen Seiten hin einflösste, lässt sich durch dieses Verhältnis erklären. Zu gleicher Zeit erschien seine Flotte und ein lakedämonisches Heer vor der Stadt. Die Athener fürchteten, es möchte ihnen so ergehen, wie sie anderen getan, und schon war es nahe daran. Die Frage ist wirklich erhoben worden, ob Athen noch ferner bestehen solle. Die Thebaner gaben einmal den Rat, Attika wieder zur Schafweide zu machen und die Menschenherde wegzutreiben. Dagegen erinnerten andere mit Recht, man sollte Griechenland nicht einäugig machen. So aber stand es doch, dass Athen nur von der Gnade Spartas abhing. Die langen Mauern und die Befestigungen des Piräus wurden bei dem Schall der kriegerischen spartanischen Musik geschleift; es war die Bedingung, unter der Athen bestehen blieb. [22])

Man kann den Gedanken kaum ausdenken, dass Athen von Sparta und seinen Bundesgenossen vernichtet worden wäre. Wie aber konnte und sollte es fortan bestehen? Es verlor alle seine auswärtigen Besitzungen, seine ganze Seemacht bis auf wenige Schiffe. Der Zusammenhang der Stadt mit dem Hafen wurde durchbrochen. Es versteht sich von selbst, dass die Sieger in Athen so wenig eine unabhängige Verfassung, die ihnen immer widerstrebt haben würde, dulden wollten, als in andern Städten, die sie eroberten. Das hatte man allezeit als Recht angesehen, dass der Sieger in den eingenommenen Ortschaften seine Freunde und Anhänger zur Herrschaft erhob. Wenn nun die Rückkehr des Alkibiades und alles, was darauf erfolgt, der letzte Krieg gegen Sparta von der Demokratie ausgegangen war, so konnte man sich nicht darüber täuschen, dass diese selbst nicht bestehen bleiben könne. Der Schutz der Spartaner wandte sich auf die Partei zurück, welche vor der Heimkehr des Alkibiades mit ihnen Frieden und Bündnis hatte eingehen wollen. Von der Herstellung der Vierhundert konnte nicht die Rede sein; auch bedurfte

es einer solchen Anzahl nicht; es war schon genug, wenn
die Summe der Gewalt in die Hände einer Partei kam, in
der sich jetzt die oligarchische Tendenz verkörperte. Die
Art und Weise, wie man das ausführte, war der früher
befolgten ähnlich. In einer Volksversammlung, in welcher
Form sich zuletzt immer die Souveränität repräsentierte,
wurde abermals ein Ausschuss gewählt, der eine Verfassung entwerfen, aber bis zur Vollendung derselben die
höchste Gewalt ausüben sollte. Es waren an Zahl dreissig,
deren Andenken in der späteren Geschichte unter dem
Namen der dreissig Tyrannen fortgedauert hat. Eigentlich
gewählt wurden sie nur zum dritten Teil. Zwanzig waren
bereits entweder durch die Lakedämonier oder durch die
Häupter der oligarchischen Bewegung bezeichnet; sie
wurden aber alle vom Volke genehmigt. Wenn hienach
ihr Ursprung nicht als ungesetzlich bezeichnet werden
kann, so streift es doch nahe daran, dass sie, wie es oft
bei verfassungsgebenden Körpern der Fall gewesen ist,
die Ausführung ihres Auftrages verschoben und indessen
ihre Autorität in der Hand behielten. Sie ernannten zu
allen öffentlichen Aemtern. Unter ihnen übte Kritias, ein
geistvoller Schüler des Sokrates, der aber in dem Besitz
der Gewalt das höchste Ziel für einen Staatsmann erblickte, die leitende Autorität aus; er wollte den Staat
erst reinigen, ehe er ihn konstituierte. Aber die Reinigung
geschah durch gewaltsame Bluttaten. Nicht allein demokratische Sykophanten wurden verfolgt, sondern auch gute
und ehrenwerte Männer, die verdächtig waren, der Oligarchie nicht beizustimmen. Mit dem politischen Hass
verband sich, wie es zu geschehen pflegt, die Habsucht.
Eine lakedämonische Schutzwache diente zur Ausführung
dieser gewaltsamen Beschlüsse, so dass, da hier keine
Rettung war, eine Auswanderung in Masse begann und in
den Zurückbleibenden eine allgemeine Gärung entstand.
Kritias sagte: das sei nun einmal die unausbleibliche Folge
einer grossen Staatsveränderung, zu deren Durchführung
es unerlässlich sei, ihre Gegner zu beseitigen, namentlich
in einer so volkreichen, der Unabhängigkeit gewohnten

Stadt. Er verlor dabei sogar den damals in Persien wei-
lenden Alkibiades nicht aus den Augen.

Alkibiades war mit dem Satrapen Pharnabazus in Verbindung getreten, und man hielt für möglich, dass er diesen
für Athen gewinne. Sehr wahrscheinlich ist es, dass die
Gegner der Oligarchie in Athen in der Hoffnung auf einen
allgemeinen Umschlag dieser Erwartung Raum gaben.
Kritias hat erklärt, er könne in Athen nicht fertig werden,
solange Alkibiades lebe. Hierauf haben, so viel man weiss,
die Spartaner, die schon von jeher mit Pharnabazus verbunden waren, denselben vermocht, Alkibiades, der sich
zum Könige nach Susa begeben wollte, umbringen zu lassen. Man hat das Haus, in dem er die Nacht zubrachte,
mit Holz und Reisig umgeben und diese in Brand gesteckt.
Mitten in den Flammen, die plötzlich aufschlugen, ist Alkibiades umgekommen. Durch die Kombination der persischen und spartanischen Politik, die er selbst gefördert
hatte, ist er zuletzt vernichtet worden, der Mann, der das
Schicksal von Athen in seiner Hand trug.

Wie tritt die Verflechtung menschlichen Tuns und
Leidens oder, sagen wir, des Schicksals, in Alkibiades so
recht eigen an den Tag. Von jeher nicht durch und durch
ein Bürger, sondern persönlichen Antrieben folgend, erlebte er einen Augenblick, in dem die Macht von Athen
und seine eigene Grösse ein und dasselbe zu sein schienen.
Aber in seinem Siegeslauf durch seine Gegner in der
Republik aufgehalten und gefährdet, wandte er sich an
die alten Feinde seiner Vaterstadt; er wollte nur seine
inneren Gegner vernichten, aber er zertrümmerte die
Fundamente der atheniensischen Macht. Noch hoffte er
diese zu retten, verbündet mit dem einen der von ihm an-
geregten äusseren Feinde, den er im Gegensatz zu dem
anderen mit seiner Vaterstadt versöhnte. Aber indem er
nun noch einmal an der Spitze von Athen erschien und
grosse Hoffnungen fassen durfte, versagte ihm diese Verbindung. Die beiden Feinde vereinigten sich nochmals
gegen ihn und Athen. Miteinander gingen sie zugrunde: die
Macht und Grösse von Athen und er selbst.

Unter den Oligarchen, die in Athen an der Regierung teilnahmen, griffen doch auch verschiedene Meinungen Platz. Manche von denen, die den Frieden mit Lakedämon, die Beschlüsse, auf denen die Herrschaft der Dreissig beruhte, herbeigeführt hatten, schraken endlich vor den Konsequenzen der getroffenen Einrichtungen zurück. Das war die Stellung des Theramenes, der sich nicht viel daraus machte, dass die langen Mauern niedergerissen wurden; wenn einst das Heil der Stadt die Errichtung derselben veranlasst habe, so sei jetzt ihre Niederreissung zum Heile der Stadt notwendig. Dagegen nahm er an dem gewaltsamen Verhalten des Kritias Anstoss, weil durch die Hinrichtung unbescholtener Bürger nur die Besorgnis und Unbotmässigkeit der andern wachse. Unmöglich könne es der Sinn der Lakedämonier sein, Athen seiner besten Männer und aller seiner Streitkräfte zu berauben; wäre das ihre Absicht, so hätte sie leicht durch Verhinderung der Zufuhr erreicht werden können; den Seuchen, die infolge des Mangels ausgebrochen wären, würden alle erlegen sein. Theramenes wird also ein gemässigtes Regiment mit dem Schutze von Lakedämon für ratsam gehalten haben. Aber die sind unglücklich, die die Existenz eines Gemeinwesens durch Unterwerfung, zugleich aber seine innere Wohlfahrt durch Mässigung zu retten vermeinen: denn nur die absoluten Gedanken sind mächtig in der Welt. Kritias wollte die Demokratie, von der man so viel gelitten habe, nicht wieder emporkommen lassen; in deren Vernichtung erblickte er das wichtigste Moment für die Aufrechterhaltung der allgemeinen politischen Situation.

Wenn Theramenes im Schosse der Dreissig und in der Ratsversammlung selbst andere Tendenzen zur Geltung bringen wollte, so erschien er nicht allein als ein Abtrünniger, ja als ein Verräter. Kritias selbst trat als Ankläger gegen ihn auf und strich seinen Namen aus der Liste der vollberechtigten Bürger, gegen die nur ein rechtliches Verfahren stattfinden dürfe, und verhängte dann eigenmächtig das Todesurteil über ihn. Theramenes flüchtete zum Altar der Hestia, wurde aber von ihm hinweggerissen. Er hat den Tadel, den er sich in seiner vermittelnden Haltung zuzog, durch seinen heldenmütigen Tod gleichsam verwischt. Besonders in den bürgerlichen Unruhen von Rom ist sein Andenken von denen, die ähnliche Gesinnungen hegten, namentlich Cicero, gefeiert worden.

Die Männer dieser Epoche erwecken noch heute Sympathie und Antipathie, weil ja die politisch-religiösen Gegensätze, die sich in ihnen repräsentieren, solche sind, die unter andern Bedingungen und Gestalten in jeder Zeit wiederkehren. Der merkwürdigste Versuch der Dreissig ging dahin, die Bürgerschaft von oben her zu konstituieren. Alle wurden entwaffnet, ausgenommen dreitausend; diesen wurden nicht allein die Waffen gelassen, sondern ein Recht gewährt, nach dem sie als die einzigen vollberechtigten Bürger erschienen, dasselbe, das man eben dem Theramenes versagte, dass nämlich gegen sie lediglich ein rechtliches Verfahren anzuwenden und jeder Gewaltstreich unzulässig sei. Der Staat bestand also aus den dreissig Inhabern der Gewalt, den Rechtskollegien, die von denselben eingesetzt worden, und den ausgewählten Bürgern, denen die Waffen gelassen wurden. Das volle Gegenteil einer gleichberechtigten Volksgemeinde mit den aus derselben aufsteigenden Ratskollegien, einer Regierung durch Los oder durch Wahl.

War es nun aber wirklich die Bestimmung des lebensvollen Athen, einer gewaltsamen Herrschaft wie diese auf alle Zeit zu unterliegen? In grossen politischen Krisen kommen häufig Faktoren zum Vorschein, die dem äussersten Uebel, wenn es unabwendbar bevorzustehen scheint, doch auch Widerstand zu leisten vermögen. Hier beruhte alles darauf, dass in Griechenland das Uebergewicht von Sparta auf das drückendste empfunden wurde. Wie jener Satrap von Sardes ein Gleichgewicht zwischen Sparta und Athen des persischen Interesses halber zu erhalten suchte, so machte sich auch unter den Griechen selbst das Bedürfnis geltend, ein Gegengewicht gegen die spartanische Uebermacht, die jetzt sehr einseitig ausgeübt wurde, zu schaffen. Zunächst in dem bisher gegen Athen so überaus feindseligen Theben trat das hervor. Es ist nicht geradezu ein Widerspruch, wenn die Thebaner zuerst die völlige Vernichtung des athenischen Staates beantragt hatten, wobei sie selbst die Verfügung über Attika in ihre Hand gebracht haben würden, und wenn sie nun, da Athen in einer Verfassung, wie sie den Spartanern beliebte, fortbestehen sollte, sich laut gegen diese Form erklärten: denn dadurch erlangte hinwiederum Sparta eine für ihre Selbstbestimmung verderbliche Macht in ihrer unmittelbaren Nähe. Lysander, der die in Athen getroffene Staatseinrichtung nicht der Gefahr aussetzen wollte, von Ausgewanderten angegriffen zu werden, erliess den Befehl, dass sie in keiner der mit Sparta verbündeten Städte Aufnahme finden sollten.

In Theben wollte man sich dieser Verfügung, deren Tragweite einem jeden einleuchtete, nicht fügen. Die ausgewanderten athenischen Demokraten fanden in dem oligarchischen Theben Aufnahme und Schutz. Denn wie die Stammesunterschiede, so traten jetzt auch die Verfassungsformen vor dem höheren politischen Interesse in den Hintergrund. Und als nun diese Ausgewanderten unter der Führung Thrasybuls, eines Mannes, der in den letzten Kämpfen mit den Lakedämoniern den besten Ruf erworben hatte, Anstalt machten, in Attika einzudringen, versprachen ihnen die Thebaner, für diese Bewegung keine Augen haben zu wollen. So geschah, dass Thrasybul mit einer zahlreichen demokratischen Schar in Attika einrückte und im Piräus, dessen Bevölkerung die gleichen Gesinnungen hegte, eine freudige Aufnahme fand. Von der Stadt her suchte die oligarchische Partei diesem Beginnen einer Schilderhebung ein Ende zu machen; die Demokraten hatten das Glück, dass der vornehmste ihrer Gegner, Kritias, dabei umkam. Allein auch sie wären doch nicht imstande gewesen, die Stadt zu bezwingen, und ihre Lage wurde bedenklich, als der spartanische König Pausanias mit einer Heeresmacht anrückte und sogleich einen entscheidenden Vorteil über sie erlangte, so dass es nur von diesem König abhängig schien, in welcher Form Athen fortan bestehen solle. Da kam den Spartanern selbst das Bedürfnis, ein autonomes Athen neben sich zu haben, zum Bewusstsein. Denn durch die attische Oligarchie wurde der spartanische Strateg, der sie eingerichtet hatte und von dessen Wink sie abhing, auch in Sparta übermächtig. Pausanias musste einen Rückschlag, der gegen ihn selbst hätte gerichtet werden können, befürchten, wenn er die Oligarchie in Athen aufrecht erhielt. Das geborene Haupt der oligarchischen Verfassung in Sparta und Griechenland offenbarte eine der Demokratie in Athen günstige Gesinnung. Unter diesen Umständen ist eine Vereinbarung getroffen worden, in deren Folge Thrasybul mit seinen Anhängern in der Stadt einzog. In der Burg selbst führte er den Beschluss durch, die alte Verfassung von Athen, die solonischen nicht allein, sondern auch die drakonischen Gesetze wiederherzustellen. Man hat ihnen einige Modifikationen hinzugefügt, worauf es jedoch nicht sehr ankommt. Der grosse Umschlag lag darin, dass anstatt der von oben her gesetzten Ratsversammlung wieder eine erwählte eintrat.

Die Demokratie hatte in Athen zugleich einen konservativen Charakter. Sie war durch die ältesten historischen Erinnerungen geheiligt; es entsprach der Geschichte sowohl, wie den Sympathien der Menge, wenn sie wiederhergestellt wurde. Thrasybul hatte glücklich den Augenblick ergriffen, wo dies möglich war. Ihm aber und seinen Genossen gebührt immer der Ruhm, dass sie ihr Unternehmen in der schwierigsten Lage mit Mut und Geschicklichkeit begonnen hatten. In Thrasybul repräsentierte sich jetzt die Autonomie von Athen; der spartanische König hatte nur das Verdienst, sie zugelassen zu haben. Die Dreissig, die sich in Eleusis aufstellten, wurden, da sie die Spartaner nicht mehr für sich hatten, durch Abfall und überlegene Waffen der Gegner vernichtet. Der allgemeinen Verwirrung suchte man nun durch eine umfassende Amnestie, die auf eine Versöhnung der Oligarchen und

Demokraten berechnet war, ein Ende zu machen. Es ist die erste Amnestie, die die Geschichte kennt.

Das war jedoch nicht mehr das alte seegewaltige Athen, das allenthalben auch zu Lande eine nach der allgemeinen Herrschaft aufstrebende Autorität besessen hatte. In dem Vorhaben, der leitende Vorort von Hellas zu werden, war es gescheitert; allein die geistige Entwicklung, die es eben unter jenen Bestrebungen genommen, war ein Erwerb, den kein Missgeschick zerstören konnte. Athen war dadurch der Vorort der geistigen Kultur der Menschheit geworden. In einer universalhistorischen Betrachtung darf manche für das Ganze nicht entscheidende Bewegung übergangen werden und muss es sogar, aber die Kultur, die Gemeingut anderer Nationen und der folgenden Jahrhunderte geworden ist, wird man um so grösserer Aufmerksamkeit würdigen.

ACHTES KAPITEL

DIE GÖTTLICHEN DINGE IN DER GRIECHISCHEN LITERATUR

Thales — Anaximander — Pythagoras — Empedokles —
Pindar — Aeschylus — Sophokles — Euripides — Herodot — Thukydides —
Anaxagoras — Bildende Kunst — Phidias — Polygnot — Die Sophisten —
Sokrates — Plato — Aristoteles — Der platonische Staat —
Der aristotelische Staat

Dem politischen Leben, dessen Grundzüge wir betrachtet haben, ging eine geistige Entwicklung durch die Literatur zur Seite, die sich mit jenem nahe berührte, aber doch nicht identisch damit war. Denn darin besteht das Wesen der Hervorbringungen des Geistes, dass sie zwar nicht ohne Einwirkungen des allgemeinen historischen Lebens entstehen können, zugleich aber doch von ihm unabhängig sind. In der griechischen Literatur vom ausgehenden sechsten Jahrhundert bis in die zweite Hälfte des vierten vollzieht sich ein geistiges Ereignis von der grössten Bedeutung für die Menschheit. Die Dichter und Denker suchen die schwersten Probleme, die das Verhältnis des Göttlichen zu dem Menschlichen betreffen, zu lösen, jeder auf seine Weise, alle in ununterbrochener Kontinuität, so dass sich in ihrer Gesamtproduktion ein Resultat darstellt, das für die Menschheit einen unschätzbaren Wert hat — nicht so sehr als Lehre und Dogma, sondern als Vergegenwärtigung der grossen Gedanken, aus denen das innere Leben der geistigen Welt entspringt.

Man wird es, hoffe ich, nicht missbilligen, wenn ich eine Erörterung darüber in die Erzählung der Geschichte selbst aufnehme.

Aeltere Philosophen
in den östlichen, vornehmlich aber in den westlichen Kolonien

Es liesse sich nicht denken, dass die Berührungen der orientalischen Anschauungen mit der griechischen Welt keine Rückwirkung auf diese ausgeübt hätten. Davon aber, dass die mythologischen und religiösen Systeme des Orients in Griechenland eingedrungen und etwa in den ältesten Philosophemen wieder zur Erscheinung gekommen wären, findet sich in den historischen Zeiten keine Spur. Was auf den griechischen Geist wirkte, war nicht der Mythus, von dem er selbst genug hatte, sondern die Wissenschaft. Durchdenkt man die Kosmogonie, wie sie von Hesiod aufgefasst und mitgeteilt worden, in ihrem Zusammenhang, so stand sie in schroffstem Widerspruch zu der Astronomie der Babylonier, die auf die Phönizier übergegangen war und nun zu den Griechen, namentlich in den ionischen Kolonien, vordrang.

Aus dem Dunkel der Jahrhunderte erhebt sich die Gestalt des Thales von Milet, eines Mannes von alter phönizischer Herkunft, der an der Spitze aller griechischen Philosophen steht. Er ist berühmt durch die Vorhersagung einer Sonnenfinsternis und zugleich als der Begründer einer neuen Theorie über die Entstehung der Dinge, die er aus dem Urstoffe, dem Wasser, herleitete. Das hängt beides auf das genaueste zusammen. Die Kosmogonie der Griechen wurde durch die erste Berührung mit der Wissenschaft der Astronomie zersprengt. Damit aber verband sich der Versuch, einen realen Grund für die Weltbildung, von der man umfasst war, zu finden. Sehr bald bekam die Philosophie eine der Mythologie entgegengesetzte Gestalt. Anaximander erklärte die unzähligen Weltkörper, die er annahm, für die himmlischen Götter, unterschied aber von ihnen einen ewigen und unveränderlichen göttlichen Urgrund. In vollem Widerspruch mit der herrschenden Religion finden wir Xenophanes, der bei dem Einfall der Meder Ionien verliess und nach langen Wanderungen eine Freistatt in der phokäischen Elea fand. Unter anderem wollte Xenophanes nichts von dem goldenen Zeitalter hören; er sagt, der Mensch sei es vielmehr, der im Fortgang der Zeit sein Geschick verbessert habe. Er sprach unverhohlen aus: ihm wolle scheinen, als ob die Götter von den Menschen stammen, nicht die Menschen von den Göttern; so men-

schenähnlich seien die Götter gedacht. Der Regenbogen
ist ihm ein Gewölk, das in verschiedenen Farben spielt.

In diesem dem Götterglauben entgegengesetzten Sinne
haben die Schüler des Xenophanes, die Eleaten, ihre
Gesetze geschrieben. Kosmogonie, Religion und Politik
waren noch eines und dasselbe. Und soeben kam diese
Verbindung auf einer andern Stelle glänzend und gross
zur Erscheinung.

Pythagoras ist gleichsam eine heroische Gestalt in der
Geschichte der alten Philosophie, umgeben von einer Verehrung, die wieder zur Dichtung wird und sein Wesen ver-
dunkelt. Samos, von wo er stammt, bildete damals einen
Mittelpunkt für die gegenseitigen internationalen Berührungen; es stand in den engsten politischen Beziehungen
zu Aegypten. Für Pythagoras würden die Reisen in die
entferntesten Regionen, die ihm die Sage zuschreibt, an
sich nicht notwendig gewesen sein; dort in Samos konnte
er die Nationalität der Orientalen aus eigenster Anschauung kennenlernen und sich über ihre Denkweise unterrichten. Aber in Samos, wo man einmal Miene machte,
einen Philosophen zu verfolgen, weil er den Herd des All
verrücke, war seines Bleibens nicht. Er begab sich nach
den dorischen Kolonien in Unteritalien; in Kroton sammelte er eine Schule um sich, die in ihm ein unfehlbares
Oberhaupt verehrte. Wir wollen nicht in Abrede stellen,
dass dabei auch Ueberlieferungen aus dem Orient eingewirkt haben mögen; das ist aber nicht das Wesentliche
der pythagoräischen Doktrin. Diese begründete sich auf
die Wahrnehmung der unabänderlichen, durch mathema-
tische Gesetze bestimmte Bewegungen der Himmelskörper, in denen das Verhältnis der Zahl von so grosser
Bedeutung erschien, dass der Philosoph, die Form mit der
Substanz identifizierend, in der Zahl eine weltbildende
göttliche Macht zu erkennen glaubte, die die Dinge von
Anfang an beherrsche. Die Zahl, deren Bedeutung in der
Musik unabweislich vorlag, erscheint zugleich als eine
Grundlage der Harmonie aller Dinge. Seinem System lag
es nahe, wenn er von der Musik der Sphären sprach. Bei

diesen Anschauungen aber konnte von einer Anbetung der Götter, wie sie bei den Griechen angenommen war, die Rede nicht sein. Auch die ältesten Zeugnisse stimmen darin überein, dass Pythagoras der öffentlichen Religion eine geheime gegenüberstellte, im Zusammenhang mit seiner Naturansicht, die geheimnisvoll und grossartig allem widersprach, was man für wahr hielt.

Ich fürchte nicht, zu weit zu gehen, wenn ich in dem pythagoreischen Bunde ein Institut sehe, das sich dem Vordringen des phönizischen Aberglaubens, der von Karthago her den Westen der Welt umfasste, erfolgreich entgegensetzte und selbst auf die Naturreligion der okzidentalischen Völker Einfluss gewann. Es gewährt eine weite Aussicht, wenn man behauptet, dass die Lehre der Druiden in Gallien mit der pythagoreischen zusammenhänge. In den Kolonien hat sie durch die Wahlverwandtschaft, in der sie mit der Aristokratie stand, den Untergang über sich hereingezogen. Aber in der unmittelbarsten Nähe, in Sizilien, trat ein Denker von originaler, wiewohl doch wieder sehr abweichender Richtung hervor.

Von allem, was Sizilien hervorgebracht, findet ein alter Dichter nichts und niemand so bewunderungswürdig und heilig wie den Agrigentiner Empedokles. Agrigent stand um diese Zeit in ausnehmender Blüte, die sich besonders von dem Verkehr mit Karthago herschrieb, das die Produkte des fruchtbaren sizilischen Bodens von dort bezog. Man gibt an, es habe damals, die Fremden mit eingeschlossen, 200 000 Einwohner gezählt. Hier nun brach sich Empedokles, der einer der reichsten und angesehensten Familien angehörte, politisch und auch religiös eine Bahn. Er stürzte die Aristokratie der Tausend, die damals die Stadt beherrschten; und zur Seite der Tempel, die die Machthaber der Stadt für Zeus Olympios, Herakles und andere Götter aufrichteten, deren Ruinen fast den besten Begriff der altdorischen Baukunst geben, entwickelte er eine Doktrin, die von allen Göttern absah und ihrem Dienste sich selbst mit Wegwerfung entgegensetzte. Sein Gedanke war nur auf die Natur gerichtet, deren Erscheinungen eben dort nahe dem Aetna Aufmerksamkeit und Studium herausforderten. In die Lehre vom Urstoff, die aus Ionien herüberkam, brachte er dadurch einen gewissen Zusammenhang, dass er die vier Elemente zuerst unterschied, eine Grundansicht, die in alten und neueren Zeiten festgehalten, erst durch die Forschung unseres Jahrhunderts in den Hintergrund gedrängt worden ist. Hauptsächlich hob er die Bedeutung des Feuers als einer Urkraft hervor. Er soll selbst in dem Krater des Aetna seinen Tod gefunden haben. Wir haben einige Reliquien von ihm, die von der Tiefe und Kühnheit seines Geistes Zeugnis ablegen; sie geben noch immer zu denken. An Pythagoras knüpfen sie weniger an als an die Lehren von dem ewig Seienden, die durch die Nachfolger des Xenophanes in Elea eben emporgebracht waren.

Wie merkwürdig ist doch diese Trias alter Stätten der Philosophie: Kroton, Elea, Agrigent. In den hellenisch-sizilischen Kolonien wurden die Ideen entwickelt, die in Ionien aus der Berührung des griechischen Geistes mit dem orientalischen entsprungen waren. Sie bilden die Grundlage aller Philosophie des menschlichen Geschlechtes. Damals aber, in den Zeiten unmittelbar vor den Perserkriegen oder während derselben, konnten Vorstellungen dieser Art in das innere Griechenland nicht eindringen. Die Götterverehrung stand hier unerschütterlich fest und wurde durch die Natur der Kriege selbst, die von Anfang an eine religiöse Färbung trugen, bestätigt. Die Siege, die die Griechen erfochten, waren zugleich Siege ihrer Götter. Eine dumpfe Gläubigkeit aber lag nicht in dem Sinne der Nation. Die Ideen der Philosophen, die dem hergebrachten Glauben widerstrebten, konnten nicht ohne alle Wirkung verhallen. Auch wenn man sie nicht annahm, trat doch dem denkenden Geiste der Widerspruch der hesiodeischen Kosmogonie und der Idee von der Gottheit vor Augen. Wie man sich dann die göttlichen Dinge auf den Grund der griechischen Anschauungen, die man im ganzen festhielt, dachte, lässt sich vor allem aus den Poeten erkennen: denn der Anteil, den die Poesie an der Gründung des mythologischen Systems genommen, setzt sich auch bei der Bekämpfung und Umgestaltung desselben fort.

Pindar

Den nächsten Anlass zu einer poetischen Kunstübung gaben die gymnastischen Spiele, durch die man zugleich die Götter feierte und mit Anstrengung aller Kräfte, auch derer, die Reichtum und Weltstellung verleihen, um den Preis rang. Die Epinikien, mit denen die Sieger festlich gefeiert wurden, dienten zur Verherrlichung des Götterdienstes und der hervorragenden Männer, die bei diesen Festen den Preis davontrugen. Ein günstiges Geschick hat uns die Siegesgesänge erhalten, in denen sich die Gesinnung ausspricht, die sich den höchsten Ideen widmet, ohne doch dem althergebrachten Götterdienste abzusagen.

Pindar steht in der Mitte dieser Bewegung des griechischen Geistes.

Es ist nicht abzuleugnen, dass ihm pythagoreische und thaletische Philosopheme bekannt waren und dass er sich einiges davon aneignete. Wir erörtern das nicht weiter; wir suchen nur die Haltung zu erkennen, die er im allgemeinen annimmt.

Die einst kosmogonische Mythe war anthropomorphisiert worden; Pindar widersetzt sich selbstbewusst der unwürdigen Vorstellung, die dadurch auf den Begriff der Gottheit fällt.

Er will nicht glauben, dass die Götter, wie bei der Erzählung von Tantalus und Pelops vorausgesetzt ward, gefrässig seien; er ersinnt sich eine andere Art von Rettung des Pelops, die dem griechischen Sinne gemässer ist; das Unheil des Tantalus leitet er von dessen Ueberhebung her.

So weist er es von sich ab, die Siege des Herakles, den er sonst nicht genug preisen kann, über die Götter zu erzählen. Nur das Geziemende muss man von den Göttern sagen; die Götter zu schmähen hält er für eine Art von Raserei.

Sein Bemühen ist, überall in der Sage die religiösen und moralischen Momente hervorzuheben, wie bei Peleus seine keusche Enthaltsamkeit aus Rücksicht auf Zeus Xenios; in dem Ixion den Uebermut, der die Rache der Götter auf ihn herabziehe: denn den Göttern ist alles unterworfen. Der alte Kampf mit den Titanen ist geschlichtet; Typhoeus, Symbol einer ungebändigten Naturgewalt, wie er auch hier noch dargestellt wird, erscheint doch zugleich übermütig und gewaltsam, ein Feind der Götter und der Musen. — Die Götter sind dem Dichter unnahbar und schreckend, aber ihre Macht hat auch sittliche Grundlagen, die den Idealen des Menschenwesens verwandt sind. Von diesen hat Pindar einen erhabenen Begriff.

Einer seiner Grundgedanken ist: dass alles von der eingeborenen Tugend und der natürlichen Begabung herrührt. Wir leben nicht alle zu demselben Zwecke. Die Göttin der Geburt und die Göttin des Schicksals sind verbündet, Eileithyia und die tiefdenkende Möre. Die Tugend, die das Geschick gegeben, wird von der Zeit dem Geschick gemäss vollendet. Wer nur das weiss, was er gelernt hat, der schreitet nicht mit festem Fuss zum Ziele; er versucht das Verschiedenste, ohne etwas zu vollbringen. — « Werde, der du bist », eine der grossartigsten Ermahnungen, die man jemals gegeben: denn was könnte der Mensch wohl überhaupt werden, als das, wozu die eingeborene Natur ihn bestimmt?

Aber ohne Mühe ist kein Glück, das Werk erprobt den Mann, und nichts ist ohne die Götter. Von ihnen stammt das Vermögen, etwas zu vollenden; von ihnen kommen die Tapfern, die Weisen und die Beredten. Pindar fordert Bescheidenheit und Eifer. Gleichsam als ein Vorbild dessen, was er von dem Menschen verlangt, erscheint Jason, der Recht hat, aber sein Recht mit edler Milde und bescheidener Jugendlichkeit in Anspruch nimmt, vor der Arbeit nicht zurückschrickt, die ihm der unrechtmässige Besitzer der ihm gebührenden Gewalt auflegt, und den die Götter unterstützen, Hera und Poseidon, selbst Aphro-

dite, vor allen Zeus. Da schöpfen die Helden in der Argo
Mut, als sie das Glück verkündende Zeichen des Zeus vernehmen. Zu dieser Welt voll eingeborener Tatkraft,
mühevoller Arbeit und göttlicher Gunst gehört der Ruhm.
Gabe, Tugend, Ruhm ist eigentlich einerlei oder fällt
doch zusammen. Ruhm ist das Heilmittel der Mühe; die
Tugend wächst, wenn sie von den Worten der Weisen, wie
der Baum vom Tau befeuchtet wird. Der Gesang, der aus
der tiefen Seele kommt mit der Gunst der Chariten, ist
der natürliche Genosse der Taten. Bleiben diese unbesun-
gen, so verschwinden sie nach dem Tode. So erscheint
der Dichter selbst in der Mitte dieser Welt, als dazuge-
hörend, davon untrennbar.

Pindar preist die Sieger in den Wettkämpfen, ihre
Geschlechter, ihr Vaterland und die Kampfspiele selbst;
er sieht alles in dem grossen mythischen, poetischen und
vaterländischen Zusammenhang. Er verknüpft Kyrene und
Rhodus, Syrakus, Agrigent und das epizephyrische Lokri
mit dem Mittelpunkte der einheimischen Dienste. Der Mittelpunkt der Religion ist ihm der Omphalos zu Delphi.
Insofern hielten Männer wie er das Bewusstsein des griechischen Wesens zusammen. Pindar weiss Glück und
Wohlstand zu schätzen, aber er fordert immer, dass es mit
einer Tugend vereinigt sei. Seinen Lobeserhebungen flicht
er Ermahnungen ein. In diesem Lichte sieht er die jenseitige Zukunft an. Er unterscheidet sich sehr von allen
Vorhergegangenen, wenn er die Uebeltaten von « not-
wendiger Feindseligkeit » oder « feindseliger Notwendigkeit » richten lässt, während die Guten, von den Göttern
geehrt, denen sie ihre Eidschwüre hielten, bei Tag und
Nacht die gleiche Sonne schauen; sie pflegen Umgang miteinander in Erzählungen oder Erinnerungen. Er denkt sich
das Jenseits gleichsam wie ein fortwährendes Fest nach
den Kampfspielen; das Leben selbst ist ihm ein solches.
Anderswo stellt er die Geister der Frevler, unstet über die
Erde dahinschweifend, vor unter dem Himmel, die Geister
der Frommen in dem Himmel, « den grossen Seligen prei-
send ».

Wenden wir den Blick auf die realen Zustände, wie sie bei Pindar erscheinen, so tritt uns die alte aristokratisch-griechische Welt in ihrem Glanze vor Augen; allenthalben vornehme, reiche Geschlechter, die das Viergespann nähren können. Es gehört zu dem Ruhm der Geschlechter, dass die Füllen unter ihren Händen gebändigt werden. Die Herren legen ihnen das glänzende Geschirr auf; Poseidon anrufend, spornen sie die Kräfte der Pferde an. Pindar führt uns in die Behausung der Gefeierten. Man sieht bei ihm wie bei Homer die Mauern, die den Hof umgeben, der das eigentliche Haus enthält, auf Säulen ruhend, alsdann den Oikos, die Männerwohnung, wo die Festlichkeiten nach den Spielen stattfinden.

Vornehme und geringe Geschlechter, alle kommen von den Göttern her. Die Euneiden in Athen, ein Geschlecht von Tänzern und Zitherspielern, zur Aufführung heiliger Aufzüge bestimmt; sie leiten ihre Herkunft von Euneus, des Sohnes des Jason ab. So stammen die Weissager, die Jamiden, von Jamus, dem Sohne Apollos. Zu ihnen gehört Tisamenos, Wahrsager der Spartaner. Am Pelion wohnen die Chironiden, ein Geschlecht, das sich der Arzneikunde widmete und seinen Ursprung auf den homerischen Chiron zurückführte.

Man sieht die Aerzte, schmerzstillende Tränke reichend, die verwundeten Glieder mit heilenden Kräutern umwindend, nicht ohne zauberähnliche Formeln, für den Gewinn empfänglich.

Alles hat Charakter und Würde. Die aleuadischen Brüder — ihrer drei an der Zahl — regeln die Republik der Thessaler; es gibt eine angestammte Regierung in den Städten, die von den Guten weise geführt wird. Das Gedicht an Thrasydäus in Theben ist in der Absicht geschrieben, ihn vor jedem Versuche zur Erlangung der Tyrannis abzuschrecken.

Für Aegina hat der Dichter, der aus Theben stammt, eine grosse Vorliebe.

Asopus, ein Fluss in Böotien, ward zugleich als Vater von Aegina und von Thebe, und diese beide als Schwestern betrachtet. Zwischen Herakles, dessen Heiligtum beim Hause des Amphitryon in Theben war, und den Aeakiden von Aegina wird alte Waffenbrüderschaft angenommen. Das Bündnis Thebens mit dem waffenfähigen Aegina hatte Veranlassung und Gründe ganz anderer Art. Bei Pindar aber erscheint die Welt in dem Lichte der Verbindungen der Menschen mit den Heroen und Göttern.

Zu allem jedoch gehört eigene Tugend, wie denn auch Aegina so gerühmt wird, dass es die vornehmsten Helden in der Schlacht erzeugt habe und zugleich eine Stätte der Gerechtigkeit sei.

Pindar war zur Zeit der Schlacht bei Marathon bereits über dreissig, zur Zeit der Schlacht bei Salamis über vierzig Jahre alt. Sehr jung hatte er seine Stellung genommen und bereits ausgebildet, als die Perserkriege ausbrachen, an denen er schon deshalb keinen Anteil nahm, weil er ein Thebaner war. Bei Pindar lernen wir Griechenland kennen, wie es im allgemeinen vor der Entscheidung der Perserkriege beschaffen war.

Aeschylus

Aeschylus war ein Zeitgenosse Pindars, wahrscheinlich sogar um einige Jahre älter als dieser, aber er war ein Athener, kein Demokrat, eher ein Aristokrat durch seine Geburt; er stammte von einem angesehenen Geschlechte in Eleusis her; und, wie ja alle Parteien in Attika in dem Kriege zusammenwirkten, so hat auch Aeschylus bei Marathon, Salamis, Platäa mitgefochten; er hatte ehrende Narben der Wunden, die er damals erhielt, aufzuzeigen. Seine Werke gehören ganz der neuen Epoche an, die nach den Perserkriegen eintrat; sie stellen den in sich selbst gärenden Geist der Griechen dar; von der neu entstandenen Bühne aus, die auch auf religiösen Festlichkeiten beruhte, zieht er das Volk selbst in den Streit der Gedanken hinein. Die versöhnende Milde Pindars lag ihm ferne.

In dem gefesselten Prometheus, einem der kühnsten und originalsten dramatischen Werke, die je geschrieben worden sind, fasst Aeschylus die grossen Fragen über die

Welt und über die Götter von dem Standpunkt auf, den
der Titanenmythus darbietet. Zu den ursprünglichen Gottheiten und ihren Kreationen, die durch Zeus besiegt und
so gut wie vertilgt werden, gehört auch der Mensch; er ist
ebenfalls zur Vertilgung bestimmt, wäre wenigstens, in
sonnenlosen Höhlen lebend, einem unwürdigen, tierischen
Dasein verfallen, hätte sich nicht einer der Titanen, der
mit Zeus gegen die übrigen verbündet gewesen, seiner angenommen. Prometheus bringt den Menschen das Feuer,
durch das sie auf die Künste geführt werden; er lehrt sie
die Jahreszeiten unterscheiden, die Tiere ihrem Dienst
unterwerfen, den Bau der Häuser, die Schiffahrt; er stärkt
und schärft ihr Verständnis. Man kann in dem Prometheus,
der ein Titan und Gott ist, eine Personifikation des Men-
schengeistes erblicken, der in seinem Ursprung von Zeus
und den Zwölfgöttern unabhängig ist. Die griechischen
Götter waren in dem Kampfe mit den Persern siegreich
geblieben. Aeschylus erkannte ihre Herrschaft an; jedoch
nicht eben die Allmacht, noch weniger die Gerechtigkeit
derselben. In dem uns vorliegenden Stück, das eine er-
habene Einsamkeit atmet, wo nur Elemente und Ideen
miteinander streiten, erscheint der Menschengeist mit
seiner immanenten Mächtigkeit als einer der Titanen, die
von den Göttern übrigens besiegt sind. Die Herrschaft
der siegreichen Götter, die doch nur durch das Menschen-
ähnliche den Sieg über die Naturgewalten davongetragen
haben, ist neu und gewaltsam. Denn nunmehr ist niemand
frei, ausgenommen Zeus; er bestimmt das Gericht, er ist
der Alleinherrscher, der keiner Rechenschaft unterworfen
ist: dem Widerstrebenden legt er eine täglich sich wieder-
holende, qualvolle Züchtigung auf; er würde ihn töten,
wenn er vermöchte. Aber Prometheus weiss sich mit Gewalten verbündet, die jenseits der gegenwärtigen Herrschaft liegen, und will eher alles erdulden und warten, bis
sich dies erfüllt, als dass er sich unterwerfen sollte. Wir
verlassen ihn, indem sich die Erde bewegt, das Meer und
der Himmel sich vermischen. Noch einmal klagt er den
uralten Gewalten, dass er Unrecht leide.

Nie ward der auf sein Recht pochende, hochfahrende, trotzige und unüberwindliche Mut des menschlichen Geistes, der sich niemals unterwirft, hinter jeder Gestalt der Dinge noch eine andere kommen sieht, grossartiger geschildert, als hier am Eingang der dramatischen Poesie. Es ist ewig schade, dass der folgende Teil des Prometheus — der befreite Prometheus — uns nicht aufbehalten worden ist, weil da, wo das Rätsel am schroffsten und schärfsten aufgestellt ward, auch seine Lösung besonders unterrichtend sein müsste. Man erfährt nur, dass Prometheus darin das Wort ausgesprochen hat, das dem Zeus seine Herrschaft sichert; zum Zeichen seiner Unterwerfung trägt er einen Kranz von Weide, deren Zweige sonst zur Fessel werden.

Ein ähnlicher Widerstreit aber tritt nun auch in den anderen aeschyleischen Stücken auf.

In den Sieben gegen Theben liegt der lebendige Moment in dem religiösen Gegensatz der Angreifenden und der Verteidiger. Jene missachten die ungünstigen Opferzeichen, sie rühmen sich, die Stadt zu nehmen mit dem Willen oder wider den Willen der Götter; auf ihren Schilden tragen sie die Abzeichen des Uebermuts, wie denn auf einem Typhoeus Rauch und Feuer speiend abgebildet ist; dagegen schliesst man sich in der Stadt auf eine Weise an die Götter an, die dem Heerführer selbst unbequem ist. Eine prächtige Gestalt ist auch dieser Eteokles, voll Tatkraft, entschlossener Besonnenheit, jenem Uebermut gegenüber des Sieges durch die Gunst der Götter gewiss. Er hat den Vorzug vor Polynikes, dass er die einheimischen Altäre und sein Vaterland verteidigt. Aber jenseits dieses Kampfes ist noch das Geschick: die durch die unheilvolle Heirat geweckten und ungesühnten Erinyen; denen fällt er zum Opfer, indem er den Sieg erringt.

Ein anderes Moment des Sieges im Bunde mit den Göttern erscheint in den Persern. Was dem Xerxes verderblich wird, ist der Frevel, den er durch Beraubung der Götterbilder, Verbrennung der Tempel begehen liess, die Gewaltsamkeit selbst, indem er den Fluss des Gottes, den Bosporus, und den heiligen Hellespont zu fesseln sich vermass. Aus der Unterwelt wird der Vater heraufbeschworen, um die Geschicke zu deuten. Mit den Göttern war nun, wie der Dichter hinzufügt, das Land verbündet, Klugheit und unendliche Tapferkeit.

Es sei gestattet, auch noch auf die anderen Stücke des Aeschylus unter diesem Gesichtspunkt einen Blick zu werfen.

In den Schutzflehenden muss wohl der König als der Protagonist angesehen werden. Wenigstens entspringt alles aus seinem Entschluss, als die Flehenden drohen, sich an den Bildsäulen der Götter umzubringen, sie lieber aufzunehmen, als diese Verunreinigung des Landes zuzulassen. Er wagt es samt seinem Volke darauf, dass er einen Krieg deshalb zu bestehen haben werde. Das folgende Stück, die Danaiden, von dem wir nur wenige Verse übrig haben, zeigte ohne Zweifel, dass seine Voraussetzung ihn nicht täuschte.

Die Beziehungen zwischen Göttern und Menschen gewinnen in diesem Drama noch eine besondere Bedeutung dadurch, dass die einheimischen Götter Fremde abwehren oder in Schutz nehmen. Denn immer mit den grossen Gegensätzen geht dieser Dichter um.

In die Tiefe derselben führt er in der Orestie ein.

Gleich der erste Chor im Agamemnon bringt den alten Streit der Götter untereinander in Erinnerung. Er hält sich an den, der in diesem Kampfe dreifach der Sieger geblieben, Zeus, wer auch immer er sein möge, der die Menschen durch Leiden zum Denken führt. Der Knoten wird geschürzt, indem Agamemnon, den Zorn der Artemis zu versöhnen, sich zu der Opferung des Kindes entschliesst. Er fügt sich der Notwendigkeit und fasst deswegen unheilige, frevelhafte Gedanken. Mit Mitgefühl und Abscheu erzählt der Chor, wie die Missetat an dem unschuldigen Kinde ausgeführt wurde. Das ist eben der Widerspruch in dieser Religion, dass man, um den Göttern zu gefallen, das Unheilige tun muss. Glorreich, nach ausgeführter Unternehmung, kehrt Agamemnon endlich zurück, aber hier wartet seiner die Rache. Die in ihrer Kälte und heuchlerischen Voraussicht grossartige Mörderin kann wenigstens sagen, dass ihre Hand nur das Recht vollstrecke, dass der Gemahl das Unheil über das Haus gebracht habe; der Chor wagt nicht, ihr Unrecht zu geben. Nur gegen das unsittliche Verhältnis zu Aegisth und gegen diesen selbst, der das Bett des Helden befleckt und ihn dann hat morden helfen, ergiesst er seinen Zorn und Abscheu. Auch ist es zunächst dies, was die Rache herbeigeführt. Apollo will nicht, dass das unter dem Schutz der Ehegöttin Hera und des Zeus stehende Bündnis zwischen Mann und Weib auf diese Weise verunehrt werde; durch jede Art von Ermunterung und Drohung treibt er den Sohn des Ermordeten an, die Schuldigen auf gleiche Weise zu morden, wie sie den Vater gemordet. Die Choephoren zeigen, wie Orestes diesen mächtigen Orakelspruch vollzieht. Er tötet Aegisth; als er seine Mutter töten soll und sie vor ihm niederkniet, hält er einen Augenblick inne; der Freund treibt ihn vorwärts, denn von des Apollo Worten dürfe keines unvollzogen bleiben; eher könne man alle andern zu Feinden haben als die Götter. Aber kaum ist das Entsetzliche geschehen, so fühlt Orest sich von einer andern Gewalt bezwungen. Apollo hat ihm versprochen, dass er von Verschuldung frei sein soll. Das hindert aber nicht, dass Orest nicht sofort seine Sinne irregehen fühlt, wie einen aus dem Geleise der Rennbahn herausgetriebenen Wagen, und die mit Schlangen umwundenen Furien, der Mutter grimmige Hunde, auf ihn stürzen.

Sie sind die Töchter der alten Nacht; sie haben Klytämnestra nicht verfolgt, weil Agamemnon nicht vom Blute der Klytämnestra war; aber eine Blutschuld zu rächen, wie sie der Sohn an der Mutter begangen hat, dazu sind sie da, das ist ihr Recht und ihr Amt; das Gefüge der Welt würde auseinanderreissen, wofern sie es nicht täten. Dass Apollo sich des Armen, den sein Spruch veranlasst hat, sich in diese Gefahr zu stürzen, annimmt, erregt ihren Zorn gegen die neuen Götter, durch die sie

ihrer Ehre beraubt werden und neue Gesetze die alte
Ordnung der Welt verkehren sollen. Dem Apollo weichen sie nicht, wiewohl er sich auf Zeus bezieht, noch
auch der Pallas, zu der Orest geflüchtet ist, obgleich sie
ihre Klugheit anerkennen. Wer soll entscheiden zwischen
dem Recht der Urwelt und den Satzungen der neuen Götter, zwischen Verletzung der Ehe, über die die letzten
und der Kindespflicht, über die die ersten wachen?
Aeschylus legt die Entscheidung wunderbarerweise vor
ein menschliches Gericht. Die Stimmen sind gleich geteilt,
und von der Göttin, deren Recht anerkennt wird, kommt
die Entscheidung zugunsten Orests und damit der Götter
selbst; der Grund ist nur der Wille des Zeus; noch wichtiger ist, und der Dichter legt den grössten Wert darauf,
wie die Ausführlichkeit zeigt, mit der er davon handelt,
dass die Erinyen, wenn sie auch diesmal ihre Beute fahren
lassen müssen, doch für alle Zukunft verehrt werden sollen. Kein Haus soll gedeihen ohne sie; wer sie ehrt, dessen
Schicksal solle erhöht werden.

Es sind Szenen aus dem Kampfe zwischen göttlichen
und menschlichen Dingen; den Gewalten der Natur, die
eine sittliche Bedeutung haben, und den eingeführten Gesetzen; die letzten behalten die Oberhand. Die Götter
sind Mächte, die man anerkennen und verehren muss, weil
sie das Recht handhaben und Wohlfahrt gewähren.

Aeschylus führt uns mitten in den Kampf, den Pindar
als beendet betrachtet. Bei Aeschylus ist das Ideal: Tatkraft, Tapferkeit; bei Pindar Ruhm und Ruhe nach erlang-
tem Kampfpreis.

Zwischen dem dramatischen Dichter und seinem Publikum, das hier das Volk ist, besteht immer eine unmittelbare Wechselwirkung. Wenn die Gedanken, die Aeschylus vortrug, noch dadurch einen besonderen historischen
Wert erlangen, weil sie beim Volke Verständnis und Anklang fanden, so musste er auch noch erleben, dass zuletzt
die aus den zehn Stämmen ernannten Preisrichter einem
dreissig Jahre jüngeren Mitbewerber, dem Sophokles, den
Preis zuerkannten, denn die Gemüter waren für eine

Modifikation der Darstellungen selbst und ihres Gegen-
standes empfänglicher geworden.

Sophokles

In Sophokles finde ich nicht jenen Zwiespalt zwischen
den Göttern und den Gewalten der Urwelt, von dem
Aeschylus voll ist; diese Gedanken liegen seinem Zeitalter
und seiner Weltansicht fern.

Ich finde auch nicht einen eigentlichen Widerstreit
gegen die Götter, wie ihn die Sieben oder andere Helden
des Aeschylus unternehmen. Das Aeusserste, wozu sich
bei Sophokles Menschen fortreissen lassen, ist ein gewisses Trotzen auf ihre Kräfte, wie es zum Beispiel bei Ajax
hervortritt, doch beruhen die grossen Geschicke nicht
darauf. Sie sind vom Tun und Lassen der Menschen
gleichsam unabhängig.

In Oedipus, dem König, ist keine Schuld; selbst keiner
früheren wird gedacht, die nun zu rächen wäre; er ist ein
König, den man gewählt hat, weil er die Stadt von dem
grässlichen Zoll der Sphinx befreit; er geniesst die voll-
kommenste Verehrung als der erste der Männer, auf den
man in allen Verwicklungen sein Vertrauen richtet; er
zeichnet sich bei eintretenden Unfällen durch die Sorge
für das Gemeinwesen und jeden einzelnen in demselben
würdig aus. Aber über ihm liegt ein Geschick, das er
nicht kennt. Das Königshaus in Theben, von unheilver-
kündenden Orakelsprüchen betroffen, tut alles, um deren
Erfüllung zu vermeiden; führt aber eben dadurch eine solche herbei. Indem die Mutter den Sohn aussetzt, der
erwachsene Sohn die vermeinten Eltern flieht, vollziehen
sie das ihnen Bestimmte. Die Tragödie Oedipus hat ein
lebendiges dramatisches Interesse, das darin liegt, dass
man im Gefühl vollkommener Schuldlosigkeit, die sich
heftig und gereizt ausspricht, dem Geheimnis nachforscht,
aus dem das Unheil entspringt, von dem die Stadt
bedrängt wird, bis sich das Unerhörte enthüllt, das die
Sonne nicht hätte bescheinen sollen, das keine Flut ab-
waschen kann — das Glück, das ein wirkliches Glück ist,

in Unglück und Tränen verkehrt wird und Oedipus sich als den den Göttern verhasstesten Menschen betrachten muss; durch seine Blendung stösst er sich selbst aus der Gemeinschaft der irdischen Dinge und Geschöpfe aus. Die Ordnungen der Natur, die bei Sophokles als die Ordnungen der Götter erscheinen, sind durch seine Geburt gebrochen; seine Vernichtung soll sie wiederherstellen.

Ebensowenig könnte man eine Schuld, die zu rächen wäre, an Deianira und Herakles entdecken. Die Trachinierinnen, so heisst das Stück, schliessen mit einer anklagenden Auslassung gegen die Götter. Ein furchtbares Verhängnis waltet auch hier, das man über sich hereinzieht, indem man ihm entfliehen will; jenen Tod des Zentauren Nessus wenigstens, an den sich alles anknüpft, kann man nicht als Schuld ansehen, da er eine wohlverdiente Strafe war; und die Verbindung mit Jole dahin zu deuten, würde der griechischen Auffassung widerstreben. Die dahinschreitende Möre enthüllt eben ein furchtbares Missgeschick.

Es wäre ein Missverständnis, zu sagen, dass allenthalben eine des Geschickes würdige Schuld vorliegen müsse; die Geschicke entwickeln sich auch ohnedies. Zu den Verdiensten des Herakles gehört es, die Welt von dem gewaltsamen und zugleich sinnlich-lüsternen Zentauren befreit zu haben. Aber der Getötete hat ein Vermächtnis hinterlassen, infolgedessen der Held, der ihn gezüchtigt hat, umkommt. Man muss keine Lehre darin suchen; die Götter sehen es kommen, wehren es aber auch von ihren Kindern nicht ab.

Im Ajax treibt sogar die beleidigte Göttin den Helden in den Wahnwitz hinein, der ihm das Leben unmöglich macht; sie rühmt sich dessen.

Auch für die Leiden des Philoktet ist kein Grund ersichtlich. Er muss nur darum neun Jahr lang in der jammervollen Oede ausharren, weil Troja erst im zehnten erobert werden soll.

Hier ist kein Zwiespalt zwischen Göttern und Schicksal, sie haben vielmehr einen furchtbaren Bund geschlossen, dem die Menschen unterliegen. In allem, was geschieht, ist nichts, worin die höchste Gottheit nicht zur Erscheinung käme.

Zweifle niemand, dass das den nunmehr herrschenden Ansichten entsprach: Unterwürfigkeit unter die Götter als eine unnahbare, unbedingt gebietende Gewalt; die Weissagungen haben eine Realität; was sie verkünden, glaubt man, mag auch die Erfüllung derselben noch so unerwartet sein.

Der Dichter selbst, von der Nichtigkeit des menschlichen Wesens durchdrungen, glaubt daran und hält es für seine Pflicht, das Volk in diesem Glauben zu bestärken. Unerträglich aber würde die Bühne werden, wenn das ganze Bemühen nur eben dahin ginge, die Entwicklung des Schicksals zur Anschauung zu bringen. Das ist aber nicht der Sinn des Sophokles. Bei ihm liegt der Nachdruck immer darauf, wie der Mensch von dem Ereignis berührt wird. Oedipus entwickelt die Erhabenheit eines edlen von Abscheu vor sich selbst eingegebenen Entschlusses; Ajax, der sich unterwerfen zu wollen schien, tötet sich selbst; unvergleichlich ist der Monolog, mit dem er sich dazu anschickt. In den Trachinierinnen liegt das psychologische Moment mehr in der Deianira, die, ohne eigentlich von der Eifersucht ergriffen zu sein, ihren Gemahl sich doch durch ein scheinbar unschuldiges Mittel zu sichern denkt, aber in dem Augenblick, da sie sich dazu entschlossen, wieder daran irre wird und eher umkommt, als der, dessen Tod sie verschuldet.

Sophokles hat immer eines oder das andere der wirksamsten Motive des persönlichen Lebens in seine Tragödie verwoben; wie hier die Liebe der Gattin, so in Oedipus auf Kolonos die der Tochter, in Antigone die der Schwester, in Ajax die männliche und zum Ziele führende des Bruders. Dem Sophokles wurde ausser den beiden Schauspielern, die schon Aeschylus verwenden konnte, noch ein dritter zugestanden, der Tritagonist. Dadurch wurde ihm möglich, die Charaktere mehr zu sondern und sie mannigfaltiger, einen jeden auf seinem Standpunkt, vor Augen zu stellen. Das Verhältnis des Dichters liegt in der vollständigen Ausarbeitung der einfachen inneren Beweggründe der Handelnden. Antigone sowohl wie Elektra erinnern an Aeschylus, das erste Stück dadurch, dass das Recht der Dike, der Unterwelt und selbst der Erinyen als unverletzlich erscheint. Bei Sophokles sind jedoch Zeus und Dike verbündet. Der Widerstreit, der die Welt bewegt, tritt in dem König hervor, der nicht geradehin Unrecht hat, indem er ein strenges Gebot eben gegen den richtet, der seine Vaterstadt feindselig überzogen hat. Aber durch diese Strenge verletzt er die ewigen und unnahbaren Gewalten. Er versagt dem Gefallenen das Begräbnis, auf das doch der Hades gleichsam ein Recht hat; er wird grausam, indem er die Schwester desselben, die die Weihe des Begräbnisses gegen seinen Befehl vollzieht, zum Tode verurteilt, obwohl sie den Göttern der oberen und sichtbaren Welt angehört. In kurzen Zügen wird dabei sein Sohn vorgeführt, der Verlobte der Jungfrau, der die väterliche Autorität verehrt, aber aus Sympathie für die Braut sich selbst den Tod gibt. Unnachahmlich ist der Charakter der Antigone, in der sich Ehrfurcht vor dem Göttlichen, stolzes Widerstreben gegen die regierende Gewalt und jungfräulich verschämte Anmut verbinden. Was sie getan hat, hat die öffentliche Stimme, die sich jedoch nicht recht getraut, laut zu werden, besonders die Beistimmung der Angehörigen des Hauses, endlich auch das Wort des blinden Sehers für sich, der als der Interpret der göttlichen Gesetze auftritt. Kreon richtet sich zugrunde, indem er allen so lange widersteht, bis es zu spät ist.

Nirgends hat Sophokles Aeschylus mehr vor Augen als in Elektra.

Der Gegenstand ist derselbe wie in den Choephoren. Eben das vornehmste Motiv, was die Entwicklung herbeizuführen dient, die durch einen Traum hervorgerufene Absicht der Klytämnestra, dem Ermordeten ein Totenopfer zu bringen, sowie die Erdichtung vom Tode des Orestes, sind aus Aeschylus herübergenommen. Aber dabei waltet doch eine durchgreifende Verschiedenheit ob. Die Fäden werden da abgeschnitten, wo sie mit dem grossen Ganzen, das Aeschylus im Sinne hat, zusammenhängen: von den Furien, die den Orestes ergreifen, ist nicht die Rede. In dem Traum erscheint seine Tat, wie die Erinnerung an angestammte Herrschaft, das Szepter Agamemnons treibt neue Knospen; von jener Differenz zwischen einem Attentat auf Aegisth und auf die Mutter, die bei Aeschylus das Fundament bildet, kommt bei Sophokles nichts vor. Der Dichter billigt die Handlung und erkennt sie als recht an. Der ganze Nachdruck liegt in der Persönlichkeit der Elektra. Sie hat Orest gerettet und leidet dafür eine Unterdrückung, die ihr höchst beschwerlich fällt und eben noch weiter gehen soll, aber niemals unterwirft sie sich. Sie ist die Weise und Beste, gegen die sich das Schlechte bewaffnet. Aus Furcht vor Zeus hält sie an dem Gesetzlichen fest: sie wäre entschlossen, die Tat der Rache selbst zu versuchen, wenn nicht in dem Augenblick der Totgeglaubte erschiene. Sophokles lässt sich angelegen sein, diesen Charakter näher zu entwickeln, im Verhältnis zu ihrer Schwester, zu ihrer Mutter, endlich auch zu dem Bruder, den sie im Augenblick der Tat bis zum Grässlichen mannhaft anfeuert, sie auszuführen. Um die Rache zu vollziehen, dient ihr der Betrug, den sie mit wilder Ironie mischt. Sie ist die rechte Tochter jener Klytämnestra, die im Agamemnon des Aeschylus erscheint.

Der Widerstand gegen tyrannische Gewalt ist überhaupt ein dem Sophokles eigentümliches Element. Es erscheint auch in Ajax und Hämon, in Tiresias, schon in Oedipus dem König, am meisten in der Antigone. Der Gegensatz des ewigen Rechts gegen ein willkürlich gemachtes Gesetz ist nirgends tiefgreifender dargestellt.

Die Ideen treten alle dem gerade herrschenden Staatsinteresse entgegen, das List und Gewalt verbindet, wodurch das Leiden selbst einen Zug gewinnt, der das menschliche Gemüt von Grund aus ergreift und hinreisst.

Kreon selbst in Oedipus dem König ist eine anerkennungswerte Gestalt, und sehr treffend wird der Unterschied des Einflusses eines hochgestellten Mannes von der wirklichen Staatsgewalt und das Vorteilhafte des ersten dargestellt.

Das gibt dem Philoktet seine eigentliche Bedeutung, dass Neoptolem, nachdem er erst dem Odysseus versprochen, für die gemeine Sache List und Betrug anzuwenden, wieder in sich geht, zu den Gesetzen der Menschlichkeit zurückkehrt und seine Dienste versagt; ein junger Mann, von vertraulicher Offenheit, der die heimlichen Wege nicht ertragen kann.

Der Seher sagt dem Oedipus: er sei nicht in dem Dienste des Königs, sondern in dem Dienste Gottes.

Staats- und Götterverehrung stehen einander schon hier mit ähnlichen Ansprüchen gegenüber, wie in der ganzen Geschichte. Ueberall tritt im Sophokles die Ehrfurcht vor den ungeschriebenen Gesetzen der Götter hervor. Der Olymp ist ihr Vater, in dem ewigen Aether sind sie gezeugt; vom menschlichen Verstand rühren sie nicht her, nie können sie vergessen werden.

Es ist vielleicht der alte Widerstreit; er ist nur aus den Regionen der göttlichen Dinge in die der menschlichen herabgezogen; insofern deutlicher und belehrender; ein Kampf sittlicher Mächte gegen die momentan herrschende Gewalt. Den eingeführten Verfassungen, den Ideen, auf denen das Gemeinwesen beruht, der Götterverehrung selbst wird immer das Wort geredet; sie erscheinen unantastbar. Die Atmosphäre der Gedanken ist bereits politisch. Wenn Menelaus von den Spartanern als ein spartanischer Heros verehrt ward, wie Ajax als ein atheniensischer, so kann es unmöglich zufällig sein, dass sie im Stücke einander entgegentreten; der letztere, ausdrücklich König von Sparta genannt, keineswegs zu seinem Vorteil. Der Oedipus auf Kolonos hat das Verhältnis zwischen Theben, das seinen König ausstösst, und Athen, das ihn aufnimmt und ihm ein Grab gewährt, zu seinem Gegenstand. Die Götterfurcht und vernünftige Mässigung von

Athen erscheint glänzend und heilbringend. Theseus ist eine geniale königliche Natur; an sein Verhalten werden Verheissungen geknüpft, die den Athenern Sicherheit und eine grosse Zukunft verkündigen. Aber, indem der Dichter diese Saite berührt, ist er um so eifriger bemüht, den Tod des unglücklichen Oedipus mit allem Schmuck der Darstellung zu umgeben. Der Zwiespalt, in dem sich seine Seele befindet, zwischen der Liebe zu seinen Töchtern, die ihn pflegen, und dem Hass gegen seinen Sohn, der ihn verjagt hat, ist grässlich und erhaben. Jene politischen Beziehungen werden durch die ideale Darstellung des Tragischen in den Hintergrund gedrängt; man gedenkt ihrer nicht mehr.

Besonders gelungen sind die eingemischten Erzählungen; mit ihnen wetteifert die Dialektik des Gesprächs; unübertrefflich ist der Schwung der gedankenvollen Chorgesänge. Die Sprache des Sophokles ist die gediegenste, reinste, schönste, in der sich der menschliche Geist jemals ausgedrückt hat.

Euripides

Euripides war zu jung, um noch mit Aeschylus um den Preis zu kämpfen; sein unmittelbarer älterer Zeitgenosse war Sophokles. Zwölf Jahre nach dessen Auftreten brachte Euripides sein erstes Stück auf die Bühne, fünfundzwanzig Jahre alt; die erhaltenen Stücke sind beinahe gleichzeitig; von 440 bei dem einen, 438 bei dem andern; sie fallen hauptsächlich in die Zeiten des peloponnesischen Krieges.

Euripides ergriff, wie seine Vorgänger, jenes Element der Götter- und Heldensage, in der die Nation ihre Vorstellungen über himmlische und irdische Dinge niedergelegt hatte.

Er ist weit davon entfernt, die Frage im Sinne des Aeschylus zu fassen; er betrachtet die olympischen Götter wie Sophokles und wie schon Pindar als unbedingte Herrscher; er abstrahiert von ihrem Kampfe mit den Naturmächten oder von dem Gegensatz einer eingerichteten und herrschenden Weltordnung mit den physischen und geistigen Kräften, die unterlegen waren. Wollen wir aber seine besondere Sinnesweise unterscheiden, die die seines Zeitalters war oder wurde, so dürfen wir die Mühe nicht scheuen, auf die innere Zusammensetzung seiner Stücke einzugehen.

Was in dem sophokleischen Ajax hervortritt, dass die Göttin an dem Unglück des Helden eine persönliche Schuld hat, ist bei Euripides die Regel.

Phädra liebt den Hippolyt, wie Aphrodite sagt, nach ihren Ratschlägen. Nachdem die von Eurystheus gebotenen Arbeiten vollzogen sind, treibt Hera den Herakles zur Raserei. Iris selbst führt Lyssa, die Tochter der Nacht, gegen ihn herbei; dass der Artemis und der Demeter Opfer fallen sollen, bewirkt die Geschicke der Iphigenie und Makaria; und wie ein Gott erscheint auch Achilles, die Schiffe der von Troja abfahrenden Griechen zurückhaltend, bis ihm Polyxena geschlachtet wird; Neoptolem muss sterben, weil er Apollo beleidigt hat, obwohl er es bereut; eine Stimme aus dem Innern des Tempels fordert im entscheidenden Augenblick hiezu auf; dass Apollo Schuld an allem Unglück Orests trage, tritt hier noch greller als bei Aeschylus heraus.

Das Hauptmotiv in der euripideischen Tragödie ist der persönliche Groll der Götter, der jedoch keine tiefere Begründung hat, der eigentlich auch keinen Widerstand hervorruft, sondern nur das Schicksal bestimmt.

Es ist wesentlich, dass die Ereignisse durch einen Prolog eingeleitet und durch einen plötzlich erscheinenden Gott zum Ziele geführt werden; dazwischen bewegen sich die Helden auf menschliche Weise, ohne eine definitive Einwirkung auszuüben, mit ihren Trieben, Leidenschaften, Tugenden und Gedanken.

Zuweilen verleiht dies Verhältnis den Dramen einen unendlichen Reiz, wie in den Troaden. Der Gegenstand ist die Verteilung der gefangenen Weiber, deren Ermordung das einzige, wovon eine Wiederherstellung Trojas erwartet werden kann. Die Griechen vollziehen ihr Werk mit schärfster Konsequenz. Aber mit glücklichem Gefühl hat Euripides diesmal seinen Prolog um vieles weiter reichen lassen, als der Zuschauer im Drama geführt wird. Unheilverkündende Weissagungen durchbrechen das Ereignis. Man weiss, dass alle diese grausamen Sieger auch schon selbst dem Verderben geweiht sind. Was gibt es Ergreifenderes als den Hymenäus, den Kassandra sich selbst singt. Sie hat die innere Gewissheit, dass der Verderber auf diese Weise zugrundegerichtet wird.

Euripides nahm sein Vorbild von jenem Vollkommenzugrunderichten nach geschehener Eroberung, wie es in Griechenland an der Tagesordnung war. Wie manche Hekuba mag es gegeben haben!

Was mir besonders auffällt, ist der Gegensatz zwischen Barbaren und Hellenen, der im allgemeinen mit der Auffassung Herodots übereinstimmt. Er erscheint in der Medea, der taurischen Iphigenie und den Stücken selbst, die aus dem troischen Fabelkreise genommen sind. — Auch die Troer rechnet Euripides zu den Barbaren; sie unterscheiden sich durch laxere Sinnesweise, prächtigere Kleidung, unbedingten Gehorsam unter den Herren, etwas Unfeines auch in ihrem Gemüt; zwischen ihnen und den Hellenen kann nie Freundschaft sein. Eben darum ziehen die Griechen schon nach Troja, um den Barbaren einen Schlag beizubringen.

Euripides gibt sich nicht die Mühe, sich in die vergangenen Zeiten der heroischen Welt zurückzuversetzen. Die Zustände, die er vor sich sieht, trägt er auf die Heroen über. Gar manche seiner Verwicklungen beruhen auf gewechselten Schreiben. Theseus und Herakles philosophieren über die Natur der Götter. Nicht allein die politischen, sondern auch die Familienverhältnisse seiner Epoche versetzt er in die Heroenwelt, und an den grossen Geschicken entwickelt er die Gesinnungen der Glieder der verschiedenen Familien. Wenn in dem aeschyleischen Stücke über den Angriff auf Theben nur Eteokles erscheint, auf dessen Gesinnung der ganze Nachdruck beruht, so zieht Euripides in den Phönissen noch einmal die Mutter hervor, die nach der andern Sage längst gestorben war, und lässt sie den Versuch der Versöhnung zwischen den feindlichen Brüdern machen. Im Orest treten auch der Oheim und seine zurückgekehrte Gemahlin eingreifend hervor, der alte Tyndareus: man sieht das ganze königliche Haus: so in der Andromache Peleus der widerwärtigen Schwiegertochter gegenüber; in der Iphigenie in Aulis der Vater und der Oheim, die Mutter und der Bräutigam.

Elektra macht trotz des tragischen, mythischen Ereignisses, welches das Stück vorstellt, fast den Eindruck eines bürgerlichen Trauerspiels. Elektra ist jungfräulich verheiratet; in ihrem Hause geschieht die ganze Entwicklung. Farbe und Ton der Mythe werden Wahrscheinlichkeiten untergeordneter Art aufgeopfert. Wie bei Sophokles streitet auch bei Euripides Elektra mit Klytämnestra. Dort liegt der Nachdruck auf dem Rechtsbegriff, hier bei weitem mehr einerseits auf dem Verhältnis des Agamemnon zur Kassandra, andererseits auf der schlechten Behandlung der Kinder in der mit Aegisth geschlossenen Ehe.

Mit diesen Gesichtspunkten hängt es zusammen, dass Euripides gleichsam eine Philosophie des häuslichen Lebens vorträgt; wenigstens zusammenhängende, darauf bezügliche Gedanken kommen bei ihm allenthalben vor.

Als die gelungensten Dichtungen des Euripides darf man Medea und Phädra betrachten; sie wurzeln beide auf diesem Grunde.

Medea mag man wohl mit der Deianira des Sophokles vergleichen; aber wenn diese ihren Gemahl nur zu fesseln wünscht, so richtet Medea ihre ganze Wut gegen die Nebenbuhlerin und gegen ihre eigenen Kinder. Sie will Jason nicht töten, sie will ihn moralisch zerstören; die Zukunft, die er sich aufzuerbauen gedenkt, ihr zum Trotze und zum Hohne, erfüllt ihre Seele mit wilder Entschlossenheit. Nie ward wohl etwas zugleich Sinnreicheres und Schrecklicheres gedichtet, als der Abschied, den Medea von ihren Kindern nimmt. Nicht einen Seelenkampf möchte ich es nennen: denn sie zweifelt nicht; sie hat ein vollkommenes Gefühl der Kindesliebe, das sie auf das lebendigste ausdrückt, allein viel stärker ist ihre Wut und ihr Hass; sie opfert sie dennoch — die barbarische Löwin.

Von der Phädra ist es längst gezeigt, wie weit die Entwicklung der Leidenschaft über jede Nachahmung späterer Zeit erhaben ist.

Denn einer der mächtigsten, erfindungsreichsten Dichter, die je gelebt haben, ist bei allen seinen Mängeln dieser Euripides; es ist kein Stück, das nicht durch irgendeine grosse Situation den Zuschauer fesselte. Er hat zu dem reichen Stoffe der heroischen Sage, den seine Vorgänger bearbeiteten, auch noch die heraklidische Fabel herbeigezogen und sich ihrer bemächtigt. In allem sucht er das menschlich Ansprechende hervorzuheben, besonders die Momente, wo ein Widerstreit der Leidenschaften entsteht. Die Unschuld der männlichen Jugend im Tempeldienst oder ihre frische, spröde Mannhaftigkeit in Jagd und Waidwerk; die Hingebung der Jungfrauen für das Grosse und Allgemeine, wie in Iphigenie, so in Polyxena, oder für den Gemahl, wie in Alkeste, sind ebenso wie Eifersucht und rasende Leidenschaft mit unvergänglichen Zügen gezeichnet.

Ich weiss nicht, ob Euripides das erreicht, was die Theorie der Tragödie fordert, aber er ist ein durch und durch lebendiger Mensch von grösstem Talent, der sich dessen mit unendlichem Erfolg bedient hat. Noch bei seinen Lebzeiten erwarben sich seine Arbeiten Ruhm und Ansehen in Sizilien; aber allmählich haben sie in dem ganzen Umkreis der griechischen und später römischen Welt das Volk durchdrungen, sie selbst oder ihre Nachahmungen. Man hat mit Recht bemerkt, dass sie eines der wichtigsten Elemente der späteren Bildung gewesen seien. Gewiss haben sie auch zu der vorwaltenden Gesinnung viel beigetragen.

Wir dürfen deshalb wohl noch einmal auf die religiöse Denkungsart zurückkommen, die sie aussprechen.

Euripides schliesst sich an Pindar an, der an das Mahl des Tantalus nicht glaubt. Seine Iphigenie sagt, dass es menschenmordende Menschen gewesen sein müssen, durch die den Göttern Dinge dieser Art aufgebürdet worden.

In jenem Gespräch zwischen Theseus und Herakles nimmt der eine den grössten Anstoss an der Vermählung zwischen Geschwistern wie Zeus und Hera, an der Fesselung des Kronos; der andere hält das für eine Erfindung der Poeten.

Aber nicht so leicht war damit durchzukommen, wo die Unsittlichkeiten der Götter, wie meistenteils, in die Mitte der Handlung verflochten sind. Dann tragen die Menschen, die von den Göttern leiden, kein Bedenken, sie zu tadeln. Selbst der fromme Jon findet es anstössig, dass sie, die die Gesetze geben, sie selber nicht halten. Er spricht gegen das Asyl, worin den Verbrechern Straflosigkeit gewährt wird. In der Andromache wird Apollo angeklagt, dass er handle wie ein schlechter Mensch, der eines alten Zwistes gedenke. In dem Hippolyt heisst es, dass der Mensch durch Kühnheit und Gewaltsamkeit seine Absicht erreiche, nicht durch Frömmigkeit; in dem Bellerophon, dass die Kleinen, wenn auch fromm, doch den Starken unterliegen. «Es gibt keine Götter», so lautet der Ausruf, « sie sind nicht ».

Das ist wohl klar, dass nur ein philosophischer Geist wie dieser, sich über die Ueberlieferung des Götterdienstes, oftmals Götzendienstes, erheben konnte. Wie Herakles in der angeführten Stelle sagt: Der Gott, der wahrhaft Gott ist, ist frei von Bedürfnis.

Euripides zweifelt, ob der Gott die Notwendigkeit der Dinge oder der menschliche Geist ist. Sitte und Gesetz macht, dass wir die Götter annehmen. Gerechtes und Ungerechtes wird von den Menschen unterschieden.

Was kann der Idee der Eumeniden, wie sie Aeschylus hat, mehr entgegenstehen, als die Erklärung des euripideischen Orestes: das Gewissen sei es, was ihn verfolge: dass er sich dessen bewusst sei, was er getan habe.

Die Gerechtigkeit ist eine Tochter der Zeit; sie bringt alle Bosheit an den Tag. Erde und Himmel haben die Dinge erzeugt; das Irdische kehrt zur Erde zurück, das Aetherische zum Himmel. Der glücklichste Mann ist der, der die Weltordnung der unsterblichen Dinge anschaut.

Man dürfte sagen, dass durch diese Behandlung die Heldensage, der grosse geistige Besitz der Nation, doch auch tief erschüttert und so gut wie vernichtet wurde.

War es nicht besser, die Menschen, wie sie vor Augen standen, unmittelbar zu schildern, als ihr Tun und Lassen in die Heroenwelt zu übertragen?

Philosophie und Historie waren nun eine Notwendigkeit geworden.

Herodot und Thukydides

Herodot und Thukydides verhalten sich chronologisch nicht viel anders als Sophokles und Euripides. Herodot ist der ältere; einer alten Berechnung zufolge, die zwar oft bestritten, aber niemals durch eine besser bewiesene ersetzt worden ist, war er beim Anfange des peloponnesischen Krieges dreiundfünfzig, Thukydides vierzig Jahre alt. Aber die Lebensstellungen und Lebensschicksale der beiden Begründer aller historischen Wissenschaft und Kunst waren sehr verschiedener, ja entgegengesetzter Art. Herodot, an der asiatischen Küste in einer Stadt geboren, die in enger kommerzieller und politischer Verbindung mit den orientalischen Nationen stand, so dass er einen Teil seines Lebens der Erforschung derselben widmete, wurde dann nach der grossen Metropole des Handels, Samos, und endlich nach Athen gezogen, das soeben die höchste Stufe seiner maritimen Macht erreichte. Er war ein Fremder in Athen, schloss sich aber den Athenern von ganzer Seele und mit Bewunderung an. Thukydides dagegen, ein geborener Athenienser, von vornehmer Herkunft und dort bereits zu einer der wichtigsten Stellungen, die es gab, der selbständigen Führung eines Geschwaders der Flotte gelangt, hatte das Unglück, dass ihm die Peloponnesier vielleicht um einen Tag zuvorkamen und Amphipolis besetzten, ehe er herangesegelt war. Hierdurch aber verlor er die Gunst des athenischen Volkes, das damals von einem rücksichtslosen demokratischen Führer beherrscht wurde. Er wurde mit dem Exil bestraft, das er in einer erblichen Besitzung, zum Teil unter dem Schutze der Lakedämonier, verlebte. Dieses Missgeschick gereichte ihm für die Abfassung der Geschichte des Krieges, die er bei dessen Anfang zu unternehmen beschlossen hatte, zum Vorteil. Er war nicht mehr lediglich auf die Gerüchte und Erzählungen seiner Vaterstadt angewiesen und fand die Mittel, um zu einer unparteiischen Auffassung und Darstellung schreiten zu können. Der Fremde hatte Antrieb zur Vorliebe für Athen; der Athenienser guten Grund, um die Handlungen seiner Landsleute ohne einseitigen Patriotismus anzusehen. Nicht minder aber fällt der andere Unterschied ins Gewicht. Herodot lebte in Anschauung des grossen Kampfes zwischen Persern und Griechen, der, als er schrieb, den Gesichtskreis der Welt beherrschte. Thukydides wurde in die Mitte der Kämpfe unter den Griechen selbst, zwischen Athen und Sparta, gezogen. Die inneren griechischen Zwistigkeiten kommen schon bei Herodot zum Vorschein; der Gegensatz zwischen Persern und Griechen auch bei Thukydides; aber das erste tritt bei Herodot, das zweite bei Thukydides in den Hintergrund. Herodot richtete seine vornehmste Aufmerksamkeit auf den allgemeinen äusseren Kampf, Thukydides auf den inneren. Herodot war vor allen Dingen Reisender. Seine Vaterstadt Halikarnass hatte Anteil an der Handelsniederlassung in Naukratis, durch die den Griechen der Verkehr mit Aegypten eröffnet wurde. Man darf annehmen, dass dies Verhältnis den Blick Herodots frühzeitig auf Aegypten gelenkt und ihm später, auch als dasselbe nicht mehr bestand, dort eine gute Aufnahme vermittelt hat. Er hat unter allen Fremden den Denkmalen des alten Aegyptens zuerst die Aufmerksamkeit gewidmet, die sie verdienten; er hat Phönizien besucht und die Wunder von Babylon gesehen; auf der grossen Strasse, die von Ephesus nach Sardes, von Sardes nach

Susa führt, ist er in das innere persische Reich gelangt;
er ist in Ekbatana gewesen. Doch zog ihn der Orient nicht
in seine Kreise, wie etwa einige Zeit nachher Ktesias.
Für die Vorzüge der Hellenen hatte Herodot ein offenes
Auge; er vergass keinen Augenblick, dass er ein Grieche
war. Auch über die Küsten und Landschaften Griechenlands spricht er mit einer Genauigkeit, aus der man sieht,
dass er sie grösstenteils in Augenschein genommen hatte.
In Athen war er gleichsam zu Hause. Denn mit Athen
war seine Vaterstadt, die gleichwohl dem Grosskönig ihre
Abgaben leistete, doch politisch enge verbunden. So umfasste Herodot alle die Gebiete, die die damalige kulti-
vierte Welt ausmachten, durch eigene Anschauung; er
hatte sie mit dem eingeborenen Triebe, sich zu unterrichten, besucht. Wir nehmen wahr, wie ihn seine Wissbe-
gierde von Ort zu Ort begleitete.

Das Werk, in dem er nun die Erkundigungen, die
ihm zuteil geworden waren, zusammenfasste, bildet selbst
einen Moment in der Geschichte des Jahrhunderts. In
Herodots Geist reflektierten die Eigentümlichkeiten der
Nationen. An jeder Stelle hat er sich über Land und Volk
Informationen verschafft, die sich in seinem Werke nebeneinander unterscheiden lassen. Die ethnographischen Mitteilungen, die wir ihm verdanken, sind schon an sich von
hohem Werte; doppelte Bedeutung aber bekommen sie
durch das geschichtliche Element, mit dem sie in ein
Ganzes verwebt wurden.

Ueber den Gesichtskreis der damals lebenden Menschen konnten diese Informationen nicht weit in die Vergangenheit hinausreichen. Auffallend ist, dass Herodot
über die Herrschaft der Assyrer, obwohl er selbst die
Anwandlung gehabt hat, über ihre Geschichte zu schreiben, doch in dem Buche, das er wirklich schrieb, sich nur
sehr wenig unterrichtet zeigt. Er würde sonst die ägyptischen Verhältnisse unter der saitischen Dynastie ganz
anders aufgefasst haben, als er es tut. Aber Assyrien war
den Zeitgenossen schon aus dem lebendigen Gedächtnis
verschwunden. Die Erinnerung wurde von dem Empor-

kommen und den Unternehmungen der persischen Könige beherrscht. Ueber deren Ursprung selbst hatte man nur sagenhafte Berichte, die Herodot so mitteilt, wie er sie von Persern und Aegyptern vernahm.

In frischem Gedächtnis aber war das feindliche Zusammentreffen zwischen Persien und Griechenland. Die grossen entscheidenden Kämpfe waren geschlagen, Herodot hat kaum eine persönliche Erinnerung daran gehabt; aber noch lebte man in ihren Nachwirkungen; sie beherrschten noch immer die gegenseitigen Beziehungen des Orients und der griechischen Welt. Alle Kräfte auf beiden Seiten waren dadurch in Bewegung gesetzt worden und hatten sich miteinander gemessen. Auf dem Unternehmen der Perser gegen die Griechen, dem Misslingen desselben, dem Rückschlage, den die Griechen dagegen ausübten, beruhte der Zustand der Welt. Diese Ereignisse bilden nun einen anderen Teil der Erkundigungen Herodots; sie mit den ersteren zu vereinigen und alle in ihrem Zusammenhange darzustellen, war der würdigste Gegenstand, der sich finden liess; die erste wirkliche Geschichte, die geschrieben wurde. Denn nicht auf nationalem Boden allein könnte die Geschichte erwachsen; die Nationen werden erst durch ihr Zusammentreffen mit anderen ihrer selbst bewusst. Ein umfassender Geist kann dann auch wohl den beiden miteinander kämpfenden Völkerkomplexen gerecht werden. Herodot ist durchaus gerecht. Er hasst die Barbaren nicht; wie könnte er sie sonst schildern. Man hat ihn oft einer Vorliebe für die Athener angeklagt, und das günstige Urteil, das er über ihre Haltung im Kriege fällt, aus persönlichen Motiven hergeleitet. Ich trage Bedenken, dem beizustimmen. Die berühmte Stelle, in der er ausführt, dass die Rettung Griechenlands dem Entschlusse der Athener, sich zur See zu verteidigen, zu verdanken sei, hat doch eine einleuchtende Wahrheit. So verhielt es sich in der Tat; die Anschauung dessen, was ohne Zweifel eingetreten wäre, wenn das erste nicht geschah, hat ihm jene Stelle eingegeben, die als historischpolitisches Urteil gefasst, vielleicht die beste in dem ganzen Werke ist.

Herodot besass die Gabe einfacher anmutender Erzählung einzelner Vorfälle, die seinem Buche einen unvergleichlichen Reiz verleiht, aber auch eine sympathische Einsicht in die allgemeinen Verhältnisse. In seiner grossartigen Kombination ist das Werk niemals erreicht, geschweige denn übertroffen worden. Nun aber versteht es sich ja, dass damit nicht alle Anforderungen, die an geschichtliche Darstellung gemacht werden können, erfüllt wurden. Alles beruhte auf mündlicher Ueberlieferung, und es war eben eine schon mehrere Dezennien zurückliegende Begebenheit, die der Geschichtsschreiber nicht unmittelbar miterlebt und wofür auch nicht allenthalben zuverlässige Gewährsmänner zu finden waren, was den Gegenstand seines Werkes bildete. Es blieb noch ein anderes Verdienst, das durch die Darstellung einer unmittelbar vor den Augen des Geschichtsschreibers vorgegangenen Begebenheit erworben werden konnte. Dann konnte man von mündlichen Berichten über eine frühere Epoche, die doch immer auf unsicheren Erinnerungen beruhten, abstrahieren. Exakte Darstellung der Begebenheit im einzelnen musste den Reiz allgemeiner Umfassung ersetzen. Dies hat nun Thukydides geleistet. Sein Gegenstand war nicht ein Kampf, der den Erdkreis umfasst, sondern der Widerstreit zweier in sich hochbedeutender Republiken. Von dem Augenblick, als ihr Hader in offene Feindseligkeiten ausbrach, begleitete Thukydides ihren Verlauf mit der Absicht, ihn zu beschreiben. Ein Autor allein hätte nicht beides leisten können. Zwei Männer von verschiedenem Charakter, verschiedener Begabung waren dazu notwendig. In dem einen und dem andern treten dann auch Anschauungen hervor, wie sie ihrem Gegenstande und ihrer Zeit entsprechen. Herodot hatte in seinem Verkehr mit verschiedenen Nationen, bei denen er immer die Religion in Betracht zog, andere Gedanken gefasst, als bei dem griechischen Volke gang und gebe waren. Er setzt sich dem fabelhaften Götterwesen zugleich historisch entgegen. Nach seiner Meinung verehrten die alten Pelasger und mit ihnen die Hellenen die Götter ohne besonderen Namen. Die Griechen empfingen ihre Götternamen aus Aegypten. In Dodona erzählte man dem Geschichtsschreiber, es sei einst förmlich bei dem Orakel angefragt worden, ob man sie annehmen solle, und das Orakel habe es gebilligt; dann seien Homer und Hesiod gekommen, die die Beinamen der Götter, ihre Beschäftigungen festgesetzt und die Theogonie erfunden hätten; aber das sei, sozusagen, von heute und gestern, namentlich mit dem Altertum der Aegypter, nicht im entferntesten zu vergleichen.

Herodot war nicht allein in Dodona gewesen; er kannte die eleusinischen Mysterien, er war eingeweiht in die Mysterien der Kabiren von Lemnos. Er legt sich darüber Stillschweigen auf, aber er deutet zuweilen an, dass hinter dem Götterglauben noch etwas zurückliege, was er nicht sagen wolle, noch könne. Darum leugnet er aber das Dasein der Götter und Heroen nicht etwa ab. Ganz im Gegenteil, indem er diese Dinge sagt, fürchtet er deren Ungunst zu erregen. Wenn er eine Erzählung über Herakles bestreitet, bittet er sich von Göttern und Heroen Nachsicht aus.

An dem Dasein und der Wirklichkeit der Götter also zweifelt er nicht; er wiederholt die Lehre, dass sie dem Geschick nicht entgehen können, das er also ausserhalb ihres Beliebens setzt; auf die Wirksamkeit der einzelnen Götter geht er nicht ein; er nimmt ein Göttliches an, das auf die menschlichen Dinge einen stets eingreifenden Einfluss ausübe. Besonders zweierlei ist es, was er davon aussagt.

Die Götter unterstützen den Mut und Verstand, aber sie verfolgen durch eine Art Neid das Hochstehende. Wenn man sein Buch eine Weile vor sich hinliest und sich dem Eindruck hingibt, den er, von einem auf das andere kommend, hervorbringt, so ist das Konstante eine unmittelbare Einwirkung der Gottheit. Er verehrt die Götter als faktische Potenzen, die Rache an dem ausüben, von dem sie, selbst auch nur in der Intention, beleidigt wer-

den, ihren Willen durch Orakel ankündigen und denselben
unfehlbar vollstrecken. So war die Auffassung des
Aeschylus im Grunde auch die des Euripides, der den
Göttern ihre Ungerechtigkeiten und Gewalttaten vor-
rückt. Die Götter regieren die Menschenwelt, aber eine
unbedingt dominierende Macht besitzen sie nicht. Es gibt
eine noch weiter zurückliegende tiefere Religion, die sich
unter anderem in der Nemesis offenbart, die Herodot
auch da annimmt, wo die Menschen sie in der Regel verkennen.

Von jeher hat man bemerkt, wie sehr Thukydides von
dem Götterglauben Herodots entfernt ist. Es ist kein vollkommener Gegensatz, denn ein solcher hätte mit sich
gebracht, dass die altertümlichen Ideen über die Götter,
die ja Herodot verwarf, wieder aufgenommen worden
wären. Aber Thukydides war von der allgemeinen Richtung, die die Poeten aussprachen und durch die der
Glaube an die Götter beschränkt oder vernichtet wurde,
auch seinerseits durchdrungen. Ein Göttliches in den
menschlichen Dingen nahm auch er an; er klagt darüber,
dass man sich nicht vereinige, um die göttlichen Gesetze
zu halten, sondern um sie zu brechen. Er spricht mit
Missbilligung von einem um sich greifenden Mangel an
Frömmigkeit. Von der Annahme aber, dass die Götter
unmittelbar in die menschlichen Dinge eingreifen, lässt
sich bei ihm keine Spur entdecken. Es ist wahr: er leugnet die Orakel nicht geradezu; er bringt einiges bei, was
die Vorhersagungen sogar bestätigen könnte, aber er verhält sich dabei allezeit skeptisch. Wenn man zum Beispiel
ein Erdbeben in Lakedämon dort von der Verletzung
eines Asyls, zu dem die Heloten geflüchtet waren, herleitet, so erzählt er das zwar, aber ohne im mindesten
anzudeuten, dass er diese Meinung teile. Denn von der
aufkommenden Naturkunde war er nicht unberührt geblieben. Mit einer gewissen Ironie gedenkt er der Meinung der Liparäer, dass die Schmiede des Hephästos auf
ihrer Insel sei; er hat einen ganz anderen Begriff von dem
Rauche bei Tag, dem Feuer bei Nacht, das sie aufsteigen

sehen. Wenn irgendwo Erscheinungen der Natur einen
Einfluss auf die Beschlüsse ausüben, die die Menschen
fassen, so spricht er seine Missbilligung darüber aus.
Charakteristisch ist es, wie er sich zu der Behauptung
verhält, dass ein Fluch auf die Verwendung des sogenannten Pelasgikons in Athen zu Wohnungen gelegt worden sei; er weist es zurück, wenn man die späteren Un-
glücksfälle davon herleiten wollte, dass man diesen Fluch
unbeachtet gelassen; er erkennt darin lediglich die Voraussicht, dass dieser Platz nur unter ungünstigen Umständen zu Wohnungen werde dienen müssen. Der wahre
Fortschritt des Thukydides möchte darin liegen, dass er
das historische Motiv in den moralischen Beschaffenheiten
der Menschennatur erblickt. Man wird sich dabei nicht
der Stellen zu bedienen haben, die er in seinen Reden
einflicht: denn diese sind nach dem Charakter dessen ge-
formt, den er redend einführt. Aber zuweilen lässt er sich
selber als Beobachter der menschlichen Dinge vernehmen:
die menschliche Natur bringe es so mit sich, sie werde
von ihren Leidenschaften beherrscht; sie verachte das
Gerechte und könne das Höherstehende nicht über sich
dulden; ein anderes Uebel sei die Sucht und Wut, sich zu
rächen; man verletze dabei die Gesetze, von denen man
doch wieder geschützt werde, so dass man sich sein eigenes Verderben zuziehe. Die Ursache, aus der alle Unordnungen in den Städten hervorgehen, sieht er in dem Um-
sichgreifen der Mächtigen; in der Regel sei es nur ein
Vorwand, wenn man von den Vorzügen einer gemässigten
Aristokratie oder einer demokratischen Isagorie spreche;
man denke nur die Gegner zu übermeistern; der Ruhm der
Tugend gelte weniger als pfiffige Verschmitztheit. Un-
glücksfälle auf der einen Seite, auf der andern die Verwicklungen des Krieges geben zu alledem Anlass und
bewirken neues Unheil. Der Mensch selbst, besonders in
seinen Lastern und Leiden, ist der Mittelpunkt seiner
Geschichte. Es ist wohl nicht anders, als dass er sich hiebei zu Herodot verhält, wie Euripides zu Sophokles und
noch mehr zu Aeschylus. Doch war seine Abweichung

noch gerechtfertigter, als die des Euripides, denn die
Tragödie lässt sich ohne Fiktion nicht denken; die Geschichte aber hat eben den Menschen selbst zu ihrem
Gegenstand. Eine ihrer immanenten Bedingungen ist es,
dass sie die menschlichen Dinge, wie sie sind, zu ergreifen,
zu verstehen und verständlich zu machen sucht. Thukydides abstrahiert von aller Sage und Fiktion. Er legt einmal besonderen Wert darauf, dass er die Ereignisse
ebenso, wie sie vorgekommen sind, zu erforschen gesucht
habe. Das Wunderbare, das Herodot liebt, verschwindet
hier vollkommen hinter den einfachen Tatsachen. In der
Erzählung hat Thukydides zuweilen den Ton einer einfachen Chronik; sie macht den Eindruck der Zuverlässigkeit und zugleich des Verständnisses. Wenn er gleich den
Lakedämoniern die Sicherheit verdankte, deren er genoss,
so könnte man ihm doch nicht nachsagen, dass er lako-
nisiere. Sein eingeborenes Talent war es eben, beiden
Teilen gerecht zu werden. Dass er sich an die einfache
Tatsache hält und nur die menschlichen Absichten er-
gründet, gibt seiner Geschichte für den kurzen Zeitraum,
den sie begreift, den Vorzug der Deutlichkeit und vollen
Vergegenwärtigung, den wir bewundern.

Die Erzählung des Thukydides ist durchaus annali-
stisch; genaue Chronologie liegt ihm besonders am Herzen. In seinen Sommer und seinen Winter reiht er Ereignisse ein, die anderen unbedeutend scheinen könnten;
denn sein Sinn ist das, was vorgekommen ist, zu ver-
zeichnen. Aber in diesem selbst liegt eine Entwicklung,
die er dann und wann hervorhebt, so dass die Aufmerksamkeit des Lesers immer zugleich auf das Allgemeine
gerichtet bleibt. Das Verdienst der Erzählung steigt und
fällt mit den Begebenheiten. Er hat einmal alle die mit der
Entzweiung zwischen Argos und Lakedämon zusammenhängenden politischen Bewegungen und Diskussionen so
hin erzählt, dass sie nur eben einen mässigen Anteil erwecken können. Da tritt die Schlacht von Mantinea ein.
Thukydides schildert sie mit Beziehung auf lakedämonische Gewohnheiten und Kriegserfahrung; indem er an-

gibt, worüber er nichts Sicheres weiss, befestigt er das Vertrauen zu dem, was er sagt. Er hebt dann das Verhalten jeder einzelnen Truppe und jeder völkerschaftlichen Abteilung, die dabei mitwirkte, besonders hervor, ohne die Aufmerksamkeit zu zerstreuen. Die Schlachtbeschreibung ist unübertrefflich, deutlich selbst in den Verwicklungen. Auch der spartanische König, der die Vorwürfe widerlegen will, die ihm wegen seines früheren Verhaltens gemacht werden, in dem Ungestüm seines Vordringens, seiner dann eintretenden Zurückhaltung, endlich seiner Anordnung zur Schlacht, ist eine kriegsgeschichtliche Figur. Die Unparteilichkeit führt eben zur Gegenständlichkeit. Bei Herodot wäre das schwerlich möglich gewesen, da die Götter bei ihm eine fast zu grosse Rolle spielen. Thukydides vergegenwärtigt die menschliche Handlung an und für sich, obwohl er nicht versäumt, zu erzählen, wie das lakedämonische Heer zuweilen nach Hause geht, bloss weil es an der Grenze ungünstige Opferzeichen erhalten hat.

Zu seiner Weise gehört es dann, dass er die verschiedenen Verträge in ihrem Wortlaut, selbst in ihrem ursprünglichen Dialekt, beibringt, auch dann, wenn sie nicht gerade vielen Einfluss gehabt haben. Bei dieser Genauigkeit im einzelnen stösst man doch auf eine Schwierigkeit, die wir hier zu berühren nicht umhin können. Wie lässt sich erklären, dass Thukydides den Brief, den Nikias über die Lage der Angelegenheiten in Sizilien nach Athen geschrieben hat, nicht wörtlich reproduziert, sondern einen andern einflicht, der die Sachen bündiger erläutert. Aber noch mehr, wie verhält es sich mit der Echtheit der Reden, die fast den vornehmsten Bestandteil seines Werkes ausmachen? Sind sie wirklich so gehalten worden, wie er sie mitteilt? Auffallend ist es doch, wie sehr sie der historiographischen Idee des Autors dienen.

Wenn man in dem ersten Buche die Rede der Korinther in Lakedämon liest, so ist die Hauptsache, eine Vergleichung zwischen Athen und Lakedämon, sehr willkom-

men für den Historiker am Anfang eines Werkes, das den
Streit dieser beiden Städte schildert.

So ist in der alsdann folgenden Rede des Perikles der
Hauptinhalt die Ueberlegenheit der Seemacht über die
Landmacht, worin ebenfalls ein grosses Moment für den
Verlauf der Geschichte liegt, so dass es sehr gut in den
Vordergrund gestellt wird. Dabei sind doch aber in beiden
auch die sachlichen Motive, die die jedesmalige Lage bedingten, mit schlagender Richtigkeit angegeben. Die Rede,
die die Mytilenäer in Olympia halten und die auf die
Empörung von Lesbos bezügliche Rede Kleons stellen
zusammengenommen das Missverhältnis, das zwischen
dem beherrschenden Athen und den mächtigen Bundesgenossen Platz griff, in volles Licht. Ob aber auch Kleon
ebenso gesprochen, wie hier seine Worte lauten, darf doch
in Zweifel gezogen werden. Wenigstens wird dem Demagogen eine politische Bildung, wie sie sich in dieser Rede
herausstellt, sonst nicht zugeschrieben.

Auch bei den Deliberationen, die dem Unternehmen
nach Sizilien vorausgehen, hat es Thukydides nicht so
sehr darauf angelegt, die persönlichen Motive, die zu dem
Entschlusse führten, zur Anschauung zu bringen, als die
Beweggründe, die in der Sache lagen.

Immerhin muss es auffallen, dass bei einem ebenfalls
sehr beachtenswerten Autor dem Nikias bei dem Plane,
Syrakus anzugreifen, eine Rede zugeschrieben wird, die
sich von der bei Thukydides ihm beigelegten weit entfernt, doch in der Hauptsache sehr treffend ist. Man wird
uns nicht zumuten, jenes lange Zwiegespräch zwischen
Atheniensern und Meliern, in welchem die letzteren auf
ihrer Unabhängigkeit bestehen, die ersteren Unterwerfung
und Eintritt in ihren Bund verlangen, wörtlich für wahr
zu halten. Die Grundsätze, auf die die beiden Parteien
sich stützen, sind universalhistorisch; bei den Athenern
sind es dieselben, die auch bei dem Zuge gegen Syrakus
in Anwendung kommen. Das Eigentümliche ist die Dialektik, mit der beide ihre Sache verteidigen.

Es ist wahr, das Augenmerk des Thukydides ist überwiegend auf Athen gerichtet; aber sein Vorzug besteht doch darin, dass er sich auch von den Gegnern einen deutlichen Begriff gemacht hat, den er in den Reden ausspricht. Vortrefflich sind die Reden des Brasidas, in denen sich Gesichtspunkte finden, die über die Zeit hinausreichen; nicht minder hoch muss man die Rede des Hermokrates anschlagen, in der den Unternehmungen der Athener gegen Syrakus aus derselben Ursache ein unglückliches Ende geweissagt wurde, die das Missgeschick der Perser herbeigeführt hatte. Dabei geschieht auch der Stellung und Macht von Karthago Erwähnung. Wenn man daraus den Gesichtskreis des Historikers abnehmen kann, so darf man doch fragen, wie es möglich gewesen wäre, dass Thukydides Rede und Gegenrede, die in Syrakus gepflogen worden, genau hätte erfahren können, oder jene andere Rede, die Demosthenes an die Truppen bei Pylos hielt. Die Darstellung des Kampfes bei Pylos ist ein Juwel der Historiographie; aber die Reden wörtlich als gehalten anzusehen möchte ich nicht wagen. Wir werden durch die Reden in die inneren Gegensätze eingeführt, die die griechische Welt in Bewegung hielten. Diese werden mit einer einleuchtenden Wahrheit geschildert; alle Theorie ist dabei vermieden; der Historiker selbst trägt keine solche vor. Wir werden mit dem Wirklichen um so vertrauter. Allein darin liegt doch eine Entfernung von dem Boden der exakten Wahrheit; die Ansichten des Historikers treten selbst als Historie auf. Es ist ein Moment, in dem sich die Historie mit der Redekunst, die damals in Athen in Blüte stand, vereinigt.

Der Lehrer des Thukydides war jener Antiphon, dessen wir oben gedacht haben. Thukydides sagt von ihm, er sei ein Mann von starken Gedanken gewesen, die er ebenso kraftvoll ausgesprochen habe. Damit ist der Charakter der thukydideischen Reden selbst bezeichnet. Man weiss, dass sie als Muster der Beredsamkeit galten. Demosthenes hat seine Studien an ihnen gemacht. Thukydides war zugleich Redner und Geschichtsschreiber. Seine Erzählung ist von aller Rhetorik frei; diese selbst feiert in den Reden ihre grossen Triumphe. Die Vereinigung des einen mit dem andern entsprach so sehr dem öffentlichen Leben im Altertum, dass sie, von den spätern Historikern aufgenommen, gleichsam den Charakter der antiken Historiographie konstituiert hat. Häufig ist sie dann in ein blosses Schaugepränge ausgeartet.

Geistiges Leben in Athen

An das Wunderbare grenzt dies gleichzeitige oder doch fast gleichzeitige Erscheinen so verschiedenartiger Geister, die in Poesie, Philosophie und Geschichte das Höchste erreichen, was der Menschengeist überhaupt erreicht hat. Jeder ist Original und bahnt sich seinen Weg; alle wirken zusammen. In ihrer Gesamtheit vollzieht sich die Erörterung der grössten Fragen über göttliche und menschliche Dinge. Athen war im Genuss eines Theaters, wie für Ernst und Scherz keine andere Stadt jemals wieder ein gleiches besessen hat. Es lebte im fortwirkenden Besitz der grossen Hervorbringungen. Denn Sophokles wurde nicht etwa durch Euripides beseitigt; ihre Arbeiten traten nebeneinander auf. Die herodoteische Historie wurde in öffentlichen Versammlungen vorgetragen; Thukydides blieb mehr dem besonderen Studium vorbehalten; seine Geschichte ist schriftlich verbreitet worden. Es setzt eine hohe Bildung im Demos voraus, dass er fähig war, den Reden des Perikles zu folgen und über die schwierigsten Fragen der Politik Beschluss zu fassen, sowie ein Urteil in den Verhandlungen der Heliäa. Diese Demokratie selbst gewährte eine grössere Freiheit der Diskussion, als irgendwo sonst in der Welt vorhanden war; sie zog die mitstrebenden Geister aus den Kolonien im Osten und Westen an sich und gewährte ihnen ein Asyl. Wie Herodot von Halikarnass, so wanderte Anaxagoras von Klazomenä, wo es ihm zu enge wurde, so dass er sogar seine eigenen Angelegenheiten vernachlässigte, nach Athen, dessen wachsende Grösse eine unendliche Aussicht darbot: denn nicht so sehr eine vollbrachte

Machtentwicklung zieht die strebenden Geister an, als eine solche, die eben vor sich geht. In Athen fand Anaxagoras einen Wirkungskreis, wie er ihn bedurfte. Wir berührten schon das Verhältnis, in dem er zu Perikles stand; und fürwahr, seine Lehre verdiente es, Eingang zu finden.

Wenn Empedokles die Ursache aller Bewegung in Liebe und Hass der Urstoffe selbst, das heisst in deren eigenen inneren Trieben sah, so fand Anaxagoras eine solche Erklärung unzureichend, inwiefern aus jener Bewegung der Elemente eine in fester Ordnung bestehende Welt hervorgegangen sein sollte. Diese Betrachtung war vielleicht die vornehmste, die ihn auf die Idee von dem allwaltenden Geiste führte. Er stellte den Geist als die Ursache aller Bewegung dem Stoffe gegenüber. Eine Abwandlung so durchgreifenden Inhalts, dass sie ein neues System des Denkens ankündigt. « Der Geist ist unendlich, selbstherrschend, unvermischt; er lebt durch sich selbst; dieses einfache Wesen besitzt Macht und Wissen; es hat alles angeordnet, was war, ist und sein wird. » Grosse Gedanken, in denen die Philosophie, auf dem einmal eingeschlagenen Wege, annehmend und verwerfend, von einem Moment des Nachdenkens zum andern fortschreitend, zur Idee der Einheit Gottes gelangt, der jedoch nicht der Weltschöpfer, sondern der immanente Ordner der Welt ist. Anaxagoras soll gesagt haben: der Zweck des menschlichen Lebens sei Betrachtung und Erkenntnis der Himmelskörper. Er war Physiker und Astronom; indem er Sonne und Mond als Weltkörper, gleichsam als Erden betrachtete, zerfiel er mit den populären Vorstellungen, hatte aber die denkenden Geister für sich.

An Anaxagoras schlossen sich Euripides und Thukydides an, in deren Schriften wir, besonders deutlich bei Euripides, die Ideen des Philosophen wiederfinden.

*

Schon wanderten, durch das politische Uebergewicht von Athen angezogen, die Meister der Philosophie und Rhetorik aus Italien und Sizilien dorthin. Man nennt unter

ihnen die Eleaten Zeno und Parmenides. Mit den philosophischen Doktrinen verband sich die Kunst der Argumentation und der Rede, die nun von Sizilien her ebenfalls in Athen eindrang. Athen wurde jetzt der Mittelpunkt und Herd des griechischen Geistes. Um die geistige
Arbeit zu ermessen, die damals in Athen vollbracht wurde,
müssen wir uns erinnern, dass Polygnot und Phidias und
der Baumeister des Parthenon, Iktinos, dieser Zeitgenossenschaft angehören.

Es ist kein Zweifel, dass die griechische Kunst auf der
ägyptischen beruhte, aber ihr eigentliches Leben war doch
ein anderes.

Die Plastik der Griechen ist eine Tochter ihrer Gymnastik. Man sehe nur die Bildwerke von Aegina an, die ein
günstiges Geschick aus den ältesten Zeiten in das unsere
herübergerettet hat. Die Giebelfelder eines Tempels der
Athene in Aegina stellen Szenen aus den trojanischen
Kriegen dar; in der Mitte der um die Leichen der gefallenen Griechen Kämpfenden erscheint Athene in strenger
altherkömmlicher Würde. Die Kämpfer sind dem unmittelbaren Leben angenähert; man will zwar noch in ihnen
einige Ueberreste ägyptischer Gebundenheit erkennen;
aber im allgemeinen sind die nackten Körper in ihren
markigen Bewegungen, dem Gebrauch der Waffen bis zum
Individuellen ausgebildet, nicht jedoch ihr Antlitz. Hier
sind die Proportionen zwischen dem oberen und dem
unteren Teile des Gesichtes verfehlt, die Augen hervor-
stehend, die Mundwinkel emporgezogen. Man dürfte vielleicht sagen, dass eine individuelle Ausbildung der Gesich-
ter und der Köpfe hier nicht einmal recht an ihrer Stelle
gewesen wäre, da es nur auf den Waffengang ankam.
Aber alles ist aus einem Guss, alles frisch und originell
und erfüllt den Beschauer mit dem Gefühl der Gegenwart
des Altertums. An dem Orte ihrer heutigen Aufstellung
findet man auch einige Werke ägyptischer Bildnerei;
allein physiologischen Kennern will es scheinen, als ob
dabei skelettartige Modelle zugrunde lagen; bei den Griechen ist alles das mark- und krafterfüllte Leben selbst.

Die Denkmale gehören, soviel man sehen kann, in die Epoche vor den Perserkriegen. Nach den Perserkriegen traten statt der troischen Erinnerungen die Ereignisse dieser Epoche in den Vordergrund, die doch auch als unmittelbares Werk der griechischen Götter betrachtet wurden. Gerade in der Verbindung des Götterdienstes und der tapferen Abwehr der eingedrungenen Fremdlinge liegt das Charakteristische. Wir gedachten schon jener Gruppe von dreizehn Bronzefiguren, die die Athener dem delphischen Orakel als Weihegeschenk darbrachten, unter denen die Götter der Stämme und des Landes, in ihrer Mitte auch der Held von Marathon, Miltiades, dargestellt waren. Es liegt etwas Grossartiges darin, wenn der Sieg zugleich als ein Triumph der Gottheiten erscheint, wie in jenem Koloss der vorkämpfenden Athene, den Kimon durch die Hand des Phidias aufrichten liess. Der Meister der Skulptur und der Meister der Malerei boten einander gleichsam die Hand. Die einheimischen Sagen wurden Symbole. Athene ward zugleich als die Genossin des Zeus im Kampfe gegen die Titanen aufgefasst; der alte Nationalheros, Theseus, erlangte durch Kimon, der seine Gebeine aus Thasos herbeiführte, ein besonderes Heiligtum, in dessen Ausschmückung seine Heldentaten gegen die Kentauren, welche die wilde Naturkraft repräsentierten und gegen die eingedrungenen Amazonen verherrlicht wurden. So beteiligte sich auch Polygnot an der Ausschmückung der Bauten des kimonischen Hauses. In jener Halle, der man den Namen der Vielfarbigen gegeben hat, erneuerte er nochmals die Erinnerungen an Troja, wobei er das Verdienst der Athener besonders hervorhob; vornehmlich jedoch gab er den Erzählungen von der marathonischen Schlacht Ausdruck und Gestalt. Es ist nun aber nicht allein das patriotische Gefühl, durch das sich diese Bildwerke über die bisherigen erhoben; die beiden Meister, Polygnot und Phidias, verfolgten zugleich eine ideale Richtung. Polygnot suchte in der Lesche zu Delphi, wo die Unterwelt einer seiner Gegenstände war, die Gerechtigkeit der Götter zu versinnbilden. Er wird als Ethnograph gerühmt, der die würdige Haltung der verschiedenen Charaktere niemals aus den Augen verlor. Von seiner Darstellung der Polyxena, die als Sühnopfer für Achilles fiel, sagt ein Alter: aus ihren Augen allein erkläre sich der ganze troische Krieg. Noch höher stieg der Ruhm des Phidias durch das chryselephantine Bild des Zeus in Olympia. Die alte Ueberlieferung ist, dass ihm die homerischen Verse, in denen von den Brauen und dem Haupthaar des Gottes, durch welche der Olymp erzittere, die Rede ist, vorgeschwebt haben. Aemilius Paulus, jener siegreiche Philhellene, hat gesagt: in dem Bilde erscheine vollständig der homerische Zeus, ja die Gottheit überhaupt. Ein anderer Römer fügt hinzu, Phidias habe die Götter noch besser gebildet als die Menschen; er sei der Religion selbst zu Hilfe gekommen.

So griff auch die Kunst in die Ueberlegungen über das Göttliche und Menschliche, die den griechischen Geist beschäftigten, lebendig ein. Einwirkungen, wie die zuletzt geschilderten, konnten wohl auch den Ideen des Anaxagoras die Waage halten. Soeben aber bekam die geistige Bewegung noch eine neue Anregung durch den Einfluss von Sizilien.

In Sizilien durchdrang sich philosophische Bildung und politische Tendenz mit technisch ausgebildeter Redefertigkeit. Das erste theoretische Buch über irgendeine Kunst war eine Rhetorik, die in Sizilien geschrieben worden ist. Auch anderwärts entstanden Schulen, in denen die Kunst der Argumentation und der Rede im Zusammenhang mit philosophischen Doktrinen gelehrt ward — die ersten öffentlichen Schulen, in denen sich freie Lernbegierde an einen Meister anschloss.

In den Zeiten des peloponnesischen Krieges finden wir deren angesehenste Repräsentanten in Athen.

Von Leontini kam zunächst als Gesandter seiner Vaterstadt Gorgias, der sich durch Pracht der Diktion und äussere Würde hervortat; auch Protagoras von Abdera kam von Sizilien, wo er um Geld gelehrt hatte, nach Athen. Andere sind Hippias von Elis, Prodikus von Keos, die Brüder Euthydem und Dionysodor aus Chios. Wir finden sie in den Vorhallen der vornehmsten Häuser oder den Gymnasien von zahlreichen Schülern, Fremden oder Einheimischen begleitet, einhergehen; jede treffende Aeusserung aus ihrem Munde wird mit lautem Beifall aufgenommen; man verlacht die, welche von ihrer Dialektik geschlagen werden. Auf ihren Stühlen sitzend, geben sie den Fragenden Antwort oder sie erfüllen, auf ihrem Bette ruhend, das Gemach mit ihrer lauten Stimme; ihre Schüler zahlen ihnen Geld; Protagoras soll mehr erworben haben als Phidias.

Diese Männer, unter denen sich sehr würdige Persönlichkeiten fanden, nannte man Sophisten. Wenn das Wort dennoch den Beigeschmack eines üblen Rufes hat, so rührt er vornehmlich von dem Verhältnis her, in das sie sich zu den philosophischen Meinungen setzten.

Mochten sie sich mehr zu den Ioniern halten, wie Protagoras, oder zu den sizilischen Schulen, wie Gorgias, so tritt in ihrer Auffassung die vollkommene Ungewissheit aller Dinge hervor.

Protagoras ging davon aus, dass alles auf zwei voneinander unabhängigen Bewegungen beruhe, der einen des Subjekts (des Empfindenden), der andern des Objekts (des Empfindbaren); alle Wahrnehmung rühre von dem Zusammentreffen beider her, das der Natur der Sache nach in das Bereich des Zufalls gehöre. In der Wahrnehmung sieht er eine Empfindung, die etwas lediglich Subjektives und zugleich auf ein seinem Wesen nach selbst Schwankendes und eigentlich erst durch die Empfindung zur Realität Gelangendes gerichtet ist.

Und eben dahin oder noch weiter gelangen die Anhänger des Parmenides. Den Grundsatz der Sophisten, nach welchem das Nichtwirkliche überhaupt nicht ist, dehnen sie bis zu der Behauptung aus, dass die Lüge nicht möglich sei. Man muss damit anfangen, ihnen zu beweisen, dass es falsche Meinungen gebe, Schein und Trug in den Gedanken eindringen könne.

Der Zweifel an aller Wahrheit wirkte notwendig auf die religiösen sowie die politischen Ansichten zurück.

Wenn man einmal sagte, dass die Götter nur nach Sitte und Gesetz angenommen würden, so hatte man nicht weit mehr zu der Behauptung, die schon damals vorgekommen und die unter sehr abweichenden Umständen wiederholt worden ist, dass die Religion nur einem Kunstgriff alter Staatsmänner entsprungen sei, denen es weise geschienen habe, dass die Gottheit als Aufseher menschlicher Tugenden und Fehler gedacht werde.

An das momentane Dafürhalten der herrschenden Parteien aber knüpften andere den Begriff des Gesetzlichen und Gerechten an. Was in der platonischen Politie Thrasymachus behauptet, das Gerechte sei das, was dem Herrschenden fromme, muss wohl — nach Ciceros Andeutungen — auch in den Büchern des Thrasymachus gestanden haben. Es war eine Frage, die nach Xenophons Erinnerungen selbst Perikles beschäftigt hat, und zwar in unmittelbarster Beziehung auf den damaligen Staat. Er sagt dort, er habe gezweifelt, ob das, was die Menge festsetze durch Willkür, als Gesetz zu betrachten sei oder als Gewalt.

Sokrates

Alles wurde zweifelhaft: die Objektivität der Wahrnehmungen, die Wahrheit oder Unwahrheit der Rede, das Dasein der Götter, das man vom menschlichen Dafürhalten abhängig machte, der Unterschied zwischen Recht und Unrecht.

Mitten in dieser Zersetzung der allgemeinen Meinungen erschien nun Sokrates, ein Mann, der immer barfuss einherging, in ärmlichem Anzug, der wenige leicht zu befriedigende Bedürfnisse hatte und keine anderen haben wollte, um den bedürfnislosen Göttern ähnlicher zu werden; täglich war er auf dem Marktplatz, in den Werkstätten, den Gymnasien zu sehen, verkehrte mit alt und jung, dem Niedrigsten wie dem Höchsten, ohne doch ein Lehrer sein zu wollen. Mit unausweichlicher Dialektik hielt er jeden, mit dem er in Berührung kam, fest und appellierte nur an den gesunden Menschenverstand, den er aber erst selbst zu seinem Bewusstsein zu bringen suchte. Die Sophisten lebten in den angenommenen Vorstellungen; darauf bauten sie ihre Anschauungen und Systeme. Sokrates hielt es für seines Amtes, sie zu untersuchen und an der dem Menschen eingepflanzten Einsicht zu prüfen. Sokrates stellte alle die Vorstellungen, von denen sie ausgingen, was sie als das Vernünftige, Rechte und Berechtigende erklärten, in Frage; er unterwirft sie einer Kritik nach Massgabe der dem menschlichen Geist innewohnenden Begriffe, in denen er allein die Wahrheit sieht. Von den mannigfaltigen Meinungen gelangt er auf diesem Wege zu einer unumstösslichen Wahrheit; einem Wissen, das man mit Recht als ein begriffliches bezeichnet hat, das auch dem sittlichen Verhalten erst eine wahre Grundlage gibt, so dass Wissen und Tugend ineinanderfallen. Niemals war der menschliche Geist höher gestellt worden; er hat das Kriterium aller Wahrheit in sich; er ist im Besitz derselben. Dass es nur darauf ankommt, die haltbaren Begriffe von den Vorstellungen, die keine Lebensfähigkeit haben, zu sondern und loszureissen: darin kann man das Wesentliche der sokratischen Grundsätze sehen. Sokrates betrachtet den menschlichen Geist als die Quelle und die Gewähr aller Begriffe, vor allem der moralischen Ideen; diese aber selbst leitet er von der Einsicht ab, so dass die Wissenschaft einen anderen Charakter bekam; sie nahm die dem Menschen eingeborenen Begriffe zu ihrem Ausgangspunkt. Man hat schon im Altertum gesagt, er habe die Philosophie vom Himmel auf die Erde zurückgeführt, was mit Bezug auf die Geschichte von Thukydides gesagt werden kann; es war auch die euripideische Tendenz gewesen; es ist die Tendenz der ganzen Epoche. Doch ging Sokrates mit grosser Vorsicht zu Werke. Wenn Anaxagoras, in dessen gereifte Tätigkeit die Jugend des Sokrates fiel, ein unleugbares Verdienst dadurch hatte, dass er die Erscheinungen, die den Menschen mit Furcht vor dem Zukünftigen erfüllten —

die Mondfinsternisse, die Missgeburten —, als Naturerscheinungen fasste, die ohne allen Bezug auf das menschliche Tun und Treiben seien; so setzte sich Sokrates dem entgegen, weil doch die Erklärungen, die man davon vorbrachte, nicht eben zureichend und treffend waren. Er hielt dafür, dass es Dinge gebe, die sich die Götter als ihren besonderen Wirkungskreis vorbehalten hätten. Die Idee aber, dass eine einzige göttliche Intelligenz in allen Dingen walte, diese nahm er an. Als den Ausfluss dieser höchsten Intelligenz, also den Göttern verwandt, betrachtete er auch den menschlichen Geist. Er hielt seinerseits daran fest, dass er den Göttern unmittelbare Teilnahme an den menschlichen Dingen, eine gütige Fürsorge für die Menschen, die von ihnen auf wunderbare Weise ausgeübt werde, zuschrieb. Von der geheimnisvollen Verbindung des Göttlichen mit dem Menschlichen hatte er die lebendigste Empfindung; er behauptete, dass ein ihm innewohnendes Dämonion, das er doch wieder von seinem Ich unterschied, bei jedem falschen Schritte, den er zu tun in Gefahr sei, warnend entgegentrete. Aber dadurch wurde er nicht gehindert, den gang und gebe Vorstellungen der Menschen über die Götter sich entgegenzusetzen; er meint, man dürfe sich nicht einbilden, dass die Menschen ihnen etwas Angenehmes erweisen könnten. Er erkannte die göttliche Allgegenwart, Allmacht und Güte an. In ihm stellt sich eine der grössten und erhabensten Aufgaben des atheniensischen Gemeindewesens dar: den alten Glauben von dem götzendienerischen Element zu reinigen, rationelle und religiöse Wahrheit zu vereinbaren.

Dass er verkannt werden musste, liegt am Tage. Jedermann weiss, wie einer der kräftigsten Geister unter den Zeitgenossen, der grosse Komiker, seinen Namen missbrauchte: denn von dem wirklichen Sokrates ist der aristophanische himmelweit verschieden. Man könnte vielleicht sagen, der Sokrates des Aristophanes ist der Protagoras der platonischen Dialoge; Aristophanes stellt eben das als sokratisch dar, was der historische Sokrates bekämpfte.

Aber indessen trat auch noch eine populäre Reaktion gegen die von dem Herkömmlichen abweichende Sinnesweise, wie sie selbst von Perikles gepflegt worden war, ein. Die Demokratie hielt an dem Götzendienst fest.

Es scheint, als habe sich Kleon des Wahrsagers Diopeithes und der Orakel überhaupt bedient. Auf Grund eines Orakels führte er im sechsten Jahre des peloponnesischen Krieges eine sehr gewaltsame Reinigung der Insel Delos durch. Auch Nikias stand mit Diopeithes in Verbindung. In dem Hermokopidenprozess tritt die ganze Wut einer durch Mysterienverletzung und Verhöhnung der Dienste, an die sie glaubt, gereizten Menge hervor.

Um dieselbe Zeit ist es gewesen, dass Protagoras wegen seiner gottesleugnerischen Bücher aus Athen verbannt und diese feierlich verbrannt wurden. Ob gerade einer der Vierhundert es war, wie einige sagen, der ihn anklagte, mag dahingestellt bleiben.

Der Dienst der Kotytto und Kybele wurde aus der Fremde eingeführt und fand den lebhaftesten Anklang. Wie nachhaltig man zu den alten Glaubensansichten zurückkehrte, zeigt am besten die Verdammung der Feldherren nach der Schlacht bei den Arginusen, der sich Sokrates widersetzte.

Nachdem Sokrates den positiven Glauben, allerdings nach höherem Verständnis, anfangs festgehalten, geriet er mit ihm in der Gestalt, in der die Demokratie ihm anhing und in der er zur Idololatrie wurde, in offenen Widerspruch. Der unglückliche Ausgang des peloponnesischen Krieges, die Siege der Lakedämonier, die an den alten Satzungen festhielten, wirkten auch auf Athen zurück, wahrscheinlich selbst in bezug auf die Verfassung.

Die vielfachen Wechselfälle, die die Republik seit dem Tode des Perikles erfahren, hatten bei denkenden Menschen jedes Vertrauen auf die herrschenden Formen der Verfassung erschüttert. In dem Kampfe zwischen Oligarchie und Demokratie nahm Sokrates eigentlich nicht Partei. Nachdem nun aber diese vielfach miteinander gerungen und zuletzt die Demokratie in Athen die Oberhand behalten hatte, so fiel ins Gewicht, dass Sokrates doch gewiss auch kein Demokrat war.

Er geriet vielmehr mit der Grundidee der Demokratie in Widerspruch. Wie er seine Moral überhaupt auf ein intellektuelles Moment begründete, so brachte er auch die Staatsverfassung damit in Verbindung. Seine Lehre war, dass der regieren solle, der es am besten verstehe. Ein Regent mit einer alle anderen übertreffenden Intelligenz liess sich nun freilich nicht finden. Wie weit war Alkibiades davon entfernt geblieben, einem solchen Ideal zu entsprechen, noch weiter freilich Kritias, der gewaltsamste der dreissig Tyrannen. Zu den wirksamsten Vorwürfen, die man dem Philosophen machte, gehörte es, dass Alkibiades und Kritias seine Schüler gewesen waren, so wenig er auch Anteil an ihren Ausschreitungen hatte. Die politischen Ideen des Sokrates bewegten sich mehr in einer negativen Richtung; er verwarf unter anderem die Gewohnheit der Aemterverlosung an die Berechtigten: denn wer wolle sich einem Steuermann anvertrauen, der durch das Los bezeichnet werde. Damit aber stellte er das Recht der Bürgerschaft, den Staat ausschliesslich zu bilden und seine Regierung zu leiten, in Frage. Und das geschah nun in einer Zeit, in der infolge der vorhergegangenen Konflikte die Absicht gefasst war, die solonischen Gesetze, die auf diesem Prinzip beruhten, wieder herzustellen, wie man sie eben verstand. Dahin führte die grosse politische Tendenz jener Tage; die Erneuerung der Macht der Republik hing damit zusammen. Zugleich lag darin auch die ungeschmälerte Behauptung der althergebrachten Gottesverehrung, auf der die Verfassung grossenteils beruhte. Gewiss, Sokrates erfüllte alle bürgerlichen und religiösen Pflichten, aber seine Ideen gingen doch weit darüber hinaus; er ging nicht, wie es einem eingeborenen Athenienser zuzukommen schien, in dem Begriff der Verfassung der Stadt und des Götterdienstes auf. Seine Gedanken wenigstens streiften das Spezifisch-Einheimische von sich ab. Seine Philosophie strebte, das Allgemein-Menschliche in den Begriffen, die allem zugrunde liegen, zu ergreifen, jenseits der Formen des Lebens der Athenienser, ihres Staates und seiner Heiligtümer. Diese Ideen behielt er aber nicht etwa sich selber vor; in seinen Gesprächen teilte er sie jüngeren Leuten mit und riss sie zur Anerkennung mit sich fort. Dies zu dulden und ruhig geschehen zu lassen, dazu war die athenische Republik in jenen Tagen nicht geeignet. In einer Epoche des Glückes, wo man nichts zu fürchten hatte, wäre es vielleicht möglich gewesen. Dem Prinzip, nach dem der Rat, dem die höchste Autorität zukam, jetzt wieder Fünfhundert, durch Los oder durch zufällige Mehrheit zustande kam, setzte sich die Lehre des Sokrates, nach der auf diese Weise niemals eine gute Regierung gebildet werden könne, schnurstracks· entgegen. Damals aber mussten alle Kräfte zu einer Erneuerung des Staates zusammenwirken. Einen Mann, der die allgemeine Verehrung der Unparteiischen und der Jugend genoss, und der die Berechtigungen in Abrede stellte, auf denen der öffentliche Zustand beruhte, wollte man nicht länger in seiner Wirksamkeit lassen. Man darf die innere Bedeutung der Frage, die hiemit zur Evidenz kam, nicht unterschätzen. Es ist die Frage, ob die gesetzgebende Gewalt nicht einen anderen Ursprung haben müsse, als die Autorität der Volksmänner oder einer Mehrheit. Das Gesetz erschien wohl selbst als ein Akt der Gewalt und eben deshalb nicht unbedingt bindend; denn jenseits derselben lag noch die Idee des Staates, der, auf Wissen und Einsicht begründet, nicht dem Dafürhalten der Menge, am wenigsten dem Zufall der Verlosung unterworfen werden kann. Wie das Gesetz zustande kommt, ist die oberste Frage bei jeder Staatsverwaltung. Indem nun Sokrates von den Grundsätzen abwich, auf denen die Demokratie beruhte, zog er den Hass der Führer, der an sich vom Standpunkt des bestehenden Staates nicht ohne eine gewisse Berechtigung war, auf sich. Gegen Sokrates erhob sich ein Mann, der an der Restauration der Republik unter Thrasybul mitwirkenden Anteil genommen, des Namens Anytus, mit ein paar literarischen Genossen,

einem Poeten, der sogar das Geschäft der Anklage übernahm, und einem Rhetor. Sehr möglich, dass der Einfluss
des Sokrates, den Anytus an einem seiner Söhne erfahren
hatte, diesen besonders animierte. Man erklärte den
Philosophen für einen Verderber der Jugend, und zwar
für einen solchen, der zugleich die Götter verachte und
neue einführe, was sich insofern mit einigem Scheine
sagen liess, als Sokrates die anthropopathischen Elemente
der griechischen Mythologie in Abrede stellte und von
seinem Dämonium in einer Weise sprach, durch welche
das Empfinden der absoluten Wahrheit in das eigene
Innere verlegt würde. Das ist das Tragische an dem
Schicksal des Sokrates, dass die grossartige und freie
Entwicklung, die er sich zu eigen gemacht, in sich selbst
wahr und edel, in Konflikt mit den soeben überwiegenden
Tendenzen einer Wiederherstellung des Staates geriet,
das Allgemein-Menschliche selbst mit dem Momentan-
Patriotischen, die Idee der Gottheit mit den Vorausset-
zungen der üblichen Gottesverehrung.

Sokrates hatte sein Leben vor allem seiner Vaterstadt
gewidmet; er hatte den Umkreis von Athen, ausgenommen
etwa bei einem befohlenen Kriegszug, niemals verlassen.
Er wurde jetzt inne, dass in diesem Athen kein Platz für
ihn sei; er musste untergehen, und die Behauptung, die
Ausbildung seiner Lehre anderen Menschen und anderen
Verhältnissen überlassen. Sein Dämonium warnte ihn,
dem Urteil, das man über ihn zu fällen im Begriffe stand,
sich zu widersetzen. Es hatte seine grosse Wahrheit,
wenn er den Anspruch erhob, ihn im Prytaneum auf
öffentliche Kosten speisen zu lassen; dieser Belohnung sei
er würdig. Darin aber hätte eine Negation der unbedingten Gültigkeit der Grundsätze gelegen, die man eben
proklamierte. Gewiss war Sokrates unschuldig, denn
nicht seiner Handlungen, sondern seiner Meinungen wegen
griff man ihn an. Diese aber waren die grossartigsten, die
in Athen noch vorgetragen worden, und tief in der Natur
der Menschheit begründet. Athen hat die Ehre, dass
dieses auf den geistigen Menschen an sich gerichtete Er-

greifen einer unleugbaren Wahrheit in seinem Schosse
entsprungen ist; aber es konnte es nicht ertragen, denn
darin lag eine Feindseligkeit gegen seine politische Herstellung, in der es soeben begriffen war; dieser Herstellung zum Opfer ist Sokrates gefallen. Ihm selbst geschah
damit nichts, was er als ein wirkliches Unglück angesehen
hätte; er zählte über 70 Jahre, er hatte sich vollkommen
ausgelebt, das Tagewerk vollbracht, das er als seinen
Beruf betrachtete; mit voller Ruhe der Seele schlürfte er
den Schierling, der seinem Leben ein Ende machte.

Plato und Aristoteles

Durch den Tod des Sokrates trennten sich die philosophische und geistig positive Religiosität von der idola-
trischen Religion des Staates. Der Staat widersetzte sich
jedem Versuch, mit diesen Ideen in sein Inneres einzudringen. Das Glück aber wollte, dass die Philosophie sich
für sich selber fortbilden konnte.

Wie die Sage es fasst, aus dem Busen des Sokrates
stieg ein Schwan, der apollinische Vogel, auf; es war
Plato.

Die Sophisten waren fremd in Athen; Sokrates gehörte
den ärmeren Bürgern an; Plato dagegen entstammte einem
der vornehmsten Geschlechter Athens, das seinen Ursprung auf den letzten König zurückführte. Kritias, der
als Schüler des Sokrates galt, war ein naher Verwandter
der Mutter Platos, ein Bruder derselben ist zugleich mit
Kritias im Kampfe gegen Thrasybul gefallen. In dem
Augenblick dieser Entscheidung gehörte Plato bereits zu
den Schülern des Sokrates, dessen Umgang er zehn Jahre
hindurch genoss; und wenn der demokratische Anytus
dem Sokrates vorwarf, seinen Sohn verdorben zu haben,
so mag in der aristokratischen Familie des Plato die entgegengesetzte Gesinnung obgewaltet haben. Plato konnte
sich mit ganzer Seele dem Meister der Dialektik und Ethik
anschliessen. Nach dessen Tode hielt er für ratsam, Athen
zu verlassen. Er begab sich nach Megara, wo Euklid den
Versuch machte, die sokratische Methode mit den elea-

tischen Ansichten zu vereinigen; dann nach Kyrene zu einem Freunde dieser Schule, der den mathematischen Wissenschaften oblag; hierauf nach Unteritalien, wo die pythagoreische Lehre und Disziplin wieder Männer hervorbrachte wie Archytas, der sich in Tarent eine in Krieg und Frieden massgebende Stellung verschaffte. Plato hat eine gewisse Aehnlichkeit mit Herodot. Man versichert, dass er selbst nach Aegypten gegangen sei, um von der alten Weisheit der dortigen Priester Kenntnis zu nehmen; er habe die Absicht gehabt, die Lehre der persischen Mager kennenzulernen; es sei ihm aber durch eintretende Kriegsunruhen unmöglich geworden. In Plato reflektierten die philosophischen Meinungen der damaligen Welt, wie in Herodot ihre historischen Erinnerungen. Nichts aber machte ihn von der Begriffslehre des Sokrates abtrünnig. Man kann bei ihm die Lehrjahre, die Wanderjahre und die Meisterjahre unterscheiden. Nach Athen zurückgekommen, verschmähte er jedes Angebot, an der Republik teilzunehmen, wie es seine Herkunft ihm an die Hand gegeben hätte. Aber das Schicksal des Sokrates hatte bewiesen, dass eine echt philosophische Ueberzeugung mit politischer Tätigkeit unvereinbar sei; er wies alles von sich und widmete sein Leben nur eben der Entwicklung der philosophischen Doktrin.

Er lebte in seinem Hause, nahe der Akademie, einem mit Denkmalen der Götter und Heroen geschmückten, von herrlichen Platanen beschatteten, aber zugleich mit einheimischen Oelbäumen, deren Ursprung man auf die Götter zurückführte, bepflanzten Garten; hier sammelten sich seine Schüler um ihn, nicht viel anders als einst um die Sophisten, und mit diesen sprach er nun den Streit seines Lehrers mit den entgegengesetzten Philosophemen und Meinungen durch.

Seine Werke sind zugleich das Denkmal dieser wissenschaftlichen Unterhaltungen; es sind Gespräche, in denen die sokratischen Anschauungen festgehalten und in unaufhörlichem dialektischen Kampfe mit anderen Meinungen behauptet und weiter entwickelt werden.

Hier hat er lesend und schreibend gewirkt, bis er im höchsten Alter noch in voller Lebenskraft vom Schicksal der Sterblichen erreicht wurde. Die Tradition schwankt darüber, ob er bei einem heiteren Gelage gestorben sei oder mitten im Schreiben, den Griffel in der Hand.

Platos Schriften haben die Form von Gesprächen, nicht gerade zufälligerweise; sie entsprang vielmehr unmittelbar dem Leben. Das Gespräch bringt die innere Bewegung des Denkens, das Werden des Gedankens zur Anschauung.

Beim Lesen der platonischen Dialoge empfindet man den Einklang von Form und Inhalt, glücklicher Erfindung und treffendem Ausdruck; sie sind die Arbeit eines grossen Schriftstellers. Nirgends zeigt sich mehr, welchen Wert Durcharbeitung und Gestaltung für alle Zeit hat.

Es kann uns hier nicht in den Sinn kommen, das System, dessen Ergründung und Verständnis die nachlebenden Generationen beschäftigt hat, zu entwickeln, sondern nur den Zusammenhang der platonischen Gedanken mit den allgemeinen Fragen, die in dem Geiste der Griechen entstanden waren. Die Frage über die griechische Götterwelt, die alle Dichter und Denker beschäftigte, beruht darin, dass ein Widerstreit zwischen den Urkräften und den olympischen Göttern angenommen wird. Die Götter sind, auch die Heroen sind; die Götter regieren die ihnen unterworfene Welt. Aber sie sind, wie schon bei Herodot bemerkt wurde, faktische Potenzen, das Göttliche in seinem wahrhaften Wesen kommt in ihnen nicht zur Erscheinung; sie sind dem Schicksal unterworfen. Die Urkräfte, die auch eine sittliche Bedeutung haben, existieren ausser ihnen und mit ihnen im Kampf. Herodot ist weit davon entfernt, die Götter zu leugnen, aber wenn von dem wirklich Göttlichen die Rede ist, bezieht er sich immer auf die Mysterien. Pindar verwirft alles Unsittliche und Ungeziemende in der Göttersage. Sophokles steht ihm darin nahe, dass er wenigstens keinen Gegensatz der Götter und des Rechtes annimmt. Bei Euripides tritt aber das Verwerfliche der Göttersage ohne allen Rückhalt hervor. Aeschylus und Herodot fassen den Gegensatz am tiefsten. Das Bedeutende bei Aeschylus ist, dass der Mensch der Urwelt selbst angehört und durch die Urkräfte im Gegensatz zu den Göttern zur Ausbildung seiner geistigen und materiellen Kräfte gelangt. Was nun in dem Zwiespalt als das wesentlich Göttliche vorausgesetzt wird, das bringen die Diskussionen der Philosophen zu begrifflicher Erkenntnis. Auch Plato widersetzt sich, wie Pindar und Herodot, der homerisch-hesiodeischen Ansicht von den Göttern; er bezeichnet es als eine grosse Lüge in bezug auf die grössten Dinge, und noch dazu als eine unschöne, was von Uranos und Kronos erzählt werde, und für verkehrt, dass Götter mit Göttern Krieg führen und miteinander kämpfen sollen. Sei Gott nicht gut, wie könne er schaden? Sei er nicht einfach wahr, wie könne er trügen? Er verwirft nicht allein die epischen, sondern auch die lyrischen Dichtungen, nach denen ein Gott wohl einen Anlass finden könne, wenn er die Menschen verderben wolle; man dürfe nur sagen, dass die Gottheit Gerechtes und Gutes tue, und dass, wenn jemand gezüchtigt werde, dies zu seinem Besten gereiche. Aber nicht darauf kam es an, diese Ansichten auszusprechen; sie bildeten bereits die Ueberzeugung der denkenden und unabhängigen Männer; eine dringende Aufgabe dagegen war es, sie den auflösenden Doktrinen der Sophisten gegenüber zu behaupten.

Plato führt uns in die Mitte der berühmtesten Sophisten. Zuweilen legt er den Nachdruck mehr darauf, dass er dem einen oder dem andern ihre Ankündigungen und Großsprechereien zunichte macht, wie im Dialoge Protagoras (den man als die leichteste und anmutigste Einleitung in die platonische Anschauungsweise betrachten kann), in dem über den Trümmern der bestrittenen Behauptungen sich seine eigenen in glänzender Aussicht zeigen; zuweilen greift er die ganze Methode an, wie im Euthydem, wo Dionysiodor durch Bejahen und Verneinen sich selber schlägt, und die Kunst der Sophisten, durch den verschiedenen Gebrauch eines und desselben Wortes in Verlegenheit zu setzen, in ihrer Nichtigkeit erscheint. Bei näherer Analyse der Dialoge in bezug auf die Sophistik der Zeit nimmt man immer deutlicher wahr, welchen Gegner Plato jedesmal im Auge hatte. Er verknüpft zuweilen ihre Meinungen; indem es scheint, als gehe er von der einen zu der anderen über, beabsichtigt er doch nur, auch diese zu vernichten. Er bekämpft nicht allein Protagoras, Gorgias, die sophistischen Anhänger des Parmenides, sondern er schlägt Heraklit mit Empedokles, Empedokles mit Heraklit. Die Meinungen aber werden nicht als persönliche, sondern als allgemeine Irrtümer gefasst. Im Theätet widerlegt Plato Ansichten, die noch einmal im achtzehnten Jahrhundert in voller Kraft und Wirksamkeit aufgetreten sind.

Auf der einen Seite werden die gang und gebe Vorstellungen über Götter und göttliche Dinge verworfen; auf der anderen die Philosopheme, die sich diesen opponierten, zertrümmert; in der Mitte von beiden, nicht ohne bald an die einen, bald an die andern anzuknüpfen, erhebt sich der erkennende Geist, der Gedanke des einen und geistigen Seins.

Sehr einfach zum Beispiel im Sophisten. Indem Plato die Art und Weise der sophistischen Methode der Philosophie untersucht, kommt er auf den Begriff des Seienden und des Nichtseienden; das Verschiedene leitet er von der Bewegung des Nichtseienden ab. Die Bewegung bringt die Arten hervor, so dass etwas entsteht, was an dem Wesen teilhat, es nicht ist und doch ist. Es scheint ihm so falsch nicht, wenn manche alles für eins erklären, weil die Dinge an dem einen teilhaben und doch eine Vielheit bilden. Das Verhältnis der Einheit zu der Vielheit aufzusuchen, ist überall eine an sich wichtige Aufgabe, hat aber für das philosophische System die höchste Bedeutung. In diesem Verhältnis liegt etwas Göttliches. Man könnte sagen, Prometheus habe diesen Gedanken zugleich mit dem Feuer aus dem Himmel entwandt.

Idee ist Einheit der Vielheit, sie ist das wirklich Seiende in jeder Hinsicht; endlich kann es auch eine Idee der Ideen geben. Wissen ist nur Ergreifen der Idee; die Ideen sind zugleich das Wirkliche der Welt. Durch diesen einen Gedanken, der tausendfältig wiederholt, erörtert, eingeprägt wird, erhält die Welt einen hohen geistigen Inhalt, zu dem der denkende Geist in eine unmittelbare Beziehung tritt. Wie könnte man die falschen Vorstellungen von den Göttern bekämpfen, wenn es nicht die Idee des Guten gäbe, woran sie zu prüfen sind?

Sehr zum Ziele trifft die Ausführung im Euthyphron, dass das Heilige nicht darum heilig ist, weil es von den Göttern geliebt wird, sondern darum wird es von den Göttern geliebt, weil es das Heilige ist.

Plato spricht sich über die Frage, inwiefern die Götter wirklich seien, nicht aus; nicht selten, namentlich da, wo er von den öffentlichen Einrichtungen redet, wie in den Gesetzen, erkennt er ihr Dasein ausdrücklich an. Nur die mythischen Vorstellungen des Volksaberglaubens weist er zurück.

Erinnern wir uns des Widerstreits zwischen Herodot und Thukydides, so ist Plato auf Seite des letzteren; doch ist bei ihm alles ein weltumfassendes, philosophisches System. Die Idee des Guten ist der letzte Grund der Wesenheit und des Denkens; Plato scheint sie sich als Geist gedacht zu haben, obwohl nicht mit absoluter Selbstbestimmung; das Göttliche bezeichnet er als unveränderlich, wahrhaft, selig, neidlos, gerecht, ohne am Bösen teilzuhaben.

Im Timäus erscheint Gott als der Weltordner. Die Ideen sind dem Werdenden, jedoch nicht unmittelbar, beigegeben. Die Zeit in ihrem Lauf, die dies beherrscht, ist nur ein Abbild des Ewigen. Der Uebergang der Idee in die göttliche Persönlichkeit ist, soviel ich sehe, nirgends motiviert, mehr angenommen, weil es nun einmal Götter gebe als erwiesen. Die Gottheiten des Volksglaubens werden zu einem einzigen lebendigen Göttlichen kondensiert.

Man konnte auf diesem Wege immer nicht weiter kommen, als dem gemeinen Glauben eine philosophische

Ueberzeugung an die Seite zu stellen, von denen jener für das Volk blieb, diese für die philosophierende Klasse.

Unendlich viel war jedoch dadurch gewonnen, dass eine fassliche, alles aus alten religiösen und philosophischen Vorstellungen Haltbare zusammenfassende Lehre, welche die denkenden Geister befriedigte und anregte, aufgestellt worden war.

Ueber den Ursprung der Seele herrscht dieselbe Dunkelheit wie über das persönliche Dasein der Gottheit, aber ihre Bestimmung ist vollkommen klar. Es ist die, die Idee zu erkennen und danach zu leben.

Die politische Rhetorik, wie sie die meisten trieben, durch die man fähig wird, in den laufenden Geschäften etwas auszurichten, tritt unendlich weit gegen die wahre Politik zurück. Knüpfen wir an diese Gesichtspunkte die Auffassung an, die der grosse Schüler und Nachfolger Platos, Aristoteles, der Nachwelt hinterlassen hat.

Aristoteles, aus Stagira in Chalkidike gebürtig, also der griechischen Kolonialwelt an den Grenzen von Thrazien und Mazedonien angehörig, hat sich viele Jahre hindurch des Umganges mit Plato erfreut und zu dessen Schule gehalten; der durch den Begriff zur Idee aufsteigenden Philosophie des Sokrates und Plato schloss er sich unbedingt an. Ueberall legt er die grösste Bewunderung für Plato an den Tag. Aristoteles wäre ohne Plato nicht möglich gewesen; aber nicht selten bestreitet er ihn doch, und gerade da wird er bedeutend.

Die Differenz begann gleich in einem entscheidenden Punkte. Plato hatte die Anfangslosigkeit der Urstoffe, die aber in einer bestimmten Zeit von der Gottheit geordnet worden seien, angenommen. Aristoteles bestritt diese Annahme in einer seiner frühesten Schriften: denn ohne eine geordnete Welt lasse sich die Gottheit überhaupt nicht denken; er nahm die Ewigkeit der Welt und damit auch die des menschlichen Geschlechtes an, das jedoch mannigfachen Entwicklungen und also auch neuen Anfängen unterworfen sei. Auch er betrachtete, wie sein Lehrer, die Gottheit als den Inbegriff aller Vollkommenheit, aber vermied jenen Widerstreit, den Plato übriggelassen hatte, indem er die Idee des Guten und der Gottheit doch nicht völlig identifizierte. Eigentlich beruht alles auf einer Vereinigung der Dialektik des Sokrates mit den Anschauungen des Anaxagoras. Der Gott des Plato und Aristoteles ist eben der Nus des Anaxagoras, die wesenhafte Vernunft, die jedoch zugleich als Weltbildnerin betrachtet wird. Die religiöse und poetische Ader Platos vermisst man bei Aristoteles; er hält sich immer auf einer sicheren intellektuellen Höhe. Die anthropomorphistischen Vorstellungen, die der Volksglaube festhielt und Plato bekämpfte, hält Aristoteles zu erwähnen kaum der Mühe wert. Die Gottheit ist der Gegenstand der Verehrung und der Anbetung.

Aristoteles hat alle Reiche der Natur nicht sowohl beschrieben, als besonders in Beziehung auf seine Lehre von der Seele zu erklären versucht. Seine Bemerkungen liegen vor aller wissenschaftlichen Physiologie; man kann sie nicht ohne Bewunderung lesen. Gleichbedeutend ist seine Schilderung der Verschiedenheit des Menschen von andern lebenden Geschöpfen. Was er über den Unterschied der tätigen und leidenden Vernunft ausspricht, von denen jedoch nur die erste die wahre ist — autonom und gottverwandt — also auch unsterblich, möchte ich für das beste erklären, was über den menschlichen Geist gesagt werden konnte, vorbehalten die Offenbarung. Dasselbe darf man, wenn ich nicht irre, von der Seelenlehre Platos sagen.

Die Lehre von der Substantialität und Unsterblichkeit der Seele hat Plato soweit ausgebildet, dass kein Philosoph eines folgenden Jahrhunderts etwas hinzufügen konnte. Mit dem ihm eigenen religiösen Schwunge richtet Plato seinen Blick bereits auf das Jenseits und die Seele an sich. Zuletzt erscheint die Seele von allem entblösst, was ihr Wesen verhüllen könnte, vor dem Richter, der nicht mehr durch Auge und Ohr getäuscht werden kann, sondern nur Geist den Geist in seiner wahren Beschaffenheit anschaut.

So durchmessen wir an der Hand der beiden Philosophen die Höhen und Tiefen der menschlichen Erkenntnis
von den göttlichen Dingen; ihre Lehren können nicht als
einfach ihnen allein gehörig betrachtet werden; sie sind
das Ergebnis des Nachdenkens einer ganzen Epoche, das
sich immer wieder erneuert und in den grössten literarischen Produktionen aller Zeiten zutage getreten ist. Was
sie uns bieten, ist keine ausgebildete Doktrin, sondern nur
eben wieder eine Hervorbringung denkender Geister im
höchsten Stile. Ein besonderes Interesse bieten die Ansichten der beiden Philosophen in bezug auf das praktische
Leben und ihr Verhältnis zueinander.

Einmal von den laufenden Angelegenheiten losgerissen,
vertiefte sich Plato um so mehr in die Bedingungen eines
idealen Staatswesens.

Plato hat vom Staat zwei Ideale angegeben. Das eine,
das er in den Büchern von den Gesetzen entwickelt, gründet sich auf eine ursprünglich gleiche Bodenausteilung, die
auf das strengste aufrechterhalten werden müsse; denn
von der Ungleichheit und dem Wunsche, sich zu berei-
chern, komme alle schlechte Leidenschaft her; durch
Opfer sollte die Rache der Götter auf diejenigen herab-
gerufen werden, die kaufen oder verkaufen. Das zweite
oder vielmehr vornehmste und eigentliche Ideal, das in
den Büchern vom Staat ausgesprochen und auch in andern
als solches festgehalten, im Timäus nochmals wiederholt
ist, beruht auf der Gemeinschaft der Güter. Der vornehmste Zweck ist, dem in der Idee Heiligen und Gerechten
eine Repräsentation zu verschaffen, die zugleich die Gewalt hat, damit « das hundertköpfige Tier, das mit dem
Menschen zusammenwohnt, von dem Menschen vollkommen beherrscht werde ».

Der platonische Staat ist nicht allein ein vages Ideal;
er enthält die entschiedenste Opposition gegen die bestehenden Staatenbildungen, von denen sich der Philosoph
überhaupt möglichst absondern soll, vornehmlich gegen
die Republik von Athen. Dem Grundsatz, auf dem alles
beruht, dass Landbesitz, Gewinn und Erwerb zur Vertei-

digung des Gemeinwesens verpflichten, setzt sich Plato
insofern von Grund aus entgegen, als er die landbauende
und gewerbetreibende Klasse vom Gebrauch der Waffen
ausschliesst. Dieser ist einer besonderen Klasse vorbehalten, welche als die der Wächter, das heisst der Kriegsleute, bezeichnet wird, die doch nur nach dem Willen der
Befehlenden handeln dürfen; diese letzteren sollen Philosophen sein, das will doch sagen: nichts als das allgemeine
Beste und die Vervollkommnung jedes einzelnen im Sinne
haben. Ich weiss nicht, ob man nicht behaupten dürfte,
dass das dieselben Grundsätze sind, die, abstrakt verstanden, das Staatswesen begründet haben, das während
der Epoche, die man als das Mittelalter bezeichnet, in
Europa in voller Geltung gewesen ist — eine unterwürfige
Bevölkerung, eine höhere Klasse, die das Recht, die Waffen zu führen, allein besitzt, und endlich eine Regierung,
in welcher die Idee des Göttlichen und der Durchbildung
der Menschen zu demselben vorwaltet; es ist die enge
Verbindung zwischen Priestertum und Königtum, die jahrhundertelang die Welt beherrscht hat. In dem zweiten
Buche der Politie ist von der Erziehung die Rede. Dass
es gerade die Wächter, d. h. die Kriegsleute sind, von
deren Bildung die Rede ist, mag zufällig sein oder vielleicht auch nicht. Die Hauptsache ist: man soll die Gottheit als gut und wahr darstellen, nicht als lügnerisch oder
als verderblich — einmal, weil sie es nicht ist, sodann,
weil die junge Seele, wenn sie das höre, dadurch verdorben werde.

In der Forderung, dass das Göttliche herrsche, sowohl
in der Seele als auch im öffentlichen Leben, liegt eine von
ferne her sich ankündigende Annäherung an die hierarchischen Jahrhunderte der Folgezeit. Substantialität der
Seele, Unsterblichkeit, Befleckung in der Welt, Möglichkeit der Reinigung führen auf den hernach zur Herrschaft
gekommenen christlichen Begriff. Die Seele ist verwandt
dem Göttlichen und immer Seienden. — Die tausendjäh-
rige Wanderung erinnert auf der einen Seite an ägyp-

tische Vorstellungen und auf der andern an die göttliche Komödie.

Die Abwandlung der geschichtlichen Epochen erscheint zuerst in dem Geiste des Philosophen, der sich von den Formen des Lebens, die ihn umfassen, emanzipiert hat. Wenn Aristoteles formell die philosophierenden Geister der Epoche, die man das Mittelalter nennt, beherrscht hat, so bleibt er in bezug auf die Ideale des öffentlichen Lebens hinter der Gemeinschaft, in der Plato mit ihnen steht, weit zurück.

Wenn uns Plato aus der bestehenden Welt hinwegführt, so führt uns Aristoteles in sie zurück; er erkennt ihre Bedingungen an.

Aristoteles erfasst den Staat bei weitem realer als Plato; er missbilligt selbst die vollkommene Zurückgezogenheit vom Staate, wie die, in der Plato gelebt hatte; nach seinem Urteil gehört vielmehr die Teilnahme am Staate dazu, um den Geist zu entwickeln. Er hebt auch die Bedingungen der Macht hervor, die bei Plato verschwinden, z. B. die Vorteile einer maritimen Lage für Handel und Verkehr; die vornehmsten Grundlagen des bürgerlichen Lebens, die Plato verwirft, nimmt Aristoteles an. Ihm zufolge kann der Staat nicht des Hauswesens entbehren, in dem alles vor dem Willen des Hausvaters zurücktritt. Er gesteht selbst die Notwendigkeit der Sklaverei zu. Das Verfahren der Griechen, ihre Stammesgenossen, wenn sie besiegt wurden, zu Sklaven zu machen, verdammt er zwar, weil diese ursprünglich gleiche seien; aber er nimmt an, dass durch die Natur selbst ein Teil der Menschen zur Unterwürfigkeit bestimmt sei, ein anderer, des Denkens fähiger, zum Herrschen. Ohne Sklaven kann er sich kein Hauswesen denken, ohne Haus und Familie keinen Staat. Damit verschwinden aber alle jene Ideale, die Plato aufgestellt hatte. Aristoteles widerlegt die platonische Ansicht von der Notwendigkeit einer gleichen Austeilung vom Grund und Boden mit der einleuchtenden Bemerkung, dass dann die Zahl der Kinder immer der Zahl der Eltern würde entsprechen müssen, was unmöglich sei, noch mehr aber die von der Gütergemeinschaft: denn dadurch würde aus den Menschenwesen der Antrieb wegfallen, etwas Eigenes zu haben und auch anderen etwas Eigenes mitzuteilen. Den Streitigkeiten werde man damit nicht zuvorkommen, denn man sehe ja, dass eben unter denen, die einen gemeinschaftlichen Besitz haben, der Streit an der Tagesordnung sei.

Wenn nun aber die Grundlagen alles politischen Lebens festgehalten werden, so bildete der hellenische Staat, wie er bestand, das Hauptaugenmerk des Philosophen.

Aristoteles, der auch politisch einen weiteren Gesichtskreis hatte, unterscheidet den Staat der nördlichen und der östlichen Barbaren von dem der Griechen. Bei den ersten findet er Kriegsmut, der die Freiheit erhalte, bei den andern Anschlägigkeit und Geschicklichkeit, aber ohne Mut, so dass die Freiheit verlorengehe. Die Griechen unterscheiden sich dadurch, dass sie Mut und Geist verbinden, so dass sie bei aller ihrer geistigen Regsamkeit auch die Freiheit behaupten. Verschiedene Bemerkungen über die Monarchie könnte man dahin auslegen, als sei der Blick des Aristoteles auf das eben emporkommende mazedonische Königtum gerichtet gewesen. Bei ihm, dem Lehrer Alexanders, war das wenigstens sehr erklärlich; näher betrachtet hat jedoch die Monarchie, die er empfiehlt, nicht die Bedingungen einer mit der Nation durch Geburtsrecht untrennbar verbundenen höchsten Gewalt. Er verwirft an ihr gerade das, was ihren vornehmsten Charakter ausmacht, die Erblichkeit; auch der beste Monarch wird einen durchaus untauglichen Erben hinterlassen können. Die Monarchie wird nur für den Fall gutgeheissen, dass das Volk nicht geeignet sei, sich selbst zu regieren. Daran knüpft sich ebenfalls die Idee der Aristokratie. Aristokratie und Monarchie werden dadurch empfohlen, dass wenige oder, noch mehr, ein einzelner die Idee des Staates besser fassen und dann repräsentieren könne als die Menge. Das Uebel, dem er abhelfen will, ist das Uebermass der demokratischen Bewegung, das zu seiner Zeit in Griechenland weit und breit hervortrat. Er missbilligt die Tyrannis, die er streng von der Monarchie unterscheidet; aber verderblicher noch erscheint es ihm, wenn das Volk durch Demagogen dazu verleitet wird, die Gesetze hintanzusetzen; die Demagogen seien dann die Höflinge des Volkes. Die Grundlage von allem bleibt ihm die Gemeinde, die zwar den Krieg führt, aber bei der Verteilung der Aemter von aller Verlosung absieht und nur die bevorzugt, die sich, unter anderem auch durch Besitz, dafür eignen. Die Mitglieder dieser Gemeinde aber haben sich weder mit Ackerbau, noch mit Handel zu beschäftigen; sie sind bloss zur Verteidigung und zur Verwaltung da. Bei der Erziehung will Aristoteles die Gymnastik, die zu der ersten vorbereitet, nicht allein vorwalten lassen; er stellt ihr die Musik zur Seite, die die verschiedenen Bewegungen der Seele unmittelbar darstelle und sich für die Folge den Gemütern einpräge; aber nur für die Erziehung ist sie gut. Denn ein Mann muss nie Musik treiben, seine ganze Seele muss sich den öffentlichen Geschäften widmen. Darin trifft er nun wieder mit Plato zusammen; bei beiden Philosophen kommt alles darauf an, dass der vernünftige Geist sich bilde, der die Herrschaft im Sinne des allgemeinen Besten auszuüben sucht und vermag. In der ursprünglichen Konzeption hängt das nun alles zusammen: der weltbeherrschende, göttliche Geist, der zur tätigen Vernunft ausgebildete Mensch und das Uebergewicht der Vernünftigen im Staate.

NEUNTES KAPITEL

PERSISCH-GRIECHISCHE VERWICKLUNGEN IN DER ERSTEN HÄLFTE DES VIERTEN JAHRHUNDERTS

Der jüngere Cyrus — Lysander — Rückzug der Zehntausend —
Agesilaus — Konon — Friede des Antalkidas — Besetzung der Kadmea durch
die Spartaner — Epaminondas — Pelopidas — Schlacht bei Leuktra — Herstel-
lung von Messenien — Pelopidas in Susa — Schlacht bei Mantinea — Artaxerxes
Ochus — Unterwerfung von Sidon — Unterwerfung Aegyptens —
Bagoas — Mentor

Auf den ersten Blick leuchtet ein, wieviel der Welt
daran lag, ob diese Entwicklung der Ideen in dem Antagonismus der Weltkräfte sich würde behaupten können.

Zur Signatur der Zeit gehört es, dass, indem die grossen
Geister Bahnen für das künftige Leben der Menschheit
eröffneten, die griechischen Politien in lauter partikulare
Bestrebungen zerfielen. Die Idee der Nationalität fand
keine Repräsentation. Selbst jener grosse Gegensatz gegen
Persien, der bisher das Gefühl der Nationalität genährt
hatte, ward nicht mehr festgehalten. Er war nicht eigentlich verschwunden; dann und wann tauchte er plötzlich in
mächtigen und klangvollen Worten wieder hervor. Aber
in den letzten Ereignissen des peloponnesischen Krieges
war doch zutage gekommen, dass er keine nachhaltige
Wirkung mehr ausübte. Wollte man nachforschen, wo
damals der Mittelpunkt der weltbewegenden Kräfte lag,
so müsste man sagen, in einem Verein der persischen
Macht, wie sie damals in Vorderasien erschien, und der
lakedämonischen, wie sie sich im Kampfe mit Athen ausgebildet hatte. Der jüngere Cyrus, der die Macht der
Achämeniden in Vorderasien repräsentierte, und Lysander, der allenthalben die demokratischen Verfassungen
niederwarf und der oligarchischen der Lakedämonier die
Oberhand verschaffte, waren die mächtigsten Männer, von
denen der Impuls zu allem, was geschah, gegeben wurde.
Die Waffen der Lakedämonier und ihrer Verbündeten zu
Land und zur See und das persische Geld, das zur Aus-

rüstung die Mittel verschaffte, wirkten zusammen. Sie konstituierten eine Macht, die zwar in sich selbst eine gewisse Lebensfähigkeit hatte, inwiefern die persischen Satrapen die griechischen Mietsvölker nicht entbehren konnten, noch auch diese jene, übrigens aber doch sehr wandelbar und in sich selbst gebrechlich war. Weder der jüngere Cyrus noch auch Lysander beherrschten die Situationen von Persien und von Griechenland. Der letzte hatte überall Feinde in Sparta, noch mehr unter den übrigen Griechen. Ueber dem ersten stand allezeit die Macht des Grosskönigs, die ihren eigenen Interessen folgte.

Ein Unternehmen von weitester Aussicht war es nun, dass der jüngere Cyrus den Thron von Persien mit griechischer Hilfe zu erobern beschloss. Der Anlass dazu lag in der in der persischen Verfassung nicht ausgemachten Streitfrage, ob die Thronfolge immer dem älteren Sohne oder aber demjenigen zustehe, der unter der Regierung des Vaters zuerst zur Welt gekommen war. Wie nun für die Thronbesteigung des Xerxes der entscheidende Moment eben darin lag, dass er unter der Regierung des Darius geboren worden, so machte auch bei dem Tode des Darius Nothos derjenige von seinen Söhnen, der während seiner Regierung geboren worden, Cyrus der Jüngere, den Anspruch, seinem Bruder Artaxerxes vorgezogen zu werden. Auch diesmal war die Königin dafür, aber sie vermochte ihren Gemahl nicht zu gewinnen. Artaxerxes, der den Beinamen Mnemon führt, wurde zum König, Cyrus zum Satrapen von Lydien und seinen maritimen Regionen ernannt. Es war nicht eine gewöhnliche Satrapie, die dem Königssohn dadurch zufiel; schon in dem Ausschreiben seines Vaters war er als Karanos (Herr, Oberhaupt) bezeichnet worden, wie ja auch in andere Satrapien Verwandte des königlichen Hauses mit besonderer Auszeichnung öfters eingetreten waren. Aber der jüngere Cyrus war damit nicht zufrieden. Er hielt sich selbst vermöge seiner persönlichen Eigenschaften für fähiger, das Königtum zu bekleiden, als es sein Bruder war. Artaxerxes erscheint als eine friedliebende, milde, leutselige, weichherzige Persönlichkeit; in ihm drückte sich die Idee der Stellvertretung des Ormuzd aus. Cyrus war ehrgeizig, unternehmend, kriegerisch und selbst soldatisch in der Weise der griechischen Söldner, von denen er ansehnliche Scharen in seine Dienste zog. Hielt er sich nun für würdig des Thrones und sogar für berechtigt, ihn einzunehmen, so war er auch entschlossen, ihn zu erobern. Dazu aber rief er nun die Hilfe der Lakedämonier an, mit ausdrücklicher Beziehung auf die Dienste, die er ihnen in dem letzten Kriege geleistet habe. Die Ephoren fanden das sehr gerecht. Sie vermieden zwar, sich für ihn zu erklären, aber sie schickten eine Flotte nach Kilikien, um den dortigen Statthalter, der an dem König festhielt, wie sich das von den Provinzialgewalten nicht anders erwarten liess, zu verhindern, sich dem Zuge des Cyrus zu widersetzen. Und gern gestatteten sie, dass die peloponnesischen Kriegsleute in die Dienste des Cyrus traten. Wir finden, der vornehmste Anführer derselben, Klearch, sei ausdrücklich ermächtigt worden, dem Cyrus Dienste zu leisten. Hierauf ward eine sehr ansehnliche Truppenschar, 13 000 Mann stark, zusammengebracht, die nun, ohne in Vorderasien vielen Widerstand zu finden, ihren Weg aufwärts nahm, um die persische Krone in die Hand des Verbündeten der Lakedämonier zu bringen. Sagen wir es mit einem Worte: Durch die Unterstützung des jüngeren Cyrus waren die Lakedämonier Meister von Griechenland geworden; durch die Unterstützung der Lakedämonier sollte nun Cyrus zum Herrn und Meister in dem persischen Reiche gemacht werden. Man könnte von vornherein bezweifeln, ob die Verbindung griechischer Mietsvölker mit einem persischen Kronprätendenten geeignet war, eine entscheidende und universale Wirkung auszuüben; ob nicht, auch im besten Falle, wenn Artaxerxes gestürzt und Cyrus auf den Thron gesetzt worden wäre, die Griechen doch nur eine sehr untergeordnete Rolle, etwa wie zur Seite eines der letzten gräzisierenden Pharaonen, gespielt haben würden. Aber unleugbar ist doch, dass auch in diesem Falle die Gestalt der Welt verändert worden wäre. Cyrus würde Widerstand gefunden und immer auf die Hilfe der Griechen angewiesen geblieben sein. Diese würden an der Herrschaft, die sie gestiftet haben, immer auch einen gewissen Anteil genommen und auf das entfernteste Asien Einfluss gewonnen haben. Für das persische Reich war es eine Lebensfrage, ob es diesem Anlauf würde widerstehen können oder nicht. Bei dem Zusammentreffen der beiden Heere in der Ebene von Cunaxa am unteren Euphrat hatte es anfangs in der Tat das Ansehen, als würde Cyrus seine Sache durchsetzen. Seine griechischen Hilfstruppen, kriegsgeübt wie sie waren und von einem erprobten Führer befehligt, führten, zuerst ruhig vorrückend, dann in plötzlichem Anlauf gegen den Feind heranstürmend, einen glücklichen Angriff auf ihn aus. Die persischen, soeben rasch zusammengerafften Scharen, die ihnen gegenüberstanden, schlecht bewaffnet und ohne Kriegsübung, wurden über den Haufen geworfen, so dass die Schlacht schon als gewonnen angesehen und Cyrus als König begrüsst wurde. Aber noch hielten die auserwählten und besser geordneten Scharen, in deren Mitte sich Artaxerxes selbst befand, in unerschütterlicher Schlachtordnung. Cyrus musste einen unmittelbaren Kampf mit seinem Bruder wagen. Die Geschichtsschreiber sind voll von diesem Zweikampf, der nicht allein die Phantasie der Orientalen erfüllte, sondern auch in den Griechen Erinnerungen an ihre mythische Vorzeit wachrief; sie dachten dabei an Eteokles und Polynikes. Ich denke, man muss von diesem Zweikampf geradezu abstrahieren. Mit Gewissheit erhellt nur, dass Cyrus einen starken Druck auf das Mitteltreffen hervorbrachte, dies aber durch Tissaphernes wiederhergestellt wurde; in dem Getümmel kam Cyrus um. Nur auf die Person des Prätendenten war das Unternehmen der Griechen gegründet; nachdem er umgekommen, musste es aufgegeben werden. Ihre Führer erlagen der Treulosigkeit der persischen Anhänger des Cyrus, die jetzt nur daran dachten, ihren Frieden mit dem Grosskönig zu machen. Unter der Leitung des Atheniensers Xenophon führten nun die Griechen jenen Rückzug der 10 000 aus — denn auf diese Zahl waren sie zusammengeschmolzen — der in der Kriegsgeschichte unsterblich ist. Er ist ein Beweis von der militärischen Ausbildung, welche die Griechen sich persönlich zu eigen gemacht hatten, und von ihrer Geschicklichkeit, die taktischen Bewegungen dem Bedürfnis gemäss zu verbessern; sie lernten leichte Truppen verwenden. Nur unter den grössten Gefahren und Widerwärtigkeiten mitten durch barbarische, noch immer in angeborener Freiheit lebende Völkerschaften bahnten sie sich ihren Weg. In der Erzählung Xenophons macht es Eindruck, wenn sie freudig « Thalatta, Thalatta » rufen beim Anblick des Meeres, dessen sie Meister waren; jetzt erst fühlten sie sich ihrer Rettung sicher. Nicht aber als ein blosses Abenteuer dürfte man diesen Zug ansehen; dieser hat vielmehr wohlbetrachtet die weitreichendsten Nachwirkungen zur Folge gehabt.

Die persischen Satrapen mochten den Lakedämoniern den Angriff auf den Grosskönig, an dem sie teilgenommen, nicht ungeahndet hingehen lassen. Tissaphernes, der jetzt nach dem Fall des jüngeren Cyrus wieder mächtig auftrat, erneuerte den Krieg in Kleinasien. Ich weiss nicht, ob man annehmen darf, dass eben die Erneuerung der Feindseligkeiten zwischen den Persern und Lakedämon dazu gehörte, um den Athenern die Reorganisation ihrer Republik, deren wir schon gedachten, möglich zu machen. Aber gewiss ist, dass damit eine neue Phase in den griechisch-persischen Verwicklungen eintrat.

Soviel hatte der Zug der Zehntausend doch bewirkt, dass in den Lakedämoniern die Idee, in Asien einzudringen, aufs lebendigste wieder rege wurde. Derkyllidas, an der Spitze eines Heeres von Lakedämoniern und ihren Bundesgenossen, nahm Troas in Besitz. Als aber hierüber die beiden Satrapen Tissaphernes und Pharnabazus sich vereinigten, und zwar Friedensvorschläge machten, aber solche, in deren Annahme die Lakedämonier eine Gefahr für sich erblickten, so führte das Missverständnis zu dem Beschluss, den alten Krieg wieder zu erneuern. Der junge lakedämonische König Agesilaus wurde hinübergesandt;

die homerischen Ideen erwachten. Agesilaus brachte vor seiner Abfahrt ein Opfer in Aulis dar, freilich nicht, ohne gleich dabei das Widerstreben der alten Bundesgenossen zu erfahren.

Aber in Lakedämon meinte man, den Kampf der Griechen gegen Kleinasien, der herodoteischen Auslegung der Ilias gemäss, unter den Sympathien des alten persischen Krieges auch allein durchführen zu können. Ob es ernst damit war, steht freilich dahin. Denn das eigentliche Motiv lag darin, dass die Satrapen den gegen Artaxerxes unternommenen Anlauf, nachdem er misslungen war, an den Lakedämoniern hatten rächen wollen, worauf diese nun mit eigener Feindseligkeit antworteten. Einen homerischen Helden stellte Agesilaus in seiner Person allerdings nicht dar. Er war klein von Wuchs, mager und überdies lahm an einem Fuss; aber da er auf den Thron ursprünglich keine Aussicht hatte, in der strengen Zucht der Spartiaten aufgewachsen, enthaltsam und ausharrend, den Befehlen seines Staates gehorsam, allezeit Feind seiner Feinde, Freund seiner Freunde, bis zur Ungerechtigkeit; in seiner Strategie berechnend und selbst verschlagen; wie er denn immer da anzugreifen wusste, wo man ihn nicht erwartete. Noch einmal scharten sich die Ionier um den König aus dem Stamme der Herakliden; er wusste eine Reiterei aus ihnen zu bilden, in welcher Waffe die Perser bisher überlegen waren. Alles fasste Herz zum Kriege unter ihm; Ephesus wurde dadurch neu belebt und gleichsam eine Werkstätte des Krieges. Die Vorstellung erwachte, die zuerst Mut zum Kampfe gegen die persische Monarchie gegeben hatte: dass die Perser persönlich den Hellenen nicht gewachsen, also dazu bestimmt seien, von ihnen überwunden zu werden. Auch eine ansehnliche Flotte wurde auf die Aufforderung des Agesilaus an den Küsten hergestellt; die Begeisterung alter Zeiten regte sich wieder. Agesilaus hatte gute Erfolge, er erfocht in Phrygien und Lydien gegen Tissaphernes zwei Siege, die den Griechen nicht allein die Oberhand verschafften, sondern auch die Genugtuung, dass ihr vornehmster Gegner das Vertrauen des Königs vollkommen verlor und infolge des Einflusses der Königin-Mutter, die immer gegen ihn gewesen war, mit dem Tode büssen musste. Ebenso schlug er Pharnabazus durch einen Ueberfall, bei dem Ueberreste der 10 000, die sich bei dem Heere fanden, unter einem ihnen von Agesilaus beigegebenen Führer das Beste leisteten. Agesilaus war mit einem vornehmen Perser, Spithridates, und dem König von Paphlagonien, Otys, in freundschaftliches Vernehmen getreten und hatte eine verwandtschaftliche Verbindung zwischen ihnen eingeleitet, durch welche er den Persern den meisten Abbruch zu tun hoffte, so dass er, siegreich im gesamten Kleinasien, anerkannt von den Ioniern, mit einer Flotte, die das Meer beherrschte und der fortwährenden Unterstützung von Sparta sicher, eine sehr bedeutende und für den Grosskönig gefährliche Stellung einnahm. Allein, was schon oft zu bemerken gewesen war, die Verbindung zwischen Griechen und Barbaren zeigte sich unhaltbar. In dem Treffen gegen Pharnabazus, der alle seine Schätze in seinem Lager mit sich zu führen pflegte, war eine grosse Beute gemacht worden, und die paphlagonischen Reiter schickten sich an, sie fortzuschaffen. Aber auch die Lakedämonier zeigten sich immer begierig nach Geld und nach Beute; sie nahmen den Reitern soviel als möglich ab, um es den Händlern anzubieten, die dem Heere in dieser Erwartung folgten. Hierüber entrüstet, verliessen die Leute des Spithridates und des Otys das griechische Heer, und jene hoffnungsreiche Allianz löste sich auf. Aber gewiss würde Agesilaus den Persern noch schwere Verluste zugefügt haben, hätten diese nicht, ihre alte Politik wieder aufnehmend, sich an die Griechen in der Heimat gewandt; von den Lakedämoniern hatten sie gelernt, wie man den Griechen begegnen müsse. Das Mittel, das sie gegen die Athener angewendet, sich mit den Feinden derselben unter den Hellenen zu verbinden, wandten sie nun auch gegen die Lakedämonier an, als diese ihnen gefährlich zu werden drohten. Wenn die Lakedämonier mit dem jüngeren Cyrus in das Innere des persischen Reiches einzugreifen unternommen hatten, was ihnen misslungen war, so gelang es nun den Persern, die Autorität von Lakedämon dadurch zu erschüttern, dass sie in das Innere von Griechenland eingriffen und die feindseligen Gesinnungen gegen Sparta allenthalben aufriefen. Xenophon berichtet, wie viel Geld Tithraustes, der Nachfolger des Tissaphernes, darauf verwendet habe, um einige Oberhäupter in Argos, Korinth und selbst in Theben zu gewinnen und sie von Sparta abtrünnig zu machen. Er wusste wohl, dass eben die Bundesgenossen der Spartaner mit diesen nicht einverstanden waren; hatten sich doch die Thebaner gleich bei jenem Opfer von Aulis den Lakedämoniern abgeneigt erwiesen. Und schon waren die Athener soweit erstarkt, um sich dem antispartanischen Verständnis, das sich hierdurch bildete, auch ihrerseits anzuschliessen, obwohl sie damals kein Geld empfangen haben. Abermals war es ein zwischen Lokris und Phokis streitiger Landbezirk, der zum Ausbruch eines einheimischen Krieges führte. Die Thebaner kamen den einen, die Lakedämonier den andern zu Hilfe. Das erste Opfer des Kampfes war Lysander, der in einer Schlacht gegen die Böotier fiel, der Mann, der jenen Bund mit den Persern geschlossen hatte, aus dem eine Veränderung der Weltherrschaft hatte hervorgehen sollen. Indem hierdurch ganz Hellas in Bewegung geriet, trat zur See noch eine andere Gefahr zutage. Ein atheniensischer Führer, Konon, war nach der Niederlage von Aegospotamoi nach Zypern geflüchtet, wo das griechische Element noch immer sehr mächtig war. Unter seiner Beihilfe kam eine Seerüstung in Phönizien, das dem König noch gehorsam war, zustande; die Lakedämonier, die früher als die Verbündeten des Königs gegolten hatten, wurden jetzt als dessen vornehmste Feinde betrachtet. Den verbündeten Phönikern und Athenern war aber die von Agesilaus gebildete Flotte, deren Führung er seinem Schwager Pisander anvertraut hatte, zu widerstehen nicht fähig. Bei dem Anblick der athenischen Schiffe, die das Vordertreffen bildeten, wandten sich die Bundesgenossen der Lakedämonier zur Flucht. Pisander,

der es für schimpflich hielt, zu fliehen, suchte den Tod und fand ihn (bei Knidos, August 394).

In derselben Zeit führten auch die Streitigkeiten im kontinentalen Hellas zu einem blutigen Zusammentreffen. Agesilaus hatte jene grosse Unternehmung aufgeben müssen; er war über den Hellespont — denn geradezu über das Aegäische Meer wäre es unmöglich gewesen — nach Hellas zurückgekommen. Und hier erfocht er nun einen unzweifelhaften Sieg über die verbündeten Gegner bei Koroneia, aber die alte Uebermacht von Sparta stellte er damit nicht her. In Korinth kam die entgegengesetzte Faktion zur Gewalt, und in dem Kriege, der dann zwischen Sparta und Korinth mit schwankendem Glück geführt wurde, bildete Iphikrates, ein aus Athen gebürtiger Führer einer tapferen Söldnerschar, wie es scheint, nach thrazischem Muster, das schon bei dem Rückzug der 10 000 befolgt worden war, den Hopliten der Spartaner gegenüber ein leichter bewaffnetes Fussvolk aus, die Peltasten, die den Spartanern in offenem Feld zu widerstehen fähig waren. Alles das geschah mit persischer Beihilfe; Iphikrates wurde von dem Synedrium zu Korinth besoldet, das sein Geld von Persien bekam. In Athen wurden die langen Mauern durch Konon wiederhergestellt, der die Mittel dazu aus Persien erhielt. In wenigen raschen Schlägen änderte sich dergestalt die kontinentale Lage der Lakedämonier von Grund aus. Sie verloren das Uebergewicht der Waffen und ihr Ansehen. Und nicht geringen Eindruck brachte es in Lakedämon hervor, dass auch Athen sich wieder erhob und den Versuch machte, die verlorene Seeherrschaft wiederherzustellen. Bei dem Zusammengreifen dieser beiden Momente meinten die Lakedämonier, ihr Verderben vorauszusehen. Sie haben in diesem Augenblick ihre ganze Politik geändert. In Sparta gab es immer eine Partei, die den Krieg gegen Persien missbilligt hatte; diese erhob sich jetzt aufs neue; sie glaubte, keine andere Rettung aus den Bedrängnissen, in denen man war, zu erblicken, als in einem Frieden mit Persien. Denn aus dem Bruch mit Persien waren alle

Uebel hervorgegangen, an denen man litt. Der Führer
dieser Partei war Antalkidas, der, an Lysander anknüp-
fend, diesen Gedanken bei allen späteren Irrungen festhielt und soviel Boden für diesen gewann, dass er selbst
nach Kleinasien und dann an den Hof von Susa geschickt
wurde, um eine neue Pazifikation zustande zu bringen.

Welches waren nun aber die Bedingungen, die nach
beiden Seiten hin genügen und über die man sich verständigen konnte? Die vornehmste betraf das Machtver-
hältnis zwischen Persien und Sparta. Sparta konnte bei
der Wendung des Glückes der Waffen zur See die Autorität, die es an den kleinasiatischen Küsten und auf dem
Archipelagus erworben hatte, nicht mehr behaupten. Es
musste besorgen, dass das leitende Ansehen daselbst seinen Feinden, namentlich dem wieder aufkommenden
Athen, in die Hände geraten würde. Es lag demnach im
Interesse von Sparta selbst, wenn dem Grosskönig diese
Autorität zurückgegeben wurde. Ein ungeheurer Vorteil
für Persien; die Küsten, die den wesentlichen Gegenstand
des fortdauernden Krieges gebildet hatten, wurden ihm
ohne Anstrengung, bloss infolge der inneren Entzweiung
der Griechen untereinander, zuteil. Die verwickelten Zustände von Zypern machten noch eine gewisse Schwierigkeit; aber auch hier hatte sich die athenische Macht siegreich gezeigt, so dass die Spartaner ohne langes Bedenken
den Entschluss fassten, auch die Herstellung der Herrschaft des Grosskönigs in Zypern nachzugeben. Nur eine
Rücksicht nahmen sie noch auf Athen. Wir erinnern uns,
wie alt die Herrschaft Athens über Lemnos, Imbros und
Skyros war, und da man der Einwilligung Athens in den
Frieden bedurfte, hielt man für gut, die drei Inseln den
Athenern vorzubehalten; alle griechischen Städte in
Kleinasien sollten unter dem König stehen. Genug, Lakedämon gab die Kampfpreise, um welche man so lange mit
Persien gerungen hatte, an den Grosskönig auf und sorgte
dafür, dass sie auch von anderer Seite nicht sobald in
Anspruch genommen werden konnten. Das war aber nur
erst die eine Seite des Friedens. Lakedämon, das sich

durch die enge Verbindung zwischen Argos und Korinth und die ziemlich kompakte Macht von Theben überholt und gefährdet sah, erlangte von dem König die Bestimmung, dass alle Städte in Griechenland autonom sein sollten. Dahin war schon einmal der Gedanke des Brasidas gegangen. Sparta hatte die Unabhängigkeit der Kolonien und unterwürfigen Landschaften als das Prinzip ausgesprochen, für das es im Felde stehe. Was damals nicht hatte durchgeführt werden können, wurde jetzt, und zwar in grösserem Umfang, von ihm in die Hand genommen. Diesmal wurde nicht so sehr Athen davon betroffen, dessen Bund noch nicht wiederhergestellt war, als Theben, das über die an sich freien Städte Böotiens eine durch Bündnis vermittelte Autorität ausübte, die man sich nicht mehr gefallen lassen wollte. Auch für den König hatte das ein gewisses Interesse; denn nur von zusammenhängenden Bundesorganisationen konnte für ihn eine Gefährdung des jetzt eingerichteten Zustandes entspringen. Aber der vornehmste Vorteil lag doch auf seiten von Sparta, das sich dadurch der Nebenbuhler seiner Macht zu entledigen meinte. Es bewirkte, dass der Grosskönig einen jeden, der sich dem geschlossenen Abkommen widersetzen würde, mit offener Feindseligkeit bedrohte. So griffen diese Verflechtungen der Politik ineinander. Lakedämon hatte, von persischem Gelde unterstützt, Athen niedergeworfen; dann, als ein Zwist zwischen Lakedämon und Persien ausbrach, war es hauptsächlich durch Athen dazu gekommen, dass der Macht von Lakedämon zu Land und zur See Gegner erweckt wurden, denen es nicht mehr gewachsen war. Um nicht zugrunde zu gehen, rief Sparta aufs neue die Hilfe von Persien an. Tatsächlich wurde dadurch die Entscheidung der griechischen Angelegenheiten in die Hände des Grosskönigs und seiner kleinasiatischen Satrapen gelegt. Er verbündete sich jetzt mit Lakedämon, um eine Ordnung der Dinge in Griechenland einzuführen, die jede kompakte Staatenbildung auf immer verhindern sollte. Um sich zu retten, griff Lakedämon zu dem Mittel, alle andern zu verderben. Wenn durch den ersten Artikel des Friedens die direkte Macht von Persien nicht wenig erweitert worden war, so geschah durch den zweiten, dass ihm eine Art von Oberhoheit über Griechenland selbst zufiel. So war der Friede des Antalkidas beschaffen.

Die Macht der Griechen in Asien wurde durch ihn aufgegeben, die unabhängige Staatenbildung im eigentlichen Hellas in die engsten Grenzen geschlossen. Nur Sparta behielt sein altes Uebergewicht auch fortan.

Zunächst schien alles auf das beste zu gelingen. Die Thebaner konnten ihre Herrschaft über Böotien nicht aufrechterhalten, sobald als die Spartaner an den Grenzen die gewohnten Opfer brachten, um in ihr Gebiet einzufallen. Die Lakedämonier mahnten die Korinther, die argivische Besatzung aus ihrer Stadt wegzuschaffen, und die Argiver, dieselbe hinwegzuziehen, worauf die Besatzung wirklich abzog und die verjagten Aristokraten zurückkehren konnten. Mantinea wurde genötigt, sich aufzulösen; die Einwohner lebten, wie früher, fortan in Dörfern. Dass die Spartaner sich der von den Mächtigeren Niedergeworfenen annahmen, Platääs in Böotien, Pisas in Elis, machte ihnen alle die zu Freunden, die derselben Kategorie angehörten. Sie stellten den peloponnesischen Bund wieder her, in welchem sie nun unbestritten dominierten. Aber mit Theben war der Friede noch keineswegs durchgeführt. Ein Widerstand kam zutage, der sich unüberwindlich erwies. Wir kommen auf das Blatt der Geschichte, auf welchem die Namen « Theben und Epaminondas » eingeschrieben sind.

In Theben bekämpften sich Oligarchen und Demokraten unter entgegengesetzten Oberhäuptern. Der Führer eines spartanischen Heeres, das bestimmt war, nach Chalkidike zu ziehen, um den Frieden auch dort ins Werk zu setzen, Phöbidas, hatte sich auf den Antrag des Führers der Oligarchen, Leontiades, der den Rückhalt von Sparta für sich zu haben wünschte, durch einen Handstreich der Burg, der Kadmea, bemächtigt. [23]) Man braucht nicht gerade anzunehmen, dass er dazu Befehl von Sparta gehabt habe. Agesilaus hat einmal gesagt, einem Führer

sei es erlaubt, auch etwas auf eigene Hand zu tun, und
es komme nur darauf an, ob es nützlich sei oder nicht.
Was hätte aber nützlicher erscheinen können als die Besetzung der Burg von Theben? Sie bildete eine feste Position auf der grossen Strasse nach dem Norden, und Leontiades hatte ausdrücklich in Aussicht gestellt, dass die
Thebaner, wenn die Oligarchie zur Herrschaft komme, mit
den Spartanern sich vereinigen würden. Phöbidas selbst
wird als ein Ehrgeiziger geschildert, der sich habe aus-
zeichnen wollen, dem es jedoch an eigentlicher Umsicht
gefehlt habe. Es folgte also, was vorauszusehen war. Die
durch die siegreichen Oligarchen verjagten Demokraten
fanden einen Rückhalt bei Athen, wie einst Thrasybul bei
den Thebanern. Es dauerte noch einige Jahre, bis sie es
wagen konnten, unterstützt durch Verständnisse in der
Stadt, dahin zurückzukehren und Theben der herrschenden Polemarchen listig und grausam zu entledigen.

Dabei traten die beiden Männer hervor, deren Namen
mit dem thebanischen unvergänglich verbunden sind: Pelopidas und Epaminondas; der erste als Führer der zurück-
kehrenden Demokraten, der andere als der Mann, der die
thebanische Jugend darauf vorbereitet hatte, im entscheidenden Augenblick mitzuwirken.

Epaminondas stammte aus einer Familie, die ihren
Ursprung auf die kadmeischen Zeiten zurückführte, nur
beschränkte Mittel besass, aber doch mancherlei Gast-
freundlichkeit auszuüben nicht versäumte; unter anderem
hatte ein Pythagoreer, wie denn diese Schule nach allen
Seiten hin versprengt worden war und gerade in Theben
eine Zuflucht suchte, bei ihr Aufnahme gefunden. Epaminondas nahm in seiner Jugend zwar an allem teil, was
die hellenische Bildung erforderte, wuchs aber doch hauptsächlich in der Unterweisung dieses alten Philosophen
auf, die er jeder andern Unterhaltung vorzog. Bei ihm mag
er sich daran gewöhnt haben, was man an ihm rühmt,
einen jeden, der mit ihm sprach, bis zu Ende mit anhal-
tender Aufmerksamkeit anzuhören; dann machte er seine
Einwendungen. Eine von den Persönlichkeiten, denen

Mässigung, Enthaltsamkeit, vernünftige Genügsamkeit, ruhige und gedankenvolle Sinnesweise gleichsam eingeboren sind, so dass sie durch diese Eigenschaften auf ihre Umgebung unwillkürlichen Eindruck machen und eine gewisse sittliche Autorität ausüben. Epaminondas war so arm, dass man erzählt, er habe zu Haus bleiben müssen, wenn er seinen Mantel in die Walkmühle geschickt hatte; aber die Zuverlässigkeit, die er in allen Dingen bewies, verschaffte ihm, namentlich wo es auf Geldleistungen ankam, eine leitende Stellung. Von Ausschweifungen böotischer Gelage hielt er sich fern. Er machte nicht viel Worte, wie denn einer seiner Freunde gesagt hat, er kenne keinen, der so viel wisse und so wenig spreche; was er sagte, war treffend und wurde sprichwörtlich. In den Waffenübungen sah er nicht so sehr auf Entwicklung der Körperstärke, als auf Gewandtheit und den richtigen Gebrauch der Waffen. Er soll die jungen Leute ermahnt haben, sich deshalb nicht zu überheben, sondern eher zu schämen, weil sie ja sich die Herrschaft der Lakedämonier, die ihnen nicht gleich seien, gefallen liessen. Auch der Partikularismus kann enthusiastische Gefühle nähren, wenn er sich auf eine grosse Vergangenheit stützt und eine schmachvolle Gegenwart mit den alten Erinnerungen bekämpft; er entwickelt sich in Wetteifer mit den Nachbarn, namentlich dann, wenn sie übermächtig sind. Die rühmlichen persönlichen Eigenschaften, die Epaminondas besass, seine Bildung, sein gymnastischer Eifer, sein kriegsmännisches Talent, das bis zur Erfindungsgabe stieg, alles empfing dadurch seine eigentümliche Färbung, dass er vor allen Dingen ein guter Thebaner war.

Pelopidas stammte aus einem vornehmen und reichen Geschlecht, schloss sich aber ganz an Epaminondas an. Durch seine Freundschaft wurde Epaminondas gleichsam zur Ebenbürtigkeit mit den reichsten und vornehmsten Geschlechtern erhoben. Epaminondas hat einmal den Pelopidas, als dieser schwer verwundet war, nicht verlassen; denn im schlimmsten Falle sollten die Feinde auch seine Leiche nicht haben. Auf diese Weise hatte er ihn gerettet und zu seiner Denkungsart herübergezogen. Bei dem Unternehmen, durch das Theben befreit wurde, ging Pelopidas voran; aber er hätte nichts Haltbares ausgerichtet, wäre nicht die Jugend im Sinne des Epaminondas erzogen und auf diesen Moment vorbereitet gewesen.

Das patriotische Gefühl verflüchtete sich bei den Griechen in den allgemeinen hellenischen Angelegenheiten; es liebte, an dem Partikularen festzuhalten; und nicht unbedeutend war Theben; es konnte als die dritte Stadt in Hellas gelten. Durch die beiden Freunde gelangte dieser Anspruch zu Realität. Sie wandten dem Kriegswesen, das jetzt eine Wissenschaft zugleich und Kunst wurde, ihr aufmerksames Studium zu. Agesilaus, der zu wiederholten Malen in Böotien einfiel, ist ihr Lehrer genannt worden. Vor allem bekämpften sie jene Autonomie des antalkidischen Friedens; sie nahmen Platää wieder; in kurzem finden wir die sieben Böotarchen als thebanischen Magistrat.

Plutarch erzählt von einem Wortwechsel zwischen Epaminondas und Agesilaus, der die Tragweite der Streitigkeit in helles Licht stellt. Auf die Frage, ob Theben die böotischen Städte freilasse, antwortete Epaminondas, ob Sparta Messenien freigebe. Die Spitze des antalkidischen Friedens wendete sich hiedurch gegen Sparta selbst. Dann kam es zu einer grossen Waffenentscheidung. Die Thebaner wussten jene griechische Liebe zu einer Kameradschaft auszubilden, deren Prinzip die persönliche Ehre ist. Indem sie dem spartanischen Fussvolk ein thebanisches, das jenem gewachsen war, entgegenstellten, schufen sie sich zugleich eine Reiterei, durch die sie ihnen überlegen wurden. Und während der spartanische König Kleombrotos, durch den Verdacht, als sei er thebanisch gesinnt, aufgestachelt, in der Aufregung eines Weingelages sich zum Kampfe entschloss, wurden die Thebaner von dem besonnenen Epaminondas angeführt, der jeden Vorteil zu benutzen wusste. Auf der Ebene von Leuktra wurden die Spartaner zum erstenmal vollkommen besiegt.

In den beiden thebanischen Führern schlug, wie wir wissen, eine Ader für die Grösse ihrer Vaterstadt, die sie, selbst im Widerspruch mit ihr, zu den kräftigsten Unternehmungen antrieb. Im folgenden Jahre unternahmen sie, hauptsächlich von den Peloponnesiern selbst dazu aufgefordert, einen Einfall in Lakonien. Sie überschritten dabei insofern ihre Befugnisse, als in dem Heere viele Stimmen laut wurden, die den Zug verwarfen. Ihrerseits beschleunigten sie ihn, um nicht bei einem Wechsel der Heerführung solchen Platz machen zu müssen, die ihrer Absicht entgegen waren. Die Verbündeten vereinigten sich bei Sellasia und zogen nun durch die Ebene des Eurotas. Wie ward den spartanischen Frauen zumute, als sie den Rauch der brennenden Dörfer sich herüberziehen sahen! Man sagt, Agesilaus habe, als er Epaminondas erblickte, seine Bewunderung für ihn zu erkennen gegeben. Dann aber war es doch ihm zuzuschreiben, dass die Thebaner bei dem Hippodrom vor Sparta zurückgeschlagen wurden; die Herstellung von Messenien jedoch konnte nicht verhindert werden. Unter dem Flötenspiel der Argiver und Böotier errichtete man eine Stadt auf Ithome, das der Schauplatz der alten Heldentaten der Messenier gewesen war. Alle Periöken und Heloten — die eigentlichen Messenier konnte man nicht mehr unterscheiden — wurden zur Teilnahme zugelassen.

Nun kehrten Pelopidas und Epaminondas nach Theben zurück und wurden in der Tat wegen ihrer Eigenmächtigkeit verklagt. « Setzt mir wenigstens eine Säule », sagte Epaminondas, « mit der Inschrift, ich sei verurteilt worden, weil ich euch gezwungen, bei Leuktra zu siegen, weil ich ganz Griechenland an einem Tage frei gemacht, weil ich Messenien wiederhergestellt und Sparta mit einer immerwährenden Belagerung umgeben habe. » In diesen Thebanern lebt schon eine Gesinnung, die später als Kennzeichen römischer Seelengrösse betrachtet worden ist.

Im damaligen Griechenland kam alles darauf an, welche Haltung die Athener annehmen würden. Es schien ihnen nahezuliegen, sich in diesem für Sparta unglücklichen Moment den Feinden desselben anzuschliessen. In einer Volksversammlung wurde in Erinnerung gebracht,

wieviel Unbill die Athener von jeher von den Spartanern
erfahren, wie ihre eigene Grösse durch diese allezeit untergraben worden sei. Allein diese Zeiten waren lange
vorüber, und auch eine Volksversammlung vermag Reso-
lutionen zu fassen, die nicht von Leidenschaften eingegeben sind. In Athen überwog die Besorgnis vor Theben
den alten Hass gegen Sparta. Man zog in Betracht, dass
Athen, wenn es, um Lakedämon zu unterdrücken, mit den
Thebanern gemeinschaftliche Sache mache, von diesen
bald danach gewiss vernichtet werden würde. Die Athener
fassten den Beschluss, mit aller ihrer Macht die Lakedämonier zu unterstützen, wodurch den Fortschritten der
Thebaner gewaltig Einhalt getan wurde. Dabei fiel es denn
sehr ins Gewicht, dass Sparta hiebei die Hilfe des Königs
von Persien noch immer für sich hatte. Ein Beauftragter
des phrygischen Satrapen Ariobarzanes erschien in Delphi,
zunächst, um einen Vermittlungsversuch zu machen. Als
dieser misslang, warb er mit dem Gelde, das er reichlich
mitgebracht hatte, ein Söldnerheer zugunsten von Sparta.
Dergestalt bildete sich eine Allianz zwischen Persien,
Athen und Sparta, die dazu angetan schien, das durch
die Thebaner erschütterte Ansehen von Sparta wiederherzustellen. Um nicht zu unterliegen, ergriffen jetzt die Thebaner den Gedanken, auch für sich selbst eine persische
Hilfeleistung in Anspruch zu nehmen, wie das während des
peloponnesischen Krieges von den Athenern und einst zur
Zeit der Gefährdung Lakoniens von Sparta geschehen war.

Pelopidas selbst gewann es über sich, an den Hof des
Artaxerxes zu gehen, um ihn dafür zu gewinnen. Der erste
persische Krieg war noch unvergessen. Pelopidas fand
Eingang mit seiner Bemerkung, dass Theben jetzt mit
denselben Feinden kämpfen müsse, die immer die vornehmsten Widersacher des Königs gewesen seien. Ueberdies lag am Tage, dass die Perser von Theben niemals
etwas zu fürchten haben würden, während sich Athen,
jetzt im Bunde mit Sparta, auf das kräftigste regte. Es
hatte den alten delischen Bund wiederhergestellt; die
Impulse seiner alten Grösse, die notwendig gegen die

kleinasiatischen Küsten gerichtet waren, lebten noch
immer und erhielten in Athen eine antipersische Strömung.
Die Spartaner wurden jetzt mehr in die Feindseligkeit von
Athen gezogen, als dieses in die ihre. So geschah es, dass
in der persischen Politik, welche die Einwirkung auf Griechenland unter allen Umständen festzuhalten bestrebt
war, doch eine neue Phase dieser Einwirkung beliebt
wurde. Der König liess von der Verbindung mit Sparta
ab und gab den Vorschlägen des Pelopidas Gehör. Wenn
bisher die Perser die Bestimmung des antalkidischen Friedens nicht auf Messenien ausgedehnt hatten, wie die Thebaner forderten, so erging jetzt ein neues Ausschreiben
des Königs, in welchem die Unabhängigkeit Messeniens
von Sparta anerkannt wurde. Und zugleich wies der König
die Athener an, ihre Schiffe ans Land zu ziehen. Ein persischer Gesandter folgte dem Pelopidas nach Theben, um
die Urkundlichkeit dieses Befehles durch das daran ange-
hängte Insiegel, das er vorzeigte, zu beweisen. Wir vernehmen nicht, dass die Ausführung der Befehle des
Königs durch Geldgeschenke unterstützt worden sei; vielmehr beklagten sich die Arkadier, die an jener Gesandtschaft teilgenommen hatten, über die Armut der Schatz-
kammer des Königs, in dessen angeblicher goldener Pla-
tane keine Grille Schatten finden könne. Dennoch war die
Erklärung des Königs, den man jetzt gleichsam als Schiedsrichter in den Zerwürfnissen der Griechen anzusehen sich
gewöhnt hatte, von grosser Wichtigkeit für Theben, das
nun im Einverständnis mit Argos und Messenien auftrat.

Auch Tegea und ein grosser Teil von Arkadien waren
auf seiner Seite. Ein anderer aber, unter der Führung von
Mantinea, war von Theben abgefallen. Um diesen wieder
herbeizubringen, zog Epaminondas ins Feld. Es kam zu
einer Schlacht bei Mantinea, in welcher alle Kräfte Griechenlands miteinander zusammenstiessen, so dass eine
Entscheidung auf immer bevorzustehen schien. Epaminondas entwickelte die Vorsicht und militärische Virtuosi-
tät, die er sich zu eigen gemacht hatte wie kein anderer,
und das Glück schien sich ihm zuzuneigen, als er selbst

von einem Geschoss verwundet wurde. Er liess es erst dann herausziehen, als er vernahm, dass die Thebaner gesiegt hatten; er starb als Thebaner für die Unabhängigkeit von Theben; man könnte nicht sagen: für die Unabhängigkeit von Hellas.

Denn durch das letzte Abkommen war die Autorität von Persien in den inneren Angelegenheiten von Griechenland eher noch einen Schritt weiter gefördert und durch den Ausgang der letzten Schlacht diese noch mehr befestigt worden. Entscheidend war dieses Treffen, zumal da Epaminondas darin umkam, doch keineswegs. Xenophon, der hiebei seine Geschichte abbricht, spricht die Meinung aus, dass noch ein Gleichgewicht der griechischen Städte und Länder bestehe. Athen war durch Sparta verhindert worden, die Hegemonie von Hellas ernstlich in die Hände zu nehmen; Sparta durch Athen und Theben; Theben wurde jetzt durch Athen und Sparta im Zaume gehalten. Eben darin liegt, dass die Bildung einer kompakten Macht oder gar die Vereinigung aller zu einer umfassenden Gemeinschaft in Griechenland unmöglich war. Die mächtigeren Staaten schlugen fortwährend miteinander und zogen die schwächeren in ihren Kampf mit sich fort; ihr einziges Augenmerk war, die Mittel in die Hand zu bekommen, die dazu gehörten, ihre nächsten Nachbarn zu überwältigen. Einmal in der Gewohnheit, Subsidien aus der Fremde zu beziehen, fanden die Spartaner keine Skrupel dabei, sich auch von denen bezahlen zu lassen, die im Aufruhr gegen den König begriffen waren. Da ihnen dieser Messenien absprach und mit Theben in Verbindung trat, glaubten sie, keine weitere Pflicht gegen ihn zu haben. Man hat es an Agesilaus getadelt, dass er, nachdem er zuerst selbst einen grossen Krieg gegen die Perser unternommen hatte, jetzt in die Dienste eines Tyrannen von Aegypten trat.

In der Tat ist er es gewesen, durch den die ägyptische Empörung eine gewisse Konsistenz erhielt. Nektanebus ist durch Agesilaus auf dem ägyptischen Thron befestigt und die Unabhängigkeit von Aegypten noch auf einige Jahre begründet worden.

Auf eine Veränderung der allgemeinen politischen Situation hatte es Agesilaus nicht abgesehen. Sein Hauptmotiv war, dass die Spartaner eine notwendige Beihilfe gegen ihre hellenischen Nachbarn zu erlangen wünschten. Agesilaus hat ihnen wirklich eine solche verschafft.

Nektanebus entliess ihn mit einem ansehnlichen Geldvorrat. Agesilaus ist auf dem Wege gestorben, das Geld aber, das er mitbrachte, den Lakonen zuteil geworden, die dadurch instand gesetzt wurden, in den inneren Kriegen der Hellenen nochmals kräftig aufzutreten. Denn noch immer bestand der antilakonische Bund und hatte jetzt an dem wiederhergestellten Messenien einen erwünschten Rückhalt. Niemals ruhten die Waffen. Diodor erwähnt fünf Schlachten in einem Jahre; in der ersten siegen die Lakedämonier über eine weit grössere Anzahl von Feinden, in den drei folgenden haben die andern die Oberhand; in der fünften dagegen, der bemerkenswertesten von allen, siegten die Lakedämonier, worauf man einen Waffenstillstand abschloss.

Wir gedachten oben der einseitigen und für das gesamte Hellas gefährlichen Motive des antalkidischen Friedens. Am unheilvollsten erwies er sich für Sparta: es ist an den Wunden verblutet, die es andern beizubringen meinte. Der Staat des Lykurg war dieses Sparta schon an sich nicht mehr. Die Aufnahme der Periöken und Heloten in den Kriegsdienst, zu der man sich entschloss, lief der Idee desselben entgegen; überdies aber begegnete den Spartiaten, von denen in den letzten Kriegen viele gefallen waren, dass die alte demokratische Aristokratie, die sie untereinander bildeten, keinen rechten Bestand mehr hatte; Aristoteles kennt nur noch 1000 Familien von den alten Spartiaten, und ihr Besitz, auf dem ihr Staat und seine Disziplin beruhte, war zum grossen Teil auf Frauen übergegangen. Die Zeit der eigentlichen Macht von Sparta war vorüber. Athen, damals mit Sparta verbündet, konnte doch seinerseits den wiederhergestellten Seebund nicht behaupten. Als es die alte Eigenmacht ebenfalls wieder auszuüben unternahm, empörten sich Chios, Rhodos, Kos, wahrscheinlich mit der Unterstützung des karischen Dynasten Mausolos, und in der Ferne Byzanz. Und Athen war jetzt nicht mehr kräftig genug, um die Abgefallenen wieder zu unterwerfen. Chabrias ist bei dem Angriff auf Chios umgekommen; er hätte sich durch Schwimmen retten können, aber er hielt es für unwürdig, sein Schiff zu verlassen; er wollte sterben mit den Waffen in der Hand. Chares war nicht der Mann, den Gefallenen zu ersetzen. Athen konnte nur die kleineren Inseln in seiner Bundesgenossenschaft halten. Wie weit aber blieb es dann von der Macht entfernt, durch die es einst furchtbar geworden war! Einem Mangel an Energie könnte man diesen Verfall der Macht Athens und Spartas, Griechenlands überhaupt, nicht zuschreiben. Niemals waren Wissenschaft und Praxis des Krieges zu Lande und zur See weiter entwickelt gewesen. Die namhaften Führer erschienen sämtlich als geübte, denkende Kriegsmänner. Aber es fehlte ihnen, wie wir selbst bei Pelopidas sahen, an der Idee einer die Besonderheiten zusammenfassenden grossen Gemeinschaft; wie gesagt, nur der Partikulare hatte ein eigentümliches Leben, was sonst bis auf die germanischen Zeiten niemals wieder vorgekommen ist. Ausbildung der Kriegskräfte im einzelnen und Ohnmacht im ganzen bedingten einander gleichsam. Mit der Schwäche der Republiken ging die Entwicklung des Söldnerwesens Hand in Hand; eine gewisse Bedeutung hatten nur noch die Scharen, die in fremde Dienste zogen.

Eben damals hob sich die persische Macht wieder gewaltig. Auf den Thron von Persien war, abermals unter dem blutigsten Bruderkampf, Artaxerxes Ochus gestiegen.[24]) Der Karanos von Vorderasien, Artabazus, also kein gewöhnlicher Satrap, unternahm es, sich unabhängig zu machen, und mit Hilfe griechischer Mietstruppen trieb er die Satrapen, die ihm entgegengesandt wurden, anfangs wirklich zurück. Es war besonders ein Heer der Thebaner, auf das Artabazus sich stützte. Allein der König besiegte

den abtrünnigen Karanos dadurch, dass er den Thebanern
dreihundert Talente schickte, worauf Artabazus, von
ihnen verlassen, fliehen musste; er begab sich zum König
Philipp von Mazedonien. Und wenn nun hierauf die Griechen vor der anwachsenden Macht der Perser in Besorgnis gerieten und namentlich unter den Athenern die Absicht verlautbarte, an der Spitze der Hellenen den Krieg
gegen Persien aufzunehmen, so erklärte sich der grosse
Redner der Zeit, Demosthenes, dagegen. Er führte, und
ohne Zweifel mit gutem Grunde, aus, dass der persische
König, wenn man ihn angreife, den Athenern Feinde in
Hellas erwecken und sie dadurch in grosse Gefahr setzen
würde. Er hütete sich wohl, den alten nationalen Gedanken eines wiederaufzunehmenden Perserkrieges zu bestreiten, aber er meinte: Athen müsse sich vor allem auf
das kräftigste rüsten und furchtbar werden; dann erst
werde es Bundesgenossen zu einem grossen Unternehmen
finden. An und für sich betrachtet wäre der Zeitpunkt
nicht ungeeignet gewesen, die Perser anzugreifen, da sich
nicht allein Aegypten unter Nektanebus in einer dem
König feindseligen Haltung behauptete, sondern eben damals auch Phönizien sich erhob. Es erhellt nicht mit Bestimmtheit, ob die Empörung durch eine zufällige Volks-
erhebung oder durch förmlichen Beschluss in Tripolis entstand; die Phönizier traten mit Nektanebus in direktes
Bündnis, sie zerstörten den Paradeisos, in welchem die
Magnaten bei ihrer Anwesenheit im Lande zu herbergen
pflegten. Viele Perser, die sich besonders gewalttätig
gezeigt hatten, wurden ermordet. Die benachbarten Satrapen säumten nicht, dieser Insurrektion den Krieg zu
machen; ihre Angriffe wurden jedoch unter dem Fürsten
von Sidon, der eine starke Schar griechischer Hilfstruppen
aus Aegypten herbeigerufen hatte, zurückgewiesen. Auch
Zypern gesellte sich ihm bei: die neun sogenannten Könige einzelner Städte hofften, durch die Erhebung von
Phönizien Gelegenheit zur Erwerbung ihrer eigenen Selbständigkeit zu erlangen und schlossen sich ihr an. Hätten
nun die Griechen an diesen Bewegungen teilgenommen,

so würde die persische Macht in eine gefährliche Lage
geraten sein. Aber gerade das Gegenteil geschah. Der
Fürst von Karien, von Artaxerxes gegen Zypern aufge-
rufen, brachte nicht allein eine stattliche Flotte zusammen,
sondern auch ein Landheer, bei dem der Athener Phokion
den Oberbefehl führte. Und diesem gelang es dann ohne
viele Mühe, die zyprischen Fürsten zu besiegen. In diesem
Augenblick hatte auch Ochos eine grosse Streitmacht zu
Lande und zur See aufgestellt, mit welcher er beides,
Aegypten und Phönizien, zu unterwerfen hoffte. Ange-
sichts eines Heeres, das so gewaltig auftrat wie jemals ein
anderes, von dem die Phönizier besiegt worden waren,
verlor der sidonische Fürst den Mut und entschloss sich
kurz und gut, seine Bundesgenossen, die Aegpyter, an den
König zu verraten; nur um diesen Preis meinte er Verzeihung zu erlangen. Er liess dem König insgeheim eröffnen, dass er imstande sei, ihm zur Eroberung von Aegypten die beste Anleitung zu geben; denn er wisse genau
Bescheid mit dem Lande, namentlich aber an den Küsten.
Ochos soll einen Augenblick gezögert haben, diese Anträge, die er mit Freuden annahm, doch durch Darreichung
seiner rechten Hand zu bestätigen, was dazu gehörte, um
seine Zusage vollgültig zu machen. Der Gesandte erklärte,
dass alsdann sein Fürst sich aller seiner Versprechungen
für entbunden erachten würde. Hierauf schlug Artaxerxes
Ochos ein. Und in der Tat wurde nun Sidon durch eine
grässliche Verräterei seines eigenen Fürsten den Persern
überliefert; er hatte auch die aus Aegypten herbeigekommenen griechischen Mietstruppen für seinen Plan gewonnen. In der Mitte von Gewalt und Verrat bewahrten
die Einwohner von Sidon noch einmal die Unbezwinglich-
keit des altphönizischen Geistes. Sie hatten ihre Schiffe
verbrannt, damit niemand fliehen und so der Verteidigung
sich entziehen könne. Und da nun der Feind innerhalb der
Mauern war, so verschlossen sie ihre Häuser und verbrannten sich mit ihnen; man wollte 40 000 Umgekommene
zählen. Dem gegebenen Worte zum Trotz liess König
Ochos den verräterischen Fürsten umbringen. Den Feld-

zug gegen Aegypten auszuführen hatte er bereits die umfassendsten Veranstaltungen getroffen. Durch eigene Gesandtschaften waren die grossen griechischen Städte zur Hilfeleistung aufgefordert worden. Athen und Sparta versprachen, sich neutral zu halten; und was das sagen wollte, ergibt sich daraus, dass diese beiden Städte es ja gewesen waren, die die Unabhängigkeit von Aegypten hergestellt und erhalten hatten. Die Thebaner und Argiver trugen aber kein Bedenken, den Persern ihre Hopliten gegen Aegypten zu Hilfe zu schicken. Die Argiver wurden von Nikostratus angeführt, einem Manne von gewaltiger Körperkraft, der mit einem Löwenfell und einer Keule ausgerüstet in die Schlachten ging; er hielt sich für einen zweiten Herkules. Mit den kleinasiatischen zusammen bildeten die griechischen Hilfsvölker, die jetzt zu Artaxerxes überschifften, eine Schar von 10 000. Wenn man erwägt, dass auch die aus Aegypten herbeigekommenen Hilfsvölker griechischer Herkunft zu dem König übergingen, so kann man dessen Erfolge schon nicht so sehr der persischen Streitmacht als den Griechen, die auf seine Seite traten, zuschreiben.

Das Weltverhältnis brachte es so mit sich, dass auch Nektanebus sich hauptsächlich durch Griechen zu verteidigen suchte. Er hatte alle Veranstaltungen auf das beste getroffen, aber zu einer so grossen Heerführung hatte er doch nicht die erforderlichen Eigenschaften und nicht eine solche Selbstentäusserung, um sie den Führern der Mietsvölker, die dazu fähig gewesen wären, zu überlassen. Trotz des Versprechens der Neutralität waren doch Spartaner und Athener ihm zu Hilfe gekommen, so viel man sieht, ohne Autorisation ihrer Städte, aber ihre Führer Diophantus aus Athen, Lamius aus Sparta, würden imstande gewesen sein, Nektanebus zu retten, wenn er ihnen freie Hand gelassen hätte. Als er nach Memphis zurückwich, liess sich auch Pelusium nicht verteidigen. Unter den Hellenen auf beiden Seiten kam ein eigentümlicher Wetteifer zum Vorschein. Obwohl in verschiedenen Heerlagern, suchten die einen die andern an Tapferkeit zu übertreffen.

Dagegen konnte auch die Eintracht zwischen den griechischen Söldnern und den beiden orientalischen Völkerschaften, deren Sache sie führten, auf die Länge nicht behauptet werden. Unter den Aegyptern machte doch das alte Ansehen des persischen Monarchen wieder Eindruck; sie wurden versichert, dass sie um so leichter bei dem König wieder in Gnade kommen würden, je rascher sie sich der griechischen Besatzungen, die in ihren Plätzen lagen, entledigten. So war es doch immer gegangen; im Augenblick einer grossen Entscheidung hatte der Wunsch, die Gnade des Königs zu erlangen, zur Unterwerfung der Abgefallenen geführt. Als nun Bubastos belagert wurde, wandten sich die Aegypter an den Eunuchen Bagoas, der in dem Rate des Königs das oberste Ansehen besass, und ersuchten ihn um seine Vermittlung bei ihm. Aber die Griechen wurden das Vorhaben der Aegypter inne und wandten sich nun ihrerseits an den Feldhauptmann der griechischen Söldner im persischen Heere, Mentor, der schon bei Sidon die Entscheidung herbeigeführt hatte. Man darf sich die Augen nicht dagegen verschliessen, dass dies das Natürliche war; die orientalischen Völker, die ihren Streit mit den Waffen der Griechen ausfochten, hatten das Bedürfnis, sich wieder miteinander zu versöhnen und die Griechen auszustossen. Allein diesmal gelang es ihnen nicht. Mentor versprach der griechischen Besatzung seine Hilfe, und sowie nun nach dem Wunsche der eingeschlossenen Aegypter einige Perser in die Stadt rückten, eben um sie den Griechen zu entwinden, vereinigten sich die Griechen aus beiden Lagern. Es kam zu einem Handgemenge, in welchem Aegypter und Perser unterlagen und Bagoas in die äusserste Gefahr geriet, so dass er die Rettung seines Lebens nur der Dazwischenkunft Mentors verdankte. [25]) Den vereinigten Griechen wäre es vielleicht möglich gewesen, Aegypten in diesem Augenblick den Persern zu entreissen. Was hätte aber dann mit Aegypten selbst geschehen sollen? Mentor war nicht dieser Meinung; er sah die Sache aus dem Gesichtspunkt der persönlichen Macht an und schloss — so werden wir mit aller

Bestimmtheit versichert — einen Vertrag mit Bagoas, kraft dessen sie die Ausübung der höchsten Gewalt miteinander zu teilen übereinkamen. Bagoas versprach, fortan nichts ohne Vorwissen Mentors und dessen Einwilligung zu tun, was einer Teilung der Gewalt gleichkam, da die Summe der persischen Staatsverwaltung in der Hand des Bagoas lag. Dies wurde mit gegenseitigen Eidschwüren bekräftigt und wirklich gehalten. Mentor wurde hierauf in Kleinasien allmächtig; er sammelte eine grosse Anzahl hellenischer Mietstruppen zum Dienst des Artaxerxes; er zeigte Verstand und Treue.

Es liegt am Tage, wie sehr hierdurch der ganze Zustand der Welt, wie sie damals war, verändert wurde. Aegypten und Kleinasien gehorchten wieder dem König von Persien, und zwar unter Mitwirkung der Griechen.

Dem spät nachlebenden Historiker drängt sich, indem er die gegenseitige Annäherung der Perser und Griechen wahrnimmt, die Bemerkung auf, dass doch weder die einen noch die andern eine auf sich selbst beruhende Macht bilden. Die inneren Zustände der Griechen hingen von den Einwirkungen des Grosskönigs ab; dessen äussere Macht aber beruhte auf der Unterstützung, die ihm die griechische Waffenfertigkeit verschaffte.

Da geschah es nun, dass in der Mitte zwischen beiden eine neue Macht sich erhob, die von unbedeutenden Anfängen aus plötzlich den Anlauf nahm, die stärkste von allen zu werden.

ZEHNTES KAPITEL

DIE MAZEDONISCHE WELTMACHT

Philipp von Mazedonien — Olynth — Philipp und Athen — Delphi und Phokier — Friedensverhandlungen zwischen Philipp und Athen — Demosthenes — Mentor — Hermias von Atarneus — Perinth — Byzanz — Amphissa — Athen und Theben — Schlacht von Chäronea — Ausgang Philipps — Alexander der Grosse — Verhältnis zu den Persern — Schlacht am Granikus — Schlacht bei Issus — Eroberung von Tyrus — Gaza, Jerusalem — Alexander in Aegypten. Gründung von Alexandria — Schlacht bei Gaugamela — Besitznahme von Babylon — Brand von Persepolis — Unterwerfung der Perser — Klitus — Zug nach Indien — Porus — Rückzug Alexanders — Tod Alexanders

Ohne Waffen ist keine Aktion eines Gemeinwesens nach aussen, ist aber auch kein fester Bestand eines solchen an sich denkbar. Das Leben der Menschheit bewegt sich nun einmal in natürlichen Feindseligkeiten der Völker und Staatsgenossenschaften untereinander. Jedes Gemeinwesen muss imstande sein, sich selbst und alle, die ihm angehören, zu verteidigen. Wie könnte es sonst den Schutz gewähren, der für die Freiheit und Tätigkeit eines jeden im Leben notwendig ist? Die individuelle Sicherheit setzt die allgemeine voraus. Diese zu behaupten ist der vornehmste Zweck menschlicher Vereinigungen; die Summe der Verfassungen hängt davon ab. Naturgemäss vollzieht sich das in dem Masse, in dem Feindseligkeiten zu erwarten sind, wie denn die griechischen Republiken nur auf einen Kampf mit ihresgleichen eingerichtet waren. Wenn nun aber ganze Völker aufeinanderstossen, sind auch umfassendere Organisationen dafür notwendig. Es muss eine höchste Gewalt geben, die die gesamten Kräfte gegen auswärtige Feinde zu vereinigen imstande ist. Macht gegen Macht bilden sich dann kriegerische Monarchien, zwischen denen die Frage nicht allein die ist, welche die grössere Truppenzahl ins Feld führt, sondern noch vielmehr die, welche die beste Kriegsübung besitzt. Der Krieg ist unvermeidlich; eine gewonnene oder verlorene Schlacht entscheidet über das Schicksal der Nationen auf lange Zeit. Auf Angriff und Widerstand beruht der Verlauf der Weltgeschichte. Was ist eine Macht? Nur eben ein solches Volksgemeinwesen, das zu Angriff und Verteidigung gleich geeignet und eingeübt ist. Indem nun weder die Griechen noch auch die Perser in ihrem langen Gegensatz zueinander zu einer solchen Verfassung gediehen waren, traten die Mazedonier in ihrer Mitte auf; diese aber gelangten dazu, wirklich eine Macht zu bilden. Die Einwirkung, die sie ausübten, darf man als eine unermessliche bezeichnen. Sie hat eine weltgeschichtliche Epoche begründet.

König Philipp von Mazedonien und Demosthenes

Unter den Völkern thrazischer Nationalität, die die Grenzen von Asien innehatten und mit denen die Griechen bei Ausführung ihrer nördlichen Kolonien zusammentrafen, hatten sich zuweilen einheimische Gewalten von Bedeutung hervorgetan, wie die des Sitalkes, der ein Heer von 150 000 Mann ins Feld zu stellen vermochte; aber diese Bildungen sind doch bald wieder zerfallen. Dagegen erwies sich ein wahrscheinlich von den Griechen stammendes Dynastengeschlecht, das in den Berglanden von Emathia seinen Sitz hatte und über eine Anzahl halbbarbarischer Stämme gebot, ungefähr wie solche auch in Epirus sich festsetzten, in stetem Kontakt mit Thraziern und Illyriern lebensfähig und wurde nach und nach bedeutend; wie Strabo sagt: das Volk der Mazedonier bestand aus Thraziern und Illyriern. Dass aber hellenische Elemente zur Bildung eines Staates mitgewirkt und vielleicht das Beste dabei getan haben, ist unleugbar. Die Frage ist immer, ob die Mazedonier mehr für barbarisierte Hellenen oder für hellenisierte Barbaren zu gelten haben; eine Verschmelzung beider Bestandteile ergibt sich aus den Erinnerungen der frühesten Zeit, und schon dies ist von Wert für den Fortgang der allgemeinen Geschichte, in deren Umkreis eine aus der Mischung verschiedener Elemente entstandene Nation erscheint, die dann mit ihren Nachbarn, die wieder von anderem Stamme sind, in mannigfaltige Verbindungen tritt und ein eigenartiges Phänomen darstellt.

Vor der Schlacht von Platää ritt der mazedonische Fürst an das Lager der Griechen heran, um ihnen seine Sympathie auszusprechen; denn er sei ein griechischer Mann, aber König der Mazedonier. In dem Aufeinanderwirken des mazedonischen und des griechischen Wesens besteht nun die Summe der mazedonischen Geschichte.

Wir gedachten des Königs Perdikkas, der in stetem und unentschiedenem Schwanken der Erfolge mit seinen Nachbarn Krieg führte und dazu einst die Hilfeleistung der Lakedämonier unter Brasidas, die dabei freilich auch ihre eigenen Interessen verfochten, gewann. Da zuerst zeigte sich die Ueberlegenheit der griechischen Kriegskunst über die nördlichen Barbaren. Nach einigen Wechselfällen der Politik schickten sich die Illyrier zu einem Angriff auf die Griechen an, denen sie an Zahl unendlich überlegen waren. Von allgemeiner Bedeutung ist die Rede, die Thukydides hiebei dem Brasidas in den Mund legt. Darin verspricht dieser den Griechen den Sieg über den ungeordneten und lärmenden Anlauf der Illyrier, wenn sie sich nur in der geschlossenen Schlachtordnung, in der er sie eingeübt hatte, ohne alle Furcht zurückziehen wollten. Das gelang denn auch wirklich aufs beste und erweckte die allgemeine Bewunderung. Es war das erstemal, dass in jenen Regionen, in denen der Krieg noch auf Barbarenart geführt wurde, eine streng geschlossene Schlachtordnung erschien und den Sieg davontrug.

Auch der griechischen Kultur schlossen sich die Mazedonier an. An dem Hofe des Archelaos [26]) fanden Dichter und Musiker ein Asyl, in dem sie von keiner bürgerlichen Unruhe gestört wurden; sie atmeten, wie man sagte, daselbst auf. Noch war aber der Hof in fortwährender Abhängigkeit von den Griechen, welche auch in den inneren Entzweiungen des Landes und der Dynastie das entscheidende Wort aussprachen.

Als nach dem Tode des Amyntas, [27]) der sich selbst griechischer Bildung erfreut hatte, neue Irrungen ausbrachen, wandte sich seine Witwe Eurydike an die Thebaner. Pelopidas erschien als Schiedsrichter zwischen den beiden

Parteien; die Königin vertraute ihm ihren jungen Sohn
Philipp an, und dieser folgte dem ruhmvollen Führer nach
Theben. Es ist Philipp, der Vater des grossen Alexander.
Für eine kriegsmännische Erziehung konnte ihm nichts
Besseres begegnen, als ein paar Jahre in Theben zu ver-
weilen, das eben einen epochemachenden militärischen
Aufschwung nahm. Er lebte in einer dem Epaminondas
befreundeten Familie. Nach drei Jahren wurde er zurück-
berufen [28]) und anfangs mit der Verwaltung einer kleineren
Landschaft unter seinem Bruder betraut; nach dessen
Tode eröffnete sich ihm selbst eine Laufbahn von grösster
Aussicht, aber voll von Gefahren. [29]) Das Land war von
Illyriern und Päoniern bedroht, eine ganze Anzahl Prätendenten stritten um den Thron und stützten sich dabei auf
verschiedene auswärtige Potenzen. In dieser Bedrängnis
legte Philipp Hand an, sich nach dem Muster des Epaminondas ein schlagfertiges Heer zu bilden. Es kann kein
Zweifel sein, dass eben die Kriegsart des Epaminondas
ihm sowohl Antrieb als Muster wurde; nach dessen Vorgang hat er die Phalanx nach und nach ausgebildet. Das
Material zur Nachahmung der Peltasten gaben ihm die
Bergvölker. Nach dem Vorgang des Epaminondas stellte
er auch eine wohlgeschulte Reiterei ins Feld. Durch diese
geschah es, dass er die Illyrier zurückwarf und nötigte, die
von ihnen besetzten mazedonischen Städte herauszugeben.
Gleich diese ersten militärischen Einrichtungen verschafften ihm hier die Oberhand.

« Er fand », so lässt Arrian den Sohn Philipps zu den
Mazedoniern sagen, « er fand euch in Felle gekleidet,
Schafe weidend auf den Bergen, im Nachteil gegen Illyrier,
Triballer und Thrazier; er führte euch von den Bergen
herab und machte euch fähig, sie zu bekämpfen, nicht
allein durch die rauhe Landschaft, sondern durch die eingeborene Tapferkeit; ihr waret Knechte der Barbaren, und
er machte euch zu Führern derselben. »

Einem geborenen König schloss sich die Aristokratie
des Landes gern an. Philipp führte ein, dass die vornehmsten jungen Leute an seinem Hofe Dienste leisteten und

ihn auf der Jagd begleiteten. So vereinigten sich verschiedenartige Elemente, um eine neue militärische Schöpfung vorzubereiten. Die von den Griechen ausgebildete Kriegskunst und Kriegsfertigkeit trat in Verbindung mit den aristokratisch-populären Elementen, die sich alle um die Fahnen des geborenen Königs sammelten. Wollte man das politische Moment bezeichnen, das diese Reformen in sich trugen, so liegt es darin, dass sich Philipp den Griechen, indem er sie nachahmte, doch auch zugleich unabhängig zur Seite stellte. Er emanzipierte aber nicht allein Mazedonien von deren überwiegendem Einfluss, sondern er kam auch in den Stand, zugleich Stellung gegen sie selbst zu nehmen. Und keinen Augenblick konnte es zweifelhaft sein, wohin Philipp zunächst seine Anstrengungen richten werde. Der natürliche Zug Mazedoniens war, sich auch der Küstenstriche zu bemächtigen, die von den Griechen besetzt waren. Die Uneinigkeit der Griechen leistete hiebei dem König die besten Dienste. In der Zeit des peloponnesischen Krieges war an der thrazisch-mazedonischen Küste, an der Scheide der Nationen, mit allen in Verbindung, die griechische Ansiedlung Olynth emporgekommen. Die Stadt wurde nach und nach eine Art von kleiner Macht. Man zählt an dreissig städtische Gemeinwesen, die sich an Olynth anschlossen oder ihm unterwarfen; es hielt die benachbarten thrazischen Fürsten durch gute Waffen in Abhängigkeit, sowie das untere Mazedonien mit seiner gemischten Bevölkerung.

Eine bessere Unterstützung als durch diese Stadt konnten die Griechen im allgemeinen nicht finden; sie hielt Mazedonien naturgemäss in seinen Schranken. Da wirkte aber — man sieht nicht ob absichtlich oder zufällig — jener Friede des Antalkidas, der zugleich ein Ausfluss der persischen Macht war, verderblich ein.

Die Satzung, dass alle griechischen Städte autonom sein sollten, wurde von Sparta auch dort möglichst zur Geltung gebracht. Den Mazedoniern war dies eben recht. Doch ward das gegen Olynth nicht auf eine so durchgreifende Weise ins Werk gesetzt, dass diese Stadt nicht bald

darauf doch wieder zu einer ansehnlichen Macht gelangt
wäre. Dann aber geriet sie mit Athen, das eben in der
Wiederherstellung seiner Kolonialmacht unter Konnivenz
der Perser begriffen war, in Streitigkeiten. Indem Athen
Plätze wie Methone und Pydna in seine Hand brachte,
wussten die Olynthier Amphipolis, an welchem den Athenern immer das meiste gelegen war, für sich zu gewinnen.
Dieser Konflikt der beiden Städte, welche Philipp, die eine
wie die andere, bekämpfen musste, wenn er Herr seiner
eigenen Landschaften werden wollte, kam ihm auf das
beste zustatten. Und schon hier lernen wir seine zweideu-
tige, unzuverlässige Politik kennen, bei der er allezeit
seinen besonderen Vorteil im Auge behielt. Nachdem in
dem Wechsel der Verhältnisse Amphipolis eine mazedonische Besatzung erhalten hatte, so erschien es als das
grösste Zugeständnis, das den Athenern gemacht werden
konnte — denn ihre Ehrbegierde war immer darauf gerichtet, diesen Besitz wieder zu erwerben, — dass Philipp
seine Besatzung aus Amphipolis herauszog. Die Athener,
denen er zugesagt hatte, es ihnen zu überlassen, versprachen ihm dafür Pydna, die alte Burg der Temeniden, von
denen die mazedonischen Könige ihre Herkunft ableiteten.
Aber ernstlich war Philipp nie gesonnen, Amphipolis den
Athenern zu überliefern. Nach einiger Zeit besetzte er
diese Stadt aufs neue und brachte zugleich Pydna in seine
Hand. Auch Potidäa nahm er und überliess es den Olynthiern, die er noch brauchte; er besetzte auch Methone.
So kam es zu einem offenen Kampf zwischen Mazedonien
und Athen, der für beide entscheidend geworden ist. Es
war ein Kampf der Waffen und der Politik. In bezug auf
die Waffen hat Demosthenes, der die Verwicklungen der
Ereignisse immer mit sicherem Takt würdigte, das Verhältnis treffend angegeben. Er setzt einmal auseinander,
dass Philipp den Krieg nicht allein mit der Phalanx der
Hopliten führe, sondern zugleich mit Leichtbewaffneten,
Reitern, Bogenschützen und Söldnern. Wie ganz anders
als die Lakedämonier und andere griechische Städte,
deren Mannschaft vier Monate lang ins Feld ziehe und

dann immer wieder nach Hause zurückkehre. Philipp dagegen führe Krieg in jeder Jahreszeit; wenn er im offenen Lande keinen Widerstand mehr finde, so belagere er die festen Plätze. Und nicht minder bedeutend war die Differenz in der Politik. In der demokratischen Republik kam alles auf den Ausschlag öffentlicher Beratungen an; der König dagegen nahm nur von sich selber Rat. Demosthenes hat die Verluste, die Athen erlitt, hauptsächlich den Fahrlässigkeiten der Republik zugeschrieben; er hat immer behauptet, dass der Besitz von Methone und Potidäa, das Philipp wieder an sich brachte, diesem die Herrschaft in jenen Gebieten überhaupt gesichert habe. In Philipp erscheint die militärische Monarchie. Er ist fähig, den Gedanken, den er in jedem Moment ergreift, mit Präzision durchzuführen. Seine Truppen sind ihm ein zu jedem Dienste verwendbares Werkzeug. Athen war dadurch geschwächt, dass es in dem Kriege begriffen war, der ihm seine Bundesgenossen kostete. Philipp dagegen gewann durch die Eroberung der Bergwerke von Krenides, deren schon Herodot gedenkt, nun auch eine für die Kriegführung durch Söldnerheere unentbehrliche Geldquelle. Er stellte sich militärisch und politisch auf die eigenen Füsse.

Doch wäre mit alledem noch nichts Haltbares erreicht gewesen; denn nicht so leicht war der alte Einfluss von Athen in jenen Regionen, in denen es so lange geherrscht hatte, zu beseitigen, wären nicht Ereignisse eingetreten, die dem König Philipp die Gelegenheit verschafften, sich in der Mitte von Griechenland aufzustellen und Athen selbst vom inneren Lande her zu unterwerfen. Es war ein Ereignis, das die wilde Zerfahrenheit der damaligen Zustände von Hellas recht eigentlich charakterisiert. Was die Griechen vereinigen sollte, entzweite sie am meisten.

Die Phokier, die damals, durch Theben von Sparta befreit, doch entschlossen waren, auch das Uebergewicht der Thebaner nicht zu dulden, sondern eine gewisse partikularistische Unabhängigkeit zu gewinnen, hatten den Entschluss gefasst, sich der unbequemen Einwirkung der delphischen Priesterschaft auf immer zu entledigen. Sie behaupteten und wollten es aus einem homerischen Vers beweisen, dass die Vorsteherschaft des Heiligtums ihnen rechtmässig zukomme. Einem unternehmenden Führer, Philomelus, gelang es in der Tat, sich des Heiligtums zu bemächtigen, nicht ohne geheime Unterstützung Spartas, mit einem aus Phokiern und fremden Söldnern zusammengesetzten Heere. Aber damit erweckte er die Feindseligkeit von Theben, das eine Versammlung der Amphiktyonen zustande brachte, die das Heiligtum zu schützen beschloss und den Phokiern den Krieg ankündigte. Philomelus benutzte nun die Tempelschätze, wie Sparta das ägyptische Geld und Philipp die krenidischen Bergwerke. Aber seine Stellung war zu gewaltsam, als dass sie hätte behauptet werden können; zu wirklichem Krieg reichten doch die Tempelschätze nicht hin. Von einem übermächtigen Feind besiegt und dabei verwundet, stürzte sich Philomelus, um der äussersten Schmach zu entgehen, von einem Felsen in den Abgrund. Die Lage wurde jedoch damit wenig verändert. Unter den Phokiern erhob sich das Oberhaupt eines der vornehmsten Geschlechter, Onomarch, um seine Stelle einzunehmen; und dieser wusste sich aufrechtzuhalten in immerwährendem Krieg mit seinen Nachbarn.

Welchen Anlass aber hatte nun ein mazedonischer König, der zu der hellenischen Genossenschaft nicht gehörte, in diese Irrungen einzugreifen?

Die Sache ist folgende. Die Thessaler, die von jeher der Amphiktyonie angehörten, waren sehr einverstanden mit Theben, dem Unwesen in Delphi ein Ende zu machen. Sie waren aber ebensowenig einmütig untereinander, wie die Griechen überhaupt. Den Aleuaden, die den überwiegenden Einfluss in Thessalien besassen, setzte sich das Haus der Tyrannen von Pherä, an dessen Spitze damals Lykophron stand, entgegen. Vielleicht durch Geld gewonnen, machte Lykophron gemeinschaftliche Sache mit Onomarch, der, überhaupt wohlgerüstet, den Gedanken fassen konnte, die Aleuaden und damit ganz Thessalien zu unterwerfen. Der allgemeine Streit wurde hiedurch zu einem Hader innerhalb dieser Landschaft, in welchem die Entzweiung zwischen den Tyrannen von Pherä und den amphiktyonisch gesinnten Thessalern, die, in Gefahr, von Onomarch überwältigt zu werden, Philipp zu Hilfe riefen, das vornehmste Moment bildete. Philipp hatte anfangs glückliche Erfolge. Als aber Onomarch mit überlegener Streitmacht dem Lykophron zu Hilfe kam, geriet der König in Nachteil; zweimal in offenem Felde besiegt und selbst seiner Mietsvölker nicht mehr ganz sicher, ging er nach Mazedonien zurück. Hier fand er die Mittel, sich in bessere Verfassung zu setzen, so dass er mit 20 000 Mann zu Fuss und 3000 zu Pferd wieder nach Thessalien ziehen konnte. Indes hatte Onomarch nicht geringe Vorteile in Böotien erfochten, und, von Lykophron zu Hilfe gerufen, erschien er auch seinerseits mit einem ansehnlichen, kriegsgeübten Heere in Thessalien. Es stand etwas auf dem Spiel bei diesem Zusammentreffen. Als eine spätere Ausschmückung ist es zu betrachten, wenn man erzählt, Philipp sei mit den Abzeichen des delphischen Gottes in die Schlacht geeilt, wodurch die Phokier, ihrer Vergehung eingedenk, mit Schrecken erfüllt und besiegt worden seien. Wir erfahren mit Sicherheit, dass Philipp besonders durch die thessalische Reiterei, die sich um ihn scharte, den Sieg in der Schlacht davongetragen hat. Aber dabei bleibt doch bestehen, dass der Sieg Philipps zugleich als ein solcher der Amphiktyonen und des Heiligtums über die Phokier angesehen werden muss. Onomarch kam auf der Flucht um. Der provinziale Hader wurde entscheidend für den allgemeinen Streit. Durch seinen Sieg wurde Philipp Meister von Thessalien; er nahm den pagasäischen Meerbusen ein und erklärte Pherä für eine freie Stadt. Die Thessaler, die er gerettet hatte, schlossen sich ihm mit Freuden an. Und noch mehr hatte es zu bedeuten, dass er als Vorfechter der Unabhängigkeit des delphischen Orakels auftrat; er gewann damit alle die, die an der ererbten Religion festhielten. Zunächst hielt er jedoch mit dem sicheren Takte, der ihm eigen war, in seinem Siegeslaufe inne. Er hütete sich wohl, die Athener, die im Einverständnis mit den Phokiern die Thermopylen besetzt hatten, anzugreifen. Philipp versuchte nicht, diese zu durchbrechen. Schon genug, dass er eine Stellung gewonnen hatte, durch die er zwar Feindseligkeiten erweckte, aber auch Verbündete gewann.

Ohne sich der im mittleren Griechenland errungenen Vorteile unmittelbar zu bedienen, wendete er sich zunächst nach den thrazischen Regionen, gegen Olynth, das damals mit Athen verbündet war.

Wieviel auf Olynth in diesem Augenblick ankam, erkennt man aus der Behauptung des Demosthenes, dass Philipp, sobald er diese Stadt innehabe, in Attika selbst zu erwarten sein würde, und im Gegenteil aus dem Worte Philipps, er müsse entweder Olynth bezwingen, oder er könne sich in Mazedonien selbst nicht halten, was sich wohl auch darauf bezieht, dass seine noch unbesiegten Brüder dort Rückhalt fanden. In dem Widerstand der Olynthier sahen die Athener gleichsam ihre eigene Sache.

Wenn Philipp früher, durch die Entzweiung der beiden Städte gefördert, in Thrazien Fuss gefasst hatte, so wurde er nun durch die Verbindung zwischen denselben um so mehr zu dem Entschlusse, sich der Olynthier zu entledigen, angetrieben. Von den zweiunddreissig chalkidischen Städten, die jetzt mit Olynth verbunden waren, nahm er eine nach der andern ein, ohne dabei auf besondere Hindernisse zu stossen. Erst als er Olynth selbst bedrohte, leisteten die Athener den Olynthiern Beistand.

Aber dieser war nicht dazu angetan, die bedrängten Verbündeten zu retten. Von den Führern der Athenienser war der eine, Chares, ohne wirkliches Talent, der andere, Charidemus, durch Schwelgerei verrufen. Wie konnten diese sich mit dem König messen, der durch und durch ein Kriegsmann war? Innere Parteiungen in Olynth kamen hinzu; im Spätsommer des Jahres 348 [30]) fiel es in die Hände Philipps, der nun das Recht des Siegers auf das grausamste ausübte: denn eine Stadt wie diese wollte er niemals wieder aufkommen lassen.

Ich denke, man muss dies als den zweiten grossen Sieg Philipps über das griechische Gemeinwesen betrachten;

von dem Fall von Olynth wurde zugleich Athen betroffen. Der König bediente sich der Gefangenen, die in seine Hände gefallen waren, um den Athenern Friedenseröffnungen zugehen zu lassen, die diese, vornehmlich aus Besorgnis, Philipp würde sonst daran gehen, sich des Chersones und des Hellespont zu bemächtigen, nicht zurückwiesen; denn auf den dortigen Ansiedelungen und ihrem Bestehen, selbst ihrer Autonomie, beruhte nicht allein die maritime Grösse von Athen, sondern seine Existenz, da es seine Lebensmittel grossenteils vom Schwarzen Meere her bezog. Es war also ein wirklicher Vorteil für Athen, wenn Philipp auf die Bedingung, dass jeder Teil behalten solle, was er habe, den Frieden zu schliessen einwilligte. Auch Lemnos, Imbros, Skyros wurden dadurch gesichert. Mit dem an sich erwünschten Frieden aber tauchte noch eine andere Frage von der grössten Bedeutung auf. Auch die Bundesgenossen der beiden Teile sollten in denselben aufgenommen werden. Welche aber waren dies? Die Athener forderten, alle diejenigen als ihre Bundesgenossen anerkannt zu sehen, die sich binnen drei Monaten als solche erklären würden. Hätte Philipp eingewilligt, so würden sich alle seine Gegner in Hellas an Athen angeschlossen haben. Und noch eine andere Beziehung von unmittelbarster Wichtigkeit hatte die Frage. Die Athener wollten auch die Phokier als ihre Bundesgenossen angesehen wissen; mit denen aber geriet Philipp soeben wieder in offene Feindseligkeit; er wurde von den Thebanern und Thessalern, die der phokischen Kriegsmacht nicht Herr werden konnten, gegen diese zu Hilfe gerufen. Philipp selbst lag daran, dem dortigen kleinen Krieg, der die Landschaften verwüstete und alles in Aufregung hielt, definitiv ein Ende zu machen. Wenn er einige Zeit früher gegen die Phokier vorzurücken Bedenken getragen hatte, so war es auch deshalb geschehen, weil sie einen Rückhalt an Athen und Sparta hatten. Jetzt aber fehlte ihnen dieser. Von Sparta, das eine Demonstration zugunsten von Phokis machte, erfahren wir, dass es durch Versprechungen, die Philipp den spartanischen Gesandten in Pella gab, getäuscht, diese Sache fallen liess. Und auch den Athenern waren durch ihren Frieden die Hände gebunden; sie würden ihn zweifelhaft gemacht haben, wenn sie sich dem König feindselig in den Weg gestellt hätten. Der damalige Führer der Phokier, der Sohn Onomarchs, Phaläkus, durfte sich nicht allein auf keine fremde Hilfe Rechnung machen; in Phokis selbst hatte seine Stellung keinen festen Boden. Als nun Philipp, der jetzt mit den Thebanern zu Schutz und Trutz verbunden war, in Thessalien erschien und eine Heeresmacht aufstellte, die man für unüberwindlich hielt, verzweifelte Phaläkus, den Kampf zu bestehen; er entschloss sich, seine feste Stellung zu verlassen, unter der Bedingung eines freien Abzuges. Dergestalt behielt Philipp ohne Schwertstreich die Oberhand. Er konnte nun in aller Ruhe über die Thermopylen gehen, in Phokis eindringen, Delphi in Besitz nehmen und eine neue Amphiktyonie einrichten, bei der die Phokier ausgeschlossen, ihm selbst aber die obersten Ehren zuteil wurden. Er präsidierte bei den pythischen Spielen, wobei ihn athenische Gesandte aufsuchten. Den Beschlüssen, die dort gefasst wurden, konnten die Athener, so widerwärtig sie ihnen auch waren, nicht widerstreben.

Will man sich die Verhältnisse vergegenwärtigen, die nunmehr eintraten, so muss man die Rede des Demosthenes über den Frieden lesen. Als der grösste Antagonist gegen die mit sicherem Schritt emporkommende Macht des klugen und kriegsgewaltigen Königs erscheint der attische Redner, der die Gefahr, in der sich Athen befand, vollkommen durchschaute, dem aber kein anderes Mittel, ihr zu begegnen, zu Gebote stand, als die Einwirkung seiner Rede auf den Demos von Athen. Er hatte jetzt nicht sowohl mit denen zu kämpfen, die den Frieden geraten hatten, als mit denen, die, durch das Weiterschreiten Philipps bewogen, ihm den Krieg erklären wollten. Demosthenes' Rat war, den Frieden zu beobachten. « Wir haben jetzt », sagt er, « Amphipolis an Philipp aufgegeben, den Kardianern gestattet, sich von den übrigen Chersoniten abzusondern, den Karern die Inseln einzunehmen, Chios, Kos und Rhodos, also uns in unseren eigensten Angelegenheiten in einen Vertrag eingelassen, offenbar, weil wir von der Ruhe grössere Vorteile erwarten als von der Fortsetzung des Streites. » Seine Meinung ist: es wäre besser gewesen, den Frieden, in dem so vieles nachgegeben worden, überhaupt nicht zu schliessen, aber höchst gefährlich wäre es, ihn jetzt zu brechen, da man ja fürchten müsse, die Amphiktyonie zu einem gemeinschaftlichen Kriege gegen Athen zu veranlassen; sehr möglich, dass Athen mit Philipp um seiner eigenen Angelegenheiten willen in Krieg gerate, ein Fall, in dem namentlich die Thebaner schwerlich für Philipp Partei nehmen würden; denn sie dürften besorgen, von dem Manne, der immer seinen Vorteil erlauere, auch ihrerseits zugrunde gerichtet zu werden. Möglich freilich auch, dass Theben wegen seiner besonderen Schwierigkeiten mit Athen zu den Waffen greife; aber es würde dafür an sich keine Bundesgenossen finden. Man müsse sich nur hüten, nicht allen zugleich Anlass und Vorwand zum Kriege darzubieten; den Peloponnesiern nicht durch eine engere Verbindung mit Lakedämon, den Thebanern und Thessalern nicht, indem man ihren Flüchtlingen Schutz gewähre, und Philipp nicht, indem man ihn verhindere, seinen Platz unter den Amphiktyonen zu nehmen. Wir sehen, mit welcher Umsicht der Redner, der zugleich ein Staatsmann ist, die auswärtigen Angelegenheiten seiner Vaterstadt erwägt. Wie die Dinge damals standen, war er entschieden für die Aufnahme Philipps in den Bund der amphiktyonischen Hellenen. Indem er in dieser Sache zurückwich, nahm er doch übrigens eine selbständige Stellung für Athen in Anspruch. An sich befand sich Athen wohl bei dem Frieden.

Der Fall von Sidon und von Olynth brachte ihm Vorteil; es wurde jetzt die unbestrittene Metropole des Handels. Der Verkehr war in regem Aufschwung, und an Geld fehlte es nicht.

Aus dieser Zeit stammt die Anlegung eines Arsenals unter dem Baumeister Philon, sowie die Verbesserung einiger dem Verkehr nachteiliger Gesetze. Und in den mit den maritimen zusammenhängenden Angelegenheiten wich Athen keineswegs vor Philipp zurück. Darauf wirkte vornehmlich ein, dass sich das Verhältnis zu Persien besser gestaltete, was soeben geschah; die Wiederherstellung der Autorität des grossen Königs in Vorderasien rief nun auch eine politische Reaktion hervor. Der Satrap, der früher seine Zuflucht zu den Mazedoniern genommen hatte, erlangte unter Vermittlung Memnons die Gnade des Artaxerxes und kehrte zurück. Aus der Lebensgeschichte des Aristoteles kennt man Hermias, der dessen intimster Freund war und bei dem er sich damals aufhielt, Tyrann von Atarneus, einem festen Platz, dem sich andere Städte und Burgen angeschlossen hatten. Mentor richtete diese aufkommende Unabhängigkeit auf verräterische Weise zugrunde; er lud Hermias zu einem Zwiegespräch ein, bemächtigte sich aber hiebei seiner Person und brachte durch den Missbrauch seines Siegelringes auch die umliegenden Ortschaften sowie Atarneus selbst in seine Hände.

Man kann nicht bezweifeln, dass diese Herstellung der persischen Macht in Vorderasien den Athenern in ihrem Widerstreit gegen Mazedonien, das dadurch in seine alten Grenzen zurückgewiesen wurde, zustatten kam.

Und noch eine andere Waffe hatten die Athener in dem inneren Griechenland gegen Philipp. Es war der gleichsam zu einem nationalen Glauben entwickelte Tyrannenhass, der noch von alter Zeit her die Griechen beseelte. Wie waren die vermeinten Tyranniziden, die Jason von Pherä umgebracht hatten, allenthalben so glänzend aufgenommen worden. In Korinth erlebte man, dass der treffliche Timoleon seinen eigenen Bruder, der nach der Alleinherrschaft strebte, ermordete, zum tiefen Gram ihrer gemeinschaftlichen Mutter, zur Bewunderung der Zeitgenossen. Diesen Hass nun wusste Demosthenes gegen Philipp wachzurufen. Er selbst machte sich auf, um den Argivern und Messeniern die Unhaltbarkeit ihrer Verbindung mit Philipp zum Bewusstsein zu bringen. Er führte ihnen zu Gemüt, dass es ihnen ebenso ergehen würde, wie den meisten Verbündeten Philipps, die er an sich gezogen; das Hauptargument aber war die Unverträglichkeit des Königtums mit einer freien bürgerlichen Verfassung; er führte dies mit all seiner Beredsamkeit aus und fand damit Beifall. Wohl beschwerte sich Philipp über die Insinuationen des Redners, die er als Verleumdungen bezeichnete, doch machte er damit wenig Eindruck, da Demosthenes dem Demos vorstellte, dass es dem König doch nur um Herrschaft, nicht um Gerechtigkeit zu tun sei.

Dergestalt stützte sich Athen auf seinen alten Ruhm, seine blühende Seemacht, sein gutes Vernehmen mit den Persern, endlich auf den ererbten hellenischen Widerwillen gegen die Tyrannen. Es bildete die eigentliche Gegenmacht gegen Philipp und schien diesem noch immer so gefährlich, dass er auf eine Revision des Friedens einging. Wohin aber hätte es führen können, wenn er in die Forderung der Athener, die nicht den Besitz, sondern das Recht eines jeden als Grundlage des Friedens angenommen zu sehen verlangten, eingewilligt hätte? Der bestehende Zustand wäre dadurch überhaupt zweifelhaft geworden, vor allem aber Philipps Stellung. In diesem Augenblick wurde der thrazische Chersones, den auch Persien als Eigentum Athens anerkannte und dessen Erhaltung der Hauptzweck des letzten Friedens gewesen war, von Philipp bedroht. In dem Frieden nämlich war das autonome Kardia als Bundesgenosse Philipps anerkannt worden. Dass nun Kriegsvölker von Athen, veranlasst durch ungenügende Besoldung, das Gebiet von Kardia und die benachbarten mazedonischen Grenzen verletzten, betrachtete Philipp als eine Feindseligkeit; und in Athen selbst war man geneigt, den Strategen, der an der Irrung schuld war, abzurufen. Dem aber setzte sich Demosthenes entgegen. Wenn er es für gefährlich hielt, über die Frage der Amphiktyonie mit Philipp zu brechen, so war er doch sehr der Meinung, dass das besondere Interesse von Athen gegen den König, und zwar eben dort am Chersones, mit aller Kraft wahrgenommen werden müsse. In einer energischen Rede, die man wohl für die beste von allen seinen

Reden erklärt hat — es ist die dritte philippische — spricht er sich darüber aus. Er zählt darin die Beschwerden auf, die man gegen Philipp habe, der eigentlich schon in vollem Kriege gegen Athen begriffen sei. Denn wer wolle zweifeln, dass ein Feind, der Belagerungswerkzeuge um eine Stadt her instand setze, diese demnächst angreifen werde? Auf die guten Worte Philipps dürfe niemand zählen; durch solche habe er Olynth getäuscht, sowie die Phokier, noch zuletzt Pherä in Thessalien. Das werde auch das Schicksal von Athen sein. Philipp bekriege Athen, ohne dass dies ihn wieder bekriege. Das aber dürfe schlechterdings nicht so fortgehen.

Gegen die positiven Vorschläge, die Demosthenes machte, lässt sich manches einwenden; der Wert seiner Reden liegt in den allgemeinen Mahnungen, die auf einer grossen Anschauung beruhen und, man möchte sagen, mit einer zwingenden Logik vorgetragen werden. Denn nicht in hochtönenden Worten, sondern in unausweichlicher Beweisführung, die doch vollkommen populär ist, besteht die demosthenische Beredsamkeit.

Und nochmals gerieten Philipp und Athen in unmittelbaren Kampf. Philipp schritt zu einem Angriff gegen das feste Perinth, das, an der Küste terrassenförmig aufgeführt, eine gewerbfleissige und mutvolle Bevölkerung in sich schloss. Es war ihm bereits gelungen, die äusseren Mauern einzunehmen, und man musste den Fall der inneren Stadt erwarten, als athenische Mietsvölker, mit persischem Gold besoldet, eintrafen: denn auch die Perser wollten jene die Welt beherrschende Meerenge nicht in die Hände der mazedonischen Kriegsmacht fallen lassen. In den Regionen, wo die verschiedenen Völkersysteme immer aufeinandergestossen sind — denn niemand will deren Besitz dem andern gönnen — kam es zu einer zwar unerwarteten, aber sehr in der Sache liegenden Vereinigung der griechischen und persischen Interessen. Philipp musste die Belagerung von Perinth in der Tat aufgeben. Der Kampf versetzte sich nach Byzanz; hier aber traten die Athener mit ihrer vollen Macht dem König entgegen.

Chares verdrängte die mazedonische Flotte von dem Goldenen Horn; Phokion, der es dem Ruhme seiner Tugend verdankte, dass er in Byzanz Aufnahme fand, verteidigte die Befestigungen der Landseite. Auch hier musste sich Philipp zurückziehen. Niemals waren die Kombinationen des Königs grossartiger und umfassender gewesen. Durch einen Zug gegen die Skythen hoffte er, die Donaumündungen an sich zu bringen; er wäre dann Meister des Schwarzen Meeres überhaupt geworden; nicht lange würden sich alsdann die Pflanzstädte der Griechen in ihrer Unabhängigkeit haben behaupten können. Aber in diesen Ländern gab es noch freie Völker, deren Bewegungen nicht vorauszusehen, noch zu ermessen waren. Das Unternehmen gegen die Skythen war nicht zu dem vorgesteckten Ziel gelangt, jedoch auch nicht misslungen; der König kehrte reich mit Beute beladen zurück. Aber auf dem Wege setzten sich ihm die Triballer entgegen, die ihm so starke Verluste beibrachten, dass er an fernere Eroberungen auf dem thrazischen Chersones nicht denken konnte. Die Athener, die kaum wussten, dass sie an den Triballern Verbündete hatten, behaupteten, mit den Persern einverstanden, ihre maritime Stellung. Noch einmal hielt die Seemacht von Athen dem König von Mazedonien Widerpart; und dabei würde es wohl auch der Lage der Welt gemäss eine Weile sein Verbleiben gehabt haben, wäre nicht der alte Hader über das Heiligtum des delphischen Gottes wieder erwacht.

Die Veranlassung ist im Grunde eine politisch geringfügige gewesen, gleichsam eine Ehrensache, wie damals, als Perikles und Sparta einander die Promantie streitig machten. Jetzt war der Streit zwischen Theben und Athen. Die Athener hatten ein Weihgeschenk in Delphi erneuern lassen, auf dessen Inschrift ihrer Siege zugleich über Perser und Thebaner gedacht wurde. Die Thebaner fühlten sich dadurch um so mehr beleidigt, da die Verhältnisse seitdem von Grund aus verändert waren. Auf der nächsten Amphiktyonenversammlung, an der auch die Abgeordneten der Athener wieder teilnahmen, brachte der Hieromnemon von Amphissa, des Vorortes der ozolischen Lokrer, die besondere Feinde der Phokier und die eifrigsten Anhänger des Gottes waren, die Sache zur Sprache. Er liess sich gegen die Athener, denen er nicht vergessen konnte, dass sie Verbündete der Phokier gewesen waren, auf beleidigende Weise vernehmen; er sagte, man solle sie an dem heiligen Orte überhaupt nicht dulden. Unter den Abgeordneten von Athen befand sich nun der Redner Aeschines, nicht selbst Hieromnemon, aber dessen Stellvertreter. Entfernt davon, die Athener zu entschuldigen, nahm er vielmehr Partei für den delphischen Gott und erhob die Anklage gegen die Amphissäer, dass sie sich ja selbst des Eigentums des Gottes, des Hafens von Kirrha, den man vor sich sah, bemächtigt hätten. Nach den Siegen Philipps war wieder eine Strömung zugunsten der delphischen Besitztümer eingetreten. Aeschines bewirkte, dass die Amphiktyonen in Delphi sich sofort anschickten, die Lokrer aus jenem Besitz zu vertreiben. Als sie dabei Widerstand fanden, wurde auch dieser den Amphissäern zum Verbrechen gemacht; und man traf die Verabredung, eine ausserordentliche Sitzung der Amphiktyonen zu halten, um in bezug auf diese Sache Beschluss zu fassen. Demosthenes erschrak, als er von dieser Aufforderung vernahm; den Krieg für die Amphiktyonen und das Heiligtum zu Delphi zu führen, lief der bisherigen Politik Athens, die vielmehr die Usurpation des Heiligtums unterstützt hatte, geradezu entgegen. Sollte nun Athen sich an einem Kriege zugunsten der Amphiktyonie, d. h. zugunsten des Königs Philipp, der an deren Spitze stand, beteiligen? Dahin wäre die Meinung des Aeschines gegangen, der es vorgezogen hätte, einen Krieg, den er für fromm und gerecht hielt, zu führen. Er meinte, bei dieser Gelegenheit den Thebanern das streitige Oropus selbst unter Beistimmung Philipps zu entreissen. Demosthenes aber war mit der ganzen Stärke seiner politischen Gesinnung dagegen. Man bemerkt hierbei den Antagonismus der beiden Redner, von denen der eine mehr den momentanen Vorteil, der andere die allgemeine Lage im Auge hatte;

zugleich aber nimmt man die geringe Fähigkeit einer demokratischen Versammlung, die grossen politischen Angelegenheiten zu leiten, wahr. Sie ist von den momentanen Impulsen und dem Eindruck der Rednerbühne abhängig. Der Antagonismus der beiden Redner drang hiedurch in die grossen Entscheidungen ein. Zuerst setzte Aeschines den Beschluss durch, sich gegen Amphissa zu erklären; Demosthenes hierauf den entgegengesetzten, nicht gegen Amphissa Partei zu nehmen und die anberaumte Versammlung überhaupt nicht zu beschicken. Welch ein Wechsel! In dem ersten Beschluss lag Friede und Freundschaft, in dem zweiten eine offene Feindseligkeit gegen Philipp. Die Amphissäer, anfangs zurückgewiesen, wurden jetzt in Schutz genommen und setzten sich um so nachdrücklicher den Amphiktyonen entgegen. Ist aber, so muss man fragen, der Meister der Redekunst nicht in Widerspruch mit sich selbst geraten, indem er nun doch dazu mitwirkte, dass man sich den Amphiktyonen und also auch dem König Philipp widersetzte, was er immer als höchst gefährlich bezeichnet hatte? Der Grund dafür lag darin, dass Athen mit König Philipp bereits im offenen Kriege war und unmöglich in einer inneren griechischen Angelegenheit mit dem Fürsten verbündet sein konnte, den es übrigens bekämpfte. Für Philipp aber war nichts erwünschter. Unfähig, den Athenern zur See etwas anzuhaben, bekam er dadurch Anlass und Vorwand, seine überlegene Landmacht im Gegensatz mit ihnen zur Geltung zu bringen. Auf die Aufforderung der Thessaler führte er diese nach Thessalien. Von den Amphiktyonen wurde er zum Strategen mit selbständiger, keinem verantwortlicher Gewalt ernannt: denn das ist doch der Sinn des Wortes Autokrator, das man dem Titel Strateg beifügte. Mit einer legalen Autorität versehen, erschien er im Winter 339/8 in Hellas. Weder die Lokrer, obgleich von den Athenern verstärkt, noch auch die Amphissäer leisteten ihm Widerstand. Wahrscheinlich durch eine absichtlich verbreitete falsche Nachricht bewirkte er, dass ihm die Thermopylen freigelassen wurden. Er besetzte dann

Elateia, das ihm seinen Rückzug nach Mazedonien sicherte.
Da aber trat in den panhellenischen Angelegenheiten noch
eine Aenderung ein: Theben, das den Krieg der Amphiktyonen gegen Phokis veranlasst und an andern Unternehmungen Philipps Anteil genommen hatte, wandte sich
jetzt von ihm ab. Bereits von jener ausserordentlichen Versammlung der Amphiktyonen, die in Pylä zustande kam,
hielt es sich entfernt. Man nimmt an, dass die Thebaner
die Besorgnis hegten, Philipp werde, wenn er Athen überwältigt habe, sich gegen sie selbst wenden — und ohne
Zweifel mit Recht. Sie hatten einst wesentlich beigetragen,
der Herrschaft der Lakedämonier und der Dreissig in
Attika ein Ende zu machen, worauf die Macht von Athen
wieder emporgekommen war, und zwar zum Vorteil ihrer
eigenen Unabhängigkeit. Konnten sie wohl zugeben, dass
Athen von Philipp überwältigt wurde? Jene vermeinte
Beleidigung durch den Weiheschild war bald vergessen;
es gab jedoch noch einen andern sehr greifbaren Gegenstand der Eifersucht der beiden Städte; es war der damals
in den Händen der Thebaner befindliche Hafenplatz Oropus, auf den aber auch die Athener um so mehr Anspruch
machten, da er zur Vermittlung des Verkehrs mit Euböa
diente. Aeschines hatte gehofft, durch die Hilfe Philipps
ihn auf immer an Athen zu bringen. Dabei aber trat ihm
Demosthenes entgegen. Sollte dem König Philipp noch
einmal Widerstand geleistet werden, so lag das einzige
Mittel dazu in der Herstellung eines guten Verständnisses
zwischen Athen und Theben, durch die eine Macht, die
den Kampf mit Philipp aufzunehmen fähig war, gebildet
werden konnte. In diesem Gedanken aber lebte und webte
Demosthenes. Dass die Verbindung zustande kam, kann
als das vornehmste Verdienst betrachtet werden, das er
sich in dieser Krisis erworben hat. Bei den Athenern
setzte er durch, was ihm gewiss nicht leicht geworden sein
wird, dass sie den Anspruch auf Oropus, an dem sie immer
zähe festgehalten, in diesem Augenblick fallen liessen; es
war ein Sieg des allgemeinen Interesses über das partikulare, den Demosthenes in Athen erfocht. Hierauf begab

er sich selbst nach Theben und brachte, indem er die Herrschaft Thebens in Böotien anerkannte, allen Erbietungen und Drohungen, die Philipp verlauten liess, zum Trotz, das Bündnis beider Städte zustande, auf dessen Erfolg das Bestehen eines griechischen Gemeinwesens beruhte. Entgegengesetzte Botschaften durchzogen hierauf Griechenland. Philipp erreichte, dass die Messenier, Arkader, Eleer keinen Anteil an dem Kriege zu nehmen beschlossen. Auch von den Spartanern hatte er nichts zu fürchten, da sie in diesem Augenblick in einer italienischen Unternehmung zugunsten Tarents gegen die Lukaner beschäftigt waren. Doch gab es auch einige Staaten, die an der Idee des griechischen Gemeinwesens festhielten. Mit Athen und Theben verbanden sich Euböer, Achäer, Korinther, Megarer, sowie die entfernten Leukadier und Korkyräer.

In Athen sowie in Böotien hätten viele den Frieden vorgezogen; aber der Redner hatte ein festes Band um die beiden Hauptstädte geschlungen; als die Athener vor Theben erschienen, fanden sie, der Gewohnheit früherer Jahrhunderte zuwider, die beste Aufnahme. Die Heere rückten vereinigt ins Feld. Als die ersten Feindseligkeiten, zu denen es kam, für die beiden Städte günstig ausfielen, wurde dem Demosthenes in Athen der goldene Kranz votiert. Zu früh jedoch, wenn man schon glaubte, am Ziel zu sein. Gleich bei den ersten Schritten zeigte sich die strategische Ueberlegenheit Philipps. Der festen Stellung der Thebaner wurde er dadurch Meister, dass er in ihrem Rücken in Böotien einfiel, worauf diese, von territorialen Sympathien ergriffen, einen Teil ihrer Streitkräfte dahin abrücken liessen und Philipp in den Stand kam, die Ebene von Chäronea einzunehmen, was ihm auch für die Entwicklung der Reiterei sehr erwünscht war. Dort nun trafen die beiden Armeen zusammen, zwischen denen die entscheidende Schlacht geliefert werden musste. Philipp hatte ein vollkommen ausgebildetes Kriegsheer, das schon immer zusammen gefochten und das er mit überlegener Einsicht leitete. Die Erfahrungen der thebanischen und athenischen Heerführer der letzten Jahrzehnte hatte er sich zu eigen gemacht; dem hatte weder Theben noch Athen einen namhaften Führer entgegenzustellen. Der einzige Mann in Athen, der den Krieg verstand, Phokion, hielt sich absichtlich fern davon. Die Aufstellung der Mannschaften war die althergebrachte. Die Kontingente traten nach ihren Landsmannschaften zusammen, wie einst im Kriege gegen die Perser. Es war wesentlich noch immer ein Heer von Bürgermilizen aus verschiedenen Städten und Staaten, im einzelnen trefflich eingeübt, aber im ganzen ohne Einheit. Die Athener hatten dem Thebaner Theagenes eine gewisse Prärogative zuerkannt. Aber die Stelle eines Anführers hatten sie ihm nicht gegeben; auch an diesem entscheidenden Tag hatte das griechische Gemeinwesen keinen obersten Heerführer. Die Thebaner, die die stärkste Masse bildeten, hatten auch den schwersten Angriff zu bestehen. Sie waren in diesem Augenblick die verhasstesten und gefährlichsten Feinde Philipps; das eine, weil sie vom Bunde mit ihm abgefallen waren, das andere, weil sich in ihnen die Ueberreste des alten thebanischen, von Epaminondas gegründeten Heeres, also die militärisch berühmteste Streitmacht des damaligen Griechenlands, konzentrierte. Gegen sie liess Philipp seine vornehmste Heeresmacht, bei der sich sein Sohn Alexander befand, anrücken. Er selbst stellte sich mit einer ausgewählten, taktisch besonders geübten Schar den Athenern gegenüber. Indem er nun vor diesen zurückwich und sie sozusagen nur in Schach hielt, vollzog sich der eigentliche Kampf zwischen der Hauptmacht und den Thebanern; diese wehrten sich auf das tapferste. Ihr Führer Theagenes war seiner Vorfahren nicht unwürdig; hier stand auch noch jene heilige Schar, die durch gegenseitigen Eidschwur verpflichtet war, niemals einer vom andern zu lassen. Diese Streitmacht, ohne Zweifel die bedeutendste, die im Felde stand, wurde nun durch die Ueberlegenheit der mazedonischen Heerführung überwunden. Wenn man die Entscheidung dem jungen Alexander zuschreibt, so ist es nur so zu verstehen, dass dieser, der

Hauptmacht zugeteilt, von den bewährtesten Führern umgeben war.

Die Linie der Thebaner wurde durchbrochen, Alexander soll sie mit seinen Pferden niedergeritten haben. Nun erst rückte Philipp selbst mit seiner bisher zurückgehaltenen Schar gegen die Athener vor. Bei ihrem ersten Vordringen sollen sie gemeint haben, den König aus dem Felde zu jagen. Philipp aber liess vernehmen: « Die Athener verstehen nicht zu siegen », was wohl nur den Sinn haben kann, dass sie ihm sonst auf seinem verstellten Rückzug nicht so weit gefolgt sein würden. Jetzt, als der Kampf mit den Thebanern entschieden war und auch von dorther die Sieger gegen die von den Athenern aufgestellten und befehligten Truppen der Bundesgenossen vordrangen, wandte sich Philipp gegen die Athener selbst, die nun, da alles entschieden war, keinen Widerstand leisteten und eine vollkommene Niederlage erlitten. Von den geborenen Athenern kamen mehr als tausend um, zweitausend wurden gefangengenommen, die übrigen gerieten in wilde Flucht, unter denen auch Demosthenes war. Sein Platz war nicht auf dem Schlachtfeld, sondern auf der Rednerbühne. Von Philipp sagt man, er habe ironisch in iambischem Takt den Anfang eines gegen ihn gerichteten Beschlusses wiederholt, in welchem Demosthenes, des Demosthenes Sohn, der Päanier als Antragsteller genannt wurde. Der Redner war von dem Strategen, der Enthusiasmus der Demokratie von der geschulten Kriegskunst besiegt, der Redner. der jenen erweckte, erlag dem König, der diese anzuwenden verstand; die Rednerbüne trat vor der durch die Waffen autorisierten Staatsgewalt in den Hintergrund.

Die Athener fürchteten, Philipp werde nun gegen ihre Stadt vorrücken. Das konnte aber der Gedanke Philipps nicht wohl sein, zumal da seine letzten Belagerungen ihm misslungen waren. Seine Ueberlegenheit beruhte eben auf der offenen Feldschlacht. Es war ihm genug, überhaupt die Oberhand behalten zu haben. Dadurch wurde bewirkt, worauf alles ankam, dass die ihm zugewandte Partei in

Athen jetzt wieder zum Uebergewicht gelangte. Er wusste die Gemüter durch Gnadenbeweise günstig zu stimmen und liess dann einen Frieden antragen, den man zurückzuweisen keine Versuchung fühlen konnte.

Wir sind über diesen nur schlecht unterrichtet. Oropus gab der König den Athenern zurück; aber den thrazischen Chersones, einen Teil der Inseln, sowie die Thalassokratie hat Athen ohne Zweifel aufgeben müssen.

In Griechenland selbst wagte nun niemand, dem König weiter zu widerstreben. Auf Euböa zunächst kamen seine Freunde in allen Städten wieder empor. Chalkis wurde für seine Verbindung mit Athen gezüchtigt. Thebens versicherte er sich durch Besetzung der Kadmea, und in Böotien stellte er die Autonomie wieder her, nicht jedoch in athenischem Interesse, sondern in seinem eigenen. Seine vornehmste Sorge musste nun dahin gehen, nicht allein diesen Zustand zu befestigen, sondern jeder neuen Bewegung, die diesen hätte stören können, auf immer vorzubeugen.

In dem Gange der Dinge lag es nicht, dass er sich selbst als unbedingten Herrn aufgestellt hätte. Dieser führte vielmehr nur dahin, unter all den Unabhängigkeiten der griechischen Welt eine Macht zu gründen, fähig, entstehenden Zerwürfnissen ein Ziel zu setzen und Mass zu geben. Zu diesem Zwecke unternahm er, eine Art von Landfriedensbund zu gründen, bei dem ihm selbst eine grosse Rolle zufiel. Nach einiger Zeit brachte er eine zahlreich besuchte Versammlung aus den griechischen Städten und Ländern in Korinth zusammen, in der — so viel ist mit Gewissheit zu entnehmen — die in diesem Augenblick bestehende Ordnung der Dinge sanktioniert wurde. Namentlich sollte keine Stadt die Ausgewanderten einer anderen zurückzuführen suchen. Wer den andern angreift, der soll von allen unter Philipps Anführung bekämpft werden; das will sagen, dass er zum Strategos Autokrator des Friedensbundes ernannt wurde. Den Athenern hatte er freigestellt, ob sie daran teilnehmen wollten oder nicht. Unter dem Einfluss der grossen Wendung der Dinge —

denn, wie einer der Redner sagt, der Sieg von Chäronea hatte alle verblendet — war das angenommen worden. Die Athener waren also in Korinth vertreten, nicht die Spartaner, die, wie mächtig auch immer Philipp im Peloponnes geworden, sich doch zu keiner Art von Unterordnung verstehen wollten. Für alle andern aber wurden die Kontingente festgesetzt, die im Falle eines Angriffs, den der König erleide, oder auch einer Agression, die er unternehme, diesem gestellt werden sollten.

Die hellenischen Kriegsmannschaften wurden dem König dienstbar, ohne dass man mit einiger Bestimmtheit hätte sagen können, wozu er sie zunächst zu brauchen gedachte. Man setzte allgemein voraus, dass er sie gegen die Perser anzuwenden gedenke. Und dahin führte der natürliche Zug der Dinge. Denn Athen war mit den Persern im Bunde gewesen, und eine Anzahl von denen, die sich dem König Philipp nicht unterwerfen wollten, nahmen ihre Zuflucht nach Kleinasien, wo Mentor an der Spitze der griechischen Hilfsvölker die Autorität des grossen Königs aufrechthielt. Unverzüglich schickte der mazedonische König eine Abteilung seines Heeres unter Attalus und Parmenio nach Kleinasien, um die dortigen Griechen im althellenischen Sinne zur Freiheit aufzurufen. Die Feindseligkeiten gegen Mentor begannen. Alles knüpft aneinander: die Siege über Griechenland, die erworbene Seeherrschaft, die Eroberung des thrazischen Chersones, der Streifzug gegen die nordischen Barbaren, das verwandtschaftliche Verhältnis zu Epirus und die Waffenbewegung, die sich in Kleinasien vorbereitete. Es ist ein einziges militärisch-politisches System, das der orientalischen Welt eine neue Zukunft ankündigte.

Von den Elementen, die es konstituierten, bei weitem das wichtigste war die Verbindung des mazedonischen Königtums mit der Oberherrschaft über Griechenland. Philipp dachte nicht daran, die Griechen zu seinen Untertanen zu machen; er bedurfte vielmehr ihrer freien Hilfe, ihres Geistes und ihrer anschlägigen Kraft. Er nahm das griechische Wesen, abgesehen von der Autonomie einer höchsten politischen Entscheidung, in seine Gesamtmacht auf. In dieser Verbindung einer zu grossen Unternehmungen vollkommen geeigneten Armee, der ersten der damaligen Welt, die nur von seinem Wink abhängig war, mit einer selbständigen, zwar recht eigentlich nationalen, aber zu einer universalen Bedeutung ausgebildeten Kulturwelt liegt der Charakter seines politischen Daseins; wenn wir so sagen dürfen: seine Mission. Siege eines Volkes, wie die Mazedonier waren, wären, wenn auch entscheidend, doch für die allgemeine Geschichte von so grossem Belang nicht gewesen. Einen universalhistorischen Wert aber erhielten sie dadurch, dass die Mazedonier sich mit einer Nationalität vereinigten, wie die griechische war. Diese bildete ein Element der Kultur, nach der die Menschheit streben musste. Die Griechen hatten sie in einer freien Regung ihrer eigenen Kräfte hervorgebracht; durch diese innere, wenngleich noch streitige Allianz bekam die mazedonische Monarchie eine unermessliche Bedeutung für alle Jahrhunderte. Was den Griechen, wenn sie allein blieben, nie gelungen wäre und durch ihre erneuerte Verbindung mit den Persern sogar leicht in das Gegenteil hätte umschlagen können, dem in ihrer Mitte ausgebildeten geistigen Leben eine feste Stellung in der Welt zu erobern, das wurde nun durch ihre Verbindung mit Mazedonien möglich und ausführbar. Philipp und Demosthenes mussten miteinander kämpfen. Der Lehrer, den Philipp seinem Sohne Alexander gab, und dieser selbst waren verbündet; ihre Allianz umfasste die politische und geistige Welt, die gesondert, aber doch in konzentrischen Bahnen aufs engste verbündet, nebeneinander fortschritten.

Von Philipp dürfte man wohl nicht wiederholen, was oft gesagt worden ist, dass er in diesem Augenblick auf dem Gipfel des Glücks angelangt gewesen sei, Europa zu seinen Füssen gesehen und mit der Voraussicht, dass er Asien überwältigen werde, sich geschmeichelt habe. Dem geübten Staatsmann und Kriegsführer konnten die Schwierigkeiten nicht verborgen bleiben, die ihm auf beiden Seiten entgegenstanden. Aber er war entschlossen, die Sache, die er, durch den Zug der Ereignisse dahin geleitet, bereits unternommen hatte, auch zu Ende zu führen und in der Vorbereitung dazu begriffen. Die Erwartungen, die man von ihm hegte, waren weltumfassend und unendlich grossartig, als plötzlich die Kunde erscholl, dass er bei einem Feste, das er in Aegä veranstaltete, ermordet worden sei. Die Katastrophe ist durch die Polygamie veranlasst worden. Philipp hatte seine Gemahlin Olympias, die von den Aeakiden in Epirus stammte, verstossen und sich mit der Nichte des Attalus, der zu einem der vornehmsten Geschlechter in Mazedonien gehörte, vermählt. Hierüber kam es zwischen den Freunden der einen und der andern Gemahlin, zwischen dem Sohne der ersten, Alexander, und dem Oheim der zweiten zu bitteren Reibungen. Es war ein Versuch der Aussöhnung, was Philipp beabsichtigte, als er die Vermählung seiner Tochter Kleopatra mit dem Bruder der Olympias anordnete. Bei dieser Festlichkeit ist er, zwischen seinem Sohn Alexander und Alexander, seinem Schwiegersohn, einhergehend, ermordet worden.

Einer seiner vornehmsten und vertrautesten Diener, Pausanias, hatte die Tat vollzogen. Wir wenden uns ab von den zugleich scheusslichen und für die Erklärung der Sache ungenügenden Motiven, die man ihm beimisst. Alles deutet auf eine Ausschmückung, die das Gemeine mit dem Tragischen verbindet.

In Athen nahm man die Nachricht mit Jubel auf. Demosthenes erschien in festlichem Gewande in der Volksversammlung; er war glücklich, seine Vaterstadt des Gewaltherrn, der sie in Fesseln schlug, entledigt zu sehen. Dem Redner ging die Erhaltung der Autonomie der griechischen Republiken über alles, und offenbar war diese von den Persern weniger gefährdet als von den Mazedoniern. Aber dabei schloss er sich doch der an und für sich schwächeren Sache an; das mazedonische Königtum gelangte aus der starken Hand, die es gegründet hatte, in eine noch stärkere. Der Aeakide Alexander bestieg den mazedonischen Thron.

Sehr bezeichnend ist das Wort, mit dem Alexander die Regierung in die Hand nahm: der König Herr sei umgekommen, aber die Geschäfte werde er mit nicht minderem Eifer besorgen als jemals sein Vater. Er trat damit in die Bahn ein, die ihm durch diesen vorgezeichnet war. Er hatte die Halbbarbaren im Zaum zu halten, die erworbene Autorität in Griechenland zu behaupten und die Perser zu bekämpfen. Eine kurze Anwesenheit in Griechenland, nicht ohne Truppen, genügte, das Synedrion der griechischen Städte in Korinth, das er sofort zusammenrief, zur Erneuerung der Uebertragung der Strategie, die seinem Vater dekretiert worden war, zu vermögen. Diesmal ist es dann mit bestimmter Beziehung auf den Krieg gegen Persien geschehen. Aber aus den Vorbereitungen, die dazu gemacht worden waren, erwuchs dem neuen König die erste Gefahr, die er zu bestehen hatte. Attalus gewann die Heeresabteilung, an deren Spitze ihn Philipp gestellt hatte, für sich; denn den neuen König, dessen mazedonische Abkunft er bestritt, hielt er für seinen Feind. Er trat mit den Griechen in Verbindung; statt den Krieg gegen die Perser zu führen, schien er mit ihnen gegen Alexander gemeinschaftliche Sache machen zu wollen. Aber Attalus wurde ermordet, der Gehorsam der mazedonischen Truppen durch Parmenio befestigt und der Krieg gegen die Perser fortgeführt. Nicht eben sehr glücklich ging dieser Krieg; die Mazedonier wurden genötigt, eine unternommene Belagerung aufzuheben, sie wurden in Troas aus dem Felde geschlagen, Vorfälle, durch welche die gesamte griechische Welt in Aufregung geriet.

Man hat wohl Philipp und Alexander mit den Königen von Preussen Friedrich Wilhelm I. und Friedrich II. verglichen. Und wahr ist es, dass die beiden Väter den beiden Söhnen ein gewaltiges, schlagfertiges Heer hinterliessen; beinahe die erste Handlung der beiden Söhne war es, sich des Gehorsams der Truppen zu versichern. Auch von Alexander wird das ausdrücklich erzählt. Aber der Unter-

schied ist, dass Friedrich II. eine Politik einschlug, die
ganz sein eigen war, und einen Krieg begann, den sein
Vater niemals unternommen hätte, Alexander dagegen in
die politisch-militärische Direktion seines Vaters eintrat
und sie fortsetzte. Wir lernen ihn und sein Heer gleich
auf seinem ersten Feldzug gegen die nördlichen Nachbarn
kennen, den er mit ebensoviel Energie wie Philipp und
noch mit besserem Erfolg ausführte. Das Charakteristische
dieser Züge liegt darin, dass die nicht ohne das Vorbild
der Griechen begründete und eingeübte mazedonische
Phalanx allenthalben das Uebergewicht entschied und behauptete. Bei dem Uebergang über den Hämus waren die
schwierigsten Pässe von den Thraziern mit einer Wagen-
burg besetzt; und diese Kriegswagen wurden von den
steilsten Anhöhen herabgerollt, in der Hoffnung, die
Schlachtordnung der Mazedonier zu zersprengen. Bei
Arrian, der mit dieser Waffentat seine Geschichte der
Züge Alexanders beginnt, kann man lesen, mit welcher
Geschicklichkeit dieser Versuch hintertrieben und zunichte gemacht wurde. Als es dann zum wirklichen Kampf
kam, wichen die Thrazier, die in altbarbarischer Weise
ohne Schutzwaffen ins Feld gerückt waren, aus ihren
festen Positionen; sie rissen auf ihrer Flucht auch die Triballer mit sich fort, die von König Philipp nicht hatten
pazifiert werden können und mit ihnen verbündet waren.
Ihr König Syrmos zog sich damals nach der Donauinsel
Peuke zurück; mit der Masse des Volkes aber stiessen
die Mazedonier nochmals zusammen. Von dem Dickicht
eines Waldes geschützt, erwarteten die Triballer ihren
Angriff. Alexander wusste sie durch einen Angriff mit
Pfeilen und geschleuderten Speeren aus dem Walde her-
vorzulocken. Die Entscheidung war noch zweifelhaft, als
die in grosser Tiefe aufgestellte Phalanx gegen sie vor-
rückte und zugleich die mazedonischen Reiter gegen sie
heransprengten. In dieser Gefahr überliessen die Triballer
dem König das Schlachtfeld.

Wir berühren hier Regionen, Völker, Zustände, in
denen sich die Weltgeschicke späterer Zeiten mehr als

einmal entschieden haben. Sehr bedeutend erscheint schon damals Byzanz, das von den Griechen, im Gegensatz zu den Persern, an die Mazedonier übergegangen war. Eben von Byzanz rief Alexander Triremen herbei, um ihm gegen die Insel und bei der Ueberfahrt auf das linke Donauufer Dienste zu leisten. Die Insel wurde durch steile Ufer, wackeren Widerstand und den reissenden Strom vor einer Landung geschützt. Aber dazu setzte das byzantinische Geschwader den König wirklich in den Stand, seine Truppen auf das linke Ufer zu führen. Wie die Phalanx über den Naturkrieg der Gebirgsbewohner siegte, so erschien hier die unvergleichliche Uebermacht der griechischen Triremen über die Monoxylen, mit denen die damals mächtigsten Anwohner des Flusses, die Geten, denselben zu befahren pflegten; Fahrzeuge dieser Art mussten jetzt dazu dienen, den Triremen zur Seite noch eine grössere Anzahl von Truppen über den Fluss hinüberzubringen. Die Geten, die den König in feindseliger Haltung erwarteten, nahmen mit Erstaunen wahr, dass derselbe so rasch und ohne grosse Vorbereitungen in ihrer Nähe erschien. Die Phalanx stellte sich in einer ausgedehnten drohenden Linie auf; und da der König sich zugleich mit seinen Reitern zum Angriff anschickte, so wichen sie zurück. Sie waren noch halbe Nomaden; mit Weib und Kind und aller ihrer Habe zogen sie in die wüsten Steppen, wohin ihnen niemand folgen konnte. Mehr hatte Alexander nicht beabsichtigt; er konnte siegreich und sicher über den Fluss zurückkehren, sehr ähnlich dem, was einst unter Darius Hystaspis geschehen war; aber im grossen und ganzen betrachtet, erkennt man doch hier den Unterschied der Zeiten. Wie sich damals die persische Macht von der Donau gegen Mazedonien und Griechenland gewendet hatte, so traten nun Mazedonier und Griechen in diesen Landschaften selbständig und siegreich auf. — Die grossen Erfolge bewogen alle benachbarten Völkerstämme, die freundschaftlichen Anerbietungen, die ihnen Alexander machte, anzunehmen; auch der Kelten, die damals am Adriatischen Meere Sitz genommen hatten, wird hiebei gedacht; sie schienen die Uebermacht des Königs nicht so hoch anzuschlagen; aber indem er gegen andere seine Verwunderung hierüber aussprach, hielt er doch für gut, mit ihnen in Bundesgenossenschaft zu treten.

Man darf diese Ereignisse nicht unerwähnt lassen, denn sie dienten dazu, den Gärungen auf der Balkanhalbinsel ein Ende zu machen und dem König freie Hand nach andern Seiten zu verschaffen. Eben an diesen Grenzen hat dann die fortgebildete Kriegsmacht der Kulturwelt mit dem barbarischen Naturkrieg der Eingeborenen oder auch Eingezogenen bis zu den Zeiten zu kämpfen gehabt, in denen Arrian schrieb, der die Namen aus seiner Epoche wohl geradezu in die frühere übertragen hat. Für Alexander war damit jedoch nicht alles vollendet. Die Nation der Taulantier machte feindselige Bewegungen gegen ihn. Von welcher Art und Sitte die Taulantier waren, sieht man daraus, dass sie beim Heranrücken der Mazedonier zu einem Menschenopfer von drei Knaben und drei heranwachsenden Mädchen schritten, denen noch drei schwarze Widder hinzugefügt wurden. Alexander hatte dagegen ein Bündnis mit ihren feindlichen Nachbarn, den Agrianen, geschlossen, deren Bogenschützen ihm gute Dienste leisteten. Die griechisch-mazedonische Kriegskunst erfocht auch hier den Sieg; in den Bergen entwickelte die Phalanx eine Fähigkeit, sich nach allen Seiten in strengster Ordnung in den verschiedensten Richtungen zu bewegen, wie es noch niemals vorgekommen war. Dieses rasche Vordringen, das durch keine lokalen Schwierigkeiten aufgehalten wurde, das Anrücken selbst, der Lärm der an die Schilde schlagenden Sarissen bewirkte die Flucht der Feinde aus den an sich guten Stellungen, die sie eingenommen hatten, aber dann doch zu behaupten sich nicht getrauten. So wurde jene griechische Kriegskunst, vor deren Ordnung und Sicherheit einst die Illyrier zurückgeprallt waren, nachdem sie von Philipp und Alexander noch weiter ausgebildet worden, Meisterin in dem Gebiete der barbarischen und halbbarbarischen Nationen, von denen Mazedonien umgeben war. Alexander vollzog, was sein Vater unvollendet gelassen hatte, und konnte nun nach dessen Muster seine Waffen nach andern Seiten richten.

In Griechenland hatten falsche Gerüchte über den Gang der Ereignisse im Norden die natürlich vorhandene Gärung zu einer allgemeinen Bewegung gesteigert. Alexander stützte sich auf die Beschlüsse des Landfriedensbundes, der seinen Vater und dann ihn selbst als Oberhaupt anerkannt hatte; dem aber setzten sich jetzt alle die entgegen, die die alten Zustände nicht vergessen konnten und die Verbindung mit den Persern, die ihnen ihre Freiheit liess, dem Bündnis mit Mazedonien, das sie ihrer Autonomie beraubte, vorzogen.

Man verurteile Demosthenes nicht, der eben diesen Ideen sich hingab. Den andern voran erhob sich Theben, das sich der Besatzung der Burg Kadmea, die Philipp dahin gelegt hatte, zu entledigen unternahm. Theben wurde der Mittelpunkt der ganzen hellenischen Opposition; die allerorten flüchtig gewordenen Feinde der Mazedonier sammelten sich dort und brachten dem Volke die Siege des Epaminondas und dessen ruhmvolles Wirken in lebendige Erinnerung. Dieselbe Partei regte sich aber auch in Lakedämon, Arkadien, Aetolien, vor allem in Athen, von wo den Thebanern durch Vermittlung des Demosthenes, ohne Zweifel mit persischem Geld, die Waffen, deren sie entbehren mochten, verschafft wurden. Bei der guten Haltung der persischen Kriegsmacht in Kleinasien war die Erhebung von Theben keineswegs ohne Aussicht, zumal Alexander noch Feindseligkeiten im Norden zu bestehen hatte. Unverzüglich wandte sich Alexander, sobald diese beseitigt waren, nach Hellas, ehe ihm noch die Thermopylen verschlossen wurden. Unerwartet erschien er vor den Mauern Thebens, vor allem um die wichtigste Position, die Kadmea, zu behaupten. Eben ward sie von den Thebanern auf das ernstlichste belagert; sie war schon mit einer Art von Zirkumvallation umgeben. Dasselbe Schicksal schien der mazedonischen Besatzung bevorzustehen, das einst die lakedämonische betroffen hatte. Die Thebaner meinten, die Burg zu erobern und dann den heranrückenden König, der eine feste Stellung in ihrer Nähe nahm, aus dem Feld zu schlagen. Der Gegensatz und die Zuversicht beider Teile zu ihrer Sache erscheint in den Ausrufungen der Herolde, die als Proklamationen nach der Sitte der Zeit angesehen werden können. Alexander bot denen Verzeihung an, die zu dem gemeinen Landfriedensbunde zurückkehren würden. Die Thebaner forderten alle diejenigen auf, auf ihre Seite zu treten, die die Autonomie der Hellenen im Bunde mit dem Grosskönig aufrechtzuerhalten gesonnen seien.

Am Tage liegt, dass Alexander, in dessen Heer eine grosse Anzahl griechischer Bundesgenossen diente, dessen eigene Truppen voll von dem Gefühl ihrer Siege waren und dessen Besatzung die Burgfeste innehatte, von vornherein den Gegnern überlegen war. Es war noch einmal ein Akt der Autonomie griechischer Städte, dass die Thebaner sich dennoch zum Widerstand entschlossen. Sie glaubten, durch die in den gymnastischen Schulen erlangte Kriegsübung und angeborene Körperkraft jeden Feind bestehen zu können. Denkwürdig ist es, dass sie die ungünstigen Vorzeichen, die sie wahrnahmen, doch nicht achteten; denn es sei auch bei der Schlacht von Leuktra nicht geschehen, und dennoch sei ihnen damals der grösste Erfolg zuteil geworden. Die Ansichten der Philosophen waren auch hier vorgedrungen: die Thebaner meinten, die Ungunst des Geschickes durch mannhaften Entschluss überwinden zu können. Ohne Zweifel haben die Flüchtlinge aus andern Städten, die bei ihnen Rettung suchten, ihren Eifer erhalten und geschürt. Mit allen ihren Anstrengungen aber waren sie doch dem übermächtigen Feinde nicht gewachsen. Ueber den Kampf und seine Entscheidung haben wir zwei nach dem Standpunkte der Parteien voneinander abweichende Berichte. Nach dem einen wurden die Thebaner vor den Mauern überwältigt, und als sie zurückwichen, drangen die Mazedonier zugleich mit ihnen selbst durch ein Tor, das sie noch nicht verschlossen hatten, in die Stadt ein. Dem andern zufolge leisteten die Thebaner den Anfällen der Mazedonier vor ihrer Stadt noch energischen und erfolgreichen Widerstand, als Alexander eine minder beachtete Pforte einnahm, durch die dann seine Truppen eindrangen. Eine unheilvolle Katastrophe brach über Theben herein. Auf dem Markte, in den Strassen, in den Häusern erfolgte ein entsetzliches Blutbad. Die Freunde der Thebaner versichern: von denen habe keiner das Knie vor dem Sieger gebeugt oder um seine Gnade gefleht; der Tod sei ihnen jetzt erwünscht gekommen. Die hellenischen Verbündeten Alexanders scheinen es den Mazedoniern in der Wut der Ermordungen wenigstens gleichgetan, wenn nicht sie darin überboten zu haben. Damit war den Siegern noch nicht Genüge geschehen. Alexander berief ein Synedrium seines Bundes, durch das die vollkommene Zerstörung Thebens beschlossen wurde, die er dann ausführen liess. [31])

In der griechischen Geschichte war es nicht unerhört, dass die besiegten Stammesgenossen in die Sklaverei verkauft wurden. Das geschah nun auch hier. Alexander gewann aus dem Verkauf eine sehr ansehnliche Summe für seine Kriegskasse. Aber woran ihm am meisten lag, das war der Schrecken, den die schonungslose Zerstörung der Stadt des Oedipus, des Pindar und des Epaminondas über Griechenland verbreitete. Das Wohnhaus Pindars, der die Aeakiden besungen hatte, von denen Alexander abzustammen sich rühmte, soll bei der Zerstörung verschont worden sein. Ein allgemeiner tiefer Schrecken ergriff die Griechen; alle jene Regungen, die man gegen Alexander kundgegeben, erstarben in sich selbst. Nochmals war nun die Haltung von Athen von grösster Bedeutung. So weit zwar kam es nicht, dass die Stadt, wie Alexander forderte, die vornehmsten Gegner, welches doch die Redner waren, die der Idee der Autonomie ihr Wort liehen, ihm ausgeliefert hätte. Dieses Aeusserste wurde vermieden. Aber Athen versprach doch, die Angeklagten vor Gericht zu stellen, was für den Augenblick genügte, da das Ereignis nicht viel weniger als das von Chäronea den Anhängern des Königs die Herrschaft auch in der Volksgemeinde verschaffte. Auf den Ausdruck der Verwunderung, dass die

Griechen so rasch zu Paaren getrieben seien, hat Alexander geantwortet, es sei ihm nur dadurch möglich geworden, dass er nichts aufschiebe.

Nun aber durfte er schon wegen der Verflechtung der griechischen und persischen Angelegenheiten, wie sie im Moment vorlagen, keinen Augenblick verlieren, seine Waffen auch nach Asien zu richten. Von jeher ist man der Meinung gewesen, Alexander habe seine Regierung mit der Absicht angetreten, das persische Reich umzustürzen; er habe darin gleichsam seinen Beruf gesehen. Ich möchte das doch nicht unbedingt wiederholen; aber der Zug der Dinge führte ihn nach und nach dahin. In dem Verhältnis der Griechen zu Mazedonien, dessen Herrschaft sie ungern ertrugen, auf der einen, zu Persien, auf dessen Rückhalt sie sich stützten, auf der andern Seite lag etwas, das einen Krieg Alexanders gegen Persien notwendig machte. Das ist aber von der Absicht, das persische Reich umzustürzen, doch noch verschieden. Notwendig war nur, die Perser aus den Landschaften, die sie einst den Lydiern entrissen hatten, zu entfernen: denn dort fanden alle die, welche den Mazedoniern widerstrebten, eine Zuflucht. Die Vorteile, die Alexander in Griechenland erfochten hatte, schienen doch nur momentan zu sein, solange die benachbarte grosse Macht seinen Feinden einen Rückhalt gewährte.

Erinnern wir uns der bei den letzten Kämpfen zwischen Artaxerxes und Nektanebus eingetretenen Verhältnisse, so hatten die Perser die Eroberung von Aegypten und die Herrschaft in Vorderasien der Tapferkeit und Geschicklichkeit der griechischen Mietsvölker zu danken. Der Führer derselben, Mentor, hatte ihnen aber nicht umsonst Dienste geleistet; er hatte sich, wie oben erzählt worden ist, einen Preis dafür bedungen, er teilte die Herrschaft gleichsam mit Bagoas, der am Hofe allmächtig war. Die Macht in Vorderasien, auf dem Mittelmeer und an dessen Küsten behielt Mentor in seiner Hand; wir berührten schon, wie er diese auch gegen Philipp von Mazedonien ausübte. Er war im Vorteil, als Alexander den Thron bestieg; dieser musste, wie gegen die Triballer und gegen die Thebaner, so auch gegen Mentor und die Perser Krieg führen, wenn er anders die Position, die sein Vater in Besitz genommen hatte, behaupten wollte. Die Bahn, die Philipp eröffnet hatte und in der sich Alexander bewegte, führte zu einem Kampfe mit der in Vorderasien dominierenden Macht. Ohne sie besiegt zu haben, konnte das mazedonische Königreich noch nicht als fest begründet betrachtet werden. Wenn nun aber ein Angriff auf Vorderasien zugleich eine offene Feindseligkeit gegen das Reich der Achämeniden enthielt, so fand ein solches Beginnen nicht geringe Unterstützung in den Vorfällen, die damals in Persien stattfanden.

Es war abermals ein Streit um die Thronfolge, und zwar, wie es in Persien nicht ungewöhnlich war, schon bei Lebzeiten des Vaters ausgebrochen, so dass es dem Eunuchen wohl in den Sinn kommen konnte, sich für die Zukunft der Gewalt zu versichern. Man erzählt nun, dass Bagoas seinen alternden Fürsten selbst umgebracht und mit Beseitigung aller andern den jüngsten der Söhne desselben, Arses, auf den Thron befördert habe; aber nach einigen Jahren sei er auch mit diesem zerfallen und habe sich dessen ebenfalls entledigt, dagegen einen seiner Freunde, Darius Codomannus, der einer andern Linie des achämenidischen Hauses angehörte, auf den Thron gesetzt. Aber auch mit dem alten Freunde, der nun den Thron des Darius Hystaspis einnahm, zerfiel Bagoas nach kurzer Zeit; er soll ihm einen Giftbecher gereicht, Darius aber, rechtzeitig gewarnt, ihn selbst genötigt haben, den Becher auszutrinken. Wir können die Wahrheit dieser Erzählungen im einzelnen nicht prüfen; aber durch die blosse Tatsache der gewaltsamen Aenderung der Regierung, wiewohl diese nicht einen Wechsel der Dynastie in sich schloss, wurde doch das gesamte Reich erschüttert. Dass der bisherige Inhaber der höchsten Autorität, Bagoas, nicht mehr war, musste in alle inneren Zustände mächtig eingreifen. Namentlich stand die Gewalt des Eunuchen in naher Beziehung zu der Autorität des Befehlshabers der Mietstruppen in Vorderasien. Mentor selbst war gestorben; aber sein Bruder Memnon wusste sich im Besitz der Macht, die dieser besessen, zu behaupten; sein Verhältnis zu dem Grosskönig, dem er treu blieb, war an sich ein anderes als das durch die Verdienste seines Bruders in Phönizien und Aegypten begründete. Das Emporkommen einer zweiten Linie des achämenidischen Hauses konnte nicht anders, als auf die obersten Würdenträger und die Inhaber der Satrapien zurückwirken. Mit Bestimmtheit lässt sich nicht behaupten, dass es gerade diese Verhältnisse waren, die Alexander zu seinem Kriegszug antrieben; aber sie lagen vor und kamen ihm zustatten. Noch ein anderer Gesichtspunkt bietet sich dar. Das Unternehmen Alexanders, das aus der unmittelbaren Verwicklung des Momentes hervorging, hat zugleich eine Seite, die wir als die universal-historische bezeichnen dürfen. Unleugbar ist, dass das iranische Königtum mit der grossartigen Fülle religiöser und politischer Anschauungen dort, wo es entstanden war, seine Berechtigung besass; aber die Welt zu regieren war doch der persische Mann nicht geschaffen. Das persische Reich war allenthalben dadurch mächtig geworden, dass es den inneren Entzweiungen der Völker, mit denen es in Berührung kam, ein Ende machte. Aber sollte Aegypten mit seinen durchaus lokalen Anschauungen immer an einen entfernten Thron gekettet sein? Sollten die seegewaltigen Phönizier nur eben darum eine Art von maritimem Reich aufgerichtet haben, um den persischen Satrapen Lustgärten (Paradiese) anzulegen? Zwischen den syrischen Götzendiensten und dem persischen Dualismus war ein tiefer Widerstreit, wenn er gleich nicht jeden Augenblick hervortrat. Sollte das Baalpriestertum von Babylonien, das einen ansehnlichen Teil der Welt beherrschte, nur eben damit zufrieden sein, den Schutz des persischen Grosskönigs und seiner Religion zu geniessen? Auch schon deshalb war dies unmöglich, da noch die grosse tyrische Kolonie im westlichen Becken des Mittelländischen Meeres nicht allein bestand, sondern in einem Teil des Okzidents geistig und politisch dominierte. Unaufhörlich war das

westliche Asien in Gärung begriffen. Die Völkerschaften
dieser Regionen erfreuten sich einer gewissen Schonung
von seiten der Perser, aber sie waren doch an den Streitwagen des Grosskönigs geschmiedet, dessen religiöse
Ideen ihren Gipfelpunkt in dem Gedanken, dass die allgemeine Herrschaft ihm gehöre, erreichte. Wohin aber hätte
eine solche geführt, wenn sie jemals erlangt worden wäre?
Dass also die persische Macht in ihrer Ausdehnung nicht
bestehen bliebe, war gleichsam die Bedingung des ferneren Völkerlebens. Sehen wir aber von Reflexionen dieser Art ab, so gab es noch einen Impuls aus früherer Zeit,
der eine analoge Tragweite hatte. Wenn die Mazedonier
an die Spitze der Griechen traten, so waren sie dadurch
eingeladen, der Antipathien, die die Griechen seit mehr
als anderthalb Jahrhunderten gegen die Perser nährten,
sich für sich selbst zu bedienen. Der Gedanke, die griechischen Götter an den Persern zu rächen, war von Perikles gefasst und von Agesilaus in lebendigste Anregung
gebracht worden. Dieser Enthusiasmus war bei weitem
nicht ein allgemeiner der gesamten Nation; aber er war
doch auch niemals erstorben und vertilgt. Die Gegner
derer, die mit Persien in Verbindung standen, hielten ihn
fest, und an ihre Spitze traten nun die Könige von Mazedonien. Vergessen darf man nicht, dass die Hoheit, die
Philipp und Alexander in Griechenland ausübten, an eine
religiöse Verehrung anknüpfte, die die Griechen zusammenhielt; sie waren als die Beschützer des delphischen
Orakels, das alle andern Dienste der Griechen in sich
schloss und in ein Ganzes vereinigte, in Hellas eingetreten.
Und niemals wäre ein Fürst fähiger gewesen, diese Gedanken in sich aufzunehmen, als Alexander. Sie entsprachen dem Selbstgefühl und der Tradition seiner Familie.
Sein Stolz war, dass er nicht allein von Herakles ab-
stammte, der infolge seiner Handlungen unter die Götter
aufgenommen war, sondern auch von den Aeakiden, deren
Ruhm, in den homerischen Gedichten begründet, jedermann vor Augen stand. Er glaubte berufen zu sein, die
Heroen des trojanischen Krieges fortzusetzen und den

Kampf auszufechten, der zwischen Europa und Asien auch nach der Auffassung des ältesten Historikers von jeher vorgewaltet hat.

In Alexander schlug zugleich eine poetische und religiöse Ader, die aus dem Heroendienste und der durch die Poeten national gewordenen Sage entsprang. Für ihn waren die homerischen Gedichte gleichsam eine Urkunde, von der er sein Recht herleitete. An dem Götterglauben hielt er mit einer Art von Inbrunst fest. Man hat das wohl daher geleitet, dass seine Mutter Olympias, an die er sich in seiner Jugend mit um so grösserer Hingebung anschloss, da sie von dem Vater Unrecht erlitt, in die samothrakischen Mysterien eingeweiht war. Aber zugleich war er der Schüler des Aristoteles, der, wie angedeutet, den Asiaten wünschte, von der persischen Herrschaft frei zu werden, um ihrer eigenen Ausbildung willen. In Alexander verband sich der Schwung der Phantasie mit den hellenischen Ideen überhaupt. Indem er die Griechen zwang, ihm Folge zu leisten, hatte er doch auch den Gedanken, ihren Krieg mit den Persern aufzunehmen und durchzufechten, dadurch aber ihrer Kultur weitere Bahn zu machen. Alexander ist einer der wenigen Menschen, in denen sich die Biographie mit der Weltgeschichte durchdringt. Seine Impulse gelten der Ausführung eines vor Jahrhunderten begonnenen Kampfes, auf dem dann der Fortgang der universalen Entwicklung der Menschheit beruht.

Indem sich Alexander zu diesem grossen Unternehmen in Bewegung setzte, versäumte er nicht, einen ansehnlichen Teil seines Kriegsheeres zur Behauptung der Herrschaft über Mazedonien und Griechenland unter Antipater zurückzulassen. Bei den Fussvölkern, die nach Asien folgten, waren ebenso viele Bundesgenossen und griechische Mietsvölker als Mazedonier und überdies Odrysen, Triballer, Illyrier und agrianische Bogenschützen. Zu Pferd folgten ihm ebenso viele thessalische Reiter als mazedonische, überdies aber auch eigentlich hellenische, thrazische und päonische. Alle standen unter bewährten, kriegsgeübten Führern, die sich ihm schon in den letzten

Unternehmungen angeschlossen hatten und die nun in ihm, der sich ja ebenfalls im Felde bewährt hatte, freudig ihren Kriegsherrn anerkannten, nicht gerade alle ihren geborenen König. Dass er ein solcher war, wurde keinen Augenblick vergessen. Griechische Kolonien standen ihm nicht, wie einst seinem Vater, im Wege. Ohne Widerstand ging er, wie einst Xerxes, aber in umgekehrter Richtung, über den Hellespont, [32]) auf wohlgerüsteten Triremen, mit einer nicht eben grossen, aber vollkommen geschulten Landmacht von etwa 35 000 Mann, nochmals belebt von den Ideen, die den homerischen Gedichten zugrunde liegen. Wir finden auch hierüber eine doppelte Ueberlieferung. Nach der einen, die Arrian annimmt, hat er gleich nach seiner Ankunft an dem Grabe des Protesilaus ein Opfer dargebracht: der war nach dem homerischen Gedicht der erste, der das Land betreten hatte und dann umgekommen war; der Sinn des Opfers ging dahin, dass Alexander, indem er jetzt an das Land stieg, doch von dem Schicksal dessen, den er nachahmte, bewahrt bleiben möge; die andere bei Diodor enthält, Alexander habe bei der ersten Annäherung der Schiffe an das troische Gestade seinen Speer nach dem Lande geworfen, der in das Erdreich eingedrungen sei; dann sprang er selbst an das Land mit den Worten, er nehme es zum guten Zeichen, dass Asien seinen Waffen beschieden sei. Die Anknüpfung an die homerischen Zeiten ist unleugbar. Schon bei Agesilaus war eine solche zum Vorschein gekommen; was diesem misslungen, unternahm jetzt der König der Mazedonier in vollstem Umfange und grösstem Stil. Das Heer sammelte sich bei Arisbe und rückte, nicht ohne in einigen Plätzen Besatzungen zurückzulassen, gegen die Perser an, die sich jenseits des Granikus vereinigten.

Wir vernehmen, dass zwischen den in Kleinasien anwesenden Persern, meistens Verwandten und Freunden des Königs, und Memnon nicht eben ein gutes Verständnis über die Art und Weise der Kriegsführung obgewaltet habe. Und nichts wäre begreiflicher, da die Perser der neuen Regierung angehörten und die Macht eines Anführers der griechischen Mietstruppen, die die ihre paralysierte, nur ungern sehen konnten. Memnon, so erzählt man, gab den Rat, einen entscheidenden Kampf zu verschieben und die benachbarten Landstriche zu verwüsten, um den Mazedoniern den Lebensunterhalt zu erschweren oder abzuschneiden. Memnon hatte selbst eine Zeitlang am mazedonischen Hofe gelebt und die Stärke der mazedonischen Waffen kennengelernt, zugleich auch das Verhältnis derselben zu den Griechen. Sein Gedanke war, dass der Krieg mit Alexander ebenso geführt werden müsse, wie einst gegen die Uebermacht der Athener und die Unternehmungen des Agesilaus, nämlich in Griechenland selbst, wozu die Marine der Perser, mit der sich die mazedonische nicht messen konnte, die beste Gelegenheit gab. Von alledem aber wollten die Perser nichts hören; sie wollten den fremden Fürsten keinen Augenblick in dem Gebiet dulden, das dem Grosskönig schon so lange unterworfen war; sie haben wohl gesagt, dem König Alexander dürfe man auch nicht ein Dorf preisgeben. Sie waren unerschütterlich darin und beschlossen, sich dem König an den steilen Ufern des Granikus entgegenzustellen.

Gleich bei dem Uebergang über diesen Fluss entwickelte Alexander die ganze Ueberlegenheit seiner Kriegskunst. Die Perser hatten gemeint, er werde ihn mit seinen Kolonnen zu passieren suchen, wobei ihnen dann das Gewässer und der sumpfige Boden Gelegenheit geben würden, seine Schlachtordnung zu brechen. Aber Alexander ordnete seine Kolonnen zu einer grossen Schlachtlinie am Ufer. Er verstand es alsdann, aus Reiterei und Fussvolk kleinere Heeresabteilungen zu bilden, denen es gelang, vereinigt durch den Fluss gehend, das jenseitige Ufer zu erreichen. Bei dem Ansteigen auf den steilen Uferrand kam es zum Gefecht, in dem die Perser mit ihren Lanzen, die sie schleuderten, zwar eine Wirkung hervorbrachten, aber keine entscheidende, während die Mazedonier mit einer aus geeignetem Holz gearbeiteten Stosslanze unwiderstehlich vordrangen, unmittelbar unter den Augen ihres Königs.

Sowie man das andere Ufer erreicht hatte, entspann sich ein neuer Kampf zwischen den persischen und den mazedonischen Reitern, bei dem der König selbst das Beste tat. Man legte in jener Zeit viel Wert auf Entscheidung durch Zweikämpfe der Führer, wie denn infolge eines solchen Darius Codomannus zum Thron emporgestiegen war. Hier sprengte der Schwiegersohn des Darius an der Spitze einer keilförmig geordneten Schar auf Alexander los; Alexander begegnete ihm aufs tapferste und warf ihn vom Pferde; einen andern vornehmen Perser warf Alexander ebenfalls mit seiner Stosslanze vom Pferde. Einem dritten, der auf den König losstürzte und schon sein Schwert über ihn schwang, hieb ein persönlicher Freund des Königs, Klitus, im rechten Moment die Hand ab. So erzählt der glaubwürdige Autor, dem Arrian folgt. Genug: die persische Reiterei verlor an dieser Stelle das Prästigium, das sie bisher behauptet hatte. Eigentlichen Widerstand fand Alexander nur bei den griechischen Mietsvölkern; diesen aber brach er.

Der erfochtene Sieg übte sogleich eine entscheidende Wirkung auf das Land aus. Der persische Befehlshaber und die angesehensten Bürger zu Sardes vereinigten sich bei der Annäherung Alexanders, um beides zu überliefern, Stadt und Burg. Er wandte sich dann gegen Milet. Zugleich zu Lande und zur See bedrängt, wurden die Einwohner von Milet und die Fremden inne, dass sie sich nicht behaupten konnten. Die Einwohner überlieferten sich und wurden mit Freuden angenommen. Der Widerstand, den die übrigen versuchten, führte nur zu ihrem Verderben. Der grosse Kampf versetzte sich jetzt nach Halikarnass. Denn dahin hatte sich die ganze noch streitfähige Macht unter Memnon geworfen, der, indem er Weib und Kind dem persischen König als Geiseln überliess, jeder Art von Misstrauen und Eifersucht die Spitze abbrach und die Verteidigung leitete. Wir besitzen zwei Schilderungen der Belagerung, die eine aus dem griechisch-mazedonischen Lager, die andere aus den persisch-griechischen Kreisen, beide glaubwürdig und, obwohl von verschiedenen Par-

teien stammend, doch eigentlich unparteiisch. Man erkennt aus ihnen, dass mit der Gewalt des Angriffs, der
hier mit den in Griechenland ausgebildeten Sturmböcken
und Minen durch die tapfersten und geübtesten Truppen
ausgeführt wurde, der Mut und die Geschicklichkeit der
Abwehr wetteiferte, die besonders in den auf den Mauern
aufgerichteten Wurfmaschinen beruhte. Die Verteidiger
versuchten mancherlei Ausfälle, bei denen es ihnen gelang, die hölzernen Belagerungswerkzeuge ihrer Gegner
in Brand zu stecken. In der Stadt waren auch einige
Athener von der Partei, die jedes Abkommen mit Alexander verwarf; einer derselben, Ephialtes, der mit gewaltiger
Körperkraft grosse Entschlossenheit verband, erwarb sich
viel Ansehen in der Stadt. Alexander hatte auf Waffenstillstand angetragen, um seine vor den Mauern gefallenen
Leute bestatten zu können. Memnon gewährte dies, in
Widerspruch mit Ephialtes, der nichts davon hören wollte.
Aber wenn Ephialtes nun den Rat gab, durch einen neuen,
grossen, mit aller Kraft unternommenen Ausfall die Sache
zur Entscheidung zu bringen, so nahm Memnon das an.
Es gelang dabei wirklich, die besten Belagerungswerkzeuge zu verbrennen, und in dem Kampfe, der sich darauf
entspann, trat ein Augenblick ein, in dem die Belagerten
den Sieg zu erringen hoffen konnten. Aber als Alexander
mit seinen besten Truppen in das Scharmützel eingriff,
wurden sie doch geschlagen. Ephialtes selbst kam dabei
um; die Mazedonier würden mit den Flüchtigen in die Tore
gedrungen sein, hätte Alexander nicht selbst den Rückzug
befohlen. Der Vorteil, den er errungen hatte, war ohnehin
entscheidend. Die Belagerten hatten so grosse Verluste
erlitten, dass sie unter Memnons Teilnahme selbst den
Beschluss fassten, die Stadt aufzugeben. Sie schafften den
grössten Teil der Einwohner auf eine benachbarte Insel
und besetzten nur die Akropolis von Halikarnass mit einer
streitfähigen Truppenschar. Alexander gelangte in den
Besitz der Stadt, die er zerstörte. Mit der Belagerung der
Burg aber dachte er sich nicht aufzuhalten. Er war nun
Meister der Küsten geworden und hatte die griechischen

Städte von den Persern wirklich befreit. Er sprach sie von den bisherigen Tributen frei und erlaubte ihnen, nach ihren eigenen Gesetzen zu leben. Er hatte nichts dagegen, dass die Oligarchie allenthalben abgeschafft und die Demokratie hergestellt wurde.

In Ephesus ward der Ertrag des bisherigen Tributs dem vornehmsten, wenigstens jetzt unbedingt hellenischen Heiligtum der Artemis gewidmet. Den Gedanken, der Vertreter der griechischen Nationalität zu sein, hielt Alexander mit prunkvoller Absichtlichkeit fest, wie er denn aus der Beute von Granikus dreihundert persische Rüstungen als Weihgeschenk für die Pallas nach Athen geschickt hat mit der Inschrift: « Alexander und die Griechen, ausgenommen die Lakedämonier, von den asiatischen Barbaren. »

Aber auch als Befreier der eingeborenen Bevölkerung wollte er erscheinen. Den Lydiern vergönnte er, nach ihren alten Gesetzen zu leben. Sardes wurde jetzt zum dritten Male eingenommen. Zum Zeichen, zu welchem System es fortan gehören solle, gründete Alexander an der Stelle, wo die alte Königsburg gestanden, einen Tempel des olympischen Zeus. Der karischen Fürstin Ada, die sich unter seine Protektion stellte und ihn als Sohn annahm, liess er eine Schar von Mazedoniern zurück, um sie zu schützen. Der lykische Städtebund huldigte ihm. Von den Einwohnern von Phaselis wurde er, als er in ihre Nähe kam, mit einem goldenen Kranz begrüsst; er eroberte ihnen dafür einen festen Platz, den die räuberischen Pisidier in ihren Grenzen errichtet hatten. Diesen, die von den Persern niemals unterworfen worden waren, entriss er ihre festen Pässe: Mitten durch ihr Land nahm er seinen Weg nach dem festen Gordium, wo er mit Parmenio, der indessen Phrygien durchzogen hatte, zusammentraf. Eigentlichen Widerstand hatte weder der eine noch der andere im inneren Kleinasien gefunden. Gordium war für sie wichtig, weil sich von da eine Verbindung mit dem Hellespont und mit Mazedonien selbst darbot.

Indessen aber war Memnon, in aller Form vom persischen Hofe mit dem Oberbefehl betraut und mit den erforderlichen Geldmitteln ausgerüstet, zur Ausführung seines ursprünglichen Gedankens, dem mazedonischen König Widerstand in seinem Rücken in Hellas selbst zu erwecken, geschritten. Er brachte eine Flotte von dreihundert Segeln in See, die er mit Mietstruppen bemannte, so dass er bei der ersten Annäherung Chios eroberte, hierauf auch Lesbos, selbst Mitylene mit grosser Anstrengung, worauf die zykladischen Inseln ihn durch ihre Gesandten begrüssten. Bei den Verträgen, die man schloss, ist des antalkidischen Friedens nochmals gedacht worden. Man meinte, die Flotte werde in kurzem in Euböa sein, so dass sich bereits allenthalben die persischen Gesinnungen wieder regten, namentlich auch in Lakedämon. Man erwartete noch einen neuen und allgemeinen Umschlag. Damit stand es in Zusammenhang, wenn nun auch der Perserkönig mit aller Macht sich rüstete, um dem Feinde, der gewaltiger herandrang als je ein anderer, zu begegnen; der König war selbst ganz von der Gesinnung durchdrungen, die seine nächsten Verwandten und Freunde bei der Ankunft Alexanders kundgegeben hatten; er wollte, wie er sagte, die räuberische Schar — so bezeichnete er Alexander und seine Truppen — nicht länger in den Grenzen seines Reiches dulden, er wollte Phönizien, auf dem seine Seemacht beruhte — denn hauptsächlich aus Phöniziern wurde sie gebildet — nicht in die Gewalt des Feindes geraten lassen. Seine Feldherren waren am Granikus geschlagen worden; er stellte einen grossen Teil der Macht seines Reiches auf, von der er nicht zweifelte, sie würde die schon viel weiter vorgedrungenen Feinde bezwingen und vernichten. Dass es ihm gelingen werde, davon war man auch in Griechenland überzeugt; man sagte in Athen: Darius werde die Mazedonier zertreten. Darius meinte, Alexander zu jagen, gleich wie man ein Wild jagt. Und wirklich gelang es ihm, die Pässe am Amanus, durch welche Alexander soeben gezogen, in dessen Rücken einzunehmen, um sie nun seinerseits zu besetzen. Aber damit rief er in den Mazedoniern, die sich jetzt gefährdet sahen, den gewohnten Schlachteifer in verdoppelter Stärke hervor. Alexander zögerte keinen Augenblick, kehrtzumachen und den persichen König ebenda anzugreifen, wo dieser ihn einzuschliessen gedachte. Am Fluss Pinarus, der von den nahen Bergen nach der See herabströmte, trafen die Heere zusammen. Es bildete für die Mazedonier kein Hindernis, dass Darius hinter dem Fluss eine feste Position genommen hatte, die durch zwei abgesonderte Truppenteile, von denen der eine die nahen Höhen einnahm, der andere die Küsten des Meeres besetzt hielt, unterstützt wurde. An drei Stellen kam es zum Gefecht. Entscheidend wurde, dass der Fluss den König von Persien nicht deckte; die Reiterei der Mazedonier nicht allein, sondern auch ihr Fussvolk passierten den Pinarus, wie dort den Granikus. Das vornehmste Moment der Schlacht lag in dem Zusammentreffen der mazedonischen Phalanx, die den Fluss durchschritt, und der griechischen Mietsvölker, die sich ihr hiebei entgegenstellten. Zwischen beiden entspann sich ein mörderischer Kampf, in dem die Mazedonier bereits in Nachteil gerieten, als Alexander herbeieilte und durch eine rasche Schwenkung seiner Infanterie gegen die Mietsvölker den Sieg entschied. Es war also nicht so sehr ein Kampf zwischen den Nationalpersern und Nationalmazedoniern, als zwischen der griechisch geschulten mazedonischen Kriegsmacht und den Hilfsvölkern, die den Persern aus Griechenland zugezogen waren. Insofern wiederholten sich bei Issus die früheren Ereignisse nochmals. Die bisherigen Siege wurden dadurch bestätigt und vollendet. Was aber der Schlacht eine über das Vorangegangene hinausreichende Bedeutung gab, war die Anwesenheit des Grosskönigs, der jetzt selbst eine Niederlage erlitten hatte.

Der persönlich tapfere Darius sah sich genötigt, sein Heil in der Flucht zu suchen; zuerst blieb er in seinem Wagen, soweit es möglich war; aber in dem Engpass, durch den der Weg führte, bestieg er ein Pferd und ritt davon. Was den Mazedoniern hatte verderblich werden sollen, die beschränkte, gebirgige Lokalität, wurde es nun

in doppeltem Mass für die Perser: sie erlitten einen ungeheuren Verlust. Welchen Eindruck musste es auf Alexander machen, als er mit dem Wagen den Schild, Bogen und
Mantel des Darius, die dieser in der Eile zurückgelassen
hatte, erbeutete. Er hatte nicht allein Vorderasien erobert,
sondern über den Grosskönig selbst einen entscheidenden
Sieg davongetragen. Seine ganze Stellung wurde eine andere. In dem Lager fielen die Mutter, Gemahlin und die
Kinder des Darius, die diesem in einen Kampf, von dem
sie nichts anderes als einen glorreichen Ausgang erwartet
hatten, gefolgt waren, in seine Gewalt. Er begegnete ihnen
mit der Rücksicht, die er immer dem Königtum, das er
ja selbst bekleidete, bewiesen hat, mit Schonung und
Grossmut.

Wie die Schlacht am Granikus Vorderasien, so eröffnete die Schlacht bei Issus dem siegenden Alexander
den Weg nach dem inneren Persien. Ein grosser Stratege
unseres Jahrhunderts hat Alexander gerühmt, dass er es
vorzog, vor allen Dingen Phönizien und Aegypten zu
unterwerfen und sich dadurch eine Basis für weitere
Operationen zu verschaffen. Ob das eine persönliche, auf
strategischer Berechnung beruhende Entschliessung gewesen ist, lassen wir dahingestellt; es war auch ohnedies
durch die Lage der Dinge und die vornehmsten Intentionen des Unternehmens geboten. Noch immer beherrschte die feindliche Flotte das Meer; sie machte soeben einen Versuch auf Griechenland selbst; dem vor allem
musste Einhalt getan werden. Aber die mazedonisch-griechische Seemacht war bei weitem zu schwach dazu. Schon
bei der Besitznahme der kleinasiatischen Küsten hatte sich
herausgestellt, welche kaum zu überwindende Schwierigkeit in diesem Verhältnis lag. Man hat mancherlei Erzählungen davon, wie darüber Rat gepflogen worden, bis
Alexander durch ein ihm bei Lade zuteil gewordenes
Vorzeichen zu einer allgemeinen Entscheidung bewogen
worden sei. Diese bestand darin, dass er die Herrschaft
zur See durch die Besitznahme des Landes und der See-
plätze an sich zu bringen den Gedanken fasste; in der

Landmacht bestand seine Stärke. Was das bedeutete und wie es ins Werk gesetzt werden könne, das sollte sich nunmehr erst zeigen. Die persische Seemacht war eben die phönizische, und der nächste Erfolg der Schlacht von Issus lag darin, dass Phönizien von der Landseite her angegriffen werden konnte. Alles kam nochmals auf Tyrus an, wo man sich in fortdauerndem Zusammenhang mit Karthago erhielt, so dass durch diese beiden Marinen, auf deren Seite auch jetzt ein Teil der griechischen war, die mazedonische in ein beschränktes Gebiet zurückgedrängt wurde. Ein wichtiges Ereignis war es nun, dass dem König infolge seiner Uebermacht der grösste Teil der phönizischen Städte in die Hände fiel. Aber Tyrus, die mächtigste von allen, musste er mit Gewalt bezwingen. Der Eintritt in die Inselstadt wurde ihm versagt. Der Versuch Alexanders, durch einen in der Meerenge aufgeschütteten Damm die Insel Tyrus zu erreichen, wurde durch die Geschicklichkeit der tyrischen Dreiruderer und herbeigeführte Brander unausführbar. Alexander konnte die Phönizier nur durch Phönizier und deren Bundesgenossen bezwingen. Auch dazu bahnte ihm der erfochtene Sieg den Weg.

Die Zyprier, durch denselben erschreckt und für sich selbst besorgt, gingen zu ihm über. Die Fürsten der von ihm eingenommenen phönizischen Städte verliessen die persische Flotte und stellten ihm ihre Fahrzeuge zur Verfügung. Nach einiger Zeit konnte er vor Tyrus selbst mit einer überlegenen Marine erscheinen, so dass er die Inselstadt nun auch von der See her mit unaufhörlichen Angriffen bedrängte. Es wäre wohl der Mühe wert, vom Standpunkte kriegsmännischer Wissenschaft die Veranstaltungen, die zum Angriff, und die Vorkehrungen, die zur Abwehr gemacht wurden, nach den beiden Autoren, von denen der eine, Arrian, die ersten, der andere, Diodor, die zweiten beschreibt, näher zu erörtern. Wir suchen nur zu einer historischen Gesamtanschauung zu gelangen. Die Tyrier wehrten sich mit Heldenmut und Verstand, aber sie legten dabei auch eine volkstümliche und superstitiöse Grausamkeit an den Tag, wie eine solche auch in früheren

Jahrhunderten bei andern Semiten erschienen ist. Sie haben die Mazedonier, die ihnen in die Hände fielen, auf den Mauern dem Moloch zum Opfer geschlachtet und die Leichen in das Meer geworfen. Eben hiedurch wurden die Mazedonier zu wütender Rachbegier entflammt. Alexander trat zugleich als oberster Anführer sowohl bei der Flotte wie bei den Belagerungsmannschaften auf. Er ist selbst auf der Sturmbrücke erschienen, die von den Umwallungen auf die Mauern von Tyrus gelegt wurde. Ueberall war er gegenwärtig und mit einsichtsvollem Gebot wirksam.

Endlich ward Tyrus von der Seeseite her erstürmt; wir werden versichert, Alexander habe von den Gefangenen die jungen, waffenfähigen Leute, an Zahl zweitausend, aufhängen, man hat verstanden ans Kreuz schlagen lassen. Arrian schweigt von dieser grässlichen Exekution. Und gewiss hat er in den Berichten, die ihm vorlagen, nichts davon gefunden; aber er erzählt, 30 000 Gefangene seien in die Sklaverei verkauft worden. Den Obrigkeiten samt dem König, sowie den aus Karthago eingetroffenen Gesandten, die sich in das Heiligtum des Herakles geflüchtet hatten, liess der König Gnade angedeihen. Die Tyrier hatten ihm den Eintritt in das Heiligtum versagt; jetzt brachte er dem Herakles, der nun nicht mehr bloss als der tyrische, sondern als der griechische angesehen wurde, ein feierliches Opfer. Die Macht zu Lande und zur See erschien in ihrem vollen Glanz, um dem Gotte ein Fest zu feiern, das mit gymnastischen Spielen, nicht ohne Fackeln, begangen wurde. Alexander hatte mit der Stadt auch ihre Seemacht, gleichsam ihren Gott, überwunden.

Der Werkzeuge, die er vor Tyrus gebraucht hatte, bediente er sich auch, um das hochberühmte alte Gaza zu belagern. Es wurde zuletzt mit stürmender Hand erobert. Die Einwohner wehrten sich, jeder an der Stelle, die er eingenommen, bis aufs äusserste; so kamen sie um; ihre Weiber und Kinder wurden zu Sklaven gemacht, der Ort aber aus den benachbarten Stämmen wieder bevölkert; Alexander wollte sich dessen zu einem Waffenplatz bedienen. Schon traf er dort mit den Arabern zusammen.

Von diesen Stürmen, die die alten Freunde und Feinde der Hebräer betrafen, konnte nun auch das wiederhergestellte Jerusalem nicht unberührt bleiben. Wir haben darüber nur eine spätere, allerdings levitisch gefärbte und mit fabelhaften Zügen versetzte Erzählung, die jedoch für die Situation bezeichnend ist und deshalb Berücksichtigung verdient. Jerusalem lag soeben mit dem persischen Satrapen von Samaria in lebhaftem Hader, indem der letztere, die von den Ansiedlern angestrebte unvermischte Reinheit des Stammes nicht achtend, ein neues Heiligtum auf Garizim errichten wollte. Es entspricht nun ganz dem System Alexanders, denen, die sich unterwarfen, Gnade angedeihen zu lassen, wenn er Jerusalem verschonte und den Juden vergönnte, wie den Griechen in Ionien, nach ihren althergebrachten Gesetzen zu leben. Genug, Alexander war auch von Palästina anerkannter Gebieter, als er nun nach Aegypten aufbrach.

Früher hatte noch jede aus diesen Regionen vordringende Macht in das Nilland eine neue Unterdrückung mit sich gebracht; Alexander kam, um es zu befreien. Mit einem Teil der persisch-griechischen Truppen, die bei Issus entkommen waren, hatte sich Amyntas, ein abgefallener Mazedonier, nachdem er noch vor den letzten Ereignissen aus Zypern und Phönizien gewichen war, nach der ägyptischen Küste begeben und sich dort als der Nachfolger des bei Issus gefallenen Satrapen geltend zu machen versucht; er fand aber bei den Eingeborenen einen Widerstand, dem er nach einem kurzen Kampfe mit allen seinen Leuten erlag. Wir kennen die Regungen der Unabhängigkeit des alten Aegypterlandes, die im Laufe der Zeit das Regiment der Perser mehr als einmal erschütterten; es war zuletzt nur durch griechische Mietstruppen in persischem Sold zur Unterwerfung gezwungen worden. Dass nun ein König, dem beide, Perser und Mietsvölker, unterlegen waren, in Aegypten eindrang, konnte den einheimischen Machthabern nicht anders als erwünscht sein. Alles unterwarf sich ihm, als er von Pelusium her nach Memphis vordrang. Weit entfernt, die Religion der Aegypter zu

verletzen, belebte er ihren Götzendienst mit einem An-
hauch von griechischem Wesen; er beging die Feste mit
gymnastischen Uebungen und Spielen im Dienste der
Musen. In der Ausübung der höchsten Gewalt im Lande
begriffen, kehrte er an die Küste zurück, wo der Befehlshaber seiner Flotte im Aegäischen Meere, Hegelochus, bei
ihm anlangte, der ihm meldete, dass Tenedos und Chios,
die Memnon abwendig gemacht hatte, nach dessen Tod,
der vor Mitylene erfolgte, wieder eingenommen worden
seien unter der Mitwirkung der dortigen Bevölkerung;
ebenso Lesbos durch Vertrag; endlich auch Kos auf eine
Einladung der Einwohner. Einige der vertriebenen Gewalt-
herrscher brachte Hegelochus mit sich, von denen Alexander den vornehmsten nach Elephantine schickte.

In dem Augenblick, als Alexander Herr von Aegypten
war, konnte er sich auch als Meister des Aegäischen
Meeres, des östlichen Beckens des Mittelmeeres überhaupt, betrachten. Dem glücklichen Zusammentreffen dieser Ereignisse gab nun der König gleichsam einen Ausdruck durch die Errichtung einer neuen Stadt, deren Umfang er selbst abgesteckt haben soll, eben an der geeignetsten Stelle, auf ursprünglich libyschem Boden. Ein
Baumeister, der vor kurzem den Tempel der Diana in
Ephesus wiederhergestellt hatte, des Namens Dinokrates,
ein Mann von umfassenden Ideen und technischer Fertigkeit, stand ihm hiebei zur Seite. Nach dem Piräus von
Athen die erste, absichtlich für den Weltverkehr eingerichtete Hafenstadt; sie hatte rechtwinklig sich schnei-
dende Strassen, von denen die vornehmsten doppelt so
breit waren als die kleineren. Alexander gab ihr seinen
Namen. Sie war so recht zum Mittelpunkt seiner bisherigen Eroberungen geeignet, sie schloss gleichsam die Vollendung alles dessen ein, was bisher in den Kämpfen
zwischen Aegypten, Phönizien, Kleinasien, Griechenland
angestrebt worden war. An die Stelle der Abhängigkeit
von den mächtigen asiatischen Potenzen trat nun der vereinigte mazedonisch-griechische Einfluss. Und fast hätte
man der Meinung sein können, es sei nun genug gesche-

hen. Man hat gemeint, Alexander hätte sich darauf beschränken sollen, die eroberten Gebiete zu einem grossen Reiche zu konsolidieren.

Wäre das nur möglich gewesen, könnten sich nur Ehrgeiz und Tatkraft bestimmte Grenzen ziehen; aber überdies: die Verbindung zwischen Persien und diesen Landschaften hatte schon beinahe zwei Jahrhunderte bestanden und allen Gegenbestrebungen zum Trotz auch ihrerseits Wurzeln geschlagen. Und das persische Reich, wenngleich in diesem Augenblick überwunden, war doch bei weitem nicht niedergeworfen; der König, der sich als Herrn der Welt betrachtete, hätte diesen seinen Anspruch verleugnen müssen, wenn er so reiche und ausgedehnte Landschaften hätte aufgeben wollen.

Eine Beziehung auf diese Frage hatte der Besuch, den Alexander dem Heiligtum des Ammon-Ra auf der Oase Siwah machte. Die Oase war eine uralte Station für den Handelsverkehr durch die Wüste; da war das Heiligtum gegründet worden, dessen Orakelsprüche für untrüglich galten; es erfreute sich des Vorzugs, nie in die Hände der Perser geraten zu sein, was ihm eine grössere Unabhängigkeit gewährte, als sie damals das branchidische und selbst das delphische Orakel besass. Schon Kimon hatte sich bei dem letzten ernstlichen Unternehmen, mit dem er umging, an den Gott Ammon gewendet, der ihm aber nur eine Antwort gab, die auf seinen baldigen Tod deutete. Ein grosser Teil der Unternehmungen, die Kimon im Sinne hatte, war nun durch Alexander vollbracht, als er sich selbst zum Orakel begab. Die Sage lässt ihn die Schwierigkeiten, die er dabei fand, nur unter Führung vorausfliegender Raben oder erscheinender Drachen vollenden, wie sie denn hier besonders reich ausgestattet ist. Nach der einfachsten und zugleich in sich bedeutendsten Tradition, die bei Diodor vorliegt, begrüsste ihn der Oberpriester, der zugleich eine fürstliche Autorität besass, bei seiner Ankunft im Namen des Gottes als dessen Sohn. Alexander nannte ihn Vater; er sagte, er werde sich für immer als Sohn des Ammon betrachten, wenn dieser ihm die Herrschaft der Welt gewähre. Der Priester begab sich in das Heiligtum, wo der Gott nach dem gebräuchlichen Ritus um seine Entscheidung angegangen wurde. Der Oberpriester kam mit der Antwort zurück, dass der Gott ihm seine Forderung gewähre und dieser Gewährung fest versichere. Was das im damaligen Augenblick zu bedeuten hatte, ist unzweifelhaft; denn der Grosskönig der Perser, den Alexander bekämpfte, pflegte sich in seinen Ausschreiben als Herrn aller Menschen auf Erden vom Aufgang bis zum Niedergang der Sonne zu bezeichnen. Diesem Anspruch, der auf der Lehre Auramazdas beruhte, setzte sich nun die Verheissung des ägyptischen Ammon-Ra entgegen. Die Sohnschaft, die der Gott dem König antrug, hatte schon dadurch hohen Wert, dass Alexander als Nachfolger der Pharaonen betrachtet wurde, die immer in einem ähnlichen Verhältnis zur Gottheit gedacht worden waren. Allein zu noch höherer Bedeutung gelangte sie dadurch, dass der Uebergang der allgemeinen Herrschaft auf Alexander demselben verheissen wurde; die Erzählung fasst das wie eine Art von Vertrag zwischen ihm und der Gottheit auf. Die Priester sagten ihm: der Beweis dafür, dass er der Sohn des Ammon sei, werde in der Grösse dessen liegen, was er erreiche und durchführe; er solle für alle Zeit unbesiegbar sein und bleiben. In dem Orakelspruch lag, man könnte sagen, eine Allianz der griechischen Götter, die die Zerstörung ihrer Heiligtümer an den Persern rächen wollten, und des ägyptischen Ammon-Ra, der jetzt wieder in seiner alten Unabhängigkeit und Machtfülle erschien.

Vom persischen Hofe hatte Alexander annähernde Eröffnungen erhalten; er soll geantwortet haben, am Himmel könne es unmöglich zwei Sonnen geben; zwei herrschende Autoritäten in diesem Völkerkreis würden sich unaufhörlich bekämpft haben.

Also musste es nochmals zum Kampfe kommen. Alexander wendete sich nun, wie einst Necho, gegen den Euphrat, wo ihm der Fluss noch mehr zu schaffen machte als der Widerstand der Perser. Aber nicht etwa gegen

Babylon rückte er an, das ihm, solange die persische Macht
nicht vollständig gebrochen war, den hartnäckigsten Widerstand geleistet hätte, sondern gegen diese selbst. Er
überschritt ohne Kämpfe auch den Tigris, jenseits dessen
Darius in einer Landschaft, die immer für die Verbindung
des östlichen mit dem westlichen Asien von eminenter
Wichtigkeit gewesen ist, wo die grossen Heerstrassen einander begegnen, unfern von Ninive bei dem Flecken Gaugamela, sein Lager aufgeschlagen hatte. Es ist dieselbe
Region, in der einst das assyrische Reich entsprungen und
zuletzt auch von den Medern überwunden worden ist. Mit
dem medo-persischen Reiche traf nun hier die mazedonisch-griechische Macht zusammen. Es gibt kein Zusammentreffen der Weltkräfte von einer gleich charakteristischen Eigenart und grösserer Bedeutung für die Geschicke der Welt. In dem Lager des Darius waren die
Kontingente der verschiedenen Völkerschaften von Osten
und Westen vereinigt. Wir finden Kappadokier und Armenier, Zölesyrier und Babylonier mit den verpflanzten
Karern; die Reiterstämme der Hyrkaner, Parther und
Tapurer, die Meder mit den Kadusiern und Arachosiern,
Baktrer und Sogdianer mit Bogenschützen zu Pferd, die
Anwohner des persischen Meerbusens. Eine Abteilung von
Indern war den Baktrern zugeteilt, die von Bessus angeführt wurden. Wir erfahren, dass Darius die Waffen verbessert, die Sichelwagen neu instand gesetzt und Sorge
dafür getragen hatte, dass keine Missverständnisse unter
den verschiedene Sprachen redenden Völkerschaften aus-
brächen. Bei alledem war es doch eben nur ein Heer derselben Art, wie es schon Xerxes nach Griechenland
geführt hatte; und wiewohl an Zahl den Griechen von
Chäronea unendlich überlegen, so doch noch mehr als
diese ein Konglomerat von Stämmen, keine Armee, wie sie
sich Alexander gebildet hatte. Von Sieg zu Sieg schrei-
tend, war diese immer mehr zusammengewachsen. Dadurch allein konnte es geschehen, dass der linke Flügel
der Mazedonier, von den gegenüberstehenden Reitern in
eine grosse Bedrängnis gesetzt, doch durch einen Angriff

Alexanders auf eben diese gerettet wurde. Die Sichelwagen prallten an der Phalanx, die in der rechten Zeit
eine feste Stellung nahm, zurück. Der entscheidende
Kampf aber fiel auf dem rechten Flügel vor, den Alexander persönlich befehligte und mit dem er sich allen Berichten zufolge gegen Darius selbst wendete. Man erzählt, in
dem Momente dieses Angriffs sei der Wagenlenker des
Darius getötet worden; das Volk, in der Meinung, dass
dem König selbst ein Unglück widerfahren sei, habe den
Mut verloren, sich zur Flucht gewendet und auch den
König in diese mit fortgerissen. Die persönliche Teilnahme
des Grosskönigs hatte alles in Ordnung gehalten; die Meinung, er sei gefallen, löste alles in wilde Verwirrung auf.
Diese Kampfesart verschiedener Völkerschaften unter
besonderen Anführungen war der fortgeschrittenen griechisch-mazedonischen Schlachtordnung gegenüber nicht
mehr haltbar, sowenig wie das Reich, das sich in ihr repräsentierte.

Erst nach gewonnener Schlacht wendete sich Alexander nach Babylon, wo er noch immer Widerstand erwarten
musste, denn die Burg war von Persern besetzt, und einer
der persischen Heerführer hatte sich von dem Schlachtfeld dahin zurückgezogen. Alexander rückte in voller
Schlachtordnung, zum Kampfe gerüstet, gegen Babylon
vor, das den Siegern im Feld noch immer die Eroberung
schwer gemacht hatte. Aber es ging wie nach der Schlacht
bei Issus: die Perser hatten die Zuversicht zu ihrer Sache
verloren und waren auch in sich selbst uneins. Der persische Heerführer und der Befehlshaber in der Burg zeigten gleichsam einen Wetteifer, um dem Sieger ihre Huldigung darzubringen. Dem schlossen sich die Eingeborenen
an. In einer Art feierlicher Prozession wurde Alexander
in die Stadt geleitet, wo er nun zu derselben Handlung
schritt, die ihm allenthalben am meisten am Herzen lag:
er stellte die lokale Religion wieder her. Die Heiligtümer,
von denen man ihm sagte, Xerxes habe sie einst bei seiner
Rückkunft von Griechenland zerstört, befahl er wieder-
aufzurichten; er tat alles, was ihm die Chaldäer sagten,

die jedoch hier selbst einen Vorteil verloren, der ihnen aus den Tempelgütern zugeflossen war, die jetzt wieder den Heiligtümern zurückgegeben werden mussten. Alexander opferte im Tempel des Bel zu Babel. Von unbeschreiblicher Wichtigkeit war es, dass die Metropole des Baaldienstes, von der einer der grossen Götterdienste der Welt und zugleich eine mit ihm verbundene Kultur nach Westen hin ausgegangen war, mit diesem durch das Uebergewicht der okzidentalen Macht wieder vereinigt wurde, so gut wie Aegypten.

Doch war dieser Erfolg noch sehr unsicher, solange die grossen Kapitalen, die das beherrschende Zentrum des Reiches ausmachten, noch in feindlichen Händen blieben. Zuerst ergab sich Susa an einen der Unterfeldherren ohne Widerstand; Alexander fand daselbst den Staatsschatz des Grosskönigs, gegen 50 000 Talente grösstenteils ungeprägtes Gold und Silber. Er verwandte das Geld nach Art und Weise der Perser unter anderem auch dazu, um den Lakedämoniern, die ihm im Peloponnes noch immer widerstrebten, daselbst Feinde zu erwecken. Dann ging er, nicht ohne einige Schwierigkeiten jedoch, die ihm die Lokalität und Unbotmässigkeit der von den Persern nie ganz unterworfenen Völkerstämme entgegensetzten, auf der alten Strasse der Grosskönige nach Persepolis. Ob es wahr ist, dass er auch von da die Einladung eines einheimischen Befehlshabers erhalten hatte? Darius war in die entlegensten Landschaften geflüchtet, und fast scheint es, als habe man seine Niederlage als ein Gottesurteil betrachtet. Aber Schonung liess sich Alexander durch Annäherungen dieser Art nicht abgewinnen. Es entsprach ganz dem Ideenkreis, in dem er lebte, dass er in die Stadt, in der sich die Beute von aller Welt gesammelt, in deren Nähe ihm Gefangene griechischer Herkunft in erbarmungswürdiger Gestalt entgegentraten, nun auch wieder nicht ohne Gewalttaten, Ermordung der Einwohner, Plünderung der Häuser einzog. Und leugnen möchte ich nicht, dass er in diesem Sinne auch die Burg, die er anfangs zu schonen gedachte, im Rausche eines dionysischen Festes angezündet habe; denn er wollte nun einmal die griechischen Götter an den Persern rächen. Die Prachtgemächer von Zedernholz, in denen die persischen Könige nahe ihren Grabstätten sich aufzuhalten pflegten, gingen in lodernden Flammen auf. Man hat gleichsam eine Vollendung des Schicksals darin zu sehen geglaubt, dass Thais von Athen — denn zu dem Dionysosfeste waren Sängerinnen und Tänzerinnen herbeibeschieden worden — dem König zur Seite die Fackel vorantrug. Was die Perser an der Akropolis von Athen getan, sollte an ihrer Königsburg gerächt werden.

An dieses Ereignis, das den Zug Alexanders gleichsam vollendete, knüpfte sich nun aber auch die grösste Schwierigkeit, die ihm in seinem Leben überhaupt entgegengetreten ist. Altäre der Götter waren hier nicht umzustürzen, noch auch umgestürzte wiederherzustellen. Es gab kein Volk, dem verlorene Heiligtümer hätten zurückgegeben werden können. Vielmehr geriet Alexander mit einer uralten, durch Jahrhunderte vererbten einheimischen Religion in Kontakt. Diese Religion fand eben in den Monumenten von Persepolis ihren Ausdruck; sie konnte aber dadurch nicht vernichtet werden, dass man diese zerstörte. Sie hatte eine politische Seite, die in der Natur des Reiches selbst begründet war. Mit dieser Religion nun musste sich Alexander in ein haltbares Verhältnis stellen. Indem er den Grosskönig besiegt und verjagt hatte, wurde er von denen, die sich ihm unterwarfen, nun selbst als Nachfolger in diesem Königtum anerkannt. Die anbetende Verehrung, welche den die göttliche Autorität darstellenden Königen dargebracht worden, wurde nun auf ihren Ueberwinder, Alexander selbst, übertragen. In den Ideen, auf denen diese Verehrung beruhte, lag ein Moment, das die Völker zusammenhielt und die höchste Gewalt befestigte. Sollte nun Alexander diese Verehrung zurückweisen? Er würde damit die höchste Gewalt, die ihm zugefallen war, geschwächt, die Ausdehnung derselben über die noch unbezwungenen Regionen unmöglich gemacht haben. Wenn er sie aber, wie er es tat, anerkannte, so kam er damit in Widerspruch mit seinem eigenen bisherigen Verfahren. Nachdem er alles das vernichtet hatte, was infolge der persischen Herrschaft in Religion und Staat festgesetzt war, trat die Versuchung und vielleicht die politische Notwendigkeit an ihn heran, sich eben diesen Begriffen selbst hinzugeben.

Konnte er aber, so muss man sich fragen, zugleich den orientalischen Despotismus adoptieren und ein König des Okzidents bleiben, konnte er zugleich Perser und Grieche sein?

In seiner unmittelbaren Umgebung stiessen diese Differenzen aufeinander. Ihm gefiel es, in der Tiara und der Tracht der persischen Könige zu erscheinen; aber seinen Mazedoniern war es nicht genehm, die Perser nachzuahmen, ebensowenig den Griechen, die ihn begleiteten.

Die mazedonischen Könige, obwohl von einer Herkunft, die sie auf die Heroen zurückführten, hatten nie eigenmächtig, sondern nach mazedonischem Gesetz und Herkommen regiert. Das Heer, das sich um König Philipp gesammelt hatte, besass doch eine gewisse innere Unabhängigkeit, die sich von dem Gewerbe der Waffen herschrieb. So waren die Griechen dem jungen Alexander gefolgt; sie hatten so grosse Verdienste um ihn, wie er um sie. Vielfach hat man sich damals eines euripideischen Verses erinnert, in dem darüber geklagt wird, dass der Ruhm einer gelungenen Unternehmung den Führern zufalle, nicht den Truppen, die sie vollbracht haben. Das gerade Gegenteil von dem Anspruch, der hiermit ausgedrückt wurde, lag nun darin, dass jetzt die Diener des Königs ihm mit ebensolchen Huldigungen nahten, wie sie die Griechen nur den Göttern darzubringen pflegten. War das nun doch nicht eben die Autorität, mit der man in einem jahrhundertelangen Kriege gerungen hatte? Bekam diese nicht, nachdem sie besiegt worden, doch wieder dadurch die Oberhand, dass sie dem Fürsten, der den Sieg davongetragen hatte, zuteil wurde? Der innere Zwiespalt kam bald zum offenen Ausdruck. Bei einem Gelage wurde der König, der aus einer goldenen Schale trank und die anwesenden höchsten Würdenträger an dem festlichen

Genuss teilnehmen liess, von den Persern mit ihrer Knie-
beugung wie die persischen Könige verehrt, was Alexander
mit einem Kuss erwiderte. Ein anwesender Grieche forderte den Kuss, ohne die Zeremonie zu vollziehen. Alexander verweigerte ihn. « Ich bin um einen Kuss ärmer »,
sagte der zurücktretende Grieche spöttisch und verstimmt. Aus diesem Gegensatz sind alle die Szenen entsprungen, die das Leben Alexanders umdüstert haben;
denn eben in seinen besten Freunden regte sich der
Widerspruch gegen diese Untertänigkeit im Sinne des
Orients. Man hat nie genau erfahren, was es mit der Verschwörung auf sich hatte, in die Philotas, der Sohn des
Vertrauten Parmenio, und dieser selbst verflochten gewesen sein sollen, aber dass sie stattgefunden, darf man doch
nicht leugnen. Von den Mazedoniern selbst, die zu einer
Art von Kriegsgericht versammelt waren, wurde die
Schuld anerkannt und dann unnachsichtig bestraft. Unter
den jungen Leuten, die, wie bei Philipp, so auch bei Alexander den persönlichen Dienst vollzogen, ist einmal die
Absicht gefasst worden, sich des Königs mit Gewalt zu
entledigen, wozu ihnen die nächtliche Wache, die sie bei
ihm hielten, gute Gelegenheit gab. Aber ein Weib aus
Syrien, das sich dem Lager beigesellt, anfangs zurückgewiesen, aber dann doch infolge des dämonischen Impulses,
der es beherrschte, in das Vertrauen aufgenommen worden
war, rettete sein Leben, indem es ihn in seiner ungestümen
Weise aufforderte, in der von den Verschwörern bestimmten Zeit Schmaus und Zechen fortzusetzen, so dass
er von dem Nachtlager wegblieb, wo er umgebracht werden sollte.

In die Reihe dieser Missverständnisse gehört der Vorfall, der zum Tode des Klitus führte. Seine Schwester war
die Amme des Königs gewesen, Klitus hatte ihn mit
eigener Gefahr am Granikus vom Tode gerettet, aber dem
König war es unerträglich, dass er auf diesen Dienst
pochte und ihn eben auch einst bei einem Gastmahl mit
gehässigen Worten, welche diese auch gewesen sein
mögen, beleidigte. Zornentbrannt sprang Alexander auf.

Klitus entwich, kam aber bald darauf, glühend von Wein und Aufregung, zurück, dem König gerade entgegen. Da hat ihn der König in trunkener Wut mit eigener Hand erstochen. Kaum aber war das geschehen, so wurde er von der bittersten Reue ergriffen; er liess sich mehrere Tage nicht blicken, man hörte ihn seufzen und sich selbst anklagen; allein das Entsetzliche war doch geschehen. Wozu kann es führen, das Betragen des Klitus oder gar das des Königs entschuldigen zu wollen? Der Vorfall ist ein Symptom des Zusammenstosses der griechischen und persischen Ideen überhaupt. Das Gefühl der Prärogative des Königtums nach persischen Begriffen, welchem Alexander Raum gab, steigerte sich in ihm durch die Unterwürfigkeit, die man ihm bewies. Er begann, seine Kampfgenossen schlechthin als Untertanen zu betrachten; diese fühlten sich als seinesgleichen. Der Umschlag aller Vorstellungen zeigt sich darin, dass Alexander nun nicht allein als Nachfolger des Grosskönigs, sondern als dessen Rächer auftrat; Darius war indessen auf seiner Flucht in Baktra von dem Satrapen der Provinz, Bessus, ermordet worden. Alexander suchte Bessus in Baktra auf, überwand ihn und brachte ihn in seine Gewalt. Die Entschuldigung des Bessus war, er habe den Titel « König » nur darum angenommen, damit kein anderer in anderer Absicht ihm zuvorkäme; sein Sinn sei gewesen, das Volk zur Unterwerfung unter Alexander zu führen. Auf Alexander aber machte das keinen Eindruck. Er überliess ihn den Medern und Persern zur Bestrafung. Denn durch die Entscheidung der Schlachten und die Besitznahme von Persepolis glaubte er, gleichsam der legitime Herr des persischen Reiches geworden zu sein und den an dem Grosskönig verübten Frevel rächen zu sollen, obgleich dieser sein Feind gewesen war. In diesen persischen Anschauungen lebte er fortan; seinen griechischen Heerführern hat er einmal gesagt, er wolle sich von ihnen nicht behandeln lassen, wie Darius von Bessus. Man erkennt hier eine Frage der Jahrhunderte; die nämlich, wie die Verehrung, die ein jeder für den angestammten Fürsten haben muss, mit der individuellen Freiheit zu vereinigen ist. Sie erscheint in dem Augenblick, in dem ein bisher beschränkter Fürst zu der Majestät des ersten Thrones der Welt aufsteigt und seine Heerführer ihm gegenüber doch die alte Stellung, die noch eine gewisse Unabhängigkeit zuliess, zu behaupten suchen.

Dieser Konflikt kam nun zur Erscheinung; Alexander war jedoch nicht geboren, ihn auszutragen. Das Ereignis entwickelte noch einen andern grossartigen und für die Menschheit bedeutenden Inhalt in der Richtung, welche die mazedonischen Waffen weiter nahmen.

Was die Mazedonier weiterführte, war die Notwendigkeit, die bereits gelungene Eroberung zu vollenden. In der Schlacht von Arbela hatten die Arachosier, die Völker von Sogdiana und die Inder mitgefochten. Alexander wandte nun seine Waffen zunächst nach Norden. Fast noch mehr durch die geographischen Schwierigkeiten als den Widerstand der Menschen aufgehalten, erreichte er die fernsten Regionen des Perserreiches, Sogdiana und den Jaxartes. Alexander überschritt den grossen Strom; aber dieselben Steppenvölker, vor denen einst die Perser zurückgewichen waren, setzten seinem weiteren Vordringen einen Widerstand entgegen, den er zu bezwingen sich nicht versucht fühlte. Dort in Baktra ist ihm noch vorgeschlagen worden, seinen Waffen eine Richtung nach dem Westen zu geben; aber er hatte kein Ohr dafür, denn seine Gedanken waren auf Indien gerichtet. Ueber Indien waren den Griechen von alters her allerlei Nachrichten zugekommen, deren fabulose Natur der Phantasie um so mehr freien Spielraum liess. In diese Regionen verlegten die Griechen einen Teil ihrer Heroensage. Dort sollte Prometheus an den Felsen angeschmiedet gewesen, die beiden Heroen, die sich durch ihre Tatkraft den Eingang in den Olymp eröffnet, Herakles und Dionysos, sollten auf ihren Zügen dahingelangt sein. Alexander leitete selbst seine Herkunft von Herakles ab, und wir wissen, dass er auch im Orient dem Dionysos in tumultuarischen Orgien huldigte. Wenn man nicht zweifeln dürfte, dass mythologische

Antriebe dieser Art auf Alexander wirkten, so wurde sein Kriegseifer doch hauptsächlich durch einen sehr realen Ehrgeiz hervorgerufen, der ihm aus der Weltstellung entsprang, die er nunmehr einnahm. Bereits ein Jahr früher war er in das Bergland des Paropamisus gedrungen, das zu einer der Satrapien des persischen Reiches gehörte. Er hatte damals am indischen Kaukasus Fuss gefasst und eine jener Städte gegründet, die als feste Stationen für seine Kriegsmacht und den Fortgang der Kultur dienen sollten. An dem Punkte, an dem drei Strassen nach Baktra mündeten, errichtete er eine Burgfeste, der er seinen Namen gab und die er mit einer Besatzung versah, die so stark war, eine unmittelbare Verbindung zwischen Indien und Baktra nicht ferner zu gestatten. Vielmehr war Alexander selbst schon in Verbindung mit Indien getreten: einmal durch einen unzweifelhaft indischen Fürsten, Sisikottus, der sich von der Partei des Bessus, nachdem dieser besiegt worden, abwandte und an Alexander anschloss; sodann aber durch die Annäherung eines andern indischen Fürsten, Mophis oder Omphis, des Taxiles Sohn, der, mit seinen Nachbarn im Kampf, dem König anbot, sich von ihm bestätigen zu lassen und alsdann mit ihm alle die zu bekämpfen, die sich ihnen entgegensetzen würden. So reichten die Fäden seiner Politik von Baktra unmittelbar an den Indus.

Indem nun Alexander den Zug nach Indien unternahm, trat er nicht mehr bloss als Führer der Mazedonier und Griechen auf; neben diesen hatte er Baktrianer, Sogdianer, Arachosier in seinem Heer; er erschien als ein neuer Grosskönig der verschiedenen östlichen Nationalitäten.

Wie nahe das mit den Ideen des persischen Reiches zusammenhängt, erhellt auch daraus, dass der neue Satrap, den Alexander am Paropamisus einsetzte, seinem Namen nach zu urteilen, ein Perser war.

Der erste, an dem sich die mazedonische Macht erprobte, war ein Gegner des Taxiles. Zu dem nämlich hatte der Fürst von Peukelaotis, Sangäus, seine Zuflucht genommen. Ihr gemeinschaftlicher Feind, Astes, wurde von

Hephästion bezwungen und erschlagen, wodurch sich dieser den Weg zum Indus öffnete. Indessen kämpfte Alexander mit den Bergvölkern nördlich des Kophen.

Diese Völkerstämme befanden sich bereits nicht mehr in primitivem Zustand; sie hatten mit Medern und Persern um ihr Dasein gerungen, besassen ummauerte Städte und stellten zahlreiche Mannschaften ins Feld, wozu sie Söldnerscharen aus dem inneren Indien herbeizogen. Alexander griff sie mit der vorgeschrittenen Kriegskunst der Mazedonier und Griechen, die noch immer den Nerv seiner Armee ausmachten, an. Vor dem Andrang der Phalanx, die wohl, wenn sie den Feind anrücken sah, zurückwich und dann plötzlich kehrt machte und ihn in geschlossener Schlachtordnung angriff, konnten sie nirgends das Feld behaupten. Und die Poliorketik der Griechen war ganz anders ausgebildet, als die persische je gewesen war. Ihre Sturmböcke brachen die Mauern; dann wurden die Lücken überbrückt, die Zinnen der Mauern durch das Wurfgeschütz der Wandeltürme von ihren Verteidigern entblösst. Die eingenommenen Städte wurden dem Erdboden gleichgemacht, andere von den Einwohnern selbst in Brand gesteckt, hierauf verlassen. Die Mazedonier ereilten aber meistenteils die Flüchtlinge; sie haben deren einmal vierzigtausend gefangengenommen. Doch die Ueberlegenheit war im offenen Kampfe nicht das einzige, wodurch Alexander den Platz behielt. In der Stadt Massaga, die an sich guten Widerstand leistete, trat doch zuletzt das Unerwartete ein, dass die Söldnerscharen mit Alexander einen Vertrag schlossen, infolgedessen sie in seine Dienste treten sollten. Aber bald schienen sie ihr Versprechen zu bereuen, oder die Sicherheiten, die sie verlangten, wurden ihnen nicht gewährt. Genug, kaum hatten sie die Stadt verlassen, so kam es zu einem Gefecht zwischen ihnen und den Mazedoniern, die hier nochmals durch ihre besseren Waffen obsiegten. Man erzählt, durch die Pfeile der thrazischen Bogenschützen seien die Schilde der Inder gespalten worden, so dass nun die mazedonische Stosswaffe ihre volle Wirkung hatte. Die Frauen mischten sich in den

Kampf; die Söldner selbst verteidigten sich auf das tapferste; sie wurden sämtlich niedergemacht. Dann konnte sich die Stadt nicht weiter behaupten; sie fiel in Alexanders Hände.

Die ganze Nation wurde hierauf von Schrecken ergriffen; von allen Seiten floh man nach den Bergfesten, von denen eine, Aornos genannt, hauptsächlich durch die vortreffliche Beschreibung der Eroberung bei Arrian, die von Ptolemäus Lagi herrühren wird, im Gedächtnis geblieben ist. Die Eroberung würde unmöglich gewesen sein, hätten nicht einige Eingeborene dem heranrückenden König Pfade verraten, die zu der befestigten Höhe führten. Die wohlüberlegten und wirksamen Angriffe auf diese Befestigungen überzeugten die Eingeschlossenen bald, dass sie sich nicht behaupten würden; sie baten um freien Abzug. Alexander zog es vor, ihnen die Möglichkeit der Flucht zu eröffnen. Als sie sich dazu anschickten, gelang es dem König, den obersten Gipfel der Berghöhen zu ersteigen, worauf dann die abziehenden Flüchtlinge angegriffen und niedergemetzelt wurden. Wenn Alexander die Völker und Fürsten, die sich ihm zugesellten, mit Grossmut behandelte, so liess er doch gegen alle die, welche sich ihm widersetzten, die schonungsloseste Gewaltsamkeit ausüben.

In der Besitznahme von Aornos lag auch deshalb ein unschätzbarer Vorteil, weil es das Tal des Kophen und des oberen Indus beherrschte. Der Ort wurde mit neuen Werken befestigt und dem indischen Fürsten anvertraut, der sich in Baktra angeschlossen hatte.

Schon war Hephästion dem König vorausgegangen. Auf der Schiffbrücke, die dieser, wahrscheinlich nordwärts von der Einmündung des Kophenstromes, geschlagen, setzte Alexander über den Indus. In diesen Gegenden hielt er seine erste Elefantenjagd. Mophis, der später selbst unter dem Namen Taxiles erscheint, nahm ihn als seinen Oberherrn auf. In der Erzählung finden wir indische Büsser erwähnt, sowie Frauen, die sich nach dem Tode ihrer Männer verbrennen; wir befinden uns im eigent-

lichen Indien. Einen Augenblick schien es doch zweifelhaft, ob sich Taxiles und sein Volk Alexander nicht entgegensetzen würden; aber sie hielten ihr Wort und
gesellten sich ihm bei. Alexander vergrösserte noch das
Gebiet des Fürsten, legte aber zugleich eine Besatzung
in den Hauptplatz und ernannte einen Satrapen für das
Land, einen Griechen des Namens Philipp.

So war der Plan, der dort in Baktra gefasst worden,
wirklich ausgeführt. Auf den hartnäckigen Kampf mit den
Bergvölkern folgte die Unterwerfung eines indischen Kö-
nigreiches, dessen Streitkräfte sich jetzt den mazedonischen beigesellten. Die Absicht Alexanders war nun, auch
die benachbarten kleineren oder grösseren indischen Für-
stentümer zu einer ähnlichen Unterwerfung zu nötigen. Als
der Verfechter der Unabhängigkeit derselben erscheint
der an die unterworfenen Landschaften angrenzende
Porus, von dem die indischen Traditionen noch eine Erinnerung bewahren; sie wissen von einem Reiche Paura
in diesen Gegenden zu erzählen. Um aber Porus, der jedes
Ansinnen, Alexander als seinen Oberherrn anzuerkennen,
zurückwies, zu besiegen, musste der Hydaspes überschritten werden. Porus führte mehr als 100 Elefanten ins Feld.
In seiner Schlachtordnung erschienen die indischen Tier-
kolosse wie ebensoviele Türme, das zwischen denselben
aufgestellte Fussvolk wie die verbindende Mauer; Alexander wusste seine Aufmerksamkeit zu teilen und ihn
dann zu täuschen. Während er einen Teil seines Heeres
unter Kraterus im Lager zurückliess, führte er, indem er
sich dazu zweier Inseln im Fluss bediente, den andern Teil
glücklich hinüber. Von zwei Seiten angegriffen — denn
jetzt setzte auch Kraterus über — wurde Porus überwunden, nicht jedoch ohne hartnäckigen Kampf. Besonders
wirksam zeigte sich der Angriff der Bogenschützen zu
Pferde auf die Schlachtordnung des Porus. Aber das
eigentlich Neue und für das Verhältnis der Streitkräfte
der die Welt beherrschenden Nationen Wichtige lag in dem
Kampf der Phalanx mit den Elefanten, in dem jene erst
dann siegte, als die Elefanten, in die Enge getrieben, scheu

wurden und ihre Reiter selbst abwarfen. Porus zeigte sich tapfer. Man erstaunte über seine hohe, schöne und männliche Gestalt, als er endlich vor Alexander gebracht ward. Er forderte diesen auf, ihn als König, wie er ja selber ein solcher sei, zu behandeln. Alexander vermehrte seine Gebiete noch, und sie machten Freundschaft, d. h. Porus erkannte ihn an.

An den Uebergängen des Hydaspes wurden zwei Städte erbaut, Bukephalia und Nikäa. Der König selbst zog dann am Hydaspes noch eine gute Strecke aufwärts, um die kleinen Fürsten in den Vorketten des Himalajagebirges von allem tätigen Eingreifen abzuhalten.

Eine grosse Absicht war erreicht, die von den Persern übernommene Macht des Grosskönigtums in Indien nicht allein erneuert, sondern noch über die bisherigen Grenzen hinaus erweitert. Damit war aber weder der Ehrgeiz Alexanders befriedigt, noch auch — dass wir so sagen — seine welthistorische Mission erfüllt. Vor ihm lag der auch von den Persern kaum berührte Osten in einer Ausdehnung und Lebensfülle, von der niemand eine Ahnung hatte. Alexander schien durch den Gang und die Richtung seines Zuges zu dessen Erforschung bestimmt zu sein. Er hatte den Entschluss gefasst, den Hyphasis, den vierten von den fünf Strömen des Pend-jab, zu überschreiten, von dem man ihm sagte, jenseits werde er andere Völker von grösserer Bildung, aber doch auch sehr streitbar, finden; er wäre geneigt gewesen, sie aufzusuchen und sich in diesen neuen Kampf zu stürzen. Aber auch der grösste Feldherr kann doch nicht schlechthin gebieten; er ist immer auf den guten Willen der Truppen, die er führt, angewiesen. Alexander fand jetzt Widerspruch bei seinem Heere, das durch das Klima, dessen Widerwärtigkeiten es soeben erfahren hatte, verstimmt, vor einem weiteren Vordringen in eine unbekannte Welt zurückschreckte. Alexander entschloss sich wirklich, seine Absicht aufzugeben. So lauten die Erzählungen, sie lassen sich im allgemeinen nicht bezweifeln. Fassen wir aber die Lage der Welt ins Auge, so war es gewiss nicht der Beruf Alexanders, Indien, des-

sen Saum er wohl berührte, zu durchziehen und die Ost-
hälfte des Erdteils zu entdecken, die noch lange Jahrhunderte hindurch nicht in den Kreis der Weltgeschichte
gezogen worden ist. Dagegen ergriff er ein anderes, nahe-
liegendes, an das Alte anknüpfendes und doch in ein
unendliches Neue führendes Vorhaben — das nämlich, die
Induslande mit der westlichen Welt auf dem Seewege in
Verbindung zu bringen. Schon Darius Hystaspis hatte die
Absicht gehabt. Er wollte, wie Herodot sagt, erforschen,
wo der Indus ausmünde, und liess eine Anzahl Schiffe
unter einem Griechen Skylax von Karyanda abgehen, die
dann auch wirklich die Fahrt durch den Indus vollendeten
und von da ihren Weg nach dem Erythräischen Meere
nahmen. Das hatte keine weitere Folge gehabt, aber die
Kunde davon, durch Ktesias erneuert, der den Indus in
das grosse Meer ausmünden liess, das den Osten der Erde
umgrenze, machte auf die Griechen gerade deshalb Eindruck, weil es ihren Vorstellungen von der Erde entsprach.
Auch dies belebte den Ehrgeiz der Weltentdeckung, von
dem vor allem Alexander selbst durchdrungen war. Es
war ein grosser Gedanke, zugleich politisch und wissen-
schaftlich von der höchsten Bedeutung, die neuen Eroberungen in Indien auf dem Seewege mit den vornehmsten
Metropolen des Reiches, das in seine Hand gefallen war,
in Verbindung zu bringen.

In vollem Bewusstsein des ins Auge gefassten Zieles,
mit aller Anstrengung und Umsicht schritt Alexander zu
diesem Unternehmen. Indem er den Indus hinabfuhr,
musste er auf beiden Seiten die noch unabhängigen Völker
soweit bezwingen, dass sie dem Bestehen der Ansiedelungen und festen Plätze, die er anlegte, keinen Widerstand entgegensetzen konnten. Er hat hierbei noch einmal
schwere persönliche Gefahren bestanden; im Altertum
war nichts berühmter als sein Angriff auf die vornehmste
Feste der Mallier, wo er im Sturm selber der erste war
und, da eine Leiter hinter ihm zerbrach, in die Stadt hin-
absprang, hier aber, an einen Baumstamm gelehnt, den
Angriff der andringenden Einwohner so lange aushielt, bis

er Hilfe bekam. Er ward dabei, und zwar diesmal sehr schwer, verwundet, so dass die Fortsetzung seines Zuges um ein paar Monate aufgeschoben werden musste. Dem nationalen Widerstand, auf den er in Indien stiess, gesellte sich auch ein religiöser hinzu. Ueberall regten die Brahmanen die einheimischen Populationen und ihre Fürsten gegen die Griechen und Mazedonier auf. Anders konnte es nicht sein, als dass die Anschauung Indiens, wie sie, von ältesten Zeiten hergebracht, in der Priesterkaste repräsentiert war, mit dem griechischen Götterglauben, der in ihre eigenen Gebiete vordrang, in feindseligsten Gegensatz geriet. Es war fast eine Art von Religionskrieg, wenn Alexander dagegen die Brahmanen in ihren Städten bekämpfte; eine derselben hat er von Grund aus vernichtet. Als er nach Pattala gelangte, wo man ihm gute Aufnahme versprochen hatte, fand er den Ort wie die Landschaft von der Bevölkerung verlassen; und mit Mühe gelang es ihm, einen nicht geringfügigen Teil derselben zur Rückkehr zu vermögen. Es ist die Region, wo das Indusdelta beginnt. Alexander fühlte sich der Behauptung der an den wichtigsten Punkten gewonnenen Positionen so sicher, dass er sie durch eine neue, an dieser Stelle zu errichtende Stadt zu vollenden unternahm. Er liess Brunnen graben, Schiffswerften anlegen, um ein Weltemporium zu stiften, das den Namen Alexandria tragen sollte. Wie er alles persönlich vollführte, so hielt ihn keine Mühe noch Gefahr ab, auch die beiden Indusarme zu durchfahren, zuerst den westlichen, dann den östlichen, um sich zu überzeugen, dass hier eine geordnete Seefahrt möglich sei. Sein Unternehmungsgeist war überall mit Methode, man möchte sagen mit einer gewissen Gründlichkeit verbunden. Endlich wurde ihm zuteil, wonach sein Herz verlangte; erst von einer Insel im Fluss, dann von einem ausserhalb desselben gelegenen Eiland sah er den Indischen Ozean mit eigenen Augen. Er brachte den Göttern nach griechischem Ritus und nach der Anweisung, die er in Ammonium empfangen, Dankopfer dar. Indem er die goldenen Gefässe, die ihm bei den Libationen gedient hatten, gleichsam als

Geschenk ins Meer warf, rief er Poseidon an, die Flotte, die er nach dem persischen Meerbusen abzusenden gedenke, sicher dahin zu geleiten. Mit ihm war ein alter Freund, von Herkunft ein Kretenser, des Namens Nearch, der sich in allen Parteiirrungen ihm angeschlossen und ihn dann auf seinem grossen Zuge durch Asien bisweilen an der Spitze einer griechischen Söldnerschar, dann als Führer einer bevorzugten Truppe begleitet hatte. Diesem erprobten und einsichtsvollen Kampfgenossen übertrug er die Führung der Flotte, die dazu bestimmt war, den neuen Seeweg nach dem persischen Golf zu entdecken und die Bedingungen seiner Benutzung zu untersuchen. Die Mündungen des Indus sollten mit denen des Euphrat in fortwährende Verbindung treten, diese aber standen mit dem Ausfluss des Nils im Handelsverkehr. Wir sahen, wie Alexander hier ein Emporium für den Handel auf dem Mittelmeer errichtete. Alexandria am Indus und Alexandria am Nil waren beides seine in der Idee zusammenhängenden Schöpfungen; dieses eröffnete das innere Meer und den Okzident, jenes sollte zu einem grossen Handelsplatz der orientalischen Welt ausgebildet werden. Wie weit werden durch diese unermesslichen und doch ausführbaren Kombinationen die Ansiedlungen, die einst die Phönizier nach beiden Seiten hin versucht hatten, übertroffen. Sie bilden gleichsam den inneren Zusammenhang des neuen Weltreiches. Zur Vollendung des indischen Unternehmens gehörte es noch, dass Alexander seinen Rückzug durch Gedrosien nahm. Es war nicht allein ein Rückzug, sondern zugleich eine Besitznahme der Küste, die für die Flotte so wichtig war, wie die Sicherung der Uferplätze am Indus. Alexander entfernte sich möglichst wenig von dem Strande und traf einige Vorkehrungen zur Aufnahme und zur Unterstützung der Flotte, die angewiesen war, ihren Lauf längs der Küste zu nehmen. Auf seinem Marsch stiess er auf grosse Schwierigkeiten. Die Hitze der Sonne, die Tiefe des Sandes, die Anfälle halbwilder Landeseinwohner, endlich die Unkunde der Wegweiser hatten kaum erträgliche Beschwerden zur Folge.

Der Weg führte zuweilen durch wasserlose, von aller Vegetation entblösste Einöden. Da soll es geschehen sein, dass Alexander, als alles dürstete und ihm ein Trunk im Helm gebracht wurde, das Wasser auf den Boden goss — denn er wollte nichts vor andern voraus haben — eine Handlung, die sehr ähnlich auch von König David berichtet wird; sie bezeichnet eben Verzichtleistung auf alle Vorteile, die dem König und Heerführer aus diesem seinem Verhältnis entspringen.

Das Klima und der Mangel an Lebensmitteln verursachten Krankheiten und starke Verluste unter den Truppen. Das Heer war beinahe um die Hälfe vermindert, als es in Karamanien ankam, wo das Land ergiebiger war und zugleich von allen Seiten Kamele mit Lebensbedürfnissen beladen eintrafen. Stattliche Verstärkungen führte Kraterus herbei, der mit seinen indischen Elefanten den Rückweg durch Arachosien genommen hatte. Grosse Sorge aber machte dem König das Schicksal seiner Flotte. Auch Nearch, dem zum erstenmal die Monsuns zu Hilfe kamen (man hat bemerkt, dass er die Nautik um die Kenntnis derselben bereicherte), hatte seinerseits mannigfaltige Unfälle zu bestehen. Er ist veranlasst gewesen, wo die vorliegende Insel Bibakta einen Hafenplatz bildet, anzulegen und dort ein paar Wochen zu verweilen, nicht ohne zugleich sein Lager durch Mauern gegen die Angriffe der Eingeborenen sicherzustellen; den Hafen bezeichnete er mit dem Namen seines Königs. Die Entbehrungen zur See waren nicht geringer als die zu Lande; aber alle Schwierigkeiten wurden überwunden. Die Flotte langte in Karamanien am Flusse Anamis an; die Schiffe wurden ans Land gezogen, das Lager auch hier mit einer Mauer umgeben, etwa fünf Tagereisen weit von dem Ort, wo Alexander lagerte; er hatte so wenig Nachrichten von den Schiffen erhalten, dass er sie beinahe für verloren hielt. Man begreift, wie tief er es empfand, da eben das vornehmste Resultat seines grossen Zuges, die Kenntnis des Zusammenhanges des persischen Meerbusens mit dem indischen Weltmeere, dadurch verlorengegangen wäre. So ist es zu verstehen, wenn er ausrief, der Verlust der Flotte würde schwerer wiegen als alles Glück, das ihm bisher zuteil geworden sei. Als er Nearch, der sich jetzt zu ihm begab, wiedersah, brach er in Freudentränen aus, die noch stärker wurden, als er erfuhr, dass nicht allein der Führer, sondern die Flotte selbst gerettet sei. Die glückliche Ausführung des grossen Unternehmens, das durch das Zusammentreffen mit dem Führer der Flotte als vollendete Tatsache vor Augen trat, wurde mit hellenischen Spielen gefeiert, bei denen neben dem kranztragenden König Nearch ebenfalls mit einem Kranze geschmückt einherging. Alexander begab sich nach Susa, von da nach Ekbatana, endlich nach Babylon. Von dem, was man über die ferneren Absichten berichtet, die Alexander in Babylon kundgegeben habe, wird das meiste nur Vermutung oder eine Vermischung von Dichtung und Wahrheit sein. Man erzählt, er sei vor allen Dingen die Einwirkungen der Araber auf die Grenzen seines Reiches durch einen grossen Angriff auf dieselben zu Lande und zur See abzuwehren gesonnen gewesen. Nach den Mitteilungen, die später dem Heere gemacht worden sind, wäre er mit dem Plane eines ernstlichen Angriffs auf Karthago umgegangen; er habe zu diesem Zweck einen Weg von Kyrene durch Libyen für das Landheer ziehen und tausend Trieren in Phönizien, Syrien, Kilikien und Zypern rüsten wollen. Die persischen Könige hatten einmal einen ähnlichen Plan gehegt, aber aufgeben müssen.

In Alexander hätten sich die persischen und die griechischen Ideen vereinigt. Die Eroberung von Karthago würde ihn zum Herrn des Okzidents gemacht haben.

Sehr möglich, dass sich in Alexander und seiner nächsten Umgebung weitaussehende Pläne dieser Art geregt haben. Dass sie mit Bestimmtheit gefasst worden seien, lässt sich jedoch nicht erweisen. Bei der Würdigung Alexanders darf man und muss man sogar davon absehen. Seine Unternehmungen bieten vielmehr, soweit sie in dem Moment gediehen waren, eine gleichsam in sich abgeschlossene Einheit. Wir untersuchen nicht, ob ihm von

Anfang an die Idee der Umwandlung des Orients vorgeschwebt hat, aber der Augenschein zeigt, dass er durch
die Verflechtung der Angelegenheiten Schritt für Schritt
dahingeführt wurde. Von den Kriegszügen gegen die
Donauvölker, die er auch deshalb unternahm, weil er
sonst die Macht seines Vaters über die Griechen nicht
hätte behaupten können, war er zur Bekämpfung der in
Hellas ihm noch widerstrebenden Staaten fortgegangen
und hatte sie überwältigt. Dadurch, dass diese noch einen
Rückhalt an der persischen Macht in Kleinasien fanden,
wurde Alexander zu einem Angriff gegen die Perser selbst
veranlasst, dessen glücklicher Erfolg alle Erwartungen
übertraf. Noch aber beherrschten die entgegengesetzten
Weltkräfte die See. Er konnte das Meer sich nicht unterwerfen, wenn er nicht auch Aegypten, vor allem Phönizien in seiner Hand hatte. Das war jedoch unmöglich,
wenn er nicht die Macht des Grosskönigs, der diese Länder in seinem Gehorsam festhielt, durch entscheidende
Waffentaten niederwarf. Das gelang ihm bei Issus, worauf
er die Herrschaft in den östlichen Gewässern des Mittelmeeres und die Länder der ältesten Kultur an sich brachte.
Von hier aus richtete sich dann sein Blick notwendig auf
Babylon, das in fortdauerndem religiösem Zusammenhang
mit den von ihm besetzten Gebieten stand. Babylon aber
konnte er nicht bezwingen, solange die Landschaften, von
welchen die assyrische und medo-persische Weltherrschaft ausgegangen war, noch in den Händen der Perser
blieben. Den grössten aller Triumphe feierte die griechisch-mazedonische Armee in der Ebene von Gaugamela.
Die Völker, die das grosse Reich ausmachten und ihm dort
in ihren Waffen entgegentraten, wurden auf einmal bezwungen, dadurch aber nicht allein Babylon erobert, sondern das ganze persische Reich selbst, dessen Ausdehnung
ihn gleichsam nötigte, bis nach Baktrien und den Jaxartes
auf der einen, und auf der andern Seite bis zum Indus vorzudringen.

Welch eine unvergleichliche Siegeslaufbahn hat er
zurückgelegt! Man kann ihm schon einen entscheidenden

Anteil an der Schlacht von Chäronea zuschreiben. Dann folgten unter seiner eigenen Führung die Schlachten am Granikus, bei Issus, bei Gaugamela, endlich am Hydaspes. Fünf Schlachten, von denen jede eine neue Wendung der Weltverhältnisse bezeichnet. Hand in Hand gingen mit ihnen die Städteeroberungen von Theben, Halikarnass, Tyrus, Gaza, in Indien der Bergfeste Aornos, der Stadt der Mallier. Alles Waffentaten ersten Ranges in ununterbrochen glücklicher Aufeinanderfolge. Der Anteil Alexanders an dem Fortschritt der Erdkunde besteht hauptsächlich darin, dass er den Seeweg von den Ausflüssen des Euphrat zu denen des Indus wiederfand und zu wirklichem Gebrauch eröffnete, wodurch erst das Ganze seiner Eroberungen zusammenschloss. Innerhalb dieses Kreises aber kann man es fast als seine vornehmste Handlung betrachten, dass er dem Polytheismus, dem durch die Herrschaft der Perser grosser Eintrag geschehen war, in einem ungeheuren Gebiete wieder die Oberhand verschaffte. Durch ihn verschmolzen die griechischen, ägyptischen, syrischen Götterdienste miteinander. Die Juden hat er geduldet, denn in ihrer Religion sah er nur eben eine nationale Institution. Die Perser hat er niedergeworfen, ohne jedoch ihre religiösen Meinungen zu unterdrücken. Auch den Brahmanen gegenüber hat er die Sache der griechischen Götter verfochten. Allein noch etwas anderes als den Götterdienst brachte er aus Griechenland mit sich herüber. Was lässt sich Grösseres denken? Die Griechen hatten es zu einer idealen Weltanschauung gebracht, soweit sie mit menschlichen Mitteln zu erreichen ist, zu einer alle Richtungen umfassenden Literatur, der ersten, aber doch auch grossartigsten, die jemals hervorgetreten ist.

Diesen Ideen eröffnete Alexander den Orient und unterwarf ihnen denselben; den Gedanken fügte er die Macht hinzu. Seine Siege sind zugleich Fortschritte der allgemeinen Kultur, namentlich auch der technischen und kommerziellen, denen er überall neue Stätten gründete, die er dann mit seinem Namen zu bezeichnen liebte. In der Vermischung des Polytheismus mit den grossen Kulturbestrebungen liegt die Signatur der Epoche. Die Religion des Menschengeschlechtes, die später emporkam, hat doch immer die Verbindung mit wissenschaftlichen und zivilisatorischen Ideen festgehalten.

Wie Alexander uns geschildert wird, liegt etwas von dem Ideal in ihm, das die Griechen in ihrem Dionysos versinnbilden, der, vom Blitz erzeugt und von der Erde — denn das bedeutet doch wohl Semele — geboren, die Welt durchzieht — unwiderstehlich, siegreich; und der dann doch einen Kranz von Weinlaub trägt, oder auch zugleich Szepter und Becher. Auch Alexander liebte den Genuss des Lebens, er war schwelgerisch beim Gelag, vertraulich und liebenswürdig im Umgang, freigebig bis zur Vergeudung; aber wehe dem, der ihn reizte, im Jähzorn war er seiner nicht mehr mächtig; dann aber gab er sich wieder dem bittersten Gefühl hin, das den Menschen ergreifen kann, der Reue über das Nichtwiedergutzumachende. Er war ein Mensch durch und durch, leicht ergriffen von entgegengesetzten Erregungen. Er mied die Gesellschaft der Thais nicht, verehrte aber die Sisygambis; er stiess Darius vom Throne und rächte seinen Tod. Bei allen seinen Mängeln bewahrte er immer einen angeborenen Sinn, gleichsam einen Instinkt für das Grossartige und das wahrhaft Grosse. Alexanders persönliche Erscheinung zeigte eine seltene Vereinigung von Muskelkraft und rascher Bewegung. In seinen Augen meinte man zugleich den Ausdruck der empfänglichen Weichheit und des Löwenmutes zu erkennen. Charakteristisch erscheint in den Bildern, die das Altertum von ihm hatte, eine hohe, freie Stirn mit rückwärtsliegendem Haar, eine leichte Neigung seines Kopfes nach der linken Seite. Die Büste im Louvre mit griechischer Inschrift, die man aus einer Werkstatt zu Athen herleitet, darf man wohl für eine Kopie eines bei Lebzeiten Alexanders gefertigten Originals halten. Sie atmet Seelenstärke, Feinheit und Gemüt. Der Beschauer kann sich kaum von ihr losreissen, wenn er dabei der Taten und Eigenschaften des Mannes gedenkt, den sie vorstellt.

Nachdem Alexander aus Indien zurückgekommen war, hatte er hauptsächlich damit zu tun, die Gewaltsamkeit der Machthaber, denen er seine Autorität anvertraut hatte, im Zaum zu halten, und in der Stellung, die er jetzt eingenommen, konnte er der Perser, in deren Fußstapfen er einherschritt, doch keineswegs entbehren. Wir vernehmen, dass er eine sehr zahlreiche persische Jugend nach griechischem Gebrauch in dem Waffendienst einüben liess. Die Zahl der jungen Leute, die, so eingeübt, ihm vorgestellt wurden, wird mit dreissigtausend angegeben. Wir vernehmen von dem Versuch, Mazedonier und Perser auch im kleinen Dienste miteinander zu vereinigen. Wenn sich Alexander damals mit der ältesten Tochter seines Vorgängers vermählte, so bedeutete das nichts anderes, als dass die Nachfolger Alexanders zugleich die Nachfolger der persischen Könige sein würden. Er hatte es auf eine Verschmelzung beider Nationalitäten abgesehen. Sein Sinn wäre gewesen, Kolonien von Europa nach Asien, von Asien nach Europa zu führen; sie sollten durch gegenseitige Kommunikation auf das engste untereinander verbunden werden. Auch die Künste und Bauten der verschiedenen Lande sollten verschmelzen. Bezeichnend ist es, dass er daran dachte, seinem Vater eine Pyramide zu errichten, so gross wie die grössten ägyptischen.

Indem er mit diesen Umgestaltungen umging, wurde er seines besten Freundes und Ratgebers, des Hephästion, den er selbst als sein anderes Ich bezeichnete, durch den Tod beraubt. Er ist seitdem niemals wieder lebensfroh geworden. Er hat noch bei dem Orakel des Ammon den Ausspruch ausgewirkt, dass er den Freund als Halbgott verehren könne, und dann in Babylon seine Leiche auf das prächtigste verbrennen und bestatten lassen. Von den Unterhaltungen, die er in diesen Tagen pflog, sieht man nicht recht, ob sie sich mehr auf Erinnerungen aus der nächsten Vergangenheit oder Pläne für die Zukunft bezogen haben. Aber der raschen, wundergleichen Entwicklung seines Lebens entsprach ein rascher, früher Tod. Alexander starb in der ersten Hälfte des Monats Juni, im Jahre 323. Er war erst 32 Jahre alt. In dem Hause, aus dem er stammte, waren frühe Todesfälle nicht ungewöhnlich, und wundern dürfte man sich nicht, dass Alexander, durch Lebensanstrengungen und Lebensgenuss erschöpft, dem Schicksal der Sterblichen früh erlag.

Man hat viel davon gesprochen, dass er vergiftet worden sei, und zwar infolge der Besorgnisse, die das orientalische Wesen, das er annahm, in seiner Heimat selbst hervorgerufen habe. Daraus aber lässt sich nichts weiter entnehmen, als dass ein solcher Gegensatz zwischen den Intentionen Alexanders, die an das persische Königtum streiften, und dem Selbstgefühl der Mazedonier und Griechen, die die Siege erfochten hatten, bestand. Auch deshalb möchte man Alexander glücklich preisen, weil er durch seinen Tod den widrigen Verwicklungen entging, die aus diesem inneren Widerspruch notwendig hervorgehen mussten.

ELFTES KAPITEL

DER URSPRUNG DER MAZEDONISCH-HELLENISCHEN KÖNIGREICHE

Abkommen über die Nachfolge Alexanders — Lamischer Krieg — Tod des Demosthenes — Tod des Perdikkas — Eumenes — Schlacht bei Gaza — Die Feldherren als Könige — Seleukus — Schlacht bei Ipsus — Demetrius Poliorketes — Seleukus Nikator und sein Reich — Die Ptolemäer in Aegypten — Alexandria

Alexander hatte ein Reich zerstört, war aber nicht dahingelangt, ein neues an dessen Stelle zu errichten. Selbst der Begriff, aus dem eine geordnete Staatsgewalt hervorgehen konnte, war zweifelhaft geblieben. Wohl wurde der neue Herrscher in den Satrapien, in die das Reich der Achämeniden zerfiel, als der Nachfolger der alten Könige verehrt; aber die mazedonisch-griechische Heeresmacht, die den Sieg erfochten hatte, war nicht gewillt, sich eine Umgestaltung von diesem Charakter gefallen zu lassen. Aus der Differenz, die gleich nach der Einnahme von Persepolis hierüber entsprang, waren die bittersten Unannehmlichkeiten, die Alexander erfahren hat, hervorgegangen. Es wäre ein Irrtum, anzunehmen, dass das mazedonische Heer hiebei sich von der königlichen Autorität, wie sie ihm hergebracht war, gesondert hätte. Philotas und seine Mitschuldigen sind von dem Kriegsgericht, also von den Truppen oder ihren Führern selbst, verurteilt worden. Wir sahen, eine unbedingte Gewalt des Anführers war eine geschichtliche Notwendigkeit. Grosse Armeen werden gebildet, um grosse Gedanken durchzuführen; aber die militärische Verfassung hat auch ihre Kehrseite. Die Armeen können nicht ein blosses Instrument sein; glückliche Erfolge bewirken, dass die Truppen auch an sich selbst denken und einen eigenen Willen kundgeben. Wie oft hat Alexander den Mazedoniern gesagt, nicht so sehr von ihm selbst als von dem Heere sei seine Unternehmung ausgegangen; dieses habe den Angriff auf Persien von ihm gefordert. Sie hatten die Siege erfochten; sie wollten auch deren Früchte geniessen.

Wie widerwärtig mussten ihnen die Entwürfe sein, mit denen Alexander sich trug, eine Vereinigung der beiden Nationalitäten im Kriegsheer selbst zustandezubringen. Sie erblickten darin einen Abbruch der von ihnen errungenen ausschliessenden Militärgewalt. Aber mit dem Tode des Königs waren auch diese Entwürfe zu Grabe gegangen. Der Fürst war gestorben, der eine Verschmelzung des Orients und Okzidents in Aussicht genommen; das mazedonisch-griechische Heer fühlte jetzt seine volle Selbständigkeit und Macht.

Was in den Truppen die grösste Antipathie hervorrief, war die Verbindung des einheimischen Königtums mit der Autorität des Grosskönigs. Ueber diese Verbindung hatten sie nun nach dem Tode des Königs selbst ein Wort mitzureden.

Alexander war nicht ganz ohne Nachkommenschaft, hatte aber doch keine solche, die einen begründeten Anspruch auf die Nachfolge hätte erheben können. Nach der Rückkehr von Indien aber hatte er sich mit der ältesten Tochter des Darius vermählt und den einzigen Freund, auf den er vollkommen traute, mit der jüngeren. Wenn nun männliche Nachkommen aus der Ehe Alexanders entsprangen, so liess sich nicht anders erwarten, als dass diese hauptsächlich Könige der Perser zu sein meinen würden, wie denn auch Sisygambis, die Mutter des Darius, noch lebte, die für ihre Enkel gesorgt haben würde. Nach dem Tode Alexanders ist Sisygambis aus Gram gestorben, ihre Enkelinnen wurden aus ihrem Asyl herbeigelockt und umgebracht. Man hat das der Roxane zugeschrieben, der Tochter eines baktrischen Fürsten, die mit Alexander vermählt war; denn die mazedonischen Fürsten hatten der Polygamie nicht abgesagt. Sie sah damals ihrer Niederkunft entgegen. Sie soll jene Gewalttat im Einverständnis mit Perdikkas ausgeführt haben. Wenn sie aber auch, wie man erwartete und es dann wirklich geschah, eines Sohnes genas, so traf doch auch diesen die Einwendung, dass er persischer Herkunft sei. Eine solche Nachfolge war durchaus gegen den Sinn der Mazedonier; diese hielten dafür, dass der Halbbruder Alexanders, Arrhidäus, der dann den Namen seines Vaters Philipp empfing, der wahre Nachfolger sei.

Dabei traten aber noch neue Verwicklungen ein. Es ist immer misslich, aus den absichtlich ausgeschmückten Erzählungen die einfache Tatsache herausfinden zu wollen. Wenn man angibt, dass nach dem Tode des Königs die obersten Heerführer, namentlich Perdikkas, geraten hätten, erst die Niederkunft der Roxane abzuwarten, so findet sich doch nichts davon in dem einfachsten Bericht, der hierüber vorliegt. Diesem zufolge forderten die obersten Heerführer den Gehorsam, den ihnen die Armee bisher geleistet hatte, auch nach dem Tode des Königs für sich selbst; aber die Phalanx weigerte sich, ohne den Namen eines Königs dem Befehl der Oberen Folge zu leisten; die Truppen verlangten — denn bei ihnen überwogen noch die heimatlichen Gefühle, und einen König wollten sie haben — dass Arrhidäus auch von den Feldobersten anerkannt würde, wozu einer von diesen selbst die Hand bot. Es schien fast, als werde die Sache mit dem Schwert entschieden werden müssen; aber von einem Manne wie Arrhidäus, der nicht im Vollbesitz seiner geistigen Fähigkeiten war, hatten die Grossen des Heeres, fast alles ausgezeichnete Männer von Geist und wohlverdientem Kriegsruhm, zuletzt doch nichts zu fürchten. Sie erkannten ihn an. Aber leugnen lässt es sich nicht, dass sie einen Vorbehalt zugunsten des Knaben, den Roxane gebären würde, machten. Die Phalangiten liessen sich gefallen, dass dieser zu einer Art von Mitregierung gelangen könne. So wäre denn doch eine Verbindung der mazedonischen und persischen Nachfolge in Aussicht genommen worden. Wir erörtern die Sache nicht weiter, da sie ohne wirkliche Bedeutung geblieben ist. Die grösste aber hat es, dass die Befehlshaber des Heeres, indem sie Arrhidäus anerkannten, die Bedingung machten, dass die Satrapien des Reiches unter sie selbst verteilt werden sollten. Perdikkas, der in dem Besitz des Siegelringes von Alexander war und ihn von jenem selbst empfangen zu haben behauptete, ward in der Tat als dessen Stellvertreter betrachtet und vollzog dies hochbedeutende Geschäft. Er trat in der Stellung eines Chiliarchen auf, wie sie einst Bagoas bekleidet und Alexander dem Hephästion übertragen hatte, die eine höchste stellvertretende Gewalt in sich schloss. Das Wesentliche des Ereignisses bleibt immer, dass das mazedonische Kriegsheer als der wahre Inhaber der Herrschaft erschien, mit der Voraussetzung freilich, dass ein König lebe, dem die Summe der Gewalt gebühren würde, aber zunächst unter seinen bisherigen Führern.

Was man in der Literatur bemerkt, dass die grössten Begabungen häufig zu gleicher Zeit hervortreten, lässt sich vielleicht auch von den kriegsmännischen Talenten sagen. Männer wie Ptolemäus Lagi, Antigonus, Eumenes, Antipater, Kraterus waren wie dazu geboren, grosse Kriegshandlungen zu vollziehen. Sie waren durch den Tod ihres Königs tatsächlich unabhängig geworden; sie erkannten jedoch Arrhidäus als ihren König und Perdikkas als ihren Führer an.

Hatte sich nun aber das mazedonische Kriegsheer auf diese Weise des Einflusses der Perser entledigt, so war es ihm ebenfalls beschwerlich, die Griechen gleichberechtigt neben sich zu sehen. In den oberen Provinzen von Asien kam es zu einer selbständigen Bewegung der Unbotmässigkeit; allein sie wurde sofort überwältigt; die empörerischen Scharen wurden auf Befehl des Perdikkas, der Sorge dafür trug, dass nicht etwa der Führer, den er ausschickte, in die Versuchung komme, sich an die Spitze der Griechen zu stellen, überwältigt und vernichtet. Dem ging eine analoge Schilderhebung im inneren Griechenland zur Seite, die es wohl verdient, dass wir ihrer gedenken. Sie war gegen Antipater gerichtet, der im Namen Alexanders in Griechenland die herrschende Gewalt ausübte. Notwendig brachte die Nachricht von dem Tode des Königs eine lebhafte Gegenwirkung hervor. In Athen verglich man die mazedonische Macht mit dem Zyklopen, dem das Augenlicht entrissen worden. Man gedachte sofort, die

Waffen gegen Antipater zu erheben. Nochmals war Phokion dagegen, und sehr bezeichnend ist die Antwort, die
er auf die Frage gab, wann denn die Zeit eintreten würde,
in der er zum Kriege rate. « Dann », sagte er, « wenn ich
sehe, dass die Jünglinge die Schlachtordnung halten, die
Reichen zahlen und die Rhetoren die öffentlichen Güter
nicht mehr an sich ziehen. »

Die Bewegung aber fand noch eine anderweitige
Stütze. Entlassene Mietstruppen, die zum Teil von Alexander ausgestossen, zum Teil von den persischen Satrapen entlassen worden waren, hatten sich um den Athenienser Leosthenes geschart, der nun an der Spitze dieser
Truppen, die den Hass gegen die Mazedonier aus Asien
mitgebracht hatten, die Fahne der griechischen Freiheit
erhob. Befreundet mit Demosthenes und einverstanden mit
den Athenern, führte er seine Mietstruppen zuerst nach
Aetolien, wo er ansehnlich verstärkt wurde. Ihm und
seinen Freunden, die alle derselben Partei angehörten,
gelang es jetzt, den Kriegsbeschluss in Athen durchzusetzen. Die von Philipp besiegten, von Alexander unter-
drückten Ideen hellenischer Unabhängigkeit und Freiheit
kamen wieder empor. Auch Demosthenes lieh ihnen, obwohl verbannt, den atheniensischen Gesandten eigenmächtig sich anschliessend, sein kräftiges Wort. Den Athenern
gesellten sich damals zunächst Aetoler und Thessaler bei.
Die Böotier, die den erträglichen Zustand, in dem sie sich
befanden, Alexander verdankten, weigerten sich, beizu-
treten, wurden aber mit Gewalt bezwungen. Leosthenes
nahm die Thermopylen ein mit einem so starken Heere,
dass Antipater vor ihm zurückwich und sich in Lamia ein-
schloss. Die Hilfsmacht, welche ihm Leonnatus aus Asien
zuführte, wurde von den Griechen geschlagen; nur ein
Teil derselben vereinigte sich mit ihm.

Wer sollte nicht an der nochmaligen Erhebung der
Ideen der griechischen Unabhängigkeit Anteil nehmen?
Aber den Griechen begegnete auch diesmal, dass sie nicht
vereinigt blieben. Die Gefühle der völkerschaftlichen Absonderung waren immer die stärksten. Die Aetoler, auf

deren Verbindung mit Athen das ganze Unternehmen beruhte, wurden durch einen Angriff der Akarnanen bewogen, nach Hause zu ziehen. Auch die übrigen hatten immer Rücksicht auf ihre einheimischen Feinde zu nehmen. Das ehedem kriegsgewaltige Sparta blieb unbeteiligt. Und zudem sträubte sich der griechische Soldat gegen die Strenge der Mannszucht, die das Gesetz des Krieges gebietet. Dagegen hielten die mazedonischen Heerführer noch gut zusammen. Sie stellten noch einmal die Einheit der Regierungsgenossenschaft dar, der sie ihre bisherigen Erfolge verdankten. Kraterus führte die unüberwindlichen Phalangen nach Mazedonien herüber. Diesen aber waren die griechischen Mannschaften nicht gewachsen; sie wurden eben zu einer Zeit zu schlagen gezwungen, als viele von ihnen, den Feind nicht mehr achtend, nach Hause gegangen waren. Die thessalischen Reiter, die jetzt dem griechischen Heer eine gewisse Bedeutung gegeben hatten, hielten sich selbst entfernt oder wurden entfernt gehalten. Bei Kranon erfochten die Phalangen unter Antipater und Kraterus einen unzweifelhaften Sieg. Die Schlacht, die an demselben Tage vorfiel wie die von Chäronea, ist für die griechische Sache nicht minder bedeutend als diese selbst. Weit entfernt, den von den Griechen soeben untereinander geschlossenen Bund anzuerkennen, erklärte Antipater, nur mit den einzelnen unterhandeln zu wollen, die sich dann, eine Stadt und Bevölkerung nach der andern, unterwarfen. Da musste auch Athen sich zu einem Frieden bequemen, der bei weitem drückender war, als die einst mit Philipp und mit Alexander geschlossenen Verträge. Die vornehmsten Bedingungen waren die Aufnahme einer mazedonischen Besatzung und eine Verfassungsänderung, die darin bestand, dass der Besitz eines Vermögens von wenigstens 2000 Drachmen für erforderlich zu dem Rechte, an der öffentlichen Gewalt Anteil zu nehmen, dem aktiven Bürgerrecht, erklärt wurde. Denn man wollte nicht zulassen, dass die, die nichts zu verlieren hätten, jeden Augenblick alles Bestehende verwirren oder zerstören könnten. Damit war aber die Demokratie, wie man sie bisher verstanden, aufgehoben, die politische Unabhängigkeit vollständig niedergeworfen.

Ein Symptom dieser Katastrophe bildet der Tod des grossen Redners, der sich dem mazedonischen Einfluss immer am schärfsten entgegengesetzt hatte, jetzt aber erleben musste, dass er von dem neu eingerichteten Demos zum Tode verurteilt wurde. Demosthenes floh nach Kalauria in ein Heiligtum des Poseidon. Sendlinge des Antipater versuchten ihn zu überreden, sich dessen Gnade anzuvertrauen; aber Demosthenes verweigerte, dieser Aufforderung Gehör zu geben. Er zog es vor, sich selbst zu töten. Wie man erzählt, stellte er sich an, als wolle er schreiben, nahm das Schreibrohr, in dem er Gift verborgen hatte, in den Mund und verhüllte sein Haupt. Als er die Wirkung fühlte, enthüllte er es wieder. Er rief die Götter zu Zeugen der Freveltat der Mazedonier an, durch die das Heiligtum geschändet werde. Am Fusse des Altars brach er zusammen und verschied. In dem Moment, in dem die Freiheit von Athen zugrunde ging, verstummte der beredteste Mund, der sie verteidigt hatte. Die Welt hatte keinen Raum mehr für ihn.

Vier Gegner der Mazedonier wurden in Aegina vom Altar des Aeakus hinweggerissen, vor Antipater gebracht und getötet. Um dieselbe Zeit ist auch Aristoteles gestorben. Er gehörte der andern Partei an, hatte aber, aus Athen vertrieben, unter dem Schutze der Mazedonier in Chalkis eine Freistatt für seine Schule gefunden.

Bei der wärmsten Teilnahme für die Freiheit von Griechenland ist man, die universalen Verhältnisse überlegend, doch versucht, den Ersatz für sie darin zu finden, dass eine wahrhafte Welteinwirkung des griechischen Geistes erst unter der Herrschaft der Mazedonier begann. Nach der Niederwerfung der griechischen Bewegung gerieten die Heerführer, die als Nachfolger Alexanders (Diadochen) bezeichnet werden, selbst untereinander in Streit.

Die allgemeine Autorität, die Perdikkas als Stellvertreter der königlichen Gewalt ausübte, wurde von den vornehmsten Anführern nur mit Widerstreben anerkannt, und Perdikkas sah sich veranlasst, gegen Ptolemäus Lagi, dem Aegypten, und seinen Verbündeten Antigonus, dem Phrygien zugefallen war, die Waffen zu ergreifen. Aber Ptolemäus hatte sich in Aegypten in guten Verteidigungsstand gesetzt, so dass der Kriegszug des Perdikkas nicht eben den erwünschten Verlauf hatte; was dann wieder dazu führte, dass dort am Nil eine allgemeine Umwälzung eintrat.

Perdikkas war herrisch und gebieterisch; er fragte niemand um Rat; Ptolemäus dagegen leutselig und nachgiebig; er tat nichts ohne den Rat der Obersten seines Heeres. Damit aber kam er den Ansprüchen entgegen, welche die Heerführer zu machen sich bereits gewöhnt hatten. Bei jenem Zusammentreffen am Nil nun geschah es, dass die vornehmsten Anführer von Perdikkas zu Ptolemäus übergingen. Perdikkas wurde in seinem Zelt ermordet. Ein Rat der Kriegsobersten trat zusammen, der, noch immer festhaltend an dem angestammten Königshause der Mazedonier, Antipater mit der Sorge dafür betraute. Gleich an dieser Stelle aber drängt sich die Bemerkung auf, dass es an sich unmöglich war, die Einheit des Reiches, das Alexander mehr zu hinterlassen geschienen als wirklich hinterlassen hatte — denn die verschiedenen Eroberungen waren eben noch zu keiner Gesamtheit verbunden — unter irgendeiner Autorität zusammenzuhalten. In den Provinzen, die früher Reiche gebildet hatten, trat naturgemäss die Idee, diese zu erneuern, hervor. Aber noch mehr: Die mazedonischen Heerführer waren nicht gewillt, die Vereinigung des griechischen Elementes mit dem mazedonischen aufrechtzuhalten. Es ist verständlich, dass die Heerführer griechischen Ursprungs eine höchste Gewalt, wie die des Perdikkas war, begünstigten, denn ein oberster Anführer gab ihnen einen Rückhalt gegen die Prätentionen der mazedonischen Provinzialführer. Indem nun diese den Antipater, der sich jedoch keineswegs auf eine Weisung Alexanders stützen konnte, durch ihre eigene Macht zu einer Art von allgemeiner Verweserschaft beriefen, und zwar eben zu der

Zeit, als er einen Aufstand in Griechenland niedergeworfen hatte, verdammten sie zugleich den einzigen Griechen,
der unter ihnen war, Eumenes, zum Tode, weil er dem
Perdikkas angehangen hatte. Eumenes von Kardia, in den
letzten Jahren des Königs Philipp dessen Geheimschreiber
und fortwährend auch von Alexander, dem er sich anschloss, zu den wichtigsten Geschäften gebraucht, hatte
sich das Verdienst erworben, nach dem Tode des Königs
den Austrag zwischen den mazedonischen Fussvölkern
und den vornehmsten Heerführern zustande zu bringen
und war dafür mit der Satrapie Kappadokien, das er aber
erst vollkommen zu unterwerfen hatte, belohnt worden.
Er hätte sich wahrscheinlich behaupten können, wenn es
bei den ersten Einrichtungen sein Verbleiben gehabt hätte.
Seine Verbindung mit Perdikkas wurde ihm als todeswür-
diges Verbrechen angerechnet.

Antipater fühlte sich bewogen, den vornehmsten der
mit Ptolemäus verbündet gewesenen Heerführer, Antigonus, mit einer allgemeinen Vollmacht zur Vernichtung des
Eumenes zu betrauen. Einen unerwarteten Rückhalt fand
Eumenes in den Verwicklungen, die der Tod Antipaters
zur Folge hatte, der in dieser Zeit eintrat; Antipater hatte
die höchste Gewalt, die von der Armee in seine Hände
gelegt worden war, dem Sprossen eines minder bedeutenden epirotischen Hauses, Polysperchon, übertragen, der
dieser dadurch noch mehr Ansehen zu geben suchte, dass
er die Olympias, die nach Epirus geflüchtet war, nach
Mazedonien zurückrief. Darin lag schon an sich eine
grosse Abweichung von der bisherigen Politik, da Olympias eben die Feindin des Antipater gewesen war; hauptsächlich aber war es dadurch von Bedeutung für das
gesamte Reich, inwiefern von einem solchen noch die
Rede sein kann, dass damit eine neue Repräsentation der
obersten Gewalt ins Leben trat. Olympias, Polysperchon
und Eumenes standen in einer natürlichen Allianz; in
ihnen repräsentiert sich die von den Provinzialgewalten
und den Anführern der Armee unabhängige, oberste, an
das Königtum anknüpfende Autorität. Notwendig wendete

sich nun die militärische und politische Macht der mazedonischen Heerführer gegen den einen und den andern.

In dieser Kombination wurde nun Eumenes geschlagen.
Die vornehmsten Phalangiten, die, durch Silberblech an
ihren Schildern ausgezeichnet, den Namen Argyraspiden
führten und bisher noch zu ihm gehalten hatten, denn sie
mochten die Autorität des am Nil ausgesprochenen Urteils
nicht anerkennen — wurden durch eine Niederlage des
Eumenes, die ihre bereits glänzend gewordene Existenz
bedrohte, bewogen, ihren bisherigen Führer selbst an
Antigonus auszuliefern. In kurzem wurde derselbe umgebracht. Eumenes war der einzige Grieche unter den mazedonischen Machthabern: dies Element, dem ein so grosser
Anteil an den Eroberungen zukam, wurde von den Heerführern mazedonischen Ursprungs ausgestossen. Und auch
gegen Polysperchon und Olympias fand die autonome Tendenz der mazedonischen Machthaber einen Bundesgenossen gleicher Gesinnung an dem Sohne Antipaters, Kassander, der es nicht verwinden konnte, dass die Herrschaft
seines Vaters ihm entgangen war. Antigonus rüstete denselben mit einer bedeutenden Flotte und einer Landmacht
aus, die ihn in den Stand setzten, vor Athen zu erscheinen,
das keinen Widerstand zu leisten vermochte. Die Mazedonier, empört durch die Gewalttaten der Olympias, der
sie den Tod des Arrhidäus, der damals eintrat, zuschrieben, stellten sich auf die Seite Kassanders. Allenthalben
wurden die Anhänger Polysperchons vernichtet, endlich
auch Olympias selbst in Pydna, wo sie noch eine lange
Belagerung aushielt. Sie ward auf entsetzliche Weise getötet; die Verwandten der früher von ihr hingerichteten
Mazedonier steinigten sie. In ihr Gewand sich verhüllend,
sank sie nieder und starb. Sie ist nicht allein wegen ihrer
Gewaltsamkeiten und Verbrechen umgekommen; in ihr
wurde das Geschlecht der mazedonischen Könige vernichtet. Eine tragische Gestalt, inwiefern sie an den Unternehmungen ihres Sohnes lebendigen Anteil nahm, aber
dadurch Verhältnisse herbeigeführt hat, denen sie unterlag.

Bei den ersten Regungen der Mazedonier für ihr angestammtes Königshaus wurden die beiden Söhne Alexanders des Grossen, Alexander Aegus, dessen Mutter Roxane war und dem das Königtum einmal zugedacht war, und Herakles, der ebenfalls von persischem Geblüt stammte, nämlich von einer Tochter des Artabazus, Witwe Memnons, nacheinander ermordet.

Ein gleiches Schicksal hatte Kleopatra, die damals verwitwete Schwester Alexanders, in der das königliche Haus noch allein repräsentiert wurde. Die obersten Heerführer hatten sich wetteifernd um ihre Hand beworben, und zwar eben darum, weil die Mazedonier an ihrer Verehrung des angestammten Königshauses festhielten. Soviel wir erfahren, neigte sie sich zu Ptolemäus Lagi in Aegypten. Dadurch aber erweckte sie den Hass des Antigonus, dem man schuld gibt, dass er sie durch seine Sklavinnen habe ermorden lassen.

So waren denn alle vertilgt, denen ein auf ihrer Herkunft beruhendes Anrecht an die Krone zukam, und die Frage war nur, ob einer von den grossen Anführern die Oberhoheit über die andern würde behaupten können. Diesen Anspruch machte Antigonus, den Antipater zu seiner Zeit zum Strategen von Asien gegen Eumenes ernannt hatte.

Aber die übrigen weigerten sich, einen solchen anzuerkennen, und es musste darüber zum Kriege kommen. Am entschiedensten wies Ptolemäus Lagi in Aegypten die Superiorität eines einzelnen über die andern zurück. Um eine solche zu behaupten, führte der Sohn des Antigonus, Demetrius Poliorketes, ein stattliches Heer, bei dem indische Elefanten erschienen, ins Feld. Im Jahr 312 kam es zu einer entscheidenden Schlacht bei Gaza, in der Demetrius zurückgeworfen wurde. Diese Schlacht ist es, die die Selbständigkeit von Aegypten begründet hat. Man bemerkte dabei zugleich eine Umwandlung der Gesinnungen. Demetrius und Ptolemäus wetteiferten in Begierde nach Ruhm und Besitz, der eine gegenseitige Anerkennung in sich schliesst. Ihr Krieg erschien ihnen selbst als eine Art von Bürgerkrieg; aber dieser Bürgerkrieg hatte grosse Provinzen zum Gegenstand, welche Reiche zu werden strebten und vermochten. Eine ähnliche Stellung wie Ptolemäus nahm Kassander ein, er verfocht dasselbe Interesse. Demetrius, der zu Lande geschlagen war, aber das Uebergewicht zur See besass, segelte jetzt nach Griechenland, wo er nun die Oberhand über Kassander gewann, wiewohl dieser nicht ohne ägyptische Hilfe war. Dann wandte er sich gegen die Seemacht des Ptolemäus, die bei Zypern lag. Eine neue Schlacht erfolgte, nicht minder bedeutend als jene bei Gaza, aber von entgegengesetztem Ausgang. Ptolemäus hatte 150 Schiffe, denen nötigenfalls 60 andere aus Salamis zu Hilfe kommen konnten; diesen letzteren stellte Demetrius nur 10 entgegen; aber seine Linie war um 30 Schiffe stärker als die feindliche, so dass er das Uebergewicht besass und dem Gegner eine schwere Niederlage beibrachte; Ptolemäus ist nur mit 8 Schiffen entkommen; 70 waren in die Hände des Demetrius gefallen.

Man rühmt die Mässigung und Freigebigkeit des Demetrius, der dafür sorgte, dass seinen Feinden ein prächtiges Begräbnis zuteil wurde und den Athenern 1200 vollständige Rüstungen schenkte: denn immer darauf war sein Sinn gerichtet, sich Bewunderung zu erwecken. Aber die Schlacht brachte noch eine sehr unerwartete Wirkung hervor. Demetrius beauftragte unverzüglich nach der Entscheidung einen Vertrauten des Hauses, der schon in dessen Geschäften in Griechenland tätig gewesen war, Aristodemus, seinem Vater, der sich in Antigonia aufhielt, die Botschaft zu überbringen. Ehe noch jemand von dem Erfolg unterrichtet war, liess Aristodemus das Schiff entfernt vom Lande halten, begab sich auf einem Nachen allein ans Land, antwortete keinem, der ihn fragte, bis er an die Königsburg gekommen war. Antigonus, auf Nachrichten äusserst begierig, trat in die Tür, das Volk stand in Haufen umher. Laut rief Aristodemus: « O König Antigonus, wir haben gesiegt, Zypern ist unser. » Diese Anrede inaugurierte gleichsam eine neue Aera. Der Titel « König », den

Aristodemus aussprach, wurde von dem Volke mit einem
« Heil dem König Antigonus » wiederholt und von Anti-
gonus angenommen, indem er zugleich seinen Sohn als
König bezeichnete.

Antigonus war ein Mann von imponierender Gestalt
und von rauhem Aeusseren, scherzhaft gegen seine Sol-
daten, übrigens unzugänglich und herrisch; ein genauer
Wirt und durch den Lauf der Ereignisse zu besonderem
Machtgefühl gelangt. Es ist nicht anders anzunehmen, als
dass er die königliche Würde, d. h. eine solche, der alle
Gehorsam schuldig seien, zu erneuern gedachte — denn
auf diesem Wege war er bereits begriffen; der Krieg, den
er führte, war eben daher entsprungen, dass er eine Art
von Oberhoheit in Anspruch nahm. Nachdem nun ein
grosser Sieg erfochten war, trug er kein Bedenken, auch
einen Titel anzunehmen, der ihn über alle andern erhob.
Indem er eine volle Unabhängigkeit für sich selbst in
Besitz nahm, wollte er eine solche seinen Gegnern Ptolemäus und Kassander doch nicht zugestehen. Aber wie
hätte sich denken lassen, dass diese vor ihm zurücktreten
würden? Auch sie entschlossen sich jetzt, einer nach dem
andern, den Titel « König » anzunehmen. Es geschah in
Opposition gegen Antigonus, der seinen Anspruch auf die
Oberhoheit durch die Annahme des königlichen Titels zu
verstärken meinte. Die Annahme desselben Titels von
seiten der andern bedeutete, dass sie seinesgleichen seien,
ebenso selbständig wie er und unabhängig von ihm. Obwohl Ptolemäus Zypern verloren hatte, so wurde er doch
in Aegypten zum König ausgerufen; es scheint ihm dort
ein geheimnisvolles Ansehen gegeben zu haben, dass er
im Besitz der sterblichen Ueberreste Alexanders des
Grossen war, die ihm der Führer des Leichenwagens überlassen hatte. Ein Versuch des Antigonus, den Ptolemäus
in Aegypten selbst aufzusuchen, misslang mehr durch die
Ungunst des Wetters und des Klimas als durch die Waffen,
und wenn sich Demetrius von Zypern mit seiner Seemacht
nach Rhodus wandte, so fand er hier die hartnäckigste
Gegenwehr, die ihn zuletzt nötigte, der Insel die Neutra-

lität zuzugestehen. Mit diesem Widerstand, den Aegypten und Rhodus dem Demetrius leisteten, hängt es zusammen, dass mitten in dem Kriegsgetümmel sich wieder haltbare Selbständigkeiten erhoben; die bedeutungsvollste von allen war die des Seleukus in Babylon und im obern Asien. Seleukus, einer von den jüngeren Kriegsgenossen Alexanders, der sich besonders in den indischen Feldzügen einen Namen verschafft hatte, war wegen seines Anteils am Sturze des Perdikkas von den Mazedoniern, die sich um Antipater scharten, zum Satrapen von Babylon erhoben worden. Er hielt sich auch in dem Kampfe gegen Eumenes an Antigonus. Dann aber trat zwischen ihnen ein Zwiespalt ein, der in seinem Ursprung für die allgemeine Lage bezeichnend ist. Antigonus wollte als Inhaber der königlichen Macht den Satrapen von Babylon anhalten, über die Einkünfte des Landes Rechnung abzulegen. Dessen weigerte sich Seleukus; denn auch er sei von den Mazedoniern zum Satrapen ernannt worden, was ihn von Antigonus unabhängig mache. Zunächst nun war Antigonus der Stärkere. Seleukus, unfähig, sich gegen ihn zu behaupten, ergriff mit einer Anzahl von Getreuen die Flucht und wendete sich an Ptolemäus, der in dem Rufe stand, dass er gefährdeten Freunden gern die Hand biete. Seleukus nahm nun vielen Anteil an den ersten Fehden zwischen Antigonus und Ptolemäus und an der Schlacht von Gaza, durch die sich Aegypten behauptete. Zu den Nachwirkungen dieser Schlacht gehörte es, dass auch Seleukus nach Babylon zurückkehrte. Antigonus war hier nicht recht einheimisch geworden, wie schon jene Chaldäer andeuteten, die ihm sagten, er müsse sich entweder der Person des Seleukus bemächtigen, oder er werde von diesem selbst zugrunde gerichtet werden. Seleukus fand die beste Aufnahme. Es ist ein Ereignis von hoher Bedeutung, dass es diese Länder der ältesten und eigentümlichsten Kultur, Aegypten und Babylon, waren, wo die mazedonischen Heerführer zuerst zu einer Herrschaft gelangten, die territoriale Sympathien erwarb und aus der dann die neuen Reiche hervorgingen. Seleukus verschaffte sich im oberen Asien eine selbständige Autorität. Er hat diese hauptsächlich dadurch erlangt, dass er sich mit einem indischen Machthaber, Sandrokottus, auseinandersetzte. Man wird, wenn ich nicht irre, in der Erhebung des Sandrokottus ebenfalls ein nationales und religiöses Moment zu erkennen haben. Eine buddhistische Sage ist übrig, nach der es die Brahmanen waren, durch die Sandrokottus veranlasst wurde, sich in dem Reiche der Prasier, das Alexander bedroht, aber nicht angegriffen hatte, der Herrschaft zu bemeistern. So ward das Reich von Palimbothra gegründet. Seleukus wäre nicht fähig gewesen, es zu stürzen; es genügte ihm, eine Abkunft mit Sandrokottus zu schliessen, kraft deren ein halbes Tausend Elefanten ihm zur Verfügung gestellt wurden. Diese bildeten fortan den Nerv der Macht, durch die Seleukus das obere Asien unterworfen hielt. Gegen eine Verbindung von Babylon und Indien, eine mazedonisch-griechische und indische Streitmacht, konnte sich Persien nicht wieder erheben. Ueberdies aber kam Seleukus dadurch in den Stand, auch in die Entzweiungen des vorderen Asiens einzugreifen. Die wichtigste Ursache des Streites, der hier zum Ausbruch kam, war die folgende.

Auch Lysimachus, der die ihm anvertraute Satrapie von Thrazien dort zur Herrschaft über die Eingeborenen entwickelte, in höherem Grade als Philipp und selbst Alexander, hatte eine Selbständigkeit gewonnen, die ihn abhielt, sich dem Antigonus zu unterwerfen. Auch er nahm den königlichen Titel an.

In einem ähnlichen Fall war Kassander in Mazedonien, der wenigstens auf seinen Münzen als König erscheint, obwohl es wahr sein mag, dass er sich nicht als solcher unterschrieb. In der Sache lag, dass sich eine Art von Bundesgenossenschaft zwischen Seleukus, Lysimachus und Kassander im Gegensatz gegen die Prärogative bildete, die Antigonus in Anspruch nahm und die auch die Ptolemäer nicht anerkannten. Antigonus legte Hand an, vor allem Kassander in Mazedonien zu unterwerfen. Dabei kam ihm nichts so sehr zustatten, als die Tätigkeit und das Talent seines Sohnes Demetrius, mit dem er immer in gutem Verhältnis stand und es gern sah, wenn die Welt erfuhr, dass dem so sei. Demetrius war ebenfalls von imponierender Gestalt, wenngleich nicht ganz so hochgewachsen wie sein Vater. Mit der Furchtbarkeit und Würde des Vaters verband der Sohn Anmut und Schönheit. Der Ausdruck der Verwegenheit in seinem Angesicht wurde durch einen Zug von königlichem Adel gemildert. Er war ein guter Gesellschafter und liebte Weingelage mit seinen Kampfgenossen; doch tat das seiner Applikation auf die Geschäfte keinen Eintrag. Er hatte Sinn für griechische Kultur, den Ehrgeiz, selbst in die Mysterien eingeweiht zu werden. Die Athener verehrten ihn wie einen Gott. Indem er den Griechen überhaupt die Herstellung ihrer Freiheit versprach, geriet er mit Kassander in immer neue Feindseligkeiten, in denen er aber die Oberhand behielt. Er entriss diesem nicht allein die griechischen Gebiete, sondern bedrohte ihn in Mazedonien, so dass Kassander es bereits für das Beste hielt, mit Antigonus in freundschaftliche Beziehungen zu treten. Der aber wies eine Aussöhnung zurück, bei der ihm Bedingungen gemacht werden sollten. Hierüber entrüstet wandte sich Kassander zuerst an Lysimachus, der ohne ein unabhängiges Mazedonien sein Thrazien nicht hätte behaupten können, zugleich aber an die beiden neuen, bereits selbständig gewordenen Herrscher Ptolemäus und Seleukus. Die vier Könige vereinigten sich gegen den fünften, der die allgemeine Oberherrschaft in Anspruch nahm.

Bei Ipsus in Phrygien trafen die Heere zusammen, im Sommer des Jahres 301. Antigonus hatte anfangs vom Geschwirre der Vögel gesprochen, die er mit einem Steinwurf auseinandertreiben werde. Aber es musste doch Eindruck auf ihn machen, dass sich Lysimachus und Seleukus am Halys vereinigten und überhaupt ein Heer im Feld erschien, das an Zahl nicht eben stärker als das seine, durch die Elefanten, die Seleukus herbeiführte, ein unzweifelhaftes Uebergewicht bekam. Die Elefanten bildeten in der Kriegsführung der Zeit ein sehr wirksames und gefürchtetes Moment. Antigonus hatte deren 75, Seleukus führte 400 herbei. Schon hierüber scheint in dem Lager des Antigonus ein Vorgefühl des kommenden Unglücks entstanden zu sein. Von ihm selbst erzählt man, er, der sonst immer den Sieg für unzweifelhaft gehalten, habe jetzt die Götter angerufen, ihm entweder den Sieg zu verleihen oder einen raschen Tod vor der Niederlage. Wohl behielt nun bei dem ersten Zusammentreffen die Reiterei des Demetrius die Oberhand; doch wurde dadurch um so weniger entschieden, da er zu weit vordrang, und die Phalangiten den Kampf gegen die indischen Elefanten nicht wagen wollten. Es war nicht ein Porus, den sie zu bekämpfen, nicht ein Alexander, den sie zu verteidigen hatten. Sie waren nicht gewillt, alles an alles zu setzen, um einen Antigonus gegen andere Feldobersten der mazedonischen Armee zu beschützen. Als Seleukus die Phalanx auffordern liess, auf seine Seite zu treten, gab ein grosser Teil seiner Aufforderung Gehör. Antigonus erwartete noch die Rückkehr seines Sohnes von der Verfolgung; aber ehe er ihn wiedergesehen hatte, erlag er den Wurfgeschossen der Feinde. Er war bereits über 80 Jahre alt; Demetrius zog sich auf die Flotte zurück, von der er das Heil erhoffte.

Man darf vielleicht Wert darauf legen, dass es doch kein eigentlicher Kampf zwischen den mazedonischen Phalangen war, was die Schlacht von Ipsus entschied, sondern mehr der Uebergang des einen Teiles zu dem andern. Die Einheit der mazedonischen Kriegsmacht wurde noch einigermassen aufrechterhalten. Die Schlacht von Ipsus hat einen ähnlichen Charakter wie das Ereignis am Nil. Wie am Nil der erste, der nach Alexander eine allgemeine Autorität in Anspruch nahm, umgekommen war, so wurde bei Ipsus der zweite, der eine solche, obwohl in geringerem Masse, auszuüben befugt zu sein glaubte, niedergeworfen und beseitigt. Durch die Schlacht von Ipsus wurde entschieden, dass die Feldherrn-Könige untereinander gleich seien. Aber in demselben Moment entstand wieder eine andere mehr territoriale als universelle Frage dadurch, dass die Herrschaft des Antigonus in Asien aufgelöst und sein Gebiet unter die Sieger geteilt wurde. Seleukus vereinigte mit den ostasiatischen Provinzen auch Mesopotamien, Armenien, Syrien bis an den Euphrat. Ptolemäus befestigte sich in dem Besitz von Coelesyrien: zwei neue Reiche weiten Umfangs und nunmehr befestigter Weltstellung.

Indem sich hierdurch eine Grundlage für die folgende Gestaltung des Orients bildete, nahmen die Angelegenheiten in Europa einen ganz anderen, eigentlich entgegengesetzten Verlauf. Dort wurde die Gewalt des Antigonus zerstört; hier gelangten seine Nachkommen zum Throne von Mazedonien. Vergegenwärtigen wir uns mit einem Worte wie das geschah.

Demetrius Poliorketes, der bereits den grössten Namen unter den Anführern der Truppen errungen hatte, behauptete sich noch zunächst in Zypern und an den benachbarten Küsten von Zilizien und Phönizien. Aber seine Macht nach Osten zu wenden, konnte er doch nicht gemeint haben; das Element, auf dem er wirkliche Macht besass, war das Meer. Sein Interesse rief ihn nach Griechenland, wo er kurz vorher zum Strategen erhoben worden war. Nun musste er freilich erleben, dass seine Autorität in Griechenland durch den Ausgang der Schlacht von Ipsus untergraben worden war; Athen, um das er so grosse Verdienste zu haben behauptete und wirklich hatte, fiel von ihm ab; andere Städte folgten diesem Beispiel. Aber dieser Abfall verdoppelte den Ehrgeiz des Demetrius, dem jetzt auch ein gewisses Recht zur Seite stand; er wandte seine Macht gegen Athen. Die Stadt fand Unterstützung bei den Königen von Thrazien, Mazedonien und Aegypten; es schloss ein universales Interesse in sich ein, ob Demetrius Athen überwältigen werde oder nicht. Auch ihm kam aber das Uebermass der Demokratie, das hier zu einer Art von Tyrannis führte, zustatten. Indem sich Athen in einer wilden inneren Spaltung zerrüttete, entwickelte Demetrius seine Seemacht so glücklich, dass ihm ein herbeikommendes ägyptisches Geschwader nichts anhaben konnte; er wusste dann der Stadt ihre Zufuhr

abzuschneiden, so dass sie sich, von innerem Hader zer-
fleischt und von Hunger gepeinigt, ihm unterwerfen
musste. Jedermann kennt die Szene, wie Demetrius dann
das Volk im Theater versammelte und ihm, das Straf-
dekrete erwartete — denn es war von den Truppen des
Siegers umgeben — Verzeihung, Herstellung seiner Frei-
heiten und ein höchst erwünschtes Geschenk an Lebensmitteln ankündigte. Denn der literarische Ruhm der
Hauptstadt wirkte auch auf die Behandlung zurück, die
ihr zuteil wurde. Demetrius war eben ein Mann, den
Gefühle dieser Art beseelten; er wollte Grossmut üben
und dafür gelobt sein. Er machte dann nicht soviel daraus,
dass er die Reste der asiatischen Besitzungen seines
Vaters verlor, die in die Hand seiner Nachbarn fielen;
schon eröffnete sich ihm ein neuer Schauplatz seiner
Tätigkeit. König Kassander von Mazedonien nämlich war
um diese Zeit gestorben und unter seinen Söhnen war
keiner, der ihn hätte ersetzen können. Der älteste von
ihnen, der ihm nachfolgte, starb eines frühen Todes; dessen Brüder aber gerieten über die Erbschaft in offenen
Kampf.

Niemals hat es eine Zeit gegeben, in der das Streben
nach der höchsten Gewalt verbrecherischere Untaten hervorgebracht hat als diese. Das Grässlichste von allen hat
der ältere der noch überlebenden Söhne Kassanders begangen. Er hat seine Mutter umgebracht, weil er vermeinte, sie gäbe dem jüngeren Bruder, Alexander, den
Vorzug vor ihm. Er stiftete sich ein Andenken des Ab-
scheus. Der jüngere, Alexander, schwankte zwischen
fremdem Einfluss hin und her, so dass es sich erklären
lässt, wenn die Mazedonier ihr Augenmerk auf den
Schwiegersohn des alten Antipater, Demetrius, dessen
gemässigtes Verhalten bei ihnen in guter Erinnerung geblieben war, richteten. Demetrius liess Alexander bei
einem Gastmahl zu Larissa umbringen; die mazedonischen
Truppen, die diesen begleiteten, traten dann zu Demetrius
über. Sie führten ihn nach Mazedonien, wo er gute Aufnahme fand, zumal da er seinen Sohn, zugleich den Enkel

des Antipater, Antigonus Gonatas, der sein Erbe sein sollte, herbeiführte. Demetrius fasste durch diesen Erfolg ermutigt den Gedanken, noch einmal nach Asien vorzudringen und die Herrschaft seines Vaters zu erneuern. Aber eben indem er dazu schreiten wollte, wurde er von den Truppen, die er dazu versammelte, verlassen.

Sie hatten ihm wohl die Herrschaft in Mazedonien verschafft, wobei sie nicht viel wagten; aber ihn nach Asien überzuführen und ihm die Gewalt seines Vaters herzustellen, was nicht ohne den blutigsten Kampf gegen die Truppen der anderen Fürsten, die doch auch dem mazedonischen Kriegsheer angehörten, geschehen konnte, lag nicht in ihrem Sinn. Es ist das Ereignis vom Nil und von Ipsus zum dritten Male. Die Mazedonier versagten dem Führer den Dienst, der sie in einen gefährlichen Kampf, der auf persönlichem Eigenwillen beruhte, verwickelt hätte.

Die Kriegsvölker standen davon ab, ein alle Eroberungen Alexanders umfassendes einheitliches Reich zu bilden. Sie fügten sich in die Notwendigkeit einer territorialen Absonderung, die an sich eine sehr umfassende war und auch ihrerseits immer neue Schwierigkeiten darbot. Damals hatte sich durch Lysimachus das Königreich Thrazien gebildet, das auch einen Teil von Kleinasien umfasste und von dem es vielleicht zu wünschen gewesen wäre, dass es sich erhalten hätte, um den benachbarten Barbaren, nicht mehr denen skythischen, sondern hauptsächlich denen keltischen Ursprungs, zu widerstehen. Allein zu einem sicheren Bestand konnte es dieses thrazische Königreich doch nicht bringen. Auf der einen Seite lag es mit Mazedonien in unaufhörlichem Kampfe; aber die Anfälle von dieser Seite wehrte Lysimachus glücklich ab. Demetrius verwickelte sich, indem er zugleich Mazedonien und Griechenland zu behaupten und Thrazien zu erobern suchte, dann aber sich nach Asien wendete, immer unternehmend und rücksichtslos, wie er war, in feindselige Verhältnisse mit Seleukus, in dessen Hände er geriet, so dass er als dessen Gefangener gestorben ist.

Aber auch zwischen Lysimachus und Seleukus brachen
Zwistigkeiten aus. Gegen Antigonus und dessen Sohn
waren sie vereinigt gewesen: als von denen nichts mehr
zu fürchten war, gerieten sie selbst miteinander in Streit.
Es waren die beiden letzten Gefährten des grossen Alexander; sie standen bereits in hohen Jahren. Aber in
diesen zu Königen gewordenen Heerführern lebte eine
niemals ruhende Eifersucht auf den ausschliesslichen
Besitz der höchsten Gewalt, der es an einer legitimen
Repräsentation gebrach, eine Eifersucht, die ihre Familien
zerrüttete und ihre gegenseitigen Verhältnisse immer von
neuem verwirrte. Wie jener mazedonische Fürst seine
Mutter, so hat Lysimachus seinen Sohn getötet, sobald
ihm dieser gefährlich erschien. Dessen Freunde und Anhänger nahmen ihre Zuflucht zu Seleukus, worauf es
zwischen den beiden Königen selbst zum Kampfe kam.
Lysimachus erlag bei dem ersten Zusammentreffen mit
Seleukus. Seine Gewalt löste sich auf; sein Königreich
verschwand. Und über dessen Trümmern behauptete sich
Mazedonien oder wurde vielmehr neu begründet. In der
Verwirrung, die man als die Zeit der Anarchie bezeichnet,
erlangte Antigonus Gonatas, Sohn des Demetrius, Enkel
Antipaters, im Jahre 278 den Thron von Mazedonien. Die
Autorität der alten Könige geriet auch hier definitiv in
die Hände eines Geschlechtes, dessen Stifter zu den
Kriegsführern Alexanders gehörte. Die Regierung des
Antigonus Gonatas macht Epoche in der Geschichte des
Landes. Er behauptete das Ansehen Mazedoniens in
Griechenland, ohne dies doch zu beherrschen. Er hatte
die schwersten Kämpfe mit den nördlichen Barbaren zu
bestehen und geriet zugleich in Berührungen mit den
westlichen Mächten, die um das Schicksal Italiens miteinander rangen. Wir werden dieses Reiches später in anderem Zusammenhange gedenken. Hier fassen wir die
Entwicklung der beiden anderen Reiche, die sich auf den
Bahnen bewegte, die Alexander der Grosse eröffnet hatte,
ins Auge; eine der grossartigsten, die die Weltgeschichte
kennt.

Unter den grossen Berühmtheiten der Welt, wenngleich nur ein Stern zweiten Ranges, aber von hellstem Glanze, erscheint Seleukus Nikator. Seine Geschichte ist von Sagen umgeben, wie die des Cyrus und des Romulus, was wenigstens von der Bedeutung zeugt, die die Zeitgenossen ihm beilegten. Ihm hauptsächlich waren die grossen militärischen Entscheidungen der Epoche zuzuschreiben. Nachdem er Vorderasien anfangs mit Lysimachus geteilt hatte, nahm er infolge des erwähnten Kampfes auch dessen Anteil an sich. Er herrschte vom Hellespont bis zum Indus. Vornehmlich durch ihn gelangte die griechisch-mazedonische Macht in Asien zu festem Bestande. Die Macht des persischen Reiches, die darauf beruhte, dass sie den unterworfenen Völkerschaften alle Selbständigkeit der Bewaffnung entzog, war eine Vorbereitung für das Uebergewicht der Mazedonier und Griechen. Alexander hatte Recht, wenn er meinte, die asiatischen Völker vom persischen Joch zu befreien; denn Widerstand bei den Populationen hatte er nur etwa in Tyrus und endlich am Indus gefunden; doch war seine Herrschaft noch nicht zur Haltbarkeit gelangt, als sie in die Hand des Perdikkas überging. Man hätte erwarten können, dass sie durch die Kämpfe der Heerführer untereinander geschwächt worden wäre, aber wir bemerkten schon, dass diese doch nie sehr blutig waren. Das mazedonische Heer vermied, was in einer anderen Weltepoche dem in mancher Hinsicht ähnlichen Heere der Franken begegnet ist: niemals kam es zu einem ernstlichen Kampf des einen Teiles gegen den anderen. Wenn diese Teile sich aber sonderten, so hatte das wieder den Vorteil, dass sie sich mehr in sich konsolidieren konnten. Man darf die Herrschaft des Seleukus nicht geradehin als eine Fortsetzung Alexanders, noch auch des persischen Reiches ansehen; sie hatte ihren eigenen Mittelpunkt in Babylon. In der Tat war sie mehr eine Erneuerung des babylonisch-assyrischen Reiches, das sich unter der Einwirkung des mazedonisch-griechischen Heeres von Persien und Medien wieder losriss. Die Magier wurden sozusagen von den Chaldäern ausgestossen. Der

Bel zu Babel gelangte in der Hauptstadt des Seleukus, Seleukia, zu einer religiösen Bedeutung für das obere Asien, die er in den früheren Zeiten nie gehabt hatte. Nicht in Persien, wohl aber in Medien finden sich Ansiedlungen des neuen Herrschers von nicht geringer Bedeutung. Der Zusammenhang mit Indien wurde, obwohl Sandrokottus selbständig war, niemals aufgegeben, wie die Münzen griechischen Gepräges bezeugen, die man in jenen Regionen findet. In anderen erhielt sich, wie schon unter Alexander, eine gewisse Vermischung orientalischen und mazedonischen Wesens. In Armenien hatte sich ein Perser, Orontes, erhalten, und schon in der Mitte des dritten Jahrhunderts finden wir einen neuen König: eine Münze nennt Arsames. In Kappadozien behauptete sich Ariarathes, der sich rühmte, von einem der ersten Vertrauten des Darius abzustammen; im zweiten Jahrhundert finden wir einen griechisch gebildeten König, Ariarathes V.

Auch die Mithridate am Pontus, die von den Nachfolgern Alexanders schon um das Jahr 300 anerkannt wurden, bezeichnen sich als Nachkommen eines persischen Grossen, Artabazus, aus Darius Hystaspis Zeit. Schon früh befleissigten sie sich jedoch griechischer Bildung; einer von ihnen wird als Bewunderer Platos bezeichnet. Auf der nordwestlichen Hochebene von Medien erhielt sich ein Ueberrest des persischen Reiches. Auch nach dessen Fall war Atropates dort Statthalter geblieben, dessen Namen sich in dem Namen der Landschaft jahrhundertelang fortgepflanzt hat. Nicht selten wurde das Gebiet des Seleukus von den kaspischen Pässen bis Ekbatana hin von da aus feindlich überzogen und die Verbindung zwischen Kaspischem und Schwarzem Meer, auf welche Seleukus ausging, durchbrochen.

Nur dunkel und einsilbig werden die Feindseligkeiten zwischen Medien und Syrien erwähnt, von denen Strabo sagt, dass sie den Anlass zum Abfall von Baktrien und Parthien gegeben haben. Auf dem alten Kulturboden von Baktra erhielt sich die griechische Herrschaft, keineswegs jedoch immer unter der Oberherrschaft des syrischen

Reiches. Schon in der Mitte des dritten Jahrhunderts treten unabhängige Herrscher griechischer Herkunft auf, wie Diodotus, dessen Haus von Euthydemus verdrängt wurde, dessen Sohn Demetrius als König der Inder erscheint. Die Griechen hatten sich dort eine neue feste Stellung gegründet und breiteten von da ihre Macht nach Indien aus. Der Geschichtsforschung sind diese Fürsten nur durch ihre Münzen bekannt, aus denen sich ergibt, dass sie nicht selten sich untereinander bekämpft haben. Unvergesslich sind sie als Träger griechischer Macht und Kultur in den entferntesten Regionen; so viel man weiss, eben im Gegensatz mit ihnen, haben sich in dem Moment ihres Abfalls selbst die Parther gegen die Seleukiden empört unter der Führung des Arsakes, den Strabo als einen geborenen Skythen bezeichnet. Es waren die Reitervölker, die früher immer den Persern Hilfe geleistet haben, aber von den Griechen nicht in Untertänigkeit gehalten werden konnten.

Wir sehen, das syrische Reich war weit entfernt, den ganzen Umkreis des persischen zu umfassen; seine wesentliche Macht beschränkte sich auf Mesopotamien, Babylon, Syrien und Vorderasien. Werfen wir noch einen flüchtigen Blick auf das eigentliche Syrien. Es hatte vier grosse Städte, zwei im Binnenlande, Antiochia, Apamea, das der Waffenplatz der Seleukiden war, mit einer Festung auf einem Hügel, wo der Fürst auch seine Elefantengestüte hatte; zwei an der Küste, Seleukia, auf einer von allen Seiten unzugänglichen Höhe der pierischen Berge, stark befestigt, zur Zuflucht im Unglück; wo der Felsen sich gegen die See senkt, war ein Hafen gezogen, um den sich eine Hafenstadt bildete; jedoch ganz getrennt von der eigentlichen Stadt, zu der die Fussgänger auf schief anlaufenden Strassen gingen. Noch sieht man die Ruinen des Molo. Etwas südlicher finden wir einen anderen festen Platz mit besserem Hafen, Laodikea, durch Weinbau reich; eine an Abwechslung und Kultur unvergleichliche Strasse führte von Laodikea nach Antiochia.

Das ist die syrische Tetrapolis; Seleukus nannte Antiochia nach seinem Vater, Laodikea nach seiner Mutter; er mochte diese Gründungen für die wichtigsten halten; Apamea nach seiner persischen Gemahlin, Seleukia nach seinem eigenen Namen.

Seleukus kann als einer der grössten Städtegründer die je gelebt haben, betrachtet werden. Noch Jahrhunderte später rühmt ihn Ammian als einen Mann von einer zum Ziel gelangenden kräftigen Wirksamkeit, der aus elenden Bauernhütten mächtige und blühende Städte geschaffen habe. Eine grosse Zahl von ihm gegründeter Städte reiht sich denen an, die das Andenken Alexanders im Orient erhalten haben. Doch lässt sich das nicht bloss als ein persönliches Verdienst betrachten; es hing mit der grossen Strömung des griechischen Kolonialgeistes zusammen. Wie lange und oft hatten die Griechen in Asien vorzudringen gestrebt. Aber durch die Uebermacht des persischen Reiches waren sie energisch zurückgewiesen worden; nur als Mietstruppen hatten sie Eingang gefunden. Jetzt war dieser Bann gelöst; aller Schranken entledigt und durch den Umschwung der politischen Lage eingeladen, strömten nun die Griechen in Kleinasien, Syrien, Aegypten ein. Wir finden sie überall; selbst Judäa sah sich plötzlich an allen seinen Grenzen von griechischen Elementen, gleichviel ob sie von Syrien oder von Aegypten herkamen, umfasst und ergriffen. Die Judäer benutzten den günstigen Augenblick, um an der Bewegung teilzunehmen, ohne doch darum ihren Zusammenhang mit ihrem Hohenpriester und mit Jerusalem zu lösen. Die Könige haben ihnen Anteil an den Rechten der Gemeindeverfassung gegeben, durch deren Bewilligung die Griechen herbeigezogen wurden. Denn das bei weitem überwiegende blieb doch das griechische Element. Und welche Städte sind es, die dieser Völkerbewegung ihren Ursprung verdankten? Antiochien war schon von Antigonus gegründet, der Mazedonier und besonders Athener dahinführte. Die Rhetoren rühmen die Fruchtbarkeit des Bodens und die Anmut der Landschaft, das gelinde Wetter im Winter, die kühlenden Winde des Sommers. Eine Strasse von ungewöhnlicher Dimension durchzog die Stadt, drei viertel geographische Meilen lang, wie ähnliche in der späteren Zeit Neapel und Palermo. Eine Meile von der Stadt lag ein Hain des Apollo und der Diana, Daphne genannt, wo Kunst und Natur sich vereinigten, der Sitz des Genusses und der Schwelgerei.

Noch grossartiger war die Stellung von Alexandria in Aegypten, der bedeutendsten von allen Gründungen Alexanders.

Die Ptolemäer behaupteten eine beherrschende Stellung im Mittelmeer, Zypern wurde erobert, auch Rhodus schloss sich an. Wir finden ägyptische Kauffahrer im Schwarzen Meer. Die enge Verbindung des ägyptischen und des griechischen Wesens, die hierdurch entstand, zeigt sich auch darin, dass ein Abbild des Zeus Hades aus Sinope nach Aegypten gebracht wurde, um dort als Serapis-Osiris der Unterwelt verehrt zu werden. Die Ptolemäer übten in den inneren Zerwürfnissen der Griechen des Mutterlandes immer einen sehr lebendigen politischen Einfluss aus, womit es zusammenhängen mag, dass durch sie die ältesten Mythen über die Verbindung Aegyptens mit Griechenland wieder auflebten. Was aber dem ptolemäischen Aegypten eine mit der alten Pharaonenzeit wetteifernde Weltbeziehung gab, war die erneuerte Schiffahrt nach Indien. Sie wurde von den Ptolemäern ihrer Stellung gemäss noch weiter ausgebildet. Wo die voneinander getrennten Kontinentalmassen tiefe maritime Einschnitte darbieten, begründeten sie eine Wasserstrasse zwischen dem Mittelländischen und dem Roten Meere. Schon Necho hatte es versucht, doch war sein Kanal wieder versandet. Wie ihn Ptolemäus Philadelphus herstellte, so hat er bis zur Römerzeit bestanden. Zugleich wurde das Rote Meer von den arabischen Seeräubern gereinigt, so dass der Verkehr nach Indien mit Sicherheit wieder aufgenommen werden konnte. Was aus dem fernsten Orient, aus Arabien und Aethiopien kam, wurde nach dem Hafen von Alexandria geführt, von wo es nach aller Welt ging.

Daher gelangte Aegypten zu einem Reichtum und einer Blüte, wie es noch nie gehabt hatte. So zahlreich die alten Ansiedlungen waren, so wurden sie doch jetzt bei weitem überboten. Aber wir wollen die übertreibenden Angaben hier nicht wiederholen und es dahingestellt sein lassen, wie es mit den 74 000 Talenten steht, die der ägyptische Schatz enthalten haben soll. Wenn es auch nur Kupfertalente waren, so ist doch die hier zusammenströmende, disponible Geldmasse eine sehr bedeutende gewesen. Die bewaffnete Macht wird auf 3500 Kriegsschiffe und 240 000 Mann zu Lande angegeben. Das Kriegsheer hatte, da es seiner Grundlage nach aus Mazedoniern bestand, immer eine gewisse Selbständigkeit. Der Fürst bestieg nur auf Anerkennung der Truppen den Thron. Dieser Isegorie stand eine Isopolitie zur Seite, das heisst eine Gleichberechtigung der verschiedenen in den Städten vereinigten Völkerelemente, Aegypter, Griechen, und in Alexandria bereits auch Juden. Wenn es bei der Weltbewegung der Zeit nicht so sehr darauf ankam, ein neues Reich an die Stelle des alten zu setzen, als darauf, die getrennten und einander feindseligen Völkerelemente in Verbindung zu bringen, so wurde dieser Zweck vornehmlich in Aegypten erreicht. Die Religionen der Aegypter und der Griechen zogen sich gegenseitig an; die hellenistischen Ptolemäer pflegten die alteinheimischen Gottesdienste; Ptolemäus Lagi soll eine grosse Summe, 50 Talente, verwendet haben, um den Apis wieder aufzufinden. Das ägyptische Altertum ward nach langer Verdunkelung wieder lebendig; Manetho betrachtete die alten Dynastien, insoweit man sie aus den Monumenten herauslesen konnte, als Vorläufer der Ptolemäer und diese als ebenbürtige Nachfolger der früheren Könige. So knüpfte Berosus die babylonische Tradition an das Haus der Seleukiden an. Beinahe ehrwürdig erscheint zwischen ihnen die Uebersetzung des Alten Testa-

mentes durch die sogenannten siebzig Dolmetscher; da ist
von keiner Beziehung auf die Gegenwart die Rede; auch
in der Uebersetzung stellt sich das höchste Altertum in
ungeschminkter Einfalt dar.

Von der grössten Bedeutung aber für alle Zeiten ist,
dass sich in Alexandria eine neue Metropole für die Entwicklung der griechischen Literatur und Gelehrsamkeit
bildete. Eine unmittelbare Veranlassung dazu entsprang
aus dem fortdauernden Kampf der verschiedenen grossen
Interessen und Mächte, die Griechenland zersetzten und
beschäftigten. Was man einst schon in Mazedonien gesucht hatte, bot jetzt Alexandria dar, Sicherheit und
Musse für die Studien. Man darf hier nicht philosophische
oder poetische Produktionen ersten Ranges suchen; dazu
waren die veränderten Zeiten überhaupt nicht angetan,
und was der griechische Geist in diesen Zweigen zu leisten
fähig war, hat er auf dem heimischen Boden geleistet.

Aber in Alexandria wurde eine Bibliothek zustande
gebracht, die alle Monumente der griechischen Literatur
umfassen sollte. Talente für die allgemeine Gelehrsamkeit
traten auf, wie sie bisher sich noch nicht hatten hervortun
können; Eratosthenes vor allen, ohne Zweifel einer der
grössten Bibliothekare, die jemals gelebt, und zugleich der
leidenschaftlichste bei seiner Arbeit; als seine Augen ihm
den Dienst versagten, so dass er nicht mehr lesen konnte,
hat er, so erzählt man, überhaupt nicht mehr leben wollen,
sondern sich durch Hunger getötet. Auch ihm aber hat
die grossartige Weltstellung Aegyptens neue wissenschaftliche Impulse gegeben; er hat die erste Gradmessung vollzogen, wiewohl mit unvollkommenen Mitteln. Unendlich
wichtig wurde die Bekanntschaft mit der orientalischen
Kosmologie, besonders den Beobachtungen der Chaldäer
für die Erforschung des Verhältnisses der Erde zu dem
Weltsystem, dem sie angehört. Unmöglich aber wäre diese
gewesen ohne die Ausbildung der mathematischen Wissenschaft. Alledem, was der griechische Geist geleistet,
tritt die Ausarbeitung der mathematischen Methode, die

Euklides in Alexandria vollendete, ebenbürtig zur Seite.
Auch Archimedes hat eine Zeitlang in Alexandria stu-
diert. Die grammatischen Wissenschaften auf der einen
Seite, die mathematisch-physischen auf der andern, blüh-
ten in Alexandria nebeneinander auf; sie bilden eine
Grundlage für alle spätere Wissenschaft der Welt.

ZWÖLFTES KAPITEL

KARTHAGO UND SYRAKUS

Karthago und Sizilien — Dionysius der Aeltere — Himilko vor Syrakus —
Agathokles — Ophellas — Wiederherstellung der Macht von Karthago —
Agathokles' Ausgang

Der politische Zustand der östlichen Welt beruhte auf
dem Gleichgewicht der drei mazedonisch-hellenistischen
Monarchien. Neben ihnen gab es aber noch eine Macht,
die, ihnen von Grund aus entgegengesetzt, im Westen eine
beherrschende Stellung einnahm. So lange die griechische
Nationalität und der griechische Geist im Orient noch
Widerstand fanden, waren sie durch Handel und Waffen
gegen das westliche Europa vorgedrungen; denn die einmal entwickelten Kräfte haben immer eine unbegrenzte
Ausbreitung im Auge. Hier stand ihnen das seegewaltige
Karthago entgegen. Es entspann sich ein Kampf zwischen
den griechischen Städten, die Sizilien eingenommen, unter
denen Syrakus die vornehmste war, und den Karthagern,
die die auf dieser Insel gewonnene Position zu behaupten
und zu verstärken unaufhörlich beschäftigt waren. Es ist
ein Kampf, der an sich eine gewisse Analogie mit dem
mazedonisch-persischen hat und sich mit demselben, wie
wir sehen werden, einmal tatsächlich berührt, der aber
doch einen ganz anderen Charakter trägt. Denn nicht
zwischen grossen Königen wird er durchgefochten, sondern zwischen zwei Republiken, von denen die eine semitischen Ursprungs und von oligarchischer Tendenz, die
andere, Syrakus, mit dem griechischen Mutterland enge
verbunden, überwiegend demokratischen Formen huldigte,
die aber immer wieder in die Tyrannis umschlugen. Vergegenwärtigen wir uns mit kurzen Zügen die Lage von
Karthago.

Schon Strabo bemerkt die Einheit und beinahe Ge-
schlossenheit der westlichen Regionen des Mittelländischen

Meeres von da an, wo die Westspitze von Sizilien nur zwölf Meilen von der Nordküste Afrikas entfernt ist. Er bezeichnet diese Stelle gleichsam als eine Durchfahrt. Eben dort nun, in Kleinafrika, hat die tyrische Kolonie Karthago ein eigenes maritimes Reich gegründet. Vergeblich suchten die Griechen in ältester Zeit in Korsika und in Sardinien festen Fuss zu fassen; sie mussten von dort zurückweichen. Cagliari ist eine punische, das heisst karthagische Stiftung. Die Insel Malta (Melite) bekam von punischen Seefahrern ihren Namen, der « Zufluchtsort » bedeutet, sowie selbst Panormus nur eine Uebersetzung des punischen Namens Am Machanath ist, nach dem umfassenden Hafen dieser Stadt. Aus denselben Elementen gebildet, von den nämlichen Antrieben belebt, wie Tyrus, besass doch Karthago den Vorzug vor dieser seiner Mutterstadt, dass es keine mächtigen, miteinander in Konflikt stehenden Staaten in seinem Rücken hatte. Von den Griechen in Kyrene war es durch eine Wüste geschieden, in der die Grenzen durch ein Menschenopfer, der Sage nach ein freiwilliges, festgesetzt worden waren. Ihre lybischen Nachbarn wussten von keinen fremden Einwirkungen, so dass die Punier eines ansehnlichen Landgebietes vollkommen mächtig waren. Allen fremden Seefahrten nach der Meerenge hin widersetzten sie sich mit unnachsichtiger Eifersucht; sie versenkten die Schiffe, die sie auf diesen Einbrüchen antrafen. Jenseits der Meerenge selbst haben sie zu beiden Seiten Kolonien gegründet. Das südliche Spanien war mit liby-phönizischen Ansiedlungen bedeckt; Tartessus, von wo die Griechen hatten weichen müssen, erkannte ihre Hoheit an. Wir haben einen Bericht von ihren Seefahrten in südlicher Richtung, in der sie das Kap Bojador umschifften. Man glaubt in ihren Nachrichten die Küsten von Senegambien wiederzufinden; sie haben auch da Kolonien gegründet. Die Verbindung des Mittelmeers mit dem Atlantischen Ozean hatten sie ausschliesslich in Händen.

Zur Behauptung dieser Uebermacht und zur Vollendung dieses merkantilen Reiches gehörte nun aber der

Besitz von Sizilien, den ihnen die Griechen, vor allem die
Syrakusaner, bestritten. Um die allgemeine Lage der
Welt in dieser Epoche zu fassen, ist es unerlässlich, wenig-
stens auf die wichtigsten Momente dieses Kampfes einen
Blick zu werfen.

Wäre es den Athenern mit ihrem Angriff auf Syrakus
gelungen, so würden sich die Karthager schwerlich auf die
Länge auf der Insel haben behaupten können. Der unglückliche Ausgang des Versuches schützte sie nicht allein
vor der Gefahr, er gereichte ihnen selbst zum Vorteil; die
von den Athenern aufgerufenen Hilfsvölker leisteten eine
Zeitlang den Karthagern die nützlichsten Dienste. Und
noch andere, wenn weniger geübte, aber um so zahl-
reichere Scharen aus Libyen, Spanien und Italien sammelte Hannibal, der Enkel des bei Himera gefallenen Feldherrn Hamilkar, um sich und führte sie im Jahre 410 nach
Sizilien. An der Stelle, wo er zuerst landete, ist später
Lilybäum, ein Hauptwaffenplatz der Karthager, erbaut
worden. Er nahm Selinus, das noch in den Ruinen der
Mauern gegen ihn verteidigt wurde, er überwand die
Himeräer. Die Gefangenen, dreitausend an Zahl, liess er
an den Ort führen, wo einst sein Grossvater gefallen war,
und schlachtete sie alle diesem zu einem entsetzlichen
Totenopfer.

Dieser Handlung des Entsetzens gegenüber zeigte sich
das griechische Element doch nur sehr schwach. Syrakus
besass einen Mann, der es vermocht hätte, den Fortschritten der Karthager Einhalt zu tun, jenen Hermokrates, der
auch in dem Kampfe gegen Athen das Beste geleistet
hatte und dann den Lakedämoniern an der Küste von
Kleinasien zu Hilfe gekommen war. Thukydides sagt von
ihm, er habe weder an Einsicht noch an Tapferkeit einem
anderen nachgestanden; aber wie es in diesen von inneren Gärungen erfüllten Republiken der Fall war, dass
häufig eben die besten Männer verjagt wurden, so hatte
auch Hermokrates sich verbannt sehen müssen. Eine Zeitlang führte er den Krieg in Sizilien auf seine eigene Hand,
stellte Selinus zum Teil wieder her, suchte das kartha-

gische Gebiet mit Feindseligkeiten, die nicht ohne Erfolg waren, heim und erwarb sich allgemeine Anerkennung, nur nicht bei seinen politischen Feinden; sie dachten nicht daran, ihn zurückzurufen, und als er es wagte, mit Hilfe einiger Freunde gewaltsam einzudringen, ward er dort auf dem Markte erschlagen.

Denn der Zwiespalt der Parteiung pflegt jede Rücksicht auf persönliches Verdienst, so gross dies auch sein mag, zu ersticken.

Als nun die Karthager bald darauf von neuem in Sizilien erschienen, fiel sogar Agrigent, nach Syrakus die zweite Stadt der Insel, in ihre Hände. Eben ihre Grösse und Volksmenge ward der Stadt, der es an Zufuhr mangelte, verderblich.

Das Ereignis erregte bei den sizilischen Griechen allgemeinen Schrecken; sie fürchteten, sich gegen die Uebermacht der Karthager nicht behaupten zu können. Viele flüchteten mit Weib und Kind nach Italien; selbst auf Syrakus zählten sie nicht mehr: denn, wenn die syrakusanischen Strategen gewollt hätten, so würden sie Agrigent haben verteidigen können; man meinte, sie seien selbst mehr auf seiten der Karthager, vielleicht von ihnen bestochen. In dieser Verwirrung, die die Besorgnis, von den Karthagern übermannt zu werden, hervorrief, hat sich ein Tyrann in Syrakus erhoben. Die Agrigentiner klagten nämlich die Führer der syrakusanischen Truppen in Syrakus an; aber bei deren Ansehen und Macht wagte niemand, sich mit ihnen zu verfeinden, bis sich endlich einer von den alten Genossen des Hermokrates, Dionysius, ein Mann von geringer Herkunft, dazu ermannte. Er hatte dabei die Unterstützung des Historikers Philistus, eines begüterten Bürgers von gutem Hause, der ihm mit Geld beizustehen versprach, wenn sein Unternehmen missglücke. Aber es gelang auf das glücklichste, denn das Volk von Syrakus war von der Wahrheit der Anklagen überzeugt; die obschwebende Gefahr erfüllte alle Gemüter. Die alten Strategen wurden abgesetzt; unter den neuen erschien Dionysius, der ohne viel Mühe nach einiger Zeit die höchste Gewalt in seine Hände bekam.

Zunächst wurde jedoch dadurch in den allgemeinen Verhältnissen nichts geändert. Dionysius hielt es vielmehr in der Stadt selbst seines Ansehens wegen für erforderlich, von den Karthagern anerkannt zu werden; er schloss mit ihnen einen Frieden, nach welchem sie Himera, Selinus und Agrigent behielten, allen nicht unterworfenen Griechen aber eine gegenseitige Unabhängigkeit vorbehalten wurde, was dazu beitrug, ihre Macht vollends zu zersplittern.

In dem älteren Dionysius bemerkt man ein Gemisch von Entschlossenheit, List und Gewaltsamkeit, von Schwung und Tatkraft, die vielleicht dazu gehörte, um sich in der stürmisch gärenden demokratischen Gemeinde zu behaupten; eine wirkliche Tugend, die einfach ist, darf man hier nicht suchen.

Wahrscheinlich hat ihm Philistus mit gutem Rat zur Seite gestanden. Philistus wurde später von Dionysius misshandelt; er hat ihm aber dem zum Trotz in seiner Geschichte mehr Gerechtigkeit widerfahren lassen, als jemand sonst.

Dionysius, sobald er sich einigermassen befestigt glaubte, wagte es, den Krieg gegen Karthago zu erneuern; und sehr ansehnlich waren seine Rüstungen, aber an und für sich konnte sich doch Syrakus mit Karthago nicht messen.

Himilko, der demselben Geschlecht angehörte wie Hannibal, erschien mit einer bei weitem überlegenen Macht, wenn es auch nicht buchstäblich wahr ist, was Timäus gesagt hat, dass sein Heer sich auf 400 000 Mann belaufen habe.

Dionysius hatte nicht den Mut, es in den karthagischen Gebieten, wo er schon grosse Fortschritte gemacht hatte, zu einer Feldschlacht kommen zu lassen; er zog sich in seine Hauptstadt zurück. Bald aber sah er sich hier zugleich zu Lande und zur See von einem siegreichen und rachsüchtigen Feinde angegriffen. Der Demetertempel der

Syrakusaner, fast ihr vornehmstes Heiligtum, wurde geplündert.

Da die Vorstadt Achradina genommen war, die Belagerung auf das ernsteste fortschritt, und die Feinde des Dionysius innerhalb der Stadt sich regten, so liess sich nichts als Unheil erwarten; auch diesmal aber, wie bei dem Angriff der Athener, kam den Syrakusanern die Lage und das für alle Fremde verderbliche Klima von Syrakus zustatten. Nachtfröste, abwechselnd mit einer unerträglichen Hitze am Tage, die Ausdünstungen der sumpfigen Landschaft brachten unter den Karthagern eine anstekkende Krankheit hervor. Es war eine wirkliche Pest, die in einer Weise um sich griff, dass Himilko sich zum Rückzug entschliessen musste. Nur infolge einer Geldzahlung wurde ihnen die Heimkehr von Dionysius gestattet.

Schon hatte das Volk von Karthago von dem Unglück gehört und wartete schmerzlich aufgeregt am Hafen. Lautes Jammern erhob sich, als die wenigen, die übrig geblieben waren, herausstiegen, endlich auch der Führer selbst ungegürtet, in Knechtskleid. Vor allem sprach er sein Leidwesen darüber aus, dass er nicht auch umgekommen sei. Wehklagend geht er durch die Stadt, von der Menge begleitet, nach seinem Hause. Dort entlässt er diese und verschliesst die Tür; auch nicht einmal den Sohn lässt er vor sich. Hier hat er sich selbst getötet.

Die Karthager traten nach diesem Missgeschick Tauromenium ab und liessen sich den Halykus als Grenze gefallen; obwohl sie mächtig blieben, so behielt doch auch Syrakus seine Unabhängigkeit und Bedeutung. Man kann dem älteren Dionysius nicht bestreiten, dass er seine Kräfte gewaltig regte. Er besiegte illyrische und sardinische Seeräuber, die italischen Griechen und führte eine glänzende Regierung bis zum Jahr 367, in welchem er gestorben ist.

Sein Sohn war jedoch nicht fähig, ihn fortzusetzen. Innere Stürme brachen in Syrakus aus, in denen der aristokratisch gesinnte, ihm ebenfalls nahe verwandte Dio, der mit Plato so eng verbunden war, und eine demokra-

tische Partei miteinander kämpften. Infolge dieser Entzweiung gewannen nun die Karthager das Uebergewicht,
so dass die Syrakuser in dem zwiefachen Gedränge innerer Kämpfe und äusseren Krieges endlich die Hilfe ihrer
Mutterstadt Korinth aufs neue in Anspruch nahmen. Diese
wurde ihnen von Timoleon gebracht, einem der entschiedensten Anhänger der demokratischen Grundsätze,
zugleich aber einem Feldherrn ersten Ranges. Er gehörte
zu der Schule des Iphikrates und Chabrias und wurde
durch die kriegsmännische Ausbildung der Hellenen jener
Zeit, die sich auch in den Mietsvölkern repräsentierte,
kräftig unterstützt; er verstand sie zu führen. Mit 12 000
Mann schlug er ein Heer der Karthager von 70 000 Mann
am Krimissus aus dem Felde; zwei Jahre später ist Timoleon gestorben.

Es war immer die griechische Demokratie, die erst
unter den Tyrannen und sodann unter den Tyranniziden
(ein solcher war Timoleon) die Unabhängigkeit Siziliens
vor Karthago verteidigte. Ein bedeutungsvoller Anblick,
diese beiden, durchaus verschieden gearteten und von
Natur feindseligen Gemeinwesen, das rege, in alle geistigen, politischen und kommerziellen Beziehungen der
Griechen verflochtene Syrakus, die Vorderstadt der Griechen in den westlichen Regionen, in immer erneuertem
Kampfe mit der Vorderstadt der Phönizier, dem seegewaltigen, dunklen, autonomen Karthago.

Von den Perserkriegen wurde Karthago berührt, aber
doch nicht betroffen; der Untergang von Tyrus machte
seinen politischen Beziehungen, wahrscheinlich auch den
kommerziellen, zu Phönizien ein Ende. Es stand im vollen
Gegensatz zu Alexander, von dem man, wie gesagt, voraussetzte, er habe einen Angriff auf Karthago bereits
vorbereitet. Wer will sagen, wenn ein solcher Angriff
wirklich unternommen worden wäre, welche Erfolge er
gehabt hätte. Die Nachfolger Alexanders gerieten in einen
inneren Kampf, der es ihnen zunächst unmöglich machte,
ihre Augen nach dem Westen zu richten. Da geschah es,
dass in Syrakus eine Gewalt entstand, die den Krieg mit

Karthago auf eine Weise wieder aufnahm, durch welche
dies mit plötzlichem Verderben bedroht wurde.

Zu denen, die durch Timoleons Einfluss das Bürgerrecht in Syrakus erlangten, gehörte ein Einwohner von
Rhegium, dessen Sohn, nachdem er anfangs, wie sein
Vater, das Töpferhandwerk, das heisst doch wahrscheinlich ein Geschäft mit den kunstreichen Vasen und Urnen,
die damals für die Begräbnisstätten in Italien und Etrurien
viel gesucht wurden, getrieben hatte, im Kriegsdienst
emporkam, des Namens Agathokles. Es war ein junger
Mensch, in dem sich ausserordentliche Körperkraft mit
Schönheit, entschlossenste Verwegenheit mit listiger Umsicht paarten.

Durch seine Vermählung mit der Witwe eines reichen
und hochangesehenen Bürgers kam er in ein nahes Verhältnis zu den aristokratischen Geschlechtern, die ihn
aber deshalb doch nicht begünstigten. Als Anführer einer
Truppenschar den Krotoniaten zu Hilfe geschickt, erwarb
er sich einen gegründeten Anspruch auf den Preis der
Tapferkeit; dieser aber wurde ihm durch die Oligarchen
von Syrakus versagt. Was könnte einen emporstrebenden
jungen Mann tiefer kränken, als die parteiische Versagung
einer Ehre, nach der seine Seele dürstet? In den inneren
Zerwürfnissen der Bürgerschaft trat nun Agathokles auf
die Seite des Volkes. Er wurde verbannt, zurückberufen,
nochmals verbannt. Die Aristokratie verfolgte ihn, das
Volk konnte ihn nicht schützen; nur durch die verschla-
gene Vorkehrung, dass er einen andern in seine Kleider
steckte, entging er selbst dem Tode. Sein armer Partner
wurde dann wirklich erschlagen. Er aber gelangte nun
erst ausserhalb der Mauern der Stadt zu einer selbständigen Position. In Unteritalien und in Sizilien herrschte
noch all das Unwesen der zugleich inneren und äusseren
Kämpfe, dem in Hellas selbst das Landfriedensgebot König
Philipps Mass gegeben hatte. Ueberall gab es Scharen
von Verbannten, die sich mit den Städten, aus denen sie
hatten weichen müssen, in fortwährender Fehde befanden.
An der Spitze solcher Exilierten hat Agathokles sich sei-

nen Ruf erworben. Nachdem er aufs neue aus Syrakus hatte flüchten müssen, sammelte sich eine heimatlose, freibeuterische Truppe um ihn, die in ihm ihren Führer mit unbeschränkter Gewalt verehrte und den Syrakusanern sehr lästig fiel. Soweit können wir den biographischen Berichten folgen, die Diodor in sein Werk aufgenommen hat. Er lässt auch die folgenden Ereignisse fast ausschliesslich aus den Parteikämpfen der Stadt hervorgehen. Aber noch einen anderen Bericht haben wir übrig, in dem Auszug, den Justin aus Trogus Pompejus gemacht hat, bei dem das Verhältnis zu Karthago, ohne Zweifel das Wichtigste, was vorlag, in den Vordergrund tritt. Demzufolge riefen die Syrakusaner, die damals mit den Karthagern in freundschaftlichem Verhältnis standen, deren Hilfe gegen Agathokles an. Einer von den Führern der karthagischen Truppen, des Namens Hamilkar, erschien, um ihnen eine solche zu leisten. Allein zuverlässige Freunde von Syrakus waren doch die Karthager niemals; Hamilkar brachte zwar eine Aussöhnung des Agathokles mit der Bürgerschaft zustande, und dieser wurde mit seinen Scharen wieder in dieselbe aufgenommen. Aber er war bereits ein Kondottiere auf eigene Faust. Das Einrücken und die Aufnahme seiner Truppen in die Stadt konnte nicht ohne gewaltsame Rückwirkung bleiben, die dann Diodor hauptsächlich schildert. Der Unterschied zwischen den beiden Autoren ist sehr bezeichnend. Diodor lässt den Verbannten wieder aufnehmen gegen das eidliche Versprechen, das er gibt, nichts gegen die demokratische Verfassung der Stadt zu unternehmen; die Streitigkeit ist lediglich eine innere. Justin dagegen erzählt, Hamilkar habe Agathokles mit fünftausend seiner wilden Afrikaner unterstützt, gegen das eidliche Versprechen, dass er fortan die Oberherrlichkeit Karthagos anerkennen wolle. Die beiden Autoren lassen ihn schwören, jeder aber auf ein Versprechen, von dem der andere nichts weiss. Man könnte versucht sein, beide Verpflichtungen als geschehen anzunehmen, nur dass keiner der beiden Teile etwas von dem erfahren hätte, was dem anderen zugesagt war. Sie wurden aber beide getäuscht. In Syrakus erfolgte eine der grässlichsten Gewalttaten, die je in den hellenischen Städten vorgekommen sind, ein zweitägiges Blutbad, das zugleich über die Aristokratie und die Angesehensten aus dem Volke verhängt wurde. Man zählt viertausend, die getötet wurden, sechstausend, denen es gelang, zu fliehen. Agathokles liess dann sich selbst die höchste Gewalt übertragen, die, man möchte sagen, eine soldatische war. Es wäre kaum zu erklären, dass Hamilkar dem hätte zusehen sollen, wenn er nicht mit Agathokles einverstanden gewesen wäre, in der Erwartung, dass dieser sich unterwürfig gegen Karthago bezeigen werde. Aber Agathokles, der die Unabhängigkeit der benachbarten Städte wiederherzustellen suchte, trug auch kein Bedenken, Bundesgenossen der Karthager feindselig zu behandeln. Diese wandten sich deshalb nach Karthago und machten Hamilkar den Vorwurf, dass er durch seine Begünstigung einen Mann an die Spitze von Syrakus gebracht habe, von dem sich nichts erwarten lasse, als eine immer wachsende Feindseligkeit gegen Karthago selbst. Ohne Zweifel hatte Hamilkar nach eigenem Gutdünken gehandelt, was man in Karthago immer dann als Verbrechen ansah, wenn es keine erwünschten Folgen nach sich zog. Hamilkar wurde in Karthago durch geheime Abstimmung zum Tode verurteilt. Eine Verantwortung ward dem Verurteilten nicht gestattet. Man hat es damals für eine Gunst der Götter erklärt, dass er eines natürlichen Todes starb, ehe das Urteil Rechtskraft gewonnen hatte. Ein ernstlicher Krieg zwischen Karthago und Syrakus aber wurde nunmehr unvermeidlich; und bei weitem überlegen war das Heer, das die Karthager unter einem anderen Hamilkar, Gisgos Sohn, in Sizilien aufstellten, dem syrakusanischen.

Agathokles war diesem nicht gewachsen. Bei Himera erlitt er eine Niederlage, besonders durch die Schleuderer von den balearischen Inseln, die ungeheure Steine warfen, worin sie von Jugend auf geübt wurden. Hamilkar wandte sich, ohne sich bei Gela, welche Stadt Agathokles indes ebenfalls durch die grausamsten Mittel in seine Hand gebracht hatte, aufzuhalten, zur Belagerung von Syrakus.

Hierauf erhob sich die ganze Insel gegen Agathokles. Die Kamarinäer und Leontiner, Katanäer, Tauromenier und Messaner, alle fielen den Karthagern bei, und Agathokles, der von einer überlegenen Macht zu Lande und zur See, für deren Abwehr nichts vorgekehrt war, heimgesucht wurde, glaubte seinen Untergang vor Augen zu sehen. In dieser Bedrängnis fasste Agathokles einen höchst verwegenen und doch treffenden Gedanken, der ihn hauptsächlich seiner späteren Folgen wegen unvergesslich gemacht hat.

Er wusste, dass die Macht von Karthago in Afrika nur eine schwache sei, und beschloss, er, der Belagerte, die Angriffe der Karthager durch einen Angriff auf Afrika abzuwehren. Hiezu bildete er sich ein bewaffnetes Gefolge aus, das ihm vollkommen ergeben war. Wer ihm nicht auf sein Wort und sein Glück folgen wollte — denn seine eigentliche Absicht verschwieg er — konnte zurückbleiben. Aus denen, die sich ihm unbedingt anschlossen, formierte er eine kompakte Truppe, in die er selbst kriegstüchtige Sklaven, die er durch einen Eid an seine Person fesselte, aufnahm. Mit dieser Schar setzte er, von gutem Glück unterstützt, ihr selbst unerwartet, nach Afrika über. Es waren alles Leute vom Soldatenhandwerk, die ihm auf seinen Namen zu einem Unternehmen folgten, bei dem es zunächst auf Eroberung der libyschen Landschaft, dann aber auf einen Angriff auf Karthago selbst abgesehen war. Agathokles stellte seinen Leuten vor: wenn sie Karthago nähmen, würden sie Herren von Libyen und von Sizilien sein. Er trat nicht sowohl im Namen der Stadt auf, wie als Kondottiere im eigenen Namen. Die Schiffe, die er herüberführte, steckte er selbst in Brand, wie er sagte, zu Ehren der sizilischen Göttinnen Demeter und Persephone.

Sein Unternehmen war ein Akt der Verzweiflung; auch seine Truppen waren verloren, wenn sie nicht siegten. Dieses Gefühl aber verdoppelte ihre Kraft. Sie schlugen ein karthagisches Heer, dessen Führer, soviel wir vernehmen, unter sich entzweit waren, aus dem Felde. Hierauf fiel eine Anzahl von Städten, deren Mauern die Karthager zerstört hatten, in die Hand des Agathokles. Die Bevölkerung des Landes erhob sich zu seinen Gunsten. Ein libyscher König trat zu ihm über; Utika wurde in Besitz genommen. Und indem die griechisch geschulte sizilianische Soldateska die Karthager bedrängte, erhob sich gegen diese noch ein anderer Feind von Kyrene her.

Kyrene war von dem Mazedonier Ophellas, einem vertrauten Begleiter Alexanders des Grossen, im Namen des Ptolemäus Lagi und mit dessen Kräften eingenommen und so mit den griechisch-hellenistischen Reichen in Verbindung gebracht worden. Dieser Ophellas hatte sich dann unabhängig gemacht. Jetzt gab er dem Ehrgeiz Raum, ganz Afrika zu beherrschen, und trat mit Agathokles in Verbindung, der ihm erklärte, er seinerseits werde sich mit Sizilien begnügen und ihm Afrika gern überlassen, wofern sie Karthago gemeinschaftlich zu überwältigen vermöchten. Und leugnen kann man nicht, dass, wenn die mazedonischen Truppen, die Ophellas führte, und für welche er auf eine Verstärkung von Athen zählen durfte, mit den Truppen des Agathokles gemeinschaftlich gegen Karthago vorschritten, diese grosse Metropole in die dringendsten Gefahren geraten wäre. Die Angreifenden durften selbst erwarten, dass ein karthagischer Führer, Bomilcar, mit ihnen gemeinschaftliche Sache machen würde. Es war denn doch die hellenische Kriegsmacht, mit der Karthago um seine Existenz ringen musste.

Die Absicht, die man Alexander zuschrieb, schien nun, etwa dreizehn Jahre nach seinem Tode, ins Werk gesetzt werden zu sollen. Der Kampf der griechischen Götter gegen die orientalischen, der von Alexander in Tyrus ausgefochten worden war, versetzte sich nun auf diesen Boden. Die Weltherrschaft des griechisch-mazedonischen Elementes, über den Orient hin soeben unerschütterlich befestigt, nahm den Anlauf, sich über den Okzident hin auszubreiten.

Waren doch bereits in dieser Epoche, worauf wir bald zurückkommen werden, von Epirus aus Versuche gemacht worden, die griechische Herrschaft in Italien festzusetzen. Die Unternehmung des Agathokles kann nicht als ein blosses Abenteuer angesehen werden. Wie sie so plötzlich zu gelingen schien, bildet sie einen Moment in der Geschichte des nach der Weltherrschaft strebenden griechischen Geistes. Demgegenüber erwachte in den Karthagern die altsemitische Religiosität in ihrer vollen Stärke; sie erinnerten sich der Dinge, die sie jemals gegen ihre Religion getan haben mochten, der dem Herkules Melkart in Tyrus nicht vollständig dargebrachten Zehnten; vor allem aber der dem Kronos Moloch nach ihrem grässlichen Brauch nicht geopferten Erstgeburten. Man hatte fremde Kinder aufgekauft, insgeheim erzogen, und statt der einheimischen geopfert. Für diese Uebertretungen und Versäumnisse in ihrem Götterdienste glaubten sie jetzt bestraft zu werden und beschlossen, ihre Kinder wieder den abwärts gebeugten, umgekehrten Händen ihres ehernen Kronos aufzulegen, von denen dieselben in einen mit Feuer erfüllten Abgrund stürzten. Zweihundert Kinder aus den vornehmsten Familien wurden ausgesucht und öffentlich geopfert; viele, die sich einer ähnlichen Schuld verdächtig sahen, stellten sich selber dar oder vielmehr ihre Kinder.

Die Schiffe waren mit Schwarz bedeckt. An den Heerführern wurde jeder Fehler, jeder Verdacht mit dem Tode bestraft. Das düstere Karthago nahm nun aber zugleich noch einmal alle seine Kräfte zusammen, um die Angriffe, die ihm in Libyen selbst drohten, abzuwehren.

Und auf der anderen Seite: den Griechen war es nun einmal nicht gegeben, ohne eine herrschende Autorität zu einem grossen Unternehmen zusammenzuwirken. Ophellas, der 20 000 Mann herbeiführte, wurde von Agathokles hinterlistig umgebracht. Das kyrenische Heer vereinigte sich nun zwar mit dem sizilischen, so dass für den grossen Kampf gegen Karthago damit anfangs sogar etwas gewonnen zu sein schien. Allein wie hätte Agathokles auf die

Treue der Truppen rechnen dürfen, nicht allein der seinen, sondern auch der zu ihm übergetretenen kyrenischen?
Es gab, wie berührt, einen Parteigänger in Karthago, der
auf seine Seite zu treten gesonnen war; aber dieser wurde
im letzten Augenblick durch die Unruhe erschreckt, die in
der griechischen Soldateska ausbrach.

Ueberdies aber: Agathokles selbst wurde durch die
Unruhen, die während seiner Abwesenheit in Sizilien ausbrachen, dahin zurückgerufen. Sein Heer in Afrika vertraute er der Führung seines Sohnes Archagathus an.
Wohl erlangte er selbst infolge des Rufes, der ihm voraus-
ging, in Sizilien wieder die Oberhand. Aber indessen entwickelten die Karthager einen nachdrücklichen Widerstand. Sie stellten drei ansehnliche Heere ins Feld. Zwischen Archagathus dagegen und seinen Truppen brachen
Misshelligkeiten wegen des Soldes aus, dessen Zahlung
der Sohn bis auf die Rückkehr des Vaters verschieben zu
müssen angab. Wirklich kehrte bald darauf Agathokles
nach Afrika zurück; und von Bedeutung ist es, wenn er
dem Heere vorstellte, dass es zu ihm nicht eigentlich im
Verhältnis des Söldnerdienstes stehe, sondern dass vielmehr die Beute des Sieges zwischen ihnen geteilt werden
solle; sie möchten ihren Sold sich in Karthago holen. Ein
Handstreich hätte vielleicht im ersten Moment gelingen
können; einen Feldzug im vollen Sinne des Wortes zu
führen, war Agathokles nicht imstande. Soviel bewirkte
er, dass ihm die Truppen noch einmal gegen den Feind
folgten. Da ihm aber hiebei das Glück nicht günstig war,
so brach in seinem Lager eine Empörung aus, die ihn
nötigte, vor seinen eigenen Truppen die Flucht zu ergreifen. Sein Sohn wurde von dem Kriegsvolk getötet; er
selbst rettete sich. Das ganze Unternehmen zerrann wie
ein rasch vorüberziehendes Meteor. Reale Bedeutung hat
es erst dadurch, dass es der Macht, die Karthago zu bewältigen bestimmt war, den Weg gezeigt hat. Wohl
gelangte Agathokles hierauf in Syrakus zu einer befestig-
teren Stellung. Er nahm, wie die mazedonischen Heerführer, den Titel « König » an. Das Altertum war einstim-

mig darüber, und ausdrücklich versichert es Polybius, dass er, nachdem er einmal seine Macht auf das gewaltsamste festgesetzt, sie auf das glimpflichste gehandhabt habe. Von einem Unternehmen auf Afrika konnte jedoch nicht weiter die Rede sein. Agathokles sah sich genötigt, einen Frieden mit den Karthagern zu schliessen, durch welchen diesen das ganze Gebiet zurückgegeben wurde, das sie früher in Sizilien besessen hatten.

Daran knüpft sich überhaupt eine neue Erhebung der punischen Macht. Wenn im Orient der Geist und die Macht der Griechen vollkommen die Oberhand behielt, so behaupteten sich die Karthager im Okzident ihnen gegenüber in ungeschmälerter Grösse. Zwischen beiden Elementen, dem griechischen und dem punischen, wäre die okzidentalische Welt geteilt geblieben, wären nicht die Römer in ihrer Mitte aufgetreten.

ANMERKUNGEN

1) Man setzt Assur-nasir-habal 882—857. Um die Regierungszeit Jehus zu bestimmen, muss man davon ausgehen, dass sein Anfang 98 Jahre nach der Spaltung des Reiches gesetzt wird; nach dem Verzeichnis der israelitischen Könige fällt diese, wenn man von der Wegführung der zehn Stämme im Jahre 722 aufwärts rechnet, in das Jahr 962; Jehus Anfang mithin in das Jahr 864; er regierte 28 Jahre bis 836. Das stimmt insofern mit den Ergebnissen der assyriologischen Forschung überein, als Jehu nach derselben in einer Inschrift im Jahre 843 (841) als Vasall Salmanassars aufgeführt wird.

2) Salmanassar regiert 726—22, Sarkin 722—705.

3) Assarhaddon regiert von 705—667.

4) Die Zerstörung des Tempels wird in dem Buche der Könige (II, c. 25, V. 8), wie vom Propheten Jeremias (c. 52, V. 12) in das neunzehnte Jahr des Nebukadnezar gesetzt. Da nun Nebukadnezar nach dem ptolemäischen Kanon den Thron von Babylon 604 bestiegen hat, so wird man sie in das Jahr 586 zu setzen haben. Dass diese Annahme mit der Berechnung der 37 Jahre der Gefangenschaft Jojachins in Uebereinstimmung ist, hat Brandes (Abhandlungen zur Geschichte des Orients im Altertum, S. 80 ff.) nachgewiesen. Die auch von Eusebius angeführte Stelle des Clemens Alexandrinus gehört der vergleichenden Chronologie der späteren Zeiten an, deren Begründung wir nicht genauer kennen.

5) Der Tod des Cyrus fällt in das Jahr 529, die Eroberung von Babylon neun Jahre früher, 538; die Einnahme von Sardes setzt Solinus c. 112 in die achtundfünfzigste Olympiade; Eusebius bei Hieronymus in das erste Jahr derselben = 549 v. Chr. Herodot (I, 214) lässt den Cyrus nach der Besiegung des Astyages 29 Jahre regieren, so dass dessen Ueberwältigung ins Jahr 558 zu setzen ist. Eusebius gibt dem Cyrus eine Regierung von 30 Jahren nach dem Sturz des Astyages (im Kanon; von 31 Jahren in der Chronographie); dreissig Jahre haben auch Ktesias, Dinon (bei Müller, Fgta. Histor. Graec. II, p. 91, frgt. 10) und Trogus Pompejus (bei Justin. I, 8, 14).

6) Aristoteles sagt, innerhalb 33 Jahren habe er 17 Jahre die Tyrannis innegehabt; nach Clinton würde die Zeit seiner definitiven Herrschaft in die Jahre 537—527 fallen.

7) Die Vertreibung des Hippias erfolgte im zwanzigsten Jahre (Thukydides VI, 59) vor der Schlacht von Marathon (490 v. Chr.), also 510 v. Chr. Im vierten Jahre vorher (Herodot V, 55. Thukydides a. a. O.) war Hipparch ermordet worden, demnach 514. Da die Tyrannis der Söhne des Pisistratus achtzehn Jahre bestand

(Aristoteles' Politik V, 9, 23 = 12 p. 230, 13. Bekker), so ist dessen Tod in das Jahr 527 zu setzen. Vergl. Clinton, Fasti Hell. II, S. 201 ff.

8) Eine chronologische Bestimmung dieser Ereignisse wird dadurch möglich, dass Thukidides den Tod des Aristagoras 32 Jahre vor dem im Jahre 465/4 v. Chr. unternommenen Versuche der Athener, die Gegend des späteren Amphipolis zu kolonisieren, ansetzt (IV, 10, vergl. I, 100). Aristagoras würde also 497/6 umgekommen sein. Nun war vor seinem Weggange Zypern und Karien unterworfen worden; Zypern aber ein Jahr frei gewesen (vgl. Clinton z. J. 497). Das Jahr der Freiheit müsste also 498/9 gewesen sein. Dem ging dann der Aufstand von Ionien voran, so dass er in das Jahr 500 gesetzt werden darf.

9) Die Schlacht von Marathon fällt unter den Archon Phänippos Ol. 72, 3 = 490 v. Chr.

10) Die Schlacht bei Plataä fällt in das Archontat des Xanthippus. (Marmor Par. ep. 52; Xanthippides bei Plutarch, Aristides c. 5), 479 v. Chr.; über den Tag der Schlacht vergl. Clinton, Fasti Hell. zu dem Jahre 479 und Curtius, Griech. Gesch. II, S. 803, N. 44.

11) Der Krieg gegen Samos fällt in das sechste Jahr nach dem Abschluss des dreissigjährigen Friedensvertrages (Thukydides I, c. 115) d. i. 440 v. Chr.

12) Das Parthenon ist 438 vollendet worden, die Propyläen 433/32.

13) Von diesem Ereignis wird der Ausbruch des Krieges, den man den peloponnesischen nennt, datiert, und zwar schon bei Thukydides (II, c. 1, Anfang). Nach den Berechnungen von Böckh (Zur Geschichte der Mondzyklen, S. 78 ff.), würde der Ueberfall Anfang April 431 (Olymp. 87, 1) stattgefunden haben.

14) Der Aufstand der Mitylenäer erfolgte im vierten Jahre des Krieges sogleich nach dem Einfall der Peloponnesier in Attika (Thukydides III, 2), der um die Zeit des Reifens des Getreides stattfand, vor der Feier der Olympien (c. 8), also im Juli 428 v. Chr.

15) Der Friede wurde abgeschlossen zehn Jahre und wenige Tage nach dem Beginn des Krieges im Frühjahr, unmittelbar nach den städtischen Dionysien, am 26. Elaphebolion (Thukydides V, c. 19 und 20), d. i. nach Böckh (Zur Geschichte der Mondzyklen der Hellenen, S. 80) am 11./12. April 421 n. Chr.

16) In Aristophanes schlug eine panhellenistische Ader (Ferdinand Ranke, De vita Aristophanis commentatio in Meinekes Ausgabe des Aristophanes I, p. XL).

17) Die Schlacht fand Ol. 90, 3 kurz vor dem Feste der Karnien (Thukydides V, 75) im August 418 statt.

18) Gegen Ende des sechzehnten Kriegsjahres (Thukydides V, 116) im Winter 415/4.

19) Nach Diodor XIII. 2. Ol. 91, 2, 415 v. Chr. Die Abfahrt fand nach Thukydides VI, 30 statt in der Mitte des Sommers (ϑέρους μεσοῦντος ἤδη), im siebzehnten Jahre des Krieges (VII, 28).

20) Der Abfall von Chios und der Abschluss des ersten Bündnisses zwischen den Persern und Lakedämoniern erfolgte im Sommer 412 v. Chr., bald nach der Feier der Isthmien. (Thukydides VIII, 10 ff.)

21) Die Schlacht bei Kynossema erfolgte im Spätsommer des Jahres 411 v. Chr. (Thukydides VIII, 108).

22) Die Uebergabe der Mauern und die Auslieferung der Schiffe geschah nach Plutarch, Lysander c. 12 am 16. Munychion, d. i. nach der Berechnung von Böckh (Zur Geschichte der Mondzyklen der Hellenen, S. 81) am 25./26. April 404 v. Chr.

23) Im Sommer zur Zeit der Feier der Thesmophorien in Theben (Xenophon, Hellenika V, 2, 29). Curtius setzt das Ereignis Ol. 99. 2 = 483 v. Chr., Clinton Ol. 99, 3.

24) Im Jahre 388 der Aera des Nabonassar (nach dem ptolemäischen Kanon) = 359/8 v. Chr. (Clinton, Fasti Hell. II, p. 316).

25) Die Unterwerfung Aegyptens fällt nach Diodor in das Archontat des Apollodoros, 350/49 v. Chr. Böckh (Manetho und die Hundssternperiode in Schmidts Zeitschrift für Geschichtswissenschaft II, S. 780) setzt sie, den Angaben Manethos folgend, in das Jahr 340 v. Chr.

26) Archelaos war der Sohn des Perdikkas, dessen Tod in das Archontat des Pisander, Olymp. 91, 3 = 414/3 v. Chr. gesetzt wird. (Clinton, Fasti Hell. II, p. 223.) Archelaos regierte dem Syncellus zufolge (p. 263. A. ed. Par.), dessen Angaben über die Jahre der mazedonischen Könige nach Scaliger aus Dexippus, nach Karl Müller (Fgta. Hist. Graec. III, p. 672) aus Porphyrius entnommen sind, vierzehn Jahre, und wurde unter dem Archontat des Laches (Diodor XIV, 37) 399 v. Chr. ermordet.

27) Der Tod des Amyntas fällt nach Diodor XV, 60 in das Archontat des Dysniketos Ol. 102, 3, 370/69 v. Chr.

28) Justin VI, 9, 7; VII, 5, 3. Die Zurückberufung Philipps erfolgte im Jahre 365 v. Chr.

29) Nach Satyrus bei Athenäus XIII, p. 557 C. regierte Philipp 22, nach Diodor (XIV, 1) 24, nach Syncellus 23 Jahre. Da Philipp in der zweiten Hälfte des Jahres 336 unter dem Archontat des Pythodemos ermordet wurde, so wird der Beginn seiner Regierung um 359 anzusetzen sein.

30) Unter dem Archontat des Theophilos, Ol. 108, 1, nach Schäfer (Demosthenes und seine Zeit II, S. 146, N. 4). Ende August 348 v. Chr.

31) Die Zerstörung Thebens erfolgte zur Zeit der Feier der grossen Mysterien in Athen (Plutarch, Alexander c. 13, Arrian, ἀνάβασις Ἀλεξάνδρον I, 10, 2) im Jahre des Archon Euänetus (Diodor XVII, 2. 13), Ol. 111, 2, im Oktober 335 v. Chr.

32) Der Uebergang Alexanders nach Asien erfolgte unter dem Archontat des Euänetus, Ol. 311, 1, im Beginn des Frühlings (Arrian I, 11, 2: ἅμα τῷ ἦρι ἀρχομένῳ), des Jahres 334 v. Chr.

INHALTS-VERZEICHNIS